U0896849

本书系国家社科基金项目“互联网金融伦理的理论与实践问题研究”的最终成果(批准号：16BZX098,结题证号：20215560)

互联网金融伦理的理论与实践问题研究

Research on the Theory and Practice of Internet Financial Ethics

何华征 著

责任编辑：洪　琼
封面设计：石笑梦
版式设计：胡欣欣

图书在版编目(CIP)数据

互联网金融伦理的理论与实践问题研究/何华征 著. —北京：人民出版社，2023.5
ISBN 978－7－01－025165－3

Ⅰ. ①互…　Ⅱ. ①何…　Ⅲ. ①人际关系–通俗读物　Ⅳ. ①C912. 11–49

中国版本图书馆 CIP 数据核字(2022)第 192908 号

互联网金融伦理的理论与实践问题研究

HULIANWANG JINRONG LUNLI DE LILUN YU SHIJIAN WENTI YANJIU

何华征　著

人民出版社 出版发行
(100706　北京市东城区隆福寺街 99 号)

北京中科印刷有限公司印刷　新华书店经销

2023 年 5 月第 1 版　2023 年 5 月北京第 1 次印刷
开本:710 毫米×1000 毫米 1/16　印张:49.75
字数:800 千字

ISBN 978－7－01－025165－3　定价:199. 00 元

邮购地址 100706　北京市东城区隆福寺街 99 号
人民东方图书销售中心　电话 (010)65250042　65289539

目　　录

序　　一

马钦荣

《互联网金融伦理的理论与实践问题研究》一书是何华征教授主持的同名国家社科基金项目的研究成果。互联网金融伦理问题，在当下中国是一个十分令人注目且有广泛现实价值的领域。何华征近几年来埋头于这一课题研究，终于成就一部 70 万字的著作。我为他锲而不舍的治学精神而感动，为他艰辛探索的成果而喜悦。

近些年来，随着我国互联网普及程度越来越高，手机网民的规模越来越大，互联网金融的发展势头迅猛。根据中国互联网络信息中心 2021 年 2 月发布的《第 47 次中国互联网络发展状况统计报告》披露：截至 2020 年 12 月，我国拥有网络支付用户 8.54 亿、互联网理财用户 1.7 亿、网络购物用户 7.82 亿、网上外卖用户 4.19 亿，真可谓是一派欣欣向荣的景象。然而，与此同时，基于互联网络的金融业态不时被曝出种种失序失范、违规违法的事件，一些事件在某些地区造成了极其恶劣的社会影响。在消费互联网行业中，个别企业拼命烧钱扩大规模，以求打败对手、占据垄断地位；P2P 网贷平台频频“爆雷”“跑路”；有些理财平台高管在出现财务危机时，提前兑现自己的理财投资，造成其他投资者的一片愤怒。就在笔者着手写作这个“序”的时候，在微信朋友圈读到“××创投”被立案调查的帖子。而这个“××创投”已经运营了 12 余年，累计出借金额超过 4500 亿元！面对这种"繁荣"与"失序"并存的现象，有责任心的理论工作者必须有所担当：在马克思主义原理的指导下作深入的探索和研究，以引导网络金融业态有序发展，守护伦理道德规范。本书正是这种探索和研究的一个成果。

从本课题的题目可知，这是一个涉及经济学、社会学、伦理学、法学、管理学等众多学科领域，综合性很强的课题。而要形成科学的、有价值的系统理论见解，一方面有赖于互联网金融业有一个相对完整的发展过程，并且在发展过程中，一些矛盾关系有所萌芽、发展，从而为研究者提供相关的事实材料。另一方面，还有赖于相关的理论研究已经得到较为充分的开展，从而为研究者提供相关的理论材料。应该说，该课题研究是具有挑战性的，是有相当难度的。面对繁杂的事实材料，较为丰富的国内外文献，要梳理出一个头绪，并不是一件简单的事。作者在详细占有大量事实材料和理论材料的基础上，投入艰辛而富有成效的劳动，进行认真梳理，分析归纳，深入研究。书中提出互联网络金融领域中的"七对概念"，即效率与公平、隐私与公开、普惠与竞争、投机与创新、公益与私利、民主与集中、风险与机遇，并认为这是互联网金融伦理的主要议题。同时认为，虚拟货币、网络支付、P2P 网贷、众筹、网络消费金融、互联网保险是互联网金融的"六大支柱"。要深入理解互联网金融中伦理关系的"生成逻辑"，就必须深入研究"六大支柱"业态中的伦理问题。另外，本书指出，互联网金融伦理出现各种乱象的关键在于人们对"投机""风险"和"信用"的错判和误解，互联网金融伦理的治理要牢牢抓住"三个核心问题"，即限制性投机、有限性风险、强制性信用。由七对概念构成互联网金融伦理的七大主要议题，关于互联网金融"六大支柱"业态及其涵盖的伦理问题的讨论，以及互联网金融伦理治理要抓住"三个核心问题"的提法，既是对互联网金融伦理发展现状（和现实过程）的归纳、梳理和判断，也是在参考、借鉴了其他学者大量的研究成果，经过评价和分析形成的见解。也许有人会认为作者上述提法不够精当、不够全面，但必须充分肯定的是，作者的探索是十分有益的，书中的很多富有个性的见解能给读者提供深化研究互联网金融问题的线索、思路和有价值的启发。

本书的一个很大的特点，是花费三分之二以上的篇幅逐一讨论“六大支柱”业态中的伦理问题。为了更好地从整体上、本质上把握互联网金融伦理问题，作者从“六大支柱”业态入手，用六章（全书九章）对其进行讨论，分别揭示出其内涵，对其发展与现状进行伦理考察，发现其内在的伦理矛盾，剖析种种问题发生的内在原因，并提出应对建议。每章都有小结，进行分析总结。因为作者的这种安排，读者可以看到伦理学的一般问题（普遍）如何在各种不同的互联网金融业态中表现出来（个别），从而能更好地从“普遍”与“个别”的结合上把握伦理学原理。另外，准确地掌握互联网金融各个业态的伦理问题（部分），也有助于人们系统把握互联网金融伦理问题（整体）。当然，要注意的是，对一个系统的整体把握，不能理解为对各个部分把握的简单相加，而是要运用科学的方法，按照对象（系统）的本来面目，将关于对象各部分的认识，有机组合起来，从而形成整体性认识。作者在处理一般与个别、整体与部分的关系上所下的工夫、所作的努力，相信读者能够感受得到。这也构成本书的一个显著特色。

本书试图从理论与实践的结合上探讨互联网金融伦理问题。作者在书中表现出强烈的问题意识和实践导向，体现了研究的根本目标不仅在于“揭示”和“解释”，更在于树立“人本金融”的愿景，并促进互联网金融伦理生态的优化。作者一方面（基于研究成果）明确指出当下互联网金融伦理乱象的形成有六个主要原因：互联网生态结构导致机会主义丛生，互联网迅速发展的适应性建设滞后，深度金融化导致互联网底线缺失，互联网的阴暗面，互联网金融伦理治理机制尚不健全，正式监管滞后与非正式监管乏力。另一方面，作者努力从伦理治理的视角，为互联网金融的健康发展提出对策建议，主张增强治理力度、拓展治理宽度、培育治理高度的思路。强调从“静态”层面，要构建三个不同层次主体的治理系统、社会监督系统；从“动态”层面，要构建预警系统、制动系统、反馈系统;从“隐形”层面,要重视伦理治理的环境建设,防止因经济、文化或社会基础等原因导致激烈震荡、投机过度,给人们造成强烈刺激而诱发非理性投机。应当说,这些对策和建议是富有建设性的。

本书写作行文通畅,虽然全书长达70万字,但可读性强。当然,从高标准要求看,作为一本学术著作,有些地方的叙述可以适当简练一些,而理论分析、逻辑论证似应更深入、更充分一些。其中尤其是对互联网金融伦理(不仅仅是“互联网金融”)问题的理论分析需要更加展开一些。基于本课题是一个实践要求很高的课题,需要有丰富的事实材料来支撑课题成果。作者在这方面付出了大量心血。由于本讨论的对象是发生在当今社会中的新型伦理问题,书中个别地方选用的现实素材和相关数据的时效性、典型性、权威性有待完善。另外,发掘一些影响大的典型案例,进行多方位的层层剖析,在本书中稍嫌不足。

总体上看,《互联网金融伦理的理论与实践问题研究》是一部紧扣时代脉搏、富有理论探索勇气的著作,是一部试图准确理解当下互联网金融中种种伦理现象的著作,是一部寻求促进互联网金融健康发展的伦理治理方略的著作。我相信,本书的出版,将有助于推动理论工作者对互联网普及引发的新社会问题尤其是互联网金融伦理问题的进一步研究。我期待作者对本书的一些观点作进一步打磨,并且拓展开来,奉献出更多理论和实践相结合的新成果。

序　二

吴培冠

国庆节前夕，华征教授邀请我为他的国社科成果《互联网金融伦理的理论与实践问题研究》作序，倍感荣幸，不假思索答应下来，心想社科成果顶多也就 20 万字，一个假期下来怎么都能精读一遍。万料不到的是，当假期打开电脑阅读书稿时，竟然是洋洋洒洒 70 万字的巨著，顿觉眼前一黑。时间所迫只能精读改浏览，暂时无法细品慢嚼。浏览下来却又惊喜连连，无法释手，深感华征没有坑我。整部书稿围绕“以人民为中心”的金融伦理价值，抽丝剥茧，对互联网金融内在机制进行伦理解剖。书中展现了大量的现实实例和调研案例，这些案例贯穿于理论分析之中，道理简单明了，读来清新脱俗。全书结构严谨，环环相扣，一气呵成；书中观点鲜明，论证充分，400 多个参考文献，数不过来的脚注，无不体现华征和课题组成员治学态度的严肃认真和一丝不苟。

互联网金融在我国是新生事物，当今互联网金融出现“市场繁荣”与“伦理失序”并存的状况，“伦理失序”引发的伦理道德问题和市场混乱触目惊心。这种现象的出现，与这些年来经济学科包括金融学研究的人文精神缺失不无关系。正如布坎南批判缺乏人文精神的经济学：“假如我们围绕所谓的‘具有自然科学性’的经济学……打转……我们就会在促进人类进入衰败过程”。

现代主流经济学倾向将道德伦理的理性视为非科学的因素，反对在经济学中讨论财富的伦理学问题，强调经济学理论与道德科学的脱离，以此建立非价值、非道德的“纯经济理论体系”，使经济学走向了“黑板经济学”，脱离了真实的经济生活，也让经济学越来越趋向冷漠化、物欲化。经济学对此应进行深刻反思。从伦理学的角度来研究互联网金融实践，有助于从治本的角度解决经济活动人文精神的缺失问题。一是有助于构建相关伦理理论和规范以引导互联网金融的有序、健康发展；二是通过互联网金融伦理研究，尤其是对普遍金融化导致的道德沦丧进行深入分析和批判，“守护”和发展“有利于社会主义事业与人的发展”的道德规范和伦理秩序。“三大攻坚战”之首是防范化解重大风险，打好防范化解重大风险攻坚战重点是防控金融风险，而互联网金融风险是金融风险的重要部分。无论从理论还是实践的角度看，此书的探索都值得推崇。

互联网金融是随着移动互联网的发展和普及而兴起的。金融活动的场景化、便捷化、去中介化、数字化（透明化）等，使个人享有更多金融权利，并减少为获得金融权利而支付的代价。因此，互联网金融的主要特点是普惠性、便捷性、低成本。因为这些特点，人们对互联网金融的整体功能抱有良好期盼，设想它能够成为一种构建良序经济的新业态。然而，在近10年互联网金融从萌芽到野蛮生长，再到遭受诸多道义讨伐、法律严惩和专业反省的历程看，它在经济伦理上有着许多值得我们深思的方面。互联网金融是一个具有创新活力的新兴领域，但它一旦成为专业投机工具，又难免在伦理边界与道德底线上表现出令人担忧的状态。

互联网金融伦理的主要议题包括效率与公平、隐私与公开、普惠与竞争、投机与创新、公益与私利、民主与集中、风险与机遇之间的关系等问题。正如书中所归纳，互联网金融伦理问题的产生有六个方面的原因。一是互联网生态结构中“三低”（低学历、低收入、低龄）与“三高”（高智商、高学历、高投机）人群的分化，机会主义丛生；二是互联网经济发展迅速，业务规范、法制、道德等“适应性建设”滞后,破坏了包容、规范与创新之间的平衡;三是互联网金融底线缺失,互联网金融成为万能营利工具,放弃了金融本义;四是互联网活动隐秘性强、暗网多,非法民间金融转战网络空间;五是伦理治理机制尚未形成,投资行为的伦理因果关系断裂,金融风险赋予投机以正当性,而互联网传播进一步放大投机的“人生意义”;六是民众、行业协会、政府部门对互联网金融的正式监管滞后,而非正式监管则乏力。

互联网金融伦理的基本问题是金融效率与金融正义的关系问题。建立良好的伦理秩序,防止互联网金融伦理恶意,减少互联网金融欺诈、“跑路”、暴力催收、侵犯隐私、窃取数字资产、强行“搭售”等各种乱象,必然要迫使互联网金融回归金融本质,对投机行为予以必要的伦理限制,并在上线新的金融产品时同步开展伦理审查与预判。虚拟货币、网络支付、P2P 网贷、众筹、网络消费金融、互联网保险是互联网金融的“六大支柱”,它们支撑起庞大的互联网金融系统并使其呈现出繁荣的景象。对“六大支柱”的伦理问题研究,是对互联网金融伦理关系“生成逻辑”的深入理解,可以为互联网金融的健康发展提供理论参谋,为社会主义金融正义进行规划和建设。

本书有几个重要观点值得关注。第一,互联网金融的伦理内蕴乃是基于自由化、民主化、分散化模式而获得的,但其道德隐忧则内生于互联网金融的隐匿性、开放性与监管缺失。互联网金融伦理应当突破伦理旨归上的“原教旨主义”,重新厘清互联网金融伦理与元伦理和传统伦理规范之间的关系。第二,限制性投机行为是金融经济发展的必要条件和重要内容,道德上对投机行为的贬抑由来已久,而对投机行为进行细分成为互联网金融伦理需要着手解决的理论问题。限制性投机行为(利己不损人)与过度投机行为(损人以利己)的区别,既有主观动机上的差别,也有客观效果上的不同。前者保留了金融工具理性的适当边界,而后者则是普遍金融化的必然结果。第三,互联网金融伦理主要实践领域的具体道德规范各有侧重,针对专门业务进行伦理问题研究,从而使伦理学研究着眼于社会现实。对互联网金融伦理细节的解剖学方法或许有冗长之感,但它对实践理性的纠偏或有助益。对当今互联网金融所表现出来的令人担忧的伦理现状进行系统分析,以便找到其根源和发生机制,为建立良序互联网金融体系提供指引。这项工作对于保障个人和组织参与互联网金融活动的正当权益、维护经济正义是有意义的。第四,降低(而不是杜绝)互联网金融的伦理风险,既是互联网金融系统内部机制设计的任务,也是伦理治理的目的;作为发展着的新兴业态,互联网金融必然在实践中不断产生新的伦理问题,动态伦理治理体系的建构是互联网金融业态发展的必然要求;互联网金融伦理建设也是系统性的,它与道德环境和制度体系紧密相关。

课题组对互联网金融的健康发展提出了独到的见解和治理策略。建议增强互联网金融伦理治理的力度,拓展互联网金融伦理治理的宽度,培育互联网金融伦理治理的高度。在中国特色社会主义核心价值体系的引领下,深刻认识互联网金融伦理的关键问题,构建全面、协调、动态、科学的伦理治理体系。互联网金融作为当代经济中的重要领域,承载了满足人民群众美好生活愿景的伦理期许,其本质是“普惠金融”和“人民金融”。互联网金融伦理治理需要紧紧抓住限制性投机、有限性风险、强制性信用三个核心问题,并在此框架下审视效率与公平、隐私与公开、普惠与竞争、投机与创新、公益与私利、民主与集中、风险与信用等主要议题。

对互联网金融进行伦理治理的目的,是要在降低互联网金融伦理风险的基础上,提升互联网金融服务实体经济、服务人民需要、服务社会发展方面的能力,实现行业良性有序的发展;巩固和发展互联网金融系统的内部协调和外部关系,在发展互联网金融经济的同时发展经济正义。归根到底,互联网金融要体现人民性、普惠性、安全性、经济性。

华征治学严谨,少年老成,立志高远。互联网金融是新生事物,无论在理论或实践层面,都有许多急需探讨和解决的问题。总体而言,本书系统总结了互联网金融六大业务模式下伦理问题的新特征,充分体现了课题组成员在这一领域的研究积累和研究投入，基本囊括了互联网金融主要业务模式下的核心伦理问题，研究成果有创新性。诚然，要在一个课题一本著作中把新兴行业的所有理论问题都梳理清楚，并为决策部门提出全面的操作性建议，对课题组未免要求过高。“不积跬步无以至千里”，为华征和课题组喝彩，你们敢为人先，不畏艰难勇于探索，具“以人民为中心”核心伦理、良性有序的互联网金融可期可待。

序　三

李申文

互联网金融是当前经济生活中重要且无法回避的内容,它对人民生产生活产生深刻而广泛的影响——其中既有便利人民生活、缩小贫富差距、鼓励创新创业等巨大优势,也有风险激增、投机取巧等严重挑战社会公序良俗和社会健康发展的弊端。互联网金融伦理治理作为我国国家治理的重要内容,必然具有鲜明的意识形态性,要体现以人民为中心的基本价值主张。何华征教授以促进互联网金融经济发展、匡正金融伦理时弊为目的,以"互联网金融伦理的理论和实践问题"为题进行课题攻关研究,体现了青年学者应有的责任担当和学术使命。

互联网与金融的结合,使它在赋权与赋能的过程中不断增加其社会伦理价值。互联网金融使以银行业为主的传统金融体系增添了更多活力,并改变了深层金融权力关系;互联网金融的"低门槛"消除了传统金融的资产和信用壁垒,金融权成为普遍的经济权。许多新的经济关系和社交关系正在互联网金融活动中生成:众筹构建了陌生人之间的经济联系,并支撑起彼此之间的友谊;网络支付为远程经济联系的发展提供了很多便利,"遥在感"正在消退,它成为经济全球化的重要技术基础;金融扶贫取得丰硕成果,在全面小康迈向现代幸福生活的康庄大道上,互联网金融大有可为。金融活动在虚拟化不断加强的西方资本主义国家造成的危机有目共睹。我们理所当然要从西方国家的发展进程中汲取经验教训，结合国家制度和文化传统，发展中国特色社会主义金融经济。重构金融的本质，使其在“资金融通、调剂余缺”的本义上增强人民获得感，发展金融普惠性。互联网金融赋予普通个人以投融资的金融权利和金融能力，为集中力量发展社会生产，促进实体经济高质量发展提供了助力，为经济成果共享和共同富裕带来更多机遇。本书的研究内容直面个体与社会在互联网金融生活中遭遇的伦理现实，并对其进行抽丝剥茧地分析，层层推进、引人入胜；同时，它并不停留于对伦理实然状态的舞台化再现，而是通过数据、案例和理论分析，探寻互联网金融伦理的发生规律和发展趋势。然而，由于互联网金融的不同具体业态（如虚拟货币、众筹、互联网保险等）在伦理问题的核心要义上各有偏重，要在这样一个庞大的业态系统中通过一两个核心概念进行理论演绎，从而窥探到互联网金融的伦理全貌显然是不现实的。因此，对主要业态领域分别进行细致的分析乃是现实研究的有效选择。

通观全篇，系统性、理论性、建设性是本书的显著特征；为社会主义服务、为实体经济服务、为人民群众美好生活服务，是本书作者的基本价值遵循。本书批判了过度强化金融的经济性而忽视其人民性的错误思想，反对金融经济中工具理性的目的化倾向。作者认为，市场经济要求提高“金融效率”，社会主义主张以人民为中心的“金融正义”——互联网金融的普惠性或人本性不是单纯的技术机制，它只能在社会主义建设规律、互联网信息传播规律、金融经济发展规律以及人的发展规律相结合的过程中发挥效用。在新的经济形态或者经济因素诞生之际，往往会形成双刃剑式的社会影响，一方面带来新的经济和社会机遇，另一方面也可能潜伏着新的风险和危机。对于互联网金融来说，这两个方面都来得异常猛烈，从而使民众意见纷呈：有人认为要大力发展它，有人认为要坚决取缔它。因噎废食断不可取，尤其是在新科技刺激下产生的社会经济结构和经济关系的变迁，并不适合通过外在强力过度干涉。回应新金融所产生的社会问题和伦理问题，必然同国家在特定历史阶段关于效率与公平关系的倡导上保持一致。因此,对于互联网金融伦理来说,既要提高经济效率,又要发展经济正义,二者不可偏废。

本书内容和表述具有很强的读者友好性,结构安排合理,论据翔实清晰、逻辑严密。它的出版对互联网的金融实践发展以及人们的金融伦理自觉将会起到较好的促进作用。

引　　言

20 世纪人道精神划时代的伟人、法国著名学者以及人道主义者阿尔贝特·施韦泽说："航行的出路并不取决于船开得快慢，它的动力是帆或蒸汽机，而是取决于它是否选择正确的航道和它的操纵是否正确。"①我想，这句话同样适应于人们对待互联网金融的态度。互联网金融所引发的经济理想和社会理想，是足以让人们兴奋不已的；但它最近十余年的发展历程，却伴随着极高比例的风险事故和伦理事件。我们不得不反思：当互联网金融这艘航船失去了正确的方向，任由资本把舵，它的快速发展亦是毁灭之途。

一、选题缘由

我们对互联网金融的依赖性越来越强了。网络支付、电商消费贷款、物流保险、众筹、电子票据以及各种类型的虚拟货币，似乎是维系我们在网络世界和现实世界生存的"氧气"。生产和创新创意与互联网金融的关系越来越密切。没有互联网支付，网约车、共享交通工具、无人商店等就很难运营下去。我们正在习惯互联网金融对生产生活的支持，它与人的活动融为一体而逐渐变得"无感"了；但我们不能习惯互联网金融对伦理秩序和道德规范的冲击，

① （法）阿尔贝特·施韦泽著，（德）汉斯·瓦尔特·贝尔编：《敬畏生命——五十年来的基本论述》，陈泽环译，上海：上海社会科学院出版社，2003 年，第 45 页。

它的活动引起了人们的警觉。2012 年,苏州一女子因为网购成瘾产生家庭矛盾,剁了自己的手指;网络上除了增加“剁手党”一词来戏谑网购成瘾者外,人们对引诱和鼓励疯狂网购的消费信贷并没有表示反感。2014 年,杭州众筹茶楼开业引起了网络热议和媒体围观。一种严肃的声音在这热闹的氛围中有点不协调,它告诫人们“不能将投资当游戏”。如今,在天猫、京东、腾讯等超级网络平台上,众筹的种类和形式已非常丰富。2016 年,有人将 10G 容量的“裸条”照片在网上发售,引起轩然大波;近两百名年轻女性的裸照及亲友联系方式的信息被泄露;同年,河南某高校学生通过“校园贷”欠下 60 万元赌资后跳楼自杀;等等。

截至 2019 年 9 月,相关研究团队从安卓应用市场收录了 133327 款金融行业 App,其中 130022 款 App 可以明确归属于特定省份,广东、湖北、北京三省市占 63.86%,银行类 App 共 1898 款,面向个人用户的消费金融类 App 占 36.74%,金融应用软件琳琅满目。① 第 47 次中国互联网络发展状况统计报告显示:我国网民规模达 9.89 亿,互联网普及率达 70.4%;其中,手机网民规模达 9.86 亿,占网民总数的 99.7%。未上网人群主要是由于年龄、知识等因素不能上网。2020 年 12 月,我国网络支付用户数为 8.54 亿,网民使用率 86.4%;互联网理财用户数 1.7 亿,网民使用率为 17.2%;网络购物用户数 7.82 亿,网民使用率为 79.1%;网上外卖用户数为 4.19 亿,网民使用率 42.3%;②等等。互联网金融及以它为基础的诸种互联网业态取得巨大发展,它们构成现时代人们生产生活的基本条件和场景。互联网金融是人们在互联网上从事经济活动的重要内容(或媒介),国内互联网金融的表现既令人振奋也令人震惊。振奋的是:互联网金融用户不断攀升,渗透率逐年提高,中国被

① 《移动金融应用安全白皮书(2019)》,中国信息通信研究院云计算与大数据研究所,2019 年 10 月发布。

② 《第 47 次中国互联网络发展状况统计报告》,中国互联网络信息中心,2021 年 2 月发布。

称为“世界上最先进的金融科技大国”;[①]震惊的是:P2P 网贷平台一再“爆雷”“跑路”,基于互联网金融的诈骗盛行。互联网金融出现“市场繁荣”与“伦理失序”并存的状况。厉以宁说,道德力量调节是市场调节、政府调节以外的第三种调节。[②] 从伦理学的角度来研究互联网金融实践,构建相关理论以引导其走向有序、健康发展,是非常必要的。本书就是在此背景下,对互联网金融伦理进行系统研究的成果。

二、研究现状简述

金融的本质在于促进资源(或价值)跨期、跨域优化配置。金融的本质属性要求其提高流动性、降低交易成本、优化风险资源组合、消除信息不对称、推进市场经营创新等。部分金融经济研究者认为,“市场完全化”[③]是金融市场发育的前提条件;尽管美国次贷危机已经暴露了自由放任的金融政策存在巨大的系统风险,但他们仍然坚持“中国应当放开金融市场”,“中国式的监管并不能提高抵御风险的能力”。[④] 坚持认为只有离开政府、离开集中的司法制度、离开伦理话语体系,金融市场才能发展和进步。为了说明金融自由化乃是“绝对真理”,甚至草率判断中国“缺乏‘家’之外信用交易的制度支持”。[⑤] 互联网金融似乎是满足这类金融经济学家对“陌生人市场”和“无政府主义”的各种想象的。

1. 国内互联网金融伦理相关研究的主要论点述评

21 世纪我国金融伦理问题研究有两次高潮:其一是 2008 年资本主义金

---

① (日)田中道昭:《新金融帝国:智能时代全球金融变局》,杨晨译,杭州:浙江人民出版社,2020 年,第 143 页。

② 厉以宁:《关于经济伦理的几个问题》,《哲学研究》1997 年第 6 期,第 13—17 页。

③ 李耀东、李钧:《互联网金融框架与实践》,北京:电子工业出版社,2014 年,第 131 页。

④ 陈志武:《金融的逻辑》,北京:国际文化出版公司,2009 年,第 138、156 页。

⑤ 陈志武:《金融的逻辑》,北京:国际文化出版公司,2009 年,第 239 页。

融危机后，形成了对金融帝国主义及自由放任金融制度的伦理分析热潮；①其二是2014年后，互联网金融伦理风险逐渐暴露，引起了学者们的关注。

（1）有关互联网金融的普惠性质及其伦理关联。王曙光等（2011）认为，“没有伦理的金融是不可能持续的。”②朱民武等（2015）指出，中国普惠金融的发展应借助互联网金融平台提高资源配置效率，增加对落后地区和小微企业的金融供给，改善农村地区和中小企业普遍存在的金融排斥现象，继续提高金融的普惠程度。③ 朱民武、邢乐成等（2015）认为，互联网金融提供的产品和服务面向全体社会成员，金融的服务门槛大幅降低，穷人和富人可以平等享受互联网金融带来的实惠，普惠金融的道德要义在互联网金融时代得到更加充

① 对2008年世界金融危机的马克思主义政治经济学和伦理反思方面有较深入研究的成果包括（但不限于）：李慎明：《国际金融危机再次证明马克思主义政治经济学的强大生命力》，《马克思主义研究》2012年第11期；王庆丰：《金融资本批判——马克思资本理论的当代效用及其逻辑理路》，《吉林大学社会科学学报》2013年第5期；萧灼基：《马克思关于金融问题的论述》，《经济研究导刊》2007年第6期；张宇：《马克思主义金融资本理论及其在当代的发展》，《马克思主义与现实》2010年第6期；李红梅：《马克思主义视阈中的金融危机及其启示》，《人民论坛》2013年第11期；栾文莲：《信用制度与资本主义生产方式的演变》，《中国社会科学院研究生院学报》2013年第2期；吴宁、冯旺舟：《资本主义全球金融危机与马克思主义》，《马克思主义研究》2012年第1期；陈学明：《马克思主义哲学视野中的美国次贷危机》，《晋阳学刊》2009年第2期；鲁品越：《资本逻辑与金融风暴》，《马克思主义研究》2009年第10期；张雄：《财富幻象：金融危机的精神现象学解读》，《中国社会科学》2010年第5期；刘璐：《当代美国金融危机的形成机理研究》，南京大学博士生学位论文，2012年；唐凯麟、陈世民：《伦理的视阈：从金融危机看“经济人”的偏执及其危机》，《道德与文明》2009年第5期；刘可风：《经济伦理冲突与经济伦理学困境》，《道德与文明》2009年第4期；2010年《道德与文明》第2期设置“金融危机的伦理反思专题”，刊载了任重道、朱贻庭的《过度金融化的弊端及其对社会伦理文化的负面影响——对美国金融危机的哲学反思》，赵修义的《如何对金融危机进行伦理反思》，陆晓禾的《从比尔·盖茨到巴菲特——对美国金融危机的成功观反思》，徐大建的《金融监管的伦理本质与局限性》等4篇论文；丁瑞莲：《金融机构的伦理冲突及其伦理治理》，《道德与文明》2010年第5期；李宝玉：《实极与虚极：全球金融危机下的经济伦理沉思》，《伦理学研究》2009年第4期；梅世云：《论美国次贷危机中道德缺失的基本特点和伦理救援》，《伦理学研究》2010年第3期；蔡学英：《金融危机下的伦理反思与文化重建》，《伦理学研究》2011年第3期；等等。

② 王曙光等：《金融伦理学》，北京：北京大学出版社，2011年，第161页。

③ 朱民武、曾力、何淑兰：《普惠金融发展的路径思考——基于金融伦理与互联网金融视角》，《现代经济探讨》2015年第1期，第68—72页。

分的体现。[①] 王京(2016)对众筹的正负功能进行了较为系统的探讨,认为互联网众筹代表"一种人文金融和人本金融"。[②] 同时,互联网金融可能存在"更为明显的委托代理问题或道德问题。"[③]

(2)有关金融伦理建设的重要性问题。汪思冰和郝登攀(2008)认为,美国次贷危机以后,金融机构的市场秩序和金融投资伦理开始重新创建。[④] 丁瑞莲(2009)认为,"金融具有伦理天性",[⑤]并从金融的发展历史、金融制度、金融市场、金融机构、金融个体等多维度对现代金融伦理进行了系统研究。郭沛源和张曈(2009)指出,国内投资者对投资伦理问题的认识还不多,目前还没有一家国内的金融机构能够像西德银行那样从经济伦理、社会伦理和环境伦理的角度全面衡量投资对象的伦理表现。[⑥] 周肇光和詹纯喆(2012)认为,对金融投资机构来讲,金融投资应该是理性投资(技术理性)和伦理投资(道德投资)的有机结合。[⑦] 范渊凯(2018)认为,我国互联网金融发展有利于社会资源的整合、共享,研究中国特色社会主义市场经济条件下的互联网金融伦理问题,有利于提升互联网金融的社会功能。[⑧]

(3)关于互联网金融伦理问题的防范与治理问题。宋继华、王思宇(2015)认为:严格业务准入关,实现风险管理前移,防患于未然,做好前期调

---

① 邢乐成、羿建华:《中国普惠金融体系构建与运行要点》,《东岳论丛》2015 年第 8 期,第 147—156 页。

② 王京:《众筹融资方式正负功能研究》,辽宁大学博士研究生毕业论文,2016 年。

③ 郑联盛:《中国互联网金融:模式、影响、本质与风险》,《国际经济评论》2014 年第 5 期,第 103—118 页。

④ 汪思冰、郝登攀:《美国次贷危机对我国金融监管的启示》,《时代金融》2008 年第 11 期,第 8—9 页。

⑤ 丁瑞莲:《现代金融的伦理维度》,北京:人民出版社,2009 年,第 34 页。

⑥ 郭沛源、张曈:《金融投资中的伦理问题》,《济南大学学报(社会科学版)》2009 年第 2 期,第 9—12 页。

⑦ 周肇光、詹纯喆:《论现代金融伦理文化文献研究的新特点》,《征信》2012 年第 1 期,第 24—28 页。

⑧ 范渊凯:《我国互联网金融伦理研究评述》,《道德与文明》2018 年第 3 期,第 155—158 页。

查取证工作，把后期风险的概率降到最低，这是防范金融伦理失序的可行举措。[①] 王兰萍（2015）认为，可以通过培养具有法律意识和高尚道德品质的金融人才推动普惠金融的发展。叶湘榕（2014）从 P2P 网贷监管的角度进行研究，认为建立良好的金融秩序需要加强行业自律，而提高行业透明度是重中之重；[②]孙学立（2015）等人认为，互联网金融各方的“信息不对称”是伦理失陷的重要原因，信息透明是必要的伦理治理手段。[③] 彭晓娟（2018）对互联网金融诈骗、信息泄露的法律问题进行了专门研究。[④] 王曙光等（2014）从商业、个人、环境、技术四个角度分析了影响网络信任的因素，并提出了构建互联网金融信任关系的构想。[⑤] 徐会志（2016）从消费者权益保护的角度系统研究了互联网金融发展的困境，专业知识不足、立法缺失等要求监管机构利用专业特长、强化主体责任。[⑥] 从法律治理的角度研究互联网金融问题的论著比较多，而从伦理治理角度研究互联网金融系统及其运行的论著较少。

（4）互联网金融的普惠属性日益凸显，而其发展中的问题也层出不穷，这在“普惠属性”与“风险控制”之间形成“悖论”。[⑦] 也有学者指出，过度依赖伦理道德并不能带来预期经济秩序。潘功胜（2015）说：“希望通过提高这个行业从业人员思想道德水平的方式来解决中国普惠金融的问题，这种过于情绪

① 宋继华、王思宇：《普惠金融视角下农村“小额保险+小额信贷”模式风险防控研究》，《中外企业家》2015 年第 8 期，第 74—76 页。

② 叶湘榕：《P2P 借贷的模式风险与监督研究》，《金融监管研究》2014 年第 3 期，第 71—82 页。

③ 孙学立：《我国众筹融资模式及监管问题研究》，《金融发展研究》2015 年第 6 期，第 32—37 页。

④ 彭晓娟：《普惠金融视角下互联网金融发展之法律进路》，《法学论坛》2018 年第 3 期，第 81—90 页。

⑤ 王曙光、孔新雅、徐余江：《互联网金融的网络信任：形成机制、评估与改进——以 P2P 网络借贷为例》，《金融监管研究》2014 年第 5 期，第 67—76 页。

⑥ 徐会志：《互联网金融消费者保护研究》，对外经济贸易大学博士研究生毕业论文，2016 年。

⑦ 丁杰：《互联网金融与普惠金融的理论及现实悖论》，《财经科学》2015 年第 6 期，第 1—10 页。

化或过于政治化的表达，不可能真正解决中国普惠金融面临的问题。”①

2. 国外金融伦理及互联网金融伦理相关研究述要

（1）金融伦理的一般理论。博特赖特（2002）在《金融伦理学》一书中，对金融公司理论和公司金融目标的观念进行了批判性的考察，对金融中的伦理问题进行了比较宽泛的分析。兹维·博迪、罗伯特·C.默顿等人认为，金融创新是企业家和企业的独立行动，“民主化”（使更多人参与到金融体系中去）是金融创新的趋势。② 弗雷德里克·S.米什金（2009）在总结美国次贷危机的时候曾就金融市场的失序原因做过分析，认为单纯的非理性驱动了泡沫的滋生，然而它的危害远远小于信贷繁荣驱动的泡沫，尤其是“高杠杆化”。他认为，“利益冲突是道德风险问题的一种类型。”③“高杠杆化”的非道德基质预示着在金融灾难来临之际债权人就会兴风作浪。乔治·阿克洛夫和罗伯特·席勒（2012）称，“动物精神在经济运行中扮演着重要角色”④，货币幻象与市场幻象通常使人们在金融活动中丧失理性。金融机构热衷于“迷惑游戏”，“目的就是要让投资者的决策变得不透明而不是透明”。⑤ 斯图亚特·I.格林鲍姆等人认为，道德风险问题在债权人与债务人之间达成的金融合约中是普遍的，在风险暴露时就会面临牺牲一方利益以满足另一方利益的抉择，这是不可避免的。⑥

---

① 潘功胜：《关于构建普惠金融体系的几点思考》，《上海金融》2015年第4期，第3—5页。

② （美）兹维·博迪、罗伯特·C.默顿、戴维·L.克利顿：《金融学》，曹辉、曹音译，北京：中国人民大学出版社，2010年，第37—38页。

③ （美）弗雷德里克·S.米什金：《货币金融学》，郑艳文、荆国勇译，北京：中国人民大学出版社，2009年，第179页。

④ （美）乔治·阿克洛夫、罗伯特·席勒：《动物精神》，黄志强、徐卫宇、金岚译，北京：中信出版社，2012年，第53页。

⑤ （美）赫什·舍夫林：《超越恐惧和贪婪：行为金融与投资心理学》，贺学会、王磊、朱伟骅译，上海：上海财经大学出版社，2017年，第171页。

⑥ （美）斯图亚特·I.格林鲍姆、安吉·V.塔克、（荷）阿诺德·W.A.布特：《现代金融中介机构》，应展宇译，北京：机械工业出版社，2020年，第16页。

(2)对互联网金融伦理的针对性研究,伦理学领域尚未形成公开的经典成果。不过,经济学界的相关研究亦可作为参考。拉尔斯、霍努夫等对德国互联网众投市场进行研究发现,与其他形式(目的)相比,人们对以盈利贷款的形式向创业群众投资的热情最高。① S.金等人(2016)对移动互联网时代的安全证书进行了研究,安全证书关系到互联网金融的安全性问题,它在技术上能防范金融伦理失序。布·阿巴巴内尔、B.伯恩哈德等(2015)研究了虚拟氛围和功能品质对"在线赌徒"(the online gambler)体验的影响,这是考察"网众"疯狂卷入互联网金融(尤其是网贷)原因,论证互联网金融"伦理环境"的有力证据。② I.诺尔斯、E.卡斯特罗诺娃等人(2015)指出,在虚拟世界中,用户收集、交易、销毁、生产和优化虚拟资源,这些活动共同构成了虚拟经济;它引起风险资本家的青睐。③ J.查斯、L.格里特等人在2005年就提出了一种自动充值虚拟货币模型,认为"参与者经过认证、制裁足以阻止欺诈行为。"④虚拟货币已经进军现实的经济交换领域,幻象世界中的财富被带到了现实世界,而且这是未经权威部门审查的,它造成人们在利益驱动下的过度投机行为;但是,罗伯特·席勒(2020)则认为,比特币叙事能够让人格外产生共鸣。⑤ 对互联网众筹、互联网保险,以及互联网投融资的便利性及社会参与程度的差异性分析,都有一定数量的研究成果,但大多着重从社会治理或者经济管理的角度来展开,此处不作冗述。

---

① Lars, Hornuf, Armin, et al. *Internet-Based Entrepreneurial Finance: Lessons from Germany*[J]. California Management Review, 2017, 60(2): 150-175.

② Abarbanel B, Bernhard B, Singh A K, et al. *Impact of virtual atmospherics and functional qualities on the online gambler's experience*[J]. *Behaviour & Information Technology*, 2015, 34(10): 1005-1021.

③ Knowles I, Castronova E, Ross T. *Virtual Economies: Origins and Issues*[M]. American Cancer Society, 2015.

④ David Irwin, Jeff Chase, Laura Grit. *Self-Recharging Virtual Currency*[C]. SIGCOMM 05 Workshops, August 22-26, 2005.

⑤ (美)罗伯特·席勒:《叙事经济学》,陆殷莉译,北京:中信出版社,2020年,第7页。

3. 可继续深入研究的问题

国内外学者在金融伦理及互联网金融伦理方面的专门论述，或在应用伦理学的著作中给予的概述，对于本课题的研究是非常有用的参考。互联网金融伦理现状如何？其“在序”或“失序”的原因是什么？因为互联网金融业务所涉甚广，在不同业务领域，金融产品和服务的目的具有极大的不同；试图用较短的篇幅分析和解决互联网金融伦理问题的“一揽子”任务是困难的。人们在互联网生存的群体心理学基础、社会学和哲学文化学基础是什么？在匿名状态下道德失察如何导致互联网金融的集体癫狂？能否从道德发生学的视域进一步研究互联网金融的深层问题？投机行为的细分及如何对“限制性投机行为”的正当性进行确认？互联网金融伦理的愿景如何（以及它的实现途径怎样）？这些问题都有待于伦理学者进行深入研究。互联网金融新引发的伦理问题正在持续影响金融实践，也影响人们的生存发展，从伦理学角度系统研究互联网金融机构、参与者及系统运行，构建普惠、健康、安全、有序的互联网金融伦理生态之实践和理论框架，是本课题研究努力的方向。正如王小锡教授所言：“离开了道德的特殊作用力，‘资本一般’意义上的资本就无法充分展示。”①

三、研究内容

本课题的主要研究对象是个人与企业在互联网金融实践中表现出来的道德面貌（实然状态）和应该建立的伦理秩序（应然状态）。由于互联网金融在各主要业务之间存在巨大差异，且它们对伦理道德产生的影响也各有侧重；因此，我们在对金融伦理的基本问题与互联网金融伦理的一般问题进行梳理的基础上，对六大核心业务领域的伦理问题展开系统研究，以期为互联网金融的

① 王小锡：《论道德与资本的逻辑关系》，《道德与文明》2019 年第 3 期，第 82—86 页。

伦理实践提供新思路、新视野，并为互联网金融的健康发展提供参谋。本书稿除导言外共九章，其中第一章和第二章是金融伦理与互联网金融伦理的一般问题研究；第三章到第八章是互联网金融六大主要业务领域的伦理问题研究，包含对各业务领域伦理治理的具体方案和设想；第九章属于总结性质的内容，主要是对互联网金融伦理治理的宏观问题进行理论概括，并提出互联网金融伦理发展的构想。各部分的主要内容如下：

1. 金融伦理的基本问题

金融是在不确定条件下实现跨期稀缺资源配置的个人和组织行为。跨期最优化、资产估值和风险管理是金融活动的主要内容。金融的核心价值有两点：充当经济的时间机器；充当应对风险的安全保障网。“债务是金融化的氧气。”[①]通过不断涌入的信用货币，依靠杠杆投资的运转方式，金融交易市场才能得到快速增长。当代金融泡沫的累积，与金融同工商实业的再次脱钩紧密相连，由此也引发了大规模令人焦虑的投机者群体。新的金融巨头也许不是消费上奢靡之风的引领者，却在生产经营上走向极端虚拟化。金融对世界的意义——是否着力于实现稀缺资源的社会融通和促进人的发展——需要重新评估。金融活动的主观动机在于在对社会和经济风险评估的基础上实现跨期获利，它的客观效果究竟有没有促进贸易的展开和深化、闲散资金的利用，或者帮助那些缺乏资金的人振兴实业和投身创业浪潮，这是不得而知的。国际上金融霸权和金融殖民的后果是对他国人民劳动成果的掠夺；与它们在国内的表现相比，贫富差距的拉大甚至使其他国家的人民无法享受到富人俱乐部溢出的繁荣景观和就业机会——国际金融霸凌的危害已经超越了国内金融肆掠的后果。撇开对高利贷者和对金融寡头的成见，从经济运行的环节及微观管理来看，金融的经济意义和社会意义仍然值得我们深思。

① （丹麦）奥勒·比约格：《赚钱：金融哲学和货币本质》，北京：中国友谊出版公司，2012年，第39页。

金融在资本主义和社会主义国家中有不同表现。尽管2008年资本主义的金融危机不能明确证实社会主义是否对系统性金融危机具有天然的免疫能力，但它已经证实了资本主义金融的内在腐败和伦理失序。高利贷者、投机倒把、欺行霸市、拜金主义等是社会主义伦理和制度所不能兼容的东西。新中国成立后，人民群众对金融投机有着天然的敌视；改革开放后，与社会主义市场经济相适应的金融体系和金融市场取得了长足发展。通过货币市场工具和资本市场工具，金融的触角延伸到了市场经济宏观调控和微观运行的方方面面，在政府、企业、个人之间架构起资金融通的“互联网”。金融在当代市场经济中的作用举足轻重。我国社会主义现代金融体系和金融市场的建立和完善，是在社会主义市场经济体制逐渐建立的过程中推进的，是其过程的重要一环。习近平总书记说：“人民对美好生活的向往，就是我们的奋斗目标。”[①]满足人民群众日益增长的美好生活需求也是我国社会主义金融市场培育和金融体制改革的根本目的。它的优越性体现在“以人民为中心”的价值观上，开辟了金融伦理的新境界。

进行金融伦理批判，需要全面了解金融在全球及中国的发展历程，及它们现实的伦理表现。新自由主义政策在西方广泛推行，金融自由化成为金融资本膨胀的内在动力。金融作为稀缺资源适配的调节器，逐渐离开它的本义，成为市场经济的“泡沫机”。金融的活动宗旨中“人本”与“资本”的冲突，在金融运行方面表现为“以人民为中心”与“以业务为中心”的差异。金融资本的吸血式扩张，不但造成了金融资本主义国内的分裂，也造成了对发展中国家和经济相对落后国家的金融殖民。伦理道德上的极端个人主义和拜金主义不断诱导机会主义的泛滥，道德沦丧的程度令人担忧。建立“人本金融”（或者“人民金融”）是社会主义金融伦理建设的重要方向。它使金融“作为”市场手段而“成为”市场手段。金融伦理失序的重要表现在于：在每一个跨越金融本义

① 中共中央文献研究室编：《十八大以来重要文献选编》（上），北京：中央文献出版社，2014年，第70页。

的领域,它都导致金融异化;金融成为企业和个人的"目的"。作为市场经济的重要手段和部门,金融伦理的基本问题是效率与公正的关系问题。对"效率"本身的理解差异也会导致金融伦理的失态,不同的认识往往会导致迥异的金融伦理格局。对金融资本"收益率"的畸形追求,导致对金融伦理的正当性停留在程序和履约程度上的确认,而忽视了金融程序和合约本身的正当性。社会主义金融体系既是经济性的实体,也是伦理性的实体,二者并行不悖;因此,在金融建设和金融活动中,既要尊重正当盈利,也要反对过度投机。

2. 联网金融的发展与新伦理问题的涌现

互联网金融与互联网技术创新紧密相关,它包括互联网银行、互联网保险、电子货币、网络支付系统、P2P 网贷、众筹、网络消费金融等。互联网金融的主要特点是普惠性、便捷性、低成本。人们常对互联网金融的整体功能抱有良好期盼,设想它能够成为一种构建良序经济的新业态。互联网金融的诸多产品及服务给人们以伦理上的遐思:它破除个人和组织在金融准入方面的人为限制,提供经济自由(如"余额宝");它保护个人限制性投机行为的隐私,并为金融消费者提供均等机会(如 P2P 网贷);它激活创造欲望,并尊重小微资本蕴藏的劳动价值(如众筹);如此等等。其中,P2P 网贷已经退下神坛,"香消玉殒",投机和贪欲肆无忌惮地涌流导致一种被赋予美好期望的新金融业态葬送了它所蕴含的全部价值。① 互联网众筹是与传统金融方式有着根本区别的其他金融产品,它存世的伦理表现以及对个人道德的影响,成为人们反思的对象。

互联网金融是随着移动互联网的发展和普及而兴起的。互联网在 20 世

① 2021 年 3 月 27 日晚,央视专题片《扫黑除恶——为了国泰民安》第二集再现了甘肃兰州一起特大"套路贷"案,在这起案件中,受害者达 39 万余人,其中 89 人因逼债催收而自杀身亡。这个犯罪组织利用各种手段,软硬兼施,将网上软暴力转变成为线下"硬暴力",导致许多人倾家荡产、家破人亡。

纪头二十年里,促进了许多行业发生颠覆性变革,通信、图书、音乐、零售甚至工业设计和制造,都发生了重大变化。数字化的互联网,与单元化和行业化的信息系统以及自动化系统这些相对独立的系统相比,它的优越性突出表现在其强大的融合性上。“个人抬头”,[①]这是尼葛洛庞帝在《数字化生存》一书中点明的这个时代的重要特征。金融活动的场景化、便捷化、去中介化、数字化(透明化)等,使个人享有更多金融权利,并减少为获得金融权利而不得不支付的代价。当今世界,共享的观念深入人心,互联网金融的本义正在于通过价格低廉的网络平台,赋予民众更多的金融参与权和选择权,逃避金融巨头和传统“中心化”银行机构的噬利侵害,充分激活散布在民众中的(以资金为主的)各种资源,使它们成为更好的生产要素,契入更好的生产系统;或者使它们成为更好的消费品,契入更好的消费关系中。在这个意义上,互联网金融仍然恪守金融本质,为稀缺资源的社会性配置提供优良方案。

场景化、去中介化、便捷化、透明化等互联网金融所仰仗的价值,归根到底是迫使金融市场转变对“中心”的依赖,并赋予个人以投融资的更多渠道、更多权力、更多选择,使金融更加“经济”。它有利于金融对市场资源配置的有效性提升。然而,在近10年互联网金融从萌芽到野蛮生长,再到遭受诸方道义讨伐和专业反省的历程看,它确实在经济伦理上有着许多值得我们深思的问题。互联网金融是一个具有创新活力的新兴领域,它一旦成为专业投机者的牟利工具,则难免在伦理边界与道德底线上表现出糟糕的状态。古希腊哲学家普鲁塔克曾说:“须知金钱买不到豁达的心灵、高尚的人格、宁静的生活、乐观的信心和知足的胸怀。”[②]更何况,当互联网金融伦理生态遭到破坏,进一步获取金钱的道路也未必通行无阻。

---

① (美)尼古拉·尼葛洛庞帝:《数字化生存》,胡泳、范海燕译,海口:还能出版社,1997年,第269页。

② (古希腊)普鲁塔克:《道德论丛·Ⅱ》,席代岳译,长春:吉林出版集团有限责任公司,2015年,第1171页。

互联网金融伦理的主要议题包括效率与公平、隐私与公开、普惠与竞争、投机与创新、公益与私利、民主与集中、风险与机遇之间的关系问题。去中心化、圈层化、流动性、悖论焦虑、交互性、角色分裂、“信息共产主义”是其新的特征。互联网金融伦理问题产生的原因:其一是互联网生态结构中“三低”(低学历、低收入、低龄)与“三高”(高智商、高学历、高投机)人群的分化,机会主义丛生;其二是互联网经济发展迅速,业务规范、法制、道德等“适应性建设”滞后,破坏了包容、原则与创新之间的平衡;其三是互联网金融底线缺失,互联网金融成为万能营利适配工具,放弃了金融本义;其四是互联网活动隐秘性强、暗网多,非法民间金融转战网络空间;其五是伦理治理机制尚未形成,投资行为的伦理因果关系断裂,金融风险赋予投机以正当性,而互联网传播进一步放大了投机的“人生意义”;其六是民众、行业协会、政府部门对互联网金融的正式监管滞后,而非正式监管则乏力。建立良好的伦理秩序,防止互联网金融伦理恶意,减少互联网金融欺诈、“跑路”、暴力催收、侵犯隐私、窃取数字资产、强行“搭售”等诸种乱象,必然要迫使互联网金融回归金融本质,对投机行为予以必要的伦理限制,并在上线新的金融产品时同步开展伦理审查与预判。

3. 虚拟货币:互联网金融基石及其伦理问题

虚拟货币包括央行发行的数字货币与私人部门发行的狭义虚拟货币。在狭义虚拟货币中,又存在作为投机虚拟产品的数字货币(如比特币)和具有代币属性的网络平台内部发行的“金币”“Q 币”等。不同类型的虚拟货币在社会生活中充当不同的社会功能要素,数字货币是货币的数字化,而虚拟货币是货币的虚拟化,是货币的不完全形态(即“拟币”)。数字货币适应于数字化时代人们交往工具的电子化和经济交往方式的数字化,数字货币不但能够在虚拟世界中找寻其存在的土壤,也是现实生活中的流通货币。虚拟货币一般不应进入现实生活,仅用于满足虚拟社区的交往和交换所需。不过,在日常语言中人们往往对数字货币与虚拟货币感到困惑不解、难以区分。在广义上,我们不妨将数字货币与虚拟货币统称为“虚拟货币”，而在研究具体问题时再做细致的划分，可能更加有益于问题的解决。广义虚拟货币将人们的生活世界拉入到“虚拟—现实”相融的世界中。它不仅创造了新的金融景观，也创造了新的生活方式。作为互联网金融发展的重要基础，虚拟货币的创新发展为新业态的不断涌现提供了条件；而作为对传统货币的创新，它不仅使货币表征的那些价值形式发生了变化，也使人们在新形势新场景下不得不关心虚拟货币带来的伦理挑战，诸如：它是否对人类劳动的价值进行了侵占和稀释？是否颠覆了货币拜物教的现场？是否在经济权力的结构变迁中充当着激进的道德向导？正如虚拟货币内部的复杂性使人感到困扰一样，只有在对问题和事件条分缕析的基础上，我们才能获得一些具有现实伦理价值的意见。

虚拟货币兴起的直接原因主要集中在以下几个方面：经济活动日益频繁；虚拟生活成为重要的生存方式；网络创业创新渐成风气。马克思认为，在商品价值关系及其表现形式的探究中，“货币的迷就会随之消失”。[①] 他认为，货币关系表现劳动关系以及更为广泛的社会关系；货币形式随着商品交换的发展而不断变化。在马克思看来，人们对货币的种种纯粹抽象的观念，把人的关系异化为现实的不完善性和幻象。假如人对世界的关系是一种人的关系，就不能用货币这种“他在”的力量来予以维持。货币对整个对象世界的交换能力，将人们之间的爱和信任等情感和品德彻底抛弃了。这种不幸在私有财产占据统治地位的时期难以彻底克服。格奥尔格·席美尔则认为，货币在社会生活中扮演着十分重要的角色；货币是“世俗之神”。[②]

从传统货币中端详不出的社会属性（价值的非自然形式），在虚拟世界的扩张中变得更加神秘莫测。以金融科技的显要身份临世的比特币，被一些人认为是有着去中心化功能的伟大货币创新；而另一些人则将之视为投机市场

---

① （德）马克思：《资本论》第1卷，中央编译局译，北京：人民出版社，2004年，第62页。

② （德）席美尔：《货币哲学》，陈戎女、耿开君、文聘元译，北京：华夏出版社，2002年，第162页。

的一时之兴。在对新物种是否具有货币属性的讨论中,之所以存在较大的差异,其原因就在于货币伦理观念的偏差。“去中心化”是民间数字货币所标榜的内核,在其基础技术(区块链技术)的支撑方面的确显示了其独立性,但依靠强算力支撑和资本加持的新型数字技术产物,它在社会中却依然是中心化的。通货或许是抽象的,所以拟币能够在传统货币观念的支持下从事迥异的活动,并栖居在无形的数字结构中。通货所形成的社会关系是具体的,无论是法定数字货币还是虚拟货币,其对社会关系所形成的影响,必然真实地反映在一定的伦理关系中。在经济领域,虚拟货币的出现使资源支配的权力体系发生巨大的变化,虚拟货币的发行者和持有者通过它而获得经济支配权;在虚拟社区,人们在这一全新的生存环境中重塑权威结构,使虚拟社区阶层结构在扁平网络中建立起具有更大流动性的权威体系;网络虚拟经济和虚拟化生存的资源配置权力,以及通过虚拟社区的积极活动所获得的权威,在虚拟—现实的不断互渗中,也改变了现实生活中的权力关系,在更多领域和更多层次的社会化结构中,虚拟货币不仅是作为人类生存发展的结果,也被作为具有巨大潜力的社会工具,作为变革现实社会的力量而被使用。

数字资产是这个时代的重要私人财富和社会财富。虚拟货币的出现和广泛采用,使互联网时代的财富观由物质主义进一步朝着消费主义和景观社会的方向发展。货币在产生积极伦理意义的同时,也会对社会道德产生污损。一方面,货币是天然的平等派,它在商品经济规则下的社会交往中扮演着不偏不倚的角色。另一方面,“货币的计量性导致社会交往的外化和低俗化,货币的可流动性和可兑现性导致生活世界的世界化和殖民化。”①货币在其形态的发展进程中,不断产生去物质性的内在力量。经由去物质化的过程,也使得货币拜物教不断强化。经济越是加快流通,货币的物质属性就越成为流通中介的累赘。虚拟货币不仅是新的货币形态或者“拟币”,而且其本身就是一种新

① 禹芳琴:《货币伦理论》,北京:经济科学出版社,2010年,第181页。

的社会价值观念的承载物。在虚拟社会和现实社会的融合过程中,虚拟货币可以为更好的伦理秩序增添活力和色彩。

4. 互联网支付:从“渠道价值”到“价值渠道”

互联网支付基于一个开放的互联网系统,这是传统银行封闭系统所不具有的基础设施。它作为货币流转的渠道,是商品交易得以实现的便利工具;因其快捷、高效、安全、不受时空限制等特点,迅速成为当前人们在消费、借贷等方面用以划拨资金、转账清算、支付酬劳、买卖商品的主要渠道。互联网支付的主要功能在于:在价值链中充当特定流通通道,发挥价值衔接作用,表现为现实价值的桥梁和通道作用,简称“渠道价值”。但是,支付“渠道”的改变和进化,也使人际关系出现新的结构化,在社会组织要素的运动中出现新的规律。互联网支付正在改变着人们的生存方式,并改善人们的生活质量,对社会化生产也具有巨大的促进和改良作用。从这个角度看,互联网支付还是价值生成和拓展的新渠道,即“价值渠道”。作为“渠道价值”的互联网支付,在其运营的过程中对经济伦理会形成一定的冲击;而作为“价值渠道”的互联网支付则给人们带来伦理景观上的无限遐思。

互联网支付作为“渠道价值”的伦理问题与其直接功能紧密相关。互联网支付的直接功能至少包括如下五方面:增加流动性;降低交易成本;降低代理成本;审计和会计方面的好处;风险重配。互联网支付技术安全风险的实质上是道德风险,它的任何技术漏洞被不法分子和道德沦丧者所觊觎,并不是因为它的支撑技术本身是缺德的,是引发恶的根据;与传统支付手段相比,互联网支付增加了社会和资源的流动性、降低了交易和代理的成本。网络支付的主通道从网银支付转变为第三方支付,体现了现代金融服务从“了解你的客户”到“为了你的客户”的企业伦理观念的变迁。如果说“了解你的客户”是为了增强资金流动性和安全性的话,那么“为了你的客户”则为资金流向的多元性和亲民性提供了许多有价值的业务,从而吸纳更多人使用这种新型支付。

在消费已成生活景观、支付乃是交易纽结的市场经济中,支付手段的巨大变革必然形成社会经济关系的新格局;而支付手段被资本所控制的结果,往往使支付手段的利民性弱化,进而成为统治人们的工具。作为“消费替身”,互联网支付刺激了无节制的消费和场景化体验;作为“投机工具”,互联网支付表现出了对欺诈和悖德行为的谄媚,其极端表现是它被赌博、洗钱、诈骗所利用,并通过隐私保障为其提供庇护所。作为“代理人”,互联网支付在层级代理制下,代理层级越多,信用机制越松散;同时,信用风险越大、信用成本越高。另外,支付机构对支付信息的加工,处于放任自流的状态;以数据价值挖掘的名义掩盖了它们对客户信息的侵犯。

作为“价值渠道”,互联网支付改变了世界,为人的生存与发展提供了条件和契机。正是因为有了互联网支付手段,支付那些在家办公的员工酬金,以及支付那些网上订购的商品费用,也使无人商店进行即时支付就成为现实。商品和服务流动起来,货币也以崭新的形态流动起来,人们获得了相对稳定的居所,相对稳定的人际关系,相对稳定的社会情怀。更高水平的技术不断被用于支付手段的开发,更多的人在现代支付方式中享受到生活的便利,同时深入到互联网生活的内核。互联网生活场景的建构将人们的生活开辟出了新的境界。互联网支付使市场体系中的生产要素能够更好更快地结合在一起,社会功能组织的要素亦能实现全球整合;社会要素的组织化具有地域广、领域广、时域广的新特征,多维协作组织不断涌现。作为一种组织活动和系统容纳准则的货币支付成为新的潮流,互联网支付使加入某些行业、阶层、业趣、职能等相关圈层的“许可证”被通约为某种可以在线支付的数字货币。各组织通过第三方支付机构对资金的锁定期保护,增强了组织沟通的信心。通过网络支付而获得互联网生活中的知识性产品及服务,不但没有加重社会的不公,反而使过去的不公现象得到一定程度的缓和。

“支付”是金钱流转的渠道和方式,是金钱转变为(现实的)个人和社会财富的路径;失去运动能力的金钱,与一堆废纸或砂石并无本质差别。赋予金钱以运动能力的东西,乃是金钱的社会属性,即它代表一定的社会劳动所形成的价值量,从而在商品交易中有着普遍的等价性质。互联网支付或许是人类迈向自由全面发展进程中的重要工具,它立足于现实需要而指向未来社会人们生活方式的型塑。当然,离开系统性思维而片面寻求互联网支付的经济效益,必然会造成工具理性的异化。

5. P2P 网贷:“伙伴关系”的终结及其伦理反思

P2P 网络借贷是随着互联网的发展和民间借贷的兴起而发展起来的一种新型金融模式。它旨在通过网络平台实现社会闲置资金的有效利用,在资金富余者和需求者之间架起信息沟通的平台,是民间借贷的网络延伸。P2P 网贷将熟人借贷关系转接到互联网的陌生人借贷关系中。在 P2P 网贷诞生、发展、瘦身、取缔的过程中,平台与投资人、投资人之间、平台之间的复杂伦理关系值得持续深入思考。诸如跑路、“裸贷”、“套路贷”、暴力催收等突破人伦底线的行为及其影响,始终都不会因为 P2P 网贷行业发展的“终结”而终结。它反复提示着人们,在经济发展的过程中,人的伦理道德始终是“人之为人”的重要方面;抛弃基本伦理原则,一定会对行业本身形成致命打击,也会使自身失去“人之为人”的部分基本权利(如“自由”)。从被寄予希望到成为“黑色产业”,P2P 网贷行业经历了探索、爆发、萎缩、退市的阶段变化,它既有新业态出现时政策供应不足和不及时的原因,也有市场经济发育过程中,人们义利观的扭曲、基本伦理道德沦丧的问题。

P2P 网贷是抱着普惠金融的伦理初衷来到这个世界的。仅从 P2P 网络借贷的程序设计而言,它的普惠意义是明显的,它也由此获得了普通群众和专家学者的喝彩与厚望。个人金融权的平等是经济正义的重要内容之一。平等的金融权意味着发展机遇的增加和社会财富分配的民主化——至少在形式上提供这样的机制。尽管依据投资基数和金融技术的财富重配未必能体现对低收入人群的关照,但 P2P 网贷平台在准入门槛的设置上已经提供了这种(经济民主化的)理念。P2P 网贷平台的成长,附和着年轻人成长奋斗进程中的共同关切和困扰。它深知部分在校大学生攀比成瘾,熟悉某一电子产品的问世会使许多年轻人挂念,也感受到了创业过程中资金短缺的困难,还有生活、工作和人际关系中的种种困扰和忧虑。在这样的背景下,一时间,P2P 网贷几乎成为年轻人的主要融资路径。P2P 网贷本可以通过“共情”而获得生生不息的内在动力,这是道德资本的巨大潜能。

P2P 网贷作为经济理性的产物,在普惠金融方面蕴含的伦理意味得不到充分伸张,而其隐藏的恶却爬到了社交媒体和人们心灵之上。因网贷引起的自杀、精神失常、生活失序等问题,我们绝不能用一种旁观者的过度清醒予以嘲笑和蔑视。在有关“网贷事件”的新媒体信息中时常看到的“活该”的评论,这是偏离了基本伦理价值准则的。“跑路”对贷款人的经济损害和道德损害是深重的。“跑路”对贷款人的伦理伤害主要包括:“希望的中断”和“情感的中断”。在互联网时代,有闲阶层不但以消费的景观化作为情感支撑和依托,也有部分有闲阶层以投资的景观化作为情感支撑和依托。“套路贷”是以“贷款”为名行非法占有被害人财物之实,它以获取他人房产、藏品、有价证券以及剥夺他人自由等为目的。无论是对在校学生理性(或心智)成熟程度的揣测(并依此而设计的 P2P 网贷业务),还是基于性别歧视的特殊业务设计,都是令人发指的。在一个文明社会进行智识和性别的赤裸裸的歧视,并将这种“歧视”的“成果”作为敛财的手段,这是对人类基本的平等观念失去了最浅显的认知。“引诱”和“欺骗”,它们作为一种霸凌,与暴力催收的霸凌相比,前者是软暴力,后者是硬暴力。而对人们身心的伤害程度,并不能由此而清晰地区分开来。当 P2P 网贷公司为了维持信贷关系的有序进行,通过一定的“威慑”(暴力催收)试图建立一种个体意志的“服从”格局时,它就已经在伦理道德的边沿伸出了试探的、带有强烈罪恶倾向的手。

P2P 网贷已被全面取缔,网络借贷的其他形式仍然存在。作为一种伦理反思,对已经消殒的 P2P 网贷的伦理问题,依然可以做一些“建构性”的假想。

P2P 网贷从技术的角度来说,其方便、快捷、高效、低门槛等特征已经表现了足够的民本色彩,也赋予足够的道德意蕴。技术赋能是可能的,在已知或未知的信用体系漏洞中帮助人们更好的修缮它,这是新技术的潜质。但技术的破解方式在它的对手那里依然存在,甚至利用相同的技术逻辑行使更为隐秘的破坏。因此,具有"赋能"和"赋权"功能的新技术,却未能"赋德",以至于赋能和赋权的潜质被削减了。既然技术本身不能"赋德",我们就应该将德性赋予技术,而这样做,是要通过人以及人们的社会关系来实现的。

6. 众筹:网络社交经济与融智时代的伦理景观

众筹是普通捐赠行为在互联网时代发展而来的一种商业模式,它为个人和组织提供更多机会、带来更多财富、创造更多价值。众筹的明显特征表现为:投资人分散、投资额度小、投融资人陌生化、投资素养和风控能力差异巨大。众筹给人们带来的希望,在大众创新万众创业的时代号召下显得尤为突出。它将"小我"的力量通过众筹平台链接为"大我",在网众汇聚的资金支持和智力援助下实现创新创业的宏伟设想。作为互联网金融的新业态,它不仅包括了非盈利性的网络捐赠和项目赞助,更有重视投资回报的权益众筹和股权众筹。人们将小额资金用于支持伟大事业,并在其中获得回馈。网络众筹在如下方面发挥着重要作用:鼓励小微创新创造,弥补社会保障的漏洞,激活众创力量的蓬发,增进社会闲置资本的价值。众筹行业健康有序的发展,是"以人民为中心"发展观的基本要求。无论新的经济场景发生多大的变化,人的尊严的维护和价值的发掘,始终应该放在至关重要的位置。

2016 年后,众筹行业热度降低。其原因是:其一,问题平台不断涌现,平台信用受到质疑;其二,互联网金融监管不断加强,治理密度和强度加大,政策框架和监管举措逐渐形成体系;其三,网络众筹的小资本平台营利能力受限,平台创新能力及对项目的管理能力不足,信用体系不健全等,出现客户黏性的马太效用。互联网众筹行业发展的基本趋势:一是行业信誉的回升;二是专业化众筹平台将更有发展前景；三是创新创造创意是众筹项目发起人需要关注的重点，常规项目众筹将举步维艰；四是社交化与智能化的融合；五是众筹平台的项目孵化功能进一步提升，网络众筹平台要成为“造梦工场”“梦想实现平台”，为“每个人都有人生出彩的机会”提供平台和支持。

“角色沉浸”、陌生化场景的自律问题、价值的多元意指偏差、机会主义盛行等是众筹行业暴露出的主要伦理问题。对网络众筹进行伦理道德规范，对网络众筹参与者进行必要的道德教化，不是要在法制之外另辟蹊径寻求互联网金融治理的密钥，而是要与法制建设一道，共构互联网金融秩序的防火墙。其目的在于：第一，使网络众筹回归“普惠金融”本质。第二，使万众创新大众创业取得更大成就。第三，网络众筹是金融理性工具，也是价值理性工具，要在实践中提高对后者的重视。第四，促进知识生产。新的知识生产必然冲破现有利益体系，现有利益关系格局在互联网潮流中变得脆弱；而利益体系的脆弱性，正是边缘人获得人生出彩的机会。第五，提高网络社会治理现代化水平。网络众筹作为一种新的经济业态，必然建立在社会治理的总体框架中，增强平台信息披露能力与水平，防止发起人项目欺骗，维护信息安全，防止金融犯罪和洗钱。

网络众筹有不同的分类。股权众筹与天使投资、PE（私募基金）、VC（风险投资）构成一条完整的融资生态链，是多层次资本市场体系的一部分，该模式的主要业务是服务于初创企业。股权众筹为小微创业者提供了与大企业接触交流的机会，可以吸引大企业注资并参与运营管理。权益型众筹又被称为回报型众筹、奖励式众筹或预购式众筹，是指投资人可以从项目发起人那里获得非金融性奖励/权益作为回报。这种回报可能是象征性的，也可能具有消费属性。在资本逻辑的统治下，众筹的创新创意培育率不高，对种子项目的培育和支持率比较低。权益众筹在本质上应体现社会效用和经济效用的适当结合。当其价值取向偏向纯粹的金融营利，则其所能挖掘的社会价值必然遭受埋没。物权型众筹指的是通过互联网向大众筹集资金，用以收购实物资产，通过资产升值变现获得利润。物权众筹的购买行为是为卖而买，在保障利润的前提下，交易频率的加快有利于资产的增值，使投资人获得更多利益。在物权众筹中，搭便车现象是最为常见的机会主义表现。公益性众筹是不以营利为目的，通过互联网向不特定人群募集资金，用以扶危助困，对灾难、贫困或其他社会公益事业进行赞助的筹资方式。公益众筹的本义在于对急、难、危、灾及公共事业进行无偿救助，并通过这种网络筹资使更多人参与互助和慈善活动。

在网络众筹中，伦理风险主要源自于如下几个方面："资本本质"与"资本形态"之间的不匹配；"信息增殖"与"信用增殖"之间的不匹配；"工具理性"与"价值理性"之间的不匹配；"普惠金融"与"个人主义"之间的不匹配；"机会主义"与"制度约束"之间的不匹配；"鼓励创新"与"人民属性"之间的不匹配。在互联网众筹发展的进程中，降低和防范伦理风险是一项艰巨的任务。"理性原则""幸福原则"与"责任和宽恕原则"对规避众筹行业的伦理风险来说，无疑具有重要意义。

7. 互联网消费金融：资本进"场"的生活方式与场景化伦理

消费作为拉动经济增长的重要因素之一，在国民经济中占据着十分重要的位置。我国传统的消费习惯主张量入为出、量力而行，这一方面是我国经济相对稳定、泡沫稀薄的重要原因；另一方面也直接导致了消费金融发展不充分的现实。互联网经济的发展，并非简单地改变了经济活动的空间，也使经济活动在时间上减少约束；更为重要的是，互联网消费经济有着与传统消费经济大为不同的方式和机制。互联网消费金融是推动互联网消费经济发展的重要手段，它所主张的提前消费与预支未来的理念，对现代网民尤其是年轻人的影响是巨大的。互联网消费金融是资本在互联网经济时代的进"场"方式，它以促进资本的增殖作为根本动力。互联网构筑起网络时代的消费景观，"场景化"是广义虚拟经济的表现之一，也成为互联网金融在消费经济中施展自身能量的方式。由于各种新型场景的构建，消费盛宴带来了经济的繁荣景象，也鼓动着人们在消费场景中的参与激情。消费主义的情绪如果一直弥漫于互联网空间,它所造成的危害是明显的。对消费欲望的不断刺激,并没有相应提高人们对劳动和创造的追求,在这一过程中,互联网金融无疑起到了推波助澜的作用。

不用劳动创造就能先期兑付一种"假想的未来",以背离实际的方式强化一种观念:把过去已经获得和未来可能获得的财富,用于今日的消费狂欢。这种消费理念的进一步发展,变成了将假想当作现实,将虚构当作实在,经济泡沫不但卷入现实经济生活中,也引起了社会心理的变化。那些一直被认为是积极健康的消费伦理——量入为出、厉行节俭、利己不损人等——变成了与现实背道而驰的东西。如果极度虚构的未来价值是可以任意兑现的,那么欺诈或者撒谎就不被认为是一种不道德的行径;因为这有可能被认为是对个人在未来取得经济建树的不信任态度。互联网消费金融在其业务形态、工作环节上存在的伦理问题,构成了互联网消费经济发展的深层原因。我们必须清楚:健康消费和普惠金融相结合,是互联网消费金融发展的应当趋势。

较低违约率是消费金融公司及银行发展相关业务的决策依据。这对过去人们在经济生活中的过度"伦理矮化"是一种反击。伦理矮化是人们对社会中的他者抱有与其实际伦理道德水准不相符合,且明显低于现实伦理道德水平的一种社会情绪。消费金融的主要特征是:平民化、放款速度快、场景化、产业对接。消费金融的发展具有重要的经济和社会意义,它主要包括如下方面:第一,激活内需,发展经济内循环;第二,有利于消费正义的实现;第三,对产业布局和经济格局的良性发展有重要意义。商业银行、互联网金融公司和电商平台在发展互联网消费金融时,必然在产品规划与场景选择、客户吸纳和维护、资金安全与贷款催收等方面涉及伦理选择的困难。其原因在于金融"关系"的发生,需要"共识"和"共情"来维持,而金融资本的噬利性则往往只考虑自身的利润大小。

互联网消费对消费者和经营者来说都是伟大的机遇,在这场经济生活的网络应用中,消费产品的丰盛程度和选择手段的便捷化是前所未有的。消费权益的扩大不仅体现为正当消费秩序的维护,而且包括消费种类的多样化和便捷性的提高。消费权是人们满足生存所需的基本活动中体现出来的人权,与生产劳动权具有同样的地位。互联网消费是消费权扩大的新领地,它带来种类繁多和手段多样的消费机会。消费金融伦理要坚持动态性与稳定性相结合、一致性与多样性相结合、传承性与创造性相结合的准则。坚持消费金融场景化伦理的内核,它主要包括如下内容:消费价值是人的价值序列中的基础层次而不是最高层次;人是目的而不是手段,金融是手段而不是目的;异质性的消费导致人的生活的多样性,而金融的通约性则指向货币价值的同一性;健康消费与普惠金融具有内在的统一性。

8. 互联网保险:不确定的风险中存在确定的价值吗

斯尔丹·勒拉斯说:新的生存方式已经确定了它的地平线。[①] 正是新的生存方式的出现与发展,互联网保险从传统保险的母腹中孕育而成,它适应于人们被卷入到互联网生存场景的深度和广度。传统保险的"上线",满足互联网经济发展需要的新险种和新产品的产生,融入互联网节点均权趋势的非正式保险类型"网络相互保"的萌芽,反映了当前人们在互联网中的生存状态和实际需要。当前学术界的共识是:互联网保险是指保险机构依托互联网订立保险合同、提供保险服务的保险经营活动。它既是传统保险的技术延伸,也是其产品延伸和价值延伸。我们认为,互联网保险不仅是保险渠道的革新和拓展,也是保险业务和内涵的延伸。随着社会经济的发展,尤其是互联网在经济社会的全面渗入,互联网保险的发展趋势是从倚重"渠道价值"转向"融合价值"和"互联精神"。从互联网保险的主体来看,必然从保险公司、网络巨头主导转向网众自主互助。这两个"转向"的完成尚需时日,但它与互联网价值的

---

① (克罗地亚)斯尔丹·勒拉斯:《科学与现代性——整体科学理论》,严忠志译,北京:商务印书馆,2011年,第311页。

内在逻辑是相一致的,因而具有现实可能性。

中国已经成为全球最重要的新兴保险大国,但保险深度和密度尚不高,保险市场的不均衡不充分特征还比较明显。我国互联网保险市场持续快速增长,互联网保险的平台化与产业融合持续深化,保险服务实体经济的能力提高,互联网保险监管体系进一步规范,金融科技对互联网保险业发展的贡献率越来越高。与科技赋能和人们的互联网生存深化相适应,互联网保险也将在我国经济、社会、文化、卫生、教育、科技的发展进程中发挥重要作用。支持实体经济和网络经济发展,保障人民群众生产生活稳步前进,减少灾难和风险因素的影响,是互联网保险的现实任务。对于人类社会而言,风险是客观存在的,也是普遍的。**风险是人类经济社会发展的“必要成本”**,风险还会随着人类社会的进化而“进化”。保险是经济社会发展到一定阶段后人们应对各种风险的一种有效方法。保险的本质就在于应对不确定性风险。对于社会主义国家的保险公司而言,经济效益必须与社会效益取得较好平衡。原因在于保险机构由纯粹的经济组织变为受社会主义核心价值引领的经济组织,其目的在于实现人们美好生活的同时增加企业经营业绩。人民对美好生活的向往是我们的奋斗目标,也是保险机构拓展业务,增加保险渗透的根本原因。

在互联网时代,一方面,那种具有“强互保”性质的互联网自助体系,正在弱化保险的经济属性;另一方面,那些具有强投机属性的保险产品,正在演变成一种新的博彩方式。互联网保险的投机成分是新保险形态面临伦理困境的主要原因。在伦理问题上,互联网保险面临的主要挑战是:其一,保险短视频/直播新场景带来的伦理冒险。互联网时代,流量竞争是至关重要的基础赛道,网络平台是用户聚集的主要媒介,通俗化和娱乐化是信息传播的主要形式。在“新场景”中,“主播”与“粉丝”之间如果同时兼有“保险营销人员”和“保险客户”的关系,则其身份伦理存在着严重偏差的可能,信息传播的内容也会存在容纳机会主义的监管空档。其二,由于互联网保险利用了先进的数据技术、脑神经技术等,以便对客户进行单向度的信用数据痕迹的审查,由此会在数据收集、储存和挖掘过程中出现“新机制”导致的数据伦理问题。第三，哪怕是最简单的传统保险“上线”，也会存在基于虚拟身份和数据使用、报损鉴定和理赔支付方面的伦理问题，诸如透明性和信息对称问题引发的公平性争议和“最大诚信原则”如何得到鉴别和维护的问题，与网络经济深度融合的新型保险产品就更不用说了。特别是体现互联网精神的“相互保”究竟在经济性上还是在伦理性上展示其社会价值和人们需要？互联网保险“新领域”的开拓增加了保险伦理的内涵。第四，在广泛运用的互联网保险营销上，由于“新渠道”对网众注意力的倚重，使其俨然成为一种注意力支配下的经济活动。注意力成为稀缺资源，这是由人们的时间既定性和视屏（视野）的局限性决定的。只要人们接收信息的心理机制和生理功能未能发生革命性变革，注意力就是稀缺的。争夺“渠道”是互联网保险同业竞争的主要方面，由此而带来的营销伦理也需要引起正视。

当然，互联网保险也有着良好的发展机遇。人们生活水平的提高，对高质量、多层次的保险需求增加；而互联网精神的蔓延，有助于“相互保”的快速发展。当前网络经济助推了互联网保险的盛况，由于社会剩余财富的增加，资本营利需求更加强烈，大量社会资金进入互联网保险业，为互联网保险偿付能力的提升、保险信用的维护、保险科技的研发提供了物质基础。教育科学文化水平的提高，科技研发能力日新月异，新型信息传播技术与保险科技催生了精准保险，使互联网保险能够更加全面地为网众提供经济保障。互联网保险不是一种静态的经济产品，它本身就是社会经济体系和生活场景中的价值链。它“应”群众之“呼”而产生，是一种体现在经济活动中的“承诺”关系。而“承诺”是一种指向未来的心理确定性，它对社会来说起稳定作用，而为个人生存提供安全感。在具有更多更复杂风险的互联网时代提供经济补偿的承诺，就是在不确定性中树立确定性。对社会主义中国来说，互联网保险的发展未来，必然将“节点均权”的网络精神与“互联互保”的互联网保险价值旨归，以及“人民当家做主”的意识形态完美结合起来。“以人民为中心”的发展理念是社会主义互联网保险事业发展的根本指针，也是互联网保险伦理规范的根本之道。互联网保险不但传播，而且创造和扩大社会主义经济伦理的价值主张。

9. 互联网金融伦理治理及其愿景（结语）

增强互联网金融伦理治理的力度，拓展互联网金融伦理治理的宽度，培育互联网金融伦理治理的高度，就需要在中国特色社会主义核心价值体系的引领下，深刻认识互联网金融伦理的关键问题，构建全面、协调、动态、科学的伦理治理体系。互联网金融作为当代经济中的重要领域，承载了满足人民群众美好生活愿景的伦理期许，其本质是“普惠金融”和“人民金融”。互联网金融伦理乱象是其伦理治理的鹄的。伦理乱象的纷繁芜杂令人目不暇接，形成这些伦理乱象的关键问题乃是对“投机”“风险”和“信用”的错判和误解。对投机的放纵和禁绝是对市场风险的漠视，也将影响人们对互联网金融的参与激情；风险清零是没有必要的过分谨慎，也是不现实的幻想，而无限风险则将社会和个体陷于全面动荡不安中；信用关系的物质客观性在互联网金融中被不断主观化和虚化，反过来不得不使伦理道德关系物质化。互联网金融伦理治理需要紧紧抓住限制性投机、有限性风险、强制性信用三个核心问题，并在此框架下审视效率与公平、隐私与公开、普惠与竞争、投机与创新、公益与私利、民主与集中、风险与信用等七大主要议题。

对互联网金融进行伦理治理的目的，是要在降低互联网金融伦理风险的基础上实现行业良序发展；巩固和发展互联网金融系统的内部协调和外部关系，在发展互联网金融经济的同时发展经济正义。对互联网金融这样一种新型业态系统而言，其伦理道德规范总是在不断地生成中。人们并不能完整预知互联网金融行业与产品的未来发展趋势，以及它们实际产生的伦理后果。新的伦理道德规范不断在金融实践中生成，人们在不断参与场景化、圈层化的金融关系中，通过交互式活动获得伦理共识。在互联网金融伦理中，实然之状与应然之境存在着较大的差距，其产生的原因一如前述，创新发展中人们在摸着石头过河，在没有现成经验可资借鉴时，对爆发的互联网金融伦理问题采取精准应策是困难的。不过，互联网金融经济的发展，已然坐落在互联网的精神殿堂之上。互联网的核心不是物的联通，而是人的联通，是人的精神意志、审美休闲、物质需求、伦理价值等，通过万物互联而彼此通达；互联网的进化不是赋予物质以智慧、以价值、以生命，而是将万物用于表达人的智慧、价值和生命；互联网金融要体现人民性，依靠人民，激发群众的积极性，提高群众的参与度；互联网金融要体现普惠性，互利互为，增强群众的获得感，发展群众的金融权；互联网金融要体现安全性，预防侵占，遏制过度投机，发展金融科技，促进金融制度改革；互联网金融要体现经济性，又好又快发展，既要公平正义，又要高效优质。人民性、普惠性、安全性、经济性相互包含、彼此突显。创新发展是互联网金融发展的基本趋势；规范发展是互联网金融发展的基本途径；协调发展是互联网金融发展的基本保障。互联网金融的本质仍然是金融，必然遵守调剂余缺、优化资源配置的功能。未来互联网金融服务能力的提升主要体现在三个方面：服务实体经济；服务人民需要；服务社会发展。在互联网时代，金融主体权利义务关系的重建，去中心化的互联网金融促进了金融平等；金融风险和收益的系统性不断增强，深化金融渗透的同时也体现了互联网金融的社会担当；交互式金融协商均衡了金融权力，代价和补偿机制更加完善，金融霸凌被代之以金融互利；利益共同体、情感共同体、审美共同体、智识共同体和价值共同体相融合，单向征信变为金融互信。平等、担当、互利、互信（称之为互联网金融“四义”）得到充分发展，这是互联网金融伦理的未来愿景。

本课题的研究重点是如下三个方面：第一，互联网金融的伦理内蕴乃是基于自由化、民主化、分散化模式而获得的，但是其道德隐忧则内生于互联网金融的隐匿性、开放性与监管缺失。互联网金融伦理应当突破伦理旨归上的“原教旨主义”，重新厘清互联网金融伦理与元伦理和传统伦理规范之间的关系。第二，限制性投机行为是金融经济发展的必要条件和重要内容，道德上对投机行为的贬抑由来已久，而对投机行为进行细分成为互联网金融伦理需要着手解决的理论问题。限制性投机行为（利己不损人）的德行范围何在？它转化为过度投机行为（损人以利己）的条件是什么？限制性投机行为“利己不损人”是主观动机还是客观效果？或者两者是在怎样的机制上实现平衡？这些是本课题研究不可回避的现实问题。第三，互联网金融伦理主要实践领域的具体道德规范各有侧重，针对专门业务进行伦理问题研究，从而使伦理学研究着眼于社会现实，从实际出发反观“本本”和学理，而不是从“本本”或特定理论出发“指挥”实践。对互联网金融伦理细节的解剖学方法或许有冗长之感，但它对实践理性的纠偏或有助益。对当今互联网金融所表现出来的令人担忧的伦理现状进行系统分析，以便找到其根源和发生机制，为建立良序互联网金融体系提供指引。这项工作对于保障个人和组织参与互联网金融活动的正当权益、维护经济正义是有意义的。

四、思路和方法

互联网金融的本质仍然是金融。这一基本判断决定了互联网金融的主要任务和使命，在不同的社会形态和社会制度中，互联网金融伦理的意识形态性是明显的。尽管人们有理由确信诸如自由、民主、平等、友爱等理念的普遍价值，但抽象的辞藻往往掩盖了它们在不同社会制度中相差甚远的本质。新中国成立前夕的1948年12月，中国人民银行成立，它简称为“人民银行”；向全世界宣告了新中国金融系统的人民性。1983年9月后，中国人民银行专门行使“中央银行”的职责，我国金融行业的市场化改革也逐渐深入。尽管如此，维护金融系统的人民性，是由我国的根本政治制度决定的；无论金融形式和业态发展到什么程度都不能改变这一性质。互联网金融之所以令人们欢欣鼓舞，就是因为它的内在机制是更加民主化的。在资本主义金融系统中，向穷人放贷似乎也是一种有道德的行为，但它们通过住房渠道等“向穷人放款，仅仅是让银行对抵押品下注,而不是对人下注”。[1] 马克思曾经说过:“金融贵族过着糜烂的生活,人民却在为起码的生计而挣扎!”[2]资本主义金融系统“见物不见人”的经济理性以其强大的权力意志征服了市场经济的参与者、弄潮儿、赌徒等。这种最纯粹的资本意志使得食利者阶层道德沦丧。异常活跃的金融系统将世界金融化,而将自己置于经济、文化和政治的主宰之位。它们意欲剔除任何妨碍金融渗透和扩张的行为,把完全市场化作为金融的命门,拒斥伦理和政治的干预。在很长一段时期内,金融伦理的研究是薄弱的,这与金融行业的蓬勃发展相比实在不可思议。金融作为一种经济手段,它在调节资源余缺,进行资源的时间调节和地理调节上有着非同凡响的力量,这已经被经济事实所证明。因此,1979 年 10 月邓小平在同省、市、自治区党委书记的座谈时指出:“必须把银行真正办成银行”[3],发展借贷关系。不过,我们要把金融活动开展起来,把金融市场搞活起来,把金融系统完善起来,不能走资本主义的老路,而是要开辟社会主义金融事业的新路。我国发展金融市场必然要遵循社会主义基本制度,必然要遵循社会主义伦理价值的指引。这一点是毫无疑问的。我国发展互联网金融,建设和规范互联网金融伦理秩序,必然将人民性作为首义。

本课题从一般金融伦理出发,在“效率”与“公平”的经济伦理基本问题框架内,回应金融经济如何实现资源高效优质配置与金融正义的融合问题。“互联网金融伦理”既有自己的特殊问题域,也有一般金融伦理问题。从一般金融伦理问题的梳理到互联网金融伦理的出场,是从一般到特殊的方法。从互联网金融伦理的一般问题再到互联网金融主要业务(模式)的伦理现实,则是再一次从一般到特殊。理论演绎需要遵循一定的逻辑规则,而实践演绎则

① (英)安德鲁·帕尔默:《金融创新:重塑未来世界的智财》,郭杰群、草沐译,北京:中国人民大学出版社,2016 年,第 180 页。

② 《马克思恩格斯文集》第 2 卷,北京:人民出版社,2009 年,第 84 页。

③ 《邓小平文选》第二卷,北京:人民出版社,1994 年,第 200 页。

遵循事态发展的内在规律。在社会主义市场经济中,“人民金融或金融的人民性”与“互联网金融的普惠性”是内在一致的。不过,将人民性与普惠性作为两个概念来强调,意在表明互联网金融的内在逻辑就是普遍受惠,更确切地说,就是每个人都享有金融权。互联网的“赋能”与“赋权”早为人知,尼葛洛庞帝的《数字化生存》一书起了很大的推动作用;但互联网生存现实更加使我们确信这一点。不过,希望通过互联网实现世界大同或者世界同质,则为时尚早。历史和逻辑相统一的方法在本书稿中随处可见。我们并不认为互联网金融的普惠性必然会“自然流露”,它需要特定性质的伦理指引。实践是接近真知的捷径,实践让我们有机会窥探到真相的更多内容;因此,在对诸如众筹、P2P 网贷、互联网保险、互联网消费金融等相关方面进行研究时,亲自尝试是尽量了解全景的一种有效方式。对互联网金融监管的研究,借力于业界师友的帮助,也受益于有关学者的研究成果和资料汇编。互联网不但催生了线上金融,也使得对互联网金融伦理的调查变得便捷多了;当然,在专业机构已经给出足够充分数据的方面,也减少了研究的时耗。

本课题研究计划的执行并不顺利。一是因为现实伦理问题的研究并不适宜于多人共同撰写文稿,这将会在表述方式和学术观点上产生不可避免的冲突;二是因为课题研究框架过于庞大,互联网金融六大核心业务领域的伦理问题十分复杂,所涉学科领域宽泛。所幸课题主持人对网络经济的伦理问题研究已有一定积累,且有充足的金融业社交资源可供请教;同时,课题组成员在搜集和整理资料、发掘和发现互联网金融伦理问题上也有一些较好的主意和较深刻的见解。本课题不同研究阶段的重心有所不同:第一阶段从立项开始截至 2017 年 12 月,侧重于网络经济伦理问题的梳理和互联网金融生态的调查研究;第二阶段从 2018 年 1 月至 12 月,侧重于在前期研究的基础上结合良序互联网金融市场建设的目标和要求,清理、整合、挖掘新的思路和研究视角;第三阶段从 2019 年 1 月至 12 月,向互联网金融伦理理论与实践研究的纵深方向探索,并形成比较稳定的研究观点和结论,形成具有较强理论性和应用性的阶段性成果；最后阶段从 2020 年 1 月至 2021 年 3 月，对互联网金融伦理秩序的应然状态进行宏观谋划，完成专著写作和成果统筹，并通过所在单位科研管理部门完成结题工作的各项程序。

五、研究目标与价值

在研究内容上，互联网金融在参与主体的隐匿性、金融活动的场景化方面具有与传统金融迥异的特征，信息权力在互联网金融以及其他网络经济领域具有重大作用。因此，本课题的研究思路如下：互联网金融伦理实然状态的整体性根源在于传播机制与人的道德接受机制的冲突；个人道德养成和企业价值的塑造是一个连续性的过程，其实然状态具有相对稳定性，它与互联网金融的场景化所要求的伦理道德之间有着一定冲突。这"两个冲突"的解决，一是需要增加对互联网共享、共创、共建的包容性经济活动的了解；二是要在互联网金融活动参与各方的功能细分和角色伦理建设上有更加积极的谋划。在学术观点上，我们认为，互联网金融伦理的应然状态（构想）只有在对投机行为细分的基础上才是可能的，而限制性投机行为对互联网金融的普惠本质不会构成侵蚀。仅依靠个人伦理道德的提高来治理互联网金融行为的失序固然有情绪化的因素，但金融在本质上是建立在信用基础上的（它首先必然是个人信用）。匿名和技术性失控成为投融资行为缺乏道德约束的重要原因，在技术力量后面寻求利益链的隐性表达样态；使隐性利益的阴谋显性化是破除道德神秘性的重要路径。在研究方法上，我们对互联网金融业务模式的主要内容（六大领域，即虚拟货币、互联网支付、P2P 借贷、网络众筹、互联网消费贷款、互联网保险）进行细致的伦理分析，并设想通过建立一种新的分析范畴和策略体系，即从互联网金融发展现实——而不是从伦理范畴——出发，对互联网金融伦理问题进行抽丝剥茧的分析，并提出相应的治理策略，以便为新金融的未来发展提供参谋。

本书的价值。（1）从学术的角度来讲，主要是：①从伦理学视域对新的社会实践活动进行系统研究。互联网金融所引发的新的伦理问题正在持续影响金融实践,而从伦理学角度系统研究互联网金融的成果尚有不足。本书可为互联网金融伦理的持续研究作出一定贡献。②尽可能提供一些互联网金融特定视域的研究工具和方法。如投机行为的伦理学分解:限制性投机行为的伦理规范和过度投机行为的伦理失序,新媒体时代道德主体在道德行为中的在场样式,虚拟道德主体的行为识别机制等。③互联网金融市场的良序发展的伦理基础对信息传播方式的依赖问题等,这可能有利于金融道德环境研究的进一步拓展。(2)从成果应用的角度看,主要有如下价值:①本书可望为迅猛发展的互联网金融市场提供伦理道德规范之参照,并为互联网金融市场的良序发展提供策略;为从伦理视角进一步观察和分析互联网金融市场的健康程度提供理论依据。②它可为金融监管部门和宏观经济决策部门提供市场治理依据及行动方案的参考。对互联网金融基本模式的全面解剖有利于引起政府决策部门和投融资企业在伦理维度上对潜在风险的规避。③为互联网金融更好地发挥人民性和普惠性营造道德环境,促使互联网金融真正走向自由、平等、公正,本书稿至少为此作出了一定的理论谋划。

本书可以为政府金融管理决策部门和行业监管部门提供伦理道德范围的测评思路和治理策略;在伦理文化上为互联网金融企业的科学发展提供规制措施和指标索引;为个人参与互联网投融资提供行为规范的建议和引导,并对过度投机行为的道德后果给予说明,同时为个人甄别互联网金融平台的信用度提供参谋;为互联网金融伦理及相关研究提供系统的理论谋划和文献参考。

再次借用法国思想家施韦泽的话:"我们文化的灾难在于:它的物质发展过分地超过了它的精神发展……我们过高地估计了文化的物质成就,而不再仔细思考精神文化的重要性。"①对于互联网金融野蛮生长造成的后果,是时候从伦理视角予以严正关注了。

---

① (法)阿尔贝特·施韦泽著,(德)汉斯·瓦尔特·贝尔编:《敬畏生命——五十年来的基本论述》,陈泽环译,上海:上海社会科学院出版社,2003 年,第 44 页。

第一章　金融伦理的基本问题

理查德·戴维斯认为,金融的核心有两点:一是金融充当经济的时间机器,既可预支未来,又能使用过去创造的财富;二是金融能够充当应对洪水、火灾、疾病等风险的安全保障网。就此而论,金融活动的出现就已经能够称之为“伟大的发明”了。① 马克思却对“金融贵族”“金融寡头”充满着厌恶,这并不是因为他们在社会经济上的“贡献”,而正是因为他们乃是阻碍资产阶级工商业正常发展的腐障,是掠夺国家财富和大众财富的“骗子”。马克思在《1848年至1850年的法兰西阶级斗争》中说:“金融贵族,不论就其发财致富的方式还是就其享乐的性质来说,都不过是流氓无产阶级在资产阶级社会上层的再生罢了。”“投机得来的财富自然要寻求满足,于是享乐变成放荡,金钱、污秽和鲜血汇为一流。”“金融贵族过着糜烂生活,人民却在为起码的生计挣扎。”②他指出,金融贵族实际地掌握着国家政权,银行和交易所操纵国家和商业信用,并且由于对利息的嗜血般的追求而导致对工商业发展的束缚和加速工农大众的贫困化。在《法兰西内战》中,马克思指出,法兰西第二帝国时期的“金融诈骗风行全世界”,帝国“怂恿大规模的金融诈骗,支持人为地加速资

① (英)理查德·戴维斯:《新经济学:解读现代经济》,张慧玉、印家甜、杨梅译,北京:中信出版社,2016年,第29页。

② 《马克思恩格斯文集》第2卷,北京:人民出版社,2009年,第83页。

本的集中,从而使他们(工人阶级)遭受剥削"。① 也有人认为,金融是用自己和别人的资金开展活动,②从而使人们能够利用未来的钱和别人的钱,创造新生活并还本付息。从这种见解出发,表达了金融在伦理上的良好效果:给予人们抓住机遇的时间和契机。兹维·博迪、罗伯特·C.默顿等人认为:金融是有关跨期配置稀缺资源的活动,金融体系的终极功能在于满足人们的消费偏好。③ 如果只是停留在市场资源配置的物质活动上,对于金融的伦理蕴含或许是可以回避的,但只要与人的消费和生产活动紧密联系,金融就必然在伦理秩序上发挥调节作用。而这种调节作用,既有金融体系本身所蕴涵的伦理价值指向,亦即金融活动在客观上对伦理秩序造成的影响;也有人们在从事金融活动中主观上对其所产生的后果之反思和对其未来发展前景之期待。现有关于金融伦理的论著为金融机构、金融从业人员或者金融服务对象提供"一般的"道德指针,尽管这些"指针"经常在不断流变的金融系统中显得不合时宜,但在金融实践发展的特定时期,仍然有着积极构建伦理秩序的意义。马克思对特定历史环境中金融贵族的奢靡和阴暗进行的批判,在高举"理性经济人价值观"④的人

---

① 《马克思恩格斯文集》第3卷,北京:人民出版社,2009年,第153、160页。

② (德)鲁道夫·希法亭:《金融资本——资本主义最新发展的研究》,北京:商务印书馆,1994年,第187页。

③ (美)兹维·博迪、罗伯特·C.默顿、戴维·L.克利顿:《金融学》,曹辉、曹音译,北京:中国人民大学出版社,2010年,第4页。

④ 张华夏教授指出:"现代经济学中的经济人或理性人的假说,只是研究人类经济行为的假说,没有想将它看作是一种伦理学说,所以不能称它为利己主义的。"(见张华夏:《道德哲学与经济系统分析》,北京:人民出版社,2010年,第44页)"理性经济人"或"经济人"假设本义不是作为伦理研究的起点,乃是与资本主义市场精神的原则相统一的理论前提,这一理论前提与近代西方理性主义哲学家对"单子"构成的"预定和谐"是一致的。"上帝"在创造每一个"没有窗户"的"单子"时,预先建立了非因果的、完美的活动和谐。自由市场的主体也是如此。每一个理性经济人都是独立的经济主体,它们之间彼此不负有满足他人的义务,但却通过市场这个具有"上帝"般力量的机制,使个人在满足自己偏好的同时实现资源的最佳配置。尽管"理性经济人"不是一种伦理学的指认,但"理性经济人"假设却引起了一种伦理的响应:在个人主义的基础上对利己行为抱着天然的好感,从而使利己主义有着更为肥沃的生长土壤。建立在自由市场之下的一切行为都被正当化,"经济人"并没有自动获得"道德人"的身份,却在漫长的资本主义发展进程中不断增加了经济学家对"去道德化"的兴趣。在此意义上,我们将资本主义市场经济中自

看来，或许过于苛刻；但这种建筑是在历史唯物主义宏大视野中的批判，并非仅仅出于那种对于“民众的贫困”的怜悯，更是出于对人类历史发展进程的深思熟虑。如今，金融不但成为资本主义国家的有效经济手段，也是社会主义国家的重要经济部门。站在新的时代背景中，我们再次思索金融伦理问题，既需要传承历史唯物主义的批判眼光和崇高境界，也需要结合实践发展的需要，适当借鉴有关金融科学和金融伦理的理论成果。

第一节　金融的本质及其伦理意蕴

无论是马克思所谈论的“法兰西第二帝国”，还是当代资本主义国家，金融力量对政治、经济、文化、教育以及整个社会的渗透和觊觎已经昭然若揭。自由主义的金融投机“道德观”标明：金融市场的自由放任“实际上是一种追求自由的过程，以挣脱各种假借善意之名而表现出来的控制力量”。[①] 在维克托·斯波朗迪的《专业投机原理》中，那些强调“辛勤的劳动”的人被认为是“伪君子”。尽管他更大程度上是针对美国“政治人物”的“强取”而发表的见解。但他对“贪婪”所做的相对主义诡辩却暴露了金融资本家对“道德”的“误解”何其深重?! 金融并非为狭小范围内的个体聚财而生，作为持久存在且拥有强大生命的经济力量，金融必然还有更为广泛的社会价值。或者说，“自由主义”并不代表人类伦理的未来。

一、金融的社会作用和本质问题

通过不断涌入的信用货币，依靠杠杆投资的方式运转，金融交易市场才能

由放任思想指引下的价值观称之为“理性经济人价值观”。程恩富教授认为：“自私人理论是经济伦理建设的扰乱性思维”，“以道德风尚的普遍沦丧为代价来发展市场经济是没有必要的。”（见《伦理文明与发展市场经济的互动〈专题讨论〉》，《河北学刊》2002 年第 5 期，第 38—46 页）

① （美）维克托·斯波朗迪：《专业投机原理》，俞济群、真如译，北京：机械工业出版社，2019 年，第 544 页。

得到快速增长。交易商达斯说:“债务是金融化的氧气。”①2012年,金融业对美国财富创造的贡献接近其GDP的7.9%,对于这种依赖世界金融霸权而获得经济优势的国家而言,金融似乎总是美妙绝伦的事业。“金融市场以及这些市场中运营的金融服务公司将货币资金从储蓄者转移到那些拥有投资机会的人手中,进而帮助个人和公司筹集不同种类的资本。”②在一些金融大亨和金融学者看来,即便它们不是锄强济弱者,金融也具有扶助小微企业和帮助试图白手起家之人的实际作用;至于华尔街制造的全球金融危机和金融掠夺则不在这些人的讨论范围之内。如果在法兰西“第二帝国时期”的金融贵族具有当代金融业的那种对工厂和商业的幕后统筹作用,马克思也不会认为金融贵族在资本主义发展中只是一种绝对的阻力。彼时的金融贵族对工商业的支持极其稀少,相反却在拓展那些高利贷的奢靡消费,从而使资本主义发展所需的资金被集中和转移到没有根基的消费市场中。当代金融泡沫的累积,或许与金融再次同工商实业的脱钩紧密相连,也由此发生了更大规模和更加令人焦虑的投机者群体。当然,新近的金融贵族也许不是消费上奢靡的引领者,却有生产经营上极端虚拟化的倾向。正因为如此,金融对世界的意义需要重新评估。

保罗·萨缪尔逊和威廉·诺德豪斯认为,“二战”以来金融体系曾为经济的健康发展起到极大的促进作用,是现代经济中最重要和最富有创新的部门。金融部门是将商品、服务和国内外金融市场联系起来的经济循环系统。金融系统在现代经济中的主要功能包括:跨时域、跨地域、跨领域转移资源;控制经济风险;吸收存款和发放贷款;票据交易。③ 集权制的金融系统通过货币政策

---

① (丹麦)奥勒·比约格:《赚钱:金融哲学和货币本质》,北京:中国友谊出版公司,2012年,第39页。

② (美)斯图亚特·I.格林鲍姆、(美)安吉·V.塔克、(荷)阿诺德·W.A.布特:《现代金融中介机构》,应展宇译,北京:机械工业出版社,2020年,第65页。

③ (美)保罗·萨缪尔逊、威廉·诺德豪斯:《经济学》,萧琛译,北京:商务印书馆,2013年,第412—414页。

及其传导机制能够利用利率、资金供应、汇率、资产价格水平等调节社会总生产和总需求之间的关系。金融对资本和劳动组合效率的提高起着至关重要的作用。由于生产资料的购买、对不变资本和可变资本的投入,都受到金融市场开放性及制度设计的影响;生产组织者快速获取资本以应对生产环境和市场需求的变化,并通过利息的让渡或歧视性政策的方式促进资源在特定领域的分配与流通。具有中心权力的金融体系能够运用这些手段达到资源配置倾向的预期。金融市场的成熟程度直接关系到要素市场和商品市场的发展状况,是现代经济运行的重要提示器和调节器。① “这是一个债务攻城略地的时代……美国的金融系统……运用信用所推动,让一小群人变得富有。这些人很少在意这些新财富是否对社会有所贡献,是否应予更多人分享……致富无须内疚,反是骄傲所在。”②如果说,金融对私人生活的影响还只是“赌场资本主义”的走秀;那么,“二战”以前那些资本殖民的事情却使金融活动作为便利的政治工具发挥作用。伴随着“日不落帝国”兴起的是英镑在全球范围的使用。尽管其确实为交易的便利化开了方便之门,但是,伦敦的银行为殖民地发行银行券并维持着与英镑之间的汇率,一方面使伦敦市场的流动性增强而具有更大的市场吸引力,另一方面又造成对殖民地的经济支配权。③ 就算到了今天,美元作为世界货币的地位迫使其他国家不得不为之付出高昂的铸币税;并且,由于全球储蓄货币地位的相对稳定,美国经济发展的稳定性及信用能力的维护随时都会对其他国家及其企业和民众形成威胁。美元霸权与殖民主义运动时期殖民国家强制发行的银行券相比,由于其汇率的市场化以及美元与黄金的脱钩,其风险和危害有过之而无不及。国际经济关系相对于人际经济关系而言,在伦理上的评判就会被忽视,或者认为是多此一举。这大概是因为

---

① 沈能:《现代金融学概论——原理与案例》,北京:经济科学出版社,2011 年,第 84 页。

② (美)乔治·安德斯:《门口的野蛮人 2:KKR 与资本暴利崛起》,胡震晨译,北京:机械工业出版社,2016 年,第 2 页。

③ (美)巴里·艾肯格林:《全球失衡与布雷顿森林的教训》,张群群译,大连:东北财经大学出版社,2013 年,第 113—114 页。

国际关系中利益的相互倾轧和博弈本身就是国际关系史的核心部分。金融在此情形下不过是政治工具而不是纯粹的经济手段。对政治上的不伦行为的宽容可能不是自《君主论》开始的,但它(《君主论》)却使人们对政治上的不伦行为表现得更加宽容了。金融霸权和金融殖民的后果是对他国人民劳动成果的掠夺,与其在国内的表现相比,贫富差距的拉大甚至使别国人民无法享受到富人俱乐部溢出的繁荣景观和就业机会(由富人的奢靡消费带来的、消费格调的不断拔高,相应提升了本国穷人的生活水平;同时,由于过度消费导致生产的进步和扩张,客观上创造了更多工作机会)。国际金融霸凌的危害已经超越了国内金融肆虐的后果。

新中国成立前,官僚资本银行处于垄断地位,1946 年 12 月底,“四行二局”存款总额占全部银行存款总额的 91.7%。① 新中国成立后,通过接管、重组、组建、公私合营等方式对原有金融体系进行了社会主义改造。在经济改革前的较长一段时期内,金融机构单一、业务简单;民间直接金融被杜绝,资金流通方式主要是现金和支票;国内保险被废止;企业负债率低;借贷活动稀少;金融整体上被“财政化”。由于当时物资供应不充分,货币具有“有限购买力”(需要与其他票据相结合)。总体而言,金融在新中国建国初期对社会经济所起的直接作用主要是维护市场和物价稳定。正因如此,它也筑牢了中国人民银行的社会信用,使其在民众中具有无可比拟的信赖感。这对国家稳定和经济信心的建构是非常重要的。改革开放后,金融市场的广度和深度,金融机构的类型和专业化程度都有了长足发展。金融体制向多类型、多层次转变,多种所有制银行逐渐取得市场竞争的公平环境,信用合作社、保险公司、信托公司、证券公司等金融机构体系不断完善。历史遗留下来的诸种金融限制被逐渐取消或被新的制度取代,金融市场日益活跃起来。由于我国稳健、灵活、有效的财政金融政策和货币制度,使国家经济建设和人民生活水平提升的过程中避

① 易纲、吴有昌:《货币银行学》,上海:上海人民出版社,2014 年,第 390 页。

免了大的经济风险，实现了长期平稳发展。在社会主义国家建立初期，由于对金融经济的认识不足，同时也是对社会主义本质的认识尚待深化，导致了对金融机构和金融活动的过度警惕和抵制（当然，迄今关于金融经济并不直接创造社会价值的认识并未过时）。高利贷、投机倒把、欺行霸市、拜金主义等是社会主义伦理和制度所不兼容的东西。事实上，新中国成立前，民间借贷和银行资本家确实存在伦常丧失的情况。人民群众对其有天然的敌视是理所当然的。

由此看来，对金融的社会作用及其本质问题的长期探索，使人们在不同语境中陷入思想矛盾和感到困惑。金融就是在资金盈余者和资金缺乏者之间进行的有偿融通。简言之，金融就是调剂资金余缺的信贷活动，是市场经济的重要组成部分，着力于实现稀缺资源的社会融通。通过资金流的优化而降低交易成本、实现资源流动和重组。[①] 在经济部门生产与再生产的分工合作过程中，"每年消耗的固定资本部分无须每年以实物形式补偿。""当他（工厂主）必须补偿机器时，他就向银行家开出支票，也可以把支票交给机器占有者，后者又把它存到自己的银行家那里，于是价值符号从 A 转到 B，机器从 B 转到 A。"[②]银行的意义在此过程中不仅是 A 和 B 生产要素流动的中介，事实上"支票"也代表了一种"未来生产的要求权"或者经营成果的分享索取权。在商业信用的基础上，货币在人们之间的让渡是理所当然的，马克思指出，当这种"让渡"的中介被"银行家"所独享时，银行家就表现为"恩赐者"了。[③] 他给让出货币者以微量的利息而给借入者以慈善的形象，尽管借贷的利差足够使银行家眉开眼笑。随着大工业和世界贸易的发展，资金的融通越来越频繁且必要。它们超出了资金拥有者个人的决策范围，在全世界形成一种对金钱的膜拜，尤其是那种脱离直接经营实业而获得金钱的路径被更多人看重。金融业

---

① 胡庆康：《现代货币银行学教程》，上海：复旦大学出版社，2015 年，第 57—59 页。

② 《马克思恩格斯文集》第 8 卷，北京：人民出版社，2009 年，第 549—550 页。

③ 《马克思恩格斯文集》第 7 卷，北京：人民出版社，2009 年，第 572 页。

在获得平均利润的同时承担着平均风险，实际上由于风险平均化后存在的社会经济的绝对增量（除非战争和大规模自然灾难的爆发），以及信用制度的日渐完善，进一步降低了金融机构的风险。货币的通兑能力使银行家掌握着经济生产的关键资源，在不同经济部门的夺利拉锯中总能占据上风。因而金融资本最终是以低于平均风险水平的状态在争夺远远高于平均利润的盈利。这一倾向导致金融化在更广阔的领域泛滥，直接引诱实体经济脱实向虚。金融创新本质上应该进一步降低交易成本，为社会经济资源的优化配置提供便利和设计更为便捷的通道。它的实际表现或许是令人担忧的，深度虚拟化导致的经济空心化，将会使人们在经济冒险后尝尽苦头。

在更广泛的意义上，金融是在不确定条件下实现跨期稀缺资源配置的个人和组织行为。跨期最优化（跨期权衡取舍分析）、资产估值和风险管理（包括资产组合）是金融活动的主要内容。金融的主观动机在于对社会和经济风险评估的基础上实现跨期获利，它的客观效果究竟有没有促进贸易的展开和深化？闲散资金的利用是否充分？帮助那些缺少资金的人振兴实业或者投身创业浪潮是否到位？这是不得而知的。撇开对高利贷者和对金融寡头的成见，从经济运行的环节及微观管理来看，金融的经济意义和社会意义仍然值得我们深思。获币（即获取货币）的难易程度使流通中的货币总量发生变化，这是由中央银行的货币政策（诸如贴现率）以及商业银行的贷款门槛决定的；而纵深发展的证券市场将资金融通的游戏规则变得更为复杂。借贷资本长期过剩，大量借贷资本由于扩大再生产的缓慢而脱离生产领域，进入到有价证券的投机交易中。① 金融所承担的职能逐渐偏离了满足“入不敷出”者资金需求的初衷；但金融市场最基本的职能依然是对“入不敷出”者的资金供应。在资金“入不敷出”者和资金盈余者之间进行的资金“摆渡”不但有利可图，而且根据风险大小和资金稀缺性的不同而获得完全不同的经济回报。在“摆渡”过程

① 彭迪先、何高：《货币信用论大纲》，武汉：武汉大学出版社，2012 年，第 155 页。

中是采取直接或间接的方式,在间接方式中设置繁简程度不同的游戏规则,是金融市场丰富性和发达程度的表征。金融市场的结构可以从不同侧面进行分类,诸如债务和股权市场、一级市场和二级市场、交易所和场外市场、货币市场和资本市场等。不同的分类方式从不同角度显示了金融市场的基本特征。金融市场工具主要是货币市场工具和资本市场工具。前者包括短期国债、可转让存单、回购协议、商业票据、银行的超额准备金以及外汇等,它们具有高流动性和较低风险;后者包括股票、抵押贷款、企业(以及地方政府和机构的)债券、证券投资基金等,它们流动性稍弱、风险较高。① 通过货币市场工具和资本市场工具,金融触角伸到了市场经济宏观调控和微观运行的各方面,在政府、企业、个人之间架构起资金融通的"互联网"。金融在当代市场经济中的作用举足轻重。资金"让渡"和"回笼"之间的时间跨度是金融风险的创生之机,尽管跨期长度与实际发生的风险事故率之间并没有必然的因果关系。只要在"收集"(或"回笼")和"释放"(或"让渡")资金之间,资金的实际使用者进行了(或需要)更易,金融就仍然是经济生活中必需的活动。换言之,在市场配置资源的时代,金融始终有用武之地。

二、金融在资本主义和社会主义国家中的不同表现

在商品经济条件下,生产和消费的社会化程度不断提高,通过各种渠道和信用工具转移社会资本,推动了金融市场的形成和发展。商品经济的繁荣程度和金融市场的成熟程度紧密相关。在资本主义发展进程中,金融曾经起过阻碍作用,也曾经拓展了资本应用范围、促进了资本主义国内外市场的交流和发展。当然,在唯物史观看来,这种"积极作用"将进一步通过金融寡头的统治所暴露的资本绝症而为资本主义"掘墓"。邓小平深刻认识到"社会主义和市场经济之间不存在根本矛盾","我国当前压倒一切的任务就是一心一意地

① (美)弗雷德里克·S.米什金:《货币金融学》,郑艳文、荆国勇译,北京:中国人民大学出版社,2011年,第26—34页。

搞四化建设。"[①]中国共产党在探索建设中国特色社会主义的进程中,逐渐认识到了社会主义的本质在于解放和发展生产力,逐渐认识到了市场和计划都是配置资源的有效手段,在商品经济中,市场配置资源有其独特的优势。思想是行动的先导,在不断深化的金融改革中,我国金融事业的发展显示了巨大的制度优势。以人民为中心的社会主义金融体系逐渐完善,并在其活动中体现出了社会主义伦理道德的基本要求。

1. 金融在资本主义不同发展时期的表现

金融流转的实质是储蓄资金从盈余者向匮缺者的转移,金融体系的介入形成金融市场。在货币从盈余者向匮缺者转移的过程中,银行(金融中介)起着重要的作用。早期银行的雏形主要是从事对存入金银货币的照管业务,而托管金银货币的安全性完全来自于人们对银行家(他们往往是富有而对金银有着专业鉴别力的金银匠)的信任。其实,这些收取保管费的机构(或个人)还不是现代意义上的银行,当它们将这些存款借给第三方以收取贷款利息来增值时,最早的银行才出现。15 世纪,佛罗伦萨的美第奇家族是一个业务非常广泛的货币借贷者,现代银行由此诞生。由于教皇利奥十世也是美第奇银行家族的成员,此后对征收贷款利息便在宗教道德上也有所宽容。17 世纪 90 年代,伦敦成为金融机会主义的温床。[②] 资产阶级革命前,教会和封建贵族掌握着庞大的金融资产。在资产阶级革命过程中,金融贵族"反对任何政治改革和经济改革,阻碍资本主义发展,加剧对无产阶级和农民的剥削"。[③] 银行资产阶级将投机得来的财富用于挥霍和享乐,通过高利贷等金融盘剥手段使个体工商业者倾家荡产,以继续维持其糜烂的生活。金融资本与工商业资本

---

① 《邓小平文选》第三卷,北京:人民出版社,1993 年,第 148—149 页。

② 英国布朗参考书出版集团编:《货币 · 银行 · 金融》,黄志龙译,北京:中国财政经济出版社,2004 年,第 24—28 页。

③ 《马克思恩格斯文集》第 1 卷,北京:人民出版社,2009 年,第 821—822 页。

的排斥性竞争关系在资本主义的持续发展中逐渐缓和并变得暧昧起来。“银行资本和工业资本的融合，形成了占据统治地位的金融资本和金融寡头，这是帝国主义阶段的一个重要特征。”①银行资本的不断集中，形成了具有绝对优势的垄断组织，并与工业之间建立了密切联系。其结果是工业资本对金融资本的依赖，金融资本和金融寡头统治着帝国主义的经济和政治生活。列宁指出，在帝国主义阶段，“金融资本对其他一切形式的资本的优势，意味着食利者和金融寡头占统治地位。”②马歇尔也说道：“当大工业体系确立起来后，它便不再依靠商人来供给资本，而向银行家去借。”③大规模的工业体系建立起来后，银行贷款的主要对象由王室贵族转变为企业主。资金的去向也从消费（还包括战争需要）转向物质生产。“工业空前活跃的时期，证券投机、金融诈骗、股份公司冒险行为盛极一时，而所有这一切通过对中等阶级的剥夺，导致资本的迅速集中，并使资本家阶级和工人阶级之间的鸿沟日益扩大。”④马克思把银行巨头、金融家、食利者等称之为“豺狼”，他们利用发行公债、诱骗以及充当政府和国民的中间人等方式大发横财。金融资本家“使不生产的货币具有了生殖力”。⑤

金融的“生殖力”在后凯恩斯主义主流经济学家看来，情况就变得不一样了。他们认为，金融市场通过投资变化来调节总供给和总需求。货币供给充足必然导致利率降低，利率降低必然导致高投资，高投资又会导致高产出和高收入；相反则会发生迥异的结果。⑥ 在产业资本循环之外的金融资本所分割到的剩余价值部分，被西方经济学家作为剩余价值的实际生产者来歌颂。

---

①　张雷声主编：《新编经济思想史》第四卷，北京：经济科学出版社，2016 年，第 553 页。

②　《列宁专题文集（论资本主义）》，人民出版社，2009 年，第 148 页。

③　（英）马歇尔：《货币、信用与商业》，叶元龙、郭家麟译，北京：商务印书馆，1996 年，第 76 页。

④　《马克思恩格斯文集》第 3 卷，北京：人民出版社，2009 年，第 221 页。

⑤　《马克思恩格斯文集》第 5 卷，北京：人民出版社，2009 年，第 865 页。

⑥　王志伟主编：《新编经济思想史》第七卷，北京：经济科学出版社，2016 年，第 66 页。

“二战”后自由主义经济学家认为只有各种力量自由发展，才能促进整体利益，换言之，应当允许促进整体利益的个别利益自由发展，从而实现个别利益与整体利益的和谐。因此，弗莱堡学派尽管倡导自由放任的经济思想，却坚信金本位制是最接近竞争秩序的理想货币制度。① 无论是自由放任资本主义经济时代还是个人垄断的经济时代，资本主义金融体系的根本性在于与人民群众的对立。当代新自由主义经济思想与老自由主义相比，在“个人自由”方面更加激进，他们极力论证资本主义市场经济的内在稳定性和政府干预的无效性。布莱克、法马和霍尔等经济学家认为货币、支付体系和证券流通等应当取消政府干预。② 无政府主义的金融自由化仅仅是金融资本家和证券投机家们搜刮民脂民膏和侵蚀实体经济的冠冕堂皇的借口。金融家利用复杂的“创新（套利）工具”在金融证券市场如鱼得水，部分民众在“经济参与权”的掩饰下成为等待收割的“韭菜”，而更多的民众则将金融投机当做一种自我救赎的技术和智慧，资本主义世界普遍的赌徒心理已经压制了对劳动和创造的基本尊重。朱健卫说，“现代金融理论的理性和均衡与市场参与者的贪婪和恐惧格格不入。”③

对当代资本主义的发展来说，金融起到十分重要的作用。20 世纪以来，银行垄断资本逐渐与工业资本互相渗透，彼此融合或混合生长，形成强大的金融资本。列宁曾一针见血地指明：“帝国主义的特点，恰好不是工业资本而是金融资本。”④金融资本主义国家由于占据先机、历史上的信用记录、综合国力领先的缘由，使其发行的货币在世界范围内具有流通价值，证券市场则加速了货币的国际流通性。尽管“先机”“信用记录”和“综合国力”或多或少具有客观性，但使这种客观性条件发生作用的却是人的主观信任，金融声誉对一国的

① 王志伟主编：《新编经济思想史》第七卷，北京：经济科学出版社，2016 年，第 199 页。

② 颜鹏飞主编：《新编经济思想史》第九卷，北京：经济科学出版社，2016 年，第 121 页。

③ 朱健卫：《金融迷途——理性与疯狂》，北京：中国经济出版社，2014 年，第 2 页。

④ 《列宁专题文集·论资本主义》，北京：人民出版社，2009 年，第 178 页。

金融稳定是极其重要的。“在当代,各国可能需要国际借贷来应对经济衰退和进行高效率的基础设施建设。”[①]主权国家经济建设和应对危机的时候对外部经济环境的需求,推动了国际货币的流动。这也使更大规模的庞氏骗局的变种得以横行无忌,美元霸权就是如此。只要货币生产的增速与世界经济增长的速度保持大体相近,这种“空手套”就可以继续玩下去。主权国家流出国外的货币实际上是一种国家负债,一旦国际信任降低或者出现其他严重损害其综合国力的事件,就只能以限制外国法人(或组织)收购本国企业和经济实体的方式来保全身家。依靠限制关键资源和技术的出口、索求对他国出口管制宽松的贸易战,以最终保护本国的经济命脉。这是一国的国际货币地位危机发生后的最后挣扎。这种危机将会持续积累直至彻底爆发,除非本国综合国力(尤其是政治环境和经济状况)有了明显改善,能够在紧缩货币政策和改善企业经营方面取得同步胜利。在此意义上,国际竞争的核心内容也是金融竞争,是通过国家负债而谋求全球资源供给本国经济和军事建设的竞争;竞争的关键支撑在于国家信用。金本位时期的黄金挤兑现象,在当前转变为证券抛售和出口需求剧增。从前可以使用低纯度黄金救急,[②]如今的金融资本主义则可以通过贸易战来规避危机。低纯度黄金不能避免最后的危机,贸易战也避免不了国家信用危机管理的最终失败(或如安塔尔·菲克特所言,它是“最后一支探戈”)。

2. 金融在社会主义发展不同时期的表现

新中国成立伊始,国家调整金融政策,国家银行加强对私营工商业发放贷

---

① (美)卡门·M.莱因卡特、肯尼斯·S.罗格夫:《这次不一样:八百年金融危机史》,綦相、刘晓锋、刘丽娜译,北京:机械工业出版社,2016 年,第 43 页。

② (法)安塔尔·菲克特:《重归金本位》,奥蓝格、宫大为译,北京:中国电力出版社,2014 年,第 123 页。

款,并两次降息,以帮助私营企业解决资金周转困难。[①] 这些措施对经济复苏、促进有益于国计民生的私营工商业的恢复和发展有积极意义。社会主义制度建立后,在高度集中的计划经济体制下,我国建立了与之相适应的"大一统"的金融体系。[②] 由于金融机构成为计划经济体系中的执行部门,其风险性、流动性、经济性不足,缺少资金运营的独立性和自主性。它导致的结果是:一方面金融资产单调,市场发育迟滞;另一方面为计划经济服务,金融机构的市场作用和社会功能的发挥受到极大限制。在单一的计划经济条件下,也使得"大一统"的银行金融漠视市场规则,不可避免地造成经济损失。比如,由于各种原因以及自然灾难的影响,社会主义改造完成后,为了应对巨额财政赤字,银行大量增加信贷和发行货币,"社会购买力由 1957 年的 488.2 亿元猛增到 1960 年的 716.7 亿元,大大超出社会商品供应量,造成商品奇缺,通货膨胀。"[③]在计划经济中,物价是由政府制订的,因此,为了避免哄买现象的发生,国家不得不发行各种票证和工业券。银行金融的作用再次被压缩。马克思曾经指出,西方资本主义金融造成物价波动巨大,而"大投机者难以置信地暴富起来","到处都是一样卖身投靠,一样无耻欺诈,一样贪图不靠生产而靠巧骗他人现有的财产来发财致富。"[④]马克思主义创始人关于金融资本家的丑恶以及由其催生的社会危害的论述,使得新中国早期的领袖和人民对金融市场的发展抱有天然的敌意,食利者阶层在中国古代和近代都不是一个光荣的社会阶层。传统文化与马克思主义创始人关于金融资本的观点,必然会导致我们在迈入社会主义道路的时候,较少研究和发动金融的力量为社会主义服务。我国严格实行计划经济,忽视金融的经济作用,一方面受到苏联的影响,另一

---

① 中共中央党史研究室:《中国共产党历史》第二卷(1949—1978)上册,北京:中共党史出版社,2011 年,第 115 页。

② 胡庆康:《现代货币银行学教程》,上海:复旦大学出版社,2015 年,第 286 页。

③ 中共中央党史研究室:《中国共产党历史》第二卷(1949—1978)下册,北京:中共党史出版社,2011 年,第 561 页。

④ 《马克思恩格斯文集》第 2 卷,北京:人民出版社,2009 年,第 81—82 页。

方面也是结合当时中国的具体国情。

随着改革开放的到来，人们对“什么是社会主义、怎样建设社会主义”的问题有了更加正确的认识。逐渐认识到市场和计划都是资源配置的方式，是经济手段，而不是经济目的，不属于社会主义的本质问题。社会主义的本质是解放生产力，发展生产力，消灭剥削，消除两极分化，最终达到共同富裕。在此认识的基础上，社会主义与市场经济开始在磨合中逐渐融合，最终建成中国特色社会主义市场经济体制。我国社会主义现代金融体系和金融市场的建立和完善，就是在社会主义市场经济体制逐渐建立的过程中推进的，是其过程的重要一环。从1983年国务院决定中国人民银行专司中央银行之务，到1986年国内第一家股份制商业银行（交通银行）重新开业，原来“大一统”的银行体系被打破。1979年开始，信托投资公司、城乡信用社、金融租赁公司、保险公司也相继成立或重新开业。1986年12月，邓小平在听取当前经济形势的汇报时讲道，“金融改革的步子要迈大一些。要把银行办成真正的银行。”“借外债不可怕，但主要要用于生产，如果用于解决财政赤字，那就不好。”[①]1987年中国投资基金市场诞生；1991年后股票市场兴起。非银行金融机构在改革开放后发展迅速。1992年1月，邓小平视察南方的讲话中说：“证券、股市，这些东西究竟好不好，有没有危险，是不是资本主义独有的东西，社会主义能不能用？允许看，但要坚决地试。”[②]1992年6月，江泽民指出，通过十多年的改革开放，市场经济“给我国社会主义增添了生机和活力，对加快经济发展起了显著作用……它通过竞争和价格杠杆把稀缺物质资源配置到能创造最好效益的环节中去”。[③] 1993年3月，在中央财经领导小组会议上，江泽民指出：“深化金融体制改革，要有利于进一步培育和发展社会主义市场经济，有利于同社会主义

① 《邓小平文选》第三卷，北京：人民出版社，1993年，第192—193页。

② 《邓小平文选》第三卷，北京：人民出版社，1993年，第373页。

③ 《江泽民文选》第一卷，北京：人民出版社，2006年，第200页。

市场经济体制和运行机制相配套。”[①]改革开放四十余年来，我国金融借贷市场、保险市场、票据市场、证券市场、外汇市场日益活跃，成为国民经济的重要组成部分，在社会主义经济建设和社会建设中发挥了举足轻重的作用。目前我国已经形成了以国有银行为主导，多种所有制形式的银行、保险、证券、金融科技协调发展、全方位多层次的金融结构。

市场配置资源的自发性和盲目逐利性，往往使其出现较大市场风险。1996年，我党对“有的国有商业银行资产质量差，不良贷款数额大”，“支付危机”，“系统性、区域性金融风波”，国际金融风险及对中国的影响，国际资本意欲垄断中国的市场、控制国家经济命脉的企图有了高度警觉；尤其是认识到了，在市场开放的过程中应当保持清醒的头脑，“没有经济上的独立，政治上的独立就没有可靠保证。”[②]金融独立是一国经济独立的重要方面，社会主义金融体系应该为社会主义现代化建设服务，这是总的方向性问题。我国金融体系最近30年已经在规模上取得重大突破，相较于经济总量而言，以银行为主导的“正规金融体系”已经超过美国，但股市和债券市场规模则与美国还有很大的差距。钱军认为，进一步发展股市和债市等直接融资渠道是当前中国金融体系发展的核心目标之一。[③] 他认为发展股市可以为新兴行业的民营企业融资提供更多支持，并为投资者带来稳定和高额收益。李克强总理在2017年中国金融工作会议上讲话指出，要“加强对创新驱动发展和新旧动能转换的金融支持”。[④] 对中国特色社会主义金融发展来说，服务实体经济，增强金融普惠性，是金融真正发挥社会主义建设的生力军作用，并严密防范系统性经济风险的必然要求。在发展金融市场的过程中，通过金融手段调节市场秩序

① 《江泽民文选》第一卷，北京：人民出版社，2006年，第299页。

② 《江泽民文选》第一卷，北京：人民出版社，2006年，第541页。

③ 钱军：《中国金融的力量》，上海：东方出版中心，2020年，第12页。

④ 中共中央党史和文献研究院编：《十八大以来重要文献选编》（下），北京：中央文献出版社，2018年，第804页。

是社会主义市场经济的内在要求。一方面我们在一些重要的经济活动中通过科学融资办成了一些好事大事；另一方面由于我国现代金融市场起步较晚、经验不足，在国际金融活动中亦遇到过一些挫折和巨额损失；再一方面由于金融创新的急于求成和监管不到位、金融伦理建设与社会主义伦理价值的背离等因素，导致金融活动中存在诸多乱象，对社会主义市场秩序和伦理道德都存在着较大威胁。

3. 以人民为中心是社会主义金融的特点和优点

市场拥护者认为，那些“未利用的盈利机会”终将被（充分知情的）投资者所抓住。[①] 但金融绝不是一只神秘的“母鸡”，它自己是不会下“金蛋”的。如前所述，钱军说健全发展股市能够“为投资者，尤其是个人投资者，带来更稳定和高额的长期回报”。[②] 似乎健全和健康的股票市场就不会存在风险，或者说，这种风险可以通过“整体发展”而忽视。表面上看，将“个人投资者”的增收作为某项产业或事业发展的出发点是会获得广泛支持的；但如果人为掩饰金融市场的风险而过度夸大盈利机会，则属于诱骗行为。与金融资本或民间资本巨头开展利益输送，将金融资本利润作为至高无上的追求，它与以人民为中心的发展观是格格不入的。金融市场无论是在资本主义社会还是在社会主义社会，其风险都是不可避免的。只要市场仍然发挥资源配置的效用，由市场经营的复杂环境及其变化所决定的经营风险就会存在。许诺一种“稳定和高额的回报”与金融的风险属性相冲突。那么，无法对个人许之以“稳定和高额的回报”的金融又是如何体现“以人民为中心”的价值观的呢？

习近平总书记说：“人民对美好生活的向往，就是我们的奋斗目标。”[③]满

① （美）赫什·舍夫林：《超越恐惧和贪婪——行为金融与投资心理学》，贺学会、王磊、朱伟骅译，上海：上海财经大学出版社，2017年，第85页。

② 钱军：《中国金融的力量》，上海：东方出版中心，2020年，第15页。

③ 中共中央文献研究室编：《十八大以来重要文献选编》（上），北京：中央文献出版社，2014年，第70页。

足人民群众日益增长的美好生活需求也是我国社会主义金融市场培育和金融体制改革的根本目的。那么,人民群众"美好生活"建基于其上的"物质富足"、"机会均等"(亦即"每个人都有人生出彩的机会")、"共同富裕"(缩小两极分化)、"安全"(良好的社会保障)、"实现人生价值"(大众创新万众创业)、"社会和谐"(良好的伦理秩序和道德情操)等都是重要的方面(或要素)。习近平总书记说,"经济发展就是要提高资源尤其是稀缺资源的配置效率"。① 提高资源配置效率的重要工具之一就是积极开拓金融市场,发挥金融市场的作用,使其促进在市场经济中具有关键作用的媒介(货币)的融通。这样做也是为了提高生产效率,创造更多社会财富,以提高人民群众的生活水平。坚持以人民为中心,发展社会主义金融市场,就必然会积极倡导如下行为:(1)强化金融服务于实体经济的宗旨。只有实体经济全面发展,实现产业升级,增强有效产能,最大限度降低无效产能,人民的物质生活资料才能日益丰富。金融要服务和服从于关系国计民生的生产资料和生活资料生产,为其提供资金融通。(2)丰富创业融资模式,拓宽创业投资资金供给渠道。每个人都要有人生出彩的机会,这是社会主义的制度优势。金融支持"双创",降低投融资门槛,"不断加大对创业创新企业的融资支持……研究探索创业券、创新券等公共服务新模式"。② (3)发展普惠金融,提升金融普惠性。使政策性金融取得长效发展,使金融在支持扶贫开发、生态保护、社会治理、弱势产业扶持、发展小微企业、教育卫生扶助等方面产生显著效果。(4)强化金融监管,使金融风险处于可控范围。以人民为中心的金融观,会尽量避免将人民引入不可控制和不可承受的风险中。无论这种风险是否出于个人的自愿选择,对它的放任自流必然陷入"丛林竞争"的野蛮状态。(5)加强金融从业人员道德建设,坚

---

① 中共中央文献研究室编:《习近平关于社会主义经济建设论述摘编》,北京:中央文献出版社,2017 年,第 52 页。

② 中共中央文献研究室编:《十八大以来重要文献选编》(中),北京:中央文献出版社,2016 年,第 570—571 页。

决打击违背社会主义核心价值观的欺诈、诱骗、腐败行为。坚持以人民为中心，发展社会主义金融市场，就必然会坚决反对如下行为：(1)鼓励不劳而获的投机行为；(2)金融市场“脱实向虚”，通过“金融创新”使经济不断虚拟化；(3)将“杠杆”视为经济的生命力等；(4)国际金融霸权与金融敲诈。这些行为给人类的生存与发展带来严重的挑战，必然为人伦所不容。可见，社会主义金融市场和金融体系的优越性就体现在以人民为中心的价值观上，从而开辟了金融伦理的新境界。

三、金融伦理批判的基本前提

进行金融伦理批判，需要全面了解金融在全球及中国的发展历程，及它们现实的伦理表现。郭建新等将财经道德风险归结为政策性道德风险、市场性道德风险、公益性道德风险、自我性道德风险。[①] 它们包括了财经运行环境和条件、运行流程、外部性以及从业人员的道德风险。金融系统面临的道德风险亦可从这些方面予以说明。金融系统既有其活动的道德风险，也有风险道德。所谓道德风险，是指行为活动对良好伦理秩序和善德的潜在危害；风险道德是指在风险发生、应对、处置、回避、化解过程中所表现出来的道德情感和道德行为。金融伦理中有着大量的道德风险和风险道德问题。金融伦理批判就是要通过对风险道德问题的探寻，减少道德风险发生的机会，为金融生态建设和伦理道德建设提供智力支持和价值观引领。金融伦理批判有效性和合宜性的基本前提包括如下几个方面。

一是作为经济手段的金融不是一国“姓社”“姓资”的评判标准。金融手段或许可以超越意识形态，伦理却是意识形态的重要内容。1978 年前的十余年，我国金融活动被废止，经济几乎到了停滞不前的状况，其中重要的一个原因就是以“姓社”“姓资”的意识形态界定金融业务活动，使得传统金融活动一

① 郭建新等：《财经信用伦理研究》，北京：人民出版社，2009 年，第 84—85 页。

概被划入资本主义范畴而被禁止。① 1978 年后,我国金融活动逐渐恢复并得到稳步发展,它非但没有使社会主义意识形态安全遭受破坏,相反,由于金融等市场工具的使用,社会主义解放生产力、发展生产力的本质属性得到更好更快地展现,社会主义制度的优越性得到了进一步彰显。金融市场和金融工具不被认为是具有意识形态性的东西;但是,伦理却是具有强意识形态性的。任何一种伦理道德体系都是代表特定阶级、阶层、群体利益的,社会主义和共产主义伦理道德由于代表最广大人民的根本利益,因而是最先进、最科学的。金融系统及其活动一定会对社会关系和人们的生产生活状况造成客观的影响,从而现实地改变人们之间的道德观念和伦理秩序。对金融的非伦理化倾向一定要引起重视,以免资本主义经济伦理在金融关系中渗透和扩张。

二是对效率与公平的关系问题的回答具有历史阶段性,经济伦理批判亦具有历史阶段性;我们只能站在当下的社会实际进行金融批判,超越历史阶段的伦理批判必然陷入虚无和极端抽象。毛泽东整体上倾向于建设社会主义公平社会,反对特权,坚持人人平等,希望在普遍公平的原则下实现生产效率的提高。在建国初,人民群众从受压迫受迫害的境地翻身做了主人,强化公平原则本身就能激活人们的生产热情、提高效率。但如果长期以"公平"作为手段来刺激生产"效率",则会使社会经济陷入普遍的低效状态。② 改革开放后,我们对公平与效率问题有了自觉的正视。从 1987 年党的十三大提出"在促进效率提高的前提下体现社会公平",到 1992 年党的十四大的"兼顾效率和公平",再到 1993 年十四届三中全会的"效率优先,兼顾公平",2005 年十六届五中全会的"更加注重公平",2007 年党的十七大的"把提高效率同促进公平结合起来",一直到 2012 年党的十八大和 2017 年党的十九大提出"促进公平正义","更有效率、更加公平"。2020 年十九届五中全会的提法依然是"更有效

① 王国刚等:《中国金融 70 年》,北京:经济科学出版社,2019 年,第 7 页。
② 矫幸:《关于我国的公平与效率问题研究》,吉林大学博士论文,2007 年,第 7 页。

率、更加公平”。党和国家在效率与公平关系上的意见，代表了我国经济社会发展的现状和对社会关系及其运行机制的要求。在经济发展水平较低的情况下，追求高效率是压倒一切的重中之重；当经济发展水平有了较大提高后，对公平的重视会越来越加强。在效率与公平关系问题上的任何一种偏倚，都会造成对另一种关系样态的渴望。金融作为提高资源配置效率的市场手段，是否需要体现公平正义，或者在怎样的程度上体现公平正义，这是由我国经济社会发展的客观现实所决定的，也受到党和国家方针政策的影响。[①]

三是金融主体、服务对象以及他们的价值观之间的差异，伦理批判必然站在具体的立场而表现出对某一方面的偏爱和袒护，或者称之为伦理批判的阶级差异性。“‘思想’一旦离开‘利益’，就一定会使自己出丑。”[②]1869 年 11 月 29 日，马克思在致路德维希·库格曼的信中提到他在爱尔兰大赦问题上反对格莱斯顿的决议案，并倡议英国工人阶级与爱尔兰人一致行动，其原因“并不是出于对爱尔兰的同情，而是基于英国无产阶级利益的要求”。[③] 从自身利益考虑而采取行动，这是一条普遍的定律。金融伦理批判也具有这样的阶级性。表面上看，具有阶级性的伦理道德往往是相对的，它不能成为社会普遍遵守的规范；实质上，特殊的伦理道德规范往往具有普遍的意义，它避免过度抽象带来的空谈。金融关系的主体与服务对象之间往往存在利益冲突，在市场交换中形成权力竞争和利益博弈关系。撇开金融体系所建构的利益格局，那么，金融就成为一种自在的存在。马克思在《1848 年至 1850 年的法兰西阶级斗争》中曾引述过一段话，其中写道：“博爱存在的那段时间正好是资产阶级利益和

---

① 徐大建教授在《西方经济伦理思想史》（上海人民出版社，2020 年）中认为“经济效率与公平正义”是经济伦理的基本问题。罗国杰先生曾指出：“正确处理（公平与效率）二者之间的矛盾，有利于经济的发展和社会的和谐”。（罗国杰主编：《建设与社会主义市场经济相适应的思想道德体系》，北京：人民出版社，2011 年，第 11 页）金融经济中的伦理问题正突出地表现为它在资源配置“效率”与经济过程及结果“公平”的关系上。

② 《马克思恩格斯文集》第 1 卷，北京：人民出版社，2009 年，第 286 页。

③ 《马克思恩格斯文集》第 10 卷，北京：人民出版社，2009 年，第 314 页。

无产阶级利益友爱共处的时候。”①这句话充分说明了在竞争关系甚至敌对关系中,利益均衡体系可以维持各阶级、阶层之间的良好秩序。在金融关系中,银行家、投资客、操盘手、经纪人、实业家、创业者以及政府和公共组织等,在特定利益格局中和谐相处。面对利益格局的创造者、破坏者或者重建者,在进行伦理道德分析时都会有意无意添加作者对于特定对象的偏爱或憎恶。

四是金融伦理指向金融关系所“构建”的价值网(或价值链),它具有客观实在性;金融从业人员的伦理道德水平,既是金融环境及社会大环境的结果,也是金融伦理秩序的基质和社会大环境的建设者。正因为伦理的本质是具有道德情感倾向性的人类秩序关系,因此也只有在“关系”中才能生成和展示伦理并获得社会大众关于正当性的认同或反对。金融活动对经济社会的诸种稀缺资源以货币形式进行融通,在让渡货币使用权中建立人们之间的经济关系。马克思说:“全部现代金融业、全部银行业,都是和公共信用极为密切地联系在一起的。”②这种“公共信用”就是对货币让渡关系及其附加条款的确认和维护。金融关系的发生包含着许多人为的因素,它与自然形成的关系不同的是:在自然形成的关系(如自然的劳动分工)中,其建筑的基本材料是血缘(亲友)、地缘(邻里),以及人们之间的相互需要;在现代金融关系中,血缘和地缘关系被打破,金融契约(合同)是金融关系建筑的基础。合同信誉被认为是金融活动中至高无上的道德律令,但这一“道德常识”却往往在社会生产实践的金融关系中出现令人难以接受的后果。金融关系有可能背叛人的基本价值,将人们之间的关系引入歧途。在这样的情况下,对金融契约本身的伦理分析,成为深入理解金融关系合道德性与否的基本前提。另外,金融伦理与金融环境的良莠紧密相关。“时局变化靡定,人心惶惑,投机活跃。”③投机活动在社

① 《马克思恩格斯文集》第2卷,北京:人民出版社,2009年,第102页。

② 《马克思恩格斯文集》第2卷,北京:人民出版社,2009年,第548页。

③ 邹宗伊:《当前之内地证券市场建立问题》,见唐润明主编:《抗战时期大后方经济开发文献资料选编》,重庆:重庆出版社,2012年,第62页。

会动荡和政治、经济不稳定时表现得更加活跃；在社会稳定、政治清明、民风朴实、经济活跃且发展稳健的环境中，金融伦理也会有更加良好的表现。

五是金融伦理中存在着“实景”“幻景”和“愿景”。伦理批判必然从伦理秩序的“实景”出发，并构建代表人类美好祈盼的“愿景”；在此过程中要有效抵制“幻景”对金融活动的影响，使金融真正回归人民性。伦理问题的发生都是具体的，“一揽子”解决全部世俗场景中的伦理道德问题是不可能的。对金融伦理的实景分析就是对金融工具及其应用的伦理评估，这是在经济评估之外的重要一环。无论是传统金融的创新还是当前互联网金融的纷繁芜杂的格局，尽管有着指导思想上的明确性，但在具体运营中仍然不能不对每一个环节和要素进行必要的伦理审查。这种繁琐的工作之所以有必要，是因为“金融创新”在许多专业性的细节上超越一般群众的认知范围，导致金融活动的伦理风险频发。金融伦理愿景是对金融发展方向的指引，是对金融关系所构建的社会伦理秩序的预期，是对金融活动社会价值发出的号召。金融伦理愿景既对金融伦理实景进行劝导、扶正、纠偏，又对金融伦理在实践中不断生成与发展描绘蓝图。愿景具有抽象性，这是由其非现实性决定的。金融伦理愿景的非现实性由金融伦理实景的现实性所生成并高于现实性；非现实性的金融伦理具有现实化的倾向和需要。在伦理上对金融问题进行批判，就是要在实景和愿景中架构现实通道，实现伦理应然向实然的转变。金融系统及其活动由于复杂的流程设置和创新工具的不断运用，导致其伦理建设上的滞后。将金融的本质设定为某种定在的价值体系中，并由此表达对金融现象宽容，往往会产生伦理幻景。所谓金融伦理幻景，就是被金融产品设计者和金融机构的宣传所欺骗，由于对金融系统及其运行机制的认知肤浅，从而将“自由”“公平”“平等协商”等抽象的辞藻当作金融现实的前提，为金融乱象辩护；违背金融乃是经济手段而不是经济目的的科学认知，将金融乱象当作“自由”“公平”“发展”的代价。在金融伦理实景跃向金融伦理愿景的过程中，警惕金融伦理幻景的干扰和破坏是十分紧要的。

第二节　金融的实践逻辑及其伦理冲突

20 世纪 80 年代以来新自由主义政策在西方广泛推行，金融自由化成为金融资本膨胀的内在动力。在西方，金融资本对工商业形成垄断之势，并加速了国民经济的金融化。一些国家实体经济在国民经济中的占比不到五分之一，经济持续虚拟化、空心化。① 金融作为稀缺资源适配的调节器，本义在于促进资源利用的高效率和维护动态均衡方面发挥积极作用；但金融实践的结果往往背道而驰，它架空了经济要素和社会资源的生产性能，将金钱同时作为手段和目的，从而使社会经济与实际的生产和经营脱钩，走向虚化和幻化。金融实践过程中由于不断通过创新工具提高杠杆率，增强金融复杂性，金融关系远不止借贷关系那般简单，在金融链延伸的过程中，也延伸了金融的风险链。在金融风险链中，包含不可避免的道德风险和伦理危机。

一、金融脱域重建非均衡

市场风险和信用风险是银行金融业的两类主要风险。前者为证券商和投资银行所关注，后者则主要是商业银行和其他信贷机构所面临的风险。② 任何风险均来自于时域跨度中的不确定性因素。金融“摆渡”两类资源：一类是地域限制资源或产权分隔资源，也就是说，金融活动能够使资源在不同部门、不同地域、不同主体之间流动，并一般地将资源引向较高产出和较少市场风险之处。换言之，当金融成功摆渡和重调资源配置形式和结构时，意味着在资源使用效率和风险程度中有了一个现实的平衡点。另一类是时域分隔资源，亦即对过去创造的资产和财富的处置，或者提前兑现未来盈利预期，以便当前消

① 逄锦聚、林岗、刘灿主编：《现代经济学大典[政治经济学分册]》，北京：经济科学出版社，2016 年，第 192 页。

② 朱健卫：《金融迷途——理性与疯狂》，北京：中国经济出版社，2014 年，第 237 页。

费和生产的推进。金融实践中确立的这种资源跨时域调节意味着在当前消费竞争或生产竞争中，有着历时性（当下与过去生产经营或未来生产经营状况相比较）的风险与效用比较，从而支持组织或个人做出生产、储蓄或消费决策，以便在跨时域流变中寻求累进效益的最大化。对上述两类资源的配置或结构、形式的重置，体现了现代金融的社会价值。

鲁道夫·希法亭说："投机贯穿着整个资本主义。一切都是投机：制造业、商业、差额贸易。每个资本家都是投机家……投机的圣洁被忘却了。它现在是由危机和生产过剩即由资本主义社会的一切祸害中产生的罪恶本身。"① 社会资源没有被最大限度地利用起来，不是被分配在人民最需要的地方，生产人民最需要的消费品。利润的指针引导金融资本的投向，价格的导向性超越了不同生产部门和经营领域对资源的热情；只要利润还是最大的指挥棒，金融就不能做到对资源配置起至关紧要的、有益于社会公利的作用。相反，价格指数和对利润率的过度敏感，使金融资本在不断确定市场需求上反应过于激烈，以至于在那些已经创造出初步业绩的新兴领域和被人们抱有热情的时髦产品的生产和研发上，只要一个"概念"就能吸引海量资本投入。其结果是：市场结构变得无足轻重，资源投向不是看重产业部门的社会意义，在追逐利润的过程中，越来越多的资本聚集在一些非生产性的领域。为了维持资本的增殖，非生产性领域的资本需要继续资本化（虚拟资本持续证券化或资产重组投入新部门的生产），以延续其生命。一些朝阳产业和热门领域中出现资本过剩，而基础建设和传统产业部门往往被资本所抛弃，在生产经营中融资困难、举步维艰。金融资本没有实现资源配置的均衡，相反却促进了新的不均衡，不断增加产能过剩和产能不足之间的矛盾。在时域上，以超前消费和不断增强现代人的焦虑为己任，使金融投机活动更加"合乎人之常情"；金融没有提供更多的安全感，相反使人们将对当下的顾虑延伸到了有生之年的每一天。

① （德）鲁道夫·希法亭：《金融资本——资本主义最新发展的研究》，福民等译，北京：商务印书馆，1994年，第247页。

尊重劳动、尊重创造在任何时代都是必要的。马克思主义认为,劳动是价值的最终来源。生产性活动与经营性活动的协调在商品经济时代是一种必要的均衡,在自然经济时代强化生产性活动的价值,而在商品经济时代则偏重于经营性活动。实际上,生产性活动被纳入到经营性活动之中,并成为其核心内容。人类的经营性活动使个人劳动具有社会价值,并成为社会劳动的有机组成部分;具体劳动因而成为抽象劳动的提供者,成为商品价值的创造者。人们既为自己从事生产劳动,也为他人进行生产劳动。正是由于经营性活动具有比单纯的生产性劳动更为复杂的结构和网络关系,因而在市场化的经营活动中,"要素论"成为主流的观念。坚持认为市场要素都是经营活动的组成部分,并有机会、有理由参与相应的成果分配和分享。这种观念的深化,导致对金融投机活动的宽恕。只要在金融活动中不做出过于伤天害理的事情,一般不会作为一个严肃的道德问题予以批评,甚至在更多的场合会被认为是经营里手,是财商高明的表现。不劳而获在金融经济中不认为是一种值得批评的事情,因为金融支持者提供了生产经营的特殊"要素"——资本(资金)。以钱生钱成为许多人的追求,甚至金融学亦成为最受青少年喜爱的学科之一。生产性活动与经营性活动逐渐分离并失去基本平衡,生产性活动被从经营性活动中剔除干净,以至于像"空气币"之类的"山寨币"也受到大肆追捧。金融投机活动由限制性伦理转向伦理道德的不在场,这是一个社会堕落的表现。由此出发,技术的革新不再用于改善民生,而是用于赌博,区块链技术在各种虚拟货币中的应用印证了这一点。人们热衷于将科学技术直接变现为金钱,它直接跨过了生成性活动的环节,将世界演变成纯粹的"经营世界":彼此直接相互博弈、渴望获得一种万能手段,一举得到整个世界的财富。

资源配置的传统均衡被金融工具打乱重置,资源配置的"效用"也就被货币简化了,资本的集中化程度越来越高,金融寡头在一些西方发达国家成为没有皇冠的皇帝。金融役使一切人群,使人们丧失生存的安全感,而其渗透的表象则是不断输送"安全意识"以提高民众的金融参与性,并增加其对未来的焦虑。生产与经营的传统均衡被金融工具打乱重置，人的劳动就被忽视了，人们成为追逐货币的游戏者。实现社会资源的均衡配置，提供（满足人民群众各种需要的）生产所必需的资源，使人们在理性经营中充分尊重劳动、积极从事建设性生产劳动，这是人类文明进步的重要物质基础，是人的自由而全面发展的实践前提。金融活动一旦与此相背离，则需要我们在伦理道德上重估其价值。

二、金融的服务对象："虚拟"和"实体"的竞争

金融必须服务于实体经济。从理想的角度来看，"金融体系越发达，储蓄向投资转化这个渠道就越顺畅，交易成本以及其他投资和经济增长的阻碍就越少。"[①]由于金融创新工具的不断翻新，社会闲置资源被及时激活，用于生产实践，以提高整个社会生产的效率。在全要素生产率的提高方面，金融的作用无可取代。现代金融中介具有不同种类，经纪类、银行类、证券类、保险类机构分别拥有不同的金融使命，与实体经济有着不同程度的联系。它们与实体经济的亲密性随着金融活动虚拟化程度的提高而弱化。金融链越长，其服务实体经济的潜能（也许）越大，但服务实体经济的意愿则越小；相反，金融链越短，其服务实体经济的金融聚合能力就越小，但直接服务实体经济的功能发挥得越充分。金融创新就是不断延伸金融链，使"主题金融"[②]或者金融项目具有越来越长的、层层外延的、错综复杂的网络关系，以至于在金融末端产品中很难寻觅到其服务实体经济的踪迹。至此，金融进入一种纯粹风险游戏的竞技与博弈中。脱离实体经济的虚拟产品及其市场运作，由于对舆论和市场信心的过分依赖，政治、经济、社会事件以及企业经营者个人言行，都能轻易触动

① （美）斯图亚特·I.格林鲍姆、（美）安吉·V.塔克、（荷）阿诺德·W.A.布特：《现代金融中介机构》，应展宇译，北京：机械工业出版社，2020 年，第 65 页。

② "主题金融"是指以特定主题（如扶贫开发、科研项目攻关、某项基础设施建设等）为中心的金融活动和金融产品的总和。

市场行情变化。虚拟经济的风险性暴增，其营利幅度也不断拓宽，致使金融投资具有巨大风险。金融与生产和消费市场在一定程度上脱钩，虚拟经济的市场峰值和底线之间的落差很大，这也为机会主义盛行增加了动力。同时，金融链（金融中介及其活动环节）层层连接导致金融中介过度参与资源配置，资源配置（实体经济寻求资金支持）的成本不断增加。在社会稀缺资源的配置上，由于金融链拉长而导致金融配置资源的成本增加，利率落差巨大，从而导致机会主义盛行，由此而使整个社会资本在实体经济与虚拟经济之间形成竞争关系。金融机构演变为投机机构，营利空间巨大导致投机机构膨胀，投机从业人员剧增。由金融市场活动的社会影响而促成的实业界经营者脱实向虚，不断从实体经济脱身而出，成为虚拟经济的拥护者；民众对投机性活动的热捧，增加整个社会对投机活动的垂青。在这样的背景下，实体经济发展所能获得的资金来源越来越少，成本越来越高。更不用说在金融资本垄断的情况下，金融资本全面控制着工商实业界，增加了生产经营的系统性风险，也对社会物质生产体系和服务经济体系的供给产生致命的影响，越来越离开经济正义而倾向资本噬利本性。金融资本只有服务和服从于实体经济的发展，在多元化社会生产体系中发挥资源调节器的作用，为产业发展提供源源不断的资金来源，并促进个体参与社会经济活动的积极性和创造性，它的社会价值才能得到充分发挥。

金融走向不断虚化是伦理问题爆发的根源。习近平总书记说："金融风险的源头在高杠杆。"①诚然，金融资本的力量也来自金融杠杆。金融资本的"能量"不是由自有资本决定，而是由"杠杆率"决定的。增加杠杆率的方式主要有两种：其一是绝对杠杆率的增加，其二是相对杠杆率的增加。绝对杠杆率一方面受到国家金融政策的严格限制，另一方面会引起市场的显著波动。因此，无论是银行借贷业还是证券期货业，采取提高绝对杠杆率提升的方式并不

① 中共中央党史和文献研究院编：《十八大以来重要文献选编》（下），北京：中央文献出版社，2018 年，第 797 页。

可取，或者说绝对杠杆率调节的幅度有限。相对杠杆率主要是通过金融创新来实现的，从资产证券化、债转股到对概念产品的证券化、再证券化等，金融创新层层深入，杠杆层层加码。“资本采取一切可能采取的金融手段，从贷款、股市融资、期货买卖、发行企业债券等，到金融资产债券化，以提高杠杆率，最大限度地融资扩张。”①金融资产通过“再证券化”实现盈利能力与金融资产本身的脱离，转移风险并兑现虚拟资产。② 从生产要素到生产要素的索取权，再到将这种索取权证券化，以及进一步通过市场运作幻化出种种更为激进的金融产品，金融投资者的资金离实体经济的生产经营越发遥远。这样，人们亦逐渐失去了对社会经济生产运营的参与意识，犹如进入到一个巨型资本游戏场所，得失皆由天命。以游戏参与人的身份进行对其他投资者和经营机构的经济联系，社会责任退出了经济活动的主体意识，代之而来的是对个人游戏能力和幸运指数的自信。当前，完全不能排除在金融市场中带着赌博心态的参与者，他们不惜在经济活动中使用各种违背公序良俗的伎俩，以求获得更大的经济回报。杠杆的不断加码使金融系统成为一个庞大的泡沫机，在经济虚拟化的进程中是人心的虚化，亦即对自身作为道德主体的自我意识的丧失。我们应当防止金融资本与实体经济相分离所导致的经济虚拟化的严重后果，严密防范金融市场“脱实向虚”的倾向，防止经济过度虚拟化以及由此导致的人心浮躁和对不劳而获、投机、运气等的迷恋。

脱虚向实，金融应回归其伦理初心。金融是我为人人、人人为我的伦理产业。在社会经济文化以及个人生产生活的诸多方面，金融手段能够积聚闲散资金，在资金盈余者和匮缺者之间架起资金流动的桥梁。在市场经济条件下，资金作为经济活动的重要发生器和经济系统的血液，是至关重要的资源。金融系统及其活动能够将社会资金迅速“摆渡”到最需要的地方，并由此而进行

① 鲁品越：《〈资本论〉与当代世界》，北京：学习出版社，2019 年，第 144 页。

② 鲁品越：《鲜活的资本论——从深层本质到表层现象》，上海：上海人民出版社，2015 年，第 428 页。

各种生产要素的重新组合,充分发挥市场配置资源的直接性、快捷性等优点。金融创新应当有利于实现金融关系的核心功能,并增强经济系统运行的安全性。唯其如此,金融系统就不会充当一种纯粹的投机工具,而是在市场机制中为商品经济的繁荣贡献小微力量或者优化资源配置;在经济增长、人民生活水平的提高和金融资本的扩张上,不会陷于一端。金融体系脱虚向实,就是尊崇经济主体的建设功能。无论经济运行的方式发生怎样的变化,着眼于人民生活水平提高和社会文明的进化,是金融关系发生和金融产品设计的应有观念。金融投资者成为零星分布或跨界参与的实体经济支持者,劳动价值论的基本观念深入人心,市场机制中按生产要素分配的原则也能得到充分反映,这是社会主义金融所秉持的伦理初心。“凡严重脱离实体经济需要、过度追逐短期利益和放大风险、逃避监管的金融创新,(则)要严加限制甚至禁止。”①

三、金融的活动宗旨:“人本”与“资本”的冲突

金融必须服务于人的需要。金融危机的根本错误不在于银行业,“当杠杆很高时,过度自信变成更大的问题,这是银行业跌得如此惨重的简单原因。”这种自信包括对自我经营智慧的自信,也包括对金融关系的过度自信,“投资者过度相信其他投资者。”②马克思曾经描述过金融贵族的状态:“金融贵族颁布法律,指挥国家行政,支配全部有组织的社会权力机关”,“到处都是一样卖身投靠,一样无耻欺诈,一样贪图不靠生产而靠巧骗他人现有的财产来发财致富”,“不健康的和不道德的欲望以毫无节制的、时时都和资产阶级法律本身相抵触的形式表现出来”。③ 金融资本在此情况下不是适应和满足人的需要,而是利用人的需要进行投机活动。金融资产阶级脱离生产活动,致力

① 中共中央党史和文献研究院编:《十八大以来重要文献选编》(下),北京:中央文献出版社,2018 年,第 807 页。

② (美)泰勒·考恩:《大停滞?科技高原下的经济困境:美国的难题和中国的机遇》,王颖译,上海:上海人民出版社,2015 年,第 153—157 页。

③ 《马克思恩格斯文集》第二卷,北京:人民出版社,2009 年,第 82 页。

于金钱的自我繁殖;不是通过为社会物质生产提供积极影响,而是通过挤压和敲骨吸髓的方式从实体经济的劳动者创造的成果中巧取豪夺;因此,马克思说他们“不过是流氓无产阶级在资产阶级社会上层的再生罢了”。现代金融系统已经成为一个重要的经济部门,金融工具也变得更加丰富多样,能够满足社会组织和个人多元化的金融需求。如前所述,从人的生存角度来看,金融需要解决两个核心问题:其一是生存与发展的不确定性;其二是匮乏或资源分布不均。不确定性源自于跨时域的经营活动与社会环境的恒变恒新,它是风险产生的根源。金融活动就是对风险的评估以及基于对这些风险承担责任而获得回报的系列经济行为。通过金融系统的组织活动与制度安排,对人们生产生活进行有效评估并有偿提供资金渠道,这使人们能够度过因经济拮据或经营困难的时期,或者扩大生产经营的规模和范围,实现更大的经济目的和社会目的。在社会主义国家,金融的人本属性主要体现在对其普惠性的强化。在帮助小微企业及个人创新创业方面有着举足轻重的作用,在筹集大规模资金进行关系国计民生的重要产业和行业发展上做出贡献,在维护个体与社会和谐稳定、确保社会经济安全上有所作为,这些是金融人本属性的重要体现。

金融纯粹服务于资本增殖的行为是有重大危害的。“金融资本利用预期的不确定性进行炒作,造成资本市值不断波动,从中猎取差价,并从现有剩余价值中兑现而分割出投机性收益。”①金融资本家能够轻而易举通过制造恐慌,使证券市场和利率市场造成波动,从而实现自身目的。信用宽松还是紧缩的依据不再是产业发展的需要,而是金融事件的需要。通过信用紧缩,金融资本能够实现对产业资本扩大再生产的限制,相反则能提振产业资本的发展势头。在基础性和拓新产业部门进行生产建设,需要大量资金,它可以通过社会融资渠道解决公共财政资金不足的问题。每当这种公共财政危机存在的时候,服务于纯粹资本增殖的金融系统就会趁势而入,增加谈判筹码,获得较高

① 鲁品越:《走向深层的思想——从生成论哲学到资本逻辑与精神现象》,北京:人民出版社,2014年,第279页。

的利率;这使公共财政不得不背负更为严重的债务,最终层递为民众的税务负担,降低人们生活水平。金融纯粹为资本增殖服务也会导致市场繁荣的假象,诸如房地产的金融化就是明显的例证:房子是用来住的,然而,当金融入主房地产市场后,住房被人为滞留在流通领域,凭空制造的刚需挤兑假象迷惑着消费者,使消费者出现竞争性消费,房产价格不断攀升。为维持金融利率的稳定,房产价格不得不维持在一个较高的水平,以避免大规模的抛售和银行坏账,最终使金融系统出现雪崩。金融一旦纯粹为资本增殖服务,就会导致物质生产成果不得不从消费市场流出,进入投机市场,全面降低人们的生活水平。在金融系统不断进行业务创新的过程中,它的复杂结构和运营体系使金融系统本身不断膨胀。金融系统成为社会财富的吸附器,不但资本占有者和实业家将套利作为企业发展目的,社会民众也将金融投资作为获取社会财富的主要手段。这使整个社会经济的运行出现全面空心化的局面,社会可用于物质资料生产和公共建设的资金减少,可用于人的生存和发展所需的生产和建设资金比例不断缩减,最终对人类社会的发展进步造成巨大伤害。

"人本金融"如何可能?对此问题的回答是社会主义金融体系建设的重要内容之一。新自由主义阵营的部分经济学家甚至完全放弃了新古典理论,通过对发展中国家的考察提出了金融深化的"药方":包括放弃对利率的管控、鼓励民间金融和各类金融中介的发展等。金融深化的实质是金融自由化。① "人本金融"对金融深化有着与新自由主义经济学家不同的理解。在以原子个人主义为基石的新自由主义理论家看来,社会是一个具有"先定和谐"机制的系统,其中"市场"扮演着类似于笛卡尔哲学中的"上帝"角色。在"上帝"君临之下,世界和谐一统;在"市场"机制之内,万物高效协调。这种市场罗曼蒂克的幻想是新自由主义金融经济学家解决金融市场供需关系的"绝招"。尽管在金融自由化的指导下,产业资本被抽空,市场泡沫激增,人们的

---

① 郑长德、杨海燕:《现代西方金融理论》,北京:中国经济出版社,2011 年,第 405 页。

资产不断被金融机器绞碎，社会道德沦丧触目惊心，但这些都无法唤醒“装睡的”金融资本家。人本金融不是单纯地对金融化个人的眷顾，而是在社会、集体与个人之间做出新的利益平衡，使社会有机体的组成要素之间成为命运共同体关系，避免相互之间的挤压和欺诈，从社会机体内部的改进上促进社会文明进步。李克强总理在全国金融工作会议上指出：“金融机构要端正经营理念，回归本源、专注主业”，“大力发展普惠金融支持经济社会发展薄弱环节”，“加强对创新驱动发展和新旧动能转换的金融支持”，“履行社会责任并不都是无偿献血、义务劳动。”①人本金融并非要让金融系统转变成为非盈利性公共组织，而是要强化金融经济活动的社会责任，扶强助弱、维护社会经济安全，促进创新发展，推动国家金融安全和社会资源的高效利用，增强系统功能。在人本金融的建构中，金融科技的发展是重要的条件。日本经济学家田中道昭在《新金融帝国》中写道：“在去现金化的先驱中国，我们已经看到去现金化正在促进无人化与自动化的向前发展，而无人化与自动化又进一步推动了共享化与服务化。”②诚如此，金融科技赋能现代金融体系并不能自动实现其以人民为中心的发展理念，还需要社会伦理、国家监管、行业约束和民众监督等多方助力，才能使民本金融真正发展为金融业主流。

四、人的金融化及其内在矛盾

金融必须服务于人的发展。2012 年以后，面对金融脱实向虚、大量资金滞留在金融操作层面的状况，我国采取一系列措施使资金从金融面下落到实体面，促进金融回归本源、优化结构。③ 实行宁慢勿急的金融改革，直接目的是为了减少金融系统性危机、使金融服务于实体经济，根本目的是使金融回归

① 中共中央党史和文献研究院编：《十八大以来重要文献选编》（下），北京：中央文献出版社，2018 年，第 802—805 页。

② （日）田中道昭：《新金融帝国》，杨晨译，杭州：浙江人民出版社，2020 年，第 16 页。

③ 王国刚等：《中国金融 70 年》，北京：经济科学出版社，2019 年，第 44 页。

人本属性、服务于人的发展。在群居物种中，个体分享自己的东西给别人是一种利他行为，直接结果于己不利，而这种分享在群居物种中频繁出现。由此，威廉·汉密尔顿提出亲缘选择理论。人类学家罗伯特·特里弗斯认为亲缘选择不能解释所有的利他行为，“互惠利他”才是决定人类种族存亡的社会行为，在动物界是罕见的。人却能够预见施惠的结果并评估其成本。[①] 无论是亲缘选择理论还是互惠利他理论，对人在特殊场景中的生存选择都有一定的解释力，也有其局限性。人并非仅仅出于对施惠的合理评估而采取行动，也不仅只是针对血缘关系（或者进一步延伸到“拟血缘关系”和对“血缘关系”的进化，诸如“人同此心”）而作出利他行为。人的发展，既有普遍适用的原则和方式，也有个性化鲜明的行为方式。不过，无论如何，人的互惠行为是使人类作为群体性存在物发展至今，并获得文明进化的重要原因。我国金融发展中强调普惠性，同时并不否认金融体系作为经济部门所具有的独立的利润诉求。金融的普惠性不是单方面的施惠行为，而是一种互惠行为。换言之，金融服务于人的发展，亦是服务于金融系统自身的发展。离开个人的发展，进行吸血式扩张，金融的发展空间十分有限。在社会机体中，只有最广大人民的利益得到发展，物质财富涌流，资金运营才能获得源头活水。

过度金融化的实质是在金融系统与民众之间树立一种相互对立和财富拉锯的关系，是对互惠性的抛弃。从商品金融化、符号金融化到人的金融化，是金融深化带来的严重后果。商品投机力图利用价格上涨为自己牟利，与证券投机一样，“为了提高价格，商品被尽可能久地保持在市场之外……通过制造人为的短缺而抬高价格……为能囤积商品，信用要求再次成为必要，从而又造成利息率的提高”。[②] 从实物商品到虚拟商品，能够创造利息的东西都被赋予

---

① （美）迈克尔·加扎尼加：《人类的荣耀——是什么让我们独一无二》，彭雅伦译，北京：北京联合出版公司，2016年，第90页。

② （德）鲁道夫·希法亭：《金融资本——资本主义最新发展的研究》，福民等译，北京：商务印书馆，1994年，第305—306页。

金融使命，成为金融资本拓殖的工具，“金融符号拜物教”产生。在商品金融化阶段，金融支配着人的异化劳动；在符号金融化阶段，金融支配着人的精神文化；到了人的金融化阶段，金融意图将人的价值和本质力量赋予金融属性，使人的全部意义降格为货币数量，伦理道德也被作为货币拥有者的象征性摆设。“金融极化”成为全面金融化时代的固有特征：一部分人利用金融工具在银行与证券市场呼风唤雨，获得大量社会财富；另一部分人则丧失融资权利与金融主动权，受金融价格波动影响而屡遭资本“收割”。金融极化使社会清晰地区分出两类人：金融收割者和被收割者。如果金融收割者与被收割者具有相对平衡的力量，金融体系便是一个开放的博弈场所；但是，当金融收割者和被收割者之间存在巨大的力量悬殊，并且被收割者自愿沉浸于金融游戏规则不能自拔时，金融便具有“邪教”的欺骗性和严重社会危害。人的金融化与人的发展逻辑之间存在着不可调和的冲突。人的金融化是在自由主义思想的指导下，金融寡头和金融资本对人民群众的经济控制和精神控制。“无所不在的金融网络支配人们的头脑，使芸芸股民和炒房者自愿或被迫地成为它的‘信众’。”①在社会主义制度下，人的金融化必然被扼制，尽管这样做会遭受到自由主义经济学家的嘲讽，“西方的一些机构和学者喋喋不休地对中国金融的前景说三道四，似乎离开了西方模式就是‘大逆不道’，就将‘半途夭折’。”②实际上，我们不但在国际金融危机中守住了系统性金融风险的底线，而且也坚持了“以人民为中心”的发展理念。

人的金融化具有巨大的社会危害。对于金融系统来说，信用无疑是其生命线。金融信用是一种客观的履约机制，它与人的信誉的主观道德判断不同。金融信用通过数据来支撑其实际效用或贴现能力。这些数据主要包括个人和家庭收入、职业、健康状况、固定资产、关系网络、消费记录、受教育程度、借贷信誉记录等。信用数据支撑着信用关系的实际开展，成为现代金融的重要基

---

① 鲁品越：《虚拟经济的诞生与当代精神现象》，《哲学动态》2015年第8期，第14—19页。

② 王国刚等：《中国金融70年》，北京：经济科学出版社，2019年，第45页。

础设施。人的金融化导致那些能够充当关键信用数据的信息转变为变现资本。家庭成员之间相互成为实际上的担保人,尽管在法律上仍需要进一步的合约限制,但作为借贷人或者证券持有人,家庭成员中那些肩负更多社会义务和具有更高收入或影响力的人却已经成为另一些家庭成员的金融工具。数据支持这样的结论,这是一个社交“圈子”层次高低的有力说明。朋友和同事关系也是如此。在网络借贷关系中,社会关系扭曲为社会资本。“社会资本作为一种资本工具,有几种可能的回报:经济回报、政治回报、社会回报。”①人与人之间的纯粹关系被强行植入经济关系中。金钱能够衡量的“关系”越来越多,人作为人的“关系”就会越来越少。这是一条亘古不变的经验。人的金融化不仅体现在“他人”的金融化,其自身也同样作为其他人的金融工具,甚至他也把自己作为金融工具。所有需要讲道义的东西都被转变为讲利益关系,所有需要发扬崇高使命感的工作都变成了获得回报的预谋。世界在人的金融化中将多元价值通约为一种价值:金融价值或货币价值。资本逻辑与人的发展逻辑之间存在的现实矛盾需要予以正视,要摆脱人受资本支配的状态,使人作为人而成为人。② 任由金融资本扩张,必然会导致人的发展危机。

五、金融异化对社会正义的背离

金融异化是指作为资源高效配置的经济手段,金融不但没有造成资源的高效配置,反而使社会生产中的各种资源被金融架空;它的最极端的表现是:金融成为人的目的。“在金融资本主义中,财富和利润的占有不仅仅通过生产和商品销售获得,有时甚至这些已经不再是主要的获得媒介。”③奥勒·比约格认为,工业资本向金融资本的转变,并不意味着阶级对立的消失。实际

① 滕达:《信用资本:开启未来金融的密码》,北京:电子工业出版社,2018 年,第 142 页。

② 鲁品越:《资本逻辑与人的发展悖论》,《学习与探索》2013 年第 2 期,第 1—10 页。

③ (丹麦)奥勒·比约格:《赚钱:金融哲学和货币本质》,梁岩、刘璇译,北京:中国友谊出版社,2018 年,第 321 页。

上,在金融寡头对社会产业的全面控制下,社会财富更加集中在少数人的手中;普通民众通过银行存贷关系、证券投资、获得资本家分配的小额股份,并不能改变其被剥削和被压迫的命运。由于经济全球化的深入发展,发达金融资本主义国家将其金融触角伸到世界各地,金融自由化(或金融深化)的主张获得无数拥趸,在各地呼吁对金融放宽管制,以促进金融经济的全面突围。自由放任的市场经济导致了间歇性的资本主义经济危机,社会总供给与总需求之间存在的严重失衡未能通过“看不见的手”得到有效的抑制,相反却使经济危机越来越频繁,危害越来越深远。其原因中必然包括“存在着破坏公平竞争的各种机会主义”①的因素。它不是市场机制的必然结果,却是“自由放任”的必然结果,由此而潜伏着引发系统性风险的投机欺诈行为。金融异化的主要表现包括:金融寡头和金融垄断资本家惊世骇俗的庞氏骗局以各种新花样不断上演;金融资本通过控制社会舆论,为市场开拓和金融搜刮与殖民营造气氛;通过控制政治及收买政府官员,掌握金融系统运行的规则制定权和仲裁权;通过控制人的健康、窃取人的隐私等,在医药金融、健康保险、信贷方面掌握绝对主动权;金融资本还通过控制气候和环境,将自然生态环境等公共资源金融化。无论站在何种正义的立场,这些行为都是需要谴责和抵制的。

金融权利是一种知化权利。金融系统创新工具的广泛应用及深度开发,使金融流程的复杂性不断提高。人工智能、云计算、区块链、大数据等新的技术赋能金融科技,金融复杂性有了更高层次的发展。② 金融创新促进了相对杠杆率的提高,脱实向虚成为金融领域比较普变的做法。在货币金融化、商品金融化、符号金融化到人的金融化过程中,金融活动变为最普通的经济活动,表面上每个人的金融参与权提升了。在金融系统尤其是证券投资领域,“跨界打劫”和“降维打劫”成为金融资本运营的重要方式。所谓跨界打劫,指的

① 徐大建:《西方经济伦理思想史》,上海:上海人民出版社,2020 年,第 615 页。

② 谷来丰、赵国玉、邓伦胜:《智能金融:人工智能在金融科技领域的 13 大应用场景》,北京:电子工业出版社,2019 年,第 255 页。

是专业的金融投机者利用金融创新工具设计复杂的程序,并使其外表具有强大的盈利假象,从而吸引业余股民和投资者注入资金,尔后通过金融项目内部程序环节(按钮)实现项目运转异常而套现或转移资产。由于创新创业项目金融化在当前“双创”潮流中备受欢迎,有些“创新”本身也扭曲为一种套利工具。哪怕是最简单的套利手段,也往往在普通股民和投资者的知识范围之外。诸如满大街堆积如山的(某些)共享单车,其实物造价、折旧、损坏、运营团队工资、信息系统维护、宣传、公关、安全保险等成本远远高于其盈利极限,但仍然为许多创业者所青睐;其根本原因并不在于共享单车所具有的公益性(从绿色环保和资源节约的角度来看就更是离谱了),而在于制造的企业繁荣假象和市场景观能够为其在资产市值评估上获得帮助,进而在转股上市交易中获得海量资金来源。这些源自股市的资金一方面能够暂时维持这种假象继续下去,另一方面则为创业者提供套现和转移资产的巨大机会,后者是这种明知亏本却依然坚持“创业”的人所抱有的初衷。将“市场”作为金融深化的上帝,而这个“上帝”并不关怀资金的最终去处,也不会关心普通股民对投融资项目真实意图的理解。“跨界打劫”本质上也是“降维打劫”,即专业投机者切换为金融业余模式而发动对业余投资者的资金扫刮。在普遍的投机情绪和人的金融化倾向中,专业投机机构及其从业人员通过不断脱实向虚的金融操控而迫使普通群众交“智商税”。由此可见,作为一种知化权利(即知识化了的权利,人们必须具备一定的专门知识才能享受到的权利),金融权利具有极不对称的现实,它不仅是内幕信息上所具有的不对称,更重要的是整个金融机制及其风险管理能力上的不对称。

金融的基本伦理指向是在优化资源配置基础上实现经济正义。金融异化却在实践上导致两重背离:一是背离了金融在优化资源配置上的积极贡献,二是背离了金融在公平正义上的基本诉求。有经济中心由实体经济向虚拟经济的偏离,实体经济和虚拟经济成为经济生活中的二元结构,在争夺资金的运营竞争中虚拟经济逐渐占据上风,2010 年美国的金融资产与 GDP 之比就达到了420%。[①] 这种严重的虚实倒置现象不但使经济系统变得十分脆弱，实质上也稀释了人们通过劳动创造的社会财富，是“暗抢”，是不道德的。虚拟经济和实体经济的分离和竞争，不但未能优化资源配置，反而使稀缺资源的错配达到前所未有的境况。金融危机成为虚拟经济与实体经济二元对立结构的经济体系中不可避免的灾难，它不但导致信用大厦的坍塌，也使全球经济陷入系统性风险之中，人们生活水平的提高受到极大的挑战。陈志武教授认为，现代金融的“非人格化”迫使人们不得不放弃传统金融中的“关系”依赖，而服从于现代法治。在依赖“关系”的社会中，道德和习俗发挥着契约执行的功效，在“非人格化”的现代金融中，法治是更为重要的支撑条件。[②] 在金融治理的道德维度与法制维度上，二者不应有太多的优先性争论。这是因为：道德与法的关系深度融合，不可分离。最严苛的法律也能找到其“漏洞”，最成熟的道德也有其不能调整的“关系”。伦理道德不但规范个人的言行，还有“原则高度性”上的指导作用，也就是说，对那些尚在萌芽中的事件，好的伦理道德能够防止危机的发生，但道德机制却是通过内心信念和依靠个人自觉最终发挥作用，不具有强制力。法却对已经在实践中建立的关系具有更多直接的调整能力，对具有社会危害性的行为具有强力限制的能力，但法却较少有预见未来事件（事态）发展的能力。正因为如此，某些具有普遍性的道德细节逐渐演变和演绎成为法律条文，而某些具有普遍象征性的法律事件也进一步规范和调整人们的道德观念。就现代金融而言，由于金融科技发展导致其创新工具的层出不穷以及金融产品设计与运营的千变万化，提倡法律的“优先性”原则在当前并不能取得令人乐观的后果。尤其是在互联网金融发展迅猛的当下，金融机构和金融工具不断产生又不断消失，其更迭的速度之快，已经超出规范性法制建设的速度。这也是在互联网金融中乱象丛生的重要原因。在此意义上，将法

---

① 逄锦聚、林岗、刘灿：《现代经济学大典［政治经济学分册］》，北京：经济科学出版社，2016年，第192页。

② 陈志武：《金融的逻辑》，北京：国际文化出版公司，2009年，第122页。

治与德治相结合，充分发挥二者协同治理的优势，才能使金融异化现象有所纠正，迫使金融回归本源，服务实体经济和人的发展需要。

金融的实践逻辑也就是其对跨时域、跨地域、跨产业进行资源优化配置的市场运行逻辑。由于市场经济对经济单元在财产所有权上的确认，以及经济手段过度依赖于市场调节的力量，将“基础性、决定性”的市场力量理解为“唯一的、全能的”力量，导致金融拜物教的出现，亦导致经济空心化和世界的金融化，最终也造成人的金融化（非人化）。金融异化不但导致了金融危机的产生，也导致了人的发展危机的产生。金融伦理的基本问题是金融系统对稀缺资源进行配置的效率（以及效果）与其实际（或可能）导致的金融正义之间的关系问题。诚然，金融伦理必然包括对从业人员及金融关系诸方的道德规范，但它们不能离开具体的金融活动内容与结果。

第三节　金融的系统结构及其伦理秩序

“实践的金融”是金融实践的运行逻辑及实践主体所赋予其中的价值目标和伦理旨趣的统一体，“运行（或运营）的金融”是实践的金融展开自身的形而下的操作和运动方式。金融异化是在货币金融化、商品金融化、符号金融化及人的金融化演变过程中表现出来的金融对人性的背离；金融作为人的经济理性的创造物反而成为统治人的力量，使人在金融的控制下丧失心智和伦理道德的至上追求。社会主义新金融是“实践的金融”，它具有以人民为中心的强烈的合目的性，不但在其运行的层面体现合理性和正当性，而且在其参与者上破除了“拟人格”（或人格）的主体一元性，金融活动的参与者建立平等的契约关系，公平履行道德义务并享有获得利息的权利。实践的金融将主体的价值目标通过金融经济的手段展现出来，从而脱离金融经济纯粹的资本游戏范畴，获得更高的社会价值，实现合目的性与合规律性的统一。金融系统展现其价值实践的途径是由金融要素、结构及其运行所依存伦理规则所实现的。

一、金融的核心要件与金融伦理的基本范畴

货币是商品经济中至关重要的媒介，现代经济的本质特征之一就是货币经济。金融活动的展开也以货币流通（集散和运动）作为主要手段来实现社会资源的配置。在等价交换原则下，货币天然是一个“平等派”，它不偏不倚地充当着“一般等价物”的角色，尽管这一角色的实现主要受到现实中商品生产和流通因素的制约，也有交易双方道德水平和习俗方面的影响，但货币已经在最大限度上保证了交易的可持续性。充当一般等价物的货币还不是金融资本，但它已经为金融的平等准则埋下伏笔。金融的生命是信用。信用是一种机制，它不是主观上的信任，但普遍的信任是信用制度的社会心理基础，而普遍的信任又来源于金融机制设置、经验的引领以及世俗或神圣的权威。在现代社会中，世俗权威起到关键作用，如对政府的服从和相信。维护信用制度的重要伦理原则是诚信，它不但是指向个人的道德修养，也是“拟人格”的政府机构和金融中介所应当遵循的伦理原则。对于运行层面的金融中介及参与民众来说，获得利息是其直接的目的，金融参与者常常“无利不起早”，并将此作为天经地义的信条。凡利则有正当与否的区分，公正地获得财富孳息是市场经济所允许的行为，在伦理上则是一种对“限制性投机”①的默许。

1. 货币天生是个“平等派”（货币与平等）

马克思曾说“商品是天生的平等派”②，又说“资本是天生的平等派”③。商品及资本之所以天生是个平等派，是由其自身蕴含的人类劳动即价值量的客观性决定的。货币是一种特殊的商品，在劳动力成为商品的前提下，货币有条件转变为资本。从客观属性来说，货币不但实现与商品的等价，而且在现实

① 关于“限制性投机”的论述，详见本书第九章第一节。

② 《马克思恩格斯文集》第5卷，北京：人民出版社，2009年，第104页。

③ 《马克思恩格斯文集》第5卷，北京：人民出版社，2009年，第475页。

中将时间效用、风俗习惯所引起的结果以及时尚和潮流导致的偏爱等都纳入到了对两个不同商品的价值权衡中,是真正的平等派。随着资本主义的发展,货币演进为信用货币。在资本主义初期,信用货币还只是起到辅助的作用,在布雷顿森林体系解体后,信用货币成为整个商品市场中的主要货币形式。信用货币同样具有"平等"的气质,至少在一国范围内是这样的。货币不能树立人间的道德准则,但在等价交换原则下,货币到处充当"一般等价物"的角色,它兜售一种现代经济的信念,在货币面前一切都变成相对等价物。马克思指出,"货币经营者所操作的货币资本的总量,就是商人和产业家的处在流通中的货币资本",①他们是不生产剩余价值的,也就是说,对于金融资本不是剩余价值(或者新价值)的生产者,而只是被生产出来的利润的分享者而已。货币所坚持的平等原则通过"交易"活动展示出来,而"交易"并不产生新的价值。货币产生的是一种掐断生产链条的"投入—产出"比例关系上的平等追求;无论货币的拥有者如何处置这种货币,它总是在要求平等的回报。在货币拥有者和使用者相分离的金融经济中,这种关于平等获利的诉求就表现为金融利润与产业资本利润之间保持相对平衡的原则。平均利润一直是一个理想的状态,事实上由于"谈判"的条件具有差异,货币本身那种将需求强弱、社会认同等融入价值体中进行"等价交换"的观念,将金融资本置于一个获得更多利益的优先地位。就此而言,平等只是在市场交易中进场谈判的资格平等,"资格"掩盖了谈判双方的经济实力和交易意愿。"实践的金融"并不看好这种"平等"原则所产生的伦理效果。在历史唯物主义者看来,人类的新价值来自于人民群众的生产劳动,对生产劳动的尊重也表现在对实体经济及其产业部门的尊重上。"交易"不是财富的"创生地",尽管它的确是财富的"实现地"。在伦理价值上,无论市场配置资源的功能有多"关键",对于社会财富创造的增长,它也不能超越于生产之上。金融所能够遵循的平等,表现在其获利上不

① 《马克思恩格斯文集》第7卷,北京:人民出版社,2009年,第359页。

大于实体产业部门的获利水平。只有在此基础上,经济主体之间的平等才更加能够有所遵循。

2. 信用是金融的生命线(信用与诚信)

“信用经济本身只是货币经济的一种形式……在发达的资本主义生产中,货币经济只表现为信用经济的基础。”①在社会主义市场经济中,信用具有同样重要的功能,是市场机制发挥作用的重要发动机。“信用制度的发展已经把大量分散的可供支配的社会资本在各个资本家面前集中起来。”②信用在形式上表现为延时支付或者延时偿还,并保证“延时”过程中的资金安全。信用经济作为货币经济的一种形式,其内在机制源自于货币的信誉基础,货币的支付手段一旦发挥不了作用,信用制度就会崩溃。在现代经济中,信用的内涵从偿贷制度延伸到经济规则(包括道德)的许多方面。诞生于私有制产生之时的信用关系,主要功能是调剂余缺,用于商品和货币的流通。在商品经济中,信用的形式经历了高利贷信用、资本主义信用和社会主义信用三个阶段。在社会主义之前的各阶段,信用一方面调节余缺、解救危机,另一方面也增加盘剥、导致资本集中、贫富分化。信用资本对迫切需要资金的人采取毫不留情的高利贷方式进行剥削,它不仅在与产业资本的竞争中吸空实体经济的利润(在资本主义中表现为最大限度瓜分剩余价值),也对个人借款者采取极限剥削,并通过暴力、政治、法律、经济等各种方式维护这种信用的持续。“欠债还钱”是天经地义的律令,它并不同情在经济权力结构中的不均衡现状(因为经济权力不均衡正是信用关系发生的基础)。在现代金融关系中,信用是其发生和发展的生命线。其一,信用借贷以货币分配或调剂的方式进行资源分配或调剂,这是现代金融跨时域、跨地域、跨领域进行资源配置的重要方面。其二,信用能调节资金在生产、流通、消费和储蓄领域中的分配比例,从而加速或

① 《马克思恩格斯文集》第6卷,北京:人民出版社,2009年,第132页。

② 《马克思恩格斯文集》第7卷,北京:人民出版社,2009年,第218页。

延缓经济增长的速度,对保守性生产抑制和激进的生产扩张来说,信用工具的使用具有无比巨大的优越性。其三,在个人生活方面,信用能够提高消费总效用,尤其是在具有竞争性消费倾向的领域,信用给予更多人以更好生活的机会。① 诚信或信任关系是无数次博弈中自然形成的伦理关系。② 诚信是金融信用的个体基础,诚实守信既表现在信息公开和谈判的透明性上,也表现在对合同的遵守上。并非所有的金融关系中的诚信现象都意味着"囚徒困境"中的"最优选择",这会将诚信作为一种被逼无奈的言行选择。其实,"囚徒困境"或许能够说明理性经济人在重复博弈中的合理选择空间,但"理性经济人"假设本身就会存在这褊狭的缺陷。在公平交易原则中,只需要将延时支付在伦理上予以同等重要的确认,就能印证诚信是市场机制发挥作用的伦理前提。金融信用评级适用于一般金融中介,但对诚信的评估却是通过经验的方式来获得的,从而诚信记录成为一种成长型的个人财富。人并非生而具有信用财富,在诚信档案的丰富记录中增加了人的信用财富,这是人透支未来和更好地运用过去的财富创造美好生活的重要依据。在市场拜物教的动员下,商品生产、流通、消费、时尚等都有可能被金融信用所绑架,"由于信用制度的发展而变得神秘莫测",③这恰恰是人们违背了诚信原则而试图构建起资本增殖所需要的信用体系的结果。

3. 金融的功利与公正是统一的(利息与公正)

利息是在金融活动中债权人从债务人那里获得的报酬,其获取的方式有主动索取和主动支付两种基本类型。无论人们认为利息是基于时间长度资金的使用费、贷款人承担风险的报酬、货币资本的使用价值,还是借贷资本家"节欲"的激励,④它在形式上都是由于让渡资金的使用权而获得的回报。马

---

① 沈能:《现代金融学概论——原理与案例》,北京:经济科学出版社,2011 年,第 33—34 页。

② 王曙光等:《金融伦理学》,北京:北京大学出版社,2011 年,第 69 页。

③ 《马克思恩格斯文集》第 6 卷,北京:人民出版社,2009 年,第 166 页。

④ 沈能:《现代金融学概论——原理与案例》,北京:经济科学出版社,2011 年,第 56 页。

克思主义认为资本主义利息是对剩余价值的分割,社会主义的利息是对社会纯收入的再分配。金融关系的建立和维系离不开利息,没有利息就没有信用关系。利息额与本金的比例叫做利率,它是衡量投资回报大小的主要标准,也是融资成本的主要测量尺度。影响利率的主要因素有产业平均利润水平、金融机构成本、通胀预期、金融政策、风险水平(包括资金转让期限)、资金供求关系、社会经济运行的整体状况等。利息是金融参与的发动器,也是金融活性的调节器和资金流向的风向标。狭义的利息包括银行存贷款和同业拆借利息、证券市场利息,广义的利息包括一切金融投资获得的超过投入资金额的收入。在风险市场中,利息可能出现负值。任何市场的主体都具有追求利益(或利息)的功利需求,这是维持其主体功能和生命的物质基础。公正是金融产品交易的核心范畴,包括金融关系中各方面的公平问题,主要是经济利益公平分配。社会公正有不同的表现形式,如起点公正、机会公正、规则公正、程序公正、结果公正等。① 在追求利益和公正的道路上,必然会出现伦理上的冲突。马克思在谈到剩余价值的来源时借用加利阿尼《货币论》中的话说:“在平等的地方,没有利益可言。”②如果以等量劳动换取等量劳动,二者只有劳动的具体形式和劳动结晶的形式不同,那么交换就不能获得价值的增加。平等的交换是一种基于社会分工的互惠行为,从价值量的角度来说,所取等于所予。当从个人消费效用的角度来看,情况就变得复杂起来,不同的具体劳动相交换,一方面使劳动者各尽其能,另一方面又能各取所需,从而增进了消费品的丰富性,提高人们的生活水平。郭广银教授等认为,财富分配既强调原则和程序的公平,更强调结果公平。③ 博特赖特认为,公平和公正内涵一样,公平

---

① 黄云明:《经济伦理问题研究》,北京:中国社会科学出版社,2009 年,第 113 页。

② 《马克思恩格斯文集》第 5 卷,北京:人民出版社,2009 年,第 185 页。

③ 郭广银、陈延斌、杨明、王云骏:《伦理新论:中国市场经济体制下的道德建设》,北京:人民出版社,2004 年,第 268 页。

至少应该包括两重理念：平等待人，结果与判断规则相一致。① 在他看来，前者包括我们通常认为的起点公平和规则公平，而后者则强调结果公正（金融活动的结果保持与金融规则制定的愿景相一致）。利息对商品经济的发展起到非常重要的作用，马克思说："资本的所有权和使用权相分离，职能资本家取得的利润分为利息和企业主收入，分属于借贷资本家和职能资本家。生息资本的发展导致银行和信用体系这些具体形式的产生。"②通过一定的利率吸引社会资金，使其从"储蓄罐"里跳出来，进入到生产领域，以增强社会生产的资金供应，这无疑是美好的愿望。在现代金融中，由于产品和工具的复杂性不断提高，金融系统并非一味地推动资金不断从消费和储蓄转向生产和流通，相反，也会因为风险投机的需要而阻断生产和消费的某些环节，使社会总供给和总需求出现脱节。利息是利己的定像，而公正则包含利他的成分，公正更多体现在通过游戏规则实现对公平与效率的均衡。利率是重要的经济手段，其目的在于实现资源的优化配置。在金融系统中，金融中介将增加利息作为企业目标，会造成金融资本对社会经济的吸血式渗透，使资金运动过程中因过于依赖"按利交换"而缺乏"因善交换"的动机；③民众将利息作为金融投资的唯一目的，会增加社会经济的风险，促长投机赌博、不劳而获的社会风气。金融作为聚小成多、增加资金效能、提高资源配置效率、促进社会利益均衡的手段，其利息应当体现对贡献的奖励（权利与义务的协调）。只有当利息体现对资金使用权转让的价值补偿（因通胀等会造成价值损失）、风险补偿的基本原则时，它才不至于堕落成为资本追逐的肉糜。在市场机制下，金融中介和投资者都是（具有相对独立的经济索求权的）财产所有者，在投融资过程中追求经济利益是不可避免的。利息成为公平与效率天平上的砝码。正当获利不应该受

---

① （美）约翰·R.博特赖特：《金融伦理学》（第3版），王国林译，北京：北京大学出版社，2018年，第164页。

② 《马克思恩格斯文集》第7卷，北京：人民出版社，2009年，第3页。

③ 王曙光等：《金融伦理学》，北京：北京大学出版社，2011年，第59页。

到道德谴责，但个人或组织若狗苟蝇营于私利而不顾社会经济的虚化和私人经济的弱化，便偏离了公正的轨道。

二、金融中介的伦理问题

资本运作不仅要注重效率，也要“纠正交换动机的逐利失范”。[①] 金融中介机构是金融资金提供者和使用者之间的实体，其资产的主要形式是持有客户的债务性合约（金融索取权），从资产负债表看，金融中介机构拥有更高的杠杆。[②] 在非专业的领域，人们一般习惯将金融中介称为金融机构，事实上，当我们把金融中介与金融机构等同起来时，会造成营利性金融中介与国家机构（如政策部门和监管部门）的混淆。专业性的金融中介产生于经济交往的扩大，熟人关系被陌生人关系取代，要建立更加广泛的经济联系就需要有专门的业务机构充当中间人角色，以便在调节余缺和提高资源整合能力上发挥更大效用。金融中介就是在资金分布不均衡的陌生人社会中联结资金供需各方的枢纽和桥梁。在金融系统中，金融中介的伦理问题主要源自于它所承担的社会责任（社会角色）和执行的业务功能（行业职责）之间所产生的矛盾。总体而言，金融中介机构在现代金融活动中主要充当资金供需双方的“代理人”、金融规则和金融产品的“设计师”以及金融格局和金融市场的“控制者”三重角色。从角色伦理的维度能够较好地把握金融机构“应当如何”的伦理旨归。

1.“代理人”与“委托人”角色的伦理问题

在金融体系中，委托与代理关系是常见的关系之一。金融中介作为资本提供者的代理人，在运作金融资产时也是委托人，它将资产委托给相关产业部

---

① 王小锡：《道德资本与经济伦理——王小锡自选集》，北京：人民出版社，2009 年，第 155 页。

② （美）斯图亚特·I.格林鲍姆、（美）安吉·V.塔克、（荷）阿诺德·W.A.布特：《现代金融中介机构》，应展宇译，北京：机械工业出版社，2020 年，第 27 页。

门进行金融深化或者服务于实体经济，以获得孳息。代理人与委托人既是利益共同体也是道德共同体。作为利益共同体，金融机构存在的意义在于资金的所有者希望转让其使用权以获得资金的增值，而资金的需求者愿意给付利息以获得生产或消费的资金。代理人的出现，使投融资双方解除了因信息不对称和缺少利益交集而陷入沟通障碍的困境。由于投融资方在信息的极端不对称条件下无法进行有效沟通，甚至较少有机会产生信息接触，因此，金融中介提高了资金在投融资方流转的效率。金融中介利用专业技能进行投融资规范运作，降低参与者的金融风险，以维护资金安全和实现委托人预期。在这一关系链中，委托人和代理人都在谋求自身利益的最大化，委托人通过代理投资的方式激活资金的生殖力，代理人通过为委托人来带孳息的方式获得佣金（这一关系成为一级利益链）。这种利益共同体延续到次级利益链中，也就是金融中介与证券发行企业或借款人之间的利益关系。只有次级利益链整体上维持在谋利预期水平之上，才能保证一级利益链的稳定。由于金融深化的原因，以金融中介为纽结形成了一张巨型利益网。这张利益网所连接的各节点形成“利益共同体”，它们同时也是“道德共同体”。代理人与委托人交恶的最大问题在于利益共同体成员进行道德博弈。所谓“道德博弈”，用通俗的话来说，就是竞相做出狡猾、阴险、无耻的欺诈、隐瞒、威胁、盗窃等行径，以便在钩心斗角中取得更多利益。在关系恶化的进程中抢占先机，获得实惠或至少免于损失，在关系没有出现裂缝时做出保留、隐藏真相、埋下“地雷”。也就是说，利益共同体没有形成道德共同体，相反成为道德对弈者。

2.“设计师”角色的伦理问题

对金融系统及其运行机制而言，金融中介起到至关重要的作用；因为，“金融契约基于设计者的道德判断”。① 金融活动机制及具体产品的设计主要

① 丁瑞莲：《现代金融的伦理维度》，北京：人民出版社，2009 年，第 40 页。

是由金融中介“设计”的。在政策性金融领域,政府和其他非盈利组织也有可能为一种新的金融业态或产品制定规则和发展计划;不过就金融系统的主体而言,金融中介是金融活动和金融产品的主要设计者。金融中介设计金融模式和产品的依据主要有如下几个方面:其一,基于指令性经济和社会发展计划;其二,营利能力变化;其三,新的科技应用;其四,金融场景的改变;其五,宏观经济环境与竞争格局的变化;其六,金融中介自身经营状况;等等。金融设计应当遵循系统性原则,并将自身纳入金融系统的核心环节。作为金融产品和规则的主要制定者,金融中介的设计意图决定了产品运营的伦理表现。从“应当如何”的角度看,金融中介要实现产品和规则运行在多方面达成平衡。金融关系中必须遵守交易的公平原则,而在产品设计和规制拟定的过程中,实体性的公正并不存在,程序公正才是它们能够遵循的理念。假如金融产品及其系统运行规则的制定不是建立在程序公正的基础上,则“设计师”与诈骗犯无异。金融中介在施行产品设计和流程规则制定的过程中,尽管依循如前所述几方面的基础;但是因经营主体经济利益的独立性以及其内在的功利目标,使得金融中介在具体操作的时候出现对自身利益的偏袒,并在掌握更多专业性知识和技能的前提下,建立利益输送的暗道,或者增加回避风险的后门。尽管金融中介掌握着产品设计的权力,但是,金融产品被接受并延续存在乃是利益相关方不断议价的结果。在金融市场中,金融中介必然会考虑市场竞争中产品的相互排挤现象,不得不在金融产品设计时兼顾利益均衡,以避免客户流失。不过,由于金融市场创新的激进发展,机会主义在产品设计中依然大量存在。作为金融系统设计和金融产品规划和创新的主体机构,金融中介本应将金融系统生态的良性发展作为核心目的,将金融的本性锁控在人的发展需要范围之内,以避免过度投机带来无可避免的系统性风险。然而,截至目前所发生的金融灾难,均起源于金融产品设计本身遗留祸根,过度使用杠杆和增加创新工具,为金融中介拔仓潜逃留下后门和暗道,从而在系统性金融危机中以牺牲民众经济利益和实体经济利益作为代价,换取机会主义金融市场的繁荣景象。部分情况下,金融中介也不能正确认识到金融资本的来源,[①]对金融资产的“负债”属性缺乏自觉,从而对债权人采取不道德的设计和预谋。

3.“控制者”角色的伦理问题

自由企业制度主张交易必须建立在公平的基础上,尽管它并不考虑到公正的实体性存在是否真实,但交易必然建立在交易者地位的平等、公开透明和协商的磐石上。[②] 金融中介在金融活动中掌握着关系续断以及关系形式的绝对优势,通过宽松或紧缩的杠杆机制以及利率调节,甚至在特殊背景下金融中介利用庞大的资本规模控制舆论媒介制造影响市场信心的氛围,从而发挥对金融市场的控制。由于掌握大规模资本的金融中介机构有机会建立金融暗道,通过内部情报系统率先掌握市场动态,从而在抢占机会和避免风险上优势显著。恃持资本力量而疏于内部管理导致的金融腐败不胜枚举,尤其是在一般储户和股民的心里,金融信用并非以经验或价值观作为支撑,与此不同,金融中介的规模大小成为金融获客的主要凭据。人们倾向于对巨型金融集团及其设计的产品表达信任,而“大量分散的小资本被迫走上冒险的道路:投机、信用欺诈、股票投机、危机”。[③] 金融垄断的形成不但基于垄断资本家的强力意志,也有资本积聚的实践逻辑支撑,同时在社会民众的跟风现象中产生的渠道拥堵和非理性也发挥了一定的作用。最终,金融局面及产品创新发展趋向,并不由一般金融中介所控制,而是由巨型金融中介所控制,除非政府在资本扩张过程中采取必要措施,否则,金融资本必然会走向全面垄断。具有权力优势的金融中介通过利息波动来操纵市场风向(诚然,杠杆的工具也能发挥作用,但对它的自由放任往往在操控市场的过程中容易失去控制而成为不羁的力

---

① 丁瑞莲:《现代金融的伦理维度》,北京:人民出版社,2009 年,第 142 页。

② (美)理查德 · T.德 · 乔治:《经济伦理学》,李布译,北京:北京大学出版社,2002 年,第 188 页。

③ 《马克思恩格斯文集》第 7 卷,北京:人民出版社,2009 年,第 279 页。

量，最终使金融中介自身亦遭受覆灭的风险），控制者理应控制市场非理性因素的躁动，抹平机会主义抬头对金融系统造成的创伤。不过，金融中介作为"控制者"的伦理失控，正在于其未能站在金融生态建设的高度，缺少对在金融创新初期因监管失灵而出现的自傲和盲目的抑制。由于金融权力体系中的严重失衡，"控制者"不被控制的空间很大。金融权力体系的不均衡导致金融霸凌现象的发生，金融中介中以大欺小的现象以及金融市场中对储户和散户股民的任意收割就是其表现。适当的金融抑制是必要的，金融中介作为"控制者"应该被更强的力量所监督，以免出现金融资本的独断专行。这时，政府作为市场的"守夜人"就要发挥应有的作用，维护金融伦理底线，迫使"控制者"保持清醒的伦理自觉和道德自律。

三、金融市场的伦理问题

金融市场伦理建设不仅需要对实存伦理秩序的自察，更要有对应存伦理关系的自觉。金融市场从业务上包括信贷市场、证券市场、期货市场、保险市场、外汇市场等金融产品的直接市场以及为金融交易提供征信、中介、咨询等服务的辅助市场，其主体是提供金融产品交易的直接市场。在债务市场上进行交易的资产包括政府或企业发行的债券、固定资产投资的按揭贷款和消费贷款等。债务性工具承诺对债权人支付固定比率的现金回报，它包括以利息为回报方式的货币市场工具和以资产的剩余索取权为回报方式的公司普通股。当前，由权益性证券、固定收益证券、外汇或商品等一种或多种资产价格衍生出其价值的金融衍生工具反而成为金融市场中最活跃的主角，它是管理与标的资产相关的风险暴露的工具。① 金融市场中的"操作策略"已经占据着主流阵地，如何在指数化市场中寻找资产组合的最佳方式成为金融参与者整日处心积虑的事情，金融的伦理问题被抛在脑后。绝大部分金融市场的参与

① （美）兹维·博迪、罗伯特·C.默顿、戴维·L.克利顿：《金融学》（第二版），曹辉、曹音译，北京：中国人民大学出版社，2010年，第38—39页。

者利用公开的信息表达着经济理性对获得资金的热切渴望,证券、外汇和期货市场价格波动曲线的变化牵动着投资人的神经。在金融市场狂飙突进的时期,对于普通投资者而言,金融参与是一种生存样式,它不是获得生存的一种支撑或工具,而是生存本身。

作为市场的有机组成部分,金融市场遵循现代市场伦理的一般原则。它主要包括如下几个方面:其一,文明进步原则。金融在其发明之初就体现了其伟大之处,当国家在发动或应付战争之需而急于获得资金时,抢掠和增加赋税不是文明的方式,而金融则是。在这种情形下,金融可以使社会减少暴力和剥削,并由于支付利息而表达了对民众和社会财富的敬畏。自资本主义产生以降,金融为资本家扩大再生产和商业运作提供资金周济业务,相比“羊吃人”的圈地运动已经要文明和进步了不少。当然,近代以来,金融业为战争积累财富并为暴力的扩大提供研发基金,或者与政治互腐,造成世界格局的动荡和全面资本化。金融绝不是自身就能保持伦理上的向善意志的定在,反而随着资本主义金融的扩张,试图进一步剥削、欺骗和麻痹民众。现代社会主义金融市场要将金融资本这匹野马套上马嚼子,使其在积累资金、摆渡资金、反映市场信息方面发挥积极的作用,同通过这些具体功能实现优化配置、服务实体经济、增进民众福祉、促进社会公益的目标。其二,最大诚信原则。金融市场导致悖德事件发生的重要直接原因是交易双方没有遵从最大诚信原则。这一原则要求金融参与者做到开诚布公、信息透明,尽管随着数据技术的发展,当前在金融体系中大型金融中介表面上掌握着更多的信息资源;实际上由于数字化时代垃圾信息的增多,任何进步的数据技术都能精准地掌握信息制造者的真实身份、状态和意图。每一个金融参与主体自身信息的真实性仍需要自我揭露和外围搜集相结合才能准确无误。信息的生产者和提供者的真实意图有较大差异,对他人的信任程度以及其本人的道德水平都会严重影响信息提供者所呈现的信息真实性。在数字化信息搜集中,专业机构具有重要优势,尤其在金融中介及金融产品提供者索取信息和提供信息上具有极大的不对称性,信息权力不对等造成普通民众对自我信息的担忧和防御性隐匿。加强机构在信息加工和处理上的管理,增进民众信息权利保护、捍卫客户隐私安全,营造金融市场交易的良好诚信氛围。其三,公平交易原则。社会主义金融市场交易不但要遵循规则公平,也要强化结果公平。规则是预谋的呈现,是现实价值观的直接呈现。在社会主义社会,金融应为社会主义事业服务、为增进人民群众福祉服务,由此,就要将社会主义的核心价值观体现在金融制度设计和运行规则的拟定之中。预防金融异化,防止巨型金融资本对社会政治、文化、经济的操控。这是金融市场公平交易的前提。在具体的市场活动中,金融中介依据资本实力和对规则的解释权,采取各种潜在的强制行为,妨碍金融参与者资金的自由流动;在债务关系中发生暴力、威胁等野蛮行为;金融投资者只能赚钱、不能亏本,风险意识和风险承担能力低下,不遵守金融契约;以"愿赌服输"为原则将金融市场转化为"赌场",单纯以"合同"为依据进行索权,进行合同欺诈,违背社会道德底线等。这些都是违背公平交易原则的。其四,平等协商原则。陈绪新认为,为了有效发挥制度的协调作用和提高社会信用的效能,要求制度具有普遍适应性。这种普遍适应性包括三个特征:无差别性、确定性和开放性。① 金融市场中的平等协商就是在普遍遵守的规则下进行平等议价和条件谈判,这要建立在合规的市场交易细则框架之内,金融机构不能"店大欺客",而要对拥有不同资金额的客户一视同仁。价格歧视是市场营销中的基本手段,然而这种差异化价格所带来的结果是对客户本身的歧视。这种非伦理的歧视转变成为伦理上的歧视,主要是通过歧视性交易导致的结果所引发的。它暗示一种基于经济实力的谈判资格问题,将市场交易的谈判者以非人格化的方式进行排序列表,由此而导致谈判者对非人格身份的被迫接受。平等协商意味着金融参与者能够"参照"其他参与者进行合理索权,要求与不同资本实力的参与者分享利率优惠或其他便利。其五,正当获利原则。如果

① 陈绪新:《信用伦理及其道德哲学传统研究》,北京:中国社会科学出版社,2008 年,第 262 页。

说前述四项是“你应该”的原则,而“正当获利”则是“你可以”的原则。[①] 前者是一种必须服从的命令,后者则更多体现为一种能够参与的自主选择。厉以宁认为,应允许和鼓励个人从事以盈利为目的的投资活动,当个人投资以增加收入时,必然会减少其持有的现金和抑制其暂时的消费行为,因而“实际上含有个人已经做出准备承受增加风险和减少资金运用灵活性这两种损失的策略”。[②] 金融投资作为社会主义经济建设的重要参与方式,通过它们而获得合法收益在道德上亦不应持有敌意。资金是社会主义经济建设的生产要素之一,甚至是具有普遍效用的生产要素,储户、股民等给予国家经济建设以有效资金支持不但是正当的,而且应当得到鼓励。对于一般民众而言,金融参与会影响到当下的生活水平和承担一定的经济风险。在参与国家经济建设中,正当获利是伦理所允许的范围;当然,在伦理允许的范围内,存在个体道德品格层次的问题,这是由个体对金钱的欲望以及对国家和集体所抱有的情怀等诸因素所决定的,并不能要求人们普遍具有大公无私的美德。在法制健全的情况下,法律是道德的底线,合法合规的金融投资收益都是合乎道德的。

四、金融从业人员职业道德

人类生产力的发展导致社会分工的细化,劳动分工必然带来的结果包括生产力的进一步提高,以及导致某种和谐的自发形成。[③] 这种和谐包括职业之间的相互补益、互通、调剂和依存关系的确立。金融作为经济部门从商业和生产部门独立出来,便有了专门从事金融活动的执业人员。职业伦理就是从事专门行业和在特定岗位上工作的人应当遵循的道德准则以及由此而形成的

---

① (德)扬·菲利普·雷姆茨玛:《信任与暴力——试论现代一种特殊的局面》,赵蕾莲译,北京:商务印书馆,2016 年,第 182 页。

② 厉以宁:《经济学的伦理问题》,北京:生活·读书·新知三联书店,1995 年,第 159 页。

③ (法)埃米尔·涂尔干:《社会分工论》,渠东译,北京:生活·读书·新知三联书店,2000 年,第 232 页。

社会秩序。职业伦理的根本问题是个人价值取向与职业责任之间的关系问题,而正确处理个人利益与社会利益的关系又是价值取向的根本问题。[①] 金融部门(这里主要是指盈利性金融中介)从业人员的职业道德关系到金融系统的健康运行与生态建构,是金融部门在整个经济系统乃至社会系统中维持自身独特价值和优势的重要内容。金融从业人员职业道德败坏的主要表现在于:第一,"雁过拔毛"。金融从业人员每天都与钱"打交道",在与钱接触的过程中,只要伦理价值出现任何偏差,就会产生心理失衡,铤而走险,做出非法占有他人资产的错误行为。金融从业人员的主要工作内容是服务客户金融需求,为客户介绍、提供适当的金融产品并辅助其完成投融资行为,在这一过程中,少数人会错误地将资金融通数额的大小当成自己的个人功绩,并索求与之对应的回报。这种雁过拔毛的思想和行动是金融腐败的重要方面。第二,"暗度陈仓"。正面诱敌、侧面袭击,这是战争中的有效战术,但从事金融职业活动必须坚持诚实守信、公开透明,采取诱骗方式吸引资金和获客是极不道德的。金融从业人员充当资本操控舆论的枪手,在自媒体或广播电视中恶意引导投资风向,从中牟利,是当前金融从业人员中的一大公害。如中鼎财富公司徐某等人,聘请有资质的专业股票分析师在电视台做证券类节目,留下中鼎财富公司的联系方式,吸引投资者关注。随后以指导炒股,鼓吹提供"内幕信息"等方式进行诈骗。至 2010 年 6 月案发,约 120 多人受害,非法所得金额 450 余万元。第三,"挂羊头卖狗肉"。少数保险公司、投资公司、经纪公司的从业人员,在兜售产品时进行名不副实的宣传诱导,比如过分夸大产品的收益,掩饰其风险投资属性等。第四,"过河拆桥"。为增加短期绩效,采取各种办法吸引客户,疏于对客户的长期管理和关系维护,少数融资项目以圈钱为目的,采取虚假项目或美化低劣项目的方式套利后转移资产。在业务素养上,金融从业人员有着严格的准入门槛,但从业人员的伦理道德水平却参差不齐。

① 罗国杰:《伦理学》,北京:人民出版社,1989 年,第 338 页。

以丰富的专业素养为基础,进行不道德的金融活动,其隐秘性更强。

金融从业人员职业伦理失守的原因,主要有如下几个方面:第一,职业道德认知不足。从业人员首先应当正确认识自己的职业,金融活动的要义在于资金运筹并促进生产要素优化组合和生产效率的提高,其直接手段是进行有偿余缺调剂,有条件地进行经济舒困或者助力经济扩张。金融从业人员是这一活动的直接执行者和金融功能发挥的关键因素;金融机构在资金融通中承担的中介作用通过从业人员的有效活动实现。从业人员必须认识到职业内涵的社会价值,并认清自己在其中扮演的角色。这是从业人员理清权利与职责关系,以及言行对社会和自我产生的利害关系的重要方面。因此,增强金融从业人员的身份认知、权责认知、利害认知是职业伦理建设的重要环节。第二,职业情感和道德信念缺乏。优良的职业行为需要坚强的职业道德意志作为支撑,而职业道德意志是以职业道德信念和情感来维持的。在对职业本身的深入理解和延续的职业生涯中,好的职业行为和管理制度会激励员工产生职业情怀,这种内心情感的培养会表现在职业活动中并进一步优化执业能力。良好的情感刺激—执业行为激励—进一步的职业情感和信念的型塑的循环,使职业生涯的发展处于积极向上的运动过程中。在这"过程"中,任何一种断链的创伤都会影响职业道德的维护和提升。如行为与激励措施的对焦失当,过于将营业额大小和获客量作为激励基础,则会促涨员工急功近利的情绪,甚至引发为获得激励而作出违背道义之事的行为。第三,道德修养不够,职业道德意志不坚定。一个人在职业道德上所表现出来的意志,也受到伦理环境、个人道德修养的直接影响。职业道德不是抽离于人的整体道德水平的东西,它是人的道德修养的重要组成部分。有些人习惯将职业道德的沦丧怪罪于职业活动本身,似乎某些职业注定是要违背道德的。这种严重错误的外因论,致使少部分人在从事金融活动时将个人道德失守归因于"圈子文化"和"行业特色"。金融从业人员的工作内容因与钱直接发生关系,的确有比其他工作更多的直接诱惑;但对金钱诱惑的抵制能力以及正确义利观的形成,则不是由职业内容所决定的。哈耶克指出,“热衷于集体行动正是我们现在若无其事的、集体沉溺于自私行为的途径。”①群体性的伦理失守对经济业态的影响是致命的,网络 P2P 行业的教训应当引起重视。第四,道德行为与结果之间的偶在性。并非所有的道德失范或恶行都会受到谴责和惩罚,这是道德投机主义者时常抱着侥幸心理的根源。道德行为与经济行为的差别也表现在边际成本的偶然性,增加不道德的行为或者减少不道德的行为并不意味着增加或者减少个体因之而来的损失或收益的对等出现。由于征信的不完整,道德失范引起的后果往往是“一过性”的,在引发客户不满甚至发生诉讼后,从业人员通过改变就业渠道和调换工作地区或岗位就能轻易清空职业劣迹。在进一步的数字化中或许可以避免这类道德投机主义,但在当前仍然是一个需要引起正视的现象。

“合乎规律的意志正是为了其自身的要求。”②个体既是职业道德氛围的被影响者,也是其直接的营造者。金融从业人员对职业认知的深化,以及在职业活动中提高对职业内容的理解和工作岗位的热爱,致力于在金融服务中实现人生价值。这样做不但有利于职业成长,也有利于金融伦理生态的建构。

五、民众的金融伦理素养

“市场的人性和道德程度也取决于市场支持者和参与者各方面的品质。”③在大众金融时代,民众金融参与的积极性不断提高,这一方面取决于个人财富的涌流,另一方面取决于理财意识的增长。一度出现“全民炒股”的夸张态势,而银行业务则更加普遍。在移动支付普及化的情况下,新型金融参与形式取得了广大网民的支持。民众金融伦理素养的高低对金融市场伦理状况

① (英)弗里德里希·奥古斯特·哈耶克:《通往奴役之路》,王明毅、冯兴元等译,北京:中国社会科学出版社,1997 年,第 201—202 页。

② (德)费希特:《人的使命》,北京:光明日报出版社,2010 年,第 142 页。

③ (美)罗伯特·C.所罗门:《伦理与卓越——商业中的合作与诚信》,罗汉、黄悦等译,上海:译文出版社,2006 年,第 99 页。

起到重要作用。民众金融伦理素养的提高对金融违约行为的减少、金融坏账率的降低以及风险的社会控制等是十分必要的。部分民众的金融伦理素养既有认识论上的偏差,也有价值观上的误区。错误的认知和行动不但影响到金融行业声誉,也为个人生产生活带来巨大风险。

民众金融伦理素养主要从以下几个方面进行认知和行为改善:第一,认识金融中介的作用,金融不是生产财富的“母机”。1811 年美国合众国银行的特许经营权到期,当时州立银行有 100 多家,它们都是通过经营银行业务来获利。银行业务中最为重要的就是造币。1811 年之后的两年中银行数量增长两倍,大多数银行发行了钞票。银行发行的钞票所能承受的额度是其资产的 5 倍,甚至个别百货商店也发行“准钞票”性质的“临时凭证”。[①] “印钞”能否带来财富的等率增长?显然不会。金融并不直接创造价值。恩格斯在《德国的革命与反革命》中说:“欧洲的一切金融巨头都把他们的很大一部分资本投入奥地利的公债。他们全都需要维持奥地利的信用,而要维持奥地利的国家信用又总是需要新的借款,于是他们便不得不时常提供新的资本,以维持他们过去已经投资的债券的信用。”[②]金融资本完全能够在其设计的游戏内部完成“增值”,尽管这是临时性的、富有冒险性质的。个人在参与金融活动时应当认清金融中介的这种属性:金融是财富的运输机而不是生产财富的母机。通过资金融通而增强实体经济抵御风险的能力,或者提高民众竞争性消费和生产的能力,就此而言,参与民众由此而获得一定的回报,既是一种体现权利义务关系的再分配,也是一种对持续发展的生产关系和人际关系的激励。倘若离开对生产和生活的直接贡献,金融需要有更多的克制,以便维护社会对价值创造者的正当权益。第二,树立健康的金钱观、价值观。“财产是由物的隔绝

① (美)约翰·S.戈登:《财富的帝国》,董宜坤译,北京:中信出版社,2007 年,第 82—88 页。

② 《马克思恩格斯文集》第二卷,北京:人民出版社,2009 年,第 376 页。

状态造成的，即从公共领域中被分离了出来。”[①]私有观念和生产发展的不充分是金钱作为社会财富的重要原因。金钱既具有有限性，又具有无限性。金钱的有限性指的是金钱的产生和存在是社会历史的阶段性产物，是生产有所发展但发展不充分的产物，是商品交换的媒介，在产品经济时代，现代意义上的金钱必将消失。金钱的作用也是有限的，金钱在商品经济中具有通兑性，是价值通约的公分母；但是金钱并不能代替人的一切价值和意义，争取金钱和拥有金钱并不意味着对社会的绝对权力，世界尚存许多金钱触摸不到的领域，并具有极其丰富的价值内涵。金钱又是无限的，它的形态随着时代和技术的发展而不断演化；在市场经济中，作为一般等价物的金钱能够成为一切商品的等价物。在商品经济中，金钱在积聚资源和激活经济力量的进程中具有无限潜力。辩证看待金钱无限性和有限性的关系，是正视金钱而不贪迷于金钱的重要途径，也是人们在金融投资中保持初心，防止金融异化的重要防火墙。第三，提高金融知识积累，积极理财。金融权利是一种知化权利，金融活动中信息不对称和权力不对称的主要原因在于知识鸿沟的存在。增加民众金融知识素养，是民众积极投资而保持理性能力的重要方面。非理性的群氓行动或严重弱化道德意志，丧失道德持守，并在群体性道德沦丧中获得心理安慰。在金融知识短缺的阶层中更加容易导致财富幻象丛生而陷入劳动空虚主义，将投机作为人生成功和获取财富的不二法门。人生犹如游戏，世界犹如赌场，正当的理财活动被腐蚀成为丑陋不堪的噬利怪兽的张牙舞爪。第四，尚德守法，守住底线。有法从法，无法从德。金融创新的持续挺进，一些新领域存在严重的法律空白，要求人们借鉴邻法，参照近似案例来行为处事。同时，尊崇普遍的道德规范是在金融投资活动中守住底线的重要依据。第五，讲求信誉，珍惜信用身份。“金融交易不管是以银行存款或贷款的形式，还是以股票、债券、期

① (法)涂尔干:《职业伦理与公民道德》,渠敬东译,北京:商务印书馆,2015年,第168页。

货、基金等形式发生，都是一种信用契约交易，买卖的是一纸信用合约，是一种承诺。”①现代金融关系建立在信用基础上，对血缘和亲属关系较少有依赖性。在流动性很大的陌生人社会，现代信用关系的建立使金融体系在更广泛的地域和领域发挥积极作用，资金融通的覆盖面和资金流大大增加，民众能够享受到的金融服务内容更加丰富、质量也更高。陌生人信用关系更加追求客观物质依赖关系，而对风俗习惯、社会舆论的引导作用不断弱化。这一弱化的现实根源在于金融深化的现实需要，而其产生的不良影响在于民众在一段时期内认为有限责任的现代金融关系具有更大投机空间。这一认识导致少数民众铤而走险，做出违背金融伦理的事端，甚至违法犯罪、身陷囹圄。个人信誉是当代人从事经济活动的重要资本，尤其在大数据时代，信用记录将成为影响人一生的真正财富，个人应当爱惜自己的信用身份，重视每一个信用记录。第六，理性投资，风险之中显风度。社会生活的金融化必然导致机会主义的盛行，当然，机会主义的盛行也会加强社会生活的金融化。由于金融衍生工具使用的政策宽松以及金融创新中主体机构的扩大和监管失灵，现代金融风险与日俱增。尽管“投资有风险”的提示不断重播和印在显要位置，但出于群氓状态的个体很难自觉其间的风险。似乎只要风险不被感知就不存在一样，投资者容易陷入投机中的盲目自信，这也是信用危机不断发生的社会心理基础。当金融危机爆发或者金融产品风险事故发生后，投资者往往表现出与其投资决策中决然不同的言行，将正常的风险损失归因于各种假想的理由，甚至因此而产生对社会的仇恨，以及发生诸种极端事件。在风险投资中能够比较清晰地看到个人的道德修养，只有对自己的决策和行为负责的人，才会在投资过程中展现出冷静和理智，而在风险事故发生后勇于承担损失，正视金融风险的常态化。

金融系统由金融中介、金融产品、金融制度、市场环境、从业人员诸种要素

① 陈志武：《金融的逻辑》，北京：国际文化出版公司，2009 年，第 119 页。

构成,是一个有机的复杂体系。无论金融创新发展到什么阶段,金融的核心在于资金融通,并紧紧围绕这一职责提升自身的经济属性和社会属性。在金融关系中,金融中介和投资者往往对其经济属性关注较多;而对于监管部门及融资者来说,金融的社会属性更加具有迷人的品性。从货币作为“天然的平等派”,到金融关系中的平等要求,以及建立在平等基础上的信用制度,是金融伦理的重要内容。信用是一个现代经济的普遍议题,它成为一种客观物质支撑其发展的关系网络。紧紧相依的物质权利关系构成强大的信用基础,诚信仍然对这个基础具有加固的作用。金融中介本质上是资金融通的双向代理人,它需要在借贷双方中都履行代理人的义务,忠于委托人的意志并服务于委托人的利益。金融市场的复杂性使“去道德”成为一种形而下的操作理念,这样做似乎基于有关物质的诱惑永远会比心灵的干预具有更为强大的现实力量的假设。事实上,属于伦理建设的任何领域都较少会因为技术进步而显得更加文明,其成就也许会造成更多的社会灾难。金融市场应以促进社会文明进步和进一步优化效率与公平的关系为己任。金融从业人员和普通民众中的金融参与者,都是金融伦理生态建设的生力军。作为有机体系的金融系统,只有在全方位、全要素、全流程的伦理参与中,才会具有生生不息的力量,成为社会经济动员的吹号者,提高资金运用的效率和水平,推动社会经济文化进步和人们生活水平的提高。

第四节 伦理金融化的危害与社会主义金融伦理的新境界

金融伦理的基本问题,从动机和过程来讲,是投资与投机的关系问题;从结果来看,是效率与公正的关系问题。本质上,这两个问题具有内在一致性:投资既可以有营利目的,也可以有公利目标。投机则主要关注于私利并且不惜在金融市场制造和承担风险,以便创造更多营利机会。整体上讲,金融投资不能完全撇清与投机的关系。那么,机会主义在多大程度上存在是适宜的?这对美德伦理来说毫无疑问倾向于剔除一切有关投机取巧的动机和行动,以维护人际坦诚与和谐的关系;但在金融伦理中,投资的公利属性莫过于对社会生产体系中以资金融通为载体的资源配置的功能维护和加强,这种对金融本质的维护和加强表现出伦理上普遍予以赞赏的生产要素贡献理论中的权利义务关系,以及对诸如劳动和社会财富的尊重和敬畏。在此基础上,它也对社会生产关系中人的积极参与和勤劳致富、诚实经营做出价值观上的呼应。当人们的投资倾向于公利属性,而特别将投机作为金融中的成分予以适当克制时,投资与投机的关系也就转变成为资源配置效率与其活动所产生的后果是否公正的关系。市场除了维护公平之外,还要为整个社会的利益服务。① 当然,公正的金融后果既可以来自于公正的投融资动机和过程,也可能来自于主观上的投机及其实践。就此而论,金融伦理是在动机、行动(或程序)与结果上全面实现对投资与投机、效率与公正的平衡,在金融资产优化和提质增效中展现金融的社会价值,更好地服务实体经济和民生发展。

国务院于2013年2月发出的《国务院批转发展改革委等部门〈关于深化收入分配制度改革的若干意见〉的通知》中指出:在社会主义初级阶段,无论是初次分配还是再次分配都要兼顾公平与效率,初次分配更加注重效率,创造公平的营商和竞争环境,维护劳动收入的主体地位;再次分配要更加注重公平,提高公共资源配置效率,缩小收入差距。② 这一指导意见使金融投资的风险收入具有合规性。风险收益的巨大落差在金融的社会渗透不断加强的背景下,使高收益的样本被反复炒作,而高风险和高损失的样本反而在被淹没在群情激奋的投资热潮中。其原因主要有二:一是金融中介和经纪公司夸大成功

① (美)理查德·T.德·乔治:《经济伦理学(第五版)》,李布译,北京:北京大学出版社,2002年,第520页。

② 中共中央文献研究室编:《十八大以来重要文献选编》,北京:中央文献出版社,2014年,第140页。

案例以便吸引更多投资；二是投资失败会引发信用水平的降低，从而影响投融资活动的延续，故当事方会保持对失败投资的沉默和尽量消除其不利影响。金融投资的高收益展示所产生的重要结果是社会生产和生活的普遍金融化。金融化的深入进一步催生了金融异化，机会主义盛行，金融化侵占了那些原本不应该做出让步的人性领域，从而歪曲和简化了人的生存价值，使人成为普遍的、单向度的“投机者”。尽管金融自由化的呼声对于那些崇拜西洋经济理想的人而言依然是一种社会“抱负”，但社会主义金融不是一般的投机市场，而是社会主义经济生产和资源配置的市场组织活动。社会主义金融能够纠正资本主义金融资本噬利过程中的盲动主义和去伦理化倾向，促进金融发展与金融正义的统一。

一、从金融伦理到伦理金融化

在金融领域，从商业银行到投资银行，信誉的根基正在发生动摇，甚至连信用评级机构也不一定公正行事。① 金融伦理失序的蔓延与人们对金融伦理建设期望的强烈程度是正相关的。经济危机导致信心破灭，人们空前强烈地感觉到经济政策的不公平；②货币幻觉使人们始终缺少一种对经济伦理的自省。“动物精神”成为一种非理性投资的普遍表象，人们在盲动中或者过度执迷的信念中被金融经济潜伏的巨大利润所吸引。风险发生之际的哀怨与嚎叫向来都是下一轮疯狂投机活动的“号角”。理性能力在精细方面的运用达到了极致，这是对“投入—产出”指引下的资本游戏规则的勤勉钻研的反映；在宏观方面，理性能力显然运用不够，至少它缺乏对金融的自我存在以及内部机制的认真反思，更不用说对经济规律和人性的觉察。当金融系统中弥漫的

① (美)乔治·阿克洛夫、罗伯特·席勒:《钓愚:操纵与欺骗的经济学》,张军译,北京:中信出版社,2019年,第38—41页。

② (美)乔治·阿克洛夫、罗伯特·席勒:《动物精神:看透全球经济的新思维》,黄志强、徐卫宇、金岚译,北京:中信出版社,2012年,第66页。

“去伦理化”情绪表现出对资本做道德化设计的厌恶时，它就表达了金融自由化的市场自信。将金融推向进一步的深化，并反对任何抑制金融发展的政策和主张，是自由金融市场倡导者的使命。“钱生钱”比任何其他的理论逻辑更有诱惑力，尤其是在“令人信服”的市场波动高峰阶段的那些获得谋利成功的人士，演绎了“不劳而获”的神奇人生，并在投机市场中视为智力与勇气的回报。伦理学家和金融学家之间的冲突不是智商方面的差异造成的，更确切地说是利益关系的直接结果。伦理学家的使命在于构建一种更好的社会秩序，在秩序与行动中表达善意是伦理学家所追求的至上目标；金融经济学家或许更加侧重于对资本生殖力的研究，任何有利于资本生殖力的行动都被认为是正当的。其实，资本的生殖力在于“劳动力成为商品”这一基本前提，但金融经济学家们不需要关注生殖力的终极来源，而只需要关注在资本运行的周期内获得预期回报。这样一来，金融衍生工具的超载运用必然导致经济空心化的社会效果，而空心化不仅成为社会总需求和总供给严重失调和供需错配的原因，也演化成为人性的空心化。

人们过度依赖于向外界索取，使人无视最重要的东西，将质的印象通通转换成量的概念来表现，使得人的道德变得异常贫乏。① 金融化经历了经济金融化、生活金融化和伦理金融化的阶段，它一步步将金融投资中的机会主义放大并植入社会生活与人的伦理道德之中。被裁剪掉了道德基因的金融系统及其活动必然横行无忌。实物匀借在物资短缺时代时常发生在熟人之间，与之相适应的是在交往并不密切的人们之间兴起的有偿租借活动，直至专门的高利贷者出现，他们也曾在长时期内存在。真正具有现代风险属性的金融活动是随着工商业活动的兴起、金融资本的独立运作以及市场关系的普遍化而发展起来的。自从货币取得了一般等价物的地位，它就成为一种在社会经济生活中的“普遍价值”。通过风险投资获得货币的增值是货币拥有者坚定不移

① 魏英敏：《新伦理学教程（第二版）》，北京：北京大学出版社，2003 年，第 537 页。

的信念，这在提倡冒险的近代商业和殖民扩张中得到增强。利润率的高低决定了投资者在冒险活动中勇气的大小。马克思说："正如商品的一切质的差别在货币上消灭了一样，货币作为激进的平均主义者把一切差别都消灭了。"①货币的通兑能力使拥有它的人具有面向任何商品持有者（或生产者）的索取权。因此，在货币商品经济时代，避免具体劳动的差异性以及对养成一定专业技能的成本的"节省"，让货币成为财富"母机"而免于在生产和商业中冒险的货币投机主义逐渐发展起来。投机以赌博的方式发展了空手套白狼的把戏，但这种行径很快被人识破其中的危害，尤其是赌徒对人伦的破坏引起世人警惕。大部分地区都严厉禁止赌博的行为，在赌博活动中不乏玩弄阴谋诡计的人，即使厌恶赌博的人也更加厌恶这种在赌博活动中不遵守游戏规则的人。机会主义对偶然性的追求，无论是出于即时应验的成败刺激还是出于任何别的心理，都使机会主义在民众中扩大了影响。从本质上来说，金融与赌博有着根本的区别，不是在于其风险的强弱，而是在于金融建立的基础对经济系统运行起到融通资金的作用，并分享生产系统创造的成果。风险投机流程中增加一定的中介，就会使人们放松警惕并弱化厌恶的情绪。"赌石"就是这样。冒险精神、专业水准、挑战能力等被视为"赌石"必备个人能力的前提。与生产和实物的联系，使经济投机摘掉了诈骗和诱拐的帽子。而金融系统更加将整个经济系统的成败维系在金融之上，金融被当成经济运行状态的晴雨表，直接影响民众在经济参与中的信心和动力。更重要的是，金融的创新工具不但增加了投机行为与生产和实物的联系，并将这种联系复杂化。在生产和实物的金融化之外，再建金融工具的应用，从而使金融深化至广袤的经济网络之中。投机者从炒黄金演进到对其他固定资产（如房产）的炒作。机会主义并没有停步的界限，投机成瘾是一种需要引起重视的社会现象。在证券市场养成的投机心理延伸到了生活用品的领域，运动鞋和裙子也能成为一种被炒

① 《马克思恩格斯文集》第 5 卷，北京：人民出版社，2009 年，第 155 页。

作的对象。号称"限量版"的鞋子和裙子被不断地从一个价位炒至另一个截然不同的价位。商业的嗅觉灵敏而狡黠,"炒盲盒"成为一种营销方式,不但在互联网上盛行,在中小学校门口的小摊贩中也存在。抱着"试运气"的心态参与其中的青少年有些发展成为对某些系列商品"盲盒"搜集的迷恋。从金融系统中弥漫开来的投机情绪正在影响着青少年一代的正常成长。

从金钱的游戏到将大宗固定资产作为金钱游戏的中介,再到将生活中的普通用品"稀缺化"以制造更多的金钱游戏。机会主义转化成为一种文化的基因时,或许能够增加冒险精神在创新领域中的应用,但金钱游戏制造者并没有将金钱仅仅作为游戏道具,它也是他们追求的目的。而普通参与者并不知晓这些投机游戏的真实意图,游戏规则中的道具(或手段)成为他们普遍追求的目的。投机主义者们通过各取所需建立了一张庞大的赌桌,使人的一切道德品质和伦理价值的追求似乎都可挥之而去。欺蒙拐骗在互联网金融中就表现得十分突出。投融资者信用造假,而金融中介变成金融"老鸨",只要获得更多利润,便不惜作出违规悖德的勾当来。当一种文化对于自己的公正"明显过于自信"且不愿意聆听意见时,那么,它就需要道德勇气来克服。① 在一定场景下,金钱所能卖到的东西越多,人作为人的东西就越少。信誉可用金钱来购买,美德也会随着金钱而丧失,各种只能做出质性判断的东西,都要变成用金钱的数额来衡量,这不可能使人还能保留完整的人格,并站在人类命运共同体的高度来审视自己的行为。金融在"摆渡"金钱的过程中,融通了资金的余缺,为经济建设和民生幸福做出了贡献;但金融在"摆渡"金钱的过程中,对时间和风险进行经济补偿的同时,营造了投机的氛围。金钱的合目的性变成了目的本身,被造物成为了造物主,在金融伦理失守的地方,伦理也变成了金融的对象。

---

① (美)拉什沃思·M.基德尔:《道德勇气:如何面对道德困境》,邵世恒、吕威、蔡紫薇译,北京:北京时代华文书局,2016年,第184页。

二、金融异化导致道德沦丧

现代金融增加了社会流动性，加快了社会财富在人群间转移的速度，也使建立在稳定经济关系中的社会道德发生动摇。在主要以固定资产量作为财富多寡标志的实体经济结构中，基于财产关系的社会阶层拥有不同的文化价值，至少在伦理道德上表现出明显的差异。换言之，伦理道德成为一定社会阶层维持自我独特文化特质和精神性格的要素。由于物质财富的继承性以及实物经济运行的相对稳定状态，使得这种具有阶层烙印的伦理价值和道德观念保持稳定的形态。虚拟经济的不断发展，人们富庶程度的标志从"资产评估表"转为"负债清单"的社会表达方式。金钱在人们之间传递的速度加快，一夜暴富和一夜爆穷同样存在于社会现实中，过去需要依靠神话故事（如假想的神灵赋予某人以巨财）才能实现的东西在风险市场中变成了现实。阶层更迭的加快使更多人放弃了对某种道德信念的坚守，他们在流变的社会关系中无所持守，对由个体身份决定的伦理价值产生幻灭之感。金融市场的激烈竞争，使"竞争的压力刺激了征服与取胜的欲望，刺激了不惜一切代价揽金的野心，它所释放的动机显然更有利于野蛮资本主义，而不是道德资本主义。"[①]财富的流动性导致阶层的流动性，阶层的流动性导致具有阶层属性的伦理结构的解体。那些依靠物的既有成就而获得的"社会命运的证明书"[②]被撕毁了。角色（身份和地位）的丧失降低了投机所需要付出的道德心理成本，尤其在资本主义金融体系中，机会主义并不会被认定为在伦理上有所破坏。金融市场价格指数波动的曲线成为投资者的"心电图"，它从来没有稳定和正常的状态。如前所述，金融异化就是金融无限制地脱实向虚和离开人本关怀，就是正当的投

---

① (美)斯蒂芬·杨:《道德资本主义——协调私利与公益》,余彬译,上海:上海三联书店,2010年,第172页。

② (法)让·鲍德里亚:《符号政治经济学批判》,夏莹译,南京:南京大学出版社,2009年,第27页。

资活动转变为纯粹的投机行为，就是资源配置的手段变成市场的目的，就是人的创造物变为人的主人。

金融异化影响个人品德的发育和提升。金融是建立在信用基础上的，在人口流动性较小的村庄和社区，长久依存的邻里关系和血缘关系使借贷关系建立在彼此信任的基础上。① 民间金融关系的流程设计并不复杂，除非有预谋的敲诈勒索才会在借贷关系中增加隐秘条款。私下缔结的金融关系有着比较清晰的契约内容，在公开透明的正规金融系统中，资金融通也遵循相互认可的条款进行。从表象上看，金融活动应当受到伦理上的偏爱，犹如"调剂余缺"本身所赋予的伦理内涵一样。当资金融通和调剂余缺带有强烈的盈利目标，并且采取更加主动的行为促使过程复杂化时，不断增加的金融中间环节提高了融资成本。融资亦可不用于生产组织和生活周济，而是进行金融活动的深化。金融本质上具有的伦理蕴意就消解了。金融化的个人遵守着资本市场的逻辑，"金钱不问出处"。中国先贤所谓的"君子爱财取之有道"，对金融化个人来说是一种无用的伦理主义情怀。无论来自什么手段和源头的金钱具有同等的索取权。金钱就是一种索取权，金融就是换取更多索取权的方法和工具。传统"关系社会"中不得不遵守的相互信任因为现代信用体系的物质化而解体。主观的信任关系转变成为客观的信用制度，物的因素占领金融市场的全部领域，它一方面为减少坏账建立了功勋，另一方面也为投机的增长创造了契机。投机取巧使个人弱化了诚实劳动、合法经营的意志。金融活动中"恶的竞赛"（由于监管失灵而在投融资中率先违约和进行违背道德的行为预谋，并且这种率先行为往往能够最大限度地减少损失并有可能获得更多风险收入）蔓延到日常生活中就会导致人性的解体。金融投机的基因一旦植入文化系统中，就成为个人品德发育中先天不足的缺憾。金钱拜物教的广泛影响，必然导致社会价值体系的动摇。促进个人品德提升的榜样缺失和社会舆论的

① 王曙光等：《金融伦理学》，北京：北京大学出版社，2011 年，第 222 页。

缺席,使个人品德的提升缺乏基本的道德环境。当社会变成一张巨大的“赌桌”,再幻想人们表现出绅士般的品性就是真正的神话了。

金融异化影响金融秩序的建设和发展。第一,金融机构一旦将自身从社会经济体系中剥离出来,成为独立的经济王国,就会产生“虚实之争”,即虚拟经济和实体经济对社会稀缺资源的争夺。“虚实之争”的实质是金融经济走向虚拟化,在金融衍生工具的不断加持下,资本运行越来越脱离实体经济,从而使大量资本从实体经济转移至虚拟经济。金融资本非但没有通过资金融通解决实体经济发展的资金短缺问题,而且抢占了市场资金流。金融资本在经济体系中占位过大,造成经济空心化,引发系统性经济风险。系统性经济风险的暴露最终危及金融产业的发展,葬送金融创新活力,使金融信用破产。第二,金融企业金融异化的结果是丧失企业社会责任,将盈利作为企业至高无上的目标。企业的社会责任是其持续发展的重要方面,优良的企业文化和价值观能够引领企业品牌建设,在广义虚拟经济中能够为企业带来更多品牌资产效用。企业是市场经济中的基本单位,是市场重要的主体要素。企业联结市场机制的内在条件既包括经营内容、管理制度,也包括价值观和文化认同。金融企业在经营与发展过程中过度依赖投机,放松对企业行为的自我约束,游走在监管制度的边沿,就是缺少企业文化和价值观的基本自觉。同时,在企业与政府和个人发生金融关系时,通过不正当手段建立联系,必然增加经营成本,造成系统腐败。为维护不正当竞争和发展,它们需要支付更多政策和公关成本。金融市场的“三公”原则(即公开、公平、公正)被肆意践踏。[①] 由于对盈利率的过度依赖,导致客户信息的过度挖掘、金融创新的激进主义以及为响应热点消费而创建大量短期产品,在长时期看来,就会形成巨大的僵尸产品规模,增加无效的管理负担。金融异化必然使企业定位不准确,盲目跟风,甚至陷入全球资本精心设计的圈套中不能自拔,2020 年中国银行“原油宝”爆雷成

---

① 战颖:《中国金融市场的利益冲突与伦理规制》,北京:人民出版社,2005 年,第 90 页。

为典型事件。第三,金融异化也使金融参与者更加关注投机盈利,丧失社会责任和对基本道义的遵守。打听、售卖和窃取金融内幕、诱导散户跟风、盗取客户信息、隐瞒关键信息、提供虚假资料、制造和传播谣言、逃避责任、违规操作、歪曲客户意见等,是金融参与者金融本质认知错误、金融伦理观念错误、投资理财态度不端正造成的后果。由于金融异化的出现,股权、债权及其他有价证券作为行贿物在官商之间流通,金融中介内部人员泄露机密引发市场动荡,监管人员有法不依、执法不严,等等。金融异化的结果是行业、机构和个人出现系统性腐败,道德沦丧、唯利是图。如此,最终也将葬送金融行业发展的前景,扰乱经济秩序,出现金融系统全面溃败的情况。

金融异化影响社会文明的进度和方向。金融对社会文明的影响是全方位的,如前所述,在历史上特定国家的特定事件(如战争军需筹备)中,金融曾经扭转了财富的暴力转移形式,在需要紧急征收财货的特殊时期起到舒困作用。现代金融逐渐从高利贷的简单方式走向多元,通过证券市场的应用改善了金融资本与工商业资本之间的矛盾。在社会稀缺资源的市场配置中,金融发挥了重要作用。产业结构的调整是生产管理方式、组织形式和技术变迁引发的必然趋势,在生产进步的历程中,产能淘汰是不可避免的。市场的盲目性往往导致过剩产能的积累,既挤占了有限的生产资料,又减少了新产能开发的资源。金融中介需要运用自身的信息优势和对市场的敏感分析产能的发展趋势,通过贷款限制措施遏制落后产能的发展,鼓励先进产能的研发。① 金融异化状态下,由于腐败的盛行,机会主义渗透到银行与证券交易机构,使落后产能通过不正当手段获取融资便利,从而造成风险积累。在资本全球化运动中,国家信用和金融资本创造了前所未有的金融浪潮。国际债务的流通以及证券

---

① 中共中央文献研究室编:《十八大以来重要文献选编》(上),北京:中央文献出版社,2014 年,第 422—423 页。

市场的全面开放，使资本流动失去政府控制。① 不用说美联储在世界范围征收的铸币税，以及华尔街金融大鳄在世界资本市场不断刮起的妖风，就是大型平台机构和财团都能利用证券上市获得全球资金支持。国际货币流动出现加速集中化，这使发达国家拥有更多向外索取物质资料的凭据。发展中国家和落后国家在承担金融风险的能力方面存在巨大鸿沟。通过金融系统的巧妙运转，使一国的经济服从于另一强大的国家，这是后殖民主义时代的金融殖民方式。这种世界性的分裂，是金融资本主义造成的后果。习近平总书记指出："面对复杂的国内外经济形势，要把保障和改善民生紧紧抓在手上，切实托住这个底。"②我们应当在金融发展中更加专注于国内经济发展和产业变革，专注于民生改善与社会和谐。如果我们在全球金融格局中丢掉金融主权，任其异化，放纵金融自由化的全面渗透，其结果必然是掏空国家经济实体，成为金融帝国主义"收割"的对象。

三、社会主义金融对资本主义金融的超越

在资本主义金融市场中"人为地加速资本的集中"，"金融诈骗风行全世界；民众的贫困同无耻的骄奢淫逸形成鲜明对比。"③金融资本家通过金融创新工具的复杂设计掩饰着它的坏心恶意。金融工具的膨胀造成三重分裂：其一是虚拟经济与实体经济的分裂，金融资本在国民财富中所占的比例过高；其二是金融贵族与人民群众的分裂，资本主义金融文化不但麻痹人们的思想，并且造成人们在麻痹状态下的贫困化与金融资本家的暴富；其三是资本主义压制人本主义，在"资本"中剔除了任何"人本"因素，使金融变成彻底的"自在物"。2008 年资本主义全球金融危机爆发后，人们对资本主义金融有了更加

① （丹麦）奥勒・比约格：《赚钱：金融哲学与货币本质》，梁岩、刘璇译，北京：中国友谊出版社，2018 年，第 238 页。

② 《习近平谈治国理政》第二卷，北京：外文出版社，2017 年，第 363 页。

③ 《马克思恩格斯文集》第 3 卷，北京：人民出版社，2009 年，第 160、153 页。

清醒的认识。针对市场自由化思潮，汝信说："盲目迷信'看不见的手'是要吃亏的，我们千万不要把这种手段看成是追求的目的。"①李慎明认为："新自由主义的推行及其畸形发展，必然导致金融危机"。② 吕薇洲和邢文增认为，金融危机对资本主义的正当性提出了严重的拷问，无论是美式自由资本主义还是欧式福利资本主义，前者由于过分强调"个人主义"，而后者则忽视"效率和公平"，因而都遭受到了重挫。③ 陈学明认为，这次金融危机是"美国人生活方式的危机，当然也是美国人价值观念的危机"。④ 王伟光认为，金融危机再次证明资本主义必然灭亡、社会主义必然胜利。⑤ 秦宣则认为，此次资本主义金融危机既有以往金融危机的共性，又有其特殊性，它表明资本主义发展表现出新的特征，贪婪、生产过剩等不足以充分揭露当代资本主义的本质，此次危机也不可能导致资本主义就此灭亡，其内在规律仍需探索。⑥ 学者们从不同角度探讨资本主义金融危机发生的根源、实质和启示，对我国金融经济发展和建设无疑是有着积极作用的。无论如何，2008 年金融危机的根源都不在于"金融"，而在于"资本主义"，这是学者们的共识。金融作为市场调节资源的手段，作为经济体系中的重要运行机制，并没有超越一般市场手段的地位，而只是经济理性的适当工具。

客观地说，2008 年我国受到金融危机的损害较小，其原因主要是当时我

① 汝信：《从国际金融危机看当代资本主义本质》，《红旗文稿》2009 年第 10 期，第 14—16 页。

② 李慎明：《从国际金融危机看新自由主义的危害》，《思想理论教育导刊》2010 年第 4 期，第 32—35 页。

③ 吕薇洲、邢文增：《从金融危机看当代资本主义的矛盾与困境》，《郑州大学学报(哲学社会科学版)》2013 年第 4 期，第 13—17 页。

④ 陈学明：《金融危机是生活方式危机——西方再次掀起"〈资本论〉热"的启示》，《红旗文稿》2009 年第 3 期，第 27—29 页。

⑤ 王伟光：《国际金融危机与社会主义、马克思主义的历史命运》，《求是》2010 年第 21 期，第 29—32 页。

⑥ 秦宣：《国际金融危机与马克思主义时代化》，《马克思主义与现实》2012 年第 4 期，第 77—83 页。

国金融开放的程度较低，对世界金融和经济体系的依赖程度较低。如果我们今天照搬西方的自由主义金融模式，过分追求金融全球化，放任金融资本盲目扩张，则这样的危机并不会因为地域的差异而有所收敛。如何独立自主发展中国特色社会主义金融？邓小平在1986年曾以“对外借债”做了具体分析。他认为，我们要“勇于借债”“适度借债”，借债要“用于发展生产”而不是用于“解决财政赤字”等。[①] 社会主义金融并不鼓励投机，发展金融是为了更好地解决经济生产中的资金短缺问题，是为了更好地盘活闲置资产，提高资产利用效率，归根到底是为了解放和发展生产力，是为了提高人民群众的生活水平。社会主义金融的实质是“人民金融”[②]或“以人民为中心的金融”[③]。“人民金融”极大提高了人民的金融权利，使金融回归人本。社会主义人民的金融权利包括金融话语权、金融参与权、金融受惠权、金融决策权、金融避免权以及各种体现公正、公平、普惠等伦理价值的权利。美国教授陈志武一方面认为“国家拥有银行和证券市场会带来太多的道德风险和利益扭曲”，另一方面又认为“没有现代法治，就难有现代金融”。[④] 他认为一切政府必然“让太多资源浪费于形象工程”，认为所有政府必然是与“法治”相对立的（这是西方无政府主义思想的表现，认为个人契约是法的基础和灵魂）。同时，只有“民间金融的自由发展”才是“法治”，才有“创新”。这种认识并不符合中国的社会实际，它在西方也被证明是错误的。将西方的国家制度作为“现代”国家的样板，从而认为只要是非西方的国家掌握着金融市场的决定权，则必然不符合现代金融发生的环境。以人民为中心的社会主义金融，其优越性恰恰体现在既破除了西方自由主义金融制度的系统性风险，又增加了经济体系运行的活力，提高了人民群众的生活水平。西方金融资本溃败的原因在于金融权力过于集中，

---

① 《邓小平文选》第三卷，北京：人民出版社，1993年，第193页。

② 李震：《“人民金融”的价值回归》，《金融博览》2011年第7期，第1页。

③ 王绥霆：《金融文化建设要坚持以人为本》，《海南金融》1997年第1期，第2页。

④ 陈志武：《金融的逻辑》，北京：国际文化出版公司，2009年，第125页。

这与“人民金融”是截然相反的。在社会主义核心价值观的引领下，社会主义金融参与者的道德素质不断提升，王小锡、乔法容认为：“人的思想道德觉悟将直接影响物质资源合理配置的方式和程度。”①社会主义金融伦理坚持以人为本，兼顾公平与效率，其目的在于通过创建良好金融生态，激活经济要素，发展生产，全面提高人民群众的生活水平。

社会主义金融伦理建设可以通过两个相互依存的向度进行：一是金融制度的伦理化，二是金融伦理的制度化。② 这两个向度在社会主义制度体系中是能够融合进行的。在金融制度建设方面，我们在中国特色社会主义理论的指引下，遵循以人民为中心的宗旨，坚持创新、协调、绿色、开放、共享的新发展理念，健全商业性金融、开发性金融、合作性金融、政策性金融合理分工、相互补充的金融体系，深化金融监管体制改革，全面提高金融服务实体经济和经济转型的效能；培育公开透明、健康发展的金融市场体，降杠杆、提高直接融资率。③ 不断提高金融服务实体经济的能力、服务产业升级转型的能力、服务重大战略项目的能力、服务生态发展和公共建设的能力、服务人民群众过美好生活的能力（简称“五个服务”）。金融伦理建设坚持以新发展理念引领中国特色社会主义金融发展，加快转变金融发展方式、调整金融经济发展结构、提高金融服务和金融产品供给质量，推动我国金融发展更有效率、更加公平、更可持续地发展，加快形成结构合理、产品丰富、服务实体、便民利生、诚信公正、高效优质的金融发展生态，实现社会主义金融正义。社会主义是我国金融伦理的根本制度保障，以公有制为主体的社会主义所有制形式是我国金融伦理的经济基础，以人民为中心的发展观是社会主义金融伦理建设的落脚点，中国特

① 罗国杰主编：《建设与社会主义市场经济相适应的思想道德体系》，北京：人民出版社，2011年，第101页。

② 战颖：《中国金融市场的利益冲突与伦理规制》，北京：人民出版社，2005年，第178—179页。

③ 《中华人民共和国国民经济和社会发展第十三个五年规划纲要》，《人民日报》2016年3月18日。

色社会主义市场经济体制是我国金融发展的行动背景。中国金融发展70余年积累的宝贵经验告诉我们,从宏观上保持社会主义金融主权不受侵犯,在国际金融合作中不丧失"国格";[①]在中观上以人的发展规律、社会主义发展规律和市场经济规律的结合指引我国金融体系和制度建设,在市场运行中使金融严格遵守"五个服务"的行业"位格";在微观上以社会主义核心价值观为指导,强化社会主义职业伦理、经济伦理、社会公德、个人美德教育,使人们在金融从业和参与中坚守良好"人格"。通过将金融伦理的价值目标制度化,从而使社会主义金融伦理落地为具体的金融运行方式和发展样态;通过将金融制度伦理化,以真正实现社会主义金融制度"以人民为中心"的特色和优势。

小　结

金融在充当"时间机器"的过程中,是以配置物质资源的方式在进行生命的调理;金融在充当"安全保障网"的过程中,则将人们的心理感觉"硬化"为物质资料的支持体系。金融既是人类智识和经济实践发展中的"重大发明",又在历史的特定阶段也曾与"贪婪"和"欺诈"不可分离。自由主义金融经济学家梦想通过金融自由化而实现社会资源的最优配置,实现社会风险的最低化;间歇性的金融危机雄辩地证明了在私有制条件下这一梦想必然成空。这使自由主义金融经济学的基本前提遭受彻底否定:他们认为私有产权制度是自由金融市场的前提。越来越具有系统性的资本主义金融危机再次印证了生产资料(包括金融资产)的私有制与社会化大生产之间存在不可调和的矛盾。中国特色金融思想和金融体系的构建在摸索前进的过程中取得了不菲成绩,尽管它在成功预防系统性金融危机之后仍然难以避免遭受来自西方金融经济学领域的指责,认为只是因为金融市场发育滞后才导致其"稳定"。这一"指

① 王国刚等:《中国金融70年》,北京:经济科学出版社,2019年,第41页。

责”的本质是试图将金融资本主义的危机做“合理化”解读,以避免人们深入资本主义制度内部进行理论解构和伦理质疑。金融是在不确定条件下实现跨期稀缺资源配置的个人和组织行为,“跨期资源配置”既是金融风险的诞生地,也是金融价值的诞生地。金融对资金(资源)的突破时空限制的调配能力,赋予金融以神秘的力量和形象,使它成为政府、企业(组织)、个人之间资金融通的“互联网”。在资本主义发展的不同阶段,金融曾经起到不同的作用,从高利贷者对资本主义工商业发展的阻碍作用,到金融资本与产业资本的融合,再到金融资本主义世界霸权的建立,西方金融系统已经充分暴露了其缺陷,而金融资本家毫无底线的伦理素养加速了资本主义国家人的金融化。为维持金钱的“生殖力”,对内收割小额投资人和通过舆论操控、政治干预等方式加强对人民的盘剥;对外金融殖民和金融渗透加强对别国的经济政治控制。我国在改革开放后,邓小平曾提出“金融改革的步子要大一些”,[①]20世纪末开启了社会主义金融市场经济的序幕。社会主义金融市场着力强化金融在资源配置上的功能,对市场配置资源中的自发性和盲目性予以必要的调控,对资本的噬利本性进行必要的驾控;从而使金融伦理建设进入到前所未有的新境界。

以人民为中心是社会主义金融伦理的特点和优点。充分而普惠的金融权是满足“人民对美好生活的向往”的重要条件;在社会主义初级阶段,平等的金融权也是社会主义人民“美好生活”的重要内容。金融市场的快速发展导致了一系列道德风险和伦理危机,诸如在金融脱域重建非均衡过程中,金融的工具理性成为价值目标,它既导致社会经济的空心化,也导致金融游戏的弥漫和人的金融化。我国金融业发展要以服务实体经济和人民群众生产生活为要旨,减少虚实之争、虚实互斥。习近平总书记指出:“金融风险的源头在高杠杆。”[②]更严重的是:经济杠杆一旦撬起地球上的一切伦理准则,社会公序良俗

① 《邓小平文选》第三卷,北京:人民出版社,1993年,第192页。

② 中共中央党史和文献研究院编:《十八大以来重要文献选编》(下),北京:中央文献出版社,2018年,第797页。

则必将被全面践踏。在社会主义市场经济中，必须赋予金融以“人本”属性，用“人本金融”控制资本噬利本性。在人本金融的构建中，要从金融经济发展规律、社会主义发展规律和人的发展规律相结合的角度出发，对金融机构、监管部门、金融从业人员和金融活动参与者进行广泛的金融伦理规范和教育，使金融效率和金融正义实现更好的平衡。

第二章 互联网金融的发展与新伦理问题的涌现

金融科技对金融生态发展的作用具有两面性:一方面数据技术的发展增快了传统金融转型升级的速度,在金融提质增效方面起到至关重要的作用;另一方面互联网金融在民众的美好期望中野蛮生长,破坏了人们对新型金融业态的绮梦。互联网金融是科技创新和金融创新的产物,它与传统金融相比,既具有继承性,也具有创新性。它对传统金融的承袭主要有两方面:其一,实现经济资源时空转移的渠道功能没有改变;其二,金融契约和风险的内涵没有改变。[①] 互联网金融与传统金融相比,其创新性表现在去中介化、便利化、普惠性等特征。互联网金融的内涵十分丰富,时至今日尚未形成完整定型的产业结构,遑论对其进行规范的健全制度和成熟伦理。互联网金融发展是最近十余年的重大经济现象,尽管在本世纪头几年就已经出现的 P2P 网络借贷命数已尽。人们对便捷、高效、低成本获取贷款的互联网金融的兴奋期只保持了短暂的几年就陷入颓势,随之出现了大量“跑路”“裸贷”“暴力催收”“套路贷”“私人关系信息泄露”等践踏伦理道德底线的事端。互联网金融伦理表现出令人沮丧的姿态。尽管如此,因为“实然之景”而放弃“应然之期”,对于道德

① BR 互联网金融研究院编:《互联网金融年鉴 2014—2016》,北京:中国经济出版社,2017 年,第 7—8 页。

理想的树立,以及为之而努力的实践意志来说,是不应该的。事实上,在内涵丰富的互联网金融产品体系及业务形态中,虚拟货币、移动支付、P2P 借贷、众筹、网络消费金融以及互联网保险等,并非带着天然的恶意来到人间,相反,它们曾赋予人们以激动人心的幻想。

互联网金融的伦理问题是具体的也是复杂的。在上述诸业态或产品的具体设计及运行中表现出来的伦理状态,值得人们深思;而构建有利于互联网金融生态发展的伦理秩序,更是值得人们努力。在对互联网金融伦理进行具体形态的批判和构建时,对它们的伦理共性进行深入分析是必要的。互联网金融既然传承了金融的一般功能,则其伦理关系的内核依然是效率与公平的关系问题。也就是说,互联网金融在稀缺资源配置方面的效率与这种金融方式对社会经济正义的贡献或者损害究竟达成什么样的局面?它的内在机制如何?我们认为,互联网金融在推进了金融深化的同时也加重了生产生活金融化的程度,机会主义与以前相比更甚。金融投机的限制性措施未能得到保障,非限制(或较少限制)的金融投机既制造了互联网金融繁荣发展的景观,又将技术决定论、纯粹经济性(或逆人民性)、信用物质化等推向极端。金融的噬利性变本加厉地危害着金融伦理生态建设,它使人们在良序经济建设的"必要"条件中失去对"充分"条件的忧思。从互联网金融发展及乱象滋生的现象出发,锁定互联网金融伦理的核心议题,在充分讨论伦理问题生成原因的基础上,对互联网金融伦理建设提出原则性的构想,是应用伦理学尤其是经济伦理学的一个紧迫的现实问题。

第一节　互联网金融发展概述

一、互联网金融发展历程

互联网金融是互联网应用与金融相结合的产物,它包括以互联网为平台的一切金融活动,如电子货币业务、网络支付、P2P 网贷、众筹、互联网消费金融、互联网保险等。互联网金融的主要业务流程在线上进行;与传统金融相比,时空的限制性要小得多,同时也部分地解决了信息不对称和经营边际成本方面的限制。1995 年世界上第一家提供全面服务的网络银行 SFNB(Security First Network Bank)在美国成立,该银行得到美国 OST(Office of Thrift Supervision)承保。同年,美国开启了网络证券交易的先河,以 Discover Brokerage Direc 公司为首的几家经纪商率先引入网上证券交易。1996 年,加拿大的 BayShore Trust 成为世界上第一个提供在线实时贷款的银行。1996 年,法国安盛在德国试行网络保险销售;1997 年意大利 KAS 保险公司建立了一个网络销售服务系统;1999 年日本的 Alacdirect.com 是一家完全通过互联网渠道销售的保险公司;2000 年后,我国保险公司纷纷开展网络业务。

电子商务加速互联网支付的发展。2005 年称为我国电子支付元年,因为很多电子支付法规在这一年落地并进一步完善,此后电子支付飞跃发展。2009 年支付宝推出首个移动支付客户端。互联网金融的发展受益于智能手机的升级、网络宽带的发展以及居民富余资产的增加。它在最近十余年的跌宕起伏,有三个标志性的时间节点:第一,2013 年成为中国互联网金融发展元年。这一年中,我国第一家互联网保险公司“众安在线”被允许开展互联网财产保险业务,年末推出首款网络保证金保险“众乐宝”;支付宝支付笔数超过 PayPal 成为全球最大网络支付平台;微信支付用户超过 6 亿;①P2P 公司达 1000 多家,总成交量 1058 亿元,贷款存量 268 亿元;②国务院发布的两个重要文件(即《关于金融支持中小企业发展的实施意见》和《关于促进信息消费扩大内需的若干意见》)中包含有鼓励互联网创新发展的重要内容;中国支付清算协会成立互联网金融专业委员会等。第二,2016 年是我国互联网金融行业

① 李宏畅:《网络金融与电子支付》,西安:西安交通大学出版社,2015 年,第 122—123 页。

② BR 互联网金融研究院编:《互联网金融年鉴 2014—2016》,北京:中国经济出版社,2017 年,第 11 页。

的监管合规元年。这一年中，互联网自律组织——中国互联网金融协会成立并颁布了《中国互联网金融协会信息披露自律管理规范》和《互联网金融信息披露个体网络借贷》标准；国务院出台《互联网金融风险专项整治工作实施方案》《非银行支付机构网络支付业务管理办法》《网络借贷信息中介机构业务活动管理暂行办法》等；互联网支付用户达 4.75 亿人，网贷成交量达 20638.72 亿元，众筹规模增长 90%，达 220 亿元，互联网消费金融交易规模达 4367.1 亿元，互联网保险签单保费 2347.97 亿元，金融科技投融资金额约 920.26 亿元。① 第三，2020 年是我国互联网金融理性发展和走向规范化、法制化、返回金融本质的元年。最高人民法院审判委员会第 1809 次会议通过的《关于修改〈关于审理民间借贷案件适用法律若干问题的规定〉的决定》对各种高利贷、"套路贷"案件提供审判意见，并将民间借贷利率司法保护上限调整为 15.4%；央行数字货币在深圳、苏州等地试发行；蚂蚁金服存款产品全部下架，阿里巴巴涉嫌垄断被立案调查，金融监管部门约谈蚂蚁集团；高峰时期曾达 5000 余家运营公司的 P2P 网络借贷在各省被相继取缔。互联网金融重返金融本质已是大势所趋，"搭摊捞钱"的纷乱局面必然一去不复返。

二、互联网金融的主要内容

基于互联网开放性资源共享理念而发展起来的互联网金融，由于成本集约、运营边际成本低、市场化比率高、经营权力扁平化的缘故，使其在短短十年之内经历大起大落，成为机遇与风险同步激增的新兴业态。互联网金融迅速发展的主要原因：其一是脱域化。准入门槛极低，从事互联网金融中介活动几乎不设特别门槛，也对从业人员没有规范性要求。一些急于寻求资金汇集和增值的人纷纷涌入互联网金融行业。脱域导致脱管，这也是互联网金融野蛮生长的原因之一。其二是透明化。在理论上，互联网金融的显著特征之一就是透明

① 李扬、孙国峰：《中国金融科技发展报告(2017)》，北京：社会科学文献出版社，2017 年，第 5—7 页。

性高,人们相信网络时代已无隐私。这种盲目的信任打击了建立在物质关系之上的传统金融信用体系,响应了人们对相互信任的美好想象和期盼。信息"圆形监狱"在一定程度上仍然是局部的,或者是偶然存在的。人们在互联网时代依然能够进行信息公开与隐瞒的不同选择,并在"信息要求权"上进行博弈。不过,对信息系统信息征集能力以及对信息规避能力信任程度的差异,也直接决定了人们在参与互联网金融时运用理性能力的大小。其三是知识化。互联网行业的创业人员一般具有低年龄和高学历的特征。事实上,在知识要求较低的互联网金融模式(P2P 网贷)中,非理性扩张和野蛮经营的情况更加明显。整体上存在互联网金融中介、投融资客户之间的知识鸿沟,诱导性参与是互联网金融营销的主要方式。① 其四是风险隐秘性高。由于互联网传播的非临场性,以及互联网信息传播中的造假,客户进行运营调查的难度大,从而导致金融信息中介散播的产品信息与实际运营中的风险表现存在巨大差异。风险隐秘性既为互联网金融获客提供便利,也为互联网金融发展埋下隐患。

互联网金融的主要内容依据产品运行模式不同,以及核心业务在互联网金融系统中的不同功能,可以分为基础支撑性互联网金融要素、互联网金融产品模式要素、"互联网金融+"衍生模式要素和互联网金融系统维护与安全要素。(1)互联网金融基础设施及支撑要素是互联网金融发展的物质要素和基本前提。互联网通信技术的发展与终端设施的升级是互联网金融发展的物质条件,互联网金融作为互联网应用的场景或领域,只有在无拥堵的数据流与无竞争的终端消费②中才能实现。犹如货币对传统金融的关键作用一样,互联

① 梅琼、吕明霞在《网贷平台 2015 年报揭秘的九大用户特征》的研究文章中表明:女性投资人平均投资金额较高,"80 后"和"90 后"是网贷投资主力军,借款人主要集中在发达地区。(见黄国平、伍旭川主编:《中国互联网金融行业分析与评估(2016—2017)》,北京:社会科学文献出版社,2016 年,第 238—250 页。)

② "无竞争的终端消费"指的是互联网终端设备及使用成本不再成为人们金融互联网的阶层性门槛,普通群众都拥有智能终端(手机、平板电脑等)并且具有使用它们的经济能力,不会在消费过程中产生拥挤和竞争。

网货币（虚拟货币以及数字货币）是互联网金融的基石。虚拟货币指的是非中心化的民间网络货币，如比特币、以太坊、莱特币、Q币、网络金币、论坛币等；数字货币是指中央银行发行的数字化货币，与纸质货币相比具有相同币值、相同权力、相同属性的非物质货币形式。数字货币是网络金融支付的直接数字产品，在此之前可以采用民间虚拟货币为中介进行兑换的方式，或者网络金融信息中介的记账式转接。移动支付和第三方支付的兴起是互联网金融普及化的重要方面。大数据征信是互联网信用体系建设的重要内容，是互联网金融的生命线。(2)互联网金融产品业务模式是其核心内容。主要产品业务模式包括网络银行、P2P网络借贷、众筹融资、网络证券、互联网理财、互联网消费金融、网络保险等，其中网络银行与传统银行的显著差异在于获客渠道以及业务开展方式上的差异，是传统银行业务“上线”的成果；网络证券和网络理财也具有相似的性质，是一种“上线”行为。P2P网络借贷是一种点对点的借贷关系，或者说是以网络信息平台为纽带的民间借贷关系的再造。P2P网络借贷具有金融权利扁平化、去中介化的特征，能够加速民间资本运营，提高资源配置效率；但它的致命缺陷恰恰在于其审查机制、组织架构和运行机制是建立在超现实的伦理预期上的。众筹融资是创客经济中的急先锋，能够在创新创业大局中发挥融通资金、助力“草根”崛起的作用。在实践中，非营利性的众筹具有捐赠性质，而营利性的众筹则更加倾向于普惠金融的本义。在电商经济迅猛发展的今天，互联网消费金融在促进更多公平消费的同时，也为超前消费和非理性消费埋下种子。互联网保险则是互联网全面渗透到人们生产生活中的结果，是人们寻求网络生存的安全感以及获得网络时代的全域全程安全的重要手段。在互联网金融实践中，基础性要素与应用模式要素之间通常相互融合。(3)互联网金融的兴起不但促进了金融的全面创新，也使金融化渗透到生产和生活的诸领域。“互联网金融+”是生活世界网络化和金融化的直观表现。“互联网金融+农村”“互联网金融+汽车”“互联网金融+房产”“互联网金融+文旅”“互联网金融+创业”等，一切现实的社会、经济、文化、生活领域均能与互联网金融紧密结合，充分利用互联网金融在资金融通上的优势，激活产业（行业、地区）内部经济要素的整合能力和活力。这一方面使原来具有地域性、时效性和专业性的产业行业能够解决产品生产和销售两个环节的脱钩和强风险状态，互联网金融既能为相关产业行业在更广范围内筹集资金，又能基于交互性融资促进产品销售和技术转化；另一方面也极大地增强了生产领域的金融属性，使投机行为渗透到消费品和公共生产中。（4）互联网金融的运行和发展还需要信息系统的安全和经营关系的稳定，前者主要依靠互联网金融科技，后者则主要依靠互联网金融监管的制度、机构、方式等。

总之，互联网金融的内涵丰富，其主要内容涉及物质、技术、管理、业务模式、创新发展和监管等各方面。如前所述，最能代表互联网金融本质特征（便捷性、直接性或去中介化、智能化、平民化或普惠性、圈层化、场景化等）的内容是虚拟货币、互联网支付、P2P 网贷、众筹、互联网消费金融、互联网保险等六大领域。本课题关于互联网金融伦理问题的研究也主要从这些方面系统展开。

三、互联网金融的伦理乱象

迈克尔·J.奎因说："在社会契约论中，具有道德约束力的规则是人们为了进行社会生活而相互约定的。"①互联网金融伦理的"相互约定"来自于利益博弈与协商的自动机制，而不是建立在某种正式建言的圆桌会议上。在利益的相互算计和对自身利益的最大化诉求中，人们建立互联网金融关系必将使所取与所予之间保持价值盈余。这种价值可能是直接的价格标示，也可能是不能用货币衡量的其他有用性回馈。只要人们能够保持默契并共同建立某种关系，他们就会在关系结构中达成了一定的平衡，尽管这种平衡的脆弱性不尽相同。在互联网金融关系的建立中也存在这样的平衡，但在脆弱的平衡体

① （美）迈克尔·J.奎因：《互联网伦理：信息时代的道德重构》，王益民译，北京：电子工业出版社，2016 年，第 119 页。

系中存在着“道德假肢”[①]的支撑,从而使它在稍不留神的震动中垮塌。伦理道德的缺角是互联网金融发展的内部隐疾,它表现出互联网金融在运营关系处理及利益架构中的错位和失序。互联网金融伦理失序的表现主要有如下几个方面:第一,在信用关系普遍化的背景下,信誉水平降低。对金融契约或承诺关系的维护主要采取“亲缘信息密集压迫”[②]的方式获得信誉保障。这种方式对客户的社交关系网络采取骚扰、打击、羞辱的行为实现其目的。在脱离社交关系控制的金融中介或客户群中,存在着信誉豁免的侥幸心理,并将充分利用这一“侥幸”而采取行动,欺诈和诱骗是不可避免的。第二,经济性全面超越社会性。尽管互联网金融具有调剂余缺的社会功能,但这种功能是在经济系统和经济规则中实现的;经济性是互联网金融的重要属性。互联网金融产业融合了以物质为载体的、用于满足人们精神和物质需求的虚拟价值,[③]它不但是经济性的,也是社会性的。互联网金融中介的社会责任是其保持发展态势、获得源源不断的精神动力和智力支持的发祥地。经济性一旦全面超越社会性,并凌驾于社会责任之上,互联网金融中介以及从业人员和投融资客户都有可能罔顾伦理失序造成的恶果,做出违背道义的事情来。第三,属人的金融关系变为属物的利益关系。互联网金融产品的设计与运营应当遵从人本理念,从人性需要的角度发展金融事业。当属物的利益关系重于属人的伦常关系时,在产品设计和运营管理中对人性需要的呵护就会转变为一种攫取更大物质利益的预谋。视金钱为上帝,将一切人间温情与律法都置于钱货之下,这会扭曲人们的思想和行为,并最终使其丧失识别善恶的能力。互联网金融中过度重视流量和业务增量、轻视伦理道德和社会责任的现象非常突出。第四,

---

① 即伪善的意志、虚假的道德行为或价值主张。

② “亲缘信息密集压迫”指的是通过获取客户“联系人目录”的方式,通过关联所有亲缘社交关系,迫使客户遵守金融契约;当存在违约事实或风险的时候,采取告知、骚扰客户社交圈,从而迫使客户在社会关系中遭受被孤立的威胁,最终服从契约指令。

③ 刘刚、邹新月:《互联网金融乱象及其风险监管》,北京:北京大学出版社,2019 年,第 41 页。

角色伦理的丧失是互联网金融企业、从业人员以及参与者在伦理道德方面的致命缺陷。由于道德冷漠,因而在催收债务的时候不惜使用威逼利诱、要求“肉偿”等极其丑恶的手段。这些人对其处于世间的角色定位是缺失的。互联网金融活动的本义在于构建一种新型金融关系,以便在这种关系中实现(以资金为主要形式的)资源配置的进一步优化和提高效能。人们对于在这种关系中需要遵守的原则和价值理念应该入心入脑,而不是在利益关系的变动中无所适从。

金融是通过摆渡资金而使人们免于匮乏的约束,进入自由之境。这是金融活动最为直接的伦理价值。互联网金融通过网络信息平台作为中介而实现陌生人之间的金融沟通,或者通过互联网的成本压缩给予普通民众更高质量更低价格的金融服务,为民众实现财务自由而节省运营成本。但是,由于互联网本身以及人们网络生存的虚拟性,以及互联网金融技术、法律法规和经营主体的角色伦理缺失,与快速发展的互联网金融伴随而生的是伦理上的种种乱象。其一,混淆视听、制造概念、浑水摸鱼。由于互联网金融的兴起是最近十余年的事情,概念本身尚不清晰,一些网络诈骗利用“互联网金融”“众筹”等名头作恶。非法集资的高利贷者以及急于洗钱的资金所有者利用 P2P 网贷和互联网理财等概念炒作、敛财或为不良资产洗白。其二,虚假宣传、偷梁换柱、伪造权威。在产品宣传上采取名人代言的方式吸引客户,将影视明星、网红等伪造成产品形象,以示权威;恶意炒作盈利水平,制造虚假成功案例,进行传销式诱骗和控制;在业务上混乱搭载,在合约上玩弄文字游戏等。其三,非法行为气焰嚣张。不但有黑社会性质的催收团伙,还有甜言蜜语的营销团队,以及不懂装懂的“专家顾问”等;在“套路贷”“校园贷”“理财群”“内部信息群”等方面制造迷雾,非法高利和隐藏侵权金融合同横行霸道。其四,“跑路”、隐藏现金池、转移资产等行为监管不到位,客户维权困难。其五,技术风险同样引发重要的伦理问题。由于互联网金融创业主体并非都拥有雄厚的资金和技术实力,一些互联网金融创业平台临时搭架、技术脆弱,网络受攻击的危险很大，同时在主观或客观上滥用客户信息，并冠冕堂皇地宣称是挖掘客户数据价值。凡此种种，不一而足。

互联网金融伦理失序的原因是复杂的，需要我们深入探讨。在互联网金融时常“爆雷”，经营前景渐入黯淡期的背景下，国家立足互联网金融生态建设的良好愿景，下定决心整治互联网金融中的违规乱纪行为，并对离开金融属性，肆意追求资本套利的行为进行抵制和禁止。习近平总书记在全国金融工作会议上的讲话中指出：“金融是国家重要的核心竞争力，金融安全是国家安全的重要组成部分，金融制度是经济社会发展中重要的基础性制度。”“为实体经济服务是金融的天职”，“防止发生系统性金融风险是金融工作的永恒主题”。[①] 互联网金融乱象丛生终将导致重大信用风险，最终危及整个经济系统的健康运转。我国经济正处于转型时期，野蛮生长的互联网金融表面上刺激了经济活性，但归根到底会对经济新常态造成危害，使“去杠杆”的国家计划被迫减速，影响人民群众的生活水平和社会经济的科学发展。[②] 习近平总书记说，“‘甘瓜抱苦蒂，美枣生荆棘。’从哲学上说，世界上没有十全十美的事物。”[③]全面看待互联网金融所产生的伦理乱象，既要警惕这些乱象给人类带来的伦常挑战，又要正视新事物发展进化中伦理道德建设和发展的不同步性。

第二节　互联网金融伦理的主要议题

保罗·布鲁姆称：“虽然自然选择本身没有‘道德’可言，但是它可能在我们的基因之中为道德思考和道德行为打下基础。”[④]是否存在一种基于“善待血亲”的道德意识的外溢，使道德关系延伸到血缘关系之外的其他方面？有

① 《习近平谈治国理政》第二卷，北京：外文出版社，2017 年，第 278—281 页。

② 中国互联网金融协会编：《2018 中国互联网金融年报》，北京：中国金融出版社，2018 年，第 17 页。

③ 《习近平谈治国理政》第二卷，北京：外文出版社，2017 年，第 478 页。

④ （美）保罗·布鲁姆：《善恶之源》，清涂译，杭州：浙江人民出版社，2015 年，第 11 页。

关伦理道德的生成逻辑既有这种自然进化的理路，更有实践生成的理路。任何新生事物及其架构起来的社会关系，其稳定的伦理秩序是在实践中不断调适的结果。“关系体系”内部的利益或功能调适有利于它在更高层次的“关系体系”中发挥效用并获得存在的权力。互联网金融的伦理问题既存在于互联网金融关系体系内部诸要素的利益关系和功能关系中，也存在于互联网金融与社会经济文化的其他“关系体系”之间的利益关系和功能关系中。实现利益关系的平衡或者利益关系主体的自足，是一种相对稳定的伦理秩序建立的基础。但伦理秩序并非将“稳定”作为唯一的价值追求，因为那些对人的发展与社会进步起着一定程度阻碍作用的关系和秩序也曾经取得过较长时期的稳定。正因为如此，有关互联网金融伦理的议题必然存在阶段性不足，那就是我们不可超越现阶段人们的现实伦理认知，而又不能局限于现时期的伦理状况。社会主义市场经济体制是我们思索互联网金融伦理问题的背景和前提。在此背景下，如下问题当引起人们正视。

一、效率与公平

当前需要何种“效率”？需要何种“公平”？这是处理效率与公平关系的前置问题，也是我们面对互联网金融伦理关系时保持相对稳定的情绪并理性应对的认知基础。在我国国民经济和社会发展第十一个五年规划（简称“十一五”规划）中，在经济发展上明确指出要“提高发展质量”，“实现又好又快发展”；在发展理念上同时强调“注重经济社会协调发展”，“促进人的全面发展；更加注重社会公平，使全体人民共享改革发展成果”。① 在“十二五”规划中，国家一方面强调“发展是硬道理”，“坚持在发展中促转变、在转变中谋发展，实现经济社会又好又快发展”；另一方面又强调要“更加注重保障和改善民生，促进社会公平正义”，“坚定不移走共同富裕道路，使发展成果惠及

① 《第十届全国人民代表大会第四次会议关于国民经济和社会发展第十一个五年发展规划纲要的决议》，《全国人民代表大会常务委员会公报》2006 年第 3 期，第 178—221 页。

全体人民”。[1] 在“十三五”规划中，我国将“全面推进创新发展、协调发展、绿色发展、开放发展、共享发展”作为基本发展理念，“以提高发展质量和效益为中心”；同时强调发展必须遵循“坚持人民主体地位”的基本原则，“维护社会公平正义，保障人民平等参与、平等发展权利”。[2] 在中共中央关于制定“十四五”规划和2035年远景目标的建议中，特别强调“贯彻创新、协调、绿色、开放、共享的新发展理念”，“以推动高质量发展为主题”；并且“以满足人民日益增长的美好生活需要为根本目的”，“促进社会公平，增进民生福祉，不断实现人民对美好生活的向往”，将“更高质量、更有效率、更加公平、更可持续、更为安全”作为发展的根本要求。[3] 可见，在社会主义初级阶段，我们所讲的“效率”是指经济总量的不断增长，经济资源的充分利用，经济活力的充分涌流，国民收入的普遍提高，国家经济实力的快速增长，这是一条主线。但是21世纪以来，随着我国经济发展速度取得了明显的实效，近年也越来越强调发展质量，强调“好”的发展，对发展的生态代价、社会代价、文化和伦理代价等有更多考量。中共中央在“十四五”规划建议中将满足人民美好生活需要作为发展的根本目的，这实际上是以人民为中心的发展理念的具体化，这本身就是强调发展要更加有利于公平正义。因此，在社会主义市场经济中，我们讲的“效率”，是讲“公平”的效率，是有利于人的全面发展、有利于经济社会持续发展、有利于人民生活水平提高的、质和量的有机统一；我们讲的“公平”是有利于促进社会经济高质量发展的效率，有利于社会和谐稳定、有利于体现人民主体地位的兼顾程序正义与结果正义的公平。

自由主义的市场经济理论并不支持在发展机制中嵌入商品质量之外的其

---

① 《中共中央关于制定国民经济和社会发展第十二个五年规划的建议》，《求是》2010年第21期，第3—16页。

② 《中华人民共和国国民经济和社会发展第十三个五年规划纲要》，《人民日报》2016年3月18日。

③ 《中共中央关于制定国民经济和社会发展第十四个五年规划和二〇三五年远景目标的建议》，《人民日报》2020年11月4日。

他因素,因为他们认为自由市场就已经能够为人们提供更好的生活条件了,而“干预”应当是“最低限度”的。① 但“最低限度”的干预如何才能实现分配方面的公平?自由市场理论的支持者并未做出可行的提示。显然,“最低限度”的干预是对“干预”的遮遮掩掩的回避。社会主义市场经济中将公平直接融入效率之中,意味着在否定公平或者对经济正义造成致命伤害的领域,效率只是意味着对社会正义的远离。那样的生产和经营效率是与当前我国社会主义市场经济以人民为中心的高质量发展理念相背离的,理当被摒弃。互联网金融是怎样实现这种效率与公平的结合的?这是进行互联网金融监管和伦理干预的前提。互联网金融业务增量中的边际成本极低,甚至可以忽略,这与它直接链接资金供需双方的经营模式是密切相关的。金融的去中介化大大降低了互联网金融的运营成本,并且由于网络传播的广域化,使得互联网金融涉业范围极其宽广,能够在全球范围内自由调配资源,进行资源重组,激发经济体的组织力和结构力,实现社会全要素生产效率的增长。这种理论上的设想在现实的运营中发生变异,这是“自由市场”的“功劳”。资本盲目寻找增值点,为寻求更高盈利而增加杠杆,将风险置于脑后;为获得资金更大程度的集中不惜铤而走险,冒犯人间伦常和道德。在互联网金融野蛮生长的几年中,大量明显的金融欺骗和一些隐秘性较高的金融欺骗(如某视频平台)在法律的空隙中以极短的时间敛集了大量金钱,效率之高令人叹为观止。从“自由市场”理论出发,金融欺诈只有在造成严重事实性后果的情况下,才能由法律予以制裁。然而,这种对结果的过度倚赖造成了在欺诈行为进行中的“恶的影响”的积累,这些恶的影响使很多人家破人亡,危害了社会和谐稳定。如果将“公正”纳入“效率”的本义中,则必然在互联网金融的“进行中”同时予以监管和制裁,而不至于造成不可挽回的损失。我们在互联网金融发展的初期,“自由市场”的主张占主导地位,从而导致“爆雷”事件频发,“裸贷”“跑路”“现金池”

① (美)乔治·阿克洛夫、罗伯特·席勒:《钓愚:操纵与欺骗的经济学》,张军译,北京:中信出版社,2016年,第235页。

偷渡等情况不能防患于未然。2020 年我国从国家层面废止 P2P 网贷，关闭了一些超级网络平台的存款业务，就是对互联网金融伦理中效率与公平关系问题的一次严肃作答。

在社会主义市场经济中实现互联网金融效率与公平的统一，需要进一步认识市场机制中的机会主义以及社会主义制度给予它的必要限制。只要市场机制发挥作用的地方，就存在投机的土壤。试图禁绝投机活动，对于市场发育和经济建设来说并不是明智的选择。市场调节资源的“自动机制”中必然包含着“投机者”向往更高效益的心理和行动。但个体或个别企业的高效益并不等于社会的高效率，尤其不等于包含着经济正义的高效率。习近平总书记说：“富者愈富、穷者愈穷的局面不仅难以持续，也有违公平正义。”①经济生产和社会发展的总目标是衡量效率与公平关系的主要出发点。因此，中共中央在“十四五规划”建议中提出的“满足人民美好生活需要”的整体目标也是互联网金融发展的总目标。这个总目标是互联网金融发展的向导。在互联网金融创业（从业）人员和参与者的投机活动中，一旦出现偏离这一总目标并造成实际的和潜在的重大危害的行为就应当予以制止。社会主义核心价值观是互联网金融伦理建设的最高伦理指南。如果说市场经济并不能禁止机会主义的存在，这是由市场经济的风险性与收益性之间的复杂关系所决定的；那么，社会主义互联网金融也不能使机会主义成为唯一的行动指南，不能使营利的效率成为最高的价值追求，这是由社会主义的社会性质所决定的。

二、隐私与公开

“隐私是一个人周围‘不可接近的区域’。”②迈克尔·J.奎因认为，社会中一些群体的隐私越多，对社会的危害更大；反之则受益更多。逾越隐私限制也

① 《习近平谈治国理政》第二卷，北京：外文出版社，2017 年，第 524 页。

② （美）迈克尔·J.奎因：《互联网伦理：信息时代的道德重构》，王益民译，北京：电子工业出版社，2016 年，第 204 页。

就意味着逾越了信息知情权的红线，隐私侵犯是对社交关系的致命伤害。隐私反映主体的（具有选择性的）主动呈现权利，从而是个人自我主宰的重要表现；选择向谁袒露、袒露哪些内容以及采取什么方式袒露隐私，这是个人不受他人控制的表现，因而隐私权是基本的人权内容。互联网是追求公开的，它与隐私有着天然的敌意，每个在网络虚拟空间遨游的人都希望得到确切的信息，否则就会失去基本的安全感。因此，在网络空间中，人们的信息野心会越来越大，都希望获得最大量的信息储备和获取最大量信息的权限，以便在信息汪洋中找到确定性。更多的信息必然带来更多的确定性，这只是人们一厢情愿的假想；在信息社会中，更多信息也许带来的是更多的犹豫和不确定，垃圾信息充塞于网络中，甄别信息的真假绝非易事。这给隐私的藏匿带来了便捷，人们不是通过三缄其口来维护隐私，而是通过制造虚假信息来保存隐私。这种做法在互联网金融中则表现为信息造假和明显的欺骗行为。他（她）不希望真实信息被收集、被浏览、被利用，但互联网金融的游戏规则不允许在信息空白中进行，于是虚假信息便滥竽充数了。从这个角度看，隐私成为互联网金融发展的潜在危害。因为隐私保护的需要，人们不得不提供虚假的信息以保持个体特征的某些隐秘性。这种事件发生的前提是相互之间的不信任，人们不愿意将私人信息提交给一个陌生的机构或者不值得信赖的机构（事实上，包括一些知名网络巨头的确曾经贩卖过客户的个人资料）。隐私的危害在于它使得金融中介与客户之间不能进行有效的沟通。互联网金融业务的展开需要有效信息的坦白，不管是互联网保险的投保人信息还是 P2P 网贷机构的合规资质，或者是互联网理财公司的投资规划，隐私绝对是欺诈行为的最佳盾牌。信息“披露还可以作为预防的策略……披露不充分，会引起怀疑和不信任”。①

在经济活动中，隐私的优越性是在商业决策中抛弃对历史经验的倚仗，这使那些希望从头开始新的经营活动或者重新树立形象的企业和个人拥有机

① （美）戴维·B.雷斯尼克：《真理的代价：金钱如何影响科学规范》，蔡仲、韦敏译，南京：南京大学出版社，2019 年，第 119 页。

会。“完善的数字化记忆,可能会让我们失去一项人类重要的能力——坚定地生活在当下的能力。”①在公开的状态下,人们不得不考虑个人和组织的信用记录。任何个人或组织机构的隐私,其知情者的多寡表明这种隐私的私密性强弱:知情的人越多,则隐私性越小。从组织结构和个人在社会关系网络中的地位差异来看,机构保留隐私的理由并不充分,而个人具有保留隐私的较多理由。这是因为机构本身是由众多个人组成的功能体,它必然面向人群而不是保持同极小数目的个人之间的关系,组织结构只要志愿完成自己的使命,就必然向其服务对象和参与人员公开信息,以获得人们的支持。个人的情况则不一样,任何个人都不是一个单一的功能体,他(她)与许多功能体和其他个人保持着不同程度、不同类别的关系。个人没有必要在一种功能关系中开放全部的个人信息。同时,由于组织的非人格化使其保守他人隐私的主体责任弱化——这或许只是客户心理上的指认。人们更愿意在个体间交换隐私,而在与组织机构交换隐私的过程中,实际上存在着不平等的关系。因为组织机构的信息本来就是应当公开的,而且公开信息不会影响组织结构的“羞耻感”或者“尴尬”的情绪——因为它本身是非人格的;但个人的情况则大不一样。隐私权究竟是来自财产权还是来自于人类情感进化中的羞耻感?这一问题并不重要,隐私权是人们保留行动和建立特殊关系的“审慎权”,迈克尔·J.奎因表明的这个观点是有价值的。在互联网金融活动中,由于金融平台和网站具有的信息权力远远高于个人,个人在金融活动中索取组织机构的信息公开与主张自我隐私保护,这二者并不矛盾,它只是平衡信息权力的一种方式。

互联网金融机构与投融资者将必要信息据为隐私的行为严重威胁着互联网金融生态的建设。投保人对自己的疾病史和健康状况的隐瞒,使保险机构承担过多的风险;网络借贷者隐瞒其他债务以及其他资金用途,会使机构高估其偿贷能力;众筹策划人隐瞒项目风险,夸大收益率往往使投资者做出错误的

① (英)维克托·迈尔-舍恩伯格:《删除:大数据取舍之道》,袁杰译,杭州:浙江人民出版社,2013年,第19页。

决策；互联网金融中介为提高营业额而疏于向客户介绍金融对象的具体信息尤其是潜在风险的披露，它不但造成资产匹配不当，而且对有关投资者来说往往造成巨大的经济损失等。互联网金融伦理中的信用制度与信任机制（信用伦理）的关系中，核心的环节正是对隐私与信息公开的理解所发生的冲突，以及基于这种冲突的行为失当。对互联网金融机构来说，项目信息披露不完整，或者过度采集和利用客户信息，甚至非法使用客户信息，是造成民众对金融组织信任下降的重要原因。在不当使用客户信息的情况中，利用数据挖掘技术窥探客户深度隐私的信息，并且由此推进金融深化，以便更多产品和服务能够进入客户需求菜单。这种做法会造成客户严重的隐私焦虑，并强化自我保护的意识。在隐私与信息公开的拉锯战中，部分原因就在于此。互联网金融客户的一个重要隐私武器是虚拟世界常用的匿名和马甲技术，它不但能够使网民分身为不同的角色，并且能够隐匿自己的真实身份。网络盗密和信息黑市的存在，加剧了身份替换的风险。互联网金融机构不得不采取更加严苛的信息审查机制，包括对个人社交圈的全面掌握，它造成的危害已经引起人们的反思。人们甚至改变了手机通讯录的表述方式，用特定的代码作为亲友的名称，以避开网站强行获取通讯录造成的潜在威胁。金融机构和个人在信息隐私与公开上的博弈，使互联网金融伦理生态出现危机：各方都想要获得对方更多的信息，而将自身的信息设置为隐私状态；相互间的不信任加快了机会主义的恶化。相互信任和坦诚相待本应是互联网金融开展的前提，在陌生人中获得信任需要在行动中强化自己的诚信；而互联网金融活动似乎背道而驰了。

三、普惠与竞争

人的生存需求彰显了人际关系的迫切和必要，人类在不断学习中拥有了共存于世的导向性规范。① 普惠即意味着普遍受惠或者众生受益，其内涵包

① （德）孔汉斯：《世界伦理手册》，邓建华、廖恒译，北京：生活·读书·新知三联书店，2012年，第35页。

括对倚强凌弱和损不足以济有余的抗议和反对。[①] 普惠是共同体中减少冲突、创造价值共识和维持共同体存在的基础,它使个体降低对共存者的生存竞争意识,并遵守共同体功能发挥的约束条款(或者默认的习俗)。普惠的本义在于降低生存竞争中的严重对抗,以保证组织(系统)或共同体发挥功能的要素和谐与结构完整。生存竞争中的严重对抗是一种不共戴天的强力意志之间的冲突,这种不可调和的矛盾瓦解了系统和组织内在架构的基础。普惠则意味着权力和利益的调剂,使系统和组织中个体间的矛盾维持在可控的水平,或者逐渐淡化这种矛盾以使其避免表象化。让步和受惠是形式上的,最终的结果是系统和组织的诸要素都获得利益,至少不至于损失更大的利益。一旦组织或系统因为内部要素的对抗而瓦解,则即便是组织和系统的领导者或统治者亦不能避免最严重损失;同样的道理也适应于被领导者或被统治者,皮之不存毛将焉附?普惠能够缓和竞争,使竞争保持在一定的限度内。这种竞争可以是组织间的,也可以是系统内部诸要素间的。世界银行 2017 年开展的全球普惠金融调查显示,目前全球仍有 17 亿成年人没有金融账户,这些人的主要特征包括:几乎全部来自收入较低的发展中国家,接近三分之二的人受教育程度在小学及以下,接近二分之一是失业人口。[②] 这并不符合互联网金融的普惠性要求,因为将一部分人拒斥在互联网金融体系之外,对于适应“梅特卡夫定律”(指网络价值以用户数量的平方的速度增长[③])的互联网金融系统价值来说,是一个严重的损失。

尽管互联网的“梅特卡夫定律”加强了互联网金融的普惠性,但互联网金

---

① 普惠对个人和组织来说是无条件的,互惠在组织和系统中是有条件的。如果 A 受惠需要为此履行对称的义务,则是互惠而不是普惠。因此,普惠更加倾向于社会(伦理)治理的视角来考察某事对于全体人民的利益增进。

② 《数字普惠金融发展白皮书(2019)》,中国信息通信研究院云计算与大数据研究所,2019 年 10 月,第 3 页。

③ 美国的畅销书作家凯文·凯利认为,“实际上,n^2 还低估了网络成长的总价值。”(见凯文·凯利:《新经济 新规则》,刘忠涛、康欣叶、侯煜译,北京:电子工业出版社,2014 年,第 24 页)

融普惠性的根源还包括如下几个方面:第一,互联网金融的人民性。尽管从深层技术逻辑的角度看,互联网的确在技术复杂性上要高于传统的物质生产工具及流程,但互联网将复杂技术隐藏于应用平台的低层,对于使用者来说不但不会觉得更加复杂,相反更加便捷和轻松。正是因为人们很容易就掌握了互联网的应用,智能化触摸终端几乎使所有人都能随心所欲地运用互联网提供的应用程序。用户在使用方面的无差别导致互联网用户的剧增。截至2020年12月,我国网民规模就达到9.89亿,网民使用手机上网的比例达99.7%。[①] 通过互联网嵌入金融服务与产品传播具有大众化的优势。参与群众之广泛、操作之便捷、基于互联网边际成本的价格优势,使互联网金融成为平民金融和平价金融成为可能。第二,互联网金融的节点化。以传统银行为中心的间接融资,以及随着金融深化而增加的中间环节,使得投融资成本居高不下,去中介化或者金融脱媒成为民众的祈盼。互联网金融建基于互联网之上,具有网络经济的节点化特征,这是"去中心化"的物质基础。网络节点在信息传输的环节上所起作用具有概率上的均等化,任何节点都可能引起偶然事件的发生并产生信息引爆效用,或者促使信息传播中断。节点在信息传播中的活力是互联网生命力的基因层面的显示。对于互联网金融的参与者来说,他们都是这金融互联网中的有效节点。金融活动中的任何意外和理解偏差都能导致特定金融机构或项目的崩溃。节点的普遍激情来源于节点受惠的程度和均衡。第三,互联网金融的消费沉淀与创客聚集。场景化是互联网金融的重要特征。网络消费和创客经济的兴起是虚拟场景生成的核心内容,在保障和拓展民众消费权利以及促进小微创新创业方面,消费贷款、网络支付、在线保险以及众筹等起到显著的作用。节点均权作为互联网的道德理想起着潜移默化的作用,迫使网络经济进入人民性的逻辑架构中,并转化为经营理念和方案。第四,互联网金融客户黏性的加强。互联网金融属于社交金融、圈层

① 《第47次中国互联网络发展状况统计报告》,中国互联网络信息中心发布,2021年2月,第17页。

金融。因为场景化和网络平台选择的圈层性，使特定人群建构起属于情感、信仰、兴趣、年龄、职业、地域、收入等“相邻共同体”（即在如上方面具有相近特征的共同体）的互联网社区。这种结构化或部落化的互联网社区不但赋予网民以虚拟社区的归属感，同时也在诸多行动上保持一致。互联网金融渗透到不同的社区并实现金融活动的宗旨，以促进圈层内部的资源流动甚至实现跨圈层的资金流动，从而实现资源配置的优化。

互联网金融的普惠性要求既源自于上述互联网的运行逻辑，也源自于金融的社会性或其所承担的社会责任。普惠性的要求是对经济资源的配置更多关注公平正义，促进更多人享受和享有现代金融服务并满足美好生活的需要。这与互联网金融系统的经济属性存在着一定的冲突。这种冲突直接导致了互联网金融机构之间以及互联网金融中介与投融资客户之间的紧张关系，在竞争与普惠的价值选择上犹豫不决。具有经济性的自然人和金融中介，在“投入—产出”的逻辑中计算其行动的必要性和思考采取更温和或更激进措施的可行性。正是互联网金融企业和投融资者的经济性，往往使其背离社会性的要求。经济性（其实质是个体性或个别性）要求竞争，而社会性要求普惠。经济性讲究利润至上，而社会性讲究社会责任与担当。互联网金融体系和金融市场中竞争性与普惠性的冲突表现在：第一，获取优质客户的竞争。普惠性要求对客户一视同仁，而竞争性则促使企业在获得优质客户上做出努力。所谓“优质客户”主要是指偿贷能力强和金融参与深度有进一步发展可能的客户资源。这种等级制金融服务是逆人民性的。第二，歧视营销或差异化营销。与客户竞争相联系的是产品竞争。在互联网金融产品布局和设计上往往采用歧视政策，从市场营销的角度来看，它有利于市场的全面占有和拓宽营利面，实现最大化产品收益率。但它同时预示着金融服务质量的良莠不齐，并在提供金融服务的过程中掺杂了人格歧视的信息。在生产发展不充分的社会历史阶段祛除这种歧视是困难的，但如果不加约束就会导致诸如“套路贷”中针对在校学生的“裸贷”和“肉偿”等丧失人性的事件。它本质上是将底层群众非人化和“韭菜化”（即成为“被收割”的对象），除非能够带来利润任其收割，否则就会给予非人的待遇。第三，互联网金融权利是一种知化权利。表面上看这与互联网应用终端使用的“傻瓜化”相矛盾，因为傻瓜化的互联网应用终端给广大民众带来了信息搜集和网络娱乐等方面的便利。甚至在互联网金融产品的宣传文案和电子海报上都有着娱乐化的暗示，以引诱网民参加“好玩又赚钱”的活动。实际上，互联网金融运行的架构和商业设计并非如同界面显示的那样简单。就如同互联网的表面应用掩盖了互联网技术的复杂性，互联网金融项目的娱乐化与界面广告也掩盖了它的内部信息。在互联网金融参与方面，由于普通网民在金融经济、金融法律法规以及网络传播方面知识的短缺，使他们在知情、谈判、维权、决策等环节丧失主动权。同时，因此也加速了互联网金融市场“柠檬化”。[①] 煽动性和高利引诱占据着互联网金融的主要产品广告文案，对金融风险的披露和产品与项目的深度解读被长期遭受“浅阅读”愚化的网民所拒绝，轻浮和不负责任的承诺成为广受欢迎的投融资口号。总之，普惠性与竞争性之间存在着的冲突和拉锯，是互联网金融伦理的重要议题。

四、投机与创新

互联网金融伦理失序与道德失范的表现之一在于以创新之名行投机之实。互联网金融正在成为“制造体验”的经济部门。“向消费者提供多样化的新奇体验有待体验设计师的努力”[②]，互联网金融创新与互联网创新的铆合，推动了二者的蓬勃发展。它们的发展基石是互联网信息技术和应用领域取得的巨大成绩和持续进步。谁也未曾料到在机器大工业之后会出现新的“手工

① 柠檬化也叫“柠檬市场效用”，是指在信息不对称的情况下，好的商品遭受淘汰，而劣等品逐渐占领市场，导致市场中劣等品充斥。

② （美）阿尔文·托夫勒：《未来的冲击》，孟广均、吴宣豪、黄炎林等译，北京：新华出版社，1996 年，第 196 页。

制造”的“复兴”。这种“手工制造”是借助于互联网资源配置能力的巨臂而开展的个人创新创业,它的技术基础是网络时代的高科技或者高质量的小众服务,而不是对传统手工业的简单回归。“互联网教我们懂得‘网络效用’的力量:将人与想法联结起来,它们就会发展壮大……创客们正在将 DIY 运动推向网络——‘公众制造’,将网络效用规模不断扩大。”①当人们在设想互联网时代的巨型无人工厂将全面替代人的劳动时,社会再次回归到“小时代”,个人的聪明才智和劳动价值并没有被淹没;相反,由于辅助技术的变革,进行满足小众需求的创造和经营业务有了广阔的前景(而在此之前,“小众”与“广阔前景”是绝不相容的)。互联网金融由于在全网开展业务,从而能够设计出服务于特殊人群的金融产品,以便于他们在生产和生活上增加便利和机会。尽管这些特殊的金融服务对象在单一区间内的分布密度较低,但在全国甚至全球范围来看,其总量也是惊人的。小众产品有着巨大市场,这是互联网时代市场经济的重要特征。正因为小众市场的挖掘有着很大的潜力,互联网因此成为创新创业的重要场域。金融与互联网的结合不是一厢情愿的,一是金融深化的需要。增加金融深度和广度是金融资本的发力点,是增加经营业绩和增进金融社会功能的重要途径。如前所述,网络虚拟世界将现实世界的人们联结起来,成为虚拟现实的全球巨网,通过虚拟网络金融机构能够不受时间和空间限制地将服务输送到更广的范围,使更多人享有金融服务。互联网为金融深化提供了更多客源和市场机会。同时,互联网应用技术的发展为新的金融方式和财产安全提供保障,资金和账簿信息的电子化储存与流通受限于技术要素的跟进情况,而区块链技术、云计算、大数据技术等为互联网金融提供技术支撑。二是互联网深化的需要。互联网不仅是社交网络,也不仅提供简单的文件传输,它构筑起庞大的虚拟世界,人们的生产生活“上线”只是它的极为直观的部分;更深层次的网络应用将“互联”转变成为资源配置的方式以及

① (美)克里斯·安德森:《创客:新工业革命》,北京:中信出版社,2012 年,第 27 页。

人的生存方式。因此，互联网本身的发展需要用户在网络中注入活力。金融无疑是互联网经济活动中的催化剂、“维生素”和“营养品”。互联网不仅是消费之所，也是生产之所。由于互联网金融深度参与互联网经济与互联网生活，它不但增加了人们营利的机会，也通过资金供给为人们提供了更多生产和消费的机会。互联网金融既是创新的产物，也是创新的动因。

技术和经营创新都能增加经济增长点生成的机会，从而成为投资的热点。在互联网金融创新或者其他创新领域，如鲍德里亚所言，“最令人无法容忍的，正是声称通过数字技术，打开通往不受任何来自真实世界之束缚制约的全真图像之路。”①将市场投资的“蓝海”当做不受约束和限制的道德和法制的“蓝海”使人类在技术进步中肆无忌惮地撒野。投资转变成为投机，在日常语言中，它的临界点就在于对约定俗成的道德和白纸黑字的法规熟视无睹或迂回躲闪。在金融体系中，投资与投机并没有做明确的区别，其主要原因在于金融投资本身是一种主动“涉险”，是基于风险事故发生概率与损失的巨细而组织的经济活动（及规则）。可见，投资内在地包含着一定程度的“投机”成分，至少在市场机制中它是如此。日常语言的“投机”约等于“投机主义”（当投机被作为一种惯常的理念和行动原则时，就是投机主义），亦即将以身“涉险”追求利润（孳息）最大化作为唯一的追求目标，并由此而不但将“涉”金融产品和项目运行成败之“险”，也不惜“涉”破坏伦常和其他社会规范之“险”。在技术拓殖的生存荒地上，有着金融创新的巨大空间，也使人产生环视四周唯我独尊的幻象。互联网赋予每个人更多的力量和更广的视野，但并没有因此而减少人们在创新发展中的竞争性拥挤。这种竞争性拥挤进一步强化了投机主义的形成，为了获得在新的金融市场中优先获得客户并锁定客户群的权力，不正当的高利诱惑和虚假宣传成为它们的常用手段。

创新并不催生投机，而投机则毁坏创新环境。不过，当人们陷入“创新”

---

① （法）让・鲍德里亚：《为何一切尚未消失？》，张晓明译，南京：南京大学出版社，2017 年，第 84 页。

的话语控制之下，动辄高举创新的旗帜而忽视诚实经营与辛勤劳动，从而将普通民众一概揽入创新的怀抱时，创新的风险就会骤增。社会生产的普遍高风险使得稳定的投机收益难以维持，或者缺少这样的机会。投资创新创业领域的行为也就具有了高风险的特征，大众创新的成功几率并不令人满意，对它的投资本身就具有了金融的属性——基于高风险的跨期获利的经济行为。"当资本找不到稳定投资机会而选择投机时，就会产生泡沫。"①17 世纪荷兰宫廷之花郁金香的疯狂就是这样产生的。当稳定投资的机会减少，而人们的储蓄又达到一定程度后，那些原本不具有金融属性的物品也就变成了投机的工具，譬如房产和运动鞋——它们已经成为不再令人惊讶的投机品，实在是一件令人惊讶的事情。被人们炒作的房产和运动鞋的每一个要素里所包含的"创新"指标都非常有限，但它们仍然成为具有金融属性的产品。由此可证，投机并非创新所生。但是，投机却在毁灭创新。互联网金融以智能化和便捷化著称，其智能化和便捷化的底气来自于先进的数据技术和通信网络，它能确保数据交换的安全和流畅。在互联网金融创新领域，金融衍生工具的不断发展增加了金融的间接性，并使杠杆率上升到不可控的水平。而在实现金融深化的过程中，金融科技扮演着马前卒的角色，它开辟新的渠道和手段，迫使或诱使客户走向金融深处。"互联网上的监控虽不是极权主义，但并不意味着就对我们无害。互联网监视着我们，于是也就可以操纵我们了。"②但并不是所有的操纵都如同算法推荐音乐和运动鞋一样受到欢迎，人们还有一些选择权利不希望放弃并让给算法。数据痕迹和客户信息为互联网金融的发展提供了海量数据——这似乎是互联网金融创新的数据宝库。但是，与此同时，人们因为对过度信息和过度挖掘的质疑和抗拒也会越来越强烈，或许从这个角度看，互

---

① （日）宫崎正胜：《世界史就是一部货币史》，朱悦玮译，杭州：浙江人民出版社，2020 年，第 97 页。

② （美）富兰克林·福尔：《没有思想的世界：科技巨头对独立思考的威胁》，舍其译，北京：中信出版社，2019 年，第 203 页。

联网金融的过度创新只是为自己掘墓。互联网金融中介是如此,普通参与者的过度投机也会毁坏创新的环境。所有不是基于热情和信念的权益型众筹最终总是弄得两败俱伤。投机者从事"创新","创新"只是他招徕和诱惑投资者的武器;投机者投资"创新",他们会将"投入—产出"的算盘打在创新活动的每一个环节,使真正的创新无法进行。投机与创新的关系处理不当,终究会严重扰乱互联网金融的伦理秩序。

五、公益与私利

协调公益与私利之间的关系,对于互联网金融来说既是必要的,又是困难的。私利是金融的发动机,这种观点的正确性需要其他条件来支撑:在私有制度下,普通投资者或者金融寡头往往是这样,对资本利润的追求是他们进行决策的首要依据。在保护私有财产和允许经济自由的市场机制中,法律给予了追求私利的基本限制,在此之内的私利追求无论是对金融企业还是个人来说都是不容侵犯的经济权。允许发展私人利益或许是经济活力的重要来源之一,这鼓励着个人和企业在资产组合和处置中做出更加有利的选择。对于西方自由市场理论的传统而言,依据个人和企业对利益最大化的追求,就能自动将资源配置在恰当的位置,并且只有当资金流向效用最优的位置时,它才能维持暂时的稳定。他们认为市场是一只"无形的手",完全有能力在资源配置中发挥足够的作用,实现不断优化。对私利的推崇还有着"革命"的意味,至少在历史上曾经如此。在西方中世纪神学统治之下的人们,讨要"现世的幸福"的第一个响亮口号就是"私有财产神圣不可侵犯"。这对在神学体系之外建立人的价值体系,或者获得完整的人格,是一个不小的进步。互联网金融机构、从业人员以及投融资客户,在市场机制内要求获得利润,这是资本的时间回报,也是对其经历风险的补偿。私利的计算是通过货币量来衡量的,这赋予私利在形式上的单一性。无论是金融机构还是个人在金融活动中的盈利状况都以实际获得的利润、利息、分红、赔付金等资金额度来表示。在金融活动中个人所承受的惊吓和心理压抑不会作为成本设计到金融规则中,无论是否忧心忡忡地经历了金融风险的疾风骤雨都不能要求更多回报。

任何企业和个人都有一定的社会责任,这种观点就算是西方自由主义的极端分子也无法用语言来反驳,他们顶多声明要无限减少来自政府和社会的强制性规范或利益分割。企业和个人在社会系统中承担着一定的角色并履行一定的功能,这种角色或功能是随着社会的发展而变化的,但在任何时候都不是缺席的,这是它们存在的依据。企业的社会责任包括:环境保护和节能减排、创建和谐劳动关系、履行诚实守信等道德义务、响应国家号召等。[①] 除了纳税之外的其他社会责任并不能用任何有效的工具使它量化;所以当有人宣称"企业有责任为全世界人民创造更美好的生活"[②]的时候,在评估这句话的实际践行状况时会遭遇困难。互联网金融的社会责任是什么?它依然表现为通过融通资金余缺来实现社会资源的更优配置,并以此实现经济效率的提升和达成经济正义。金融将一切别的价值都用货币来通约,但它无法用货币来通约自身的价值(马克思在《资本论》第章就明确指出,处于"等价形式"的商品不能表现自己的价值,[③]此处具有类似的情况)。公益是多元化的,它不能指望依靠金钱能够准确衡量其大小。尽管有人通过金钱来衡量生态损失,但其有效性是令人生疑的;生态价值并不能通过改造成本或者经济损失来准确衡量,它还包含着与审美、健康、生存权相关的诸多价值。个体和企业承担的社会责任(也就是公益的贡献率)是一种模糊的形式,无论在体验者如何清晰的感受中都不能明确表达它的大小。私利的一元性和公益的多元性相比,由于简单和直观的原因(或者还有其他原因),轻易就占据了上风。尽管对私利的"允许"和对公益的"鼓励"都是模糊的词语,但资本本性加持的个体和组织

---

① 黄少英:《企业伦理与社会责任》,大连:东北财经大学出版社,2015 年,第 168—169 页。

② (美)斯蒂芬·杨:《道德资本主义:协调私利与公益》,余彬译,上海:上海三联书店,2010 年,第 96 页。

③ (德)马克思:《资本论》第 1 卷,北京:人民出版社,2004 年,第 71 页。

表现出对追求私利的更大热情。

互联网金融承担公益责任是系统思维的基本要求,离开系统则要素无所倚持。网络精神应强化这种系统论,就如同麦特卡夫定律所揭示的那样,互联网金融机构不能离开社会经济文化政治生态各方面的良性发展和协调均衡,这是互联网外人类实践活动所形成的更大的网络。只要明白了网络和节点的关系,就会明白个人与社会、企业与社会之间的紧密关系。“新型关系模糊了雇员与客户的界限,使公司与客户合二为一,呈现为一个整体”①,也使社会系统的各组成部分彼此依存不可分割。不能实现公益的充分发展就难以保障私利的如愿以偿。互联网金融中如何实现公益与私利的均衡发展呢?第一,互联网金融中存在弱金融属性的公益性融资,它是互联网金融的有机组成,而不应将其作为非金融产品或项目而剔除在互联网金融管理和价值框架之外。网络产权众筹以及带有任何回报或和补偿承诺的融资都属于互联网金融,在金融产品(结构)布局中应当将弱金融属性的产品平等视之。第二,互联网金融不应该通过网络放大器增强金融杠杆、提高金融风险,而应审慎利用金融衍生工具,充分利用金融科技降低金融风险和金融成本并让利于民。第三,互联网金融应当有利于网络生态建设,有利于服务网络创新和网络经济的发展,有利于人民生活水平的提高和经济安全。只有这样才不至于使互联网金融脱离金融本义,避免与实体经济争夺资本。尽管理想的状态是公益与私利的同步增长,但实际上可能存在公益与私利之间在一定程度上的冲突。在社会主义制度体系内,公益与私利的冲突是有限的、可控的,因为社会主义社会中人民当家做主,并且将发展的目的设定为满足人民群众美好生活的需求。在这样的背景下,当公益与私利在具体问题发生冲突时,理应使私利服从和服务于公益。资本主义的情况就大不一样了,私有制背景下政府(资本家集团的代理人)与个人或企业之间都是为一己私利而谋求优惠,二者的利益博弈不存在

① (美)凯文·凯利:《新经济 新规则》,刘忠涛、康欣叶、侯煜译,北京:电子工业出版社,2014年,第161页。

主动让步的充足理由，除非形势所迫。了解公益与私利的关系，对我国互联网金融伦理中强调“服务实体经济”和“服务人民美好生活需求”的要求就会有更深入的理解。

六、民主与集中

尼葛洛庞帝说：“数字化生存所以能让我们的未来不同于现在，完全是因为它容易进入、具备流动性以及引发变迁的能力。”①互联网金融之所以能在短短十余年发展成为规模庞大、影响深远的经济新业态，其原因之一也在于低门槛或者说“它容易进入”。互联网金融是一种民主经济，这里所谓的民主是基于这样的现实所作出的判断：第一，传统银行体系的偏见被废除了，人们能够轻易找到资金来源，也能够轻易为自己的资金找到合适的投资对象。这一现实的出现不光是互联网信息传播的广域性造成的，也是与互联网节点均权的现实紧密相联的。第二，在财产方面的隐私得到了一定程度的保护，资金融通过程中对客户进行盘根究底的询问变少了，需要提供的支撑信息一再减少，以至于只需提供手机通讯录或者居民身份证件就能获得贷款。全程在线办理投融资业务以及通过匿名和代理方式进行金融活动，使不同来源和不同额度的资金都获得相同的尊重，尽管它潜伏着洗黑钱的巨大暗洞。第三，金融谈判的方式发生了重大变化，传统金融服务的业务介绍与缺乏比较的营业场景使人们丧失在更广范围进行选择的权利。金融谈判也变得更主动了，客户在界面信息比对之外能够自由选取意向明了的产品和业务进行深度咨询，②更何况，个性化金融产品也在网上逐渐流行。第四，由于在线营业采取自动程序来执行指令，小额资金的参与者更加方便且能够避免因额度过小而出现的不公

---

① （美）尼古拉·尼葛洛庞帝：《数字化生存》，胡泳、范海燕译，海口：海南出版社，1997 年，第 271 页。

② 当然，具有垄断性质的巨型平台往往有意回避“客户沟通”，从本质上讲是一种“资本傲慢”。

正服务;同时也降低了他们参与金融活动的成本,诸如排着长队去存款一摞零钱。第五,手机支付的弊端尽管时常被人提起,认为它有可能使人们不经意间花费了大量钱财,不利于勤俭持家;但是,手机支付为自己显示余额,而不需要将钱包的款式和厚度作为身份特征加以标识。这对互联网金融的基础应用得到普遍接受也是有利的。第六,金融的受惠者变得更加普通,人们能够通过互联网金融模式号召志同道合的人进行创新和创业活动,使经济活动的联谊突破了熟人关系,并通过互联网金融平台的"公审"而确定创新创业项目的可行性,甚至得到有效帮助而优化这些项目。互联网金融显示了其在经济民主方面的良好潜质。

资本总是趋向于集中,这大概是西方反垄断法深度跟进,而资本垄断趋势却更加严重的原因吧?! 对于单个资本而言,垄断有利于其增殖行为的任性而为。金融资本的集中导致经济权力的集中,它对经济民主化是一个致命的伤害。金融帝国主义"怂恿大规模的金融诈骗,支持人为地加速资本的集中"。[①] 金融资本在走向垄断的过程中与商业资本具有相似的策略,商业资本是凭借强劲的资本实力进行价格竞争挤垮对手,这让消费者感受到超常规竞争的"惠民"性质;但是,只要某些商业资本掌握了绝对的市场优势,它就能重新调整价格,连本带利地收回低价竞争所付出的成本。互联网金融竞争采取的是对投资者的高利诱惑和对融资者的低息引诱,尽管这二者存在着显而易见的矛盾,但投融资的任何一方都不会质疑它的合理性。潜在的风险积累使超级规模的网贷平台需要不断实现"债转股",以加强债务转移并获得资本市场的注资。这种建立在泡沫机制上的"泡沫深化"借助于金融衍生工具的滥用而顺理成章,互联网金融由于网络传播的广域化而将此巨型泡沫再次吹大。网众投资者的民意不被重视,而其投机心理则被最大限度地利用。互联网金融资本在这样的背景下野蛮生长,它所埋伏的陷阱就越来越多也越来越凶险。

---

① 《马克思恩格斯文集》第3卷,北京:人民出版社,2009年,第160页。

互联网金融的民主属性成为资本集中利用的工具。超级互联网金融平台具有的强制性是无法避免的,甚至在一定程度上人们渴望这种垄断所形成的“强制”。在平台切换还不甚便利的情况下,转移平台的成本是高昂的,人们不但要重新熟悉平台的规则,而且有可能面临着常用联系人的失联。新的社交圈的建立所花费的成本是难以估计的。简言之,诸如在支付领域,人们更加愿意某一平台一统天下,从而减少资金转汇和支付过程中的麻烦。不过,如果坚信自由市场规则,并且相信垄断会为民众带来更大的利益,那就是再天真不过的了。互联网金融平台的垄断造成搭载乱象、单方面强行制订规则和更改游戏规则、对客户信息的垄断造成潜在危险、对相关领域的过度干预或者寻求权力扩张等。互联网金融平台如果不受限制,同样具有成为金融寡头并控制社会经济、文化和政治的巨大风险。

互联网金融所创造的创新和创业机会诱发和增强了网络民粹主义的情绪。穆来纳森和莎菲尔认为“稀缺让人变笨和更加冲动”。① 一些人为了牢牢抓住互联网金融投机者所鼓吹的良机而丧失理智,盲目投资和负债。在经济权力关系中处于优势地位的一方会更多地向处于弱势的一方索取信用支撑,并强化他人所应承担的义务和面临的责任;相反,它们对自己的义务和责任则避而不谈,仅凭平台的雄厚资本和海量用户就强迫用户相信它们不会做出违规的事情。普通投融资者对大型平台的信誉寄予厚望,并自愿放弃对投融资项目的审查和分析。斯蒂芬·达尔沃认为:“达成协议和以协议为义务的地位,蕴含了相互责任的一种第二人称权威……目前看来,这可能仅仅让双方进入了理性和相互责任的空间。他们(预设的)共同第二人称权威为此已经足够,而对于他们迫使自己受制于合同而言也是必要的。”②在这里,这种必要的

① (美)塞德希尔·穆来纳森、埃尔德·莎菲尔:《稀缺:我们是如何陷入贫穷与忙碌的》,魏薇、龙志勇译,杭州:浙江人民出版社,2014 年,第 74 页。

② (美)斯蒂芬·达尔沃:《第二人称观点:道德、尊重与责任》,章晟译,南京:译林出版社,2015 年,第 212 页。

相互责任不但转变为经济权力较弱者一方的义务，而且促使它们失去了理性判断的能力。如果超级平台公司进一步利用复杂的流程设计和表面上尽善尽美的产品包装来应景的话，互联网金融中的民主成分显然要削弱了很多。人们已经习惯于在互联网时代表达一种“个人抬头”[①]的思想，却忽略了个人在巨型平台的运行逻辑中具有的权力是微乎其微的。指望互联网金融能够自动促进草根的崛起，或者抹平阶层差异来获得投融资机会，这或许有些乌托邦的色彩。

七、风险与信用

《左传·宣公十二年》：“王曰：‘其君能下人，必能信用其民矣，庸可几乎？’”[②]“信用”即“信而用之”之意。与此相关的词是“信任”，《论语·阳货第十七》：“宽则得众，信则人任焉，敏则有功，惠则足以使人。”[③]“信任”，也就是诚实守信而受到任用。在中国文化语境中，信用与信任同义，但在情态上前者具有实体性（或名词化）而后者具有主动性（或动词化）。在《信任再造：找回迷失的自己》中，“苏珊”对信任的定义是：“对他人的行为抱有积极的期望并愿意在此基础上接受他人的弱点。”[④]高兆明、李萍等指出：“信任指的是相互承诺及其合理期待，它所标识的不只是个体间私人交往关系，更重要的是一种共生共在的存在范型。”[⑤]英文 Credit 的基本意思是“赊购、赊购制度”，也指（银行等的）借款、贷款、存款数额，以及信任、信赖等。《现代经济学大典[金融经济学分册]》给信用下的定义是：“信用是以偿付为条件的借贷行为，属于

① （美）尼古拉·尼葛洛庞帝：《数字化生存》，胡泳、范海燕译，海口：海南出版社，1997年，第269页。

② 李梦生：《〈左传〉译注》（上），上海：上海古籍出版社，2004年，第468页。

③ 金良年：《〈论语〉译注》，上海：上海古籍出版社，2004年，第208页。

④ （美）利·布罗达尼：《信任再造：找回迷失的自己》，周国庆译，北京：机械工业出版社，2018年，第211页。

⑤ 高兆明、李萍等：《现代化进程中的伦理秩序研究》，北京：人民出版社，2007年，第119页。

跨期的财产权转移交易,其本质是在债权债务关系上的一种承诺。"[①]现代金融学一般地将信用与信用制度不加区分地使用,从而使"信用"的内涵与资金融通的市场规则保持高度一致,[②]是"借贷资本"异形同质的表达。综上所述,金融中的信用尽管保留了在伦理上对于相互信任的内涵,但已经将其隐晦化了;它在现代金融中转变为一种对跨期金钱转移所形成的(基于合同或承诺的)规范性关系,是一种制度化的借贷关系约束条款的集合。对合同(承诺)的违背形成信用风险。信用与信任的差异表现为前者更加倾向于一种客观性的金融制度设计,而后者则是主观性的人际关系的伦理道德指向。与此对应的是,风险是客观的,而风险评估则带有强烈的主观性。

风险(risk)是指"经济学和金融上投资或贷款的危险。倒账风险是指借款人不还贷款的危险。如果银行认为一个借款人无力还贷,那么就会在收取真正利息之外附加倒账风险金。该风险金取决于风险程度。所有的股票投资都有隐藏的风险,因为投资回收是没有保障的,交易或变动风险是投资回报可能比预期的投资回报有所增加或减少的变化"。[③] 当然,也存在一些"无风险资产",如政局稳定的政府所发行的短期债务工具。[④] 兹维·博迪、罗伯特·C.默顿等认为,"风险是一种'事关紧要'的不确定性,因为它影响人们的福利。"[⑤]只要是非即时的关系,人们便无法完全避免风险的发生,"每次意外都是跟随一系列独特排列的事件而来,所以什么时候会发生根本无法预测。"[⑥]

① 王广谦、刘锡良:《现代经济学大典[金融经济学分册]》,北京:经济科学出版社,2016年,第19页。

② 彭迪先、何高箸:《货币信用论大纲》,武汉:武汉大学出版社,2012年,第115页。

③ 美国不列颠百科全书公司编:《不列颠简明百科全书·1》,北京:中国大百科全书出版社,2011年,第489页。

④ (美)弗兰克·J.法博齐、弗朗哥·莫迪利亚尼:《资本市场:机构与工具》,汪涛、郭宁译,北京:中国人民大学出版社,2011年,第165页。

⑤ (美)兹维·博迪、罗伯特·C.默顿、戴维·L.克利顿:《金融学》,曹辉、曹音译,北京:中国人民大学出版社,2010年,第288页。

⑥ (美)艾伯特-拉斯洛·巴拉巴西:《爆发:大数据时代预见未来的新思维》,马慧译,北京:中国人民大学出版社,2012年,第270页。

总之,在金融中风险意味着金融项目运行的不确定性所带来的危险,或者说风险便是金融活动中与预期收益背道而驰的情况的发生频率与幅度。风险的产生和信用的产生都是源自于历时性的金融运行,时间是产生风险和信用的重要前提。信用是对跨时性的安全设置,后者则是对跨时安全性的破坏。

互联网金融的信用来源(或信用模式)是否可靠?这是互联网金融风险强弱的决定性因素。人们常以为互联网由于低门槛而导致用户良莠不齐,互联网上蟊贼与绅士共生,然而蟊贼更加活跃。我们应当知道,“资本市场的泡沫,已非源于单纯的欺诈,而是内在虚拟资本运行机制本身。”①互联网金融在生成与发展的初期出现一些乱象,也不是仅仅因为少部分网民道德沦丧的结果(尽管这也是难辞其咎的原因之一)。在不同的短期,金融市场的“风险—收益”关系波动很大。方差系数(一种常见的计量风险和收益相关关系的指标②)的波幅表明风险和收益关系的优良程度,不同的金融资产能够通过方差系数的差异来表现。互联网对于风险和信用都有放大作用:(1)互联网金融系统中的信用主要是由机器算法机制来确定的,网络数据收集、保存和使用都是以叠加的方式进行的,良好的信誉记录会使主体拥有广泛的金融权利,享受较好的金融服务;相反,较差的信用记录则会长期增加其负面记录,并将这种记录共享给所有的金融产品提供者。(2)互联网信息传播方式和信息保真影响金融信用的评价。无论是对机构的信用评级还是对于个人用户的征信管理,由于互联网信源革命造成信息的开放式生成,因而在信息传播过程中会使同源信息不断发生繁殖和增生,改变对信源的真实性保护。技术决定论者对大数据技术赋予厚望,希望它能够彻底改变征信过程中垃圾信息充斥的局面,扭转信息失真的状况;但网络的开放性已经决定单纯依赖于自动数据系统往往会造成误判,给金融活动的展开以更大的信用风险(违约风险)。(3)信用

① 黄达:《金融学》(第三版),北京:中国人民大学出版社,2012 年,第 634 页。

② (美)玛西娅·米勒·康奈特、特洛伊·奥尔顿·小阿戴尔、约翰·诺夫辛格:《金融学:应用与理论》,徐岚、麦勇译,北京:清华大学出版社,2013 年,第 314 页。

因跨时域经营而成为金融活动中寻求风险补偿的机制，这种机制追求客观效果的可靠性；风险也是因跨时域经营而发生，但风险的巨细则与时域大小并不成正比，而与金融产品本身的性质密切相关，尽管相同产品的风险无疑与跨时域大小息息相关。互联网金融中资金转移的速度早已超越了传统汇转模式，这使较短的时间就能发生更大规模、更高频率和更快速度的资金转移，从而放大了互联网金融的风险。

古希腊普鲁塔克就曾经说过："一个人能从债主那里得到贷款，必须证明他有产业抵押；也因为他有偿还的能力，所以他才获得可以借钱的信用。"①互联网金融不再将抵押作为核心的信用基础，而是将客观化的信用能力转化为主观化的信誉状况。为了使这种主观化的信誉能够得到量化，不得不采取将主观信誉客观化的方式；这种方式存在着极大的弊端，通过信息研判而得出的用户信用等级，是基于消费、偿贷等的有效信誉记录而做出的判断——但它依然存在着迫于特殊场景而发生的可能性，对于风险管理来说，无疑是不充分的。传统金融的信用制度是客观化的，它把金融用户的财产、职业、资金流等作为判断信用能力的标准；互联网金融将消费记录、还贷记录、职业、人际关系、学历等作为信用评价的标准，为回归金融信用的客观性准则，它们不得不将互联网金融与传统银行账号进行捆绑，以提高信用判断的准确性。金融信用从来不像人际关系一样将"信任"放在至高无上的位置，其实质乃是追求一种物质性的可靠"凭据"；这也是在陌生人之间实现金钱转移的重要基础，我们不应该过度指责将具有道德性的信任关系转变成为物质化的信用关系。互联网金融是否能够因为在一定范围内回归信用的道德性（或主观化）而获得对风险进行科学管理的新机制，现有的实践经验尚未能够得到有力的证据。当人们试图从事风险性互联网金融投资时，仍需要保持对信用制度客观化的宽容。道德理想主义是美好的，金融机构伦理建设、个人道德修养的提高、全

① （古希腊）普鲁塔克：《道德论丛 · Ⅲ》，席代岳译，长春：吉林出版集团有限责任公司，2015 年，第 1519 页。

社会普遍的诚实守信等，这些对于弥补互联网金融信用管理的漏洞（它始终是存在的）具有非凡的意义。在互联网金融风险放大的背景下，强调伦理道德建设就显得弥足珍贵了。

第三节　互联网金融伦理的新特征

如前所述，金融伦理的核心要义是：在不确定条件下实现跨期稀缺资源配置的个人和组织行为是如何做到效率与公正的统一的？也就是说“资本”金融（效率第一）与“人本”金融（当前是满足人的美好生活需要）之间的冲突如何达成和解或者协调。这个根本问题引起了金融伦理其他方面的反应。互联网金融伦理的核心要义是：在扩大的地域与时域中，在虚拟现实的二元融合社会中实现更高风险与更强资金融通能力的社会资源优化配置；在经济运行方式和人的生存方式出现“加速”“转型”的背景下实现金融效率与金融正义。互联网金融伦理议题是在网络机制与金融方式的结合中生成的，具有去中心化、圈层化、流动性、交互性等特征。

一、去中心化

信息传播的去中心化推动伦理去中心化的产生。伦理上的去中心化产生表现为价值多元主义和价值虚无主义。在互联网时代，互联网将去中心化作为其核心的价值观，以实现其社会渗透的广度和深度。莫罗佐夫说：“就连那些参加了革命的人，似乎也沉迷于某种幻象，认为‘互联网’颠覆了以往一切政治真理……‘没有人是领袖，每个人都是领袖’。”①去中心的要义在于对传统权威的反抗，并使社会权力的金字塔结构转变为一种扁平的权力结构，每个人似乎获得一种天然的力量，在网络虚拟世界中获得空前的平等与自由。互

① （白俄罗斯）叶夫根尼·莫罗佐夫：《技术之死：数字化生存的阴暗面》，张行舟、闾佳译，北京：电子工业出版社，2014 年，第 135 页。

联网金融伦理的去中心化使金融伦理的权威被消解,新的“没有权威的权威”引发人们对金融基本伦理议题和概念的重新定义。互联网金融伦理多元化的现实基础是由互联网金融活动的运行逻辑所决定的。在传统的金融系统中,只有盈余者才能获得现代金融领导权,他们利用资产优势从生产领域中抽离出来,分割工商业资本所生产的剩余价值;在互联网金融中,金融领导权发生了根本变化,更多的普通民众能够通过项目众筹、点对点的方式进行投融资活动,尽管大资本集团依然拥有至高无上的经济权力,但它们已经在“去中心化”的浪潮中受到直接挑战,金融领导者至高无上的权力逐渐演变成为提供信息服务的平台权威。大资本集团由直接的金融领导者转变为间接的金融信息服务者,已然使投融资双方取得了直接磋商的机会,并为更为实惠的金融关系奠定基础。

去中心化对金融伦理的冲击在于价值多元主义或虚无主义的肆虐。在伦理道德上遵循最大限度的社会共识是人类进步的标志之一,这是对“类”的自觉认同和行为约束。个人不断社会化的重要目标就是取得与社会共同体在行动逻辑和思维逻辑上的趋同。无论人们对这种“趋同”的反对意见有多大,“共识”是国家、人类或者任何圈子建立的心理基础和社会基础。价值观的趋同并非在任何方面都体现出人类思想和行动的一致性,而是在特定行动领域表现出趋同的认知和需求。对“风险”和“信用”的认知变化是互联网金融伦理去中心化的重要原因。更加直接的融资方式使得人们表现出对风险的低估,互联网金融的直接性增加了投融资双方的信心,这对于中间环节过多的情况下所存在的多层次风险累积来说,从直观上使风险发生的可能性更小了。人们并没有深入认识到:传统金融尽管需要更多中介来实现其活动,将金融引向一种极端的虚化;但是它的安全保障在于(客观化的)信用制度对(具有主观色彩的)信誉依赖的克服,这是互联网金融所无法比拟的。互联网金融去中心化的前提是进入门槛低,对抵押和现有资产不做过多要求,这使人们纷纷涌入互联网金融系统,造成了去中心的金融格局。传统金融的中心主义是由银行和巨型资本集团所主导的，为了维护信用关系的可持续性，它们不得不采取客观化的手段实现债权的可实现性，使所有的金融合同都建立在可兑现、可补偿的基础上，这是传统金融系统的梦想。互联网金融就是要打破这个梦想，使一切人都能凭借信誉记录实现不同程度的金融权利，从而自己对自己的金融能力负责。单一系统危机的解救产生了多重系统的新危机，这是任何人始料不及的。银行主导的传统金融系统的信用危机命悬于银行信用的可靠性和银行信用管理的能力；互联网金融能够在任何独立运行的网络终端上实现系统重建，与此同时，由于信用管理的滞后，导致更多的系统潜伏着更大的危机，P2P 网贷的全线崩溃就是如此。人们抱着对信用的不同观念进行投融资活动，在良莠不齐的伦理道德水平上开展业务，秩序的稳定性是难以维持的。

去中心化的优点在于在金融权利上实现了人人平等，增加了金融深度和广度；其缺点则在于金融伦理的多元主义和虚无主义。金融伦理的多元主义是指人们对金融伦理的原则和立场采取多元化的理解和行动，人们失去了共同遵守的准则和约束条款。个体化的金融条款难以得到法律的保护，使它失去道德底线的保障；过度的依赖于投融资双方的诚实守信和道德压力对于道德意识和道德信念淡薄的人来说并没有实际的意义。道德和舆论的压力对有道德的人更加有效，对于缺德的人则效果甚微或者无效——这是一个明显的悖论，因为人们往往寄希望于对缺德行为进行舆论和道德施压，以迫使他们遵守或改变行为方式。互联网金融伦理上的去中心化导致伦理虚无主义产生的可能。因为惩戒机制的不完善，互联网金融中存在着“以恶制恶”的乱象，从而使人们失去对金融主体进行伦理批判的准绳。合同欺诈、违约是不道德的；但是，不断骚扰、恐吓违约者的家人和亲友亦是不道德的，而寻求“肉偿”、暴力催讨更是毫无人性的。在这种恶的循环中，人们不再将金融违约的个体作为批判对象，相反，他们成为了受害者和值得同情者。这样，金融伦理必然陷入虚无主义。伦理秩序需建立在有效的机制上，以恶制恶、强化受害威胁是对伦理道德的严重伤害。在伦理上，“超额索取”和“超额惩戒”都会陷入恶的循环。伦理道德的惩罚是“对等”和“对应”的，超越惩戒“额度”或者偏离惩戒“主体”的行为都会遭受伦理道德的谴责。不理解这一点，也就不能理解互联网金融伦理中的乱序。

二、圈层化

在网络虚拟世界中，经济、知识、职业、兴趣、年龄、网站和APP使用习惯等，是网络圈层形成的重要基础；“共粉”（同为某人某事的崇拜者、仰慕者）、“共情”（网络舆情分裂造成的“站队”）、“共事”（基于游戏、项目等跨地域的合作）等，是圈层形成的重要原因。在网络虚拟空间，圈层之间的跳跃和交融的通道是敞开的，这是网络虚拟世界迷人的地方；由于圈层跨越和融通的开放性，导致人们产生一种网络幻觉，将去中心化的想象投射到社交网络的重建中。由于社交网络关系的建立不能离开知识结构和价值观念的共识——这与个人的社会实践活动（尤其是生产实践的范围和角色）是分不开的——造成了虚拟社区圈层在实际上依然保持相对稳定的状态。由于虚拟世界中个人角色的多样化，人们的圈层跨越有着不同的幅度，这既与个体的禀赋相关，也与不同圈层的属性紧密相联。整体而言，网络虚拟世界中的圈层稳定性要弱于现实世界；并且，虚拟世界中的圈层流动能够在一定程度上改变现实圈层关系，其原因在于互联网对经济社会的深刻影响。现实世界中的圈层关系不但有世袭物质和身份积累的重要影响，也有个人禀赋和机遇方面的因素；不过在互联网上，后者所能发挥的作用将会越来越重要，这是网络阶层流动性带来的红利。尽管有人认为“电影，是最后的集体场面”；①其实，网络虚拟世界中那种身临其境或者“亲在感”同样能够达成诸多集体行动的场面，尽管它或许早使个人的肉身隐退。互联网金融是一种圈层化金融关系，这是互联网经济的主要特征之一；互联网金融通过虚拟世界的圈层化既部分地保留了现实圈层

---

① （法）帕特里斯·费里奇：《信贷信息交流史：公共空间和私人生活》，刘大明译，北京：中国人民大学出版社，2008年，第269页。

的关系（这是银行和资本大鳄的金融特权），也在虚拟世界中重建了新的圈层关系（为普通民众提供金融服务并为他们提供创新创业以及消费机会的金融产品不断涌现）。

互联网金融伦理中的圈层化，主要是通过金融的场景化所决定的。在互联网金融中，场景是金融活动发生的环境因素与金融内容的合一，场景是互联网金融产品和服务发生效力的特殊情境。场景化是金融活动一贯的传统，在现代金融之前就已经存在。由于战争的需要，统治阶级需要临时积聚财货，以供军需；但是，突然提高税收或者额外增加百姓负担往往会使国家内部出现关系松动，甚至造成影响集体行动的意外事件，以发行国债的方式筹集资金无疑是温和而有效的。这种以备战为目的金融活动就是一种场景化金融。同样，在一些地下赌城，高利贷者伺机而动，只要赌徒输得一无所有，就会有高利贷者附身而上提供贷款；从形式上来说，这也是一种场景化“金融”（尽管它通常是不道德的构陷）。互联网金融基于互联网经济的场景化而展开；诸如在线购买机票的时候提供线上人身保险；网络购物的时候提供在线支付服务以及消费贷款，还有物流安全保险和质量保险等；以及艺术家在进行艺术创作，需要人们预付从事创作活动所需的物质资料费用时，所开展的权益众筹等，这些无一不是具有非常强的场景感的金融活动。正是互联网金融的场景化，使金融伦理出现圈层化。因为场景是一种“项目制”活动的主体功能集合，参与者具有相同或相似的场景化需求。在特定场景中人们并不需要将场景之外的身份与索求融入其中，因此，互联网金融伦理就出现了即时化。换言之，在场景化的互联网金融伦理中，主体信奉的伦理准则和践行的价值观上，并不保持与个体伦理道德水平的全面重合，而是部分攫取其伦理准则和道德信仰。简言之，场景化伦理既是个人伦理道德的有机组成部分，但也不能以偏概全地将其作为个体的道德全貌加以定性。

圈层伦理中的角色定位十分重要。为了维持圈层的道德共识（这也是项目化金融活动能够进行下去的重要基础），有时候个人不得不放弃其一贯遵守的社会公德或者其他美德。因而往往会出现这样的情况:“至于道德,一个特别的问题是,社会压力通常迫使人们缄口不语,留下死角。我们中的许多人认为,道德需要根据现有实践进行一些改变,但是我们不想招致他人的反对。”①因为在任何一个具体的互联网金融事件中,群体的一致性至关重要。每个人都害怕鱼死网破造成不可挽回的损失,因而在一些处于犹疑徘徊状态中的人那里,放弃那些原本并不牢固的伦理道德的意识和信念是可行的选择。圈层伦理使“角色”显得非常重要,当人们认识到他(她)在金融事件(或项目)中的利益关联性时,道德意志和道德情感就会受到削弱和消磨。这就是我们在互联网金融中经常看到众多出格的行为往往不被参与者主动杜绝的原因之一。对于社会民众来说,它还在圈层之外形成一种事不关己的“超然”心境,将自己设置在一个外圈的他者位置。圈层化金融伦理导致的圈层外的冷漠使人们在触及自身利益时感到气愤的往往是乱象中的某个环节和要素,而不是它的全体或内在机制。就如同 P2P 网贷活动中遭受骚扰的借贷者亲友,他们所气愤的往往是其中的某一方,出卖自己个人信息的亲友,或者是采取卑鄙手段催讨债务的债主。究竟对哪一方怀有敌意,这与信息出卖者和他们(个人信息被出卖的亲友)的亲密程度相关。圈层伦理还将产生歧视。当圈层被固化(一旦资本和平台的垄断关系形成,圈层固化的进程就会更加快速)的时候,互联网金融能够实现其普惠的伦理本义就令人怀疑了。场景化金融导致圈层化金融(也可说场景本身就是圈层的现象),圈层化金融必然产生圈层化的金融伦理。伦理道德的圈层化是一种社会价值的断裂,它造成的后果往往是对眼前利益和个人利益的过度重视,而对整体利益和长远利益不屑一顾。临时性的伦理关系雪藏了潜伏在人的实践活动中的普遍价值和生存意义,对互联网金融伦理来说,这是一个永恒的话题。

① (美)凯斯·R.桑斯坦:《信息乌托邦——众人如何生产知识》,毕竞悦译,北京:法律出版社,2008 年,第 136 页。

三、流动性

网络社区的阶层流动性不但造成了新的圈层关系,也造就了新的文化结构。互联网时代,圈层依然是存在的,尽管任何圈层的生命力不再如同传统社会的阶层那般持久。超越圈层的伦理理想是有价值的,然而在现实中往往会受到严重的冲击。信息社会中的人倘若不能重新思考圈层的流动性,就会以固化的群体化思维来审视这个世界,从而不知所措。① 流动性与场景化相关。互联网金融的场景化使得场景切换的过程中导致伦理关系的变化,因而加快了互联网金融伦理原则和实践逻辑的变化。流动性或许与金融科技创新有着不可分割的关系,金融科技发展的每一次突破都会导致金融产品和金融服务方式的变化,区块链使人们重新定义数字货币和网络金融安全体系,通讯技术升级、宽带发展和应用终端硬件和软件的进步使金融的场景运用更加出色,安全密码技术和生物电子技术的融合发展使移动支付变得更加安全可靠等。许多昨日的金融科技幻想来不及被普遍地实现,就已经变得落后于现实很远了;许多刚刚建立的金融关系来不及稳定就已经被新的金融关系取代了。人们还在为"众筹茶楼"的营业而欢呼时,无人超市已经逐渐取代了街边有人值守的便利店。上午还在为"眨眨眼"就能支付货款而兴奋后,下午就有声控和生物脉冲加密的网络银行账户设计。这是一切固有的东西都会烟消云散的时期,并且"消散得"比以往时期都要快。网络社区圈层的流动性不但造成不断涌现和更迭的新的文化阶层,流动性本身也成为文化的重要特质。某些在伦理上历时持久的信念和立场动摇了,诸如"无功不受禄"这样的原则在互联网金融的创新产品中是不被看重的,从金钱到金钱的、超越实体经济和现实需要的金钱游戏变成理所当然的理财手段。

互联网时代流动性加强的原因之一是壁垒的解锁(之所以不使用"解除"一词,是因为它只是提供"机制",而不包揽现实中的"破壁行动")。"任何成

① (美)阿尔文·托夫勒:《第三次浪潮》,朱志焱、潘琪、张焱译,北京:新华出版社,1996年,第257页。

本都会造成某种壁垒,大多数传统媒体的高成本则造成了高壁垒。”①在金融系统中,人们常指谪当前金融体制中权力的过度集中,对互联网金融中的分散化和流动性赋予高期望。他们甚至认为:“削弱法定货币的完全主导地位,导致资产的多样化和货币发行的去中心化……有望在整个金融领域为用户带来更加公平、民主的权力契约。”②显然,这是一种以“发展”为幌子由无政府主义和极端个人主义引导的金融主张,货币发行泛滥在金融史上的危害有目共睹,西方自由主义所引爆的金融危机的恶果对这些装聋作哑的人来说是视而不见听而不闻的。以为在分享、协作、普惠、自由、民主、平等精神指引下能够深挖互联网金融的广泛价值,尤其是将金融权力的来源进行彻底改换:如果传统金融权力来自保守的金融制度,那么,互联网金融权力就来自于开放的互联网精神。前者似乎是资本和政治力量赋予的货币霸权,而后者则在形式上体现了一种温婉的权力契约。这是一种假想!当对互联网的“自动机制”赋予过高期望的时候,以为一切传统时代的弊端都会随着互联网的深入发展迎刃而解。真实的进展已经告诉人们,互联网的确改变了人们的心理、生活、生产以及社会关系等,但它发挥作用的基础仍不能离开现实政治、文化、经济等的支撑。在西方,互联网巨头能够切断即将离任的总统(特朗普)的网络应用,限制他发声;无论这个“总统”是多么疯狂和不可理喻,这种“断网”和“禁言”都是对西方社会言论自由伪论的彻底揭发。互联网并没有自动成为民主的生成器,也没有成为文明的发动机。不过,互联网确实“解锁”了那些被牢牢控制的创业之门、创新之门、致富之门,为人们提供了机会,使陌生人之间在绕过金融中介的情况下亦能实现资本的重组,实现资本利用效率的提升。壁垒或门禁的解锁,也只是为主动的网络创业者和活跃的网商用户提供机会,而并没有直接呈现在每一个人的眼前供其享用。在特殊的情况下,互联网甚至夺走了人们之间温情脉脉的生

① (美)克莱·舍基:《人人时代:无组织的组织力量》,胡泳、沈满琳译,北京:中国人民大学出版社,2012年,第78页。

② 李耀东、李钧:《互联网金融:框架与实践》,北京:电子工业出版社,2014年,第191页。

活方式，弱化了人的体力和脑力，如果人们因之陷入网瘾或者盲从的话。

流动性容易引起人们的好感。它不仅是机遇，也是风险，后者常常被遗忘。安德雷亚斯·莱克维茨说："极不确定的起步阶段也意味着：如果能迅速积累关注度，那么文化性货品、初创企业或新人称号就能平步青云（这种经历也可以说是独异的）。这样，一件文化性货品的起步阶段就有可能成为独异性社会中常见的神话。"①圈层流动性会引爆资本流动性的增强，它潜蕴的风险在资本流动性中得到极化：要么实现资本累积利率的最大化，要么导致风险的累积和暴露。前者正是我们看到的机遇，而后者则是我们已经得到的市场反馈。资本害怕静止，人的生存也是如此。资本一旦静止就失去生殖力，就不成其为资本；人一旦被固化成为某个特殊的机械要素或功能要素，人就不能得到自由全面发展。流动性因而能够作为一种伦理文化受到重视。互联网金融伦理的流动性特征旨在表达这样的社会意愿：人们不能在固化的社会结构中丧失主导人生的意志和权利，互联网金融的普惠性为一般人从事生产经营活动的融资提供便利，甚至用资金的提前使用或者延后使用来改变时间机器的运作机制。互联网金融使个人与他人之间实现一种无限可能的融合与联系，过去、现在与未来之间亦能通过资金融通实现互兑。人们已经允许跨时域的资金互兑（或者说劳动互兑）。个人的权利既从过去涌来（过去的储蓄），又从未来涌入（提现消费和贷款经营）。互联网金融伦理的流动性不仅指金融权利和资本的流动性，也包括金融伦理观念的变易性，②它不再拘于一格，而是与时俱进。从技术、主体、机制、内容到伦理观念的变动不居，成为互联网金融流动性的系统构成。在伦理关

① （德）安德雷亚斯·莱克维茨：《独异性社会：现代的结构转型》，巩婕译，北京：社会科学文献出版社，2019 年，第 120 页。

② 尼采指出："一切至高的价值都是头等的，一切最高的概念——存在者、绝对、善、真、完满——都不可能生成，因而必定是自因。"（见尼采：《偶像的黄昏——或怎样用锤子从事哲学》，李超杰译，北京：商务印书馆，2009 年，第 24 页）金融伦理观念的变易不等于金融伦理原则和价值内涵的变化，无论互联网金融伦理中怎样表现其对传统金融伦理的叛逆，在核心要义上追求为实体经济服务、为人民服务，从而实现金融的时间价值和实体价值，这一点是不会随着金融方式的变革而变化的。

系上，流动性的伦理文化也构成了伦理危机的重要原因。试图通过对传统金融机制和传统伦理的彻底否定来印证互联网金融的伦理价值是不可取的。

四、悖论焦虑

“我们深知人的本性，所以懂得：一个人只要服用一小勺大麻精，便立即想为自己获得天上和地上的一切好处，却永远不能通过艰苦劳作去获得这些好处的千分之一。”①在虚拟与现实之间存在着难以抹平的隔阂，人们往往通过幻觉实现虚拟和现实之间的沟通。互联网创造的虚拟世界尽管仍然保留着现实性，它更大程度上实现了实在世界的符号化和数字化而非虚拟化。只有当人们沉浸其中时，虚拟化才是重要的特征。尽管如此，虚拟的世界容易产生幻觉，符号化的世界给人们带来更多的想象空间。互联网虚拟世界令人心驰神往的方面比沉闷的工业生活要丰富得多。对虚拟世界的幻觉给人一种超世的陶醉感，将想象的世界纳入生活的轨迹；在道德上也是如此。幻觉有着启蒙的作用，有时候也给理性以麻醉。互联网金融基于互联网精神而出现和壮大，那些被称为互联网精神的内容包括“分享”“协作”“自由”“平等”“普惠”和“民主”等。② 对于互联网的运行机制来说，它们是写实的；而对于互联网世界的现状（甚至最近的将来）来说，它们出自于人的幻想。“虚拟—现实”在二元合一中总能发现差异性的蛛丝马迹，对互联网金融伦理的写实和幻想之间也存在着对立和冲突，尽管它们并存于这个虚拟现实的世界之中。由于想象的空间远远比现实的空间更加辽阔，所以人们总是在现实的格局中有一种逼仄的紧迫感；从而流露出对现实的厌弃和对理想状态的憧憬。互联网金融是给人们带来梦想的金融模式，它将“人人能够获得的、平价而便利的、经济而正义的、高效而灵活的”金融服务作为互联网金融伦理非如此不可的想象。正

① （法）波德莱尔：《我心赤裸——波德莱尔散文随笔集》，肖聿译，北京：中国广播电视出版社，1999年，第98页。

② 李耀东、李钧：《互联网金融：框架与实践》，北京：电子工业出版社，2014年，第179页。

是在这种背景下,悖论焦虑成为人们的心疾。

所谓"悖论焦虑"指的是两种相反相成的东西交融难舍而给人带来不安和局促。在互联网金融伦理上,其主要表现是:互联网金融在民主与集中方面的双重主张、透明性规范与隐私保护、普惠金融与平台(或资本)垄断、技术中心主义与以人为本、自由与规范、分享与占有等。这些相互抵牾而又共生的互联网金融伦理现象让人无法确认行动逻辑的科学性,或者丧失(或弱化)对金融结果的伦理评估能力。第一,互联网金融伦理中表现出对经济民主化进程的积极理解,互联网中相对平等的社交模式以及与之相适应的金融平权运动使个体的金融权益得到更多保障,也催生了群众创新创业的新高潮,使低收入或者收入不稳定的人能够在避开社会性遗传的情况下获得融资贷款机会。与之相应的悖论是平权化的互联网金融更加容易滋生欺诈和投机,这种状况对客观性稍弱的互联网金融信用体系进行了打击,使互联网金融伦理关系的脆弱性暴露无遗。因此,人们希望在互联网金融中获得来自权威部门的有力监管,或者设定更加有效的运行制度来维护互联网金融的信用关系,以减少风险。尤其是在虚拟货币(基于区块链技术的比特币、以太坊、莱特币以及诸种山寨币和平台虚拟币等)的滥发稀释了群众现金的购买力,使社会总货币量成倍增长(因为与虚拟货币兑换的现金并没有退出流通,而是进入虚拟货币生产经营机构的其他经济活动),货币的流通能力越强,就越是需要其具有广泛的权力域,服从其信用制度的指引;分散的虚拟货币发行中心只会造成民众资产的流失和金融市场的混乱。① 金融的权力集中表现在稳定币值上所起的

① 虚拟货币对中心化银行体系的基础进行革命的彻底性。少数理论家看到了"法定货币特权从根源上侵犯了个人选择"(见德国约尔格·吉多·许尔斯曼:《货币生产的伦理》,董子云译,杭州:浙江大学出版社,2001 年,第 98 页),但是,虚拟货币才真正使"通胀"的洪闸大开,人们会因此失去有效保护。比特币价格从 2009 年诞生时的不到 1 美分,到如今突破 5 万美元(期间有过多次大涨大跌),这种强幅波动已经证明其仅仅是投机品,而完全失去货币属性。对"法定货币特权"进行道德责难是容易的,而困难在于构建一种更加符合商品交换需要、更加有利于保证人们财产安全的货币制度。

重要作用。第二，互联网金融伦理中的核心概念之一就是透明性，也就是公开性原则。在互联网金融活动中，要求金融活动参与者之间秉持对等的原则公开信息，又对维护商业秘密和个人隐私保留权利。这并不是在两个极端之间寻找平衡的问题，互联网金融的场景化使这相反相成的两个方面保持着恒久的紧张关系，不但诱发了基于信息不对称和信息权利被侵犯的道德问题，也因为在透明性和隐私性上的张弛无度而造成互联网金融秩序的紊乱，产生对金融数据的过度挖掘或者疏于管理。第三，互联网金融是一种技术金融还是一种人本金融？作为技术化金融，互联网金融的安全性和产品制度的确建立在新技术的研发和应用上。在预防和治理互联网金融犯罪和违规行为中，强化技术力量的干预有着直接的作用。这样一来，互联网金融伦理问题就会转变为一个技术问题，陷入技术中心主义。作为人本金融的新业态，互联网金融秉持人的发展需要和伦理道德，对中心权威提出挑战，将金融权利下放到普通民众之中。它既然赋予民众以金融的权利，也就对其赋予相应的义务。在这种情况下，互联网金融秩序的建立更大程度上倾向于在道德现实的基础上做一些有利于事态良性发展的贡献。技术决定论还是人本论，对互联网金融伦理建设和规范化发展有着深刻的影响，尽管二者可以相互补益，但冲突依然存在，那就是在互联网金融运行机制上作出“物本”和“人本”之间的价值选择。第四，自由是互联网金融伦理的闪光点，尤其是在扁平化的金融权力结构中显示出光辉；自由还将金融活动引向投融资的双向选择。在以传统银行为中心的金融体系中，投资者并不过问融资者的信息；而在互联网金融中，投资者需要深入了解融资项目及融资者个人的信誉。传统金融中的储户（间接投资者）转变成为直接投资者，并直接向融资者索要回报。这是金融自由的重要进步，但也意味着投融资双方走向一种“拟私人关系”，它是建立在经济投资属性上的不完全私人关系，因为平台和监管并没有完全缺席。私人关系厌恶规范操作，而公共关系却拥护规范操作，因为它能够彰显公平并减少争讼。第五，分享就是占有，通过分享的方式进行占有，这是互联网的实践逻辑。互联网金融亦如此。它不是一种纯粹的救助活动,尽管也存在一些看似纯粹捐赠的众筹行为,但其运行的最终目的却将公益性抛诸脑后。在个体来看,互联网金融中的分享,或许是获得利息的有效渠道,或者是信誉再造的可靠途径,它能够带来投资盈余(主观上的确存在许多有志者和热心肠的人参与到纯粹利他的行动中);在金融机构看来,金融权力的分享就是金融深化的网络通道,通过分享而占有市场流量、增加获客或者金融业务量。互联网金融在分享过程中"吸粉"(获得更多忠实用户),以增强其所运营的网络平台之价值。人们在互联网金融伦理中对分享不吝赞赏,而对占有(独占)则颇有微词。其实这二者间并不存在着天然的鸿沟,物质世界中的占有具有较大的排他性,而精神世界的占有则不然;实在世界的占有具有的排他性,在虚拟世界甚至能够通过分享而实现共有。信息繁殖的新方式成为了互联网伦理的新要求。

悖论来自于两个世界的相生相克,虚拟世界的运行追求民主化以获得更多群众基础、追求透明化以获得最大信任、追求普惠性以彰显经济正义、追求技术至上以提供维护金融安全的客观基础、将分享作为核心理念以使社会更加大度、无私与和谐。但实在世界的运行也有其内在的逻辑,集中化是提高治理效率的重要途径(它与平台垄断是内在一致的)、人本金融使我们在现实中不至于丧失价值遵循和精神依靠、占有是人的重要生存方式等。两重世界的融合使互联网金融伦理中出现了悖论焦虑,人们在价值取舍中游移不定、左右为难,甚至在不同的场域中表现出截然相反的观点。在场景化的互联网金融中,这是正常的。在互联网金融发展还不成熟的市场机制中,金融伦理在概念上的模糊和在逻辑上的混乱是存在的;在伦理转型或获得新的发生环境时,基于不同实践逻辑和价值需求的伦理道德规范之间存在着比较、竞争和妥协。只有在持续不断的伦理实践过程中,人们才能逐渐减少悖论焦虑,重拾理性的明朗和对伦理原则的执着。

五、交互性

伦理是交互式发展的，在互联网金融方面，它表现得更加突出。伦理的交互式发展指的是伦理机制和规范的进化是对象化交融的结果。“一个人要进行合理的选择，就必须有一种基本的价值标准，依据这个标准他才能估价所有供选择的东西。”①在伦理道德方面，这个标准既有满足主体自我需要的要求，也有满足主体自我实现的要求。前者是他者于我的有用性，而后者是我于他者的有用性。这两方面无疑都是人们进行理性选择的重要依据。从个体对这二者的倾向性差异能够较为准确地判断个人的道德水平。但在交互活动中，这些关系就表现得十分复杂。互联网以网节均权为重要特征，交互性是网络新型媒介的重要信息传播机制。“人人都是麦克风”，人们能够在信息接收的同时增加信息的内容，并为信息传播提供新的能量。网络信息在传播过程中可能存在传播力的衰退现象；但是，就信息的保真性而言，它明显会弱于传统媒体。报纸、电视、广播等传统媒体由于采取的是中心权威的信源方式，在信息传播的过程中，受众只有聆听权而没有修篡权，信息传播的一致性能够保证信息自源头到终端的准确度。信息的真假或者逼真程度主要受信源的单方控制。互联网时代的信息传播则将信息生产的权力下放给受众，人们在不断地接受信息并传递信息的时候会增加个人意见，从而使信息增生。信息在传递过程中出现相互影响，其内容的一致性难以得到有效维护，信息的真假或者逼真程度不但受信源的影响，也会在传播过程中被进一步修正或者扭曲。既然人们在进行选择时会依据两个方向的价值标准进行，那么，受众在网络信息传播的过程中就会添加个人的价值观念，或者有意识地用个人的价值观念对信息传播的内容进行选择和修订。

---

① （美）丹尼尔·贝尔：《后工业社会的来临——对社会预测的一项探索》，高銛、王宏周、魏章玲译，北京：新华出版社，1997年，第333页。

互联网上“个人与公众之间的边界消失”,①“每个个人”是否等于“公众”? 或者说,“全部个人”是否等于“公众”? 这在网络社区中是值得探究的问题。“每个个人”既是“公众”(作为独立个人的集合体)又不是“公众”(作为具有意见或价值交集的共同体)。从相反的方向看来,“公众”意味着“每个个人”,这是网络缔约的基本原则,当互联网或者局域网络(抑或网络部落)订立某种规范需要人人遵守的时候,这种面向公众的条款是需要“每个个人”去遵守和维护的。但事实上,“每个个人”都有着其局部或个别的利益诉求,他不可能代表其他人行使权利和履行义务;可见,“公众”并非“每个个人”,它只是“全体个人”的集合(毋宁说是一种“通约”或者“共识”)。互联网伦理中的主导原则是一种代表网络“公众”的价值诉求,它既是源自于“每个个人”的,又是超越于“每个个人”的。它不等于“全部个人”的全部,而只是“全部个人”在价值认识、价值追求、利益关联、道德情感等方面的交集。尽管任何“公众”绝非铁板一块,但互联网中的“公众”则是网众簇群相互要求和相互呈现的一种妥协。相互要求表现在个人通过信息传播过程中对他人传播的信息内容发表批评意见,进行反驳或者维护;相互呈现表现在信息传播过程中受众凭借信息增殖权添加个人的情感、意志、价值观于其中,或者主动将个人的价值观展现在网络上。“要求”和“呈现”都是网络生态中信息自治权的积极表达,构成互联网传播交互式特征的实质内涵。

互联网金融的场景化增强了交互式的内涵,金融参与者围绕项目进行磋商、主张自己的利益和表达意见。高度的参与性使互联网金融机构和民众在不断交换意见的过程中将伦理要求与价值主张呈现给对方。在互联网金融项目发起之初,主事者有着项目社会价值和伦理规范的单方面的考量;为增强获客功能,项目发起者不得不在运营中重视参与者的意见。这样,新的价值观念

① (荷兰)约斯·德·穆尔:《赛博空间的奥德赛——走向虚拟本体论与人类学》,麦永雄译,桂林:广西师范大学出版社,2007 年,第 182 页。

和伦理主张就会在项目运行中源源不断地涌入,互联网金融项目成为一个多种伦理价值主张的集合体。相异的伦理道德主张使互联网金融项目内部的矛盾不断激发,如在股权众筹项目中,基于美学的、经济的、政治的、环境保护的、社会道义的等不同愿景,都可能成为众筹参与者的启动因子;这些因子有些是相融的,有些是相互抵牾的。内部矛盾的解决方式无非是相互妥协、一方战胜和排挤出另一方、同归于尽、新的矛盾体取代旧的矛盾体等。项目内部伦理冲突是在不断生成又不断解决的过程中,促进了互联网金融伦理的发展。无论是一方对另一方的胜利,还是相互达成暂时的妥协,或者新的矛盾体的生成,伦理的进化必然在实践运行的对立统一中现实化。互联网金融伦理的交互式发展表现为在场景化金融项目的参与和运行中,个人和组织都能发挥有效作用,表达意见和在项目具体运行的宗旨、方式等方面纠正偏袒和促进和谐稳定。在互联网金融系统的外部也有着强大的交互式信息力量纠正伦理失序和道德失范的问题。比如在 P2P 网贷伦理中,发起者或者信息中介往往单方面设定其伦理准则是信守承诺,但借贷人却在实践中发现“承诺”本身可能隐藏着陷阱,这令“信守承诺”成为可疑的伦理遮羞布;当在违背人性的债务追讨和狡猾的“套路”设计中让民众对“信守承诺”伪装下的恶意欺诈普遍反感时,互联网金融活动之外的非参与者也积极表达了自己的道德意见,社会舆论加速了 P2P 网贷的信用危机和道德问题。互联网金融伦理是交互式发展的,这种交互式的另一原因在于网络契约的不完整性。[①] 尽管互联网金融活动的最先参与者之间可能达成一致意见,比如 P2P 网贷的借款人由于非正常的需要而愿意借入高利资金,并由此达成协议;但在(随后的)其他借款人那里并不具有同样的或类似的前提,从而对偏离正轨的高利贷款表达异见甚至抵制。不同时期的参与者之间必然也存在着伦理的交互活动,以调整这种借贷行为的适应性。

---

① (美)迈克尔·J.奎因:《互联网伦理:信息时代的道德重构》,王益民译,北京:电子工业出版社,2016 年,第 59 页。

六、角色裂殖

所谓角色裂殖指的是个人或组织在社会活动或事件中扮演多重角色、角色自我定位的飘移不定、对真实角色的身份遗忘、角色认同的错位等,即角色的分裂和增殖。在角色伦理发挥作用的事件和场景中,这种裂殖产生于伦理秩序的混乱和个体道德规范的模糊、窜位。在互联网时代,角色裂殖是常见的社会现象,这是虚拟现实的二元世界给人们带来的挑战之一。第一,真实身份的遗忘。迈克尔·海姆说:"网络空间能够用不抵抗的符咒镇住我们的生活……以至于我们忘乎所以,不知道自己是谁了,不知道自己身处何处。我们在自己编造的世界中越陷越深时,我们便忘记了我们自己。"①互联网有着虚化的信息界面和游戏规则,人们在虚拟世界中逐渐沉沦,从而遗忘自己的真实身份。虚拟的身份和角色往往是吸引个体参与网络互动空间的重要起因,而游戏规则的层级设置以及虚拟狂欢能够帮助人们逃离现实生活中的困顿。在网络游戏和游戏化的场景应用中,"忘记了我们自己"是一种常见的存在状态。虚拟世界的迷人之处在于不受现实禀赋和资源的过多影响,在具有深度参与性的互动中实现那些在现实生活中难以实现的梦想。第二,不同角色之间的窜位、错位。可以说,"现在不是有一套现成的完整一致的性格,供我们去挑选,而是要我们自己去拼凑一个出来,拼合一个形象化的或模式化的'自我'。"②只有在社会实践的多维关系中,才能实现人的性格的丰满和完整。社会关系是人的本性的直接创生地,也是人性的展示途径;不同的社会关系型塑了人性的侧面,而不同的社会关系中,人性亦得到不同维度的显示。互联网时代人的生存环境变得更加宽阔,生活条件的变化以及新场景、新应用、新领域

① (美)迈克尔·海姆:《从界面到网络空间——虚拟实在的形而上学》,金吾伦、刘钢译,上海:上海科技教育出版社,2000年,第80页。

② (美)阿尔文·托夫勒:《第三次浪潮》,朱志焱、潘琪、张焱译,北京:新华出版社,1996年,第433页。

的不断开拓,使人们能够进入不同的虚拟现实活动和事件中,参与这些活动和事件并表达自我价值。同时,多种多样的虚拟现实活动和事件也创造了人的价值观。在网络世界中,"马甲"、变身、不同网络身份之间能够轻易切换,跨网身份变迁、异态呈现、身份伦理的认同困境成为新的社会问题。网民"分身"为多种不同角色或者"化身"为其他角色的情况是常见的,身份切换的成本十分低廉。第三,身份(角色)的偶在性。人们是"跌入"偶然性界面的。在互联网时代,人们的信息权利扩大了,海量信息及产品化的信息体是互联网繁荣景象的支撑,但在网络终端的界面上,人们所能看到的信息和产品总是有限的,这既是由界面的物理边界所决定的,更是由人们接收信息的生物机能所决定的。为此,信息(或产品化的信息体)为了获得在网络终端用户界面中的显示度,不得不进入竞争性呈现的游戏规则中。先进的算法技术正在帮助网络平台和资本巨头利用数字化呈现技术加强对受众注意力的争夺。由于网络平台及其幕后技术官僚并不特别针对法律身份的个人,而是针对数字身份的个人,因而现实个人进入某种网络平台并熟知其操作流程和方式,以至于进一步通过这些平台进入或者跳入到某个信息产品的界面,对于个人来说是一种"跌入"。正是这样一种"跌入",使身份的偶在性成为角色变易的历时性特征,在不同的时间里,人们往往具有不同的身份。

互联网金融伦理中角色裂殖的表现是复杂的。第一,金融项目的发起者、参与者、金融科技的研发者、投资者、金融信息中介、行业自律组织、信用评估机构、第三方网络平台等,互联网金融活动中的每一个参与要素以及每一个运行环节都有其特殊的利益要求和相互间的共存关系,个人或组织由于可以同时充当其中的多个角色,从而使互联网伦理的角色裂殖表现得十分明显。第二,在互联网金融中,业态分布相当广泛,从 P2P 网贷、互联网保险、股权众筹到网络消费金融等,个人和组织能够在不同业态中起主导作用。不同互联网金融业态的伦理要旨有显著的差异:P2P 网贷强调平等和新型经济伙伴关系的建立,它在金融平权的背景下尤其追求人际的相互信任和恪守社会信誉的意义；互联网保险则是在不确定的风险社会中为民众树立确定性的经济网络，实现对最低利益的保证和增强民众的风险管理能力，从而为普通民众和小微企业提供了公平参与经济活动的助力；互联网消费金融将网络经济的全面崛起与民众的消费权益紧密联系在一起，人民群众不但需要规模庞大的消费备选市场，还需要强劲的现实消费能力（或选择能力）；如此等等。在不同的互联网金融业态中，伦理道德的核心主张是有差异的，尽管它们在追求经济正义与资源配置效率的平衡上有着一致的要求。由于互联网金融的诸种业态实际上是互联网经济和网络社会发展中的不同经济生活和生产部门的现实需要所催生的金融产品和服务，因此，人们在不同的经济生活和生产场景中会建立起不同的金融关系并在其中充当不同的角色。可见，角色裂殖会对整个互联网金融系统的良性发展产生一定的影响。第三，角色裂殖可能使网众在一种场景中表现出对伦理道德的忠诚而在另一种场景中则表现出对伦理道德的轻视。不过，从总体上看，由于人们对伦理道德的基本情感和意志在道德行为的实践活动中起基础作用，尽管角色裂殖增加了伦理道德的复杂性，但同时也会造成不同伦理道德主张之间的共容和调适，总体上有利于伦理进化。角色裂殖导致互联网金融伦理主张的异态纷呈，但主导的伦理价值与整个社会的基本价值体系是紧密相关的。我国互联网金融伦理中，既有主张手段（或渠道）至上的观念，它们将金融科技和平台的垄断地位视为互联网金融发展的坚硬基石，并且认为互联网金融良性发展的关键在于巨型平台和资本集团的严格自律；也有人主张结果（或效用）至上，认为在社会主义初级阶段尤其是在互联网金融发展的低级阶段更加应该将效用作为核心衡量指标，并且将效用定格为对整体经济增量的贡献。不同的伦理路线造成伦理道德在社会现实和未来构建上的巨大差异。在我国，社会主义核心价值体系是互联网金融伦理建设的统领；角色裂殖造成的伦理价值观上的分裂需要引起高度重视，从顶层设计上加强互联网伦理道德建设的普适性和科学性是必要的。

七、从“信息共产主义”到“金融共产主义”

互联网时代的信息开放性使人们对“分享”和“免费”的社会理解不断加深。互联网初创企业为了获客而执行的免费策略最终成为一种“宿命”——只要企业改变之前采取的免费策略而实行收费服务，用户的流失就足以让其好不容易积累和搭建的用户量和经营架构分崩离析。与网络企业的免费策略相呼应的是个人用户的分享意识不断提高，这种“分享”意识既有“提供”分享内容的主动，也对他人采取“索求”分享内容的意愿。拒绝分享与互联网精神是格格不入的，这让人们将“共产主义”的人人平等、共创共有共享的理念结合起来，形成了“信息共产主义”的互联网伦理价值。如前所述，网络的价值来自于用户的贡献，麦特卡夫定律印证和阐释了个人用户在网络中的节点价值，同时也因此而回溯到对个人用户信息权力的主张。在共同构建的网络价值中，任何有效节点都有理由分享网络价值及其衍生的价值体系。共有、共创、共享的互联网伦理价值观念深植到人们的内心，成为互联网生存的必要修养。然而，信息权力的下放，对公共权威不得不说是一个严重的威胁。尽管阿尔文·托夫勒认为即便在信息社会，国家依然掌握着信息控制权，但实际的情况正在悄然发生变化。他说：“国家对武力、财富和信息的控制权一向是国家权力的基石。今天的情况虽然和过去大不一样，但也只是三者关系有所改变而已。超符号化的创造财富的新体系把长长一系列信息问题提到政治日程上来了。”①2021 年 2 月脸书（Facebook）屏蔽了澳大利亚用户在其平台上查看和分享新闻内容，澳政府部门对此无能为力。而 1 月份，美国各大社交媒体对即将离任的总统特朗普禁言。新媒体力量异军突起，平台拥有强大的话语权。但是，网众似乎并没有在意新的公共权威的崛起，而是将尼葛洛庞帝所称的“个人抬头”当做互联网的神圣使命。其原因在于互联网创造了颠覆传统生

① （美）阿尔文·托夫勒：《力量转移——临近 21 世纪的知识、财富和暴力》，刘炳章、卢佩文、张今等译，北京：新华出版社，1996 年，第 351 页。

存方式的权力结构,使更多的人能够利用它完成梦想,也许它是借助于“链接”的力量来实现的(集合网众力量),也许它是借助于“分享”的力量来实现的(展示个人才华或者通过网络实现个人的社会价值)。

金融资本家的巧言令色和坏心肠在马克思的《资本论》中已经有了极其充分的描画,在资本主义发展的早期,金融贵族对工商业资本的挤压,造成发展实体经济的资金不足,食利者阶层成为社会的腐蠹;而在资本主义兴起和成熟的时期,金融寡头不但控制了工商业资本,而且进一步控制了社会政治和文化的全部领域。它们窃取工人阶级创造的剩余价值,并利用成熟的金融工具对社会底层进行敲骨吸髓地盘剥。就像小说《大空头》中艾斯曼和文尼所说的那样:“投资银行业该死”,“华尔街应该灭亡,因为毁灭它是正义的行为。”(它们)“通过做空这个市场……创造流动性,以维持市场的运行。”“就像喂养怪兽”,“直到它发疯”。[①] 而在社会生活中,现代资本主义金融系统将人们纳入到了一个巨型的赌场,金钱拜物教与机会主义的丛生加速了道德败坏。卖主控制的资本主义,金钱是“至上的国王”;这种资本主义,“活跃起举世无双的物质主义”,在这里,“资本主义常常良心败坏。”[②]资本主义金融体系是资本最活跃的领域,也充分展示了资本增殖的强烈欲望。为了增加资本的噬利能力,金融资本家通过不断进行金融创新而将投机的信念灌入每一个股民的内心深处,在不断创造流动性的金融投机中,资本家为搜刮最后一块硬币而奋斗。金融寡头建立起了资本帝国,对内的金融欺诈和剥削与对外的金融殖民将世界置于资本逻辑之下。社会主义金融改变了现代金融的价值体系,它试图将两种重要的功能融为一体:其一是增加社会资源的有效配置,其二是增加人民生活的获得感。

---

① (美)迈克尔·刘易斯:《大空头》,何正云译,北京:中信出版社,2015 年,第 314—315 页。

② (法)费尔南·布罗代尔:《文明史:人类五千年文明的传承与交流》,常绍民、冯棠、张文英、王明毅译,北京:中信出版社,2017 年,第 512 页。

移动互联网时代，智能手机用户的普及化与网络应用的开发使“信息共产主义”的情绪更加高涨。互联网金融之于传统的金融模式，就如同移动互联网之于传统的信息媒介。墨守成规的人将互联网时代称之为“群氓”的时代，或者“娱乐至死”的时代；正在享受着互联网的便捷以及因而增加了生活乐趣和创新创业机会的人则将之称为“信息共产主义”和“金融共产主义”。没有信息的流畅和网民的平等、自由，就不会有互联网的金融平等和金融自由，后者是建基于前者之上的，前者是后者的基础设施。金钱的这样一种“美德”，在互联网时代成为一种翘首以盼的期待——“它把复仇之心转变为对补偿的渴望”。① 人人都能享受到公平的金融服务和选择公正透明的金融产品；在互联网创新创业中获得理想的金融支持；人们将多余的金钱用于社会最急需或最有意义的事情上；金钱成为了完成夙愿的重要方式——当我们把金钱投资给那些不曾实现的梦想，以权益众筹的方式让他人代替自己完成夙愿时，我们获得了更多的成功途径；金融本义就是资金的融通，而互联网在分布式资金源头与资金需求之间搭建起畅通的网络，极大提高了金融效率；互联网金融已经撇开了世俗的权威，每个人都可能成为“权威”，只要他掌握着金融事件的引擎——开启金融活动的发明、创造、创意，又或者称之为“点子”和以慈祥的口吻所说的那些“鬼主意”——这是“草根”发家致富、成长成才的重要渠道。“信息共产主义”和“金融共产主义”作为互联网金融伦理的重要特征指的是，人们在对待互联网金融的过程中，对信息的透明性和公开性的理所当然的意见，以及在金融供给和参与方面表现出的对权利均等和机会均等的美好愿望。它们或许不是现实生活中占优势的伦理实在，但它们已经成为了人们理想中占优势的伦理应当。在“金融共产主义”的绮梦中，金融不再是资本增殖的屠杀场和赌场，而是为普通民众提供经济安全和经济权力的重要方式；它所渴望的不是互联网金融带来的经济价值的增量，而是社会价值的增量。

① （法）帕斯卡尔·布吕克内：《金钱的智慧》，张叶、陈雪乔译，北京：生活·读书·新知三联书店，2020年，第98页。

互联网金融伦理的主要特征,多与互联网精神紧密相联。去中心化、圈层化、流动性(这里不是指资本的流动性)、悖论焦虑、角色裂殖、信息共产主义与金融共产主义,所有这些互联网金融伦理的特征,都与其产品和服务的场所和方式息息相关。这些特征并不是在相同的层次和语境中同时并存,而是在互联网发展的不同阶段和不同业态中出现。互联网金融伦理有着内在的宏观愿景:对金融正义(经济正义)的追求,或者说是对金融效率与金融公正的合理设想。只有实践才能彻底告诉我们,在互联网金融不同业态展开的不同阶段和不同环节,金融主体和参与者所遵循的价值观和伦理原则究竟有没有合乎伦理治理的需要。这些已经树立起来的伦理旗帜和价值观念,对互联网金融实践活动起着引领作用;而进一步理清这些伦理原则和道德规范,关系到互联网金融的发展方向和结果。

第四节 互联网金融伦理问题形成的原因

金钱并不是邪恶的物像化产物,金融也不是。帕斯卡尔·布吕克内说:"金融界的偷猎行为将在未开发的土地上侵占高尚的情感、荣誉感和天真。但金钱最多是助推器,绝不是根本原因。"①普遍存在的对金钱的欲望,来自于金钱的通兑能力,它使现实欲望的异质性同化为对金钱的占有。而金钱的通兑能力只有在商品交换和商品生产成为人们的主要实践活动的历史阶段才是现实的。"金融市场最基本的功能是实现有盈余资金的储蓄者和资金短缺的支出者之间的资金转移。"②金融能够活跃商品生产要素并优化其配置结构,并且能够为商品生产的成果谋求出路,从而提高资本循环的效率。在配给制

① (法)帕斯卡尔·布吕克内:《金钱的智慧》,张叶、陈雪乔译,北京:生活·读书·新知三联书店,2020年,第88—89页。

② (美)弗雷德里克·S.米什金:《货币金融学》,郑艳文、荆国勇译,北京:中国人民大学出版社,2011年,第48页。

和自然经济状态下,哪怕是最小范围的金融活动也是多余的。在分工和劳动产品交换活动频繁,并且有着相对稳定的交换媒介后,金融活动才是有意义的。全部金融史在本义上是对资金的融通方式的变迁,从高利贷的金融极权、资本主义金融资本的经济霸权到互联网金融的全面赋权和赋能。金融或许是经济秩序的有力杠杆,但也在其不同的发展阶段和形态中表现出对秩序的建设或威胁。互联网金融伦理问题主要聚焦于上述议题中留下的症结:合同欺诈、"跑路"、项目化"构陷"、暴力讨债、套路贷、前恭后倨(在互联网保险产品营销中常见)、信用的游戏化(在股权众筹中常见)、隐私侵害、利用法规短板觊觎他人财产、伪善(在权益众筹和公益众筹中常见)、权力和权利的不公平、平台垄断,等等。① 这些伦理问题体现了互联网信息的传播方式与人的生存方式变迁的主要特征;互联网金融伦理问题的涌现与互联网信息传播机制和虚拟生存状态息息相关。

一、互联网生态结构导致机会主义从生

迈克尔·加扎尼加称:"社会交换是社会的黏合剂,而情绪则是社会交换的黏合剂……社会交换起作用的前提是社会契约已经建立并被大家所尊重。"②互联网上,共享已经取代了交换的位置,成为至上的原则。人们纷拥而上,在互联网空间栖息、经营、创作,将自由与民主赋予网络,无论这是人们自身的情怀还是互联网本身的特征,这已经成为潮流。习近平曾经指出:"网络空间同现实社会一样,既要提倡自由,也要保持秩序。自由是秩序的目的,秩序是自由的保障。"③互联网秩序的建立有些迟钝,这与网络用户的结构和互联网自身的发展逻辑是相关的。从用户上看,"三低"(低龄、低学历、低收入)

① 互联网金融伦理的具体问题将在后面章节的业态和场景分析中详细呈现,并提出相应的解决措施。

② (美)迈克尔·加扎尼加:《人类的荣耀:是什么让我们独一无二》,彭雅伦译,北京:北京联合出版公司,2016年,第149页。

③ 《习近平谈治国理政》第二卷,北京:外文出版社,2017年,第533页。

用户依然是主体（截至2020年12月，我国网民规模9.89亿，29岁以下的网民占34.4%；初中及以下学历占59.6%；月收入1000元以下的占26.1%，而70.7%的网民月收入在5000元以下①），他们需要改变现状，但由于年龄、知识储备以及经济状况的限制，使其在相对稳定的现实生产关系中进行创业和发展面临较多困难。互联网的出现似乎是底层群众的救星，一些人冒着巨大的风险游走在道德与法律的边缘，希望能够在互联网上获得事业成功。对事业有成或者过美好生活的期望是值得尊重的，但由于互联网信息传播机制的特殊性，它既给予了个人（利用信息传播的开放性）展示自我和进行创业的机会，也为网络生态的健康发展带来挑战。网民利用互联网传播机制中的信源开放性以及在交互式传播中个体责任的模糊化，进行危害社会公德和破坏社会秩序的活动，从而吸引注意力，增加营利机会。由于活跃网民的“三低”特征，整体上他们的自我约束和对风险的意识相对较弱，从而造成了互联网空间网民治理的困难。互联网金融的创业者们似乎嗅到了网络中广泛存在的对金钱的渴望和对发财致富的热情，从而不断推出诸如“套路贷”和主要面向在校学生的“校园贷”。这是以投机主义的热情拥抱投机者的钻营。互联网金融的创业者（投资者）和参与者（或金融消费者）似乎忘记了社会财富的诞生地，他们主张金钱是没有边界的（无论在地域还是在数额上都是那样）。也正因如此，当今的金融家从企业家中分离出来，因为企业家追求通过稀缺资源（有限）的更好配置，以寻求生产效率提升带来的财富增长；而金融家则不然，他们认为资本通过一系列游戏规则的设置就能得到自我增殖、永恒发展（无限）。尽管金融家也对追求“无限”财富的游戏规则在设计上不得不利用“有限”实业作为工具，但它们始终只是被当成工具而已。探寻“无限”财富增殖的金融家与自以为获得发展的“无限”可能的网民，顺理成章地纠缠到了一起。机会主义的火苗烧得很旺，直到人们遭受惨重的损失而被厌弃和抵制。

① 见《第47次中国互联网络发展状况统计报告》，中国互联网络信息中心发布，2021年2月，第17—27页。

古希腊的思想家就已经明白一个简单的事实:“贫穷已经伴随着很多不幸和厄运,不要再让借贷和赊欠增加更多的烦恼……你要是无法挑起贫穷的担子,为何还要把高利贷放在肩上,须知这种重负甚至连有钱人都难以忍受。”①但这样的思想在当前被认为是保守的,甚至是彻底错误的。个别经济学者不停地在互联网上宣扬一种理念:贫穷是因为胆小,是因为寄希望于劳动致富;真正的富翁是通过“借鸡下蛋”实现财富积累的。他们丝毫不会提醒网民,“在个人利益与他人利益的关系里,存在着一种无形的联动装置。”②“借鸡下蛋”并非万能的创业模式,而将财富的生产设置在资金融通的渠道中,将金融作为财富的生产机器,这显然既不符合事实,也会损害整个社会物质财富和精神财富生产的积极性和人类的延续发展。无论是小视频中还是各种鸡汤文里面,肆无忌惮地宣扬金钱炒作和投机已经成为无人约束的事实。这些身负“规劝”使命的网络“软文”和“课程”以煽情的方式鼓励那些缺乏较深理性思维能力的网民不顾一切地投入到互联网金融的各种场景中。游戏化的产品设置也是互联网金融吸引顾客的重要方式,因为在“浅阅读”里成长的年轻人更加青睐游戏化的金融项目,“好玩又赚钱”是美妙的——它确实在互联网金融的广告里存在着。然而,京东金融道歉了,它承认:“没有任何理由,我们完全做错了!”③互联网生态结构的混乱导致了互联网金融中机会主义的泛滥,逃避责任似乎是轻而易举的事情,“恶的竞赛”因此更加猖獗。

二、互联网迅速发展的适应性建设滞后

对于权力对等的两个组织或子系统而言,“适应”是相互的;在更高层次的系统中,子系统之间要相互适应以实现系统的功能,在子系统的要素之间亦

---

① （古希腊）普鲁塔克:《道德论丛 · Ⅲ》,席代岳译,长春:吉林出版集团有限责任公司,2015 年,第 1524 页。

② 许建良:《伦理经营——21 世纪的道德学》,北京:人民出版社,2006 年,第 66 页。

③ 2020 年 12 月 15 日,京东金融在其 APP 上针对借贷短视频(带有诱骗和歧视内容的)广告公开道歉,并开除了相关负责人。除此之外,“360 借条”等也因其广告内容低俗而备受指责。

是如此。无论是政治、经济还是物质技术导致的社会变迁，在系统和要素的承续与更新中存在着各种层级的相互适应，以及同级要素之间的相互适应。这一相互适应的过程是新的系统建立或者旧的系统进化中必然做出的相互让步和此消彼长，最终达到系统结构的稳定和系统功能的重建。互联网的发展打破了现实生活中的权力关系，互联网金融的发展则打破了传统金融结构中的权力结构。从银行主导的中心化金融权力结构到众网竞争的去中心化金融权力结构的演变，必然导致传统金融权威与互联网金融权威之间的摩擦。“不管社会的变迁是源自于战争或贸易、惊人的发明或自然条件的改变，这时社会的各部门会采用不同的适应方式（包括强制的），并调节自身的利益以配合它们试图领导的其他阶级……‘挑战’是针对社会整体而发的，而所生的‘反应’却是来自内部各个团体、部门与阶级。”①对互联网金融来说，参与各方都需要“适应”这种便捷的、直接的、互惠的、透明的、可交互的金融模式。对金融方式的适应本质上也是对利益关系的适应，因为在不同的金融方式中，代表着不同的利益格局。在互联网金融中，最令人兴奋的是“草根”崛起（或“个人抬头”），个人要适应这种简便的金融方式。当人们突然之间增加了许多融资通道，轻而易举就能获得金融服务，哪怕是最小的余钱也能让它滋息，这不得不使人开怀而忘却了对资产的谨慎态度。将主动权交由债权人，迫使债权人在借贷关系中做出努力以维护债权的可索性，这是传统金融关系中的基本主张之一。人们对劣质债权的反省，往往是针对债权人在放贷过程中是否有着可靠的利益牵制来进行的。有效的抵押和担保使债权人保持有完整而安全的索取权；互联网金融在诸多领域放弃了抵押和担保制度，这使债务人获得“自由”，它不需要具备特定的资格就能进行融资活动。基于他律的金融秩序转变为基于自律的金融秩序。显然，目前所发生的互联网金融市场的混乱，表明金融参与者的自律还有待加强，或者说其自律程度尚不能适应互联网金融的

① （英）卡尔·波兰尼：《巨变：当代政治与经济的起源》，黄树民译，北京：社会科学文献出版社，2017 年，第 225 页。

内在要求。

拥有更多金融权利的网民还没有建立起可靠的自律体系，而失去了部分金融特权的机构和部门则还没有放弃对互联网金融的控制欲和傲慢，这让互联网金融系统的内部充满着道德风险。那些饱受诟病的传统银行霸权（如金融机构对金融合同拟定权和解释权的独占）在互联网金融中并没有看到光明的前景，人们要求的平等权利与网络平台拥有的绝对霸权之间形成强烈的反差。互联网开了一个口子，更多的金融机构在互联网上诞生了；互联网也收起了另一个口子，网众与金融机构之间的权力依然不平等。遗憾的是，对这种"不平等"的叫屈并不能获得实践的支持，因为"经验"往往将那些最为美好的设想给粉碎了。以区块链为基础技术的比特币在诞生之初就引起了金融经济学家的狂躁不安和过度兴奋，以为这是金融去媒的最好契机，并将引领互联网金融在各个方面战胜传统金融，最终使民众获益；十余年过去了，比特币只能证明这是一个虚拟赌场的骰子，一种赌博道具而已。适应性建设就是要推动互联网金融参与各方适应新的权利关系和实践逻辑。互联网金融之所以让人充满幻想，是人们对金融产品和服务供给现状的不满，也是人们对金融权利的伸张和祈盼。我们需要在顶层上有所设计，使金融回归人本属性，建立以人民为中心的金融体系。如果这样，新渠道和新工具的应用，就不至于让人过度激动。个人和组织都应该加快数字化成长，适应互联网金融活动对不同角色的道德要求。

三、深度金融化导致互联网金融底线缺失

在商品经济时代，"物品和需求的世界可能是某种全面歇斯底里的世界。"①互联网拆除了金融创新的边界，金融投资者放弃了道德底线——如果这样，金融创新就会成为金融盘剥的遮羞布。普鲁塔克说："（放高利贷者）扯

① （法）让·鲍德里亚：《消费社会》，刘成富、全志刚译，南京：南京大学出版社，2014年，第59页。

谎更甚于债务人……他们所以说谎的原因在于贪婪而非掩饰的需要或资金的短缺;这种无餍的贪念到头来难以享受乐趣和获得利益,只能给那些受到他们误导的人带来毁灭的命运。"①以金融作为本体来审视自身的发展,"抑制"还是"深化"就成为摆在眼前的紧迫问题,后者往往是金融在纵深方面干预经济与社会生活的积极表现。长期以来对金融认识的差异导致了在金融抑制与金融深化之间出现过激的反应,这与市场和计划作为经济手段曾经遭受到的非此即彼的选择一样。资本主义经济危机间隔若干年就会发生,似乎已成为不可逃避的宿命,并产生愈来愈深重的灾难性后果;这使人们对市场的自由放任增加了一定的限制,无论从有关国家的政策来看还是从部分经济学家的理论主张来看都是如此。经济是群体性活动,尽管私人与产权制度保持着更高的一致性,但是经济向来是系统性的活动;其实质就是生产社会化与私人占有制之间的矛盾。原子个人主义在金融活动中的直接表现,是个人对金融创造财富的无限欲望,以及因此而流露出的对价格波动的不由自主的期待(尽管就特定个人来说,总是趋向于对自己有利的价格上涨或者下跌)。创造风险是管理风险的前提,金融衍生工具的滥用更是表达了这样的利益纠缠。原子个人主义在金融活动中的扩展形式,是对金融系统与社会经济系统的关系缺乏正确的理解,在不断虚拟化的金融体系中,不但"货币"与"货"(商品)失去了密切的联系,甚至商品也失去了商品本身的属性,将使用价值抛诸脑后。连续进行的"为卖而买"将消费活动无限推后,并在许多领域中彻底扫清"消费"的踪迹。当物的金融化发展到一定程度后,人也未能幸免。

互联网金融伦理失序的原因之一就是人的金融化。"贩卖娱乐"是人的金融化的表现之一。在互联网中,娱乐是增加流量的至关重要的因子。在内容创新比较困难的地方,娱乐就成为一种"流量的救赎"。新兴的移动互联网平台将娱乐至上作为核心经营宗旨,为的就是在一种极简思维的指引下,创造

---

① (古希腊)普鲁塔克:《道德论丛 · Ⅲ》,席代岳译,长春:吉林出版集团有限责任公司,2015 年,第 1523 页。

一些对用户进行"行为固化"的数字产品,使他们沉迷于这种简单又快乐的氛围中。贩卖娱乐最为突出的表现是网红经济的爆发,一些人为了争当"网红"不设底线。娱乐化的广泛渗透侵蚀着社会规范给人类行为筑起的界碑,"越界"不但是职业和经营领域方面的跨越,也成为对人的伦理道德规范的突围。互联网金融在其发展中有了娱乐化的色彩,其实金融的娱乐化早在电视的股市栏目中就已经初露端倪,只是在互联网中,金融的娱乐化色彩更加浓重了。互联网金融平台和产品对明星代言的热捧,多少能够印证对金融娱乐化的附和。2018 年,湖南卫视主持人杜海涛为"网利宝"拍摄代言广告;该平台爆雷后,山东一名投资者状告代言人,要求索赔。演员胡军、艺人杨迪等都曾为互联网金融公司代言,并遭到网友"喊话"。互联网金融俨然成为一种娱乐游戏,它不需要专门知识和市场经验,不需要探究利益的最终来源,就像魔术一样能够使每个人都变得富裕并成为理财高手——娱乐化掩盖了欺诈和诱骗。并非指定互联网的"娱乐"是丧失底线的根源,而是指出娱乐的滥用会使一切规则、安全、尊严受到破坏。金融一旦被包装成为一种娱乐形式,它就不可避免地起到了蒙蔽作用。[1] 互联网金融的娱乐化不但破坏了金融规则,也破坏了在金融活动中应有的伦理道德。娱乐不是互联网金融深化的有效载体,因为它使金融偏离其本性。

四、互联网的阴暗面:隐匿性

互联网的隐匿性主要表现在三个方面:第一,屏读方式影响受众注意力分配,人们只能分配较少的注意力在浩瀚无边的网络信息流上,并不能浏览和通过搜索引擎获得全面准确的信息供应。互联网金融企业绞尽脑汁推广其产品,在微信朋友圈、电子邮箱工具栏、QQ 空间、新闻页面、视频节目中不断插入金融产品广告,但互联网应用终端都有自己的主要功能,用户在进入和使用

---

① (美)尼尔·波兹曼:《娱乐至死》,章艳、吴燕莛译,桂林:广西师范大学出版社,2010 年,第 93 页。

这些应用工具时对其他信息的注意力分配是相当有限的。非但如此，这些广告本身也有着真伪之异，或者在产品信息的传递上存在强弱之分，人们对商业信息的选择上存在着劣币驱逐良币的情况。真实的商业信息因未经文饰而被抛弃，浮夸的商业信息反而获得青睐。受注意力制约的信息隐匿不单使优质信息被淹没，也包括劣质信息被模糊化。信息过剩和注意力稀缺之间的矛盾使得互联网成为机会主义繁衍的沃土。在简约的智能终端界面中，无论是自动弹跳还是被搜索出来的互联网金融信息，对其作出快速甄别是困难的。第二，匿名是身份隐匿的一种方式，在“实名制”净网行动中，因匿名造成的危害已经越来越小了；不过，在互联网金融产品营销和事前的交流与磋商中，匿名仍然发挥着一定的效果，造成磋商双方对对方信息的误读。对于建立公开、透明的信用关系来说，它是一个不小的障碍。福尔说：“透明度是新技术的重要承诺，有了透明度，我们就能进入一个更有责任心的新时代。”①现代金融系统的产生使金融活动越出熟人关系，而互联网金融则将陌生人关系推向极端，尤其是在它刚刚诞生的时候，网络平台采取的间接身份认证（诸如通过微信号、支付宝账号、QQ 号等账号免注册登录）带来了隐匿性的巨大风险。第三，暗网或互联网地下交易也是互联网金融乱象产生的重要原因。我国对虚拟货币有着严格的限制，但这并没有妨碍“挖矿”和比特币等虚拟货币通过暗网黑市交易在我国一些地区大量存在。

前面已经对“透明和隐私”的问题进行过论述，这里所谓的互联网的“阴暗面”，在其他地方往往被认为是保护隐私的无比巨大的优越性。此处不再赘述。这里仅阐述一下隐匿性对互联网金融伦理问题的产生所起的作用。第一，身份虚化的实质上是一种空间推远，导致主体在场感的消退。抱有主观故意的金融欺诈是从对自身的信息造假开始的，为了逃避日后面临的诉讼和可能存在的其他威胁，欺诈者必然在事情展开前就预先做好伪造身份的准备。

---

① （美）富兰克林·福尔：《没有思想的世界：科技巨头对独立思考的威胁》，舍其译，北京：中信出版社，2019 年，第 108 页。

单一的特殊事物很容易被识别并遭到抵制，而互联网的信息汪洋为信息伪造提供了一个“遥在”的场景。这种“遥在感”往往通过表面上精通的业务知识和高档的外观表现出来，这是一种神秘身份系统的等级符号。普通群众难以通过身边熟知的事情举一反三来进行识别、鉴定。第二，身份虚化能够导致一种主体脱逃的假象，使人一方面通过虚拟身份参与到事件当中，另一方面又以真身做旁观者姿态。“主体脱逃”往往导致如前所述的“角色裂殖”的伦理困境，主体所能逃脱的只是特定场景中的伦理责任，而在其他领域和场景中，它仍然需要为其行为负责。“主体脱逃”在互联网金融中，往往表现出诱骗者、欺诈者、暴力犯罪者对受害人缺少最基本的同情。实际上，在实施犯罪行为的过程中，他们并没有将对方视为具有伦理意义的存在者，又或者通过角色的转移消减了自身的内疚。假设互联网金融中的任何一方都具备基本善的话，那么，惨绝人寰的暴力讨债和毫无人性的设坑拐骗便将不复存在。这至少在一定程度上说明身份隐匿能够导致角色裂殖，从而逃脱主体的道德自觉——当然，这只是一种视角。第三，隐匿性确实带来了监管的困难。由于隐匿性的存在，特别是暗网丛生，它给兴风作浪之人以可乘之机。完善的监管机制和充分的监管效力需要先进的、甚至超前的技术支持才能做到，这对习惯于亡羊补牢的陈旧的管理理念来说是很难适应的。

五、互联网金融伦理治理机制尚未形成

社会主义市场经济中，经济个人主义不再是其伦理基础；社会主义市场经济的伦理导向是满足人们美好生活需求（章海山认为是“个人自由发展”①，在本质上与“满足人们美好生活需求”是一致的）。互联网金融的真正诞生和发展是最近十余年的事情，其背景中包含着对伦理秩序形成威胁的可能性。第一，尽管我国社会主义在建立之初就对发展商品经济为社会主义服务有了

① 章海山：《市场经济伦理范畴论》，广州：中山大学出版社，2007年，第20页。

一定的认识,①但真正建立起社会主义市场经济则是改革开放以后的事情,从起步至今也才四十余年。对市场经济的认识有一个逐步深化的过程,这影响到对市场伦理的理解和伦理共识形成的进度。在明确将“市场”作为资源配置的根本方式之后,人们对效率与公平的伦理共识才基本建立;在社会主义国家我们既要以公平促进效率的提升,又要以经济效率的提高来保障公平的实现。在最近几年的政府工作报告中,都将“更加注重效率”“更加注重公平”“又好又快发展”等放在同等位置予以强调。在“更加注重效率”的机制上,市场是最主要的调节手段(当然,在社会主义中国,伦理道德在生产效率提升方面发挥了积极的作用);在“更加注重公平”的机制上,政府调节和道德调节起着重要的作用。实际上我们也要坦然承认,作为社会主义市场经济的有效调节机制,伦理道德的调节力度仍然有待加强。脑力劳动者与体力劳动者在收入分配上的不公,劳动者与非劳动者在收入分配上的不公;前者的主要问题是物质生产经营的精神和智力支撑被轻视,后者的主要问题则是物质生产经营的虚化工具和符号幻象被赋予过高的价值。互联网金融出现野蛮生长的短暂“春天”,其原因之一就在于人们对经济的虚化工具和符号幻象寄予过高期望。

诚然,“在一个变化的世界里,没有什么规则是可以永远适用的。因此,一个规则应该便于人们在实践中清楚地发现它的不足。”②互联网低层技术的任何进步都会在表层应用上掀起轩然大波,而互联网金融是互联网表层技术应用的产业场景,它的发展变化就更加扑朔迷离了。正如 P2P 网贷从爆红到消亡,短短十余年光景,人们尚未探清其间的奥妙就已经退出了经济舞台。在

① 毛泽东同志在 1958 年 11 月 9—10 日“郑州会议”的讲话中说道:“现在要利用商品生产、商品交换和价值法则,作为有用的工具,为社会主义服务。”(见《毛泽东文集》第七卷,北京:人民出版社,1996 年,第 435 页)不过,当时的商品交换主要是指政府与“合作社”之间的经济交往方式。

② (美)沃尔特·李普曼:《幻影公众》,林牧茵译,上海:复旦大学出版社,2013 年,第 97 页。

这样常变常新的金融场景下,对它进行系统深入的伦理认知并构建治理机制显然是困难的。当然,伦理治理在这些骤变的事件和业态中发挥的作用丝毫不会逊色于强制性规范;因为道德谴责和道德情感的唤醒可以发生在任何事件爆发的当下,这对即时性伦理规范是有意义的。除此之外,道德经验能够有效规范后续事态的发展,尽管它并没有法律和政府公文那样要求通过严谨的程序加以清晰地表明。由于变化会导致规则适应性的变弱,从而在互联网金融创新的过程中,经常出现投资行为的伦理因果关系断裂。这种"断裂"有三种主要的形式:其一是互联网金融行为人不承担行为后果责任。在金融网链不断延展的情况下,行为人与受害者之间的关系是间接的,其受害的因果关系并不能够被轻易感知。其二是由于互联网金融获客的偶然性(这与个人互联网生存的偶在性是相通的),不同网络群体对金融投机和金融规则的理解有较大差异。在网络金融论坛中时常出现对同一事件的截然相反的意见,比如在 P2P 套路贷中,有些人认为"个人应对自己做出的承诺负责",有些人则指责平台"乘人之危",也有些人觉得"非法合同应该予以取缔,高利贷可以拒绝偿还"等。由于在伦理标准上的巨大差异,互联网金融行为中要求获得伦理因果关系的一致性是困难的。其三是道德惩罚的单向性。在互联网金融中,出于隐私保护的原则,个人信息被要求予以完整保护,而平台则需要向公众披露更多信息内容。个人在互联网金融中做出不道德行为,能够较容易地避开道德谴责,除非平台采取以恶制恶的方式公布个人信息;但是,平台和机构作出违背伦理道德的事情则会遭受网众群攻,使其陷入经营困难甚至倒闭的危机。互联网金融行为在伦理因果关系上的断裂,使健全有效的伦理治理机制的建立更加困难。

六、正式监管滞后与非正式监管乏力

互联网金融系统的又好又快发展(或者"提质增效"),有赖于金融科技的发展、金融和网络人才的异军突起、管理的现代化、公共环境(包括政策)的优化以及社会伦理道德的普遍提高。王小锡和乔法容认为:“作为无形资产的道德精神”,“是决定经营和竞争胜败的一个重要条件。”①互联网金融系统又好又快发展的标准是:它是否实现了人们对互联网金融的期盼,换言之,是否满足人民群众日益增长的对金融产品和金融服务的需要,是否实现了金融的普惠性和高效配置社会稀缺资源的社会功能和经济功能。毛泽东曾经指出:“无论做什么事,凡关涉群众的,都应有界限分明的政策”,“错误的经验是实行了错误政策的结果,正确的经验是实行了正确政策的结果。”②互联网金融正式监管的滞后,是其伦理问题多发的重要原因。这里所谓的正式监管,是指由国家行政机构或授权的业务部门所制定的互联网金融行业法律法规和行业准则(中国互联网金融协会章程及会员自律公约也属于正式监管)。由于互联网技术、通信信息技术不断取得突破,推动互联网与金融快速融合是一项重要的宏观战略,因此国家对互联网金融发展的总要求是“鼓励创新、防范风险、趋利避害、健康发展”。③ 为此,2015 年由中国人民银行、工信部等十部委制定了《关于互联网金融健康发展的指导意见》,为互联网金融业务的创新发展提供了基本遵循。互联网金融平台激增,与此相应的是问题平台也开始爆发。2015 年全国网贷平台交易额为 9825 亿元(比上一年度增长 288.6%),问题平台数量也出现突飞猛进的增长(仅广东、山东、浙江、北京、上海五省市就达 539 家)。而 2016 年,全国网贷平台交易额持续增长,达 14113 亿元,上述五省市问题平台又增 499 家。④ 对互联网金融规律的探究需要一定的经验数据,因此在公共部门制定切实可行的行业细则和规范之前,往往存有较长一段

① 罗国杰主编:《建设与社会主义市场经济相适应的思想道德体系》,北京:人民出版社,2011 年,第 99 页。

② 《毛泽东文集》第五卷,北京:人民出版社,1996 年,第 74 页。

③ 中国互联网金融协会编:《商业银行互联网金融业务法律法规汇编》,北京:中国金融出版社,2019 年,第 320 页。

④ BR 互联网金融研究院编:《互联网金融年鉴 2014—2016》,北京:中国经济出版社,2017 年,第 224—225 页。

时间的政策空档期。由于互联网金融创新发展速度极快，获客渠道多样且手段灵活，在较短时期内就能使很多人成为新业态的试验品，陷入新业态探索期的伦理风险中。

非正式监管（监督）主要包括第三方平台（公司）提供的信用风险评级和金融信息服务（征信），以及新闻舆论、金融参与者监督等。在这些非正式监管形式中，第三方平台（公司）提供的评级和信息服务具有一定的风险预防作用，如果能够确保数据征集的准确和充分的话，它确实能够发挥互联网金融化解和防范风险、降低交易成本、保护投资者、防范系统性金融风险的作用。[①]目前的情况是第三方平台（公司）能够采集和整合的数据非常有限，尽管常冠以大数据的噱头。新闻舆论和个人参与者对互联网金融的监督是在既成事实的基础上表达意见的形式，它对于产生严重社会后果的典型事件来说，是能够通过新闻报道和个人维权达到警醒民众作用的，对互联网金融运行的纠偏纠错有一定的意义。但总体上，由于前述互联网的隐匿性特征，非正式监管对互联网金融企业的决策以及个人的投融资行为所能发挥的作用依然很小。群众性非正式监管（监督）的作用不能充分发挥的原因，还在于普通群众对金融法律法规掌握得比较少，在面对互联网金融机构和从业人员的时候，难以从专业的角度进行维权。这些都为互联网金融伦理问题的涌现提供条件。

小　　结

互联网金融伦理对金融实践与伦理实践有着双重影响。一方面，伦理问题影响互联网金融的经济效率，对互联网金融的经济使命的完成起到促进或阻碍作用。良好的伦理秩序和道德规范能够延长互联网金融的价值链，使其在经济系统中发挥大作用；混乱的伦理秩序和道德规范则会消减互联网金融

① 黄国平、伍旭川：《中国互联网金融行业分析与评估（2016—2017）》，北京：社会科学文献出版社，2016 年，第 36 页。

的社会价值，并可能使其产生负价值。另一方面，互联网金融的发展状况对社会正义产生影响，对互联网金融实践的伦理价值产生积极或消极的作用。高效优质的互联网金融能够起到融通资金、助弱扶强、优化资源配置、提高人们生活水平的作用；低效劣质的互联网金融则会增加社会分裂、造成两极分化、诈骗和投机盛行、拜金主义泛滥等坏的伦理后果。在中国人民银行、工信部等部委颁布的《关于促进互联网金融健康发展的指导意见》中明确规定，“互联网金融本质属性仍属于金融，没有改变金融风险隐蔽性、传染性、广泛性和突发性的特点。”①并且梳理了互联网金融业务的主要类型，它包括互联网支付、网络借贷、股权众筹融资、互联网基金销售、互联网保险、互联网信托和互联网消费金融。这是从主要金融业务来看的。从互联网金融运行的系统来看，还应包括技术物质支撑体系、信息服务体系和宏观监管体系在内。② 互联网金融的任何一种具体业态及其组织结构都包含着丰富的伦理内涵，在其执业过程中也有着具体而微的伦理道德规范。对互联网金融伦理问题的研究，着眼于两个不同的向度：其一是通过伦理建设促进互联网金融的又好又快发展；其二是通过优化互联网金融结构和运行机制实现金融正义和社会和谐。

理性的实践能够消除激情带来的缺失和滥用的后果。普鲁塔克认为：“理性才能主导公正的行为和谦逊的态度。”③对互联网金融伦理建设来说，消除因日新月异的金融游戏带来的亢奋是必要的。互联网金融给人们带来了希望，他们看到了普惠金融唾手可得的可能性，并在现实中尝到了这种便利性。互联网消费金融最为突出地表现了它在渗透性方面的优越性，每一个人都能在网购平台获得不同额度的消费贷款，其程序之简便是传统金融系统所不能比拟的。对个人来说，互联网投资、保险、借贷等业务非常应景地呈现在相应

① 中国互联网金融协会编：《商业银行互联网金融业务法律法规汇编》，北京：中国金融出版社，2019年，第321—323页。

② 本书第二章第一节对互联网金融的内容有明确分类和说明。

③ （古希腊）普鲁塔克：《道德论丛·Ⅲ》，席代岳译，长春：吉林出版集团有限责任公司，2015年，第1231页。

的智能设备界面，这使人们利用他人和社会资源的权利拓展了，但与之相适应的道德义务则仍未完整建立和履行。对企业（或平台）来说，通过互联网的广域性，它们在获客和业务推广上不再受到时间和地点的限制，不用说普适性的金融业务，就是小众化的金融业务也能获得巨大的市场支持，创业机会和发展空间拓展了，与之相适应的企业价值观和伦理义务却仍未完整建立和履行。由于互联网金融伦理的两个主要参与方都"未完整建立和履行"伦理道德上的义务，因而在互联网金融系统及其运行中出现了大量伦理失序和道德失范的现象。

互联网金融伦理建设，需要遵循三大基本原则。第一，回归金融本质。互联网金融伦理治理，"最核心的是这些平台和公司是否具有从事金融核心业务——投资、信贷、交易等的资质。"①仅此一项仍有不足，金融本质不仅在于业务上的规范性，也在于对金融使命的确认和遵守。互联网金融的重度营销使其变成一种套利工具，不断增加的金融媒介让互联网金融在资源配置效率上的优越性减弱。在传统金融业中，"银行和资本巨头并不以攫取创业利润为满足，而是积极利用股份制度提供的有利条件，进一步侵吞广大小额股票持有者和其他中小企业家的利益，加紧对他们的控制，极力扩张自己的势力。"②互联网金融必然会改变这一趋势，而不是利用先进的金融科技无止境地增加衍生工具以提高杠杆率。第二，限制投机行为。投机行为对他人和业态良序造成威胁时，就要对其进行必要的限制。这种威胁主要来自于：垄断、限制竞争（包括限售、价格歧视、掠夺性定价、搭售、强制交易等）、不正当竞争（包括欺诈、诋毁竞争对手、虚假宣传、利诱、制造维权障碍、贿赂等）。③ 互联网金融是创新发展的新业态，如果利用得当，便能产生系统功能溢出所带来的经济增

---

① 钱军：《中国金融的力量》，上海：东方出版中心，2020 年，第 214 页。

② （德）鲁道夫・希法亭：《金融资本——资本主义最新发展的研究》，福民等译，商务印书馆，1997 年，"中译本前言"第 vii 页。

③ 纪良纲、王小平：《商业伦理学》，北京：中国人民大学出版社，2005 年，第 139—141 页。

量。但是,它也增加了经济风险,尤其是对风险面的影响更大了。普鲁塔克曾说:“恣意放纵在于邪恶的激情和邪恶的理性;在前者的影响下,出于欲望的引诱会做出可耻的行为;至于后者在欲望的支持下,判断力会走上歧途,会使知觉失去发现错误的能力。”①2008 年爆发的金融危机告诉我们,“放任资本逐利,其结果将是引发新一轮危机。”②投机泛滥不但会影响到金融本义的实现,也会造成社会道德沦丧。对投机行为保持警惕并限制它的活动范围以及发展程度,是经济伦理理性所应保有的基本态度。第三,同步伦理审查与预判。由于互联网金融的复杂和业态常新,必然要在开拓新业务和创建新产品时将伦理审查纳入产品设计与整个运营管理中。无论是对市场这个自动机器抱有太高期望,还是对技术这种“伟力”抱有过高期望,都会面临着严重的伦理风险。“技术物体自身并不具备任何赋予其活力的因果性,技术就是在这样一种本体论支配下,一直被放在目的和方法的范畴中来分析的。换言之,技术物体没有任何自身的动力。”③以为大数据技术、云计算、区块链等能够自动拯救金融市场中的权力失衡和利益固化问题,互联网金融的进一步科技化能够自动实现金融梦想,让每个人都能平等享有金融权利并持续提高金融效率和健康程度,这是痴心妄想!在互联网金融具体产品和服务的创新发展中,将金融资质审查与伦理审查结合起来,通过对具体金融产品设计及金融程序的伦理介入,互联网金融迎接其“第二春”并实现永续发展是可以期待的。

---

① (古希腊)普鲁塔克:《道德论丛·Ⅱ》,席代岳译,长春:吉林出版集团有限责任公司,2015 年,第 999 页。

② 《习近平谈治国理政》第二卷,北京:外文出版社,2017 年,第 524 页。

③ (法)贝尔纳·斯蒂格勒:《技术与时间 1:爱比米修斯的过失》,裴程译,南京:译林出版社,2012 年,第 2 页。

第三章 虚拟货币:互联网金融基石及其伦理问题

人们似乎对"金融工程能治愈癌症吗"①这样的问题抱着嗤之以鼻的态度。或许有人会认为,将金融创新问题与人类健康和寿命相提并论是一种玩世不恭的揶揄;但研究的结果表明金融工程对健康和寿命有着非凡的助益。在普遍金融化的时代,对金融的缺陷予以正视并寻找解决问题或弥补漏洞的方案,是维持人们对经济生活的兴致从而强化对身心健康的影响的有效方式;更不用说通过有效的金融供给能够在养老金的持续增长、疾病防治和药物开发上提供有效资助,从而推动整个医疗保健和养老系统的改善。生活世界正在发生的剧烈变化很大程度上是互联网兴起和不断渗透的结果。虚拟货币方便人们在互联网上进行消费、生产和配置资源,也对虚拟产品的生产和交易产生有利的影响。虚拟财富已经成为虚拟社区生活的重要方面,就如现实生活中的货币权力一样,虚拟货币是虚拟社区人们获得资源配置能力的重要源泉。"虚拟货币作为储存手段,保存用户在虚拟社区的虚拟财富,从而成为用户在虚拟社区赢得注目和提高效用水平的重要手段。"②国内常见的虚拟货币有Q

---

① (英)安德鲁·帕尔默:《金融创新:重塑未来世界的智财》,郭杰群、草沐译,北京:中国人民大学出版社,2016年,第107页。

② 孙宝文、王智慧、赵胤钘:《网络虚拟货币研究》,北京:中国人民大学出版社,2012年,第29页。

币、U币、百度币、POPO币等，尤其是Q币的发展速度和规模十分惊人。① 这些停留在虚拟产品和服务交易方面的中间媒介，是否具有传统意义上的货币属性，是依据其实际执行的社会功能而定的。

以比特币、以太坊、莱特币以及各种山寨币为代表的虚拟货币以金融科技之名在努力实现其"全球货币"的理想，尽管各国政府对此态度不一；但这些货币在某些圈子当中的确也充当起了交易媒介和价值尺度的工具，俨然成为一种去中心化的流通货币。其实，由于比特币等虚拟货币存在的交易效率缺陷及投机产品的天然属性，它们所谓的"去中心化"的货币理想早就灰飞烟灭，剩下的社会价值只是比特币的低层技术"区块链"了。官方的数字货币是与特定币种市值直接挂钩的，因而被寄予厚望。DCEP（Digital Currency Electronic Payment）是中国人民银行研发的法定数字货币项目，是DIGICCY（数字货币）的一种。这种数字货币具有纸材货币同样的价值、功能和国家信用基础。本章所指虚拟货币涵盖以上三种类型，具体所指则视论述内容而定。

第一节　虚拟货币的兴起

一、虚拟货币兴起的条件

"当一种物品作为交易媒介被社会普遍接受时，它就被称为'货币'。"② 约尔格·吉多·许尔斯曼认为，货币的价格包括货币性和非货币性（即适销性），而适销性是货币的真正本质之一。这一观点与马克思关于货币是一种（固定充当一般等价物的）特殊商品的论述具有相近的含义。虚拟货币与现

① 据报道，2004年至2013年的十年间，腾讯售出的Q币总量，已经超过千亿。（见"云奇付"网站：http://www.361ser.com/news/1593-4.html）

② （德）约尔格·吉多·许尔斯曼：《货币生产的伦理》，董子云译，杭州：浙江大学出版社，2011年，第14页。

实货币的根本区别在很大程度上就是其非货币性(适销性)的消失,那些由数字代码或者数据账簿构成的虚拟货币本身并不能像“羊”“黄金”“贝壳”那样具有非货币的自身价值,也有可能不具有像信用货币(纸币、银票等)那样的信誉担保。货币的出现是由于私有产权的事实划分,产品交换在物物交换机制下变得困顿而难以延续和拓展;在自然交换的漫长历史中形成了被普遍接受的交易媒介——货币。而纸币的诞生是对金银货币缺陷的突破,尤其在大规模战争需要大量货币的情况下,纸币解决了物资流通所需要的媒介手段。货币的每一次向前发展,都是其对非货币属性的挣脱,是对货币本身物质属性的解放和社会功能的拓展。“便于交易”始终都是货币形态发展中的核心动力,而财富共识和货币信用的强度也是新形态货币是否能够流行的根据。随着“幻想社会”不断融入“现实社会”,“虚拟货币之所以变得越来越重要,并非由于有足够数量的玩家不断赚取虚拟货币,而是有玩家开始用虚拟货币进行现实的经济交易。”①虚拟世界的发展,使经济和社会生活进入虚拟—现实的新的生存空间,互联网经济成为社会经济的重要组成部分。互联网在两个方面同时发力:一方面是圈子文化和网络圈层的形成,这使圈层或网络组织内部流通的虚拟货币成为阶层属性的通行证;另一方面世界互联亦成为大势所趋,互联网的全球构建不但在现实中已经完成基础搭建,在文化深层渗透上也已取得突破性的发展,它要求一种真正世界货币的出现,一种并不隶属于任何组织和政府的新型货币。这两方面的发展促使两种类型的虚拟货币(即窄域虚拟货币和广域虚拟货币)形成并获得发展。人本经济的觉醒使得虚拟货币有了很多美好的世俗期盼,人们希望虚拟货币独立于银行主导的“中心主义”金融架构,给予怀抱网络经济民主热情的人们一种摆脱中心控制的自由想象。

① (美)爱德华·卡斯特罗诺瓦:《货币革命:改变经济未来的虚拟货币》,束宇译,北京:中信出版社,2015年,第XVII页。

1. 互联网基础设施的发展

截至 2020 年 12 月,我国网民规模达 9. 89 亿,互联网普及率达 70. 4%;手机网民规模达 9. 86 亿,网民中使用手机上网的占 99. 76%。IPv6 应用进入高速发展期,2020 年 12 月,我国 IPv6 地址 57634 块/32,IPv4 地址数量为 38923 万个,域名 4198 万个,我国网站总数 443 万个,网页数量 3155 亿个,静态网页数量 2155 亿,动态网页数量 1000 亿,宽带用户持续向高速率迁移,我国国际出口宽带数为 11511397Mbps。2020 年 1 至 12 月,移动互联网接入流量消费 1656 亿 GB;2020 年 12 月,市场上检测到的移动互联网应用(App)有 345 万款(其中游戏类占 25. 7%,电子商务类占 9. 9%,日常工具和服务类占 23. 6%)。2020 年 12 月,网民人均上网时间为每周 26. 2 小时/人。[①] 网间互联架构持续优化,骨干网络与云协同程度提高。2018 年我国云计算市场规模测算达 907. 1 亿元,各领域行业云服务百花齐放。虚拟现实技术(近眼显示、渲染处理、感知交互、网络传输)架构更为完善,虚拟现实产业(内容应用、通信/云控平台、终端/关键器件、内容生产系统)建构更为深入,虚拟信息与现实环境逐渐融合,生活场景虚拟化空间扩大。国家和地方政府不断出台物联网深度发展,基础能力建设加速数字化转型。物联网新一轮应用已经开启并不断获得突破性进展,物联网产业力量不断增强。2018 年,我国人工智能市场规模达到 339 亿元,全球共创办人工智能企业 15916 家。大数据产业快速发展,技术不断创新突破,一批大数据以及智慧城市方面的独角兽企业快速崛起;大数据技术在电商、搜索、广告、医疗、行政、金融、电信、教育等诸多领域深化应用。[②] 互联网基础设施不断取得突破性发展,互联网的渗透率进一步提

---

① 《第 47 次中国互联网络发展状况统计报告》,北京:中国互联网络信息中心,2021 年 2 月,第 5—15 页。

② 《中国互联网发展报告(2019)》(精华版),北京:中国互联网协会,2019 年 7 月,第 2—9 页。

升,网民人数和用网频率不断提高,为在更广范围和领域中使用虚拟货币提供了条件。

2. 广域网络与圈子文化的二重化

互联网的发展在两个迥然不同的方向上表现出自己的特色:其一是广域网络的发展,全球进入互联互通的信息网络之中。尽管出于政治或经济利益的保护,地区与国家之间必然存在一些对信息畅流所形成的阻力和切割;但是,整个信息网络的开放性与传统社会相比,已经达到了相当的高度。其二是圈子文化的形成,互联网作为人类新的生存空间被自然分割为不同的模块,这种“模块”不是特别指向物理属性的信息构成,而是指向一种社会属性的价值构成或者其他因素。当互联网刚刚诞生的时候,人们对它寄予的希望与现实发展的景况相比存在着巨大的差异。一方面是有些东西超过了当初的设想,如互联网对人们生产生活的全面渗透以及现实物质生活的互联网化,这是互联网诞生之初所不能想象的;另一方面是有些现实的东西当初并没有进入未来学家的思维环节,将“地球村”看成是一种必然的信息社会发展趋势,而忽略了政治力量、资本力量和文化力量等对信息传播的干预。超出人们想象的地方(在所想的方面超出了预期,指程度)和想象不到的地方(未曾想到的方面,指范围)这两个方面便形成了当前互联网发展如上所述的“二重性”。这种二重性是虚拟货币二分化的重要根源。广域网络的发展,使人们渴望建立一种世界货币,以沟通全球经济和生活,甚至由此而出现一种世界趋同的幻想,将“地球村”的信息骨架粘上形形色色的皮肉,试图重构一种新的政治和文化生态景观,以作出应对官僚制度持续发展所形成的利益固化和行政僵化的积极反应。因此,在民主经济或者民主信息的口号下,人们委身于信息的霸权地位,并不是对霸权的臣服,相反是对霸权的抵制;尽管这种抵制最终形成了相反的结果,被无政府主义和极端自由主义情绪操控的网络精神成为一种社会新的不安定因素,而社会的治理架构并没有真正出现动摇。但是,在经济治理上的冲动始终保持了鲜活的力量。当比特币出现的时候,欢呼声掩盖了一些担忧和质疑的声音,批判和理性思考被认为是有违那种时代进步的“锣鼓声”和“尖叫声”的。比特币低层技术衍生出诸种新的数字货币,“民间数字铸币”成为一种时尚。这些民间的数字铸币在广域网络中深受网民欢迎,在全球化信息涌流的进程中,具有全球流动价值的去中心化货币成为经济、文化、日常生活等“去政治化”的心理寄托之物。虚拟的世界货币作为统治虚拟世界的“王储”只等被各国暗许通行便可大有作为;这种想象已经出现并造成了区块链及其相应产品和概念的股票出现高涨姿态,而比特币和以太坊(甚至那些山寨币)都借此暴涨。对“比特币不会发生通胀”的“预设”在狂欢中土崩瓦解了。只要“地球村”的呓语仍在,民间数字铸币的“世界货币”梦想也就在。

互联网圈层化或者新的部落化,使在一定圈子中建立权力关系和形成粘性成为一种内在的传播机制。窄域虚拟货币就是在这个意义上产生和发展起来的。人们的实际行动和内心欲望之间存在的差异在虚拟空间中表现得稍微弱一点,其原因无非是互联网的匿名性使网民放松警惕,将自己设置在一个安全的幻象中。而更为具有安全感的网络虚拟空间的确使人民的个性化存在状态得到精细地划分,并且在其他场景下表现了个性化存在的多元性和复杂结构。人们的个性化需求不再是一种相对单调的需求,而是跨越圈子的需求。首先,作为比较充分发育的个性化生存主张,在虚拟社区中表现了人们的自然差异。这些自然差异是基于生理遗传机制或者社会资源禀赋而形成的。异质性生存的自然主义倾向将人们进行了基于兴趣、爱好、特长、贫富、文化、信仰、权威等方面标准的划分,圈层化和部落化是互联网发展的一种标志。在这一过程中,需要一种内部联系和沟通的手段与物质技术;窄域货币就能较为完美地满足这种需求。在游戏玩家之间流通的游戏币,在专业人士的技术社区中流通的下载金币,在影视爱好者之间流通的观影币等,无论是虚拟产品内设的运行机制还是虚拟生活中人们自发形成的虚拟契约,人们之间通过一种或者几种具体的虚拟货币进行联系和沟通,并形成虚拟社区的结构和社会关系。

其次，作为多元化的个性主张，意味着每一个人在不同的生活场景下有着更为复杂的身份和标签，更为多元的需求和欲望。虚拟社区中的“分身”和“化身”功能使人们可以同时具有多重身份并在不同社区从事活动。在不同的虚拟社区中，人们的身份和地位会存在差异。特定个人希望能够将自身在一个优势社区具有的权力带到另一个社区，以抹平在劣势地位群体中的心理落差。这样，原本在 QQ 游戏社区具有高级别和高财富值的网民，就会在其参与的其他虚拟社区努力推广 Q 币，以利于他在其他社区取得同样的声望和地位。类似的情况时常发生在更大的范围内，这就导致了窄域虚拟货币在流通范围上的不断外溢。这一情况正是那些原本只是作为代金券或者提前支付的消费凭证的“数字金币”或者企业币逐渐成为一种具有普遍接受性的全域虚拟货币的重要原因。广域网络和圈层文化的兴起使虚拟货币出现了更多形态，并且在层次上有了全方位的覆盖。但是，“货币与语言相似：当所有人都说同一种语言的时候，信息会流转得更快。”①当所有人都使用同样类型的货币时，商品交易和价值流通也会变得更快更好，这是理想意义上的，就如同“世界语”最终还是消失在人们的视线中一样。在对广域网络中呼唤的世界货币进行奇思妙想的过程中，还是需要保持对窄域圈层的基本事实认同。这究竟是利益格局使然，还是其他原因，此处姑且不去追问。

3. 人本经济的觉醒

在虚拟货币产生和发展的过程中，经济形态的发展是重要的条件。(1)物本经济与货币的发展。物本经济是以获取更多量的物作为经济生产和经济活动的主要目标的经济形态。在生产比较落后的情况下，生产的种类和层次并不高，满足人们需求的方面具有相对狭隘性。在支撑人们获得简单的能量方面，物质生活资料的生产成为经济生产和经营的主要内容。相对单一的生

---

① (美)爱德华·卡斯特罗诺瓦：《货币革命：改变经济未来的虚拟货币》，束宇译，北京：中信出版社，2015 年，第 66 页。

产使得社会生产竞争表现为量的比较。在以物的直接使用价值作为生产目的的经济发展阶段，对同样具有使用价值的黄金白银等货币的需求具有普遍性；因此，货币往往采用的是具有自身使用价值并且其自然价值受到更为广泛接受的东西。人们在交换不足或者交换拥挤的时候，拥有大量货币亦能直观地表示财富的占有程度和社会地位的高低。物本经济将物的堆砌作为个人财富储存的方式，而具有强替换性的物（货币）就成为广受欢迎的特殊物。（2）资本经济与纸币的发展。从自然经济转向商品经济后，人们经济生产和经营活动的直接目的不再是获得物的直接的使用价值，为他人生产是普遍的社会要求。只有在为他人生产并通过为他人生产的产品交易活动时，个人的生产劳动才具有社会价值。他人的需求逐渐被人们所重视，尽管它只是出于一种获得更多社会认同的资本愿望，但这一愿望是填充人们实际需要的真实动力。由于经济生产和经营的主要目的不再是物本身，而是物的流通性能，即被消费者所接受的可能性；因此，交换媒介的发展成为资本经济的重要环节。只有交换媒介取得了更为广泛的社会共识，并且能够起到承诺和担保的作用，它才能在商品交易中起到公正的作用。用自己生产的商品换取交换媒介，再以此交换其所需的任何其他商品，这是资本经济中人们生产和生活的基本手段。生产的积极性和主动性不断加强，社会可供流动的商品日渐丰富，这在一定程度上加快了货币的去物质化进程，纸币成为一种流行的通币，它自身的基于物质属性的使用价值不再被重视。纸币在社会中的交换能力才是其存在和发展的核心根据。（3）人本经济与虚拟货币的产生和发展。“人类生活的基本经济事实是普遍存在的稀缺状况，我们的生产不足以满足所有的欲求。”①货币（无论是金银还是纸币）在调节社会资源上具有巨大的贡献，使那些基于生产的异质性而不能得到满足的个人需求，在经济交易中得到满足，社会的经济资源以货币为中介实现了重新调整。但是，资本经济的缺点在于，占有大量商品的

① （德）约尔格·吉多·许尔斯曼：《货币生产的伦理》，董子云译，杭州：浙江大学出版社，2011 年，第 27 页。

资本家同时占有大量的货币,而不占有商品生产主动权的劳动者则缺乏货币。这使得货币在调节人们需求方面的重要作用受到极大限制。在资本经济时代,经济活动以"资"为本,为"资"驱动,受"资"制约。资本的占有份额就是社会财富和权力的占有大小。货币在资本家之间的流动远远超过了货币在生产者和普通消费者之间流动的规模和速度,这是资本主义发展的最后的物质制约力量。这种制约力量来自于资本家的财富增长和穷人的贫困积累。人本经济是以人为本的经济形态,是对资本经济的克服和扬弃。在人本经济中,人的需求是生产的主要目的;满足人的生活需求并促进人的自由全面发展,是经济生产和经营活动的主要方面。尽管物权法依然规定着财产所有权的明晰归属和边界,但人们之间已经有了更为自觉和自主的经济生产经营能力。原始的个体化生产在互联网经济中重新开张,并且扩大了影响。被垄断的行业格局在一定程度上有所改善,尽管互联网基础行业领域中的垄断依然不可避免(甚至加剧),但是在平台经济中出现的小微创业和创新活动有了巨大的潜在机遇。从网络电商到定制经济的发展,将人本经济发挥到了一个较高的水平。巨大的经济参与群体与海量的商品交易使生产生活的经济交往更加频繁,基于互联网基础设施改进的虚拟支付成为一种明显的趋势。虚拟货币在互联网人本经济觉醒的过程中有了发展的重要条件。当然,人本经济的表现不仅在于经济主体的广泛性,也在于经济生产经营内容的转向。在物本经济中占主体地位的生产内容是满足人的生理机能运转的物质资料,在资本经济中占主体地位的是那些具有更高利润水平和政治功能的物质资料生产,而在人本经济中,轻工业和重工业的协调发展得到事实上的重视,物质资料的生产和精神产品的生产获得了相同的社会价值。虚拟产品得到不断发展,虚拟货币成为虚拟社区经济活动和社会交往的必需品。

二、虚拟货币兴起的原因

爱德华·卡斯特罗诺瓦不无极端地认为,"从某种意义上说,虚拟货币的发展可以与古时候重金属货币发展的历史相比：金银在很大程度上都是虚拟货币，它们的价值与自身的自然用途并无太多关系。”①尽管货币在去物质性方面保持着强劲的内在动力，但这是由交易的便捷性和储存方便的需求所决定的。人们难以想象十万只羊（在以羊作为一般等价物的时代）是怎样一种财富状态，而拥有十万只羊的财富能力或许只需要较少的黄金就能做到。在社会整体财富扩张的局势下，当更大体量的社会财富集中于个人手头时，黄金和白银亦具有其缺陷；而纸币则能在这方面有更大作为。虚拟货币的兴起，在很大程度上与社会经济发展的巨大潜力密切相关，尤其是虚拟空间一下子就将社会财富扩大了几倍甚至十几倍的体量。在社会尚未消化这些由于虚拟—现实融合带来的巨量社会财富时，多元化的货币格局成为分散人们注意力的方式，不至于在虚拟货币的泛滥中表现出对实体经济的全面吞噬和毁坏，这样做必然使人类赖以生存的物质根基瓦解。而现实货币的印制亦需保持在信用的可承受范围之内，如果由于虚拟世界的开辟而无限增加纸币的印刷，则无疑是对整个金融系统的玩火自焚。在较短的时期内接受货币多元化的事实，并做好虚拟货币持续发展的制度和心理准备才是当务之急。虚拟货币兴起的直接原因主要集中在以下几个方面。

1. 经济活动日益频繁

爱德华·卡斯特罗诺瓦认为，“流通中的货币通常根据参与交易的商人数量呈几何级递增。”②其运作模式用公式表示是：交易次数 $=1/2(N^2-N)$，其中 N 表示交易人数。这个公式展示了一个关于网络的基本特征：网络节点数

① （美）爱德华·卡斯特罗诺瓦：《货币革命：改变经济未来的虚拟货币》，束宇译，北京：中信出版社，2015 年，第 46 页。

② （美）爱德华·卡斯特罗诺瓦：《货币革命：改变经济未来的虚拟货币》，束宇译，北京：中信出版社，2015 年，第 61 页。

（交易人数）增加时，节点交汇数为节点数的平方。① 在当前的巨型网络中，交易次数由于节点数量的庞大而成为天文数字，如此巨大的交易数量，使得经济活动中的货币需求飞速飙升。截至2020年3月，我国网络购物用户规模达7.10亿，占网民整体的78.6%；网上外卖用户达3.98亿，占网民整体的44.0%；在线旅行预订用户规模3.73亿，占网民整体的41.3%；网约车用户3.62亿，占网民整体的40.1%；在线教育规模达4.23亿，占网民整体的46.8%；网络音乐用户规模达6.35亿，占网民整体的70.3%；网络文学用户规模4.55亿，占网民整体的50.4%；网络游戏用户规模达5.32亿，占网民规模的58.9%；网络视频用户达8.50亿，占网民规模的94.1%；网络直播用户5.60亿，占网民规模的62.0%。2019年全国网上零售额达10.63万亿元，其中实物商品网上零售额8.52万亿元。② 由于经济活动的内容不断拓展，范围不断扩大，频率不断提高，整个经济活动所需的货币媒介剧烈增加。2018年天猫"双十一"总成交额超2100亿元，2019天猫双十一，仅用时21秒，成交额突破10亿元，1分36秒的成交额突破100亿元。2009年至2019年连续11年"天猫"购物网站在"双十一"购物节当天的成交额由5千万元增加到26840千万元，十余年时间增长了5368倍。网上交易中虚拟货币发挥着重要的作用，使瞬息间发生的成千上万的交易能够顺利实现。为增加用户粘性的平台积分或奖励币，游戏币和显示特定虚拟空间行动能量的虚拟货币，构成了不同虚拟空间组织架构和活动方案的要素。网络经济活动的频繁和广泛发展，一些发挥着虚拟社区货币功能的虚拟产品不断出现。在这些虚拟产品中，有的是对货币的形态模拟，但更多的是对货币的功能模拟。在远距离和陌生化的虚拟空间从事生产经营活动，参与者的幕后化存在使其更加有着理性计算的

① （美）爱德华·卡斯特罗诺瓦：《货币革命：改变经济未来的虚拟货币》，束宇译，北京：中信出版社，2015年，第62页。

② 《第45次中国互联网络发展状况统计报告》，北京：中国互联网络信息中心，2020年4月，第39—56页。

先天条件，撇开了人情世故和社会规范的制约，将获得虚拟货币作为重要的动力。上述经济活动种类的激增和经济活动总量的增加，为平台运营商提供了巨大的商机。他们运用一定的数据技术进行有效整合，对标敏感用户进行虚拟货币的奖励或者层级设置，增加了用户的趣味性和归属感。无形的虚拟货币在陌生化网络中扮演着重要的角色，以支撑起整个互联网的权力结构。“虚拟货币的存在决定了虚拟环境是否能够正常运作。仅从客户忠诚度积分计划来看，似乎每个经营者都已经下决心来运作一套属于自己的货币体系。”①每一个互联网的创业主体都试图建立自己的货币体系，这是关系到企业生存与发展的基础性要素；但是这一主张明显受制于互联网全域扩张的逻辑，因而总是存在着虚拟货币在圈内和圈外徘徊、博弈的状况。“6·18”和“双十一”这样的狂欢购物节(如图3-1)，刺激着积攒了几个月的购物冲动；各大网站提供的海量优惠券形成了对网众的“消费指引”。它(这种“消费指引”)强化了电商购物节的影响力和吸附性。以特定品牌或者特定店铺消费为主要规则的各种电子凭证，是虚拟货币的重要类型。当然，适应智能手机的广泛使用和电子收费终端的普及化，不但传统银行与第三方支付机构联合推出了各种会员制支付卡或折扣券，而且中央银行也正在探索发行数字货币，以实现虚拟—现实“双城”消费的需要。新的“双城记”(实体商城和网络商城)逐步走向一体化，而货币也树立了与物质实体相呼应的数字替身。这里需要特别指出的是，在进入实体购物环境的数字货币，有时候被排挤在虚拟货币之外，被认为是实体账单的记载方式，而非货币实体；虚拟货币被专指进入虚拟社区并执行虚拟交易媒介功能的东西。在实体经济之外的虚拟社区所进行的虚拟产品和服务的交易中，虚拟货币的存在弥补了传统货币的不足。同时，随着网节数量的增长而引起的货币总量的暴增，必然将虚拟社区的非传统领域的支付功能让渡给虚拟货币来行使。

---

① (美)爱德华·卡斯特罗诺瓦:《货币革命:改变经济未来的虚拟货币》，束宇译，北京:中信出版社，2015年，第10页。

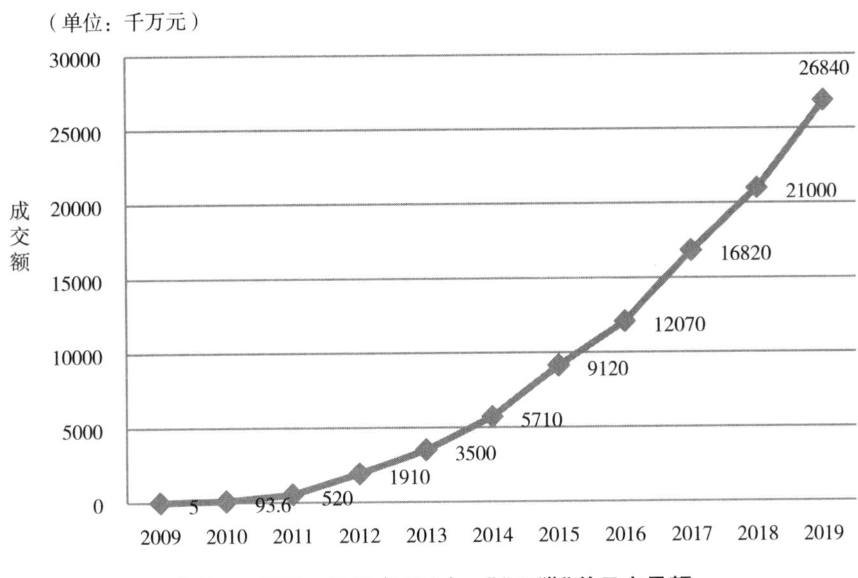

图 3-1:2009—2019 年"双十一""天猫"单日交易额

注:本图是作者根据网络公开资料所绘①。

货币形式从有形向无形的转变,证明了货币是商品经济发展的必然产物,其形式也必然随着商品经济的发展而变化。②

2. 虚拟生活成为重要生存方式

互联网改变了并将持续改变我们的生活,其发展的状况喜忧参半。在基础设施和技术发达的地方,人们已经享受到了互联网带来的无所不能的快感和便利;而网络欠发达的地区,互联网并没有给当地居民的生活带来实质性的变化。网络技术与基础设施上的巨大差距将会在全球经济活动中拉大地域差距,并有可能造成对网络欠发达地区实质上的掠夺。如果网络发达地区不采取行动促进网络全球化,并重视在互联网技术和基础设施领域对欠发达地区

① 数据见"新浪财经":http://finance.sina.com.cn/stock/relnews/cn/2019-11-11/doc-iicezzrr8699496.shtml。

② 周光友:《互联网金融》,北京:北京大学出版社:2017 年,第 40 页。

的帮扶，互联网帝国主义（尤其是那些掌握着互联网“根服务”和先进技术的超级资本主义国家）就会表现出新的侵略方式，互联网全球价值的抑制也会造成互联网精神和价值的缺损。当然，互联网未来发展中的三大趋势（“第一，虚拟化世界重新转化为物理世界；第二，分享经济；第三，互联网技术上的突破。”①）有可能改变这种状况，全球互联网在纵深方面取得发展突破完全有其内在的可能性。当这种可能性转化为现实的时候，人们就会在数字世界中重构出虚拟世界的世外桃源，在物理世界中存在的政治和文化阻隔可能在虚拟世界中有所消磨，甚至在更为持久的虚拟共同体中出现新的网民组织，它们跨越国界而共同守护某种值得尊重的价值。这种未来的愿景多少是带有个人主观意愿的，互联网生活发展的真实情况只能在网络技术和基础设施较为先进和完备的国家寻找未来全球发展的端倪。

虚拟化的世界是人类依靠技术力量开辟的新的生存空间。这种带有玄幻色彩的生活方式已经打开了人们思想和精神寄托之新领地的入口，将人们带到一个充满诱惑和机会的新场景。在深度沉浸的虚拟生活中，社会关系被重新构建，人们的权力关系被重新洗牌。而营造这些虚拟生存环境的主体平台希望通过打造具有黏性和忠诚度的用户群体，构建起互联网虚拟王国中的自留地，以维护随时可能被颠覆和取代的市场冲击。2013 年 2 月，亚马逊创造了一种“补充货币”——亚马逊币，通过这种虚拟货币，亚马逊公司希望获得更多黏性和产品支持。腾讯公司的 Q 币拥有数量庞大的用户，在“腾讯充值中心”进行充值购买 Q 币后，就能按值享受几乎全部腾讯公司的产品和服务。比如用 Q 币购买包月服务和游戏道具、点券等。尽管腾讯公司宣称“不能兑换现金”，但在“淘宝”上依然能够随意搜索出大量的 Q 币交易信息，其中不乏交易量上万笔的大型虚拟店铺。虚拟生活的多元化广泛地表现在经济、政治、文化和休闲生活中。在网络游戏中，玩家可以扮演和充当一定的角色，使用预

① BR 互联网金融研究院：《互联网金融年鉴（2014—2016）》，北京：中国经济出版社，2017 年，第 366 页。

订的道具,在与网络上其他玩家的互动中获得角色的真实体验。随着游戏玩家的持续参与,游戏产品内容不断变换花样、推陈出新,以至于玩家会沉湎于网络游戏中取得的角色地位和获得的尊荣(尽管这种尊荣可能来自于某些虚拟的头衔,但足以使沉浸其间的玩家获得心理上的满足)。传统的教学方式也被虚拟社区激发出新的活力,那些原来只有教师才能担任的角色,在虚拟教学社区中,智能应答系统以机器人的形象展示出快速应答的高超能力,并能细致分析学生的学习情况。而开发者所要付出的全部精力在于使这款自动应答系统具有与时俱进的知识库存。虚拟世界中的社会关系还表现在更为广泛的方面,诸如爱情和虚拟家庭的构建,以及其他有着经济交往属性的人际关系亦表现出它的吸引力。网络直播之所以吸引巨大的流量,并不在于这些网络主播门的才艺(事实上绝大部分主播才貌平平),而在于她们能够在虚拟空间中虚构某种臆想的关系,使得那些在现实生活中缺少相应支持因素的网民深陷其中。虚拟关系得到建立的物质基础就是通过虚拟货币对参与者进行激励,或者通过虚拟货币媒介增进虚拟关系的融合。虚拟社区弥补了现实社会中的部分缺陷,给人们带来了一些希望,也给网民在自我意识的增进上提供了新机会。由于虚拟社区中人的本性的充分展示,那些不受遮蔽的个人欲望和品行修养在匿名空间展示了更多的角色形象;这是造成虚拟社会关系比现实社会关系更为复杂多样的重要原因。尽管将社会现实关系全部搬迁到虚拟社区的构想几乎近于梦幻,但虚拟社区的活动空间在某种程度上逐渐超过现实空间的规模和活性则是有可能的。在这样的背景下,作为虚拟社会关系中的个人生活需要一种基本手段来获得虚拟产品和服务,并且在虚拟世界中获得社会身份和地位。虚拟货币作为在虚拟世界中广泛流通或者在特定社区中起到秩序维护作用的媒介和手段,成为虚拟生活的关键资源。现实世界中的货币是点燃虚拟世界生活爆炸的引线。当虚拟生活爆炸之后,在虚拟世界中掌握核心资源的网民回到现实生活时,亦需获得与其在虚拟社区同样的社会地位和尊重,否则就会在由虚拟社区步入现实社区时感受到强烈的失落感和挫败感。

因此,从虚拟社区向现实社区回归的网民,必将努力使虚拟社区的权力资源(虚拟货币)变现,虚拟货币从虚拟世界中拓殖到整个社会生活当中。

3. 网络创业创新渐成风气

当菲利普·埃兰说出这样的话时,对在使用范围上具有限制性和蔓延性的虚拟货币并没有专门的指代。他说:“补充货币加强了当地经济活动的流量,并最后为当地创造了更多的财富。”①其所指的“补充货币”包括国家统一货币之外的形形色色的其他货币。就虚拟货币而言,这一论述也有一定的道理。作为虚拟空间拓展和虚拟生活延伸的补充货币,虚拟货币在增加人们虚拟生活的丰富性,满足人们的各种需要方面具有举足轻重的作用。尽管表面看来,货币依然是一个人造物,但从这一人造物创生的内在机制看,它是一个十足的天然物。正是因为生活和生产当中需要一种东西,以弥补货物流动性方面的不足,同时在货物储藏上提供更大的便利,货币才得以产生。人们无法想象在更大范围内做出以物易物的交易有多么困难。一个拥有一千斤粮食的农民要去另一个在相隔几百里的地方换取一些等价的香料,而他的邻居要出卖自己的羊,去换回粮食。在更多人参与的(复杂的交换需求组成的)社会需求网络和供给网络中,彼此寻找愿意相互交换的对象并达成一致,始终是偶然的事件。这一状况也必将要花费极大的代价。而货币中介的出现扭转了这一局面,异地交易和非对称交易成为普遍的事实。在储蓄上更是如此,干燥的粮食或许可以在条件较差的地方亦保留一年,但新鲜的肉食和水果之类的东西,则不能有较长的保质期。拥有过量的难以保存之物不但不能彰显出自己的富有,反而可能在仓储上付出巨大的代价。货币出现后,任何具有稀缺性的东西都能在市场上出售,由此获得的货币能够储藏起来以供随时之需。在人类理性发育的历史上,是人们的需要促进了生产和发明的涌现,尽管偶尔在表象上

① (法)菲利普·埃兰:《银行的末日到了吗》,张薇译,北京:中信出版社,2017年,第97页。

也会有生产和发明创造人们需要的情况;但归根到底只是人们发掘或发现了人们潜藏在自己体内的那些需要而已。就此而言,社会需要催生了货币这一人造物,使它具有天然物产生的自然逻辑(指货币发展的客观性)。虚拟货币的产生也是一种具有内在催生力量的实践应激的结果,当虚拟生活已经成为人们的重要生活内容,当虚拟生产已经成为人们的重要生产内容,虚拟货币就取得了其产生和发展的正当性。

互联网提供了创新创业的机会。“源源不断的人类注意力和思想被用于发明新工具、设计新娱乐和创造新需求。然而,无论一项创新是多么微不足道和不符合逻辑,它都将成为其他创新启动的平台。正是这不断膨胀的机遇空间创造了持续发展的经济。正是这无限开放的创新舞台鼓励着财富创造。就像连锁反应一样,一项成功的创新可以随后引发几十个,甚至几百个新的创新。”①在互联网上,创客经济兴起,小微创新创业成为一股巨大的民间力量。一个人只需要一台电脑就能够开启自己的创新创业之旅,因为创新的社会要素已经能够在互联网上获得。相互连通的网络节点之间有着信息沟通的快捷通道,在互联网时代,重要的创造资源是以数字形态流通的,诸如不同企业之间的财务对账结算,不同创新主体之间的意见交流,不同地区之间的资源优势互补,不同利益集团之间的协调和博弈等。个体的数字化生存与组织的数字化运作相得益彰。网络创业创新的内在动力依然是个人和组织在竞争环境下的优选机制。只有最为优秀的创业项目和创新成果才能得到市场的肯定。当一项创新成果通过网络发布后,依据其订单数量和对社会的实际变革力量能够比较充分地判断其价值。而订单数量和社会效用往往以奖励性积分和电子货币的形式展示其最后的成果。网民参与激烈的社会创新,在一定程度上又是对自我身份的再塑。互联网之所以被称为一种民主化或平民化的生存环境,就是因为其对白手起家的年轻人寄予厚望,并为其提供了适合的竞争环

① (美)凯文·凯利:《新经济　新规则》,刘仲涛、康欣叶、侯煜译,北京:电子工业出版社,2014年,第193页。

境。由社会出身和原生家庭因素形成的行业壁垒和职业禁锢在互联网上较少出现，相对公平和包容的环境让青年人热血激荡。但互联网不能直接瓜分现实货币铸就的权利，因为传统货币系统已经将人们固定在一定的阶层关系中，并主导着社会规则的制定和变更。如果年轻人需要通过自己的努力获得更高层次的成长，必然要进入特定的筛选机制。互联网打破了筛选机制的权威建制，把草根文化和超常规的设计揽入怀中。不过，互联网创新创业的原始动力依然需要从实在世界出发去理解，而不能从虚拟世界本身去加以度量。创造虚拟货币并将其作为新的资源配置的凭证，在虚拟世界中反映了广大网民的呼声。简言之，一方面是互联网虚拟资源的社会集成需要有效的中介系统予以调配；另一方面是互联网创新创业者需要某种机制来保证其劳动价值和作为网络居民的社会地位。能够充当这样的中介系统和价值机制的，便是虚拟货币系统——它是权力资源（以保障互联网创新创业中有机会获得“人生出彩”，出人头地），也是权利资源（通过虚拟货币能够兑换任何有效供应的虚拟素材和创新创业要素）。

三、虚拟货币发展的现状

1. 虚拟货币的概念与分类

货币从金银中走出来后就走向了更为复杂的多形态化，纸币的千差万别不再是金本位时黄金白银所披着的不同色彩的衣衫，纸币之间的内在联系如今只能从经济主权的国别性来加以区分。在全球范围内使用同一种货币的幻想并没有十分广泛的现实空间，哪怕是“地球村”已经来临，互联网的全球覆盖以及深度影响超越了所有人的大胆设想。从物本经济时代具有明显地域差异的一般等价物，到资本经济时代具有广泛通约性的货币，再到人本经济时代的虚拟货币幻像。货币的形态并没有朝着明朗的一体化方向发展，而是在纸币系统之外树立起了经济主体的更加多元的形态。这是一种由多向寡再向多的方向发展的否定之否定吗?货币的形态史在表面上与这种辩证的否定存在一定的联系,在这一辩证否定的进程中,被抛弃的是货币的自然形式。如前所述,虚拟货币的概念并非约定俗成,而是充满各种自以为是的争议。孙宝文等对虚拟货币下的定义是:“虚拟货币是指由互联网站发行、以互联网络电子信息为载体、持有者能够在网上选择购买(或换取)物品的种类和数量,或在网络虚拟社区作为交易媒介且不同于法币名称与单位的有价虚拟物品。”①这一概念特别将“虚拟货币”与电子货币、网络货币、数字货币、提货凭证、游戏计分等区别开来,认为虚拟货币包括四个方面的特征:由网站发行,离开互联网即不存在,具备货币的不完整功能,名称和单位不得与法币雷同。李蔚田和孙学军认为,虚拟货币就是电子货币,“它是代表价值的信息预存在集成电路芯片内的一种虚拟观念中的货币。”②BR 互联网金融研究院把虚拟货币叫做“互联网货币”,认为它是未来网络社区自己发行的货币,这种货币“将广泛用于网络经济活动,人类社会将重新回到中央银行法定货币与私人货币并存的状态”。它将虚拟货币按照欧洲央行的标准分为三类:第一类,虚拟货币与现实货币不能互换,现实货币不能换取虚拟货币,虚拟货币也不能换取现实货币。虚拟货币仅用于虚拟商品和服务的交易。第二类,现实货币可以购买虚拟货币,但虚拟货币不能兑现为现实货币。虚拟货币可以购买虚拟和真实的商品或服务。第三类,现实货币与虚拟货币可以互换,现实货币可以购买虚拟货币,虚拟货币也能够兑现为现实货币。虚拟货币也可以购买虚拟和真实的商品或服务。③ 周虹将虚拟货币与电子货币、数字货币、数字现金、网络货币、电子钱包等同。她认为虚拟货币工具通常具有储值和预付的特性,主要基于“卡基”和“数基”两种模式。卡基就是基于卡片技术,在卡片上植入微处理

---

① 孙宝文、王智慧、赵胤钘:《网络虚拟货币研究》,北京:中国人民大学出版社,2012 年,第 56 页。

② 李蔚田、孙学军:《网络金融与电子支付》,北京:北京大学出版社,2015 年,第 98 页。

③ BR 互联网金融研究院:《互联网金融年鉴(2014—2016)》,北京:中国经济出版社,2017 年,第 55 页。

器，通常称作电子钱包；数基就是基于软件技术和计算机的储存器来储存和流通货币，这时的货币币值表现为虚拟的数字流，通常称作虚拟电子钱包或数字现金。① 显然，在这里，虚拟货币是以数基为主要模式的虚拟数字流，是银行清算系统的互联网数字平台和链接系统的显像。

凯文·凯利认为“减物质化”（即“去物质化”）是大多数现代产品经历过或者正在经历的过程。“数字科技通过加速产品向服务的转变来促进减物质化趋势。”②一些人认为“软件吃掉一切”。这或许有些夸大其词，但在现实生活中，由于软件的不断出现，可触摸之物正在被压缩，腾出了巨大的空间供人们发展多种能力和储备更多知识或物质资源。单位物质体积和重量所提供给人们的作用越来越大，这从电脑自身的发展或者移动储存器的进步就能明显感受到这一点。人们会惊奇地发现这种趋势并非现代的发明，从用牛羊作为交易媒介到金属铸币，再到纸币的发展，就已经表现出来“减物质化”的趋势。那些带有浓厚工具属性的东西，人们在努力保留其工具功能的同时，逐渐减少甚至放弃它的物质外壳；这在数字化时代表现得淋漓尽致。我们倾向于将“虚拟货币”作为拟真货币与（与纸币对应的）电子货币的总称。在真实的货币关系中，网络交易表现出电子货币的完整货币价值；而在非真实的货币关系中，虚拟社区亦存在大量仿真电子货币或者拟真货币，它们不具有货币的完整功能。从“是否具有完整的货币功能”出发，这里清晰地将虚拟货币划分为两大类：电子货币（是传统货币的电子化、数字化，或谓央行数字货币）和拟真货币（是虚拟社区中广泛存在的虚拟货币）。在拟真货币中，又有着广域拟真货币（如比特币等民间数字货币）和窄域拟真货币（如 Q 币）等。从货币的某一功能出发，或者从虚拟货币与真实货币之间的兑换关系出发，还包括其他各种分类。按照我们的思路，电子货币属于中央银行发行的数字货币，而那些具有

---

① 周虹：《电子支付与网络银行》，北京：中国人民大学出版社，2019 年，第 111 页。

② （美）凯文·凯利：《必然》，周峰、董理、金阳译，北京：电子工业出版社，2016 年，第 124 页。

预存或间接结算性质的所谓“数字流”，不可能是一种具有货币或者准货币的独立身份，它们仅仅是将银行结算的端口延伸到了第三方机构的平台上而已。如此，绑定银行卡进行消费的各种网络支付，本质上与虚拟货币并无关系。拟真货币则包括广泛的虚拟产品对象，具有狭义的虚拟货币之义。就是在虚拟网络中，由央行之外的企业和个人发行的具有部分货币功能或希望具有完整货币功能的虚拟产品。企业货币、行业货币、游戏币、奖励积分、下载券、比特币、莱特币、以太坊、Q 币、亚马逊币、淘金币、京豆等，都属于拟真货币。

2. 中央银行发行的数字货币

央行研发推广数字货币（或电子货币）是互联网时代数字经济发展的必然要求。其一，国际社会，央行数字货币研发的竞争早已暗中较劲。国际清算银行对全球 66 家央行的调研中，10%的央行表示将在未来三年内发行央行数字货币，影响人口达 16 亿，占世界总人口的 20%。这一调研也表明，多数新兴市场经济体的央行对央行数字货币的发展有积极态度，而发达国家央行的态度相对谨慎。① 由于数字货币在融合信息流与资金流上具有的巨大优势，各国央行数字货币的安全性、便捷性、适应性等方面的研发水平，将会决定其是否有可能在未来的电子支付中占据主要地位。其二，“无接触经济”的发展，使央行数字货币的呼声愈来愈大。由于疫情的影响，2020 年多国专家表示将会在央行数字货币的研发和试点上提速，以应付“无接触经济”的到来。在传染性疾病爆发的时候，这一经济形态尤其被人们重视。以中国为代表的国家，积极建设和发展公共卫生事业，已经重视到“无接触经济”不仅是传染病爆发时期预防感染和阻止病毒传播的有效方式，而且它能够成为一种在常态下维持公共卫生健康的经济形态。其三，央行数字货币具有国家信用。对于很多人来说，民间数字铸币并不能提供安全可靠的信用保障，其币值的变化具有很

① 《多国央行数字货币发展将在今年提速》，见“环球网”：https://m.huanqiu.com/article/3y4L2yOThua.（2020-5-2）。

大的随机性。当一种民间虚拟货币进入人们视野时,尽管由于其发行主体的经济力量或技术声明可能在一时间得到网民的信任,但这种信任在瞬间就会转变为投机市场的驱动力量。在投机市场的搅和下,任何民间数字铸币都将成为投机行动的牺牲品。央行数字货币由于与实际货币具有可靠的对应机制,并且通过国家信用予以保障,在未来网络安全支付上必然具有强大优势。其四,巨型网络公司一旦掌握了国际化数字货币并在世界推广,公司母国将会依此进一步强化货币霸权。针对"脸书"推广数字货币 Libra 可能对世界经济体系的影响,世界各国尤其是发展中国家有必要防范非法资金的跨境流动,同时对美元霸权加以警惕。如果 Libra 在国际社会被作为一种普遍接受的电子货币,则其母国货币美元必将借力统摄全球实体经济和网络经济的全部领域,在跨境资金流和本国货币管理制度的微妙操弄下榨取世界人民的财富。可以说,研发本国央行数字货币是维护国家经济主权的重要途径,在互联网经济发展的今天尤其重要。

中国人民银行在 2014 年就率先成立了数字货币研究团队。2020 年 5 月,中国人民银行行长易纲表示,数字人民币的研发要遵循"稳步、安全、可控、创新、实用"的原则,只有通过封闭试点后才能考虑正式推出的日程安排,目前还不能确定时间表。① 但发展央行数字货币显然已经是一种紧迫的经济现实问题。央行数字货币基于新兴技术的架构,与传统法定货币相比,只是形态上的变化,即由现代纸币和国家金属铸币转变为数字货币。尽管如前所述,从对国家发展的深度影响来说,央行数字货币或许在维护国家经济主权安全方面能够发挥重要的作用,也会对互联网经济和经济全球化发挥重要功能;但是,对人民群众而言,央行数字货币的主要影响在于支付方面。央行数字货币具有安全、便捷的特征。它意味着比网络民间拟币更为坚实的信用基础,有着国家法律作为其通行的保障,具有无限法偿性;它也意味着货币数字化形态在

---

① 《未来央行数字货币与第三方支付方式或长期并存》,见"环球网":https://m.huanqiu.com/article/3y Py5ooIR7v.(2020-5-28)。

减少现金交易成本,防盗、防失、防损等方面具有优势。由于我国央行数字货币研发在主旨目标上就倾向于货币的电子化和其对支付手段的适应,从而使得其对金融生态的影响主要是起着维护和改善作用。在人们对数字货币的隐秘性方面表示担忧的时候,这一问题需予以恰当地说明。一方面,央行数字货币追根溯源的基本功能在保障货币真实性和安全性上是必需的,它有助于央行有效控制货币供应并提供精准发行,从而稳定币值。另一方面,央行数字货币对非法异常资金流动将会有较好地掌握,与民间网络货币相比,它的巨大优点就是在防止洗钱、非法交易,以及在危害国家安全的其他经济犯罪活动方面有着大数据预警系统。当然,这对传统法币的数字化来说,是一项增加的功能。在考虑匿名性的隐私维护上,央行数字货币主张其发挥支付功能的主要条件是小额交易。对小额交易的限定,就能使离线数字货币支付成为一种安全的机制。但是,数字痕迹的遗留问题并不会消失。人们没有必要担心正常的货币往来被搜集成为某种指证的依据。任何有效的安全手段都具有这样的两面性,即对权利的保护和因此而付出的代价。央行数字货币就其整体而言,将匿名性与安全性做到最佳优化效果,是其进一步研发的目标之一。据可靠消息,我国央行数字货币对现有商业银行的影响将会尽量最小化,将采用央行—商业银行(其他运营机构)的二元体系。商业银行(其他运营机构)需要向央行交纳100%的准备金或兑付额;发行时,由央行将数字货币发行给商业银行(及其他运营机构)的银行库,同时等额扣减商业银行存款准备金,再由商业银行将数字货币兑换给公众。数字货币的发行体系与传统货币相比并无显著差异:一方面它能够汇集商业银行在数字货币安全上的力量;另一方面它防止央行直接发行给公众后产生的对商业银行的挤出效用。

乔治·吉尔德说:"互联网作为一台巨大无比的全球复制机器,并不能创造金钱或其他纯粹的数字资产。"①数字货币是密码技术、移动支付、安全芯

① (美)乔治·吉尔德:《后谷歌时代:大数据的没落与区块链经济的崛起》,邹笃双译,北京:中信出版社,2018年,第142页。

片、可信计算、区块链分布式架构等多种技术选择和结合的产物，以功能为导向融合各种技术发展出来的新形态货币。技术的成熟程度要与业务的适配度相吻合，才能使其在金融体系中稳定发挥应有的功能。盛松成和蒋一乐认为，“央行数字货币才是真正的货币”。① 吉尔德所说的互联网并不能创造金钱，对它的理解可能存在完全不同的视角，将其视为物质主义或者是金本位，抑或将其视为劳动价值论的翻版。互联网不能创造金钱或者财富，它需要结合现实社会运行的其他规律和场景才能将互联网的力量充实到社会财富的实体中去。央行数字货币并不是创造出新的更多的现金，它是传统现金“肉身”隐退后的电子表达形式，它保留了货币的“灵魂”。从支付生态的角度来说，央行数字货币将进一步优化现有的网络支付生态。由于现有微信、支付宝的支付实质上是一种转账结算的中间架构，主要承载的是一种信息流功能。央行数字货币将弥合信息流与资金流，使它们合而为一。因而，对于微信和支付宝这样的超级支付平台来说，央行数字货币有可能阻止其（通过结算安全期设置而获得的）大量资金来源。尤其是支付宝在电商支付中表现出来的蓄金池作用，可能会在央行数字货币发行后遭遇颠覆。而央行电子钱包在离线场景下的广泛使用，也有可能使微信、支付宝等第三方支付机构的业务量遽减。但是，从央行发行数字货币的动机来看，其主要目的在于促进经济良性发展，提高人民群众的生活水平，增加经济自由流动的便利性和安全性。因此，一定程度上保留人们已经习惯了的支付手段是必然选择。央行与第三方支付平台合作发行数字货币是一个可行的选择。这符合我们在经济建设和改革中长期坚持的原则，将稳定和发展有机结合起来。央行发行数字货币的道德风险微乎其微，因为数字货币的本质与传统货币无异，它只是形态上发生了变化，从而更有利于货币流动性的增加。尽管就资金本身的安全性来说，央行数字货币的可追踪性降低了第三方机构违规操作所产生的风险，但在与第三方机构的

① 盛松成、蒋一乐：《央行数字货币才是真正货币》，《中国金融》2016 年第 14 期，第 12—14 页。

合作中，仍然需要提前规划，合理评估第三方机构的信用体系，以保障人们数字货币流动的数字痕迹不被其滥用。我国央行数字货币在关键技术、运行环境、法律与道德问题、社会和经济影响、与私人网络铸币之间的关系、国际数字货币等方面取得了阶段性的研究成果，在不久的将来定会成为经济活动中的平常之物。而其对社会生活和经济金融等方面的影响（诸如助力普惠金融、发展非接触经济、减少经济犯罪、提高金融会计效率等）将是积极有益的。

3. 私人部门发行的拟真货币

给人们带来无尽想象空间的是私人部门发行的拟真货币，它们甚至被一些学者赋予“真正的货币”期望。当比特币面世的时候，人们认为这将颠覆整个货币系统，使中心化银行货币体系解体。而当 Facebook 计划推出加密数字货币 Libra 时，更是让人对一种真正的“世界货币”抱着激动的热情，盼望其早日落地。对世界资源的调节起着至关重要的货币，令互联网创业者欲望高涨。一旦掌握着互联网“造币权”，就意味着实现了互联网时代权力争夺的巨大胜利。只要货币依然是社会资源配置的有效工具，它就能引发经济权力争夺。“货币被掏空生产的目的性和生产的情感，它成为思辨性的。”①符号化并不是货币化生存的目的，波德里亚将货币符号化作为现代消费景观或象征生活的概念而加以刻画。然而，当前货币的去物质化不是一般性地货币去媒，而是将其作为获得社会权力的最小代价形式。私人部门不能停止对拟真货币的觊觎，这是进入互联网生存环境新的权力中心的核心资源。充满着这样野心的人在不同的产业载体和计划中有不同的表现方式，投机币、粘性币和锁定币，这只是互联网创新创业企业或个人互联网“造币”的不同形式；但这些拟真货币之间的差异在社会生活中的影响程度仍有不同。拟真货币就是对现实货币的模拟，而其主要方式是对其功能或属性的模仿。

---

① （法）让·波德里亚：《象征交换与死亡》，车槿山译，南京：译林出版社，2009 年，第 25 页。

(1)投机币。比特币或谓“比特金”是虚拟仿真货币中一种典型的投机币。比特币不属于任何国家和机构,不受地域限制。它之所以能够在社会中实际地购买到衣服、食品、汽车或者虚拟网络中的产品,并非这种东西本身具有价值,而是人们“认为它有价值”。在交易中人们是否“意愿”,是比特币能否获得货币功能的关键。而人们的“意愿”来自于一种对象化的炒作,也就是我们熟知的去中心化特征和自由优先的集体主张。它似乎平等地属于每一个参与者,它的生成是由纯粹技术支持的,不包含对个人和集团利益的顾虑和偏倚;只要通过运行一个自由的开源代码软件就能参与其中,是一个点对点的平等系统,节点权力均等。比特币通过点对点网络中的诸多节点构成的分布式数据库来确认记录交易行为,并使用密码学的相关设计来确保其流通环节中的安全性能。2009 年比特币网络诞生,比特币如同其创始人“中本聪”一样玄之又玄,绝大部分参与者或者“鼓掌者”并不清楚比特币的本质是什么,甚至不太清楚它的基本原理。“比特币的价值就是交易渠道本身。”[①]比特币底层技术引起的兴奋要远远大于比特币,有人认为区块链技术“所做的主要事情就是把权利还给用户”。[②] 区块堆团队甚至指望在可靠、底墒的基础上重建网络。门罗币和 Zcash 带有密码硬币功能,能保护更深层的隐私。区块堆的首席技术官创造了一个对等网络,凭借更加精简和更有约束的方法将自己与以太坊分开来。其实“低效”是比特币、以太坊等虚拟货币的共性,从而使这些在出现之初就自带光芒的虚拟数字货币成为了“一个象征的事实”,它的内部技术亦非无懈可击。技术本身的漏洞或许可以通过更新组件和增加其他关键支撑来避免某种货币的整体性崩溃,由于传销、洗钱和其他非法活动利用比特币、以太坊、莱特币等虚拟数字货币来实现其不可告人的目的,而这些虚拟货币在匿名性上恰恰对它们起到庇护作用,这引起了各国的警惕。2013 年美国

① 史浩:《互联网金融支付》,北京:中国金融出版社,2020 年,第 226 页。

② (美)乔治·吉尔德:《后谷歌时代:大数据的没落与区块链经济的崛起》,邹笃双译,北京:中信出版社,2018 年,第 183 页。

认定比特币合法后出现了暴涨的姿势,比特币的投机币属性全面暴露;它可能具有的交易渠道价值已经被投机价值所淹没了。2014 年 1 月,淘宝禁售比特币;2020 年 5 月 10 日,比特币单日暴跌 1000 余美元,由 9500 美元下跌至 8200 美元;谁也未曾料到,到了 2021 年 2 月,其交易价格居然突破 5 万美元。在比特币出现后,网络上陆续出现了许多虚拟货币,都以区块链技术为基础或幌子,相互之间进行抄袭和仿冒,导致虚拟山寨币涌现的局面。投机币的主要特征是:其一,它不是法币。作为民间网络造币的产物,它利用货币的部分特征和功能进行炒作,并通过舆论赋予其意义。投机币在市场上的认同程度与炒作和意外事件的偶然性触发有较大关联,与股票市场具有相同的舆情主导偏向。其币值随着认同程度和市场信心的变化而变化,其社会流通和币值不受法律保护。其二,它没有价值。如比特币,制作新区块(俗称"挖矿")的"矿工"每产生一个区块,都要耗费巨大的人力和计算机算力,而依据设计,第 0 至第 21 万个区块,每个区块有 50 个比特币;第 21 万个区块至 42 万个区块,每个区块有 25 个比特币……依此类推,理论上全网最多能生产 2100 万个比特币。越往后面,比特币的挖矿越艰难,算力消耗越大,生产越少。即便如此,比特币尽管包含着人类劳动,但其本身并没有价值。因其劳动支出不是社会运行基础的有效劳动供给,它只有在投机主义那里才会被认定为有效的社会劳动。其三,投机币与法币之间存在事实上的通兑关系。尽管投机币的市值非常不稳定,但它可以依据动态价格直接在民间流动,与法币发生交换。这一特征使机会主义者趋之若鹜。尽管 Facebook 计划推出的 Libra 或者其类似物被一些人认为是未来货币的主导形态,但我们倾向于认为这类由大公司主导生产发行的数字货币依然是拟真货币,而不是真实货币,且它仍会陷入投机币的境地。无论是最终以币值高扬、波动巨大而成为风险投资的选项;还是其最终成为币值低迷、退出困难的垃圾币而遭人抛弃;其成为投机币的可能性会更大。它的主要原因或许在于互联网表面上稳定的垄断格局,掩盖了随时可能发生的大反转和大翻盘。无论投机币的市场如何混乱和不可预测,只要人们还秉持商品经济时代的机会主义宗旨，它就会此伏彼起地延续下去，甚至成为一种投资新风向。然而，以货币之名或者以其他名义，其实并不重要。也有人将投机币称为数字货币，将央行发行的数字货币称为电子货币，而将网络运营商发行的拟真币称为虚拟货币。① 我们并不采用这样的划分方式，而是以货币是否具有法币信用权威作为基本考量尺度。

（2）黏性币。越来越多的网络销售平台或者其他经营主体为了增加平台黏性而发行拟币，诸如京东网的京豆、华为的花币、淘宝网的淘金币、经管之家的论坛币等。黏性币是一种奖励性的虚拟货币，一般并不能与法币互换，但在特定平台进行消费时具有与法币相同的功能。"京豆"是用户在京东网购物、评价、晒单等获得的优惠，在京东网站使用时具有拟币的功能，可用于支付京东网站订单、兑换指定优惠券及生活福利等权益；可以用于购买实体产品。华为"花币"可用于华为公司的云服务、视频、游戏、音乐、主题等虚拟物品的购买，不能用于实体物品的购买。"淘金币"是淘宝网为用户提供的积分，与"京豆"具有相似的功能。经管之家的"论坛币"是经管之家网站发行的内部消费币，既可以通过发帖、回答问题、相互报偿、回帖、签到、推广论坛、出售资料、参与系统评价、邀请新用户等方式获得，也可以通过法币购买。"论坛币"能够在经管之家网站购买虚拟产品和服务，也能作为论坛网友之间相互联系（如出售资料、悬赏问答等）的重要方式。论坛币对活跃网站氛围，增加网友沟通，提升用户参与热情具有重要的作用。几乎所有的运营网站都会有不同类型的黏性币发行，用于激励用户参与网站活动，提高网站热度，增加网站黏性。大部分黏性币带有商业色彩，电商平台的黏性币往往具有"总体折扣"的功能，是对客户购买行为的奖励。在会员制（或俱乐部）商业模式开启之后，会员就能依据购买金额获得一定量的积分；而积分的多少是客户享受折扣优惠或者获得增值服务的依据。京东网对白金客户采取双倍京豆的奖励方式，以

① 巴曙松、朱元倩、乔若羽等：《区块链新时代：赋能金融场景》，北京：科学出版社，2019年，第243页。

便在更大程度上增加客户黏性。淘金币也在指定产品的经营中充当了购买准入标尺和优惠券的功能。商业网站上的黏性币往往不能与法币发生任何直接的兑换关系,只能作为消费的优惠或权限依据。法币直接购买虚拟货币的单向兑换是存在的,但它同时也能通过其他途径获得,这一点与锁定币相似。黏性币为防止客户流失提供了一定的防护功能,可购买的黏性币在这方面的表现更强;用户会将通过其他途径获得的黏性币与它的售价进行比照,从而增强其在特定网络活动的积极性。

(3)锁定币。一些互联网公司为了锁定用户,发行内部通行的虚拟货币,可以购买其运营的虚拟产品或实体商品。这些虚拟货币不能依靠参与程度来获得,必须通过法币购买。用户购买后,也不能要求赎回,只能用于该平台的消费。这些互联网公司本身就具有一定的用户黏性,通过免费服务项目已然使用户难以离开它了。在这样的情况下,拓展收费业务,就能增加企业盈利,同时将交易币种限定在自制的虚拟货币上。这样一来,企业就锁定了这些客户,如果客户要退出该平台,就有可能损失部分虚拟货币的投入。腾讯公司的Q币就是锁定币的典型。腾讯公司销售Q币的收费渠道主要有两种:其一是普通收费渠道,即通过银行转账或第三方支付的方式。腾讯公司在收款后进行用户专有账号的Q币充值。其二是其他商品销售商的收费渠道,通过中间商转账给腾讯公司。腾讯公司的Q币主要用于购买其收费的虚拟产品,主要包括号码服务、QQ秀、QQ游戏、贺卡等。百度公司的"百度币"甚至还将其与人民币对应起来,在消费过程中1百度币等于1元人民币。这些对应看似毫无意义,却由于其起到会员充值的作用,将付费客户锁定在该平台进行消费,其本质是一种不公正的平台欺凌。腾讯公司和百度公司等超级互联网公司利用其平台资源优势和资本优势,在原本可以直接通过法币消费的场景,自造拟币进行货币转换,其用意就在于锁定客户,并在庞大的消费群中获得巨额现金池(预付费性质的消费模式)。由于锁定币不能回兑成法币,海量用户的小额遗散数字资产被平台无偿占有,其财富汇聚能力不容小觑。当法币购买虚拟货币的单向汇算在一些超级互联网平台流行,而平台收入并没有进入隐退阶段时,这就事实上使平台资产不断翻倍;一方面是稀释了社会总财富,另一方面形成虚拟资产的巨大泡沫。由于锁定币作为一种拟币存在,因而在监管上是缺少约束机制的,在一定场合下仍然能够成为一种投机产品,尽管其价格的波动幅度要远比投机币小得多。法币预付消费性货币本质上还不是货币,因为其债权关系的构建仅限于直接消费品(虚拟产品)的供需双方,不能在社会上充当一般等价物。虚拟货币能够在非法商之间转移,使它成为私下交易的缺少管束的等价物介质。正由于虚拟货币在很大程度上能够私下交易,从而使其走入现实经济生活只需增加一些转手的环节。这就会造成虚拟世界吸附现实世界社会财富的现象,从而使虚拟社区经济更为壮观,而现实经济实体被不断抽空。

将电子货币定义为银行卡或者支付宝显然是一种混乱的标注,①因为银行卡和支付宝并不产生实际货币之外的功能和金额,而只是一种转账结算方式。将比特币和莱特币称为数字货币的典型是错误的,它们本质上是一种全要素功能拟币,是对数字货币的功能模拟;数字货币在规范性上只能是货币的新形态,是与纸币等具有相同币值和相同权力的东西。比特币与Q币相比,剔除技术要求的差异,只是其实现资源配置之经济权力的野心稍有不同罢了。数字货币依靠的是政府信用,而虚拟货币依靠的是网民信念或企业信誉。虚拟货币的本质是对货币的虚拟或者模拟,它或许是功能上的,或许是特征上的,或许二者兼而有之,但企业往往以"负债"凭证定义它们。"拟币"包含着丰富的内涵,也必将引发更多伦理争议。法定数字货币则较少有新的伦理问题的产生,除非其在实际的运行中已经脱离了管束,变为一个纯粹技术上的议题,并将其产生的结果伦理化。

---

① 巴曙松、朱元倩、乔若羽等:《区块链新时代:赋能金融场景》,北京:科学出版社,2019年,第243页。

第二节　货币的伦理本质

一、流行的货币观念

佩塞克和萨文认为，“货币是这样一种支付手段，这些支付手段是其持有者的财富，而不是其他人的债务，所以货币是社会净财富的组成部分。”[①]这一概念将货币（净财富）与负债区分开来，在现实经济活动中有着一定的意义。债权具有特定的索权对象，而货币则不具有特定索权对象和内容；并且，货币作为交换媒介尽管为社会所普遍接受，但并不意味着拥有货币就一定能够在市场商品稀缺的情况下获得相当的商品，它还必然建立在自由协商的基础上。纽伦和布特尔直截了当地指出：“货币最基本的功能就是作为支付手段而为人们所普遍接受。”[②]为了区别支付手段与其他资产的不同，他们认为：其一是支付手段具有中性原则，在实行支付的过程中不能对经济产生进一步的影响；其二是在支付过程中，作为支付手段的资产不能改变其总量。弗里德曼和施瓦茨将货币认定为“我们通过规定的程序而选出来并指定为货币的这样一些东西”。[③] 这一说法把货币作为人们有意识的“发明”，从货币发展的历程看来显然是错误的。不过，在虚拟货币方面，这一说法居然奇迹般地获得了现实意义；因而弗里德曼和施瓦茨的观点只适合于虚拟货币这样的“非货币”。拉德克利夫报告中的货币概念将“流动性”引入其中，但却在“流动性”的定义上含糊其辞。经济学家将货币定义为在产品和服务支付以及债务偿还中被普遍接受的东西。即便如此，由于具有支付和清偿功能的物品（或符号）随着时间和地点的变化而出现更多形态，更不用说“货币”还具有其他更为广泛的用

① 盛松成、施兵超、陈建安：《现代货币经济学》，北京：中国金融出版社，2012 年，第 18 页。
② 盛松成、施兵超、陈建安：《现代货币经济学》，北京：中国金融出版社，2012 年，第 21 页。
③ 盛松成、施兵超、陈建安：《现代货币经济学》，北京：中国金融出版社，2012 年，第 24 页。

途;以至于"即使对于经济学家,也不存在一个单一而且精确的货币或者货币供给概念。"①尽管如此,在《货币金融学》这本广受推崇的教材中,米什金还是对其书中的货币予以明确的告示,其书中所指的"货币"正是前述之"被普遍接受的东西",并且"与收入和财富是有区别的"。洛克认为,"货币是商业的尺度,是一切东西的价格尺度,所以应该(像其他一切尺度一样)尽可能稳定不变。"②马克思主义经济学家往往是从社会生产关系和价值形式的角度来说明货币的本质。"货币的本质,就在于它是特殊商品,是起着一般等价物作用的商品,是测量一切商品的价值的总衡量,是商品价值之一般的体化物。"③M.И.杜冈-巴拉诺夫斯基给货币下的定义是:"在一定的社会经济中,执行通用的价值尺度、通用的交换工具和法定的支付手段等职能的物品就是货币。"④而熊彼特认为,"作为货币的货币价值,在理论上是完全能同材料的价值分开的","后者只是前者的历史源泉"。⑤

奥勒·比约格认为,"货币运作依赖于在货币使用者中存在的假象,即不同形式的货币最终合而为一,都是同一事物。"他以"货币并不存在"的口号来说明对诸种货币形式下的"同一事物"表达了一种神秘莫测的思虑。殊不知分析"货币不是什么"并不会比分析它"是什么"更简单。比约格区分了"商品货币论""货币国定论"和"信用货币论"三种货币理论,并指出它们之间的区别在于不同经济学家对"货币的价值基础"所持的不同观念。⑥ 马克思被比约

① (美)弗雷德里克·S.米什金:《货币金融学》(第九版),郑艳文、荆国勇译,北京:中国人民大学出版社,2011 年,第 53 页。

② (英)约翰·洛克:《论降低利息和提高货币价值的后果》,徐式谷译,北京:商务印书馆,2010 年,第 99 页。

③ 彭迪先、何高箸:《货币信用论大纲》,武汉:武汉大学出版社,2012 年,第 28 页。

④ (俄)M.И.杜冈-巴拉诺夫斯基:《政治经济学原理(下册)》,赵维良、桂力生、王湧泉译,北京:商务印书馆,2014 年,第 333 页。

⑤ (美)约瑟夫·熊彼特:《经济发展理论——对于利润、资本、信贷、利息和经济周期的考察》,何畏、易家祥等译,北京:商务印书馆,2016 年,第 57 页。

⑥ (丹麦)奥勒·比约格:《赚钱:金融哲学和货币本质》,梁岩、刘璇译,北京:中国友谊出版公司,2018 年,第 87—89 页。

格认为是“相信商品货币论”的,因为货币是“一般等价物”。比约格自己的观点透露在其对齐泽克关于货币在真实与象征之间的中介或桥梁作用的充分肯定,因而对货币的本质属性有着哲学的玄思。“货币进行运作时,一个根本性的奥秘在于人们对之深信不疑。”①这种深信不疑与米什金以及其他经济学家所指出的那种“被普遍接受”是同样的意思。用物质、身体或者其他人造之物、劳动过程本身等来表达人们的心理欲望,将物质世界与人的心灵连接起来,这是货币所行使的职责吗?经济共识或市场共识(集体的深信不疑和被普遍接受)是货币的核心要义吗?这些隐而不显的声张,在西方经济学界并没有表现出现实的更多理论逻辑,但却在生活中以常识的面貌被人们接受。米尔达尔认为,“信用成为全部支付手段中的主要部分——或者最早它是决定流通速度的,如果只有铸币和纸币才算是支付手段的话。”②而“信用”乃是“深信不疑”的心理基础和制度保障。

索托认为,“正是由于所有权记录文件的产生明确了资本的经济特征,它们才能够用来巩固商业和金融交易,最终为中央银行提供发行货币的依据……货币的产生,需要以所有权为先决条件。”③显然,索托并不考虑货币产生和发展的现实逻辑,而是将资本主义作为静态社会组织予以研究。在这个意义上,这种剖析也许是有意义的,因为它至少探清了资本产生的法权基础,并在复杂的所有权体系中将内在的资本关系展示出来。不过,尽管所有权的确是货币产生的重要条件,因为这是商品交换的基本前提。但在“所有权文件”尚未成为普遍的权益证据时,货币就以一定的形式存在于世。货币的发展与所有权的发展有着一定的联系,这对于理解从偶然的价值形式发展到法定货币形式的漫长历史进程有着积极的意义。同时,索托揭示的资本主义时

① (丹麦)奥勒·比约格:《赚钱:金融哲学和货币本质》,梁岩、刘璇译,北京:中国友谊出版公司,2018年,第96页。

② (瑞典)米尔达尔:《货币均衡论》,钟淦恩译,北京:商务印书馆,2012年,第18页。

③ (秘鲁)赫尔南多·德·索托:《资本的秘密》,于海生译,北京:华夏出版社,2012年,第50页。

期的货币形式是货币发展的高级阶段(或成熟阶段)的观念与商品经济发展的现实是相吻合的。

米塞斯认为,货币起源于间接交易发展的需要,那些原本最畅销的商品就成为一般交换的媒介,“其他商品的卖者首先将其商品转换成此种商品,任何准备购买其他商品的人也要先获得该种商品。”①市场交易的实况使人们选择将某种商品充当一般交换媒介。货币的形成是人们在交易过程中不断试验和筛选的结果。他认为货币除在“促进商品和劳务相互交换”方面的职能外,其他的职能都是它的“附属”职能。米塞斯指出,“当间接交易利用货币来进行时,货币不一定需要进行实物转手;一个高度安全的同等金额的、可随时兑现的债权可以代替实际货币进行转移。”②在这一点上,米塞斯与索托对所有权的倚重具有相同的意见。货币成为一种可以随时兑付的索债权凭据,成为一种信用契约。货币替代品或者类似于货币的那些东西只是在安全性能和流动性的程度上与货币有所差异,它们是用于小额交易的特殊债权,“非常值得将其纳入货币范畴”。③ 那些同时可以作为商品交易的货币是商品货币,具有特定法律资格的物品所构成的货币则是法定货币;而信用货币是对任何自然人或法人形成债权的那些货币。米塞斯也指出了货币造成的幻想,认为经济生活中的所有过程都被货币所遮蔽,以至于人们将盗窃和谋杀、欺骗与背叛、卖淫与贿赂等罪行都归咎于货币,这是一种“没有看到事物表面之下的内容”④的幻想。对货币本质、功能及其自身价值和结构的不同观念使人们对经济理性和财富有着不同的态度,并在社会生活中展现为特殊的伦理结构。

---

① (奥)路德维希·冯·米塞斯:《货币与信用理论》,孔丹凤译,上海:上海人民出版社,2018年,第5页。

② (奥)路德维希·冯·米塞斯:《货币与信用理论》,孔丹凤译,上海:上海人民出版社,2018年,第19页。

③ (奥)路德维希·冯·米塞斯:《货币与信用理论》,孔丹凤译,上海:上海人民出版社,2018年,第22页。

④ (奥)路德维希·冯·米塞斯:《货币与信用理论》,孔丹凤译,上海:上海人民出版社,2018年,第51页。

二、马克思对货币的论述

在有关资本生产过程的论述中,马克思首先分析了商品的两个因素:使用价值和价值(价值实体)。当人们在商品交换中发现了潜藏在使用价值背后的劳动价值时,那种将异质性的使用价值进行比较和通约的力量引起了人们的关注。是什么东西能使人们将具有完全不同自然形式(形状、属性和功用)的东西进行比较呢?马克思认为是生产这些不同类型产品所耗费的社会必要劳动时间。人们在市场上达成产品交换的现实因素乃是基于这种劳动消耗的大小,当然,不排除具体交换场景中供求关系和社会心理的影响。只不过就整体而言,社会产品的交换所产生价值量的比较(或谓交换价值),使一种商品的价值需要用另一种商品与之发生关系,从"相对的"角度才能恰当地理解交换价值的大小及其现实意义。正因如此,物与物之间的关系通过商品形式而转化成为人与人之间的关系。或者说,是人与人之间的劳动关系(这是经济关系中至关重要的方面)转变为商品的交换关系。货币是一种可以普遍用于交换的特殊商品,从而是获得稳定的"一般等价物"形式的商品。任何一种相对价值形式与等价形式之间都有着人类劳动交换的社会机制,当货币固定地充当一般等价物时,它与那些偶尔发生的,或者常见的有用物品或稀缺物品充当的等价物相比较,具有更广泛而灵活的应用。马克思认为,在商品价值关系及其表现形式的探究中,"货币的迷就会随之消失"。①

1. 货币关系表现劳动关系以及更为广泛的社会关系

金独占了(在或大或小的范围内的)一般等价物的地位,它就转变为"货币商品"。这个看似平凡的东西,掀开了商品中所蕴含的超越物理学和生理学意义上的真理面纱,撇开了劳动的质的差别,而对它们共同潜蕴的抽象劳动

① (德)马克思:《资本论》第1卷,中央编译局译,北京:人民出版社,2004年,第62页。

时间予以关心。这在以获取他人之物为目的的生产中具有重要的意义，那些可以被撇开的具体的个人劳动形式之所以能够成为获得社会提供的各种产品（以满足个体多样化需求）的媒介，正是因为"一旦人们以某种方式彼此为对方劳动，他们的劳动就取得社会的形式"。① 劳动产品采取商品形式的谜一般的性质的奥秘就在于：商品形式对人们劳动的社会性质的反映，是通过劳动产品本身的物的性质自然而然地表现出来的，生产者之间的劳动关系通过物与物的关系自然而然地表现出来。货币无非就是那种具有广泛表现功能的特殊商品。通过与这一特殊商品的置换能力来检验私人劳动在多大程度上具有社会劳动的性质。尽管人们试图通过最少的货币支出以换取更多商品，或者希望在出售商品时获得更多的货币。但私人劳动与社会总劳动的关系在较大范围的生产和交换中能够自动达成某种符合逻辑和现实的结果。商品世界中的全部神秘性在一定社会生产方式即商品生产关系层面上立刻消失了。马克思并没有在那种社会认同的心理机制上对货币的价值属性做神秘主义的阐释，他在对鲁滨逊在荒岛上具有经济意义的活动的表述，不是要肢解约定俗成的经济共识机制。荒岛上的鲁滨逊带有实践经验烙印的经济活动正是人类社会关系在发生断裂时留下的胎记。具体劳动只是生产出具有异质性的各种商品，而整个商品体系的构建是由于某种共同机制在发生作用。"一切商品对它的占有者来说是非使用价值，对它们的非占有者是使用价值。"②商品的全面转手在发达商品经济中必然通过货币媒介来进行。货币作为一般等价物反映了商品生产者之间的交换关系，体现着产品的所有权归属，并通过等价交换来实现他们之间的社会联系。③ 当货币转变为资本后，哪怕是最不平等的社会关系也被货币的平等形式所掩盖。"物的货币形式是物本身以外的东西，它只是隐藏在物后面的人的关系的变现形式。从这个意义上，每个商品都只

---

① （德）马克思：《资本论》第1卷，中央编译局译，北京：人民出版社，2004年，第89页。

② （德）马克思：《资本论》第1卷，中央编译局译，北京：人民出版社，2004年，第104页。

③ 胡庆康、尹应凯：《现代货币银行学教程》，上海：复旦大学出版社，2015年，第3页。

是一个符号,因为它作为价值只是耗费在它上面的人类劳动的物质外壳。”① 商品的各种奇异外观所表现的恰恰是人的不同生存状况,是在社会总的劳动关系中的特殊地位。由于劳动是人的主要实践活动,因而在社会发展的一定阶段,个体劳动的私人属性(它形成商品在自然形式上的差异性,从而使价值关系或交换关系的建立成为必要)而使其成为人们其他社会关系的主要诞生地。货币关系也就相应地成为其他社会关系的表现形式。鲁品越教授认为,“一切货币的共同本质是商品内部的劳动价值的一般等价物的符号,也是抽象劳动的符号,从而是‘用生命生产生命’所建立的市场关系的符号。”②

2. 货币形式随着商品交换的实践发展而不断变化

马克思在论述商品价值表现的时候,区分了四种基本的价值形式:简单的、个别的或偶然的价值形式;总和的或扩大的价值形式;一般等价形式;货币形式。在前两种形式中,单一的或集合的价值体充当了等价物,商品的价值尺度没有固着在任何特定之物上,或者说,在此阶段,没有任何商品获得了纯粹价值形式,从而导致商品交换只有在偶然的机会下才能顺利进行。在更多的情况下,买卖双方难以达成一致或者需要耗费更多的时间来连接价值关系的链条。只有在第三种价值形式出现后,人们才能在约定俗成的交易机制中实现较为充分的经济交往,无论这种一般等价物是麻布还是羊。一般等价物的价值形式正是扩大的价值形式所表现的样子(只不过将相对价值形式与等价形式倒置过来而已),是一个商品的无限系列的等价形式。马克思将这个无限系列颠倒过来而成为价值表现的第三种形式,具有重要的理论意义。它既表明了等价物本身所蕴含的价值(尽管它自己无法确知自己的价值量),也表

① (德)马克思:《资本论》第1卷,中央编译局译,北京:人民出版社,2004年,第110页。

② 鲁品越:《鲜活的资本论:从深层本质到表层现象》,上海:上海人民出版社,2015年,第195页。

明了商品交换的常态化或普遍化是一般等价物形成的重要原因。在丰富的相对价值形式需要一般等价物作为价值表现手段,从而完成相对价值形式(即商品)的广泛流通和交易时,一般等价物的实际用途(即其使用价值)被社会所淡化,即一般等价物的双重使用价值的单一化。它既是一种基于自身属性的使用价值,如麻布可以制衣;又是一种充当交换媒介的使用价值。一般等价物作为交换媒介而被广泛接受,它的自然形式不再具有至高无上的地位。因此,马克思认为用现金取代麻布,并没有发生本质的变化,①只是商品交换变得更为频繁和普遍了而已。货币的神奇之处在于它在商品交换的源源不断的生产—消费的过程中,不断置换出流通中的商品,使它们进入消费领域,而货币俨然置身事外。生产和消费越是发展,货币流通或者货币所有者的不断变换就使社会经济生产处于一种自动机的运作模式下。商品不断从流通领域进入消费领域,货币不但启动了物质生产与消费的内在冲动,而且也将自身的物质属性逐渐甩出和消磨掉。在商品流通的过程中,货币本身的形式变得不再那么重要。在支付领域中,货币的表现形式是"无关紧要"的。无论是金属货币还是信用货币,它们并没有本质上的区别,"货币成为契约上的一般商品"。②

3. 货币拜物教及其克服的通道

货币使各种劳动作为人类劳动而彼此相等(或相互通约),商品交换者关心的实际问题,在货币出现后,就不再是交换物的使用价值对其自身的满足程度,而是交换是否能够获得足够的、符合预期的货币量。通过货币量的增加,从而增加对外在物的经济权力。这种经济权力乃是以货币形式承载和标识的人类抽象劳动的量的大小,它具体表现为换取他人生产的劳动产品的能力,表现为对货币(即随时可以兑现的社会财富)的持有。在市场经济中,劳动价值

① (德)马克思:《资本论》第1卷,中央编译局译,北京:人民出版社,2004年,第87页。
② (德)马克思:《资本论》第1卷,中央编译局译,北京:人民出版社,2004年,第164页。

转换为交换价值是通过货币作为媒介而实现的，而交换价值形成了市场权力。[①]“货币，因为它具有购买一切东西的特性，因为它具有占有一切对象的特性，所以是最突出的对象。”在商品经济中，“货币的特性的普遍性是货币的本质的万能；因此，它被当成万能之物。”[②]货币通过交换价值功能而增强了货币持有者的社会权力，使其成为在社会资源配置上占显著优势的一方。货币对商品的权力表现为货币占有者对商品生产者的权力，物与物的交换关系表现为人与人的权力关系，经济权力转变为社会权力。货币具有了吸纳（或压缩）事物社会属性的功能，因而马克思认为货币的特征就转变为货币持有者的特征；如同货币在外观上如何粗糙或者丑陋并不令人挂怀一样，货币持有者在外貌和德性上的弱点并不能引起他人的蔑视，只要他占有的货币足够丰富。“货币是万物的实际的头脑。”[③]经过货币过滤的物质世界是值得“称赞”的，人们所怀抱的希望和欲求，是通过占有他人劳动从而合法掌握社会资源（只不过，在人类文明进化的不同时期，“占有他人劳动”的方式时而野蛮、时而显得“文雅”而已）。在跨期消费和间接交易成为常态的经济发展阶段，“货币硬化为贮藏货币，商品出售者成为货币贮藏者”。[④]货币在硬化为贮藏货币的过程中，也型塑了人们之间的社会地位和等级序列，这是基于财富多寡的社会阶层关系。在这些阶层关系的流动中，货币的资本化进一步增强了货币占有者的经济权力，并且通过工人阶级的贫困化（主要表现为剩余价值的更多榨取）拉开阶层之间的差距，并使阶层关系趋向固化。利益固着的努力与另一阶层破除它的努力相生相克。在马克思看来，人们对货币的种种纯粹抽象的观念，

① 鲁品越：《鲜活的资本论：从深层本质到表层现象》，上海：上海人民出版社，2015 年，第 194 页。

② （德）马克思：《1844 年经济学哲学手稿》，中央编译局译，北京：人民出版社，2000 年，第 140 页。

③ （德）马克思：《1844 年经济学哲学手稿》，中央编译局译，北京：人民出版社，2000 年，第 143 页。

④ （德）马克思：《资本论》第 1 卷，中央编译局译，北京：人民出版社，2004 年，第 153 页。

把人的关系异化为现实的不完善性和幻象。假如人对世界的关系是一种人的关系,就不能用货币这种颠倒黑白的力量来予以维持。① 货币对整个对象世界的交换能力,将人们之间的爱和信任等情感和品德彻底抛弃了。这种不幸在私有财产占据统治地位的历史时期是难以克服的。米塞斯和索托他们强力推销的"意见",那种将私人所有权及其契据作为货币经济发达的前提的"意见",从侧面阐述了马克思主义所主张的(那种克服货币拜物教所需要解决的最大、最现实的)问题:对私有财产制度的否定,或者对它的否定之否定。而后者是社会主义市场经济条件下发展货币经济的理论根源。但货币对社会主义市场经济的积极作用的形成,必然需要在对资本主义货币拜物教的否定的基础上,重新发育社会主义市场经济的理性和道德。

三、席美尔对货币的论述

格奥尔格·席美尔,德国社会学家、哲学家,又译齐美尔或西美尔。他的学生 G.卢卡奇认为其 1900 年出版的《货币哲学》是一部了不起的社会学著作。席美尔认为,货币对社会、经济、文化、政治和个体具有全面的、持续的冲击力。货币由于其先天的平等派属性,成为现代民主制肇始的重要原因。现代社会向前发展,必然伴随着货币力量的广泛渗透和全面占领。货币越来越在社会中占据强势地位,就连个人的自我设计和自我价值,都由货币所操纵。货币这一现代社会中连接人与物质和自然世界的桥梁,人类却偏要栖居其上。交易手段被目的化了,从而货币这一曾经引导着人类进入民主和自由状态的东西,现在成为了对人的自由发展的障碍。席美尔首先分析了货币与价值的关系。他认为,"货币是交换的可分的对象,它的单位是与每一个不可分对象

① (德)马克思:《1844 年经济学哲学手稿》,中央编译局译,北京:人民出版社,2000 年,第 145 页。

的价值单位同一的。”[①]货币起源于交换的需要，在交换中，事物彼此相互表现其价值。对象的价值往往具有强烈的主观属性，这与个人的需要和欲望息息相关。物物交换之间难以在不同的东西之间寻找到相同的比较因素，因而对象价值的主观性彰显出来。而货币成为交易的中介，同时也就成为价值的中介。“交换是克服对象纯主观的价值意义的起因”[②]，在经济交换中，事物从主体的纯粹主观中解放出来，并被赋予客体经济功能。通过一个对象与另一对象相交换，对象的价值被客观化了。“货币作为交换关系自主的表现，它将被需要的对象化为经济对象，并建立了对象的可替代性。”[③]其次，席美尔认为货币具有恒定的价值，是一切物品衡量自身的客观尺度。他说，“货币能够充分地进入构成经济连续性的关系只是因为，作为一个具体的价值，它只是以一种实在的物质为表征的在经济价值自身之间的关系。货币的这种意义以经验的方式进一步表现为价值恒定性，这源于货币的可互换性和无特质性。”[④]正因为货币的价值恒定性，使得货币拥有价值的裁判权，在商品交易中，“货币能够补充存在于任何物物交换系统中的不平等”。货币所具有的基本功能之一就是作为价值的重要衡量标准和手段，从而使价值更加具有流动性。[⑤]

货币在社会生活中扮演着十分重要的角色。货币作为物质化的一般存在形式，成为事物找到自身在社会关系中的地位和价值的依据。货币是世界最为确定的表现形式，它确定了事物在关系网络中的意义，它为那些具有象征意

---

① (德)席美尔:《货币哲学》,陈戎女、耿开君、文聘元译,北京:华夏出版社,2002年,第63页。

② (德)席美尔:《货币哲学》,陈戎女、耿开君、文聘元译,北京:华夏出版社,2002年,第20页。

③ (德)席美尔:《货币哲学》,陈戎女、耿开君、文聘元译,北京:华夏出版社,2002年,第56页。

④ (德)席美尔:《货币哲学》,陈戎女、耿开君、文聘元译,北京:华夏出版社,2002年,第61页。

⑤ (德)席美尔:《货币哲学》,陈戎女、耿开君、文聘元译,北京:华夏出版社,2002年,第124页。

味和抽象的构思找到坚硬的表达之物,成为神秘的或者晦涩的意向、价值和欲望的具体形式。抽象的关系和联系在货币关系中变得直观和清晰。“货币具体体现了事物据之成为经济性事物的要素或功能。”①席美尔认为,没有人愿意用一个有价值的东西去交换一个无价值的东西;但是,价值通过无价值之物才能获得更大范围的应用和扩大自身的价值。在以物易物的阶段,最需要和最有价值(指使用价值上需求最普遍)的东西最容易成为货币。货币行使的功能越大、范围越广、流通越快,货币的价值功能就越会超出其自身的物质实体所具有的价值。目前而言,只有经济不甚发达的地区还会采取两个东西的实体价值进行比较来决定交易。货币之纯粹符号特征的发展,使货币的意义只是用在表达其他物品之间的价值关系上面。② 现代货币与特殊价值之间不存在直接的联系和特别的承诺,这是理智能力的提高和心灵力量存在的结果。“货币的发展就是努力完成一个它永远也达不到的理想,即成为经济价值的一个纯粹符号。”③它的本质是要完成其“功能”对“物质”的全面替换。在这一进程中,货币始终保持着将对象世界现金化和浓缩化的努力,并且使商业交易变得快捷、价值测度变得稳定。货币的“纯粹形式”超越了物质的丰富形态和结构,也超越了个体意志对自身所有之物的价值评估和对欲求之物的砍价底线(人们对“所有者”和“所欲者”往往包含着诸多自然情感,反而使它们局限在狭小的“我的”关系中)。人与人之间的联系通过货币反而变得丰富起来,通过货币系统把个体镶入到社会关系和价值网络中。正因为如此,抽空了物质价值(基于自然形式的使用价值)的货币在社会中反而获得了更多的价值加持。交换工具作为被强化了的手段,由于其被利用的无限可能性而增加

① (德)席美尔:《货币哲学》,陈戎女、耿开君、文聘元译,北京:华夏出版社,2002 年,第 65 页。

② (德)席美尔:《货币哲学》,陈戎女、耿开君、文聘元译,北京:华夏出版社,2002 年,第 81 页。

③ (德)席美尔:《货币哲学》,陈戎女、耿开君、文聘元译,北京:华夏出版社,2002 年,第 91 页。

了自身的神圣性。货币的持有量意味着自由选择能力的大小。“一定数目货币的价值就相当于它所进行交换的对象的价值再加上货币可以在无数其他对象上进行自由选择的价值。”①在现代经济社会中,货币是个体自由的载体。②

货币是“世俗之神”。货币独一无二的优越性来自于它——与其他事物的特殊性和时间约束不同——只是一种抽象的工具;货币撇开了人们在特定场景下的复杂的需求偏好。“货币是终极的手段,这种形而上学特质就是作为所有可能性的价值实现所有价值的可能性。”③拥有货币就有可能拥有源源不断的财富,财富的自然增值使货币拥有者沉醉其中。因为货币可支付的范围越来越大,世间之物越来越多地臣服于货币的力量,货币作为一种绝对价值发挥着作用。货币是一种绝对的手段,而在大多数人心中,它又是一种绝对的目的。④ 货币打破了人们之间的自然的相互依赖关系,人们通过货币能够清晰地确定个体的自我存在状态并且理解个体与他人或社会的关系。除此之外,席美尔认为货币在社会组织化、社群化以及个体的自我价值主张方面有着重要的作用。人的价值使货币的尺度无法用来衡量人,⑤但为金钱牺牲个体价值的情况并不鲜见,甚至货币经济发展越甚,人的价值就进一步被货币的价值所霸凌。以个人价值去交换金钱价值,只有情操高尚的人才会予以严肃地拒绝。但席美尔认为,“金钱交易产生了民主式的夷平差别的结果。”⑥让渡金

---

① (德)席美尔:《货币哲学》,陈戎女、耿开君、文聘元译,北京:华夏出版社,2002 年,第 142 页。

② (德)席美尔:《货币哲学》,陈戎女、耿开君、文聘元译,北京:华夏出版社,2002 年,第 224 页。

③ (德)席美尔:《货币哲学》,陈戎女、耿开君、文聘元译,北京:华夏出版社,2002 年,第 150 页。

④ (德)席美尔:《货币哲学》,陈戎女、耿开君、文聘元译,北京:华夏出版社,2002 年,第 162 页。

⑤ (德)席美尔:《货币哲学》,陈戎女、耿开君、文聘元译,北京:华夏出版社,2002 年,第 284 页。

⑥ (德)席美尔:《货币哲学》,陈戎女、耿开君、文聘元译,北京:华夏出版社,2002 年,第 326 页。

钱的一方认为它贬低人格，而获得金钱的一方会觉得这是获得尊严的方式。席美尔对货币社会影响的更多心理主义的刻画有着现实的反讽意义，社会学家对经济现象的审度对伦理道德的反省具有一定的启发作用。了解包括马克思、比约格、米塞斯、席美尔等人关于货币的一些思想精华，对我们深入理解当前虚拟货币的形成、发展以及其在伦理秩序上所产生的影响有着重要的意义。

四、货币伦理与虚拟货币的相遇

论述货币的伦理本质是从研究者对货币本质的探究出发的必然结果，无论是将货币定义为一种纯粹的交换媒介还是世界通约的物质化力量。在其现实性上，货币的本质体现的是货币所有者、欲求者和使用者在其社会活动中的社会价值，抑或说，货币的伦理本质蕴藏在货币的产生、发展、运行的全过程中。社会关系尤其是劳动关系是马克思主义货币理论的重要基座。在社会化生产劳动中，产品所有权属性的变迁是货币产生、发展和消亡的前提。但是，在一定的社会生产发展阶段，产品在满足社会需要时按照一定的限制性规则进行分配，货币就是理想的分配工具。货币作为一般等价物的前提并未瓦解，只要生产力水平尚不能达到按需分配的状况且人们的精神境界仍需有效提高的状况没有得到根本改变，货币所能发挥的社会作用就会超越其他社会机制的广度和深度。这也是当前国家所提倡市场在资源配置中其决定作用的依据之一。货币的社会属性在传统货币的自然形式中并不能直观得到，在虚拟世界的扩张中，它变得更加神秘莫测。特定平台发行的内部通用币以及广域网络中受人推崇的比特币，使人们对它们的态度和观点存在明显冲突。以金融科技的显要身份临世的比特币，被一些人认为是有着去中心化功能的伟大的货币创新，而另一些人则将之作为投机市场的一时之兴。在对新物种是否具有货币属性的讨论中，之所以存在较大的差异，其原因就在于货币伦理观念的偏差。然而，这一论点同样难以获得完整的论据支持，乃是因为在货币伦理上有着更为复杂的货币运行机制和现实环境。在讨论比特币的货币属性时就鲜明地说明了这一点。有人说,比特币是一种真正的"电子货币",人们使用比特币转账和支付,转走的是实实在在的货币,而不是货币数量;非但如此,比特币还是一种"自由"的货币,它匿名而不需要监管;比特币是一种去中心化的货币和世界货币,具有完全的信用价值和安全属性;它消除了通货膨胀。[①] 但是,理论上并不完满的比特币乌托邦在发展中打破了上述构想和期待,随着投资者的青睐以及它那虚构的价值属性,没有任何参照系统的比特币成为了投机产品,比特币价格大起大落。[②] "伟大的创新"变为了"巨型泡沫"。

金融创新工具极大地改变了作为交换媒介的资产和具有高度流动性的资产的构成。[③] 新时期对货币的情怀表现为对货币制造技术的信任,并通过这种技术上的信任而希望获得与传统货币时代迥异的社会景观。这是对货币拜物教、政府对货币的中心权力以及金融稳定性的忧患意识所催生的结果,它希望诸如区块链这样的数字技术能够缓解在市场中心主义中自由放任的金融投机所产生的坏影响。在货币发展的历史中,法定货币与民间铸币一直存在着或明或暗的较量。一旦时机成熟,民间铸币就会随时兴起,互联网时代虚拟经济的兴起恰恰提供了这样的条件,而网络创新和创业的呼声之高前所未有。互联网对于创业者来说是激动人心的机遇,而铸币是获得互联网决胜的法宝。互联网铸币就是对虚拟货币的生产。在货币的去物质化和去本位主义的肆意扩张中,货币的符号化与虚拟世界的铸币要求发生历史性的偶遇。这一历史性的偶遇将虚拟货币推上了经济舞台,虚拟货币在虚拟世界中充当着经济联系和社会交往的黏结剂。技术信任依然占据着大部分人的思维领域,而伦理道德上的问题并没引起足够的重视。这些新涌现的虚拟货币是否在货币拜物教之外创立了纯粹的经济运行机制,以至于人们摆脱了货币拜物教的统治而

---

① 李耀东、李钧:《互联网金融:框架与实践》,北京:电子工业出版社,2014年,第327—329页。

② 史浩:《互联网金融支付》,北京:中国金融出版社,2020年,第225页。

③ 盛松成、施兵超、陈建安:《现代货币经济学》,北京:中国金融出版社,2012年,第31页。

成为真正自由的人？这是对新生事物的怀疑态度，在每一种新事物产生之时，在每一种新生事物正在引发人们兴致勃勃的畅想之时，这种怀疑是令人生厌的。人们丝毫不愿意怀疑诸如“京豆”和“淘金币”之类的奖励性虚拟币有什么不妥，似乎它们只是商家的一种消费激励或者用户黏结。真正在货币伦理的框架内对其进行分析，或许它们就不再只是光彩诱人的消费“折扣”，实际上它们有机会稀释广大人民的财富，无论是入驻的商家、消费者还是其他群众。对货币本质的思想史的片段式回顾，或者对货币功能和社会价值的思索，必然要将虚拟货币的伦理蕴含及秩序规范的研究放在虚拟货币应用场景中。

第三节　虚拟货币应用场景的伦理问题

如前所述，我们并不认为私人部门发行的数字货币具有完整的货币属性，也不认为无中心加密货币能够作为世界货币在全球范围内会被接受。这些“货币”本质上都是对真实货币的模拟，它们与企业发行的代币和虚拟场景下使用的预付款性质的虚拟币一样，统称为虚拟货币（广义①）。不同种类的虚拟货币由于其应用场景的不同，从而形成不同的伦理问题。投机币、黏性币和锁定币是在不同的应用场景下的简单指谓，它们在现实生活的虚拟化扩版中发挥着重要的作用。投机币从它诞生之日起就怀抱侵吞整个社会资产的野心，企图用一连串的数字代码取代整个社会财富体系，并将其据为己有。然而其“声张”却令一些人激动不已，带着无政府主义的幻想来蛊惑在互联网上寻找白手发家道路的人们。那些“不会发生通货膨胀”的呓语尚未消散，比特币、以太坊以及各种山寨币就纷纷暴露了其投机的本性，市场价格的波动超出了人们的想象。“去中心化”是民间数字货币所标榜的内核，在其基础技术的

① 狭义虚拟货币仅指那些在虚拟网络社区行使货币职能，并限于虚拟产品流通和虚拟身份获得的仿币，它不能流向现实生活，不可购买实物商品和现实服务，亦不能真实增加用户的资产总量，改善其物质生活。

支撑方面的确也显示了区块的独立性,但依靠强算力支撑和资本加持的新型数字技术产物,它在社会中却依然是中心化的。并且,新的中心化与政府主导的银行体系的中心化相比,其公平性和信誉更加难以保障。乐此不疲地攻击现代银行体系的人也许站在一种批判理性的强迫感中难以自拔,但解构和批判与建构和设计相比,显然要容易得多。以国家信用作为担保的现代货币系统,或许是能够现实运行的货币体系中“坏”的程度最低的。在国别货币体系与世界货币体系的融合过程中,货币坚硬程度反映着整个货币体系设计的严谨程度和一国经济发展的全面影响力。国别货币体系共建的世界货币系统中,霸权和侵掠始终暗流涌动,美元体系成为美国财富的最大源泉,也成为美国金融资本家寄生于世的根本。假设“脸书”推广的数字货币 Libra 最终获得诸如美元一样的霸权地位,世界会变得更美好吗?这一问题尚未有人提出,也未有人作答。黏性币和锁定币对于商家来说,始终都是有利可图的,无论是维护稳定的客户资源还是增加网络平台内部的趣味性,都是必要的手段。但这些网络平台代币是否会因其对现实空间的无缝对接而稀释国民财富?来自物质资料生产领域的劳动被进一步贬低,现实生产部门和服务部门的劳动价值在与互联网创业和投机收入相比较的过程中,越发表现出了来自虚拟世界的挤压。社会的怪状是:人们所从事的活动越是向虚,其所获得的财富越是“殷实”。这样的财富分配格局会不会使人们越来越对制造投机产品趋之若鹜?虚拟货币成为敛财的合法工具。爱德华·卡斯特罗诺瓦说,“通货作为一个抽象的概念可以被赋予任何一种物品。永恒的通货并不存在。”①通货或许是抽象的,所以拟币能够在传统货币观念的支持下从事迥异的活动,并栖居在无形的数字结构中。通货所形成的社会关系却是具体的,无论是法定数字货币还是虚拟货币,其对社会关系所形成的影响,必然真实地反映在一定的伦理关系中。

---

① (美)爱德华·卡斯特罗诺瓦:《货币革命:改变经济未来的虚拟货币》,束宇译,北京:中信出版社,2015 年,第 50 页。

一、虚拟货币在市场交易中的伦理问题

投机币进入交易领域,与其说是它在践行自己的使命,还不如说是在通过行使货币媒介功能而增加人们对其价值的"确信"。滥发货币是通货膨胀的主要原因,也是传统银行"褥羊毛"的主要方式。通过增加膨胀而不断稀释和转移国民财富,使银行资本体系在社会财富结构中占据绝对优势。这些行为使得人们在偶遇区块链技术搭建的比特币等民间数字货币时表现出激烈的反应。人们以为只要货币的发行机构不复存在,"中心"被取缔,依靠铸币税发家致富并且控制国民财富流动和积累的传统货币权力结构就会解体,新的财富体系将会变得公平和民主。比特币自诞生以来的实际表现有力证明了美梦难以成真。投机和对财富的独占欲,以及为此而对代价(成本)的严格控制,对偶然性的追求,这些都在某些程度上将人的思想和行动定格在自利的框架内。将自利作为人的本性的思想是抽象的,社会中真实的人性展现在人的社会关系总和之中。自利(作为社会的整体性价值选择而言)是社会生产方式发展的阶段性产物,它在生产方式发展的一定阶段产生,又会随着生产方式的发展而消失。个体的自利,与个体的生产生活经历、成长环境等存在必然联系。"除非这种人类的劣根性被根除,否则我们无法完全避免欺诈的产生。对于物理形态的货币和虚拟货币来说,被用于欺诈或被盗窃的可能性都是一样的。"[①]而"这种人类的劣根性被根除"的前提是人的自由全面发展,是人的社会关系的全面建构。人在这种自由全面的社会关系中获得人的真正本质,而作为阶段性社会人格或个体人格表象的"自利"就会退出历史舞台。投机币进入到现实的生产和消费中,当用 1 比特币"购买一个面包"的时候,比特币实际的交换价值是多少其实并不重要,重要的是其表现出了"能够"交换的特征。因而在"购买一个面包"之后不久的几年之内,1 比特币甚至达到购买

① (美)爱德华·卡斯特罗诺瓦:《货币革命:改变经济未来的虚拟货币》,束宇译,北京:中信出版社,2015 年,第 112 页。

一大卡车面包的交换能力。从“购买一个面包”到“购买一卡车面包”,期间发生了什么特殊的事情吗? 在这一过程中,比特币的数量显然增加了,随着“挖矿”人数越来越多,“矿机”越来越先进,整个社会的算力增强了,尽管在比特币设计的逻辑中,递减的币产量会使后来者越来越难以获得大量的比特币,甚至在达到极限后就不再有生产它的任何空间(除非进行技术上的衍生并认可其具有相同或相近的价值)。比特币从“购买一个面包”到“购买一车面包”不再是一个简单的币值膨胀的问题,其中包含着比特币持有者对世界的野心。只要一张“令牌”就能获得整个世界的资源调配权,并事实上占有它们。这种想象不是当今才有的现象。在封建王权统治之下就具有的社会符号权力,使权力争夺者不是实际去占有控制交通要塞、牢固的城池、汇聚的民心,而是去抢夺玉玺、符印之类的东西。持一物而持天下,这是权力争夺的核心,也是权力的异化。在市场交易中,比特币持有者对它的实际用途和内在价值甚至无所知,但却希望通过这个数字化的虚拟之物获得世界资源的分配权力,成为市场交易中的王者。由此看来,“1 比特币购买一个面包”的象征意义要远远大于它的实际效用。它意味着比特币能够将其虚拟属性运用于现实世界,能够用数字结构来改变物质结构。如果比特币占领了这个市场(事实上它很难实现,因其信誉保障和僵化的货币供给,以及交易效率低下),相当于比特币的创始人、拥有者(“矿机”生产者、挖矿者、交易中间商等)这一小部分人就与全球物质财富和精神财富的创造者和现实社会服务的提供者平分天下财富。这才是真正的“中心化”,是数字霸权和数字偷窃行为。由此也能看出,只有中国央行所采取的等值、不增量形式发行的数字货币,才真正具有货币的性质,它不是作为侵略手段而是作为便利工具的金融创新。“脸谱”想要发行的 Libra,由于其本身并不能与美元保持币值一致,并且不能因发行 Libra 而减少市场上美元的发行量(它们一个属于脸谱公司,一个属于美联储,对铸币权的争夺使它们难以成为理想的合作者),因而“脸谱”公司发行了多少数字货币,就相应地使社会中所需的实际货币要减少多少。这一简单的事实“脸谱”公司不可能不知,但它需要做的就是人们将美元全部兑换成为Libra。尽管这个宏大的计划一旦实现,世界货币总量亦能保持相对稳定;只有当被兑换的美元被“脸谱”公司再度用于实际交易,通胀就会普遍发生。但是,资本家会自动销毁出售数字货币得到的美元(纸币)吗?

类似的情况会发生在黏性币和锁定币中。波德里亚说:“今天,一个新的道德诞生了:消费先行于累积之前,不断地向前逃逸,强迫的投资、加速的消费、周期性通货膨胀(节约变得荒谬)。”①不消费,毋宁死。由于投机币本身并不具有相当的价值,在投机币持有者的低端会出现大量囤积,而在其高端会出现大量变现。对投机币内核逻辑充分掌握的设计者和投资人要通过不断变现的方式才能源源不断地增加实际的社会财富。因而,投机币用于市场交易始终都会在较高层次的投资者那里发生。一旦这种投机币只限于投资人之间的买卖,在达到一定集中程度时,它就会退出市场,成为印象之中的符号,彻底与市场脱钩。保持市场交易的能力并展示市场交易的无限可能性,是确保投机币市场信心的重要方面。尽管如此,投机币依然不是为消费而生,它充当货币媒介的功能仅仅是其充当投机媒介功能的途径或手段。黏性币的主要功能在于充当交易媒介,并且是对交易总额的部分替代。淘金币是淘宝网发行的黏性币,其意在于黏住用户、诱导消费。虚拟货币在市场交易中应该以保证其交易媒介的身份延续和价值延续为基本原则。投机币在市场商品交易中显示出很大的价值张力,在一种投机币刚刚面世之时,由于舆情影响而具有较大升值空间,从而在商品交易中要保持其价值是不难做到的;但是,维持其交换价值的是一种身份的延续性。如果在商品市场交易中出现反复的市值波动,尤其是剧烈的价格落差,会使进入商品流通领域的货币媒介退出交易系统,成为纯粹的投机产品。其他虚拟货币也具有这方面的考虑,但由于它们往往由特定的公司和平台在其内部运行,因而公司规则能够在一定程度上约束其流向

① (法)让·鲍德里亚:《物体系》,林志明译,上海:上海人民出版社,2019年,第175页。

和市值。投机币从商品市场转向投机市场的重要原因正在于去中心化的技术特征;由于缺少权威中心的管束而使它们的市值与功能脱离了设计者的初衷,或者离开了货币运行逻辑的轨道。滥发货币和货币价格波动失去监管,其本质同样是对持有该种货币者的财产侵占,不过前者是因为具有更多主观性而遭受社会的普遍指责。实际购买力的减损是滥发货币和货币贬值的主要表现,而货币价格的上涨和市场中流通的货币量的下降则使实际购买力上升。这一基本的市场规律使得货币政策成为社会经济运行中需要谨慎对待的重要方面。虚拟货币则在这些方面离开了监管的视线,投机币是一种全球性的交换价值挤占;而黏性币和锁定币则以划分势力范围的方式蚕食人们的实际社会财富,左右着人们资产的市场价格或者影响人们所持币量的购买力。

黏性币和锁定币在实际的商品交易中扮演着引诱者或者掮客的角色,在网络经济中充分施展其诱导消费和刺激需求的功能。尽管单个订单所能支付的拟币量是受限制的,但它依然让不少人在意这些虚拟货币对自己购置商品和服务的影响。由于交易金额较大和参与互动的频繁,用户往往能够获得较多的黏性币。黏性币在实际交易中能够充当代金券使用,从而使用户在价格相差不大的情况下继续在发币平台购物和消费。黏性币也对一些消费和购买活动进行限制,要求以指定数量的虚拟货币作为购买某种商品和服务的基本门槛;这让一些消费者认为是一种特权而加以珍惜。因而,在商品价格之后附带积分要求或者诸如淘金币之类的限制,给消费者带来一种作为特权许可的优越感。也有黏性币采取折扣门槛的方式开展促销活动,一定数量的黏性币支出和一定的电子转账金额的组合,成为某种较多折扣商品售卖的方式。在伦理道德上,商品交易中对熟客的让利与公平交易和一视同仁等商业伦理之间是否存在冲突?客户细分往往基于最大盈利的考虑,有等差的客户关系是增加客户黏性的方式。为了避免直接显示客户歧视,采用平台奖励的黏性币绑定销售,这对于隐藏销售中的歧视问题无疑是有着显著效果的。在基于黏性币发放的诱导消费中,对重要客户的需求数据的采集和分析,使得商家在精准广告上有了技术的支持;黏性币将这些数据分析结果显像化,并通过优惠价格进行诱导。当诱导被认为是一种合乎伦理的行为时,其最低限度的规范是:这一诱导行为所促成的消费不会额外增加消费者的经济压力或造成损害,在消费者的经济能力范围之内满足了他(她)的某种真实需要。其中“不额外增加消费者的经济压力和造成损害”是指所促成的经济行为不会让消费者在经济上蒙受欺骗和发生超越其承受能力的借贷关系,并且在人格尊严和人身安全上不会遭受侵犯。“满足其某种真实的需要”指的是不可以制造恐慌、焦虑或者消费幻觉来促使消费者的激情消费,不进行虚假宣传和对商品或服务的过度粉饰,它满足了消费者的真实需求,而不是虚假需求。在商品交易中,虚拟货币中的投机币主要是要能够保证其交换价值的稳定性和持久性(不过,如此一来,它就不“投机”了);而黏性币则主要是在吸引用户时避免欺骗和保证供给的有效性。锁定币作为一种内部代币性质的虚拟货币,由于其通常与法币相关联,用户拥有的锁定币是通过法币换取而来。如果是为了锁定用户资源,就应该保证这些数字资产能够让渡、转移和继承,以维护客户的权利。同时,必须保证锁定币售价的统一,建立某种机制避免炒作,对客户所持锁定币的交换价值提供担保。在特殊场景下,如果平台出现运营困难或者其他故障,锁定币的发行者必须建立数字资产的保险制度,提供平台回购业务,进行保险兜底。由于发行平台锁定币(如 Q 币)的企业一般是大型公司,其巨量发行金额实际上迅速增加了社会上可用于商品与服务交易的法币和代币的总和。如果央行不介入其中,将客户实际消费额与企业可用资金进行绑定,则会造成流通中货币的超量发行。央行或银监会应该制定规则,允许大型企业发行内部虚拟货币时遵循这一基本原则:企业可支配资金(D)等于客户实际消费的虚拟货币金额总量(C)(假设该企业的全部收入均已兑换成锁定型虚拟货币)。由于企业采取的往往是预售虚拟货币的形式提供消费服务,那么,预售虚拟货币的总额(P)与消费者实际已经消费的虚拟货币(C)之间存在一个差额(M),即:P-C=M。这个 M 量的货币应该交由中央银行或者银监会指定的机构代为管理,随着消费者虚拟货币的消耗进度分批发回给企业。这能避免企业对小额客户进行割韭菜,并保证货币流通市场稳定,使虚拟社区的商品和服务交易具有更加可靠的信用担保。一旦 D=P,也就是企业可用资金等于其预售虚拟货币的总量,其所发行的虚拟货币就在实质上成为真实货币体系中的组成部分,它的危害此处不再赘述。

二、虚拟货币对权力格局的影响

在经济领域、虚拟社区和现实生活中,虚拟货币的影响正在全面扩大。权力的三个维度在以上三个领域中得到不同程度的彰显。在经济领域中,虚拟货币的出现使资源支配的权力体系发生了巨大的变化,虚拟货币的发行者和持有者通过它而获得经济支配权;在虚拟社区中,人们在这一全新的生存环境中重塑权威结构,使虚拟社区阶层结构在扁平网络中建立起了具有更大流动性的权威体系;网络虚拟经济和虚拟化生存的资源配置权力和通过积极参与所获得的权威,在虚拟—现实的不断互渗中,也改变了现实生活中的权力结构,尤其是在更广领域和更多层次的社会化结构中,虚拟货币不仅是作为人类生存发展的成果,也被作为一种具有巨大潜力的社会工具,一种改造和变革现实社会的力量而被使用。

1. 对经济权力格局的影响

约尔格·吉多·许尔斯曼指出:“货币生产将实际收入从新货币较靠后的所有者重新分配给其较靠前的所有者。”“这个分配效应是理解货币经济的关键,它是几乎所有围绕货币生产的矛盾冲突的主要原因。”①货币是经济权力的执行者,在商品经济占主体地位的经济社会中,拥有货币就意味着实际拥有社会现有或未来资源的多寡。经济权力归根到底是一种资源配置的权利,

① (德)约尔格·吉多·许尔斯曼:《货币生产的伦理》,董子云译,杭州:浙江大学出版社,2011 年,第 31 页。

通过资源配置而在人的生存与发展上占领优势地位。虚拟货币产生于经济权力争夺的实践运动。在互联网不断发展的过程中,网络经济和广义虚拟经济的各种新业态和新产业不断涌现;新兴产业和行业在经济竞争中能不能获得自主权利,就看其是否能够在其参与的经济运行中掌握核心资源。货币无疑是现代经济中的核心资源;在传统经济活动中,货币是由国家专业机构或行政部门掌握,以利于调控宏观经济的发展方向和应对经济波动。经济实体在参与经济活动中将获得货币作为重要目的,这是由货币的本质所决定的。货币在债务清算、购置稀缺资源和获得未来发展的空间等方面均有其超凡的能力;在商品交易中通约来自一切方面的不同质的东西,并将生产力的高低层次排除在外。货币追求的平等性和长久稳定的交换价值使其成为商品经济中最为重要的权力要素。"通过货币的方法管理经济,包含行使着与赤裸裸的权力不同的微妙权力。没有任何商人,实际上没有任何市民被告知如何去做。相反,他们都被自己未曾完全意识到的力量引导而采取行动。"①

虚拟社区有了许多新的产品和服务内容,这些产品和服务项目是人的劳动产物,是劳动和知识营养出来的果实。要获得消费和享受虚拟产品和服务的资格,就需要有能够在特定圈层具有通兑能力的中介,虚拟货币应运而生。尽管有些虚拟货币与现实法币存在一定的内在联系,并且可能有着币值上的对应关系。但是,对于大部分黏性币和投机币而言,在其产生之初并不与传统货币之间有某些必然的关联。无论是通过游戏规则获得的奖励性虚拟货币还是通过积极参与数字游戏而获得的投机币,它们对于在现实生活中缺乏坚硬经济基础的人们来说,无异于上天赐予的良机。互联网一贯主张的节点平等在虚拟货币产生的初期的确出现了机会均等的场景。尽管这一机会均等的时机并非所有人都能把握,因为无论是网络游戏的参与或者是对新型算法技术

① (美)约翰·肯尼斯·加尔布雷斯:《富裕社会》,赵勇、周定瑛、舒小昀译,南京:江苏人民出版社,2009年,第163页。

的掌握,并不能依靠热情就能如愿。在一定程度上说,这是一种宣称公平的禀赋优先或者具有禀赋歧视的表面公平(公平的假象)。互联网权利平等的基础是:知识在不同群体中的无差异化,因而它注定不可能是真正的和现实的平等。尽管数字鸿沟的说法现在似乎已经过时,数字知识正在被不断普及,大众化的数字知识足以使他们应付日常生活中的技能需要。不过,与深度参与到网络平台制定更高层次的游戏规则和专业网络算法以获得优越的资源所需要的知识程度相比,这些普及性的知识并不能帮助人们实现知化权利。经济权力的获得与虚拟货币的掌握数量有着密切的联系,在网络经济和虚拟社区中实现经济自由的前提是对虚拟货币的大量占有,甚至是掌握着虚拟货币的发行权力。正是这样,最小的网络企业亦在试图制作自己的虚拟货币,以完成更多的扩张使命。尽管知化权利的限制使得拥有虚拟货币或者成为虚拟货币的积极创造者需要更多的知识和禀赋支持,但其依然为社会现有经济权力格局的打破提供了契机。一方面是知化权利所要求的知识和技能并不完全被现有经济权力的主导者所独占,经济权力不足的人们依然有机会通过创造虚拟货币体系或者深度参与网络创新创造而获得新时期网络经济和广义虚拟经济中的权力。另一方面是知化权利与经济权力相比较,前者具有更大的流动性,尽管在某种程度上知识阶层亦具有一定的排外性和垄断性,但由于知识本身的特点,它不像其他物质财富一样可以通过外在规则来实现完整继承,而需要个人的天资和勤奋参与其中。这样,知化权利的格局就具有较强的流动性,不断从一个圈层流向另一个圈层,知化权利主体的变迁受到更多因素的影响。从这个意义上说,虚拟货币(尤其是投机币)的不断涌现,使网民激动不已并赋予厚望,它在伦理情感上就有了依据。

自足性是经济权力的基本表现,虚拟货币是否具有真实的经济权力,并不在于其能不能直接影响现实经济活动的运行,而在于其是否能够在其设计的经济结构中满足虚拟货币的设计者和持有者的竞争性需要。只有当人们的需要处于竞争状态时,经济权力才能得到真实体现。由于普遍存在的稀缺性问题，商品市场经济中的消费一般处于竞争环境中，因而货币就施展其权力，使占有货币的人能够在资源有限的情况下获得更多，或者得到优先的享受。虚拟产品和服务如果是无限量存在的，而其存在和发展甚至具有永动机般的自在逻辑，那么，虚拟货币就不可能产生。早先人们对互联网有一个浅显的成见，那就是将共享与免费作为互联网的核心价值。这一观念一直影响至今，成为互联网知识供应和产品创新的掣肘。显然，在低端消费品和普通复制产品的供应上，由于生产更多较低层次的虚拟产品（或自动服务系统）的边际成本几乎为零，免费和共享事实上已经存在。在高级虚拟产品和需要维护升级的产品和服务中，免费则成为一种强盗逻辑，只有在企业认为可以利用免费打造大量受众群体之平台的情况下，免费策略才是其选项。黑格尔指出："特殊性一般地被规定为跟意志的普遍物相对抗的东西，它是主观需要。这种需要通过以下两种手段而达到它的客观性，达到它的满足：（甲）通过外在物，在目前阶段这种外在物同样也是别人需要和意志的所有物和产品；（乙）通过活动和劳动，这是主观性和客观性的中介。"①在有限的社会资源的竞争性供给中，能够获得满足自己需要的资源和手段，是经济权力的重要表现。黏性币和投机币之所以让一些人沉迷其中，一个重要的原因就是试图通过获取这些虚拟货币而进入新经济的权力中心。互联网是现实经济空间新近拓展的版图，虚拟货币在调整经济权力方面的作用，对于那些在传统货币体系中处于劣势的网民来说，无疑是一束迷人的晨曦。

2. 对虚拟社区权力格局的影响

迈克尔·海姆说："计算机的引诱，比起美学和功利的引诱可要大得多；它是情欲的。与浅尝辄止不同，像玩玩具或娱乐活动，我们与信息机器的恋情昭示着一种共生关系，而最终使我们与技术的精神联姻……将世界扮成纯信

① （德）黑格尔：《法哲学原理》，范扬、张企泰译，北京：商务印书馆，1961 年，第 204 页。

息的,不仅迷住我们的双眼和头脑,也俘获了我们的心。我们觉得强大了而且有了力量。我们的心在机器里跳动。”①计算机网络将人们深度卷入其中,非理性的激情和沉浸是数字化生存的重要表现。在互联网上,不经仔细思量的情绪冲动和无厘头的叙事随处可见。但是,在看似混乱不堪的网络世界,也在形塑着一种新的权威体系,这是世俗生活中的象征性权力。世俗生活中的象征性权力以“权威”作为基本的表象。它使个人在特定圈层或体系中处于不同的地位,从而享受不同程度的尊重。世俗权力中的权威来自于迷信或者世袭制度,在现代社会中这种权威体系崩塌了,世袭权威和迷信已经被理性主义和个人主义所战胜。形成现实世界中的权威的,是来自于普遍认同的人格魅力,或者政治、文化、经济等任一方面或者多个方面所取得的显著成就。在理性至上的时代,世俗成就成为世俗权威的基础。在市场经济发育成熟的时代,货币的通约能力超过其他任何事物,它成为世俗成就的显而易见的标尺。这是一种畸形的社会功利主义,尽管它能够在万物通约成货币这一点上为人们的野蛮争斗开辟新的“文明”方式;但货币因而也就成为了人们竞相争夺的核心资源。从那些绕过非洲好望角进行的荡气回肠的远洋大探险,到流水线上机械运作的工人,以及不惜冒险涉足贩毒和其他犯罪活动的人们,追求更多货币成了他们生存于世的最大愿望。这与货币是没有关系的,人们在伦理上陷入的非人化,并非“非人”之物的产物;恰恰相反,伦理上的非人化使非人之物展示着由此而连接的社会关系的非人化。虚拟社区是现实社会的镜像,这在世俗权威的塑造上具有非常相似的地方。虚拟货币成为虚拟社区权威产生的重要条件,而虚拟货币在部分网络社区和论坛中所显示的权威性质,远远强于现实生活中所产生的人类权威——货币权威超过人的权威。

网络游戏是虚拟社区生存的重要方式之一。游戏币在不同的游戏中所发挥的作用尽管有细微的区别,但这是运行方式设计上的程序差异。游戏币作

① (美)迈克尔·海姆:《从界面到网络空间——虚拟实在的形而上学》,金吾伦、刘钢译,上海:上海科技教育出版社,2000年,第87页。

为虚拟货币的主要形态之一，它构成了玩家在该款游戏中的地位和翻盘机会。游戏的时间或者层次是由游戏币所决定的，按照时间计算的游戏币支出方式，使玩家能够依据自己所占有的币量采取不同的策略。哪怕是资质并不优良或者对游戏规则的掌握和运用比较迟钝的玩家，只要能够拥有大量的游戏币，就能做到熟能生巧或者后发赶超。如今的游戏已经实现了“拟真生活场景化”，将现实社会的价值观和生存状态融入到游戏之中。熟谙游戏规则的玩家和游戏的设计者，对游戏资源的重视超出了游戏本身。这并不是一种娱乐，消遣闲暇时光的电子游戏在资深玩家那里显得毫无生趣。游戏资源主要是游戏币形式的虚拟货币。游戏的升级和竞争性规则与虚拟货币的投入程度有着直接的关联，因为这需要“更加霸气”的“装备”。购买装备的多少与游戏所能进入的层次是直接关联的。现在，依据游戏中的技术禀赋或者投机行为获得游戏的胜算是困难的，除非这款游戏的设计者依然还停留在智力挑战的层面没有回过神来。“智力挑战”只能作为网络游戏设计的遮羞布，好让那些沉迷于其中的人感到骄傲和满足，以避免玩家突然发现自己遭遇“人傻钱多”的预设和算计。装备精良的玩家能够在更高层次获得尊荣，在虚拟游戏世界中，这些尊荣所带来的快感并不逊于我们在睡梦中变为英雄人物后的那种豪壮和惬意。虚拟货币对于在虚拟社区中需要拥有被尊重和被仰慕的游戏玩家而言，是一条通幽曲径。

在热点排名中时常出现的资本介入，使信息生态的自然展现方式被人为篡改。这种丑闻在过去一些时光中时有发生。依靠某集团资本力量加以干预而使“出轨丑闻”撤下热搜的事件甚至受到了国家网信办的点名批评。这种通过资本力量野蛮删帖的做法在当今的互联网中无异于割腕自杀。一旦网络平台的信息生态出现不可挽救的格局，网民不难迅速找到替代产品（和平台）；但虚拟货币在很大程度上能够使信息传播的力度发生指定性的偏移。当论坛中关于某个话题的热度处于低迷状态时，如果能够利用虚拟货币进行奖励，就会使转发和回帖的人数剧增。回复或者转发就能获得相应的虚拟货币,在网络平台上是一种公开的规则。无论是就特定事件的导向来说,还是就特定信息的扩散面积来说,奖励积分或者某种虚拟货币能够立竿见影。话语权是虚拟权威的重要方面,它可以通过大量虚拟货币来支持话语传播的力度和广度。在流量至上的时代,内容被流量所取代。而绑架流量的往往正是特定平台中持有巨量虚拟货币的人或者平台拟币的发行者。当然,因为部分激励性质的虚拟货币同样可以通过法币进行购买,现实中占有殷实法币数量的人们依然能够换取与之相应的虚拟世界中的话语权力。当我们对虚拟社区的权力结构抱着一种显而易见的态度时,例如认为网络社区的开放性意味着绝对透明和公平,虚拟货币的力量就散发出诱人的气味,实现其重塑虚拟世界权威形象的目的。市场是脆弱的,如果放任自流就必然趋向垄断,互联网超级公司利用虚拟货币全面控制社会舆论和掌管世俗权力。

3. 对现实世界权力格局的影响

爱德华·卡斯特罗诺瓦认为:“货币是一种社会性存在,具有独立的生命力。”①货币在其诞生之初就是以工具理性的成果形式获得民众认可的。货币的出现提高了交易的效率,为跨越时空的商品交易提供了有效手段;卖和买可以在不同时间和不同地点单独发生,对价值的储存有着积极的意义,而社会有用资源也更加充分地实现其使用价值;在文明发展的轨道上,尽管货币出现以后依然存在着商业欺诈行为,但与货币产生之前的信息不畅相比,人们对货币本身的价值认知就是对交易理性的巨大发展。在陌生化交易环境中,人们也能相对准确地理解其所要与之发生交易的产品的价值;这与偶然发生的物物交换相比具有更多理性因素。而对未来的预支是货币产生以后的事情,没有哪一种个人之间的契约比货币所实际达成的契约关系更加可靠;抵押和典当行业中就体现了这一点,货币的实际信誉超过了商品物质本身。货币是人类

① (美)爱德华·卡斯特罗诺瓦:《货币革命:改变经济未来的虚拟货币》,束宇译,北京:中信出版社,2015年,第46页。

世界具有普遍约束力、驾驭力、黏合力、创造力和教化功能的力量。虚拟货币作为现实货币的镜像,却也延续了法币的这些能力,它使其所有者具有一种普遍性的力量,来实现自身的目的。

第一,虚拟货币具有普遍的约束力。任何货币都是一种游戏规则,只要进入游戏的环境,无论个体是否认同这一规则,它都要发挥其作用。现代虚拟货币的规则是按照两个方面来发展的:一是按照技术属性的规则来发展,比如私人部门发行的数字货币(各种投机币)就是如此;二是按照公司运营战略制定的规则,比如Q币以及各公司发行的黏性币等。比特币等投机币对于技术内核的规则所具有的依赖性使生产比特币("挖矿")成为获取其体系内权力的重要途径。由于这种开源软件的虚拟货币存量有限,生产它所需要耗费的算力要求越来越高,①因此,技术规则所不能约束的地方便是其在社会上所能发挥作用的诸方面。2013年10月,在我国香港注册的比特币交易平台GBL在引诱用户注册汇款后携资跑路。2014年2月,Mt.Gox平台网站遭遇骇客攻击,大部分比特币被盗。② 可见,当我们指明虚拟货币所具有的普遍约束力时,仅仅是指参与者必须遵循货币研发者预设的技术规则和使用规则。游戏规则的制定是单向的,这使对货币民主化充满着强迫感或者神经过敏的人也无能为力。正因为创制货币规则是单方面的事情,其约束力才具有普遍性。我们无法想象在参与者协商原则下所制定的游戏规则,其执行力度将会将如何保持?而"游戏规则"又在使用过程中得到怎样的修改?制定规则就意味着在这一规则体系下,社会运行的方式和方向受制于它的制定者。

---

① 注:比特币挖矿经历了CPU挖矿、GPU挖矿、FPGA挖矿、ASIC挖矿、大规模集群挖矿五个阶段,挖矿速度依次为20MHash/s、400MHash/s、25GHash/s、3.5THash/s、3.5THash/s的n倍(n为矿机集群数量)。现在,靠CPU挖矿已经过时,依据算法要求,普通人已经基本与"挖矿"无缘了,只有专业机构依靠矿机集群规模优势才能有所得。(见黄振东:《从零开始学区块链:数字货币与互联网金融新格局》,清华大学出版社,2017年,第51页。)

② 刘刚、邹新月:《互联网金融乱象及其风险监管》,北京:北京大学出版社,2019年,第163—164页。

第二,虚拟货币具有普遍的驾驭力。虚拟货币对虚拟产品和服务供给和需求关系的协调具有普遍的驾驭力。虚拟产品和服务在很大程度上具有无限复制的可能,虚拟产品和服务的免费策略正是在这样的背景下被主张的。但是,免费虚拟产品和服务具有粗放性和低层次的特点,一般而言,它并不针对特定的人群和需求改进产品和服务的质量。在庞大的数字潮中恰恰掩盖了特殊产品和服务的有效性。懒人网络给人们以低层次的享受,这种“奶头乐”机制正在扼杀互联网创新的能力。联合抵制收费项目成为互联网上的一种不良动向,似乎收费是违背互联网天理的行径。由于低层次复制在产品和服务供给上的低效率,人们需要花费大量时间甄选海量数据中的有效(或有用)成分,并且在进一步的需求改进中羞于启齿,因为免费产品和服务的提供者并没有进一步改进这种产品和服务的义务。无论是与现实法币相关的虚拟货币还是与现实法币毫无关联的虚拟货币,它们在实现虚拟资源配置并改善虚拟空间的产品和服务创新发展上,起到了激励作用。同时,由于虚拟货币流通在虚拟产品创造和竞争中所表现出来的积极作用,无效或低效的产品和服务在市场竞争中逐渐淘汰出局,这对优化网络虚拟产品和服务的供应结构、鼓励创新创造是非常必要的。“有些资产纯粹是投机性的。这些资产除了人们对其在未来市场将要获得的市场价格预期外,在当前的市场上没有什么价值来源……投机者与务实者的一个区别是,前者时常推测价格变化,并打赌价格将进一步朝着同一个方向变化,他们的买卖行为会扰乱市场,而后者则具有递减的价格预期,他们的行为倾向于稳定市场。”①虚拟货币持有者在意向性上的差异,对调节虚拟货币市场本身有着积极的意义。

第三,虚拟货币具有普遍的黏合力。虚拟货币是圈层内部的通行证。尽管投机者圈层具有松散的组织结构,其内部并没有统一的价值遵循和严格的纪律。但是投机币持有者都有着相似的对投机币的升值愿望,这种利益共同

---

①　(美)詹姆斯·托宾、斯蒂芬·S.戈卢布:《货币、信贷与资本》,张杰、陈未译,北京:中国人民大学出版社,2015年,第10—11页。

体关系将这些毫无联系的人紧紧团结在一起。当然这是表面的,尽管通常认为利益的一致性是一切团结发生的根据,但因为信念和价值观的差异,对机会主义的信赖程度也存在较大的差别,这些都使投机币持有者不能成为一种具有社会行动力的合格圈层。社会行动力的缺乏是投机币在不同时间和不同地点发生不同程度价格波动的原因。心理上的期望和对社会环境变化的不同判断,造成了他们持有或者出售投机币的决策依据。除了对投机币之存在根据的信念外,这些虚拟货币的持有者之间只有轻微的黏性。但投机币曾经梦想实现世界货币的野心假若能够得到实现,则通过持有此类虚拟货币而立刻变得“富庶”起来的人,立刻就具有了强烈的黏性——持币者之间必须相互信任,并坚定维护这种意外获得的权力。在人性发育尚未完成的时代,投机币依然是投机币,而无法蜕变成为民主化数字货币。黏性币和锁定币在局部范围实现了相互信任和彼此支持。这也是网络经济的商家和业务平台争相发行虚拟货币的原因。如果说投机币无法构成“圈层”,是因为其本身就意不在“圈层”,而在“世界”;如同开源软件的前缀一样,“开源”是其本质。企业和平台发行的虚拟货币则是“封闭”的,它意在型塑“圈层”。互联网对社会群体的再部落化基于互联网业务和产品供给的多样化,人群在进入互联网虚拟空间中自动分化为不同圈层。自动分化而成的圈层具有松散型和脆弱性,尤其在属性相同的网络和平台之间进行变换是轻而易举的事情。为了建构稳定的用户网络,企业和平台发行的虚拟货币将网民捆绑在一起了。圈层之间的壁垒亦因虚拟货币的创造而建筑起来,圈层转换的代价越来越高。

第四,虚拟货币具有普遍的创造力。虚拟货币内部创新已经是一个基本的发展趋势,以太坊和瑞波币与比特币相比较就有明显的不同,它们并非对比特币区块链技术的照搬。① 新的虚拟货币总是试图克服现存货币样板中的缺陷,人们甚至将以太坊和瑞波币称为“比特币 2.0”,就是因为其具有新的结构

---

① (日)野口悠纪雄:《区块链革命:分布式自律型社会出现》,韩鸽译,北京:东方出版社,2018 年,第 35 页。

和功能。比特币在“去中心化”上的尝试,其结局或许将是失败的,因为新的虚拟货币以太坊和瑞波币已经有了明确的发行者。虚拟货币内部创新发展的方向究竟走向何方,仍然是一个值得观望的问题。但因此而否定比特币在“去中心化”方面的创新意义则是错误的。区块链作为去中心化工具还有更为广泛的用途,比如区块链技术应用于智能汽车制造,以及其他安全资产管理方面的技术研发。[①] 区块链技术在预防性安全技术上具有的技术潜力备受人们关注,这已经超出了比特币制造者的初始动机。广泛的产业融入和机制创新发生在比特币基础技术领域的应用层面。其他虚拟货币也有着推动创新的内在机制,黏性币和锁定币对强化企业内部管理和加强平台内控功能来说,是一种新的工具系统。但现有虚拟货币规则及形式未必是最为合理和高效的“管理工具”,虚拟网络平台和互联网经济创新发展需要随着实践的发展升级虚拟货币的功能,减少虚拟货币对用户隐私的侵犯和对其他非法行径的隐忍。在提高网络交易效率和改善用户体验上,虚拟货币的设计起着沟通商家与用户的桥梁作用。无论是技术创新还是管理创新,在虚拟货币自身存在(自我完善)逻辑的驱使下,它都是系统性创新创造发生的重要触点。

第五,虚拟货币具有普遍的教育力。货币的教化功能在于规则意识的培养和经济理性的普及。货币是天然的平等派。货币“表现为契约上的材料,契约上的一般商品时,立约者之间的一切差别反而消失了”。[②] 在资本主义社会,货币在商品交换中表现出来的平等是以获得货币的不平等方式为前提的。它在标榜私有产权的时代是一种普遍的价值认同,尽管在实践中会使许多人由于在货币占有上的劣势而陷入生存困境。在“个人”概念发育的历史节点上,经济的发展与思想的启蒙是并轨而行的。从血缘体系、官僚体系和神学迷

① (美)阿尔文德·纳拉亚南、约什·贝努、爱德华·费尔顿等:《区块链技术驱动金融:数字货币与智能合约技术》,林华、王勇、帅初等译,北京:中信出版社,2016 年,第 363 页。

② 韦冬、王小锡编:《马克思主义经典作家论道德》,北京:中国人民大学出版社,2017 年,第 439 页。

信中挣脱出来的独立个人需要以私有产权来标示自我存在的基础,其延展到思想领域中就是对个人理性和现世价值的尊重。在传统政治权力机构需要聚敛财货以资战争之需时,发行货币和证券要比掳掠文明得多。这些特殊的场景并不能否定货币在其诞生之初也许有着更为文明的动机。由于货币在实际的商品交易中逐渐失去其自身使用价值方面的依赖,将交换价值作为其赖以存在的根据。这使货币流通不但有着市场流通的一般规律,也有社会心理的强硬支撑。对货币规则的普遍遵守是货币权力扩大的要件。虚拟货币规则更加具体化,在不同类型的虚拟货币中需遵循不同的规则,以便虚拟社会和现实生活的运行维持相对稳定的秩序。人们在圈层卷入和阶层攀升的过程中,往往尊崇现有的习惯。圈层定位是现有圈层架构中约定俗成的机制所产生的后果;虚拟货币是现有虚拟社区和互联网运行机制所产生的客观结果。离开这种客观必然性的约束,虚拟货币就不能在现实和虚拟空间发挥效用。经济理性的核心方面就是个人在与机制和体系博弈的过程中如何最大限度地获得利益并减少代价。熟练运用并适应虚拟货币的设计规则,是进入新的生存场景,并获得相应资源的重要途径;而在虚拟—现实关系的再造中,虚拟货币并非纯粹的工具,在特殊场合下,它就是目的,因为它揭示了网络经济和虚拟社区中的权利关系和深层逻辑。

三、虚拟货币与互联网时代的财富观

数字资产是这个时代的重要私人财富和社会财富。虚拟货币的出现和广泛应用使互联网时代的财富观由物质主义进一步朝着消费主义和景观社会的方向发展。财富观是一个社会中人们对财富的本质、获得财富的手段和路径、财富的流向和价值等方面的基本观点和立场。财富观的变化是整个社会生产方式变革和思想文化变迁的产物,虚拟货币的产生和发展不仅是数字技术发展的产物,更是生产方式变革和生活方式变迁的产物。数字货币在广泛的领域和多维的社会结构中改变着人们对财富的态度、观点和行动策略。这些基于财富观的价值理念和实践行动反过来又会在社会财富的创造和运用上形成反作用。网众在面对虚拟货币及其所形成的数字财富时所坚持的原则对网络虚拟社会生态建设及虚拟—实在世界的融合具有重要意义。一般来看,可以对财富观的基本样态做出简单分类,这也是财富观变迁在宏观脉络上表现出的不同形态。

1. 交换价值的积累

在物质形态上,价值和使用价值是浑然一体、不可分割的。因此,在物物交换的过程中,由于人们对价值的认知尚未达到清晰的状态,交换比例的形成往往是偶然的。通过对不同物品有用性的比对来判断交换是否值当,这是最低级的交换形式;使用价值(或效用)被抬高到绝对的高度。使用价值的异质性使交换的比例关系没有任何客观的参照标准,紧缺程度和交换者意愿的强烈程度往往对交易的最终成功起着至关重要的作用。货币的出现使异质性的使用价值用同质的货币来表示,具体的使用价值被抽象的价值所取代而成为产品交换中的绝对物。由于货币这一绝对价值物剔除了使用价值在时间和地点上的种种限制,交换与消费的环节被独立化了。储存货币比储存使用价值更为便利和经济;由于货币具有随时兑换成为现实货物的能力,它成为了社会财富的标志。虚拟货币在一定的范围内没有超出这一财富观的基础,它对现实商品或虚拟商品的可延续的购买力,是其成为财富储存载体的根源。一般认为,"抛开动机不论,对科技手段的应用以及对货币运作方式的知识储备,都使得政府管理的货币能够更好地承担作为价值储藏手段的职能。"①私人部门发行(或者没有发行主体)的民间数字货币之所以在当前被人们视为一种有效的财富,就是因为它的购买力。如果某种数字货币不能承担商品交易的基本功能,或者它不能在较大概率上转化成为具有流通能力的法币,它就不可

① (美)爱德华·卡斯特罗诺瓦:《货币革命:改变经济未来的虚拟货币》,束宇译,北京:中信出版社,2015年,第118页。

能成为社会财富的载体而被人们所重视。如前所述,“1 比特币换取 1 个面包”的重要意义不在于它们之间发生交易时事实上的数量关系,而在于这种交易所宣示的“能力”。虚拟货币在一些企业发行机构那里更多地表示为一种预付券,其实质是索权凭证。权利预约或者预订是黏性币和锁定币在设计之初就框定的基本事实。凭借这种虚拟货币,人们能够从发行者或者该币的共识者那里索取某些权益。这些索取权益的范围或窄或宽,主要依据虚拟货币的发行范围和共识形成的用户基础而定。持有特定虚拟货币意味着其偿还相应圈层关系中债务的能力强弱,增持虚拟货币对于虚拟社区的参与者来说,就是增加其活动的信用基础。

2. 符号价值的幻象

从图腾时代开始就有了一系列的符码体系,它是维护社会秩序的基础之一。当货币从实物货币转向纸质货币以至进一步转向电子货币的时候,它的真正的价值就隐藏在社会经济关系中,而其符号价值便成为主要的方面。爱德华·卡斯特罗诺瓦说:“货币不依赖于物品的自然属性,这个原则最好的例证就是纸币的出现。”①世界的符号化与人自身的符号化是相互交融的。通过世界的符号化实现人的符号化,通过人的符号化而强化世界的符号化。符号成为人的身份系统的构成要素,成为阶层结构以及人与世界关系的表达方式。第一,虚拟货币维护用户圈层身份。用户通过掌握企业虚拟货币或通用虚拟货币来确认其作为网络用户以及特定圈层人员的身份。尤其是企业和网络平台发行的虚拟货币,对于增加用户的归属感是非常重要的手段。通过虚拟货币的形式获得的圈层身份,比免费网络中纯粹因兴趣、特长、区域、年龄等形成的圈层更加具有身份感。廉价或者免费就能获得的身份符号较少受到人们的珍惜,而需要通过激励性虚拟货币的储存或者购买锁定币而获得的圈层身份

① (美)爱德华·卡斯特罗诺瓦:《货币革命:改变经济未来的虚拟货币》,束宇译,北京:中信出版社,2015 年,第 50 页。

对于参与者而言,其重要性要大得多。在网络虚拟游戏中还存在通过竞技所得游戏币的多少来确定技能身份。由于虚拟游戏中存在着玩家的角色代入问题,通过大量虚拟货币的投入换取角色能量的提升,更是虚拟社区人们符号化生存的典型方式。由于虚拟游戏需要依靠等级设置来增加玩家的参与兴趣,通过增加层级的复杂程度和对更多"装备"的依赖,虚拟游戏全面模拟人的生存境况。"装备"和游戏币代表着权力身份符号。人的欲望在符号系统中受到反复刺激而趋于膨胀,虚拟货币的符号价值不断增加。互联网延伸了人的肢体、大脑和情欲。如同波德里亚所言:"货币符号与一切社会生产分离:于是货币符号进入投机和无限通胀。"①当虚拟货币被作为一种符号价值,一方面增加了货币经济的文化属性,使人们在文化秩序方面有更加贴近现实的考虑;另一方面也增加了投机的情绪,符号化生存中的积聚效用使"由虚而实"的财富聚集方式被广泛接受。机会主义盛行,投机者将打造符号形象作为行动的指南,在获得虚拟形象品牌元素的聚焦后,又通过其品牌效用增加攫取经济利益的机会。大肆积累虚拟财富有可能形成巨大的经济泡沫;在符号幻象的迷惑下,人们难以选定止步的节点而任由欲望充盈。幻象一旦破灭,就会对经济社会的发展和个人造成实质性损失。

3. 自由发展的媒介

人的自由全面发展受制于社会关系的异化。马克思主义认为,人的本质在其现实性上来说,是一切社会关系的总和。社会关系以生产关系为基础,涵盖了文化关系、政治关系、社会交往等诸多方面。货币成为社会关系的联结物,是生产方式发展到一定阶段的产物,是血缘关系的垄断地位逐渐被改变的产物。货币在传统社会关系中的重要作用在于提供支撑理性主义的联系和交往的物质载体。在货币没有发生作用的地方,传统的社会关系依靠宗族血缘

---

① (法)让·波德里亚:《象征交换与死亡》,车槿山译,南京:译林出版社,2009年,第25页。

关系和宗教迷信或者封建官僚机制来维持,更多地体现为一种非理性的命令与服从关系。面对传统社会关系中驯化与服从的社会关系,货币将理性精神注入人们的经济交往和社会交流中。血缘宗亲和官僚体制具有狭小的圈子文化制约,人们的社会联系十分狭窄。而宗教迷信将人的情感与需要束缚在神人关系之中,在现实生活中压抑了人的生存主体性。货币作为社会关系的纽带,将血缘优先和官僚体制的绝对命令束之高阁,代之以利益为核心的计算理性的张扬。虚拟货币的生产和流通,在新的社会环境下解放了人的社会关系。首先,它是经济关系的中介。网络经济的发展和虚拟社区功能的经济化,使得在线交易成为普遍的现象。虚拟货币能够在一定程度上弥补法币的不足,在一定阶段上暂时替代法定数字货币行使职能。这一作用扩大了人们的经济联系范围,将经济联系从实体经济拓展到虚拟社区和网络经济之中。其次,它是文化关系的中介。虚拟货币的产生和发展与网络文化和圈子文化的形成有着密切的联系。由于虚拟货币种类繁多,在不同场景下有着不同性质和形态的虚拟货币,从而弥补了法币在形式和制度上的一致性(或单一性)所带来的缺陷。非但如此,在各种文化交融激荡的今天,虚拟货币的跨圈层和跨地域流动有利于全域网络中的文化交流。差异化的虚拟货币更加支持差异化的文化形态,这对互联网文化多样性发展是有裨益的。再次,它是社交关系的中介。对虚拟货币的占有程度是网民参与虚拟社区建设并增进虚拟交往的重要基础。互联网所构建的社交关系在陌生人之间扫除了交流的障碍,与传统经济社会中法币所执行的功能一样,虚拟货币在虚拟社区中同样具有联络业务和增进友谊的潜在能力。社交关系发生的范围扩大、频率提高,必须在一定的虚拟财富支持下才是可能的。当人们把虚拟货币作为人的自由全面发展的工具时,意味着它在构建更为紧密、频繁、广泛的社会关系上能够发挥意想不到的作用,事实上的确如此。

虚拟货币在交易伦理、社会权力结构和财富观上有着重要的影响,其发生的变革力量是持续而深远的。宏观领域的改变由虚拟货币的具体应用场景来映衬、塑造和引导。而虚拟货币的发展逻辑总是与货币的运行规律和虚拟网络的运行机制相互渗透,越出二者的客观规律去寻求虚拟货币的伦理现状和变化,就会将犯抽象主义的过错。

第四节　虚拟货币的发展蓝图及其伦理构建

货币产生积极伦理意义的同时,也会对社会道德产生污损。一方面,货币是天然的平等派,它在商品经济规则下的社会交往中扮演着不偏不倚的角色。另一方面,“货币的计量性导致社会交往的外化和低俗化,货币的可流动性和可兑现性导致生活世界的世界化和殖民化”。① 货币在其形态的发展进程中,不断产生去物质性的内在力量;而经由去物质化的过程,也使得货币拜物教不断强化。经济越是加快流通,货币的物质属性就成为流通中介的累赘。在流通中不断加速行使自己职能的货币,在离开流通领域时依然保持着慢速流通时代的货币尊荣。现代虚拟货币越来越指望通过技术的安全可靠来提供保障,这轻视了人的理性在更高层次上具有的突破能力。以为一种具有相对先进性的金融工具能够一劳永逸地解决信用问题,无疑是空想主义的。虚拟货币的产生和发展有其历史必然性,在虚拟技术的现实化和现实生活的虚拟化进程中,虚拟货币是一种应景之物,也是应需之作。货币拜物教在虚拟时代不是被淡化,而是从两个层面被泛化。其一是货币本身的泛化,具有兑换能力的一切符号、代码及物件都被赋予货币的含义或名称。无论在法律上是否具有类似的地位,这意味着它们在更广泛的领域和社会关系中实现了(或正在实现)货币化。其二是货币指向的对象物的泛化,从虚拟游戏的消费到虚拟角色的扮演,从虚拟产品和头衔的获得到虚拟财富的感受能力的变化,都在将一种泛货币主义渗透到虚拟—现实的广泛空间中。货币所产生的伦理效用,归

① 禹芳琴:《货币伦理论》,北京:经济科学出版社,2010 年,第 181 页。

根到底来自于货币所型构的时间和空间。在时间上,自从货币从商品中独立出来,它就是型构时间的巨人。买卖分离意味着使用价值的储存时间和交换价值跨时域能力的提升。货币能够换取未来,由“现在”而联通“过去”和“将来”。“过去”是货币价值的时间性质,凝聚在商品中的无差别的一般人类劳动是货币的社会内容,这是过去了的人类生命的结晶。“现在”拥有的货币形态的交换价值既是过去劳动价值的标尺和等价物,也是未来人类劳动产品的价值尺度和等价物。货币能够将人的生命进行时间长度的转化,可以通过浓缩劳动时间,减少客观生命长度中用于生产性支出的物理时间,相对延长客观生命进程中用于消费消遣和发展自我的自由享受的物理时间——后者是前者在生活中的稀释。人要获得自由全面发展就必须不断强化这一过程。马克思主义认为这是社会必要劳动时间的不断减少。货币在时间上的伟力在很多情况下表现为其在空间上的自由。货币拓展了人的生产要素的积聚能力,打破了物理空间对生产要素的障碍,同时也为人的消费和发展提供更丰富的内容,空间距离已然可以忽略不计。人类在空间上不断扫清发展障碍,与其说是交通和通信技术发展的结果,还不如说是货币的力量。这从近代以来的生产目的来理解是相当明显的。虚拟货币不仅是新的货币形态或者“拟币”,而且其本身就是一种新的社会价值观念的承载物。在虚拟社会和现实社会的融合过程中,虚拟货币可以为更好的伦理秩序增添活力和色彩。

一、虚拟货币的价值构建:从“拜物教”到“共识价值”

1. 使用价值的“逃离”

波德里亚说:“货币是第一种获得符号地位并且逃离了使用价值的商品。”①而虚拟货币是对使用价值的彻底背叛。由于虚拟货币本身的物理属性

① (法)让·波德里亚:《象征交换与死亡》,车槿山译,南京:译林出版社,2009年,第26页。

已经舍弃了实在性，从而也使它的使用价值失去基本的承载体。虚拟货币除了作为代码或者数字账簿的可识别性之外，它的物质性已经降低到了极点。如前所说，货币的去物质化反而增强了它在时间和空间上的活性与能力。虚拟货币则由于其本身的非物质性而在时间和空间上进一步展示了其渗透力，当然还包括其不稳定的社会属性。这是双向制约的过程：物质性（物质化）是使用价值的基础，也是其社会属性趋于稳定的前提；非物质性（或去物质化）是价值的基础，也是其社会属性不稳定的根源。这种不稳定性在劳动价值论发挥核心作用的时代具有相当重要的意义，它意味着社会生产力水平的不断提高，社会必要劳动时间缩短，并由此导致商品价值的降低。但这一不稳定的社会特征在虚拟社会中则有着新的机制，它意味着虚拟货币的发行量缺少必要的依据，或者社会共识发生了动摇。虚拟货币不可能找到其坚实的发行基础，并由此而建立稳定的信用关系。尽管人们时常认为投机币由于在区块链技术基础上具有限量和安全通道的功能，而黏性币和锁定币则需要在购买和激励行为发生后才能实际地存在。但这远远没有触摸到虚拟货币的本质。虚拟投机币的“换道超车”是在其内部难以无限增容的情况下发生的，比特币之后的以太坊、莱特币以及各种分叉山寨币纷纷涌现就是例子。正因为任何一种投机币都没有人为之做出最后的裁判，从而使它们具有相同的社会价值（至少具有发展成相同社会价值形式的潜力）。乱象的发生在某种程度上亦在于此。黏性币和锁定币就更不用说，无论其如何与法币脱钩或者挂钩，由于其内部发行量不受限制（如用于奖励的拟币，平台并不会也不能自动减持现有法币或者销毁等量法币），这些拟币发行的随意性依然很大。当这些游戏工具仅仅停留在平台内部而在任何时候都不能与法币挂钩时，它对社会经济生活的影响是积极的。不过，平台并不这样去做，它们在积极发展单向或者双向挂钩的业务，除非出于对金融监管的畏惧才适当修改规则，以逃避责任。当虚拟货币在其非物理性的承载形式中得到发展时，如何建立社会的信用机制显得尤为重要，而这些机制的建立，可以在民间社会共识的基础上，亦可在政府权威的统摄下。基于货币物理属性的“使用价值”的出逃,为基于货币的非物理属性的“非使用价值”的生成提供了机会。这一机会所形成的现实后果是复杂的。

2. 货币拜物教

虚拟货币的“非使用价值”的扩张首先表现为货币拜物教的升级。“货币拜物教之所以产生是因为金钱可能造成人之间的主仆关系。”①马克思说:“商品形式和它借以得到表现的劳动产品的价值关系,是同劳动产品的物理性质以及由此产生的物的关系完全无关的。这只是人们自己的一定社会关系,但它在人们面前采取了物与物的关系的虚幻形式……在商品世界里,人手的产物也是这样。我把这叫做拜物教。”②在货币经济中,货币所具有的把人与人之间的社会关系虚幻为货币关系的性质,就是货币的拜物教性质。货币关系支配着人的关系而占据统治地位,人对货币这一物的存在形式表现出像对待神一样的崇拜。将世俗货币神圣化是商品交换发展的产物。“自从有可能把商品当做交换价值来保持,或者把交换价值当做商品来保持以来,求金欲就产生了。”③拥有货币就是在经济权力关系中拥有绝对力量,它能够通兑一切商品和服务。社会中的“一切东西,不论是不是商品,都可以转化成为货币。一切东西都可以买卖。流通成了巨大的社会蒸馏器,一切东西抛到里面去,再出来时都成为货币的结晶”。④ 虚拟货币显然不具有金属货币那样的完整表现形式,由于其在“使用价值”上表现为脱离其本身的实用性或者物质材料所蕴含的价值量,因而虚拟货币作为拟币或者执行部分货币功能的东西更加具有拜物教的属性。人们在虚拟世界中的社会关系表现为虚拟货币所构建的关

---

① 禹芳琴:《货币伦理论》,北京:经济科学出版社,2010 年,第 240 页。

② (德)马克思:《资本论》第 1 卷,中央编译局译,北京:人民出版社,2004 年,第 89—90 页。

③ (德)马克思:《资本论》第 1 卷,中央编译局译,北京:人民出版社,2004 年,第 154 页。

④ (德)马克思:《资本论》第 1 卷,中央编译局译,北京:人民出版社,2004 年,第 155 页。

系,而这种虚拟货币关系进一步成为人们在虚拟社区生存的主体内容。这是一种幻灭的现实性。在互联网诞生之际所广泛兴起的共生相依和共创共享的理想在互联网经济发展至今已经被让位于虚拟货币关系。仅仅只是这样,虚拟社区的货币拜物教还只是现实生活拜物教的影像。事情正在朝着出乎意料的方向以出乎意料的速度进展。无论是下载软件提供的强制性 VIP 服务,还是影音产品以保护产权的名义采取的收费制度;无论是免费游戏培养的过瘾症状需要继续进行收费游戏的安慰,还是各种平台和技术服务提供商免费或廉价塑造的用户壁垒;这些引诱消费和黏性培养正是互联网的狡计,它们的直接表现形式就是虚拟货币关系的稳定结构。攫取虚拟货币比获得法币更有社会效益,这是因为无论是投机币还是黏性币与锁定币,它们具有游走于虚拟—现实双重社会的能力;对于投机币而言,它具有更为广泛的交易能力,尤其是在法律体系之外的交易潜力,虚拟货币在正式交易和非正式(甚至非正当)交易中表现出超越性。由货币拜物教到虚拟货币拜物教,本质是将某种交易能力的神圣化;是在“交易”本身成为至高无上的活动,而活动的社会价值被忽略的情况下引发的社会关系的颠倒。

3. 共识伦理及其维护

爱德华·卡斯特罗诺瓦认为:“通货显然是一种由协调博弈达成的共识。通货之所以具有交易中介、价值储藏和计量单位的功能,正是因为许多人共同接受了这些功能的存在。”①“共识论”在传统经济形态下的错误在于将“共识”这一活动的结果作为活动的“启动”力量。任何通货的确需要在共识的基础上才能称其为通货,但这一事实不能掩盖它的前提,用于表达通货的产品或者承担通货功能的产品与社会共同接受的使用价值体系紧密相关。超出一定社会的使用价值体系,即超出当时社会人们正常生活的货币形态只能是偶然

---

① (美)爱德华·卡斯特罗诺瓦:《货币革命:改变经济未来的虚拟货币》,束宇译,北京:中信出版社,2015 年,第 107 页。

的,而不能成为真正流通的货币,就如纸币在其早期阶段那样。这是因为信用保障机制尚未建立或者比较脆弱的情况下,人们对货币的新形式必然抱有正当的质疑和谨慎。当虚拟货币尤其是投机币作为"世界数字货币"而现身于世时,就会引起思想家和民众的顾虑。托夫勒曾对银行发行的超国家货币表示出担忧:"和这些超国家货币打交道的银行家,可以无限制的自由地发放贷款,而无需保留现金准备,同时可以协议利率贷放。"①然而,与这种银行发行的超国家货币相比,虚拟货币具有更加难以控制的天然属性,尽管技术主义者会将时新的技术要素作为辩护的主要依据。非银行机构发行的虚拟货币与银行发行的超国家货币相比,其信用制度绝不可能在货币之外寻求解决,转向货币内部寻找信用基础是民间数字货币所标榜的亮点,区块链技术为之提供了诸多相关的兴奋点。

人们"相信"是货币成为普遍流通中介的重要特质,虚拟货币与传统法币的不同之处在于这种"相信"没有坚实的物质基础,它们建立在对技术逻辑的信仰和对发币机构财力的信任上。由技术逻辑培养的虚拟货币拜物教,是科技发展与市场非理性精神结合的产物。对技术理性的过度信任在本质上是一种技术罗曼蒂克或者技术上的非理性情感,它建立在技术内核信息的不对称之上。普通民众在无知之幕背后无厘头地相信一种技术或者否定一种技术,它本身是非理性的。但在现实社会中,对理性之物的非理性崇拜就表现为理性的捍卫者,俨然成为理性的代表。对区块链技术主导的数字货币的崇拜就体现出这一特点。科技越是向前发展,有关科学的非理性情绪就表现得越是充分,这与专业人士的谨慎态度形成鲜明对比。这一客观现象亦标明了在科学技术发展的更高层面上,由于精深技术和专业细分导致人们不得不接受一个现实:个人的理性认识能力越发显得局促。它引起人们非理性的盲目信仰,这与科技现实的迷幻般的系统性效用有着密切的联系。对发币机构的信仰同

① (美)阿尔文·托夫勒:《第三次浪潮》,朱志焱、潘琪、张焱译,北京:新华出版社,1996年,第252页。

样源自于社会的极化现象。如果说前者源自于社会知识的极化，专家和普通民众在知识上越来越分化，前者在本质世界越来越辛苦的探索和对未来科技发展的谨小慎微，与后者在现象世界越来越轻松而愉快的体验和对科技发展未来的玄幻般的想象，二者在不同的方向越走越远。而在拜物教的驱动下，前者一旦受利益驱动而诱骗后者，则整个社会观念会发生巨大变化，对科技的盲目崇拜气氛愈加浓厚。企业的极化是社会财富和资源的极化，这是一个具体的社会现实问题。怀抱着更大商业野心的电商巨头和网络大咖，在拥抱互联网带来的巨额利润时，希望打造自己的通货体系，这是架起虚拟世界权威体系的捷径。在金融监管的严密审视下，它们小心翼翼地制造出名目繁多的拟币。网民"相信"这些发币机构的经济实力，这是由互联网时代的视觉经济特征所决定的。触目所及都能感受到其存在的几大网络巨头，给人们以经济安全的基本视觉和情感。

对虚拟货币的共识源自两个方面，一是对基本事实的清醒认知，二是对基本事实的忽视并陷入盲目的相信。前者无需多言。后者则看似一个矛盾的陈述。为何在基本事实尚不明确的时候（或地方）却有着坚定的相信？在投机币的炒作过程中，这两个方面的网众兼而有之。后者近乎德尔图良所说的"正因为荒谬所以我才相信"的怪诞。社会心理的群氓化也许能部分解释这些情况（它绝不是源自于某种"启示"），但这一解释令人生厌的地方在于对民众的普遍"相信"的不信任态度。无论是对技术在理解基础上的刻意歪曲，还是对技术事实无知的基础上的盲从，虚拟货币的拜物教性质是指引其走向的重要动力。对电商或网络巨头的迷信更是对网络资本集团的拜物教应用。虚拟货币的共识需要建立在清晰的保障机制和坚硬的物质基础之上，除非强力能够助其兑现货币载明的承诺，否则它就始终是投机的产物。在投机欲望未能走向尽头的场合，任何投机的产物都不是最终的猎物或手段，从而"被颠覆"和"被取代"是迟早的事情。恰如在比特币诞生之初被寄予的厚望在不久之后就灰飞烟灭了，其他新兴的虚拟货币也不会是一种终极的"货币形态"。

在民族国家依然是世界格局的基本单元时,货币共识在超越国家的基础上要想有突破性的进展是困难的,除非世界科技巨头和资本巨头不再隶属于特定的国家。如果这样的世界资本巨头和科技巨头能够在金融科技上发挥积极作用而不怀有私欲的话,这一切将会迎刃而解。既然这些资本巨头和科技大鳄并非世界化的真谛,其在私人利润最大化方面的追求尚未止步;那么,回到民族国家中去,并接受民族国家内部的宏观调控和积极筹划,才是虚拟货币保持积极功能而减少社会危害的重要环节。就此而论,局域共识的社会价值要远远超过全球共识。在货币风险的控制上,以及在对虚拟货币的运营监管上,局域共识所产生的虚拟货币体系有着显著优势。

二、虚拟货币的关系构建:“互联网精神”与“科技赋能”

1. 分享还是占有

货币所表现的是人与人之间的关系,虚拟货币表现的是人在虚拟—现实二重空间的社会关系。与现实社会关系的不同之处在于,虚拟社会关系中人们具有更为复杂的心理反应和情感表现。这是由互联网虚拟空间的特征所决定的:在虚拟空间中,由于角色和身份的虚拟性,使个体具有社会性分身;而隐藏手段和角色模仿中存在的“化身”为人们逃避社会道义的追责提供了可能。虚拟世界中的人们更加倾向于表露自己的本真色彩,以多元人格和情志实现自己多元需求和表达多样化的情感。由于个人在虚拟现实中的需求进一步细化,使得整个需求类型和数量剧增。虚拟角色和身份的重合又形成了需求关系中的重叠现象。在网络虚拟产品边际成本为零的情况下,重叠性需求的满足更多地依靠免费分享来实现。亚当·斯密说:“大度和公益精神的得体性和正义的得体性是建立在相同的原则之上……只有当我们在某些方面喜欢的是他人,而不是我们自己的时候,我们才表现出大度的精神。”①在互联网上可

① (英)亚当·斯密:《道德情操论》,宋德利译,南京:译林出版社,2014年,第186页。

能改变了这一状况,斤斤计较的人亦有可能分享自己的数字资源以换得其他数字资产或资源。在奖励性黏性虚拟货币充当社会关系纽带的虚拟社区能够比较充分地体现这一现实。只要网民上传一定量的数字资源就能获得相应虚拟货币作为回报,或者将其作为下载该数字资源的门槛予以限制,这些通过每日签到或者发帖、答题、参与活动等获得的虚拟货币实际上并不能充当商品交易的媒介功能。在这一过程中,与其说是一种数字产品的交易,不如说是基于共同体意识而进行的分享活动。下载他人提供的资源或者享用他人提供的虚拟服务,需要支付的虚拟黏性货币,在很大程度上只是设置为一种圈层内部的权益门禁。相互之间通过转让虚拟黏性货币而获得对方分享的产品和服务,体现了作为该圈层(平台、论坛、"朋友圈")的身份价值和利益共同体属性。阿拉斯戴尔·麦金太尔曾指出,现实社会关系中人们所处幸福状态的关系网络中的特征是:"当这些家庭的、邻里的和技艺传授的关系网络处于幸福的状态时,也就是说有一个幸福的本地共同体时,这总是因为那个共同体成员的实践理性伴随着他们以公益为目标的活动。"①在现实社会中对出于公益目的的分享行为之所以难以实现,是由所有权制度、生产状况和人的道德水平发展的不足所决定的。虚拟社区中对公益性分享和互利活动的展开,恰恰是因为在前述三方面中的两个方面都表现出异常独特的情况:虚拟产权难以鉴定和维护、虚拟产品生产的零边际成本。"人的道德水平发展"的具体水平并不是虚拟社区道德现实的决定因素。尽管如此,虚拟社区中表现为道德性分享的活动却在进行着道德理性的启蒙和教化,因而是有着积极意义的。不过,货币在现实社会中的(分离)作用,与虚拟货币在网络圈层内部的(黏合)作用恰恰相反。"分享是数字社会主义中最温和的表现形式,但这样一个动词却是所有

---

① (美)阿拉斯戴尔·麦金太尔:《依赖性的理性动物:人类为什么需要德性》,刘玮译,南京:译林出版社,2013年,第89页。

高级水平的群体活动的基础。它也是整个网络世界的基本构成成分。”①

2. 去中心化是相对的

对虚拟货币的去中心化想象是最近时期人们对互联网寄予的厚望,尤其是区块链技术的诞生和应用发展,区块链数字货币的未来是人们对传统货币权威中心的缺陷进行清算的绝好机会。以区块链技术构筑货币体系的“去中心化自治组织”,在没有最终决策者和权威判决者的基础上实现货币生产和流通的自由。这是人们在经历了世界美元体系霸权,滥发货币导致通货膨胀,官方数字货币存在的隐私保护疑虑等诸多问题之后所形成的一种社会期望。尽管这一期望事实上并不是在纯粹理性的基础上提出来的,甚至是在对批判和反对采取盲目支持的情况下的应激反应。人们认为,去中心化自治组织(Decentralized Autonomous Organization,DAO)代表了自动化的最高级状态,其运行不依靠人类或群体共识,而是完全依赖智能合约、算法及确定性代码。②而区块链技术具有构建 DAO 的潜能,它被认为是投机币的基础性技术支撑,甚至有可能成为数字法币的基础。民间机构发行的数字货币之所以是“投机币”,不是因为数字货币技术上存在致命的缺陷,而是它在与实体经济挂钩的过程中存在着建立“强制性共识”的难题;更何况这种虚拟货币在技术上亦能进一步伪装或者被替换,其中所潜伏的犯罪更是难以遏制。对投机币的发行源头的判断,需要更多专业知识,使用投机币进行商业活动是一种知化权利,并非每个人都能安全享受。2015 年 4 月,一种名为“CTB-Locker”的比特币敲诈病毒在国内爆发式传播;2015 年 10 月,“U 币”骗局涉嫌非法传销等。③ 比

① (美)凯文·凯利:《必然》,周峰、董理、金阳译,北京:电子工业出版社,2016 年,第 157 页。

② (法)普里马韦拉·德·菲利皮、(美)亚伦·赖特:《监管区块链:代码之治》,卫东亮译,北京:中信出版社,2019 年,第 157 页。

③ 刘刚、邹新月:《互联网金融乱象及其风险监管》,北京:北京大学出版社,2019 年,第 165—170 页。

特币和那些与区块链技术紧密相关的虚拟数字货币的潮涨潮落的价格波动,使最初设想的相对稳定的货币供给结构变得不靠谱,构建一种世界性非中心化的货币体系的梦想破灭。但人类构建一种 DAO 货币体系的理想依然值得称道,因为它对经济上的平等和自由的向往和追求,是对世界大同的阶段性努力。“区块”反而成为了互联网虚拟社区中的重要特征:这是互联网重新部落化的结果。在“区块”内部有着紧密的联系和共同的利益与追求;但“区块”之间则存在着不可避免的壁垒。在“区块”内部起着联系和沟通作用的东西,与在“区块”之间起着阻隔和壁垒作用的东西,是同一个系列:知识、财富、年龄、性别、习惯、喜好、特长、地区、民族、价值观等。这一系列的形成圈层(或网民群体“区块”)的因素中有一个共同的物质手段,那就是虚拟货币。这是前面有所陈述的黏性币和锁定币在圈层中发挥作用的结果。相对于金字塔形的权力结构,互联网以节点的散布为特征化解了权力和权威中心,形成了区块之网。每一个“区块”的内部,“中心化”运行机制并未减少。无论是腾讯公司在其运营的各个项目中所构筑的 Q 币,还是 Facebook 拟发行的 Libra(天秤币),发行主体所在就是权力中心所在。

3. 科技的“天赋”

普里马韦拉·德·菲利皮和亚伦·赖特认为:随着科技的发展,“代码之治”将会成为社会治理的重要力量或新的机制。“随着区块链技术的成熟和发展,可以处理更多的交易,它可以支撑不受人类控制的代码系统,并可以在此基础上构建非许可型的全球数据储存和处理平台。”[①]科技理性所具有的摧枯拉朽的能力让世界充满创新创意和生机活力,科技具有的“天赋”主要包括两个方面:赋能与赋权。科学技术使人们具有更强的能力(即“赋能”),通过理性工具而在认识世界与改造世界的实践上能够开疆拓土和深入耕犁,即科

① (法)普里马韦拉·德·菲利皮、(美)亚伦·赖特:《监管区块链:代码之治》,卫东亮译,北京:中信出版社,2019 年,第 160 页。

学技术成为第一认识力和第一生产力。认识力和生产力的提升必然改变思想领域和生产领域中的社会关系，虚拟货币所构建的关系只是其中的一种展体而已。科学技术也会增进人们现实的权利（即“赋权”），无论是政治民主的技术化还是经济民主的技术化，都有科学技术的重要贡献在其中。虚拟货币在提高互联网新建部落主体功能和权益方面显示了其特殊的地位。通过虚拟货币关系而使虚拟社区中的人们获得圈层结构中的自我定位，在虚拟货币支付过程中还能使一部分人得到成就感和成长感。这对娱乐化生存而言是支撑其稳定发展精神动力要素。在数字货币技术和网络金融不断发展的背景下，“人们可以通过复杂的数字价值转移系统，在合法且便捷的情况下，明确地表述价值；在非法或不方便的时候，还可以隐瞒价值。”①

数字科技在赋权与赋能上展现了其在构筑新的权力关系和利益格局上的重要功能。虚拟货币作为数据时代财富的具象化存在物，在其内部结构和机制的影响下生成了当前和未来时期人们生产生活的社会关系。对当前的社会关系而言，数字科技将部分熟谙其道的人们带进了一种有别于传统权力壁垒的新场景；人们凭借着对数字科技的深刻理解和掌握而有机会获得新型虚拟货币的所有权，并在这些新型虚拟货币的运行中处于主导地位。对未来的社会关系而言，数字科技的日新月异（即技术体系内部的新陈代谢速度）已经超越了以往任何时代；这种恒变恒新的技术变迁意味着参与主体圈层不断被替换和被更新，这是新的社会关系形成的机会。阶层固化或者利益固化的问题在新技术时代变得稍微松弛。现在人们需要在伦理上引起关注的是：禁止人为设置门槛阻碍技术流动，尤其是在不同圈层之间进行智识教化的开放性应该得到彻底的保护。只要知识不是作为被垄断的权利而被少数人占有，基于新的科技能力而形成的社会关系中就会保持开放的姿态。在创新已经变得格

① （美）爱德华·卡斯特罗诺瓦：《货币革命：改变经济未来的虚拟货币》，束宇译，北京：中信出版社，2015年，第135页。

外重要的时代，“没有新知识产生，就不会产生真正的财富。”①它已经成为一条社会公认的律令，并引发人们对教育和文化事业的广泛关注。人们权益的扩张和保护需要通过掌握科学技术来得到确认，社会权益就转变为知化权益。“所有财富都是基于知识和发现的长期性投资的产物。”②在知识经济时代，没有专门知识的增进，就难以获得社会财富和得到社会的全面尊重。无论是投机币还是黏性币和锁定币，其安全性能都要建立在先进科技手段的基础上；投机币、黏性币和锁定币所开启的新的虚拟—现实关系反衬出科学技术尤其是数字技术在社会影响上惊人的深度和广度。将科学技术的“天赋”被当做神圣的东西予以关照和崇拜，人们在对世界运行规律的认知上陷入“返魅”的境地。重新返回迷魅状态，进而陷入一种难以克服的焦虑之中：为何具有强烈征服力量和渗透能力的数字科技，并没有减少金融犯罪的数量和机会？在大数据时代，基于虚拟货币、网络支付及 P2P 网贷等领域的违法乱纪和在道德上不断挑战底线的行径为什么常有出现？菲利皮和赖特说：“即使是最自治的系统，也会受制于特定的力量和约束。”③这句话可以有不同的理解：一是即使是最自治的系统，也必将会受制于特定的力量和约束。仅仅依靠自治系统的内部机制而试图使“系统”在“更高层次的系统”中获得完满性是困难的；系统的环境（包括客观环境和主观环境）必然成为它能否充分实现“自治”的基础。正如在发行黏性币和锁定币的网络平台内部，其自治性是毋庸置疑的；但它能否完美实现其设计之初的愿景，有赖于它与其他系统的协调性和相互配合的程度，如果政策环境和网民素质或认知层次上出现断裂，则无论平台内部设计出怎样理想的虚拟货币体系，都不能实现其预想的功能。二是最自治的系统

① （美）乔治·吉尔德：《后谷歌时代：大数据的没落与区块链经济的崛起》，邹笃双译，北京：中信出版社，2018 年，第 91 页。

② （美）乔治·吉尔德：《后谷歌时代：大数据的没落与区块链经济的崛起》，邹笃双译，北京：中信出版社，2018 年，第 97 页。

③ （法）普里马韦拉·德·菲利皮、（美）亚伦·赖特：《监管区块链：代码之治》，卫东亮译，北京：中信出版社，2019 年，第 192 页。

也必然会受制于特定的力量和约束。这是一种来自于技术内部的局限性,就如同从比特币发展到以太坊,从区块链发展到区块堆,任何一种自诩终极了人类技术愿望的科技发明和创造,必将被新的科技所挫败甚至否定。无限超越性是科技发展的必然趋势,虚拟货币的基础技术同样如此。这些也说明一个道理:把全部信用保障寄托在某技术发明一方面是存在巨大的经济和道德风险的,科技、法律、道德,这些东西需要相互融合发生作用,才能在社会实践中实现技术本身的社会影响之预期。互联网所开创的金融格局,有着科学技术承担重要社会角色的良好契机,但新金融格局的本质是新社会关系的塑造,它是多元要素融合发生作用的结果。忽视道德自律,当科技赋能于虚拟货币,它可能摧毁全部财富体系;忽视道德教化,科技赋权于广大网众,亦可能借由虚拟货币关系将人类拉入到更加强烈的异化生活中去,在虚拟货币拜物教的幽灵中丧失人的发展的全面性。

三、虚拟货币伦理秩序构建:“技术博弈”与“人性准则”

1. 货币伦理中的“技术博弈”

彼得·科斯洛夫斯基指出,技术思想范畴向文化和社会生活世界的渗透,尤其是微电子技术的引入,使技术概念入侵到日常语言与人的自我感觉之中。事实上,偶然性与存在的抉择无法靠技术解决。因为世界的规定性是无限的,偶然性和命运贯穿于技术方案背后。“对技术思想而言,或者只存在着必然性,或者是过错;或者是别无选择,或者是技术或人的失灵。”①技术的至高无上的地位在现代社会得到加强,爱德华·卡斯特罗诺瓦就认为,“虚拟货币的安全性取决于骇客和信息保护者之间到底谁更技高一筹。”②罗伯特·席勒也

① (德)彼得·科斯洛夫斯基:《后现代文化:技术发展的社会文化后果》,毛怡红译,北京:中央编译出版社,2011年,第48—49页。

② (美)爱德华·卡斯特罗诺瓦:《货币革命:改变经济未来的虚拟货币》,束宇译,北京:中信出版社,2015年,第111页。

认为,“当身份识别技术和加密技术得到进一步发展之后,我们可以将自己的生活与计算机更好地结合在一起,我们还可以在人与人之间达成更复杂但也更可靠的合同。未来,在新技术的助力下,我们可以通过更强有力的手段改善自己的生活。”[①]在虚拟货币发展的种种观点中,科学技术被放在绝对重要的位置,这不是罕见的意见。在这样的基础上,哪一种虚拟货币最终能够成为现实货币的替代物,或者说,在诸种虚拟货币的竞争中,哪一种货币形态会取得最后胜利,不是由发行主体的权威或经济实力所决定的,也与这些主体或者创造该种虚拟货币的人的伦理道德毫无关联。货币成为一种纯粹的技术设计。将货币或者“拟币”的产生和发展作为单纯的技术产物,这不是经济领域中的独特现象;由于近代以来科学技术在人们生产生活中的伟大变革力量早已被人们所认知,由此而延伸出对科技在更为广泛的领域中发挥核心作用的期许和信任。在货币发展的漫长过程中,技术要素在制币过程中占的重要性并不明显。货币的信用基础来自于货币本身的价值或者来自于提供维护货币交换价值的社会组织和政府的力量;在很长的历史时期内,货币作为价值实体并不需要质疑,只有由谁来承担货币的角色才需要引起人们的思考。在价值实体属性逐渐式微的情况下,铸币的真实性和权威性成为一个技术性问题,而纸币的普及将制币技术的重要性提高到突出的位置。尽管纸币的真实性和防伪功能需要技术来支持,但制币技术并非一国货币在全球货币中是否具有权威或受到更多人追捧的核心要素。来自于发行货币的国家银行主体的信用(内在地包括该国的经济实力)才是一国货币取得权威地位的根源。虚拟货币不是法定数字货币,它的背后没有坚实的国家信誉作为担保,制币技术就成为检验其是否能够获得更多关注和支持的根本原因(至少它已经造成了这样的社会偏见)。

在各种各样的虚拟货币中,技术的自洽性越是完满,它被世界认可的机会就越高。这一观念在黏性币和锁定币中也是有效的,因为在虚拟社区空间发

---

① (美)罗伯特·席勒:《新金融秩序:如何应对不确定的金融风险》,束宇译,北京:中信出版社,2014年,第84页。

行虚拟货币的平台的经济实力与它实际所具有的技术力量亦存在明显的关联。在互联网创业中，很难想象一家技术蹩脚的企业能够在骇客的各种网络攻击中安全保存下来并取得发展。像阿里巴巴和腾讯这样的互联网企业，不但是数字资本的巨型企业，也是数字技术创新发展的阵地。虚拟货币用户权益的保障，在很大程度上要归功于这些大型网络数字科技企业提供的安全技术服务。爱德华·卡斯特罗诺瓦和罗伯特·席勒的那些论述在大部分情况下都是成立的。但这一倾向会产生一种无休止的技术竞赛：互联网科技企业和商务平台不是依靠发展自己独特的生产和服务功能而得到社会的认可，而是依靠与互联网黑暗势力的拼搏中获得生存与发展的机会。在更为宽泛的意义上，伦理道德被取消了，社会规范性问题不再被提起，人们只相信科学的力量。但科学技术进步中的启动力量究竟是什么呢？在一个全盘迷信科技力量的社会中如何保持人的文明使命？货币使经济交往变得规范化和文明起来，虚拟货币也不能再度退化到技术化的丛林社会中去。恶性的技术竞赛绝不是保障虚拟货币完整的社会功能的制胜法宝。

2. 虚拟货币的技术化或伦理化

理查德·沃特森认为：在智能化社会中，“我们面临的最大问题将是文化，而不是技术。特别是，我们将努力使我们的情感需求和感受同我们所不能理解的，并且把我们贬低的技术并列”①。虚拟货币作为智能化社会中的产物，在链接智能物理环境与人的活动和需要中起到不可低估的作用。社会的虚拟化表现为科学技术在那些具有深度沉浸性质的技术领域中取得了突破的进展，通过技术装备而实现万物互联。技术上实现人与物、物与物、人与人之间的互联还需要社会文化因素的支持，在市场经济时代就表现为“链接”所需要夯实的价值基础更加牢固。平白无故地占有他人创造的产品是不道德的，

---

① （澳）理查德·沃特森：《智能化社会：未来人们如何生活、相爱和思考》，赵静译，北京：中信出版社，2017 年，第 233 页。

在“予”和“取”之间需要建立一些相互的联系。“予”和“取”的断裂就是社会价值体系的断裂:有些人被迫不断“给予”,而有些人一味地、毫无顾忌地“索取”。人们所创造的价值不是在适当的链条上传递,而是被剥夺和被侵占,这种不道德行为在经济理性发育较为充分的今天是不被允许的。爱德华·卡斯特罗诺瓦认为:“虚拟货币未来的发展方向就是能够无缝对接的数字价值转移系统。”①虚拟货币在虚拟社区中践行传递价值的使命,它的具体机制依靠共识和技术系统共同维持。虚拟货币体系中“共识”的建立包括三个方面的基本内容:第一,虚拟依赖关系的真实依赖感。虚拟社区中人们之间的相互依赖关系,对于参与其中的人来说具有实在的依赖感。对网络游戏的虚拟角色沉浸和对智能终端的依恋都表现出这种特征。网络上瘾或者某些具体的网络虚拟应用给人们带来瘾症般的依赖性,它们对人的心灵和情感带来的影响是现实的,而不是虚构的。人们在建构虚拟货币的“共识”中,将这些虚拟依赖关系变为现实的交换关系,以货币关系表现虚拟依赖关系。第二,虚拟价值关系的真实价值体。无论是投机币还是黏性币和锁定币,其形态上的虚拟性对应着虚拟社区运行的数字化要求。虚拟货币关系是一种虚拟价值关系;货币是价值的载体,虚拟货币是虚拟价值的外化形态。使虚拟货币成为网众共识的重要原因之一在于它不仅停留在虚拟世界当中,亦在现实价值关系中表现出强烈的功能属性。虚拟货币用户在虚拟—现实双重世界所具有的经济权利和社会权益的互兑能力,使虚拟价值关系能够迅速表现为现实的价值主体间性。第三,虚拟契约关系的真实约束力。虚拟货币作为一种拟币,具有货币的基本功能的映像,货币所表示的债权关系,在虚拟货币这种拟币形态下亦存在契约关系的映像;或者说,虚拟货币表征一种虚拟契约关系的映像。虚拟货币用户具有据此向发行方或者参与人索取权益的实际能力(或潜力)。由虚拟货币建筑的契约关系本质上就是现实契约关系的一种场景,并没有脱离人们

① (美)爱德华·卡斯特罗诺瓦:《货币革命:改变经济未来的虚拟货币》,束宇译,北京:中信出版社,2015年,第11页。

在订立此种契约时的主体责任。试图在虚拟社区通过虚假契约关系获得利益,在法律上是被禁止的,在道德上是卑劣的。

将虚拟货币作为货币技术化的产物,并以为货币的技术化会颠覆传统货币体系的构想或许是不成立的。“废除既存货币体系在目前得不到必要的政治支持,从这个意义上讲,自然货币生产是不现实的。”①技术的自然进化不是货币进化的最初动力,也不是货币进化的根本原因。换句话说,由于技术的自然进化而获得的货币形态上的改进,不会自动取代原有货币的社会地位;因为货币的产生和发展不仅是一个技术的问题,它在更广泛和更深刻的社会经济关系中发挥作用。正如有人对区块链的质疑一样,技术产物的具体形态和发挥作用的内在机制还受到这些产物之外的其他社会机制的影响。“区块链可以在过程中保证信息的正确性,但不能在源头上保证产品的真实性。”“平台可以无中生有增发虚拟资产,只要不发生挤兑,平台的把戏可以一直演下去。当然若真挤兑了,大不了一跑了之。”②虚拟货币的技术化倾向所具有的价值不容置疑,但虚拟货币的精尖技术只是它存在的物质基础。虚拟货币的现实运行需要广泛的伦理支持和道德自律。有人或许会反对这一观点,米塞斯就认为道德行为不是货币价格的决定力量。比如,他认为投机并不能决定货币的价格。③ 这在国家发行的法币体系中是能够通过货币政策工具的合理应用得到说明的。在具有坚硬现实基础的金银货币体系中,投机行为对货币本身的价格影响非常有限,至少在较长的时期看来影响是微小的。在纸币体系中,由于政府对货币的实际控制,它的价格的波动尽管存在私人投机破坏的风险,但导致货币价格不稳定的因素往往是货币政策与经济增长之间的调控失灵导致的。米塞斯的观点并不适应于虚拟货币体系。虚拟货币的价格波动受投机

① (德)约尔格·吉多·许尔斯曼:《货币生产的伦理》,董子云译,杭州:浙江大学出版社,2011年,第132页。

② 井底望天、武源文、史伯平等:《区块链世界》,北京:中信出版社,2016年,第212页。

③ (奥)路德维希·冯·米塞斯:《货币与信用理论》,孔丹风译,上海:上海人民出版社,2018年,第167页。

的影响要敏感得多,比特币价格的波动幅度是现有国家法币价格波动所不能企及的。米塞斯认为影响货币价格波动的主要是对未来是否做出了准确的预测,将投机理解成为计算理性的充分使用;他对非理性的情感和欲望在投机活动中的表现做出了极为乐观的判断。伦理行为对虚拟货币社会功能的实际发挥有着显著的作用,诚实守信和公平正义的(使用共同虚拟货币的)共同体关系,是虚拟货币在建设良好的虚拟社会秩序中的积极力量;相反,在技术幻象的掩盖下,欺骗和引诱行为极易发生并得逞,伦理上的恶意就会使虚拟货币的社会功能变得消极甚至具有对社会秩序的毁坏性。

3. 虚拟货币应当回归人民性

人性是人的生命和存在的本质规定性和本原性质。[1] 但思想家对人性的理解则具有截然不同的观点。这里并不希望将自私自利作为人性的本然内容,而认为人性是一种实践的理性结果,从而将人性概念中的抽象性予以剔除。作为伦理准则的“人性”原则不可能被设置为一种私利的自足和欲求的自满,而应该是一种指向普遍幸福生活和文明进步的社会理想。在其现实性上来说,则表现为对人的现实欲求的满足,尤其是对他人幸福的作用或者对于整体幸福生活的业绩。在人类参与其中的历史绵延中,自在的实践和自为的实践在不同阶段发挥着促进人类文明进化的作用。被实践改造和渗透的自然世界便具有属人的性质;以物的自然属性滋养人类,或者以使物在形态和功能上发生朝着人的需要转换的变化。世界逐渐成为人化世界,万物逐渐获得属人的性质。自在世界向属人世界的转变是人类实践发展的必然结果。人化世界的产品印证着人类文明进化的艰辛历程,每一次生产方式的变革都意味着人化世界的重大变迁,而不断更新的“人造物”就成为了人类文明进程中的一个个印迹。货币就是人类的伟大发明之一。禹芳琴认为:“货币是‘霍布斯世

① 孙英、吴然:《经济伦理学》,北京:首都经济贸易大学出版社,2015 年,第 314 页。

界'向文明社会过渡的催化剂。"[①]在货币(尤其是纸币)发展的历程中能够较为清楚地看到这种状况:货币使社会经济关系变成一种契约和规范。后来,货币进一步成为拜物教的受体,在经济生活和社会生活中转变成为一种与人的本性相异的力量。罗伯特·希勒在阐述比特币的兴起及其表现的时候说:比特币的经济叙事充满着"人情味",它利用了无政府主义的情绪和其创始者的神秘性,"比特币的故事也是一个寻求经济赋权的故事";其价格的巨浪式波动证明了经济叙事的传播力,它引起人们的共鸣。[②] 这是任何事物诞生和发展之初时常利用的社会心理,以满足人们的需求。当新事物正式启动之后,就会形成一种应用上的惯性,这是新的商业机会和市场开拓的秘密。[③] 希勒所说的经济叙事所引起的人们共鸣,在社会心理上是能够得到说明的。叙事对社会心理的影响,使经济信心发生改变;而诸如比特币在社会共识中陡然具有的交换价值,在传统价值理论中很难有效说明。在互联网上能够流传的东西都会找到其"价值"之所在,尽管有些流传之物只是昙花一现而已。比特币还能撑到什么时候,或者说,投机币是否能够在恰当的时机寻求各国政府的宽容与支持,它有赖于各国政府对经济安全方面的考虑以及货币本质的理解程度。

流行的观点时常被冲击和挫败,这在思想史上并不是奇怪的事情。诸如"只有伴随着货币供应的增长,经济才有可能相应地增长"这样的荒谬信条,曾经也在某些资本主义的政府宏观调控中产生过实质性的影响。[④] 经济事实表明货币与经济增长之间的关系并非单向的,并且货币与经济增长的关系还要受到经济与货币体系之外的其他方面的诸多影响;例如居民对储蓄的热衷程度就受到民族传统文化的影响,而它在各民族国家的表现是大不相同的。

---

① 禹芳琴:《货币伦理论》,北京:经济科学出版社,2010 年,第 168 页。

② (美)罗伯特·希勒:《叙事经济学》,陆殷莉译,北京:中信出版社,2020 年,第 4—8 页。

③ (韩)金钟善:《思维的骗局:支配日常生活的经济心理法则》,李晓晨译,北京:化学工业出版社,2016 年,第 162 页。

④ (德)约尔格·吉多·许尔斯曼:《货币生产的伦理》,董子云译,杭州:浙江大学出版社,2011 年,第 38 页。

如果虚拟货币的产生和发展仅仅是经济叙事的结果,那么,它们在社会中充当的现实角色就是“引诱者”,尽管看起来它是一个贬义词,而经济叙事中似乎包含着更多的人文关怀和乌托邦情感。就如同比特币叙事中所包含着对人们深恶痛绝的、腐败的官僚体系的摒弃,对不平等和不同寻常的个人财富的追求的讴歌,以及顺应时代潮流的说辞(如“创客”或者互联网创业等);这种叙事“是一种人为建构,混合了事实、情感、人情味和其他在人类头脑中留下印象的繁枝细节。”①希勒认为由经济叙事所推动的病毒式传播是纯粹偶然的。这与技术理性和伦理理性主张的观点都有较大差异,它倾向于将瞬息变化的经济现象归列到非理性的情感和情绪当中。对于经济叙事在民众心中所产生的心理影响,并最终发生经济现实的变化,在民本经济被不断强调的今天值得人们正视。但是,将经济上的狂热仅仅理解为民众自发的心理狂热,或者仅仅停留在对触发社会狂热的触点和时机的偶然性的研究,则会掩盖经济狂热中的伦理动机,或者忽视经济狂热运动所存在的伦理风险。由于“触点”和“时机”具有的强烈的时效性和具体化,人们往往就会因此而忽略对现实运动中相对稳定的道德意志和伦理秩序的诘问;将一切恶果归咎于新生事物本身,以“物”的形态遮挡人性在社会发展和创造中的重要作用。理查德·沃特森认为:世事变化无常,“人性则不会有太大的变化,然而我们的本性往往是隐藏的或困惑的,所以很容易谴责工具带来的任何困难。”②

无论是全网流通的投机币还是局域流通的黏性币和锁定币,技术安全性能保障能力都是其存在与发展的重要条件。不同种类的虚拟货币之间由于利益关系冲突而引发激烈竞争,其重要的裁判之一也是虚拟货币的技术安全保障能力。因此,将虚拟货币内部竞争,乃至民间虚拟货币与法定数字货币之间的竞争认为是科学技术博弈的观点是有一定合理性的。正如传统货币的社会

---

① (美)罗伯特·希勒:《叙事经济学》,陆殷莉译,北京:中信出版社,2020 年,第 67 页。

② (澳)理查德·沃特森:《智能化社会:未来人们如何生活、相爱和思考》,赵静译,北京:中信出版社,2017 年,第 233 页。

功能在于它在社会价值体系的流通中所肩负的重任一样，虚拟货币的重要社会功能就是在虚拟—现实世界的交融中实现社会价值的更好流通。亦如传统货币在社会关系构建中起到规范和引导人们更加理性和有效的沟通，并保持相对独立性一样；虚拟货币也要在虚拟社区促进人们建构更加美好的伦理秩序。对于我国来说，中国人民银行作为货币发行的唯一正式机构，是党和国家进行经济治理和维护社会持续稳定发展的政府机构，是代表最广大人民根本利益并致力于推动国家经济建设高质量发展的正式组织。虚拟货币由于其存在种种伦理风险以及在技术上所难以克服的文化渗透，它的社会信用与中国人民银行发行的数字货币相比，是有天壤之别的。尽管如此，在我国，除了对投机币采取明朗的抵制态度外，在互联网平台发行的黏性币和锁定币问题上则持有相当宽松的政策。其目的在于丰富网络经济供给，鼓励互联网相关企业在经济管理与科技研发上的创新，这些对于维护人民群众的经济利益，发展人民群众多样化的物质文化生活，提高广大群众的媒介素养并积极拓展经济增长点等是有益的。我国境内发行的虚拟货币是不具有完整货币功能的“拟币”，对这些虚拟货币的运行及其发行主体进行必要的监管才能保证虚拟社区经济和文化的繁荣。作为数字财富的重要形式，虚拟货币要有利于财富的储存和保值；这是对人民物质或精神劳动的尊重，是维护广大群众切身利益的基本要求。作为虚拟交往和经济现实中的有效媒介，虚拟货币应当有利于经济往来和社会关系的改善，有利于促进公平和实现平等自由。坚决打击和禁止企业、平台出于不正当竞争需要而发行不可赎回的拟币，无偿占有用户的剩余“零钱”。坚决打击和禁止企业、平台滥发双向兑换型虚拟货币，稀释网民数字资产。约翰·穆勒说：“无论何种事物被作为实现某种更高目的（最终为幸福）的手段而受到渴望，都是因为它本身被视为幸福的一部分而受到渴望，而且只有在它确实变成幸福的一部分后它本身才会被渴望。”①虚拟货币不应

① （英）约翰·斯图亚特·穆勒：《功利主义》，叶建新译，北京：中国社会科学出版社，2009年，第63页。

当成为人们进入虚拟—现实双重世界的负累,而应成为一种便捷、安全、令人愉悦的工具。我们要防止虚拟货币以“工具”的形式出现在人们的生活中,最终却发展成为自在的“主体”。如果虚拟货币本身就是人的需要的本质内涵,它就获得了主体性,获得了拜物教属性。通过工具理性所获得的成果,最终若不是服务于人的自由与发展,相反成为人的自由与发展的束缚;那么,手段就成为了目的,而人反倒成为了手段。这是对人的尊严和价值的贬抑。

小　　结

据“央视财经”报道,在推进“净网 2020”专项行动和网络重案攻坚专项行动中,苏州警方会同张家港警方侦破一起跨境特大非法第四方支付平台案,成功摧毁一个为套路贷诈骗提供支付结算渠道的犯罪团伙,抓获涉案人员 72 人,涉案资金 4.8 亿余元。这里的第四方支付平台(“火牛”平台)实质上就是一个虚拟货币交易平台。警方发现,其内部运营使用了区块链技术,用虚拟货币“火牛币”进行结算,以此躲避资金追查。虚拟货币在网络生态的构建方面,曾经给人们带来巨大的希望;在现实的网络经济运行和网络社区治理中,却时常出现用户维权困难、价格波动剧烈的乱象;同时,虚拟货币成为犯罪工具,诱发网络安全问题,冲击金融安全体系。肯尼思 · 格根说:“人们一直都在致力于构建一个真实、合理、美好的世界。当我们建立起和谐、互信、满意、愉悦的人际关系时,我们会非常开心。然而,这些成就同时也会播下隔离、自残、敌对及互相仇杀的种子。”①事物的两面性在虚拟货币的社会影响上表现得淋漓尽致。我们需要致力于其中的事业,就是尽量发挥虚拟货币在建设网络生态、繁荣虚拟社区经济文化、促进网络平台和网上企业发展方面的积极作用,为人民群众提供安全可靠、健康有序、快速便捷的虚拟产品和服务空间。

① (美)肯尼思 · 格根:《社会构建的邀请》,徐婧译,北京:北京大学出版社,2011 年,第 134 页。

哈耶克曾经指出:“若干发行不同货币、彼此竞争的发钞行之间必然会展开竞争,以争取扩大自己所提供的贷款或销售之数量。”①他认为竞争将使得那些能够更好满足公众需要的货币脱颖而出,成为政府货币的替代者。不可靠的货币在竞争中逐渐被清场,而如果国家继续发行大量货币,就会使现有的国家货币贬值。我国虚拟货币作为一种不完全功能的“拟币”,在其社会影响和受众认同方面都不可能超越法币及其数字形态。投机币对我国社会生活的影响存在资源与价值转移、安全保障困难、投机主义盛行等不确定因素,因而要采取非常谨慎的态度。其他虚拟货币以促进网络经济和虚拟商品交易的繁荣为直接目的;在未来的全面智能化时代,虚拟货币或许还可以有更为出色的实际表现,我们拭目以待。作为互联网经济和金融发展的基石,对广义虚拟货币在社会生活中的运行机制和发展趋势需要予以重点关注;引导和建立一种属人性质的虚拟货币体系,是发展互联网人本经济和互联网普惠金融的伦理要求。

① (英)弗里德里希·冯·哈耶克:《货币的非国家化》,姚中秋译,北京:新星出版社,2007年,第57页。

第四章　互联网支付：从“渠道价值”到“价值渠道”

1999 年，招商银行“一网通”成为国内首家网上银行，开展包括个人网银、网上证券、网络商城、网上支付在内的在线服务，电子支付或网络支付开始成为经济活动中的组成部分。随着互联网用户的不断增长，2003 年 10 月 18 日，淘宝网首次推出支付宝服务，2005 年我国进入“电子支付元年”，网上银行和电子支付被越来越多的商家和消费者接受，网银支付成为消费者的重要付款方式，手机支付和第三方支付等迅速崛起。① 2014 年第二季度开始，支付宝每天的移动支付笔数超过 2500 万笔，成为全球最大的移动支付机构。2018 年我国第三方支付市场规模达到 208.07 万亿元；移动购物占据移动互联网市场的 77.77%。② 截至 2020 年 3 月，由于受疫情影响，我国网络支付用户达到 76798 万户，网民使用率为 85.0%，用户规模与 2018 年底相比增长 27.9%。③ 2019 年非银行支付机构处理网络支付业务 7199.98 亿笔，处理业务金额

① 周光友：《互联网金融》，北京：北京大学出版社，2017 年，第 107 页。

② 《中国互联网发展报告（2019）》，中国互联网协会，https://www.isc.org.cn/hyyj/fzbg/listinfo-37331.html，2019 年 7 月。

③ 《第 45 次中国互联网络发展状况统计报告》，北京：中国互联网络信息中心，2020 年 4 月，第 29 页。

249.88 万亿元,同比分别增长 35.7%和 20.1%。① 互联网支付成为人们消费的主要支付方式,正全面影响着人们的生产生活,对社会运行的深层机制产生重要影响作用。

第一节　互联网支付及其特征

一、互联网支付

随着移动互联网的普及,移动互联网支付显示出诸多优势,在特殊时期(如 2020 年第一季度传染性疫情比较严重的时期)甚至成为大众自发选择的唯一支付手段。与“互联网支付”相关的概念还包括“电子支付”“移动支付”“第三方支付”等,我们有必要对其有更多了解。在实际应用中,这些概念并没有统一的规范,甚至出现相互抵牾的地方。(1)互联网支付。中国人民银行、工信部等 10 部门联合颁发的《关于促进互联网金融健康发展的指导意见》(银发[2015]221 号)中指出:“互联网支付是指通过计算机、手机等设备,依托互联网发起支付指令、转移货币资金的服务。互联网支付应始终坚持服务电子商务和为社会提供小额、快捷、便民小微支付服务的宗旨。”②(2)电子支付。中国人民银行发布的《电子支付指引(第一号)》(中国人民银行公告[2005]第 23 号)中明确:“电子支付指的是单位、个人直接或授权他人通过电子终端发出支付指令,实现货币支付与资金转移行为。电子支付的类型按电子支付指令发起方式分为网上支付、电话支付、移动支付、销售点终端交易、自

① 《第 45 次中国互联网络发展状况统计报告》,北京:中国互联网络信息中心,2020 年 4 月,第 38 页。

② 中国互联网协会编:《商业银行互联网金融业务法律法规汇编》,北京:中国金融出版社,2019 年,第 322 页。

动柜员机交易和其他电子支付。”①(3)网络支付。在《非金融机构支付服务管理办法》(中国人民银行令〔2010〕第2号)中,网络支付指的是“依托公共或专用网络在收付款人之间转移货币资金的行为,包括货币汇兑、互联网支付、移动电话支付、固定电话支付、数字电视支付等”。②(4)移动支付,也称手机支付,是用户通过手机对所消费的商品或服务进行账务支付的服务方式,客户通过移动设备、互联网或者近距离传感直接或间接向银行金融机构发送支付指令产生货币支付与资金转移,实现支付功能。③(5)第三方支付,指的是处于卖方和买方之间具备公信力和一定实力的第三方,承担资金担保人和资金托管人的角色,通过与网联对接而促成买卖双方进行交易的网络支付模式。④在中国人民银行2005年第23号“公告”中对“电子支付”概念进行的界定,以及在中国人民银行2010年第2号“令”中对“网络支付”概念的界定中,网上支付、移动支付、电话支付等存在诸多内容互涵的情况。在银发〔2015〕221号文件中对“互联网支付”的概念确认中,包含着央行对新兴支付行业的道德期许和价值性约束。我们认为,互联网支付(或称网络支付)是基于互联网发展和用户增加,通过互联网络(包括移动互联网)发起支付指令、转移货币资金,完成商品和服务交易的支付行为,它既包括传统商业银行系统通过个人电脑和移动设备进行的网银支付,也包括以第三方网络服务机构为中介进行的支付行为。

二、互联网支付的基本特征

互联网支付具有以下基本特征:(1)互联网支付基于一个开放的互联网

① 中国互联网协会编:《商业银行互联网金融业务法律法规汇编》,北京:中国金融出版社,2019年,第492页。

② 中国互联网协会编:《商业银行互联网金融业务法律法规汇编》,北京:中国金融出版社,2019年,第518页。

③ 陈晓华、曹国岭:《互联网金融风险控制》,北京:人民邮电出版社,2016年,第12页。

④ 郭福春、陶再平:《互联网金融概论》,北京:中国金融出版社,2018年,第34—35页。

系统,这是传统银行封闭系统所不具有的基础设施。银行信息系统与网络支付系统之间有效联通,信息共享;支付机构在银行授权的基础上开展支付服务。正因为如此,网络支付实现了全网覆盖。在这样的环境下,互联网支付对信息安全性能有着极高的要求,以确保银行资产在交易过程中免受侵占和损失。安全性是互联网支付的首要规范,但由于网络信息技术发展的阶段性局限,事实上安全问题常常引起人们的警觉,并成为支付机构间竞争的重要方面。(2)互联网支付具有快捷性,它是现代通信技术发展的产物。在网络支付中,从消费者向签约银行或第三方机构发出支付指令,到机构对支付指令的交换并清算,再到对支付指令进行结算,最后完成交易,需要在极短的时间内完成。2019 年 12 月 26 日,美国专利与商标局发布了一项来自亚马逊的专利申请,该专利是关于一项非接触式扫描系统,它不需要通过脸部特征,而是通过掌纹和静脉信息的扫描,就能链接自己的信用卡和借记卡,300 毫秒(0. 3 秒)内完成所有交易,目前该系统的识别错误率为百万分之一以内。时效性对互联网支付是至关重要的。(3)互联网支付具有高效性,并主要体现在数字化和便捷性上。由于对资金的物理形态的扬弃,网络支付以数字核算作为主要的运动方式,既节约了对货币的甄别和计数时间,也减少了携带现金的并保证其免于遗失的精力耗费。与传统支付的现金流转、票据转让、银行汇兑等物理实体的流转相比,网络支付的优势表现在与之相反的方面。尤其在远距离的非在场支付方面,网络支付表现出了良好的性能;远距离实现即时支付,对改变生产生活的地域限制有着重要意义。(4)互联网支付具有多形态性。从支付指令的发布和接收看,互联网支付主要包括网上银行支付、第三方支付和移动支付。网上银行支付是传统银行基于互联网技术开设的网络支付功能,它能够不受时空限制地办理支付、转账等业务。网上银行支付的实质是将资金划转的操作行为让渡给客户,从而使客户可以直接在银行网络界面进行操作。它打破了银行柜台营业的时间和地理限制,简约了资金流转的环节。第三方支付是随着网购兴起而出现的支付手段,是具有较大实力和信誉保障的机构参与消费者网购支付的经济活动。对这一活动起主导作用的是它的实际发起人和执行者,即第三方支付平台。它通过通信、计算机和信息安全技术,在商家和银行之间建立连接,从而实现消费者、金融机构与商家之间的货币支付、现金流转、资产清算和查询统计。与移动智能手机的进一步普及相关的是移动支付的普及化。移动支付这一概念受到网络信息技术本身的制约,以往的论著中常将其作为基于移动设备(如平板电脑、手机等)的支付行为;实际上,从“刷脸”到“刷手”等金融科技的进一步发展,人体的生物信息就能作为完整的身份校验凭据,从而实现“人体支付”的局面。就此而言,移动支付指支付主体的即时电子支付,这一界定使其内涵的延展性更强一些。

随着数理科技、加密算法的进步,网络支付与结算发展迅速,银行卡支付、支付宝结算、微信支付等在技术上已经比较成熟,而刷脸支付、虹膜支付和指(掌)纹识别支付尚在实验和试点阶段。互联网支付作为货币流转的渠道,是商品交易得以实现的快捷手段;因其快捷、高效、安全、不受时空限制等特点,迅速成为当前人们在消费、借贷等方面用以划拨资金,转账清算、支付酬劳、买卖商品等的主要渠道。从这个角度看,互联网支付的主要功能在于其在价值链中充当一定的流通通道,在价值链的衔接中充当中间通道的作用,其社会功能表现为现实价值的桥梁和通道作用,简称“渠道价值”。但“渠道”的改变和进化,也使人际关系出现新的结构化,在社会组织要素的运动中出现新的规律性;互联网支付正在改变着人们的生存方式,并改善人们的生活质量,对社会化生产亦具有巨大的促进和改良作用。从这个角度看,互联网支付还是价值生成和拓展的新渠道,简称“价值渠道”。作为渠道价值的互联网支付,在其运营的过程中对经济伦理形成一定的冲击;而作为“价值渠道”的互联网支付则给人们带来伦理景观上的无限遐思。

第二节　互联网支付作为"渠道价值"的伦理问题

互联网支付处于互联网增值业务和银行增值业务的中间地带，其直接目的是为现金交易提供替代方案，降低交易成本。作为互联网增值业务具有的宽松环境和作为银行增值业务具有的高门槛，使得互联网支付在合规性上时常出现内在的矛盾。互联网支付存在的风险既有物理风险，即技术和硬件上的风险，也有政策风险和道德风险。就现实性来说，互联网支付的迅速崛起在于它在社会经济发展的快速上升时期为网络用户提供了便捷的交易工具。"交易的快捷性直接体现着市场经济的效率，而交易的快捷又是得益于市场经济交换方式的多样化和信用工具的虚拟化。"①互联网支付工具在我国的发展，体现了人们在经济发展中对减少交易中间环节和提高经济效率的普遍诉求。只要人们对更加经济地生活依然葆有美好期盼，只要等价交换的市场原则还依然发挥效力，互联网支付就会在便捷性和安全性上发展出越来越高的性能。

一、互联网支付的发展现状

1. 互联网支付的发展历程

支付清算是金融和社会经济的重要基础设施，在所有的金融服务中，支付业务占85%左右，成为核心金融基础设施。中国支付清算协会等将我国支付清算的发展分为四个阶段：(1)2000年至2005年是支付体系现代化发展的初期阶段，推进银行卡实名制，建立跨行交易结算和大额实时支付线上

---

① 王淑芹、安云凤、吴付来等：《信用伦理研究》，北京：中央编译出版社，2005年，第150页。

系统；(2)2006年至2010年为支付体系基本实现现代化的阶段，2007年联网核查个人身份系统建立，实名制进入新阶段，网上支付跨行清算等纷纷上线，信息化水平显著提高；(3)2011年至2015年为支付系统现代化水平的提升阶段，新技术对支付系统的支持作用加大，2011年央行颁发首批支付执照，多层次支付服务体系初步建成；网络支付快速发展；(4)2016年至今是支付体系现代化的调整规范期，互联网金融治理的“1+3”(一个“办法”三个“指引”)①制度框架形成，云计算、人工智能、大数据和区块链技术助推支付创新。②

我国网络支付的发展进步与电子商务的发展有着内在的联系。互联网的发展为电子商务的崛起提供了肥沃的土壤，而电子商务的发展呼唤网络支付的诞生和发展，最后网络支付成为具有独立引发新生活景观的广义基础设施。(1)1997年中国化工信息网成为第一个行业性服务网站，1998年阿里巴巴在开曼群岛注册成立，1999年“易趣网”“8848”等多个国内第一电子商务实体出现，招商银行和建设银行业在同一年启动了网上支付业务。因此，1997年至1999年是国内网络支付的孕育和萌芽期。(2)2000年春节迎来了国内第一次节日网购高潮，中国电子商务协会也在随后成立，较大规模的网络支付逐渐出现并发展壮大。在支付体系现代化的初期阶段，标志性的事件是2003年10月，阿里巴巴推出“支付宝”，而这正是其2003年5月成立的“淘宝网”发展的需要和体系保障。2005年10月，央行《电子支付指引(第一号)》出台。(3)2006年3月“第一届中小企业电子商务应用发展大会召开”，同年6月，商务部发布“关于网上交易的指导意见(征求意见稿)”，2007年，第一部电商发

① “1+3”制度框架指的是2016年银监会、工信部、公安部、网信办发布的《网络借贷信息中介机构业务活动管理暂行办法》、2016年银监会发布的《网络借贷信息中介机构备案登记管理指引》和2017年银监会发布的《网络借贷资金存管业务指引》和《网络借贷信息中介机构业务活动信息披露指引》。

② 李伟：《中国金融科技发展报告(2019)》，北京：社会科学文献出版社，2019年，第277—279页。

展规划《电子商务发展“十一五”规划》由国家发改委发布。2008 年国家商务部起草了《电子商务模式规范》和《网络购物服务规范》等文件，电子商务 B2B 市场交易达 3 万亿元，网购交易达 1500 亿元。适应迅速发展的电商经济，网络支付体系迅速触抵现代化电商支付要求。(4)2010 年 6 月《非金融机构支付服务管理办法》颁布以后，网络支付进入高速发展阶段。由于市场应用场景的不断拓展，在电商持续发展和互联网金融创新的双重助力推动下，2011 年至 2015 年互联网支付系统在内涵发展上表现出卓越的潜力，2011 年至 2015 年，央行共发放 271 张第三方支付牌照；①支付宝、财付通、快钱、汇付天下等成为移动支付的第三方机构；2015 年 12 月，网络购物使用规模达到 41325 万人，手机购物用户达 33967 万人。② 网络支付手段的改进也延伸出了许多社会问题：第三方支付机构挪用备付金，增大赌博、洗钱和欺诈等非法活动的风险。③ 引起人民不满和国家关注。(5)2016 年，作为网络经济制度体系建设的重要分水岭，是以“1+3”(一个办法三个指引)制度框架的建立为标志的。2016 年央行暂停发放新的支付牌照，网络支付进入规范调整期。2019 年，全国网上零售额达 10.63 万亿元，占社会消费品零售总额的 20.7%。④ 网络经济仍有巨大发展空间，互联网支付业务的创新发展亦如此。

2. 互联网支付的用户及应用场景

(1)互联网支付用户的发展。如下表所示，与中国互联网发展相应的是互联网支付用户的不断增加，从 2015 年至 2020 年的五年间，网络支付规模从

---

① 史浩：《互联网金融支付》，北京：中国金融出版社，2020 年，第 81 页。

② 《第 45 次中国互联网络发展状况统计报告》，北京：中国互联网络信息中心，2020 年 4 月，第 39 页。

③ 刘刚、邹新月：《互联网金融乱象及其风险监管》，北京：北京大学出版社，2019 年，第 93 页。

④ 《第 45 次中国互联网络发展状况统计报告》，北京：中国互联网络信息中心，2020 年 4 月，第 40 页。

4.17 亿人增加到 7.68 亿人,网民使用互联网支付的比率从 60.9%上升到 85.0%,其增幅是巨大的。在互联网支付用户规模和网民使用率稳步提高的同时,智能手机和网络升级,使网民中移动网络支付的比例也越来越高,发展到 2020 年 3 月,网络用户中智能移动终端用户基本与之保持相同数量,这说明网络用户已经基本普及智能移动终端设备。这一变化的重要意义在于网络支付将具有更为灵活的形式和更为广泛的应用空间。

表 4.1:中国互联网支付发展现状

用户	2015.12		2016.12		2017.12		2018.12		2019.6		2020.3	
	规模	使用率	规模	使用率	规模	使用率	规模	使用率	规模	使用率	规模	使用率
网络支付	41686	60.9%	47450	64.9%	53110	68.8%	60040	72.5%	63305	74.1%	76798	85.0%
手机支付	35771	57.7%	46920	67.5%	52703	70.0%	58339	71.4%	62127	73.4%	76508	85.3%

注:用户规模单位(万人)。

数据来源:CNNIC:《第 45 次中国互联网络发展状况统计报告》,北京:中国互联网信息中心,2020 年 4 月,第 37 页。

(2)互联网支付的应用场景。互联网支付的应用场景已经实现了全域化和全时性,它可以用《我的一天》(片段)中的纪实文字加以形象地表述。

上周五召开的支部党组织生活会上,在学习完市委下发的文件并开展民主讨论后,支部书记安排了党费缴纳[1]的事宜,这一次是通过微信转账或发红包的方式交给严老师的,年轻的教师三个月的党费也就几十百把块钱而已,都是发红包[2];一些年长的同志和其他收入比较高的同志,200 块钱的红包上限就使他们必须发两个红包才能缴清党费,他们一般会采用微信转账[3]的方式。现在这种缴费的方式太方便了。这让我想起读中学的时候,同学们交团费[4],都是带着现金[5]的(那时候也没有智能手机)。我们的团支书在收团费的时候常常是紧张兮兮的,一是怕收到假钱[6],二是怕计算的时候出现遗漏或者登记的时候出差错[7],当然还有一个苦恼的事儿,那就是找零[8]。开完组织生活会后已经很晚了,一些单身的年轻教师直接点了外卖[9],算是晚餐了。我得赶紧回家,娃儿说要我给她带几个作业本回去,晚上做作业需要。叫了一辆网约车[10],七块钱的路程就到了小区外(我现在都习惯用钱来表示路程了,因为每次下车后都会在确认支付车费的时候,看到扩大字体的车费数额,但具体的里程却需要在详单中才能查看,或者字体小很多)。

小区外面的自助超市[11]没有多少顾客,我进去找到了孩子需要的作业本,顺便也给她带了一点零食,在自助付款的柜机前面“扫脸”支付的[12]。这玩意儿刚用的时候不习惯,现在反倒喜欢这种方式了,对准人脸识别镜头,眨眨眼睛,算是给自己扮个鬼脸自嘲一番“又花钱了”。回家的路上手机短信提示本月的电费已经扣除了[13],这是我在“支付宝”上设置的每月按时扣款服务,如果没有授权[14],还得每个月在“支付宝”界面查询电费账单并手动支付指定金额,确实麻烦!确实麻烦?与以前电费充值相比好多啦,至少不至于晚上学习时间、白天煮饭时间突然就电费用完了,断了电[15];那才是真的麻烦。更不会像早些年一样,抄表员上门收费,若逢手头刚好没有现金[16],就要尴尬地向抄表员道歉,并等到下个月补交。

回到家已经下午6点多了,饭菜已经上桌,老婆和孩子们正在等我一起用餐呢。明天周末,晚餐比平时要丰盛一些,说好明天去“海龙囤”玩的,孩子们要吃好点,储备体能。“海龙屯”我们已经去过好多次了,风景是一次比一次看上去少了令人“激动”的地方,却一次比一次让人更加觉得亲切。在只能手脚并用爬行的石级上徐徐往上爬,脸贴近了这些雕琢而成的巨石,而心灵似乎和这山岚亲密无间了。累,是自然的,带着孩子往往需要三四个小时才能从山脚爬到顶上“山寨”的旧址处。站到山寨门前的小平台上举目而望,是极度疲惫后身心即得的飘然悠忽之感,是苦尽甘来如释重负的轻松惬意。可以想象,10岁的女儿明天还要在山顶上贩卖农家美味的老农妇那儿买好吃的;而我,看到东西已经到了孩子的嘴里,不得不掏出手机扫描木架上挂着的微信支付码[17]。这是女儿最擅长的小伎俩,“先吃后付”。不管啦,吃饱饭先准备明天的户外活动吧。

在当下的中国,互联网支付已经是寻常百姓的日常行为,早已不足为奇了。尽管最早发展互联网支付的初衷是为电商发展提供基础工具,但今天网络支付的功能早已超出了网络购物这一活动领域,对人们的生产生活产生重要影响。互联网支付的应用场景十分丰富,并且仍在不断开拓和发展中。《我的一天》(片段)是“支付的一天”,正是便捷的网络支付手段,使人们获得了诸多消费权利(【9】点外卖、【10】网约车),节约了人量的支付时间(【13】缴费、【11】购物),避免了现金支付的诸多风险和“尴尬”(【5】必须随时携带现金、【6】假币、【8】零钱备用等)。除了前述这些消费场景之外,还包括生产性应用和大型商业活动,以及互联网借贷、众筹及其他各种金融产品的运营,都离不开互联网支付的支撑作用。无论是远程支付还是临场支付,无论是专用消费终端的非接触式支付还是非专用支付系统的扫码支付,无论是物理电子设备信息确认的即时支付还是身体生理信息确认的即时支付,互联网支付正在多形态、多领域、多空间、多载体上实现全域覆盖,全时段服务。在经济财富许可的条件下,未来的网络支付一定会走向一种安全的“无感支付”,人们在支付上耗费的时间和精力小到可以忽略不计。表4.2列举了支付与结算的传统方式和互联网方式的优缺点,可以比较直观地理解互联网方式也许会全面取代传统方式的原因。在传统支付与网络支付的比较中,能够观察到互联网支付的应用场景更加丰富,覆盖面更为广泛。

表 4. 2:支付与结算的传统方式与互联网方式之比较

经济社会 性能比较	传统方式	互联网方式
资金的物理维护	需要验证货币真伪、防止货币磨损、毁坏、使用成本较高。	不需要。
	不适合携带大量现金。	无限制。
资金的归属确认	需要为自己的货币寻找安全的储藏空间,防止丢失、被盗等。	对接银行系统和大型实体机构,相对更加安全。
	被骗取的可能性主要依据个体的防骗知识和经验,以及法律和道德的实际情况。	被骗取的可能性主要依据个体的防骗知识和经验,以及法律和道德的实际情况;此外,网络知识和虚拟社区活动经验不同也是重要因素。
适合交易范围	货币交易只适合于企业和个人,或者个人与个人之间的交易,不适合于大宗商品的交易。	交易额度不受限制。
	支付受空间制约,传统的远距离汇兑耗时耗事。时间和空间上不可分离,"一手交钱、一手交货"。不能进行全天候支付与结算。	可以远程即时支付,不受空间限制。 可随时支付与结算。
	大多数支付工具不能实时结算,运作成本高,尤其是跨行业、跨部门结算不便。	运行效率高,可实时结算。
	种类繁多、流程复杂,不同支付工具的流程和使用各不相同,不同部门、不同单位往往要求使用不同的支付工具,不便捷。	支付便捷。
社会生活领域	有强烈的仪式感,尤其是传统习俗中的"份子钱""压岁钱""红包"等。	仪式感较弱。

注:本表部分内容借鉴了陈银凤、贾玢主编《网络支付与结算》(北京:电子工业出版社,2016 年)第16—17 页的相关内容。

3. 互联网支付的技术风险

互联网支付在安全性能上的主要风险表现为技术的不完善,无论是客户端、网络通信还是应用服务端都存在大小不一的风险因素。(1)客户端风险,主要包括应用程序风险、仿冒钓鱼欺骗风险、界面劫持、暴力登录、外链风险等。客户端程序的基础语言具有易反编译、易修改的特点,建立于其上的应用也相应地增加了风险机会。如客户端程序可能被进行反汇编、反编译获取应用核心代码并加以利用,取得脚本权限、非法植入广告、修改内存数据等;不法分子伪造软件,诱捕客户、钓鱼欺骗、盗取密码等现象时有发生;[①]由于金融应用提供商整合外部资源的需要,层级增加第三方应用,加剧了客户信息泄露和资金转移的风险。(2)网络通信安全风险,主要包括通信信道中数据被窃取或修改传输的风险、HTTPS嗅探劫持导致敏感信息泄露甚至发生远程代码执行。“骇客可通过流量劫持,截获HTTPS握手时下发的证书,替换为伪造的假证书。随后,全部的HTTPS数据都在监控之下,可随意篡改数据包的内容。”(3)应用服务端安全风险,主要包括DDoS攻击、Session重放攻击、SQL注入等风险。使资金账户或交易的响应和安全受到严重影响。[②] 技术上的安全问题一方面需要通过技术升级来予以修复,另一方面需要在法律和道德的层面加以规范,并对侵害行为予以惩处来获得社会支持。专业人员已经为互联网支付存在的安全漏洞和风险提供了许多应急解决方案,并且庞大的科研人员仍然在互联网支付科技领域持续保持创新发展的势头。但新技术和新手段的发展必然催生新的破坏性因素的生长,互联网金融机构要从系统的角度出发,在硬件与软件上同时发力,在工具理性与价值理性上齐头并进才能为互联网支付的健康发展提供完备的保障。换一种视角看,技术性安全风险的实质也是道德风险。互联网支付的任何技术漏洞被不法分子和道德沦丧者所觊觎,不是因为技术缺陷本身是引发恶性的根据。

① 朱小黄:《中国金融法制建设年度报告(2014—2015)》,北京:社会科学文献出版社,2017年,第214—218页。

② 陈晓华、曹国岭:《互联网金融风险控制》,北京:人民邮电出版社,2016年,第107—109页。

二、互联网支付的运行逻辑及其伦理问题

互联网技术的发展,“互联网+”产业不断升级,人们网络消费的种类和数量急剧增加。传统支付手段制约着人们对网络生活、投资理财、休闲娱乐等的需要。增加流动性、降低交易成本、降低代理成本是互联网支付诞生和发展的重要原因。传统支付手段的核心优点在于其安全性能较高,而互联网支付的核心优点则是支付的便利性。“金融创新是金融当局或金融机构为更好地实现金融资产的流动性、安全性和盈利性目标,利用新的观念、新的技术、新的管理方法或组织形式,改变金融体系中基本要素的搭配和组合,推出新的工具、新的机构、新的市场、新的制度,创造和组合一个高效率的资金营运方式或营运体系的过程。”①互联网支付是金融创新不断推进的产物,其发展壮大不仅是经济上的重大业绩,在伦理上亦有着深刻的原因和表现。

1. 系统结构中的利益关系:共建共享、互利共赢

网络支付的利益相关者包括提供支付业务的金融机构、网络运营商、终端设备提供方和第三方支付平台。这四大关键实体在支付业务的开展中是相互联系、相互支撑、不可分割的。银行是支付结算的资金端,没有银行提供支付接口和代理授权,互联网支付就是无源之水。客户存放在银行的资金用于在线支付,除了银行准接机制外,网络通信服务商是重要的基础设施提供者,是银行信息接入和输入的载体和通道。电脑、智能手机及其他移动和固定设备是互联网支付的重要端口和触点,无论是用于人脸识别的身份信息识别系统还是小微资金服务的收款码牌,都需要一定的终端硬件支持。第三方支付机构为网络支付与其他机构和业务连接起来提供服务,在创新支付服务项目和

① 刘刚、邹新月:《互联网金融乱象及其风险监管》,北京:北京大学出版社,2019 年,第 89 页。

发展支付工具上有突出贡献，并将互联网支付的业务延伸到经济生活的细胞中。上述四大利益相关者，在互联网支付中缺一不可。如果采取一般经济活动中的博弈理论，则必然出现利益关系的倾斜，其结果不是利益总量保持不变基础上的重新分配，而是整个利益系统的崩溃。假设网络运营商提供的通信系统不稳定，其他三方便无法完成快捷安全的互联网支付；假设银行系统实行传统的行业垄断行为，必然使网络客户流失，同时非正规代币必然兴起，其结果是网络支付的权威性受到摧毁，整个互联网支付体系彻底失败。客户终端操作设备和信息采集系统的失灵或落后，也会拖互联网支付的后腿。第三方支付平台则在各大银行的业务统筹、斡旋和融合中充当重要角色，同时也使互联网支付的触角碰触到社会有机体的每一个细胞，从而实现互联网支付业务的极速扩张。

在互联网支付的商业模式中，往往也是基于这种利益的相互渗透，采取多元合作的方式。主流的经营模式有四种：金融机构为主导的商业模式、网络运营商为主导的商业模式、第三方支付为主体的商业模式和金融机构与运营商合作模式。① 无论在哪种商业模式中，精诚合作是其健康发展的首要前提。在互联网支付中，短板效应极为明显；当利益相关的关键四方中的任何一方出现功能失调或者试图通过竞争方式获得更多利益时，都有可能导致非常糟糕的系统功能失调。因此，作为共建共享、互利共赢的经济活动的子系统，内部要素之间的平衡发展至关重要。这里的问题是：如何在一个相互支持并相互掣肘的系统中实现相对独立的创新发展？在保持审慎的越界战略的基础上，互联网支付利益相关四方在其相对独立的业务领域是可以实现创新发展的；在良好的信息沟通和协作机制下，通过这种创新发展，在单方面取得长足发展的过程中，会带动周边产业和其他利益相关者的创新创造活动，实现良性内部竞赛，最终促进系统功能的提升和组织进化。合作是网络支付系统运行的基

① 刘志坚：《2017 金融科技报告：行业发展与法律前沿》，北京：法律出版社，2017 年，第 38—39 页。

础，竞赛是要素发展的前提，谨守利益边界是维护互联网支付各方伦理秩序的基本原则。对利益边界的肆无忌惮的突破，或者在维护系统利益上采取单边自保的模式，最终会损害互联网支付的整体利益，并丧失业务拓展和市场渗透的能力。

2. 第三方支付：从“外围”进入“主流”的伦理密道

经济学者对尖端加密技术、数字签名与数字证书、数字摘要算法或者其他更为先进的技术和工具表达了非常乐观的期望。① 我们认识到，对普通网络盗窃行为的阻止，是能够通过较为复杂的技术成功实现的。比如数字杂凑技术（Hash 技术）能够一般地保护数据不被未授权者建立、嵌入、删除、篡改或重放，数字信封和数字签名能够一般地加强数据传输的保密性和完整新。不过，对于高级骇客来说，技术上的阻碍似乎并不能获得预期的效果。但是，支付技术的不断进步能够有效压缩对互联网支付系统进行攻击的频率，使真正具有攻击能力的人大为减少，从而在概率上获得更多安全性保障。从互联网支付的功能看来，随着作为电商经济的价值外溢产业，反过来成为互联网经济中的支撑和基础，在新的发展阶段又获得独立创造新价值的巨大潜能和市场空间。这一系列的价值升级并非互联网支付的开创者在最初阶段就能设想得到的。第三方支付的创新进展，使互联网支付的业务领域拓展到经济生活的末端，并且为其提供营养。而网络支付的主通道从网银支付转变为第三方支付，其实质是现代金融服务从“了解你的客户”到“为了你的客户”的企业伦理理念变迁的结果。

在银行、互联网金融及其衍生机构的规范性文件中，经常性地出现“了解你的客户”原则。比如在《中国人民银行关于进一步加强人民币银行结算账户开立、转账、现金支取业务管理的通知》（银发〔2011〕116 号）中强调“‘了解

① 柯新生、王晓佳：《网络支付与结算》，北京：电子工业出版社，2016 年，第 71 页。

你的客户’原则，履行客户身份识别义务，落实银行账户实名制”的规定。[①] 在《中国人民银行关于加强支付结算管理防范电信网络新型违法犯罪有关事项的通知》（银发〔2016〕261号）第十一条中指出：“加强交易背景调查。银行和支付机构发现账户存在大量转入转出交易的，应当按照‘了解你的客户’原则，对单位或者个人的交易背景进行调查。如发现存在异常的，应当按照审慎原则调整向单位和个人提供相关服务。”[②]在《中国人民银行办公厅关于进一步加强无证经营支付业务整治工作的通知》（银办发〔2017〕217号）的“整治工作安排”中也提到了这一原则，要求支付机构严格落实商户实名制，“了解你的客户”。[③] 在《互联网金融从业机构反洗钱和反恐怖融资管理办法》（银发〔2018〕230号）第十条中指出：“从业机构应当勤勉尽责，执行客户身份识别制度，遵循‘了解你的客户’原则。”[④]更早前的《中华人民共和国反洗钱法》《个人存款账户实名制规定》等诸种文件中都直接或间接阐释了“了解你的客户”原则的重要性。在预防和减少洗钱、诈骗等违法犯罪活动方面，“了解你的客户”，加强对客户身份、客户银行业务的背景和资金去向的掌握是完全必要的。强化这一原则的意义与增强支付技术基础具有同样的物理保障功能（实际上，在客户身份信息收集和识别方面，银行机构及专业支付机构只能停留在物理信息的确认上）。在保障和净化支付系统的资金渠道功能方面，二者起到至关重要的作用。第三方支付机构的兴起在这两方面并不能提供更多支撑信任体系重构或加固信用结构的因素，显然它并非依赖于“了解你的客户”或者“了解你的机器”（支付系统的技术先进性）。

① 中国互联网协会编：《商业银行互联网金融业务法律法规汇编》，北京：中国金融出版社，2019年，第87页。

② 中国互联网协会编：《商业银行互联网金融业务法律法规汇编》，北京：中国金融出版社，2019年，第372页。

③ 中国互联网协会编：《商业银行互联网金融业务法律法规汇编》，北京：中国金融出版社，2019年，第488页。

④ 中国互联网协会编：《商业银行互联网金融业务法律法规汇编》，北京：中国金融出版社，2019年，第359页。

第三方支付的兴起乃是“为了你的客户”的金融服务理念生命力的体现。如果说“了解你的客户”是为了增强资金流动安全性的话,“为了你的客户”则为资金流向的多元性和亲民性提供了许多有价值的业务,从而吸纳更多人使用这种新型支付方式。互联网远程支付的客户顾虑之一便是资金一旦转出,便难以获得维权的机会。在电商平台中由于商品交易前缺少消费体验和对货物的甄别机制,商户与购物者之间发生摩擦和冲突在所难免。如果网络支付货款直接进入商户账户,事后维权的成本极为高昂。为此,第三方支付机构“支付宝”于 2013 年与 58 同城联合推出生活服务担保交易,实现“满意后再付款”。[①] 冻结交易资金为双方维权留下斡旋空间,交易的任一方如果出现欺诈或不实,都会遭受资金损失。这就使第三方支付机构处于中立的道义立场,在交易矛盾裁判中对双方进行合规性裁决。由于交易双方都是第三方业务支持者,都是其利益体系的支撑者,第三方支付机构为了维护自身的经济利益和社会声誉,在主观上没有采取偏袒和包庇行为的必要;因而,它所作出的交易裁判一般能够获得网民的支持。

尽管在代币的生产和应用上,金融法规对其有着严格的限制,但互联网经济中实际充当代币功能的产品数不胜数,从 Q 币、京豆到各网站自行设置的代金币;它们充当了“零存整用”或“整存零用”的功能,从而为网络消费和服务交易的开展进一步扫清障碍;对商户和自营平台而言,通过代币绑定消费群体,创造了忠诚消费者。代币在大部分情况下属于互联网预付功能载体,也是非正规第三方支付平台常用的手段。对于正规第三方支付机构而言,金融业务的综合化成为其获得用户支持的战略选择。比如京东网使用白条支付、淘宝网的“花呗”支付,其实质是一种借贷行为,但作为消费性支付的手段,深受中低收入消费者的青睐。第三方支付机构深耕用户心理,挖掘用户价值,提供满足用户需求的支付产品。

---

① 吕忠民、李宙星:《电子支付与网络银行》,北京:外语教学与研究出版社,2015 年,第 104 页。

第三方支付为用户走向互联网应用深水区，深度参与虚拟社区活动提供装备。截至 2020 年 3 月，我国有网民 9.04 亿，互联网普及率达 64.5%。① 2020 年 3 月 23 日，工信部发布《关于开展 2020 年 IPv6 端到端贯通能力提升专项行动的通知》（工信部通信函〔2020〕57 号），要求到 2020 年末，IPv6 活跃连接数达到 11.5 亿，②网络地址资源数量大幅度增加（2019 年 12 月我国域名共计 50942295 个③）。互联网基础设施的改进和网民的增加，使网络价值有了更大的挖掘空间，虚拟生活成为人们生产生活的有机部分。网民深度参与互联网生活，享受虚拟社区提供的影音作品、艺术交流、学习产品、休闲游戏、智力健身、情感派对、业务咨询、商业洽谈、保健医疗服务等，都必须有快捷、方便、安全的支付工具作为基本条件，第三方支付工具在接口业务、资金保障等方面，提供了有效的支持。“为了你的客户”理念是“了解你的客户”原则的升华，是从安全保障上升到价值保障的综合化发展。对用户的尊重和深度理解，使第三方支付发展成为当前最为重要的个人用户支付工具。可见，“成人成己”的伦理价值是第三方支付取得成功的秘密；“己欲立而立人，己欲达而达人”（见《论语 · 雍也》）的个人伦理转化为组织伦理具有同样的社会价值。

3. 互联网支付的直接作用及其伦理价值

属人的先进技术为增进人自身的价值而努力，经济行为的实际作用除了能够降低成本、提高效用、增加利润外，它的外部性同样不容忽视。在外部性价值中，对人们更好生存所产生的效用都被认为是符合伦理要求的。互联网

---

① 《第 45 次中国互联网络发展状况统计报告》，北京：中国互联网络信息中心，2020 年 4 月，第 1 页。

② 《工业和信息化部关于开展 2020 年 IPv6 端到端贯通能力提升专项行动的通知》，中国政府网：http://www.gov.cn/zhengce/zhengceku/2020-03/23/content_5494661.htm。

③ 《第 45 次中国互联网络发展状况统计报告》，北京：中国互联网络信息中心，2020 年 4 月，第 5 页。

支付的直接功能至少包括如下 5 个方面，它们的伦理内涵亦是十分丰富的。(1)增加流动性。“发现—应用—冲力—再发现。我们看到变化的连锁反应，看到人类社会发展加速度这条既长而又急剧上升的曲线。这股加速的冲力，现在已经达到新的水平。”①人们从对永恒价值的迷恋中醒悟过来，朝着短暂性的方向前进。这是现代性的应有之义。生活世界的场景化，场景的变易性，使生活消费和生产经营处于恒常的流动之中。互联网时代的流动性特征日益显著，这是一种深入到社会集体及其运转机制中的概括性特征。互联网支付只是将人们的生活场景切换到了一种新的形式中，只要支付变得轻松和便捷，生活场景的更迭就变得更加频繁。因此，当我们将互联网支付的流动性支持作用限定在经济范围之内，便失去了对更为广袤的生活世界的探寻能力。作为货币支付手段的互联网支付，在承载生活场景切换的过程中发挥了巨大作用。人们由传统社会的自足的劳动者(物物相易、金属货币或者纸币为媒介的交换)，到工业社会为满足他人需要而进行生产的劳动者(现金交换或票据兑换)，再到信息社会中生产经营的共创共享，人们进入各种生活场景(无论是现实生活场景还是虚拟生活场景)，都离不开随心所欲的支付能力(资金的殷实和手段的先进两者不可或缺)。社会流变的重要方面是支付手段的改进和升级，由消费所主导的社会生活形式和质量内涵的变化，伴随着支付手段的发展变化。互联网支付对网民消费生活和生活的场景化起到一定的型塑作用。社会物质财富的流动、价值的重新分配、物质文化载体的主体变迁，这些都需要通过更为便捷和安全的支付来完成，因为市场经济条件下尚不能实现按需分配的美好愿景。物质社会和资源要素的流动使社会功能体系中的有效因子渐趋平衡，这是市场这只“看不见的手”的伟力，而在现实性上，是互联网支付将其输送到了全球网络的界域中。(2)降低交易成本。“大工业生产的效率依赖于众要素的集中和临近性，目的在于创立工厂和促进交通与通讯。

① (美)阿尔文·托夫勒:《未来的冲击》，孟广均、吴宣豪、黄炎林等译，北京:新华出版社，2996 年，第 23 页。

然而工业的信息化和服务生产的不断提升的统治已经使得那种产品的集中变得不再必需。”①工业社会的发展使社会分工进一步加快，社会化大生产造成生产要素流动；资金往来是生产要素往来的必要渠道，全球广域的生产力要素流动对跨域支付提出了新的要求。互联网为跨域快速支付提供了便利，这是世界生产力要素交易成本控制的重要方面；在局域范围内也同样如此。我国幅员辽阔的疆域一方面提供了物质财富和精神财富创造的肥沃土壤，另一方面也使得国内贸易在地理交通上受到制约。在订单化生产中，传统支付导致钱货分离，基于风险核算而加强的客户调查等需要付出较高成本和代价。互联网支付通过远程支付改变了这种局面，在竞价交易和订单交易“先付款后生产”的模式中显示出了巨大优势。在其他交易场合中，互联网支付同样表现出对支付者和兑款者的时间节约。在大宗交易中，不需要验证票据的真伪，也不需要专门花费时间去银行办理相关业务，大量节约了人力支出的成本。互联网支付跨时空的即时转账在快速发展的网络交易中表现出了超常优势。资金划转环节的缩减同样使交易成本降低不少。无论是进出口支付业务还是国内场景消费业务中的网络支付，支付流程变得简易方便；繁琐的支付程序正在被人们所抛弃。(3)降低代理成本。网银在代理商户与客户的支付关系时，必须保证双方身份信息的有效性，并为支付安全(包括防止伪币和虚假汇款、赖账等)提供了信用中介。支付者从银行汇款，可以有效保证收款人在支付关系上的确认；银行自留的交易流水作为支付关系在法律上的证据维护了这种关系不因交易中的任一方有意或无意的疏漏和遗忘而失效。在网络交易普遍发生的时期，尤其是第三方支付的介入，交易双方通过第三方在资金上设定锁定期，对双方商品和资金的双向安全提供了有效保障。在远程交易发生时，既要保证购买者按时支付，也要保证商家及时配送约定质量和数量的商品或服务；第三方支付机构既代理商家收款，又代理购买者监督商品和服务的质

① (美)迈克尔·哈特、(意)安东尼奥·奈格里：《帝国——全球化的政治秩序》，杨建国、范一亭译，南京：江苏人民出版社，2003年，第280页。

量是否符合广告承诺的标准。[①] 与传统的经纪人代理相比,成本低了很多。尽管第三方支付机构并不对商品和服务的供需双方提供撮合谈判,与传统经纪人相比较,似乎在功能上有所欠缺;但是,在互联网商贸和零售平台上,对交易的磋商已经主要转向供需双方自主进行。这种自主磋商既避免了传统经纪人可能存在的亲疏关系或其他利益勾结导致的合谋和欺骗,也为供需双方改善交易质量提供了竞争环境(在互联网直呈式的大量交易对象中,交易双方都在通过自动机制筛选客户或商家)。以"支付宝"为代表的第三方支付在支付业务代理上为电商经济的发展提供了安全保障,节约了代理商品质量审查和代理购买者支付能力审查的成本。(4)审计和会计方面的好处。由于互联网支付中保留有交易双方的基本信息,对交易数据、客户资料和交易频度等有详细记载,它能够保证会计数据的连贯性和大整合,减少了资金往来中相互冲账或重复计量的可能性。对组织和个人财务往来的统计变得清晰而简便,这也是审计机构对账目真实性、合规性进行检查、评价和公证时所乐于看到的结果。(5)风险重配。如前所述,由于在第三方支付中存在资金的锁定期,交易双方都能更加安全地进行支付和发货,减少了交易欺诈行为的发生。对于商户来说,通过互联网支付后,不但可以利用互联网继续做广告宣传,而且能够利用收集的客户信息,作为市场研判和预测的数据支持,为市场决策提供有效参考,降低经营风险。[②] 对于购买者来说,保留交易记录并通过他人的相应记录对商品和服务做出评估,最后决定是否购买该种商品或服务,其风险亦有所降低。尽管在网络交易中时常出现虚假评价的情况,"刷单""代评"已经十分普遍,但熟知网上交易行情的顾客依然能够从不多的用户体验及其展示中看出端倪。

互联网支付的发展,必然建立在连接交易双方的中间机构所具有的公共

① 注:在规范性文本中,第三方支付机构往往会撇开这种"监督"责任,而其运行机制则默然响应了网民对第三方机构在这方面的诉求。

② 柯新生、王晓佳:《网络支付与结算》,北京:电子工业出版社,2016 年,第 73 页。

信任之上,如果交易双方能够在互联网上如同在街边购买羊肉串一样直接支付,至少在小微支付金额的交易中它就不会出现。正是在满足了小微支付的需求之后,互联网支付的优越性才得到彰显。实现互联网支付的现实运动,最根本的就是要保障其安全性和获取网民的信任。从传统银行所主导的网络支付,到第三方支付机构的兴起,网民信任建立在大型企业集团的雄厚资金实力和信用记录上。互联网金融中任一专门性服务或者专门性业态,都有一个明显的特点:满足小微需求。这是对网民的基本尊重,同时也是互联网业态中的交易特征。由吸附小微客户而发展到互联网巨头,由服务小微到发展大宗业务,互联网支付也以自己的方式诠释着互联网金融的人民性。

三、互联网支付产生的社会问题

犹如波德里亚所说的那样,“欺骗自动的世界,让机器落入自己的圈套。”①互联网支付作为一种新的技术化支付手段,尽其所能为人们的支付活动提供便利;但其作为受造物服务于人们现实需要的同时,也反过来对创造这一物质技术工具的人们带来一些困惑;在特殊情况下,互联网支付还成为犯罪者和道德低劣之辈狗苟蝇营的利器。从不经意地对人们的经济利益的觊觎到精巧策划地诈骗和洗钱活动,互联网支付作为一种物质工具不能为人的使用动机戴罪。尽管世界上的新技术确有它的伦理风险,诸如大规模杀伤性武器和对人类居住环境造成不可逆性之破坏的经济技术手段等;但互联网支付却不具有对人类必然的(指其目的意义上的必然性)毁灭性和伤害。不过,在消费已成生活景观、支付乃是交易纽结的市场经济社会中,支付手段的巨大变革必然形成社会经济关系的新格局;而支付手段被资本控制的结果,往往使支付手段的利民性发生变化,进而成为统治人们的工具。

---

① (法)让·波德里亚:《断片集——冷记忆3》,李露露译,南京:南京大学出版社,2009年,第147页。

1. 消费替身:互联网支付的“隐术”

自从有了私有观念及产品剩余,就有了发生产品交换的条件;而持续稳定的交易形式是在日益频繁的产品交换出现以后的事情。在持续稳定的交易中,支付成为交易发生的必要条件。在以物易物的时代,交换媒介缺席,由此也导致交易范围和内容受到极大的限制,人们不可能用自己的产品去交换一个他所不缺乏的东西。货币的出现打破了这种局限,货币因其通兑性而具有广泛的交易价值,由此打破了物物交易中的时空限制。每一个打破时空限制的、断裂的交易片段,都是支付在发挥作用(或者表现为支付活动本身)。金属货币由于其本身充当等价物,因而金属货币在支付过程中对稳定交易信心具有相当重要的作用,但它在流通上的物理属性限制,使纸币代替了金属货币作为支付载体发生作用,纸币也就具有了近似于金属货币的“社会信念”。人们对纸币的推崇并不显著弱于金属货币,就是因为其在履行支付功能时具有的等效性。无论是金属货币还是纸币,在支付中都表现出其自身的流通,它在感觉上使拥有者对失去货币有着轻易就能体会到的“减少了”的感觉,并在一定程度上产生出个体对经济状况的危机意识。而这是事关持续获得(或拥有)支付能力的重要方面,一旦货币大量流出,个人所拥有的支付能力就会受到限制,甚至完全丧失支付能力。支付能力的丧失,意味着在商品交换的时代(部分或全部)失去获得生活资料的权利。传统支付方式对唤醒人们重视节约资产、理性使用自己的支付能力有一定的作用。

通过信息流动完成支付,是互联网支付的形式。在这种形式下,互联网支付不会使人们变得更加理性,相反,它会导致人们在消费欲望的控制上失聪。莫名其妙就刷钱了,不自觉就负债了,这将成为人们生存处境中的重要方面。非理性的互联网支付会随着支付的移动化和便捷化增强而变得更为严重。互联网支付利用互联网连接公共服务、日常消费、生活娱乐等交易场景,设计出“无感”交易支付系统,使人们沉浸在消费的过程当中,而忽略对消费结果的理解。“信息取代了深度睡眠的位置,现实生活可能是深度睡眠的矛盾着的清醒状态。”①人们对信息的坚定信念源自于它对人们认知和生活带来的确定感,这在数据精准而确定的环境下的确如此:更多信息意味着更为确信的认知。但是,在数据模糊且海量化的时代,数据的增量并不意味着人们对世界的认识更为接近真理。认识论上对数据的传统信念,使人们相信互联网具有集成更多信息并加工成为可靠结论的潜在优势。对网络信息的这种坚定的信念导致了人们在互联网消费空间放任信息的自由流动。互联网支付的优越性是即时结算并报告消费信息,这与人们对信息的信念是契合的。在传统货币支付与移动互联网支付同时并存的较早阶段,互联网支付在提示交易信息并提醒人们关注消费额度的增加方面显示了优点;剩余支付能力以显而易见的数字呈现在消费者眼前。当互联网支付成为普遍的支付手段时,这种情形就发生了变化。在日常消费的频繁的信息提示中,人们逐渐对信息提示表现出漠视的态度。从每月出现两三次的信息提示,到每天出现的若干次交易信息提示,人们适应了信息提示所发出的声响,并对此置之不顾。场景化的交易则使人们遗忘了“支付”的必要性,就如同经常乘坐网约车的顾客,从约车到下车,已经习惯于到达指定地点后直接走人,而不是像以往乘坐出租车那样先支付完车费再下车;因为网约车系统上设定的自动支付让人们感觉到了消费的畅心快意。这种场景化支付运用到其他各消费场所是一种趋势,从点击确认订单到完成支付之间不需要更多的复杂流程;并且网络交易平台还在用户注册时就提供了多重先消费再付款的合约。互联网支付深入到人们消费生活的场景中,并以第三方支付平台的身份转型成为“支付代理人”。在进一步默化支付代理人权限后,支付代理人充当了“消费替身”的作用;在需要支付的场合中,第三方支付都代表消费者出现在卖方的面前。互联网支付隐藏了自己的形式,不惊扰人们消费的酣畅痛快。由此,那些对互联网深度依赖并驻扎在其

① (法)让·波德里亚:《冷记忆4》,张新木、陈凌娟译,南京:南京大学出版社,2009年,第77页。

上的网民,在消费生活中出现超过自己承受能力的负债,或者直到接收到无法完成支付的预支限额信息为止,他们仍然在感激互联网支付所带来的便利。无节制的消费和让人着迷的场景化体验,正在消磨人们劳动所获得的财富,并使人们疏于对未来的更多设计。消费替身的无处不在,让人们部分地放弃了主体对于生命和发展的主动谋划和抉择权。

2. 投机主义:互联网支付的"媚术"

互联网上有一种安全等级门槛与处理速度的内在矛盾性。在现有技术条件下,更高级别的安全协议意味着其程序结构的复杂性更高,系统使用成本也相应较高。在追求快速响应的互联网经济文化中,人们对小额交易往往采取折中的办法进行处理:即采用适中的安全等级以简化安全协议程序,加快处理速度。那种指望更高级别的安全程序用以抵御机会主义盛行的主张,往往并不是对数据技术有着独特的信任,而是对互联网生存的现状缺乏真切的感受和深入的理解。据 2020 年 3 月中国互联网络信息中心统计,过去半年,23.3%网民遭遇过个人信息泄露,21.2%的网民遭遇过网络诈骗,12.0%的网民遭遇过设备中病毒或木马,12.5%的网民遭遇过账号或密码被盗。在遭遇各类网络诈骗的网民中,遭遇过虚拟中奖信息诈骗的网民占 52.6%,遭遇过冒充好友诈骗的网民占 41.2%,遭遇过网络兼职诈骗的网民占 33.5%,遭遇过网络购物诈骗的网民占 33.0%,遭遇过钓鱼网站诈骗的网民占 28.2%,遭遇过虚假招工信息诈骗的网民占 23.7%。① 在这些遭受诈骗的网络用户中,不乏有对网络技术有着一定了解,并有能力支持更高等级安全技术所需的物质条件和技术条件的人;但是,在互联网上这些人并不占有显著的优势,以应对来自各方面的潜在威胁,尤其是引诱和欺诈行为。对技术的迷信加大了人们遭受欺诈和诱骗的风险性,它或许可以用波德里亚的话来予以阐述:陷入痴

① 《第 45 次中国互联网络发展状况统计报告》,北京:中国互联网络信息中心,2020 年 4 月,第 87 页。

迷的使用最新技术成果以便保障人们享有更为安全和舒适的生活,其结果可能使这一幻象转眼成空。“信仰中有一种轻度疯狂的东西,但是信念是加了倍的信仰,坦率地说,信念是愚蠢至极的东西。”[①]互联网支付不会直接表现为对欺诈和悖德行为的支持,而是表现出对欺诈和悖德行为的谄媚。极端投机主义表现为互联网支付被赌博、洗钱、诈骗所利用,并通过隐私保障为它们提供庇护所。互联网的隐秘性,它亲近那些社会中的阴暗面,在一些暗网[②]中尤其如此,色情和赌博的暗网在获得互联网支付端口权利的基础上才能实施其最后的诈骗和违法行为。打着互联网金融新业态的借贷网站,以及通过赌博网站链接的黑色借贷网络中,高利贷和洗钱活动频繁发生。在鼓励互联网金融创新的背景下,催生和加剧了网络高利贷,各种“现金贷”如雨后春笋般出现,其平均利率达158%,而最高的“发薪贷”利率高达598%,严重影响市场经济稳定。[③] 无论是高利贷、网络博彩、洗钱还是诈骗,互联网支付都是完成其最后程序所不能避免的环节。

违法违规的虚假服务信息将“先付款后消费”作为获得消费服务的前提;将资金转入所谓的“安全账户”是冒名国家机关或执法部门进行诈骗的一般伎俩;而账户维护或者协助完成个人信息是虚拟社区进行敲诈勒索的主要方式。那些看似低劣的欺骗手段却能够让很多人上当受骗。对支付路径和资金去向的安全性寄予过高期望是导致这一结果的重要原因。一些人在消费的非正当性上有着执迷不悟的追求,也是导致通过互联网支付而造成财产损失的原因。互联网支付本身作为支付工具和手段并不天然带有伦理道德上的劣根性;但是,对其数据流动安全性的过高期望使部分用户在点击欺骗性链接的时

① (法)让·波德里亚:《冷记忆2》,张新木、王晶译,南京:南京大学出版社,2009年,第22页。

② 暗网,又叫深网、不可见网或隐藏网,是指那些存储在网络数据库里,但不能通过超链接访问而需要通过动态网页技术访问的资源集合。

③ 中国互联网协会编:《商业银行互联网金融业务法律法规汇编》,北京:中国金融出版社,2019年,第428页。

候放松警惕，尤其是在伪基站虚假信息中的链接引诱中，往往出于对被模仿的公司或组织（如中国移动、某些国有银行、大型商场等）的信任而疏于对信息的真实性加以甄别。事实上，一些组织在信息化管理中的确采取短信通知或者私发链接的方式邀请客户参与网络活动，这进一步模糊了真假之别。那些对非正当消费或非正当行为抱着热切欲望的人，将互联网支付作为一种遮羞布来使用；正是由于这一点，才有虚假色情交易诈骗和虚假赌博诈骗，或者其他非法交易的诈骗。互联网支付似乎是这些意欲获得非正当服务和产品的人的绝佳手段，通过它来回避可能引发的羞耻感。然而，在网络交涉之后再通过网络支付给对方服务和产品的费用；当支付完成以后，虚假信息的提供者就会遁入无形的网络太空；此时，被害人才再次被唤醒了羞耻感，除非所诈骗的财务和其他损失完全超过了他/她的承受能力，并与揭露这一诈骗过程可能带来的荣誉损失相比依然有着一定的盈余空间，否则他/她是不会主动报警的。那些被网络论文骗子所诈骗的受害者，他们都是有着一定文化程度的知识分子，但是在受骗后往往采取了自认倒霉的态度，觉得这种被害情况一旦说出来十分丢人。互联网支付在这样的情况下，施展了其迷人的媚术；使那些心怀不轨的人蠢蠢欲动，不像当面的“一手交钱一手交货”那样刺激着那残留着的不多的羞耻感。“金钱应该是被赚得的而不是单纯用来被觊觎的。”①无论在现实生活中还是在网络虚拟世界中，偏偏存在这样一小撮人，觊觎着别人口袋里的金钱，而打开他人口袋的一种方式，就是他心底里那些不正当的欲望和野心。互联网支付在某种程度上迎合了这一动向。

3. 代理风险：互联网支付的“骗术”

2015 年，“浙江易士”被人民银行注销“支付业务许可证”，尔后广东益民、上海畅购也被摘牌。在它们的违规事项中就存在“大规模挪用客户备付

① （美）罗伯特·C.所罗门：《伦理与卓越——商业中的合作与诚信》，罗汉、黄悦等译，上海：上海译文出版社，2006 年，第 36 页。

金”“隐瞒资金流向”等。2016年8月，支付宝、银联商务等27家机构获得第三方支付业务5年期许可续展，人民银行暂停新设机构的审批。① 代理信用风险，挪用备付金、盗刷、用户信息泄露、被利用和倒卖，个人隐私信息被转卖，第三方支付机构掌握了用户的证件信息、电话号码、职业、收入、银行卡号、银行验证码、住址、交易记录等大量的敏感隐私信息。它们对这些信息负有保证其安全使用和流动的义务。当客户将个人隐私信息和资产状况上传到支付平台时，就将这些信息的使用权利让与平台代行审验和参与其他交易场所的身份验证。无论是招商银行的“一闪通”还是中信银行的“信e付”，或是其他专门性的第三方支付平台（如支付宝、新生支付等），都是对客户资产信息和身份信息的代理使用和处置。“今天，选择的‘自由’很大程度上由外界来保证。”②生活在互联网时代，人们在支付方式的选择上只有选择这家支付机构或者那家支付机构的权利，而没有不选择任何支付机构的权利，除非他妄图以匹夫之力而立于互联网之外。诸如京东网和淘宝网这样的大型零售及综合服务网站，用户的锁定效用十分明显；这种庞大的商业版图布局使网民很难在生活和生产中离开它们的服务。而这些网站尽管也开通了部分“货到付款”的线下支付选项，但在品类选择上就会因为选择线下支付而受到限制，一些第三方驻扎商户要求客户预支款项以降低退换货的概率。互联网支付因此而在第三方支付平台存有相当数量的滞留现金，由于这些锁定期的现金并不能预算支付的具体时间（或许在设定的锁定期未满时客户就已经确认收货并同意支付，第三方支付机构就必须完成核汇程序），因而资金池始终是不可避免的现实问题，尽管银监会要求非金融机构在资金池上必须持有审慎的态度。交易双方只是就交易的价格和品质问题进行磋商，而款项的支付已经成为互联网

① 刘刚、邹新月：《互联网金融乱象及其风险监管》，北京：北京大学出版社，2019年，第94页。

② （法）让·波德里亚：《冷记忆2》，张新木、王晶译，南京：南京大学出版社，2009年，第19页。

支付平台的业务,它们代理消费者对商户履行支付程序。掌握锁定期内的资金和客户资金安全的关键信息,同时对客户的消费习惯具有基于支付数据的全面掌握;互联网支付机构在互联网生活、生产与经营中的实际权力是巨大的;尽管它一般并不在人们的生产生活中造成物理形态上的阻碍作用,以至于人们往往忽略了这种强势权力对整个互联网生态的深入影响。

在层级代理制下,代理层级越深信用机制越松散,同时,信用风险越大、信用成本越高。互联网支付结构在履行支付义务的时候,执行了多层次和多方位的代理关系,在网商经济中尤其如此。分散的消费者与签约银行共同与支付机构订立代理关系协议,而支付机构同时也与商户及其签约银行订立了相关代理协议。表面上支付机构只是起到充当中间组织的作用,通过信息交换和交易磋商来开展支付业务;其中的利润空间的广泛性被忽视了。互联网支付机构不但可以通过网商交易的资金划转锁定期获得的资金池来开展其他投资业务,还能获取双方信用代理授权而从事数据服务活动,同时也对某些准金融产品进行生息运作(如京东白条和支付宝“花呗”等及其类似产品)。甚至消费者的支付数据被广泛收集和整合成为广告精准投放的基础数据,从而使消费者不断受到弹幕广告和其他推销信息的骚扰。互联网支付平台不但在一般业务上“广开财路”,也将隐私信息作为商品私下出售。稍微隐秘的做法就是对用户账户及其活动轨迹的分析,从而在获取客户偏好的情况下,作为商业资本不断拓殖。互联网支付机构不但自身有着如上所述的种种行为,这在理性经济上或许不足为奇,甚至被冠以经营创新的美名。但是,由于对客户信任关系的建立而产生的数据资源优势并非支付平台自有的生产资料,而是对客户信息权利的侵犯和霸占。在此基础上,对客户信息的深加工并不能代表金融科技在深耕普惠金融上的独特贡献;恰恰相反,对客户信息的深加工并不在客户授予代理权限的范围内,它是对代理权的僭越。这种代理权僭越在层级代理制度的链条中,由于信用链的断裂而出现极端欺诈和犯罪行为就不再是新奇的事情了。在信用链的远端关系中,信用本身亦具有代理关系,层层递减的信任关系让远端代理机制中存在更多机会主义的行为。互联网支付机构只是在资金流转和结算的部分行动中拥有被授予的代理权，却将这些代理权私下进行深度经营，以至于客户信息和委托关系不断延伸；最终使客户不能在整个信用网络的权利格局中合理定位，在这种权利格局中客户自身的利益保障机制逐渐消减。挪用客户储备金或隐藏资金去向的行为正被相关法律所矫正，次级代理关系也有明文规定其为不正当代理（如银监发〔2014〕10号文件《关于加强商业银行与第三方支付机构合作业务管理的通知》就有相关规定①）；但是支付机构对支付信息的深加工，却处于放任自流的状态；以数据价值挖掘的名义掩盖了其对客户信息的侵犯。这种"侵犯"在建立公共信用体系的过程中是有意义的，尽管这种"合理利用"也是互联网时代不能回避的信息权利公私关系的困扰之一；但是，当数据挖掘用于广泛的商业拓展甚至转卖为不法分子的精巧算计，它就转变为对网络支付用户的隐瞒和欺骗，并由此而给用户带来经济损失的风险。

越是起着基础性作用的东西，对社会的影响越是深刻而隐秘。在安全性和快捷性之间寻找两全其美的办法是金融科技发展的重要着力点之一，最终能否如愿以偿尚不得而知。就目前来说，最为成熟且安全的比特币支付在快捷性上显得笨拙不堪，其现实应用场景并不美好。比特币平均每秒只能处理大约7笔交易，全年大约是2.2亿笔，其吞吐量非常有限，甚至不能满足一个城市的交易需求；而且交易确认需要等待1小时以上，对小微支付来说，交易成本过高。② 互联网支付的技术性风险始终是存在的，通过钓鱼网站、木马病毒、伪基站信息转嫁、虚假交易平台等骗取用户资金的现象屡禁不止。加密和签名算法的发展和应用只能在有限的范围内提高互联网支付的安全性能，在程序安全的基础上互联网支付仍然能够激活和产生一定的社会问题。技术本

① 中国互联网金融协会编：《商业银行互联网金融业务法律法规汇编》，北京：中国金融出版社，2019年，第498—499页。

② 邹均、张海宁、唐屹等：《区块链技术指南》，北京：机械工业出版社，2018年，第220页。

身亦不可避免地要面对一些事关伦理道德的责难,并着力找到社会价值的平衡点。指纹、人脸、虹膜、语音和静脉特质等相关的生物识别技术应用于互联网支付技术的研发已经成为必然趋势;[①]它在人体生物信息采集和利用过程中不可避免地涉及基于身体要素的歧视性服务供给。这种“歧视性服务供给”在商业上是可取的,但在伦理上需要回答对身体缺陷者是否能够保持应有的尊重和公平对待的问题。因此,无论从技术本身还是从它的运营机制及社会关联性来说,互联网支付所形成的社会问题不容小觑。

第三节　价值渠道:互联网支付改变世界

支付服务是互联网金融的重要基础,它体现在两个方面:其一是全部互联网金融都必须建立于在线支付的基础上;其二是互联网支付所产生的数据是金融信用体系建构和用户信用评估的有效材料,也是金融创新产品开发的重要依据。[②] 互联网金融使世界的金融化程度进一步强化,生活世界的金融化对人的情感与价值形成了一定的负面影响;以至于人们在谈论当前的社会心理时会表现出一种伦理上的不信任,一味强调“生息资本”所产生的社交金融化在某些方面是对人的多维价值和多重理性能力的极化,并由此而导致人的单向度发展的风险。[③] 寄希望于互联网支付对社会价值的创造形成更大的影响,是因为快捷化的支付体系有利于互联网“赋能”的全面渗透。这是一个彼此交错的问题:互联网“赋能”加速了支付的自动化和安全性,互联网支付在很大程度上取代了传统支付手段;同时,互联网支付也能对互联网“赋能”,正是由于互联网支付体系的不断完善和支付产品的日益丰富,互联网在市场经

① 中国互联网金融协会编:《中国互联网金融年报(2018)》,北京:中国金融出版社,2018年,第35页。

② 上海市互联网金融行业协会、上海大学上海科技金融研究所编:《上海互联网金融发展报告(2015)》,上海:上海交通大学出版社,2015年,第23页。

③ 有关“生活世界的金融化”“世界的金融化”等可回阅本书第一章第三节相关内容。

济条件下取得了突飞猛进的发展,并且其发挥“互联网+”功能的空间才更为广阔。互联网支付既是互联网赋能的结果,又是赋能给互联网的核心力量源泉。互联网支付对互联网的赋能,改变了互联网时代人的生存条件和方式,也改变了组织、社会系统的存在形态和运行方式,为整体繁荣和人的全面发展提供了某些契机。

一、个人生活的消失与再现

1. 个人生活的消失

随着互联网支付的普及化,无人超市、网络超市、在线影院、虚拟派对、电子红包、网络游戏、线上课程等,那些早些年被认为是发挥天才般想象力才能虚构出来的未来图景比人们假想的时间还要来得快。个人生活消失了——那种被认定的个人生活正在发生变化,旧的生活秩序还没有完全稳定下来就已经过时了。个人生活中那些田园情怀、浪漫氛围和私人情愫被新时代信息化再造的社会强拆了。在将小地区铸币权夺回中央机构的过程中,经济交往的范围扩大了,而经济秩序也变得井然有序起来。在更大范围内将铸币的材质内容去除干净,是货币在更加广阔的地域发生作用的前提(“如果货币可以流通需要有其他方式的保障,那么货币的材质价值就应该为零,它的材质价值越高,风险就越大”①)。清空了材质内容的货币在扩大的经济活动范围内发挥着作用,它以符号的形式行使着商品交换和流通的自由权利。建立在经济关系上的社会关系和文化交流也就不断拓展。符号化货币的支付建立在中央权威的基础之上,或者是一种更为广泛的社会认同。保证支付能力的有限性便是保护支付有效性的核心要义。如果符号化的支付手段能够被无限使用,或者被个别人和个别组织随意控制,那么人们就会返回对贵金属货币的依赖,失

① (德)格奥尔格·席美尔:《货币哲学》,朱桂琴译,北京:光明日报出版社,2009 年,第 75 页。

去对符号货币支付的信任和耐心。符号化支付手段(具有较大使用范围的纸币)的出现,促进了工业化的进程,加速了人类进入现代市场分工体系中。从此人们进入到工业主义的生活场景中。

工业化生活打碎了传统个人生活的韵味。那种被人们怀念和叹息的落后的生活方式在现代社会时常作为复古情怀被人们施加许多美丽的色彩。而在进入现代工业生活的早期,人们对传统男耕女织和对山喊歌的生活的丧失并不抱有多大的留恋;对鹿鸣鸟叫泉水叮咚的生活并没有写意画般的诗情。当代人强加给传统生活方式的幻象被新的生活景观所取代了。灯红酒绿霓光异彩、琳琅满目热闹喧腾的商业大街,汽笛声声浓烟滚滚、哐当清脆机器轰隆的工业园区和卸载码头,摩肩接踵欢歌笑语、妇幼老少激情蓬勃的游乐场所等,被穿着整齐、姿态翩跹的人群所塞满。人口的积聚、生活节奏的加快、器物的标准化、消费的品牌化、工作的单调化等,所有这些都在将现代生活描述成为一种整齐划一、井然有序的样子。工业的机器体系增强了自身的稳定性,却激活了人的流动性。流动的人们需要携带具有支付功能的符号货币以实现对社会资源的占有或享用。流动的人群在工业机器体系的间隙中相遇,以通行的支付方式获得陌生人所拥有的物品和提供的服务。传统社会的浪漫情怀的消失,那种依赖于亲缘关系和邻里关爱而缔结的友爱消失了。机器体系塑造的世界格局必须完成其产品的流通和人口的流动,货币支付成为一种有效应对的手段。这种手段的普遍化,既是理性化的结果,也进一步促进了人的理性生活。

2. 个人生活的再现

信息社会的出现,工业体系的稳定性被撼动了。资源的集中方式有了更为便捷的社会通道,信息化创业和创新有了新的场景。地理环境的限制正在变得无足轻重,空间和时间的转换不再需要过去那般高昂的代价。真正打破工业化生活格调的是互联网支付的全面使用。社会资源和新的工业体系开始流动起来,而人却获得了其稳定下来的机会。互联网支付的前提是货币的进一步符号化,货币的物理性意义的进一步下降。在信息化时代,一方面是大量无人商店的出现,只有互联网无感支付才能满足智能化生活的需要。传统的生活方式似乎又回归了,在那些没有服务员的大型服装超市或专营店,一个携带眷侣闲逛并顺带购物的男士不需要拿出钱包支付货款,只要在手机端口、可视智能眼镜或者商家提供的生物信息识别机器上确认支付内容就行了。浪漫的氛围不再被金钱支付的行为打扰,如同那些被记入历史文学书籍中的事情一样,只要用心去观察周围的商品(从前可能是一簇野花或者一个精致的天然鹅卵石),就能选到爱人喜欢的东西。“购买”这一行为似乎隐藏起来了,尽管它依然真实地发生着。另一方面是远距离消费成为普遍现象,网络预订和送货上门成为便捷的消费方式。货物进一步流动起来,全球商品都是消费者的选择范围;而消费者自身却相对稳定起来,不需要亲临各处才能尽情享用。过去是“我们奔商品而去”,现在是“商品奔我们而来”。

个人的生产活动更加如此,在工业化体系中被集中起来的个人生产又回归了家庭,这是创客经济的典型特点。随着智能制造的发展,制造业似乎朝着两个不同的方向在发展,一个是超大规模经营体系的构建,诸如麦当劳和肯德基这样的路边快餐店,或者微软和华为这样的超大型全球制造和服务企业;另一个是精细化生产体系的构建,许多产品的生产开启了私人制造的模式,创客成为新时代一项可以深入挖掘其价值的事业。对个人生产活动影响至深的,是两个方面:一方面是规模企业中的员工可以在家办公,通过远距离指挥和参与企业生产经营活动;另一方面是在家创业,因为生产要素的网络共享成为普遍现象,“创客”(这是利用互联网进行私人创业、创新和创造的新经济活动)催生了人的劳动自由,“上午打渔、下午狩猎、晚上从事批判活动”的田园诗生活在信息时代成为可能。使这一设想能够得以实现的物质技术基础就是互联网支付的发展,这在商品经济时代是至关重要的。正是因为有了互联网支付,支付那些在家办公的员工的酬金,以及支付那些在网上订购的商品的费用,或者在那些无人商店进行即时支付就成为了现实。商品和服务流动起来，货币亦以崭新的形态流动起来，而人们就获得了相对稳定的居所，相对稳定的人际关系，相对稳定的社会情怀。

3. 走向互联网深处的网民

货币形态与支付方式相互依存。从实物货币、金属货币、信用货币到电子货币，这是货币演变的基本脉络，与之相应的是支付方式的演变。① 货币形态的演变不仅是商品交换发展的需要，也是物质技术发展状况的体现，是社会生产力发展的重要表现。因而，表面上看起来是支付方式发生的系列变革，实质上亦能从社会物质生产生活方式出发寻找它的根源。而在这种全方位的社会变革中，支付方式的变迁成为人们进入到新生活的一个关键入口。“对公认的生活理论加以变更的过程是需要作一定程度的精神意志上的努力的；在变更了的环境下要判断方向，找到自己的位置，是需要作长期艰苦的奋斗的。”②互联网支付对社会生活的全面渗透将现代人引入到网络市场社会，这是一个迅速崛起的、引起无数年轻人为之奋斗的圆梦之所。“虚拟实在”借助一定的技术力量和发明成果，以人与网络信息的融合为主要内容拓展自己的地盘。世界正在形成一体化的智能系统，它在机器神经方面已经具备了现实的基础；当人们进入到一体化的智能系统之后，来自传统支付手段方面的障碍就被清除了。在这一过程中发挥关键作用的是互联网支付。更高水平的技术不断被用于支付手段的开发，更多的人在现代支付方式中享受到了生活的便利，同时深入到互联网生活的内核。

互联网深度生活场景的建构将人们的生活开辟出了新的境界。有人或许会质疑互联网虚拟社区对人的影响会不会在负面上发挥了更大的作用？但这

---

① 巴曙松、朱元清、乔若羽等：《区块链新时代：赋能金融场景》，北京：科学出版社，2019年，第200页。

② （美）凡勃伦：《有闲阶级论》，蔡受百译，北京：商务印书馆，2011年，第159页。

一质疑并不能抵消其所发挥的巨大的正效用。马克思将人的本质定义为现实社会关系的总和时,人就成为了具体的现实的人。在网络市场经济条件下,网络社会关系尤其是网络经济关系成为构建人的现实本质的重要内容。那些诸如私人问询和角色扮演的有偿服务,在传统现实世界是很难想象的事情。但互联网支付使陌生人之间达成协议,并为实现彼此的心愿而在虚拟世界构建新的关系。网络虚拟角色和场景化的交往关系将人性的全面性凸显出来,使人在道德上所具有的无比高尚的情操和无比卑微的欲望都充分展示出来。虚拟的变成现实的,而现实的东西在一定的场合下反而隐居到幕后,成为人们感到新奇的奢侈之物,就如一家人无厘头地闲逛并购物消费一样,在互联网高度发达的今天已经成为一种浪漫的、怀旧的、珍贵的、可以用来晒朋友圈的骄傲和自足,而这些,曾经是稀松平常的东西。社会关系将会发生全面重建。虚拟社区在更高的阶段复制了现实社会中的关系,也拓展了人们之间接触的阈值。心灵的深度接触在陌生人之间成为可能,同样“亲密的行为”在熟人之间反而变得困难起来。它们与互联网支付的关联并非虚构,若没有一种基于网络支付的俱乐部似的网络服务体系的存在,人们大概不会在蛮荒的网络中寻找知音吧?而知音并非局限于心灵的沟通,更加侧重于在智力合作和其他诸方面的深度探讨。在知识产权有着严格边界,并且单个人智力发展水平较高的今天,合作和深度探讨的原动力在于网络市场关系搭建的需要。人机一体化以及人与环境(主要是人造智能环境)的一体化是人们深度参与到虚拟现实一体化当中的关键环节。虚拟现实一体化的未来发展或许会走向无差别的共创共荣局面,个人自由全面发展与社会发展有机协调,为最高阶段社会形态的到来打造现实的根基。但是,在最后和最高的社会阶段来临之前,互联网支付是人与物的因素紧密结合的动因,是人与物的因素得到优化配置的动因,也是人与物的因素打破虚拟和现实的隔阂而融为一体的动因。

二、社会组织的变革

1. 广域组织系统的建构

互联网支付使市场体系中的生产要素能够更快地结合在一起，社会功能组织的要素亦能实现全球整合，社会要素的组织化具有地域广、领域广、时域广的新特征，多维协作组织不断涌现。造成组织系统结构和现状的主要因素是要素之间的依赖关系、组织环境的变迁、组织功能的范围等。(1)就要素之间的依赖关系而言，互联网支付将全球网络的要素整合功能发挥到相当的高度。无论是跨国生产要素还是消费产品，由于互联网支付而成为唾手可得之物。在组织建构方面，生产性要素和功能性元素能够在跨地区的不同经济单位之间自由流动(当然，帝国主义政治干预和限制经济自由的情况也时有发生，但这里不做专门解释)，使社会组织的要素之间在更大范围内相互依赖、相互渗透。过去由于支付代价高昂、支付方式局限以及支付币种的限制而发生的全球要素配置障碍，在互联网支付成为主要支付手段的时代已经发生了重大变化。在一些创新性组织中，包括技术、设备和智力性要素的整合突破了原来的圈子和地理范围；甚至由于网络信息的高度发展，也使组织建构中的时域被拉长，对创新创造活动的过去、现在和未来信息的整合极大地提高了创新发展的速度。(2)就组织环境的变迁而言，互联网支付使“中间货币”或者代币不断出现创新形态，铆合了组织间隙的通货冲突。诸如区块链技术的发展，电子加密货币中的某些民间代币在一定程度上将经济的开放性提高到一个崭新的阶段。那些持有比特币和莱特币的人在世界范围的许多组织中能够游刃有余地配置资源、整合要素，从而对组织的支撑要素而言就有了更为广泛的来源。降低了要素更新中单纯依赖于组织内部新陈代谢的局限性。(3)就组织功能的范围而言，任何组织都成为全球系统中的一个要素，组织的层级性和组织间的结构关系加强了。无论是经济组织还是其他非政府组织的功能，已经是作为全球系统中的要素来关照，独立的功能体系似乎将会面临更多困扰，组织体系内部无法消耗现有组织的丰富功能，也无法完全依靠自身修复这些组织在发挥功能时所消耗的东西。在市场经济时代，全球功能的发挥及在发挥组织功能的过程中实现组织的修复，主要是依赖互联网支付来实现的。

2. 组织原则的货币中心主义

作为一种组织活动和系统容纳准则的货币支付成为新的潮流，互联网支付使加入某些行业、阶层、业趣、职能等相关圈层的“许可证”被通约为某种可以在线支付的数字货币。经济组织将货币支付作为资金出纳的通道，互联网支付使这一通道变得畅通起来。正因为出纳资金的畅通，经济组织间的合作和往来变得频繁而密切了。经济组织之外的其他非政府组织尽管对支付通道的依赖要小得多，但任何组织活动的营养方式中必然包含着金钱的支持，这在市场经济中是无法回避的事情。从这方面说，互联网支付的便捷性使更多的组织受益。智能化的发展，使自治系统的相互协作和联系变得顺理成章。[①]高度智能的社会组织使远程控制变得轻松自如，社会要素的再组织化随着任务体系的变迁而发生变化的代价逐步降低。如果说智能化是组织系统全域链接的神经系统，那么，在组织要素的市场经济背景下，互联网支付则是其生存与发展的营养体系。它造成的后果是，世界范围内的生产要素和生活资料的流动以及其再组织化中，“支付”成为唯一的筹码。这将导致在要素的组织化中出现一种支付能力至上的社会情绪，或者直接称之为组织原则中的货币中心主义。

货币中心主义不是新的社会现象，在商品经济繁荣的地方必然有着货币中心主义的踪影；只是在货币形态转变为数字化形态之后，互联网支付使货币支付变得轻而易举，支付行为发生时对主体心理的影响变得隐秘起来了。货

① （美）戴维·明德尔：《智能机器的未来》，胡小锐译，北京：中信出版社，2017年，第332页。

币形态上的物质景观消失了，在更多的自动支付成为普遍选择的时候，逐渐瘪了的钱包所唤醒的人们的节约意识亦不复存在。物质景观的警醒作用的消失，却并不能由此消灭事实上主体所拥有的资产的减少。组织中的货币中心主义蔓延到社会生活中，成为一种数字货币支付的盲动主义。反过来，在个人之间形成的主体支付行为的盲动主义也成为组织生存和发展的重要问题，将货币中心主义发展到了新的阶段。各种组织不断增加的负债表明了这一点，挥霍成性的现代组织通过互联网支付而将资产数字变化看成一种组织的能力。这不是仅仅依靠互联网支付就能办到的，它只是起到了催波助澜的作用罢了。也许有人会对互联网支付背景下的组织结构发出感叹，似乎官僚体系在互联网支付环境中崩溃了，因为组织间经济往来变得更容易，组织间财务结算的行政管理障碍要小得多了；但是，互联网支付把流动性更强的数字货币或虚拟代币作为组织合作和交流的一个通道，对文化和其他资产的忽视也就多了起来。因而，货币中心主义的一个较大的负面影响便是组织原则中对支付能力的过度倚重；事实上，网络支付能力并不能完整代表组织的经济实力，互联网经济以及广义虚拟经济中的泡沫化，使数字资产或资产数字的增加远远超过那些组织实际拥有的资产数量或者它们在国民财富生产上所做的实际贡献。

3. 组织互渗变得更加容易

凯文·凯利说，我们的社会机制，特别是新经济机制，将逐渐服从于网络的逻辑。了解网络运行的方式将会是理解新经济运作的关键。“在网络结构中，成员以对等身份建立联系，他们享有均等的权利与机会。”①他认为，这种均等化是由充盈的信息资源所造成的，当信息资源成为唾手可得的东西时，对等关系就势必出现。组织间的对等关系有信息充盈所造成的影响，但起关键

① (美)凯文·凯利:《新经济　新规则》，刘仲涛、康欣叶、侯煜译，北京：电子工业出版社，2014年，第159页。

作用的是组织间的相互渗透。信息的丰盛并不意味着有效信息或者信息分析能力的充分；信息过剩导致的抉择困难以及信息充盈条件下信息处理能力的蹩脚，不但会使组织出现信息积食的情况，还会由于有效信息的甄选失当造成经济或其他方面的损失。组织之间的相互渗透则是互联网时代去中心化的重要根源，是互联网技术可能带来更多公平正义的基础之一。互联网支付对组织间相互渗透能力的增强起着十分重要的作用。由于互联网支付降低了组织间资金结算的难度，节约了要素共享背景下代价分解的时间和精力，因而组织间相互渗透、融合发展的可能性更大了。

如果按照凯文·凯利的思路，我们将互联网的内在逻辑认定为节点的彼此依赖，并将信息分享以提高整个网络的价值，从而造就互联网生态的正义之维；那么，这一认识就将掩盖网络虚拟世界与现实世界的映射关系和沟通方式。互联网不会自动生成共享的伦理机制，它所能生成的是通过共享的表象来掩盖利益网络关系构建的意图。任何具有独立经济文化诉求的组织都会在维持其自身的价值方面做出敏感反应，这是组织核心利益所在。任何组织都希望借助互联网信息传播的便利性扩大经营范围或提升其影响力；信息授受关系中会出现信息输出竞争的同时也会出现信息输入竞争。两种方向的竞争在组织中同时存在，输入竞争使信息接收组织与信源组织保持良好沟通；输出竞争则使信源组织主动对接信息接收组织。由于信息种类和数量的巨大，而且任何组织都既是信源组织又是信息接收组织，从而使信息输出组织和信息接收组织之间产生广泛的渗透。这是互联网逻辑的具体表现方式，而促成信源组织和信息接收组织之间有效沟通的，则是利益的相互让渡所形成的最终协议。这些协议的建立是互联网支付来执行的。组织间博弈和合作的基础便是利益关系的平衡，它以资产转移的方式实现，互联网支付将这种实现方式变得隐秘起来。第三方支付平台发挥着支起组织间信用关系的作用，各组织通过第三方支付机构对资金的锁定期保护，增强了组织沟通的信心。

三、教育、卫生及居民公共生活的变革

互联网支付拉动消费升级。研究表明,移动支付可以促进我国家庭消费增长 16.0%,使恩格尔系数(食品消费占比)降低 1.7%,同时带动教育、文化、娱乐等消费增长。[①] 居民消费的丰富性不断提升,用于基本生存资料支出的比例不断缩减。其原因主要有如下几个方面:第一是国家经济整体发展趋好,2019 年人均国内生产总值达 70892 元,国民总收入 988528.9 亿元,居民人均可支配收入 30732.85 元,[②]人们生活水平普遍提高。第二,通过在线支付使消费的地理范围限制极大降低,人们可以购买来自五湖四海的上线产品和服务,消费品种增多。第三,由于线上产品和服务对象范围扩大,一些服务性项目的边际成本为零,为了最大限度吸引顾客,线上服务项目的市场价格不断降低,人们有能力支付更多商品和服务的购买。互联网支付在居民生活消费的丰盛化中扮演着十分重要的角色。另外,互联网支付也将那些恶意干扰互联网生态的行为进行了一定程度的剔除。在线教育、网络问诊及公共文化产品供应方面,消费者或普通网民由于免费机制而过度消费的情况难以避免;同时,在网络免费机制下,部分网民的素质亟需提高,他们往往存在对在线资源的恶意侵占。互联网生存的生态系统需要全体网民共同维护,对全网形成有约束力的治理机制。在这方面,付费消费无疑是一种重要的方式,尽管它可能遭受到其他方面的质疑:诸如是否由于经济条件的差异而形成互联网消费鸿沟或者导致一些我们无法预料的不公正和欺诈。但是,在一般性网络公共服务产品供应方面,适当的付费规制仍然有利于减少对资源的挤占。并且,适当付费也是对服务提供者的知识和劳动的尊重,与付费可能导致的将少数人排

---

① 《第 45 次中国互联网络发展状况统计报告》,北京:中国互联网络信息中心,2020 年 4 月,第 38 页。

② 数据来源:国家统计局网站"国家数据",http://data.stats.gov.cn/easyquery.htm? cn=C01。

除在服务范围之内的消极影响相比,网络付费消费有着更为广泛的积极意义;更何况,在线问诊、在线教育以及图书和电影产品等的网络供应,要远远低于实体门店的价格水平。从这个意义上说,通过网络支付而获得互联网生活中的知识性产品及服务,不但没有加重社会的不公平,反而使这种不公平现象得到一定程度的缓和。人们很难想象在现实生活中用几十块钱的花费获得某一学科金牌讲师的授课辅导,但在互联网上则成为现实。①

1. 在线教育的兴起

知识壁垒在传统社会中是阶层流动的重要障碍。“在技术垄断条件下,我们改进青年教育的方式是改进所谓的‘学习技术’。”②技术垄断不过是利益垄断的表现形式而已,在互联网成为社会环境的有机组成部分之前,技术改进并不能为低层群众带来更多教育机会。互联网的普及化使教育格局发生了重大变动,“大规模开放在线课程(MOOCs)被视为囊中羞涩的教育系统的一个特定的救星。随着 MOOCs 的发展,虚拟教师可以指导学生并且同时对成千上万的在线学生给出量身定制的反馈。”③理查德·沃特森认为在免费或者低收费的情况下 MOOCs 或许会达成预想的效果。网络上还有其他许多的课程模式,包括一对一远程辅导和课堂纪录片模式的教育产品。人们只需要通过远程支付就能获得这些产品。远程在线教育在 2020 年的疫情期间发挥了重要作用,政府事业单位组织制作的大量在线课程满足了隔离在家的学生的需要,使“停课不停学”成为现实。除了这样的特殊时期之外,对远程在线教育的态度呈现出两极分化的情况:一些人对其抱有乐观主义的期望,认为在线教育将会在教育的公平性上做出巨大的贡献;另一些人则对其抱有怀疑甚至否

① 有关互联网时代人们的教育、卫生及公共生活其他方面的论述,可以参看本书第七章。

② (美)尼尔·波斯曼:《技术垄断:文化向技术投降》,何道宽译,北京:北京大学出版社,2007 年,第 102 页。

③ (澳)理查德·沃特森:《智能化社会:未来人们如何生活、相爱和思考》,赵静译,北京:中信出版社,2017 年,第 151 页。

定的态度,认为远程在线教育的教学效果难以令人满意,并且也会使教育工作者付出更大的代价。关于这些至今未能得出答案的问题,这里只好采取悬置的办法不予分析。从现象的层面来看,由于互联网支付的出现,远距离支付劳动报酬成为一种便利的事情,从而引发了教育工作者或者教育产业从业人员对开发网络课堂和教学产品的兴趣,并且将其作为商品在网上出售。在多数情况下,这是引发网络教学产品不断推陈出新的重要动力。无论是公立学校的正式教师还是社会培训机构的雇员对通过互联网平台扩大其教育影响力并且取得一定的回报的愿望不应该受到指责,这是顺应时代潮流放大个人价值的有效途径,在这一过程中也为其社会价值的增值提供了条件。

"我们甚至可以看到在线课程正在明确地转变为数据平台,一个优秀教师提供授课空间的平台;还会随之产生一批新的指导者,他们基于所收集到的反馈信息来帮助学生选择正确的学习路线。"①一方面是教育受众的不断增加,另一方面是在线教育资源的不断增加。这两方面的融合和协调巧妙地借助互联网支付来完成,支付数据和支付意愿不仅作为甄选在线教育资源的方式,也作为教育产品开发的有效依据。随着虚拟实在技术的进一步研发和通信技术的发展,未来在线教育有可能增强受众和教育者之间的亲在感(或者临场感),从而避免人们对远程在线教育在师生交流方面不足的担忧。② 对优质教育资源的分享需要一定的经济实力来支撑,在线教育不能完全杜绝这一现实,尤其是一对一辅导的在线教育仍然是居民高消费生活的内容之一。所幸由于市场经济条件下营销决策者不会放弃更为广大的群体的中低额度支付能力所潜藏的巨大财富价值,从而采取价格歧视的方式以诸如MOOCs之类的课程教学方式进行低收费扩张。这种范围甚广的教育方式尤其需要在教学内

---

① (英)维克托·迈尔-舍恩伯格、肯尼斯·库克耶:《与大数据同行:学习和教育的未来》,赵中建、张燕南译,上海:华东师范大学出版社,2015年,第62页。

② (美)斯凯·奈特:《虚拟现实:下一个产业浪潮之巅》,仙颜信息技术译,北京:中国人民大学出版社,2016年,第87—93页。

容和教学艺术上体现其优越性以招徕学生;而真正处于社会底层的人们以及中等收入家庭更加愿意在这种大众化课程上分享社会优质教育资源。在线教育方式的普及对于那些边远地区和经济落后地区教育资源的均等化做出了贡献,使这些地区的学生能够分享发达地区的优质课堂教学。在同步分享的教育资源共享院校之间,在线教育不但为学生提供了优质在线课堂教学,而且为教师学习先进经验和教学技能提供了便利。在线教育产品的丰富对那些小众化的教育需求的满足所显示的优越性就更不用说了。

2. 网络问诊及专家共享

在不久以前,人们对网络问诊还是抱着猜想的姿态并将其想象成十分美妙的事情。“想象一下,利用互联网、移动电话、社交网络平台、视频会议等数字技术,我们可以建立一个实现远程医疗、在线会诊、电子医疗档案、个人健康档案在线管理、移动医疗并且由病人主导的全新的医疗服务系统。”①这些言犹在耳的想象当今已经部分变为现实,并有可能获得持续发展。在全球瘟疫爆发之时,那些医疗条件相对落后的地区就因为远程会诊而获得技术上的支持,从而为加固公共卫生防线做出了贡献。全新医疗卫生服务体系建构的设想,引导人们在诸多技术上不懈探索,并且逐渐变为现实的医疗手段;事实上,未来学家的想象能力远远达不到科学技术发展的速度,对技术的社会影响的深度和广度的描绘显然比实际发生的情况要落后得多。达雷尔·M.韦斯特在他的书中描绘的医疗卫生服务体系的蓝图,是对远程医学检测仪器、个性化用药提示和反馈以及医疗卫生主体网络服务和移动手机广泛使用等方面的猜想。尽管它或许基于某些当时正在进行的医学实验活动,但其发展的程度并不引人瞩目。随着互联网的纵深发展,网络问诊将要和社区医疗的基础供应紧密结合起来,这是发挥远程医疗科学诊疗作用的基础。社区的自助医疗设

---

① (美)达雷尔·M.韦斯特:《下一次浪潮:信息通信技术驱动的社会和政治创新》,廖毅敏译,上海:上海远东出版社,2012年,第27页。

备尚未健全的时候,远程医疗的作用受到诸多局限;在专业医疗系统之外,人们要寻求网络问诊的帮助仍然是困难的。也就是说,一个患者只有进入到当地医疗机构后,在特殊情况下才由院方向其他医疗机构寻求远程诊疗的帮助。这离大众化的网络问诊与专家共享还有一段较大的距离。

医疗服务供应保持着有偿性质或许是有一定意义的,至少在商品经济时代有着特殊的作用,它避免医疗挤兑,并成功地进行医疗卫生服务的分流。互联网支付在新的医疗卫生服务体系中的作用通过这种服务体系的壮大得到充分体现。网络医疗服务体系的全面建立基于如前所述的社区医疗自助性基础设备的健全,这些具有智能信息传送功能的医疗诊断辅助设备,在远程网络上结合医患互动来完成健康检测,为医生的诊断提供依据,这是科学诊疗的基本前提。当然,手机终端或者其他小型便携式智能信息化健康探测仪器的发明和广泛应用,或许是更为进步的远程医疗诊断的帮手。届时网众将拥有维护身体健康的良好条件,并且在网上享受到购买医疗服务的便捷。支付将依然存在,互联网支付的无感体验将支付活动镶嵌到其他活动中去了,它或许不再是被划分出来的单一活动,诸如在智能自助健康检测仪器上伸出手臂并接受检测时,支付活动也在同时予以完成;因为基于生物信息识别系统的支付功能和账户绑定,不再需要更多的信息来维护支付的安全性。当这样的连锁性创新没有取得全面进步时,单纯从诊疗能力出发的远程系统不会被广泛采用。这是对医疗劳动及设施建设进行维护的基础。只要在人体植入某种“传感器”,就能通过信息传输系统获得一般性的远程医疗卫生服务,医疗费用将会极大缩减;而便携式设备的创新发展将对患者进行无处不在的医疗诊断服务。① “传感器”和“便携式设备”也必将拥有支付终端的功能,以便做出医疗卫生服务响应的基本判断;而大型社区智能检测仪器上面也会有着基于人体生物信息的支付功能,以保证公共卫生设备不被滥用和破坏。

① (美)迈克尔·塞勒:《移动浪潮:移动智能如何改变世界》,邹韬译,北京:中信出版社,2013年,第176—179页。

3. 公共资源的节约和共享

互联网支付中使用的大量电子签名使得纸质票据成为历史形态，而印钞机器亦将逐渐减轻其负荷，甚至在不久的将来成为货币博物馆中的陈列物。各种合同和规范性文本的数字化对纸张的节约达到前所未有的水平。这只是互联网支付所形成的社会影响的细微的方面，而对环保的作用更加表现在互联网支付与个人消费和生产中碳排放的全面监控。连接支付系统的个人资源消耗将会为此作出精确计算，这种从机制上唤醒人们环保意识的智能化生活将在各方面渗透。目前看上去仍不免有未来学的幻象痕迹，但将要发生的智能网络不但将人与人之间结为更加紧密的网络，也将对个人的社会责任和价值予以周密地确定。在紧密联系的网络关系中，能够保障个人的自主权利和责任担当的，是一种代表购买能力或者权利索取限度的互联网支付。在物质财富极为丰富的时代，或许能够将货币的购买能力转化为一种权利义务的确定方式，表示个人在社会关系网络中所尽的义务及其相关的权益。这种遥远的设想姑且放下不论。互联网支付在目前的适用范围及其最近发展的方向上，对图书资料、实验数据的共享，以及基于网络创客经济环境下对生产设备的有偿出借，也必将对资源节约和环境保护做出巨大成绩。

云文件节约了大量的网络储存空间，更是节约了堆砌如山的图书馆和资料室。但并非每一个人都能容忍电子阅读带来的不适，人们对纸质书籍的阅读不仅是一种怀旧的念想，也是某些专门知识和美学内容与人相融的方式。但这丝毫不会减少互联网支付的功能，在图书漂流（即图书共享）活动中，低廉的象征性收费码中，一方面记录了借阅人的支付信息，另一方面也记录了借阅人的其他信息以备充当信用依据。唤醒沉睡的资源，使其为更多的人服务，同时又避免在管理过程中出现疏忽而造成资源被私有化或者毁坏，互联网支付在公共资源使用中有着资源保全的作用。共享汽车甚至共享板凳的出现在前一段时间曾经红火了一阵，但共享单车及其他共享资源的使用过程中亦出现了许多不道德的现象;这说明仅仅依靠技术力量进行防范不但有高昂的成本,也不足以抵御投机取巧的钻营者。技术所能解决的是人们达成某种目的的辅助手段,而价值观的偏差终究会将对科学技术的社会效用进行压制。互联网支付作为一种支付手段,它在引领人们进入一个遵守信诺的美好世界时,其发挥作用的方式绝不是直截了当的,而是通过私人信息的标识,以便警醒行为者在做出不良行为时考虑到它可能对自身信誉造成的伤害,从而减少伦理危害的行为。

四、引领相关行业的发展及人们生活的便利化

“为人们提供一种交换媒介,提供一种他们在购买某种等价物并将其支付给他人之前自己乐意持有的交换媒介,乃是一种有益的服务,就跟生产任何其他物品一样。”①互联网支付将电子货币作为支付媒介,甚至仅仅作为转账结算的中转站完成支付行为。数字化是人类有史以来最杰出的成就之一,支付活动的数字化使过去需要金钱打理和调和的领域有了更为便捷的方式,甚至那些与金钱关系不大的领域也正和网络支付挂钩。在需要身份确认的社会关系构建中,支付 1 分钱就能将个人支付账号与支付主体准确对接起来。当然,在那些需要资金往来或者金钱支持的领域,互联网支付起到的作用更是有目共睹。网络经济的兴起,物流市场的繁荣,以及惠农产业的发展,都与互联网支付有着密切的联系。

1. 网上经济的兴起

截至 2020 年 3 月,我国网络购物用户达 7.10 亿,网上外卖用户 3.98 亿,在线旅行预订用户规模 3.73 亿,网约车用户 3.62 亿,在线教育用户 4.23 亿,网络音乐用户 6.35 亿,网络文学用户 4.55 亿,网络游戏用户 5.32 亿,网络视

① (英)弗里德里希·冯·哈耶克:《货币的非国家化》,姚中秋译,北京:新星出版社,2007 年,第 119 页。

频用户 8.50 亿,网络直播用户 5.60 亿;2019 年,网上零售额 10.63 万亿元(其中实物商品金额 8.52 万亿元)。① 2018 年中国移动互联网市场规模 11.39 万亿元,互联网投融资总额 697 亿美元,P2P 成交 17948.01 亿元,第三方支付金融 208.07 万亿元。② 随着互联网的发展,尤其是互联网支付手段的广泛应用,网上经济发展迅猛。"市场也超越国界而扩大","我们又一次同时看到金融业——银行、保险、证券——都竞相'全球化',以便为它们的公司主顾服务。"③互联网支付的支撑作用表现明显,对于电商经济和其他线上经济而言,支付方式的落后往往是其发展的掣肘,支付自由是网络经济发展的基本前提。如果将网络经济拓展到互联网关联的更为广泛的实体经济和虚拟经济(诸如手机和电脑制造业以及软件和网络服务供应等),那么它对人们生活的影响就更为全面而深入了。正如前面已经指出的那样,互联网支付能够有效降低交易成本,在远距离支付、资金核算、伪币甄别等方面具有现金交易所不具有的特殊优势;在特殊时期减少钱币接触、增进公共卫生,也是互联网支付的重要特点之一。由于支付方式的远程化而促进了网络经济在发展中将物流与资金流的分离问题恰当地解决了。线上经济的商业模式不断创新,个人消费的空间越来越大,居民消费总量增长,消费结构不断多元化和多层次化。由于商业网站中聚合搜索功能的增强,人们在获得异质性消费品的时候能够迅速展开全网搜集,远比传统购物方式方便得多;同时,网络购物对部分具有隐私属性的消费者具有保护功能,使个性化消费得到尊重和保密。在一手交钱一手交货的交易模式中,消费隐私不可能得到维护,而交易谈判中也往往存在更多的欺诈和权力错层;线上购买消费产品和服务由于支付的互联网化,人们能够在匿名的状态下进行活动,并且通过全网比较进行交易决策。而消费种

---

① 《第 45 次中国互联网络发展状况统计报告》,北京:中国互联网络信息中心,2020 年 4 月,第 39—56 页。

② 《中国互联网发展报告(2019)》(精华版),中国互联网协会,2019 年 7 月,第 11—17 页。

③ (美)阿尔文·托夫勒:《力量转移——临近 21 世纪的知识、财富和暴力》,刘炳章、卢佩文、张今等译,北京:新华出版社,1996 年,第 61 页。

类的繁多也增加了人们的消费水平,使那种由单一消费所造成的人的社会关系的单向度性得到一定程度的纠正。

2. 物流的蓬勃发展

与网络经济发展相呼应的是快递物流业的迅速发展。2020 年 3 月,快递支撑网络零售额超过 6800 亿元。① 一到“双 11”和“6. 18”网络购物节,各个快递公司的小货车和穿着快递工作服的“小哥”就会穿梭在城市的大街小巷和各个角落。人们奔相走下楼区,在居民小区的门口或者“菜鸟驿站”拿取包裹;而快递配送的分派点更是被快递堆砌得满满当当。快递的本质特征已经将着重点从“递”字转向了“快”字。“当日送达”和“同城配送”,以及“次日送达”等业务普遍开通,无论是电子产品、图书资料还是家用电器,或者生鲜产品,都能保证在规定时间内安全送达。快递物流是互联网支付的衍生产业,这样定性或许不甚准确,但如果没有互联网支付,如果没有锁定在第三方支付平台的货款,其他的约束机制都不足以驱使商家想尽一切办法尽快将货物送达顾客手中(尤其是在尚未真正拿到货款的时候)。营业额或者利润的驱动并不能否定商家在选择物流企业时的考虑有着对物流企业的客观的刺激作用,催生了更为敏感和方便的智慧物流体系。快递物流的发展所具有的重要的伦理意蕴,乃是其实现了时间对空间的占领。我们往往通过时间来测量空间(如一天的路程),实际上时间的确能够转化为空间。快递物流的飞速发展,商品配送时间的极度压缩,使人们能够很快就能享受到天南地北的消费品,扩大了人们的消费空间。这或许不是互联网支付的直接的作用,但是,倘若没有互联网支付,人们就要花费更多的时间去消费那些我们原本无法企及的遥远地区的东西,至少我们将会为此付出更大的代价。显而易见的例子时常发生在我们的生活中,网上购买“热剧”观看的门票往往需要提前很多天预定,在

---

① 《2020 年 3 月中国快递发展指数报告》,中国政府网站,http://www.gov.cn/xinwen/2020-04/04/content_549 9002. htm。

竞争性消费的局势下，商家为避免门票被炒作或者爽约放弃使用，就会要求一手交钱一手交货。如果没有互联网支付，我们就要在影院门票售卖的地方早早排队，耗费一个上午或下午的时间来购买一张门票；而互联网支付解决了这个麻烦，商家只需提高退票门槛就能约束已经购买并支付的客户履行承诺。互联网支付为人们消费所节约的大量的时间，使人们更加自由和拥有更多充分地发展自身的条件。而快递物流的再度介入，将门票在指定时间投送到指定地点，使节约的时间更加充裕。“有闲阶级”在不久的将来将会变成人们的普遍特征，而不仅仅是指那些独占了巨额社会资源而已然退出了社会生产领域的人。

3. 惠农产业的繁荣

互联网支付在支持惠农产业发展上有着巨大的潜力，它通过支撑其相关互联网金融产品的开发而间接作用于三农发展。由众筹网和陇南市政府合作推出的“众筹扶贫”大赛，累计上线 140 多个项目，其中由一位本地企业家带领四个贫困村的村民发起“寻找一片麻香，守望一份真情”的项目，筹得资金百万元，成为 2016 年众筹网年度最具影响力三农项目之冠。① 正是因为互联网支付才使得农村发展网络众筹与 P2P 网贷有了与城市居民集中区域同等的权利。在线下进行众筹和发展规范性民间借贷方面，农村由于人口密度相对较小，且人均可支配收入亦相对较少，其困难程度要远远高于城市。但互联网支付改变了这种状况，涉农借贷和众筹项目不必局限在农村进行筹资，而是扩展到全国范围的城市和乡村。如此一来，项目筹款成功的几率就会大幅提升。2018 年，非银行支付机构为农村地区提供网络支付业务共计 2898.02 亿笔，支付金额达 76.99 万亿元。② 农村互联网支付是一项涉及面十分广泛，影

---

① 李勇坚、王弢：《中国“三农”互联网金融发展报告（2017）》，北京：社会科学文献出版社，2017 年，第 267 页。

② 《中国互联网发展报告（2019）》（精华版），中国互联网协会，2019 年 7 月，第 17 页。

响十分深远的基础工程。2016 年初,国务院发布了《推进普惠金融发展规划(2016—2020)》,明确提出农村支付服务体系建设的工作思路和要求,为农村开展包括互联网支付在内的互联网金融服务提供了政策依据和指导思想。[①]农村产业发展和农民创新创业有了更为广阔的舞台,在互联网支付的助益下,农产品网络销售渠道也逐渐打开,“消费扶贫”使城市消费者和农民获得双赢:消费者购买到绿色环保健康的农产品,而农民将自己的劳动成果顺利售出。更多城乡对接的生产和消费共同体在互联网支付环境下成为现实,当然这与现代物流体系和网络基础设施的发达紧密相连。在“直播带货”已经成为热门营销手段的今天,互联网支付是人们在“遥感”田园生活的过程中获得实际的农产品消费的重要方面。由于村民在网络知识及消费欺诈防范知识方面的不足,微信支付和“支付宝”成为农民网络出售自家产品的主要收款渠道。阿尔文·托夫勒说:“你改变了创造财富的方式以后,就会同靠先前的财富体系得到权力的所有既得利益集团发生冲突,由于每一方都争夺对未来的控制权,因而发生了激烈的冲突。”[②]互联网对财富的创造方式的改变是深层次的,而农民在响应这种改变时会受到科学技术素养的限制,从而在快速致富上具有天然的劣势。而互联网支付在三农领域的应用,在一定程度上使农民分享现代网络经济的部分便利,从而在开发规模农业或者精益农业上保持一定的权利。

互联网支付对个人、组织和社会的改变是巨大的、深层次的,它由支付所具有的简单的渠道功能、中介功能,转化为了一种实在的创造功能。过去未曾出现的经营模式和规模,过去未曾拥有的消费方式和自由,过去未曾出现的如此繁多的金融产品及其新形态,由于互联网支付的出现和发展而出现了。支

① 李勇坚、王弢:《中国“三农”互联网金融发展报告(2017)》,北京:社会科学文献出版社,2017 年,第 190 页。

② (美)阿尔文·托夫勒:《力量转移——临近 21 世纪的知识、财富和暴力》,刘炳章、卢佩文、张今等译,北京:新华出版社,1996 年,第 11 页。

付改变世界，支付创造生活。在这个意义上，互联网支付不再只是充当一种价值交换和转移的“渠道”，它本身就创造出了新的“价值”，不仅关涉到自由时间的大量节约，也关系到更为广泛的社会关系的构建。互联网支付由“渠道价值”走向“价值渠道”。

第四节　互联网支付的伦理规范

互联网支付对价值的创造源自于金钱已经成为社会运动的主要力量。产业革命后，金钱“成为社会控制的主要工具”，绝大多数人成为金钱体系的一部分，人们不再生产自己需要的那些东西，“而完全依靠金钱活命”。“这种完全依靠金钱体系而不是自己进行生产的局面已经使一切力量关系改观。”①“支付”不是“金钱”自身，却是金钱流转的渠道和方式，是金钱转变为现实的个人和社会财富的路径；失去运动能力的金钱，与一堆废纸或砂子并无本质上的差别。而赋予金钱以运动能力的东西，乃是金钱的社会属性，即它代表着一定的社会劳动所形成的价值量，从而在商品交易中有着普遍的等价性质。互联网支付将金钱流转的具体形式转变为数字的流淌，转变为直接的数据结算，并通过算法机制和加密程序保证数据的安全和资产属性。在无可避免地需要不断履行金钱流转的商品经济中，人们的生产生活对资金量的依赖和对资金流转方式的依赖表现出相同的程度。互联网支付使金钱的所有者和施受者在交易中变得更为密切，如前所述，在这种新的价值创造和新的风险诞生的地方，互联网支付相关利益方面需要重新审视自身的角色伦理和行为方式。在利益相关方的道德自律和行业规范中，互联网支付所推动的社会变革和个人生活变迁，才会迎来更为美好的明天。

---

① （美）阿尔文·托夫勒：《力量转移——临近21世纪的知识、财富和暴力》，刘炳章、卢佩文、张今等译，北京：新华出版社，1996年，第48页。

一、互联网支付回归货币支付职能

1. 价值规律应该起主导作用

在市场经济中，商品的价值量取决于社会必要劳动时间，商品按照价值相等的原则互相交换。这是价值规律的基本内容。互联网支付应该体现在市场交易中的等价交换原则，通过数字化货币流转或货币的数据结算实现等价物的交易。互联网支付的发生，不应当改变经济生活中的货币总量或通过其他途径稀释货币购买力。2013 年，阿里信用支付出现，“尽管阿里金融在宣传上主要把信用支付作为撬动移动支付的工具，突出其在移动支付体验方面的优势，淡化‘虚拟信用卡’的色彩”，①但信用支付对货币流通规律产生了重要影响，并存在稀释社会财富和暗汲民间财富的漏洞。假定我国某年货币发行总量为 200 万亿元，全国电子商务交易额为 50 万亿元，电商交易中 40%使用信用支付，则信用支付额度为 20 万亿元。由于第三方互联网支付机构在电商交易平台进行的信用支付并不是依靠自有资金进行垫付，而是一种数字记账的模式，从而使实际发生的货币关系达到 220 万亿元。这就使央行发行的货币价值在一定范围内进一步贬值。如今，作为鼓励消费的电商信用支付已经普遍化，它对社会实际资产的稀释作用是非常明显的。从长远来看，信用记账数据被第三方支付机构转化为实际所拥有的资产，从而一方面出现互联网巨头的爆发式增长，另一方面使普通网民的资金不断贬值。马克思曾经说：“资本之间的竞争扩大各种资本的积累。在私有制的统治下，积累就是资本在少数人手中的积聚。”②在市场经济时代，互联网经济中的支付巨头或者电商平台通过信用支付所产生的便捷已经使人们忽视对其存在的金融渗透的防御；任

① 李耀东、李钧：《互联网金融：框架与实践》，北京：电子工业出版社，2014 年，第 16 页。

② （德）马克思：《1844 年经济学哲学手稿》，中央编译局译，北京：人民出版社，2000 年，第 26 页。

其发展下去,必然对整个货币信用结构发生重大影响,带来通货膨胀。由于货币总量需求受到社会生产消费和货币流通速度等诸方面的影响,而实际起支付作用的代币或数字账本不受限制地发展,必然使得整个社会中流通的货币发生贬值。其最直接的危害是劳动人民的财产损失。互联网支付在传统“支付的实质”上做出更改,就要承担起它可能引发的社会风险,并就此做出妥善的处置。

2. 支付应该成为解放人的工具

货币是人的解放的工具,货币支付不仅是文明社会的产物,也是推进社会文明进步的有效工具。人们之间通过支付完成劳动的交换,而不是通过强力掠夺或者欺骗的方式获得他人劳动成果。互联网支付只是互联网时代货币支付和结算功能的新形式,理应成为进一步解放生产力、发展生产力的有效工具,成为实现人的进一步解放的有效手段。“随着资本市场扩大和相互联系——越过时区从香港和东京到多伦多和巴黎,钱运行得更快。资金的周转率和易变程度都加大,社会中金融力量越来越快地从一个人手里转到另一个人手里。”①现代社会中,时间与空间的转化不仅体现在技术创新的诸多领域,也体现在社会价值观的变迁上。无论是用时间换取空间,还是用空间换取时间,都是对某种价值的倚重。当空间价值更大时,我们在适当的时候采取时间换空间的做法;当时间价值更大时,我们采取空间换时间的做法。在时间与空间同等重要的时候,空间的扩大和时间的节约是人们积极作为的两个向度。在现代化程度已经比较高的情况下,人的生命价值既体现在时间的长度上,也体现在生命的质量上。作为人类基本的价值追求之一,生命价值是其他价值存在的前提和基础,也是它们的归宿和目的。我国“以人民为中心”的发展理念深刻体现了这种价值思想。互联网支付在时间和空间的解放上为人类提供

① (美)阿尔文·托夫勒:《力量转移——临近21世纪的知识、财富和暴力》,刘炳章、卢佩文、张今等译,北京:新华出版社,1996年,第61页。

了许多可能。迅捷的支付可以使市场交易对支付的时间成本忽略不计,而聚合支付的发展,使支付平台和方式的选择具有更大的变通范围,人们不会由于对某一支付系统的依赖而在支持另一支付系统的平台上感到措手不及。支付时间的节约(包括减少传统支付中对货币的甄别、交易对象的信用审查和考虑等诸多方面),使人们可以有更多的时间用于做其他有意义的事情,而不是在这些纯粹手段和过程中消耗生命时间,这必然对人的发展空间形成有益的条件。当然,在最为基本的方面,消费或生产要素的全球化也是基于互联网支付而变得更为便利,这使人生存与发展的空间制约因素进一步减少。当互联网支付要将自我确定为人的进一步解放的工具和途径时,它便需要在信用保障和风险化解方面作出更多承诺;需要在支付的安全性与简洁性两个方面同时做得更好,尽管这必然是一种前所未有的巨大挑战。互联网支付机构不应当作出引诱性支付计划,造成用户在支付上的非理性冲动;也不能对通过信息遮蔽或者其他方式造成互联网支付的瘾症,或者使互联网支付成为一种社会思想和舆论的暴力结果。一些商业网站的支付结果界面时常出现引诱性商业广告,而另一些支付结果的界面则出现奖励性积分记录,这些都是对用户的不当引诱。而在捐赠和赞赏性质的支付界面,则时常出现舆论信息的道德绑架或者对虚拟人格的冒犯,从而出现一些不情愿的支付行为。互联网支付在“以人的发展为中心”方面必须要有正确的价值指引,否则就会陷入极端利己主义的巧妙安排的陷阱之中,损害了互联网支付应有的社会效用。

3. 支付要体现人的主体性原则

自动支付或者无感支付已经是互联网支付发展的一个重要方向,人们在享受消费快感的时候逐渐将支付的过程省略掉了。当互联网支付成为互联网生存的一种基础设施,支付是否还能体现其作为社会经济关系的纽带作用?是否还能体现其作为公平交易的客观尺度?是否还能体现其作为协商意见的表达方式?而这些正是支付对人的主体性的肯定方面。“争取自由主义的唯一希望就是要在理论上和实践上放弃这样的主张:即以为自由是独立于社会制度与安排之外的个人所具有的一些发展完备的和现成的东西;并且要明白:社会控制,特别是对经济力量的控制,是保证个人自由所必需的。”①货币的支付遵守社会资源配置的基本原则,当货币占有量大小与社会资源占有和使用权限相匹配时,货币就有了一种社会权力;行使这种货币权力的方式就是支付行为。而当人们对货币的占有都是基于诚实劳动和合法经营的基本前提时,则支付行为会转变为对劳动和创造的确认和尊重(离开这个前提,有可能会出现社会权力的畸形发展,这是真正的文明社会所要批判和克服的东西)。支付行为由此成为资源配置能力的现实化,也成为社会经济关系的现实纽带。互联网支付仅仅作为支付行为的网络化,或者作为支付行为的场景化创新,具有与上述支付权力相同的内涵。支付活动还表现为市场交易的价值对等性或者意见一致性。作为价值对等性的支付行为,充当价值量大小的衡量手段,为市场交易提供了客观尺度;作为协商一致的结果,则支付活动体现了对自主意见的尊重。主体性原则是互联网支付恪守货币支付职能的首要遵循,在对自由支付和支付自决的过程中彰显人的价值的主动性。顺便也要说明,支付数据的自主性也是主体原则的内涵之一,互联网支付机构在收集和使用支付信息时需要获得用户的授权;在广泛的互联网经济活动中切实加强对数据(包括用户生物信息)使用伦理的建构和完善,把“为公而公、为私而私”②作为数据收集和使用的基本原则。

二、第三方代理支付中的伦理规范

由于互联网支付具有产业链长、行业跨度大的特点,③作为支付服务的主

---

① (美)约翰·杜威:《人的问题》,傅统先、邱椿译,上海:上海人民出版社,1965 年,第 97 页。

② “为公而公、为私而私”指的是信息收集和使用的过程中,为了公利可以有条件地公开信息,为了私利则必须无条件地保护隐私。

③ 陈晓华、曹国岭:《互联网金融风险控制》,北京:人民邮电出版社,2016 年,第 105 页。

要提供商的第三方支付机构,要降低技术风险,在客户端性能改进、网络通信安全风险、应用服务端安全风险防控上做出努力,确保用户资金安全。在产业链支持上,能够为更多产业部门构建互联网新型产业链提供便捷和安全的支付通道。由于在此过程中涉及的企业、部门、人员较多,网络运营商、银行、移动设备提供商、商家和用户都会与第三方支付发生程度不同的关系,也就形成了它在实际运行过程中必须遵循的伦理规范。

1. 谨守代理权限

互联网支付机构必须保证代理权限的固定化,减少灵活应用的空间,这是因为:支付机构的代理权限必须建立在文本合同的基础上,以详细条文的方式予以清晰界定,而不应该模棱两可,避免在支付过程或最终结算和审计时发生法律纠纷。代理权限包括支付时间、额度、对象、地区、用途等方面的约定,以及支付信息及个人信息的使用范围及适应面方面的约定。其他未经事先约定的信息不得使它们在支付中流动,以免干扰对支付信息的确认、发生额外的支付费用或者信息权利的流失。第三方支付机构应避免"过度代理"造成的信用危机。所谓过度代理,指的是第三方机构所主张的自动支付、免密支付和超限支付等情况。尽管自动偿付(或支付)的服务项目在一定程度上会减轻用户的信息负担,使用户专注于其他更有意义的事情,而不被繁琐的日常偿付(支付)任务所耽搁;但现今的自动偿付(支付)业务均没有开设撤回自动支付的资金安全期限,这将导致用户在遗忘取消自动支付设置的时候会造成经济损失。免密支付和超限支付同样有这样的信用风险;只有当这种体贴的自动支付和免密支付具有更加安全的执行方案时,才不是草率的行为。对用户的过度关怀使互联网支付行为处于一种代理加强的状态中,却没有更多的信用资本和更为严密的信任机制作为有效代理的支撑。

在第三方支付机构开展支付业务时,形成了由系列代理链所构成的代理网络关系。在代理网络关系中,每一个节点都需要正确认定自身的代理功能,并在代理链中发挥积极而有限的作用。第三方支付机构与之直接构成代理关系的有三个方面的主体:银行、用户、商户。在聚合支付的情况下,也会与第四方支付机构发生代理关系。导致代理关系混乱或效用降低的情况包括技术性故障和社会性故障。技术性故障是由于技术和设备状况而导致的代理关系效用下降,如通信网络突然中断或者支付系统故障等原因造成的支付任务尚未完成,而客户资金流失的现象;社会性故障主要是由于客户支付操作与实际完成资金划转之间存在的时间差而产生的沉淀资金被平台挪用或者窃取的现象,或者第三方支付机构在与商户建立支付代理接口时疏于审查甚至降低审查标准以输送利益的情况。由于第三方支付机构具有广泛的代理关系,因而需维护好各方面的代理关系,以保证其支付代理的信誉。代行各项权限时,应当在数量和程度上遵循约定,不得擅自增加代理权限或者在代理协议中保留模糊的空间,以精确的代理行为履行代理权利,对授权者履行承诺。

2. 抵制利益共谋

第三方互联网支付机构由于其在网商经济中发挥了重要的作用,成为网络经济的毛细血管。它与商户、银行、用户及第四方支付机构之间存在着亲密的业务和利益关系,也能够对互联网信息传播和其他领域的信息加工创造有利条件;因此,当第三方机构不能抵制利益诱惑而与相关方面密谋获取额外利益时,就有可能危害其他相关方的核心利益。第三方支付由于其平台的广泛渗透性,也使其在价值观传播方面具有独特的功能。如果它们为提高资金流量或者获取密约回报而在支付平台宣扬一些与社会核心价值观相悖的思想,其危害是相当大的。在一些离开具体语境就会造成混乱的伦理概念中,互联网传播用惯有的方式获取一些辨识能力较低的网民群体的支持。“比如节制,它们对拥有者来说既是合意的又是有用的,但是对另外一些有相应恶性,或者认为别人应该有那些恶性从而对他们自己有利的人来说,它们却很可能是不合意的,甚至是有害的。比如对某些商品的贩卖者来说,有不节制的消费者就是非常合意和有用的。他们自己贪婪的恶性使得别人不节制的恶性在他们看来是合意的和有用的。"[①]不分场合地鼓动进行超前消费和超限消费就是第三方支付机构可能存在的若干不道德行径中的重要方面。

除了拿到央行支付业务许可证的机构外,还有一些没有支付牌照而从事支付聚合的机构,可以称之为"四方支付机构"或"第四方支付机构",其本质仍然是对第三方支付的衍生机构。第四方支付机构把多家合作支付机构聚合在一起,为商户提供了极大的便利;支付机构的聚合能够给用户支付带来更多选择,同时费率优惠、审核速度快,多通道提供支付服务,减少业务拥堵现象。这里存在的道德风险是第三方机构将其所拥有的支付代理权进行再次授权时所产生的次级代理中的权益关系问题:次级代理能否保证其具有与上级代理相同的信用资质?次级代理与上级代理之间如何分割利益?次级代理关系中的权限如何与上级代理关系中的权限保持一致?这些问题都将引发支付的代理链中所不可回避的现实困惑。当第三方支付获得银行、商户、用户的授权代理资格后,再将代理权转让给第四方机构,这在本质上已经是违约行为。因为增加对第四方支付机构的审查将会极大增加银行、商户和用户的授权代价,它与互联网支付的便捷性是不相称的。一方面,聚合支付将更加有利于用户在支付时降低时间成本和商户在支付接口选择上的依赖性,从而增强互联网支付机构自由竞争的力度,优化竞争环境,避免大型支付机构进行垄断经营;另一方面,聚合支付的第四方运作使代理关系的层级化增加了更多不确定因素,道德风险和资金安全问题加重了。解决这一矛盾的较为合理的方式是第三方机构授权第四方机构进行聚合支付时必须选择可靠的对象,以免在支付接口聚合时发生密谋现象;而相对可靠的第四方支付机构是由网络商户联盟所主张的支付共同体,它的唯一目的是最大范围为用户支付带来便利,降低支付门槛和跨机构支付时的转移成本。

---

① (美)阿拉斯戴尔·麦金泰尔:《依赖性的理性动物:人类为什么需要德性》,刘玮译,南京:译林出版社,2013 年,第 73 页。

3. 协商和分享外溢的价值

第三方支付机构在互联网经济中具有产业链长的优势。无论互联网相关企业的规模多大，对支付牌照的青睐已经明显反映出支付权限给相关企业带来的创业空间和机会是巨大的。这就是互联网支付的外溢价值，但这种外溢价值往往导致外部不经济的情况。也就是说，当互联网支付通过其掌握的支付资质而拓展业务时，有可能对用户或者商户产生负面影响。比如在支付界面嵌入广告来增加盈利的行为就有可能导致互联网支付的外部不经济现象。对于互联网支付机构而言，尤其是第三方支付机构，由于其搜集和占有大量电商往来的流水信息及支付数据，因而很容易精准判断用户的消费偏好和支付能力。在此基础上，支付机构将精准广告投放作为增值业务进行开发，既可以为自身谋取业务空间，也可以对其他企业开放广告业务，增加企业盈利。这种诱导消费本质上是利用信用机制中的信息授权而进行的商业行为，对用户的支付信息进行整合并在支付功能之外开发其他业务和增利，造成不当得利的结果。第三方支付机构有义务在进行支付信息和网商数据加工、利用之前与用户进行协商，以便获得加工、利用相关数据的权限。这一点是当前互联网企业没有做到的，这种并不光彩的信息窃取手段和能力竟然成为了互联网企业的"核心竞争力"；打破这一局面是互联网生态建设中面临的重大挑战。

互联网第三方支付机构不得将网络支付的外溢价值予以独占，而应当分享给公众和组织。尽管第三方支付机构是通过自身建设而获得支付资质的，其路径具有完全的合法性；但是任何支付机构一旦取得代理支付功能就具有一定的公共性。互联网价值在于公众参与的热度和密度，集体行动是解释互联网价值增长的重要入口。这如同原始游猎中将猎物进行非亲缘分享一样，[①]是一种

① （美）赫尔伯特·金蒂斯、塞缪尔·鲍尔斯、罗伯特·博伊德等：《道德情操与物质利益——经济生活中合作的基础》，李风华、彭正德、孙毅译，北京：中国人民大学出版社，2015年，第125页。

对自我功能的维护。第三方支付机构亦需将外溢价值进行非亲缘分享,以促进互联网经济的普遍化和繁荣发展。第三方支付机构非亲缘分享的主要外溢价值包括除一般支付功能外的产业整合与企业信息互通。当然,监管机构通过其他方式禁止互联网支付机构通过支付业务及其所获得的用户数据进行垄断经营的行为也是有效的方式。互联网支付的外溢价值是由这种支付所引发的全部社会生活的变革所带来的价值,它在价值挖掘上有着不可估量的空间;资源独占会限制互联网创新和创业的发展,最终损害互联网的基础价值。

三、银行与支付机构合作的伦理规范

1. 规则优先

2017 年,"滴滴出行""今日头条"等互联网公司在监管部门严厉整顿市场秩序、强化回归支付本源时,依然通过并购、入股等方式取得互联网支付牌照,入局互联网支付市场,为其主体业务生态提供便利。① 取得互联网支付牌照成为互联网相关企业获得核心竞争力的重要基础,其社会价值和经济价值显而易见。之所以出现对支付牌照的争夺,源自于阿尔文·托夫勒所揭示的这样一个事实:"在一个货币已经'信息化'而信息已经'货币化'的世界上,顾客每次购买东西都付了两次钱:第一遍是用货币支付,第二遍是提供具有货币价值的信息。"②获得互联网支付许可意味着:一方面能够在自身经营的业务范围内开展广泛而便利的支付活动,减少对其他支付机构的依赖和租金;另一方面能够在取得信息权上占有优势,互联网企业间正在争夺对客户的支付信息等在内的信息控制权,支付信息中包含的资金流动、消费信息等对于互联网企业来说无异于开发消费空间的源头活水。获取支付权限对互联网企业发展

① 中国互联网金融协会编:《中国互联网金融年报(2018)》,北京:中国金融出版社,2018 年,第 27 页。

② (美)阿尔文·托夫勒:《力量转移——临近 21 世纪的知识、财富和暴力》,刘炳章、卢佩文、张今等译,北京:新华出版社,1996 年,第 115 页。

至关重要，表面上看，上述两个方面使拥有互联网支付执照的企业获得了更多的信息资源和开发更多网络产品的机会；实际上，互联网支付在更大范围内意味着这些企业在互联网平台业务开拓及产品开发方面将会具有自主进行制度设计的权限。

在具有更为亲密关系的互联网企业间，“竞争不是商业的首要目的。竞争是基础，但它不是商业活动的终结。竞争也不是能确保商业成功的保证。商业竞争只有在互惠合作的框架下才会有可能和意义，只有在能区分健康与不健康、正面与负面的系统中才会成为可能。在商业中，这个框架就是对繁荣和公平的追求。”①但制定规则的权限则成为互联网发展制胜的法宝。互联网支付作为衔接客户与商户之间的桥梁和纽带，使资金在安全网络中便捷流动，为商业活动的完成起到关键的作用。“现代工业生活与传统社会相比，已经因这些革新（采用计算机）而革命化了。新科学已经带来了一种显著不同的生活方式，我们把它称之为经济化。经济化就是在互相争夺的各项目之间最合理地分配稀少的资源的科学；它是减少‘浪费’的重要技巧——这是由主导的核算技术所规定的计算来衡量的。”②尽管“经济化”是由市场机制决定的，但“经济化”的规则却偏向于对获取更多利益的考虑。互联网支付使网络商务谈判和博弈的筹码具有一种技术主导的“机制化形态”。机制化形态的支付关系能够为互联网支付机构的利益相关者（如控股方、实际投资人或资产互渗企业等）谋取更多利益，以保证其在商业活动中的资金安全和兑付期限的自主权。因此，作为一种具有中间属性的资金媒介，互联网支付机构要想获得更为广泛的支持，仍然需要在制度上表现出自身对于所有用户的公平和忠诚，而不是通过资本关联企业的经营活动为

① （美）罗伯特·C.所罗门：《伦理与卓越——商业中的合作与诚信》，罗汉、黄悦等译，上海：上海译文出版社，2006 年，第 78 页。

② （美）丹尼尔·贝尔：《后工业社会的来临——对社会预测的一项探索》，高銛、王宏周、魏章玲译，北京：新华出版社，1997 年，第 301 页。

自身谋取利益。对于银行来说,授权于专门机构的支付权限应该得到约束,在授权之前就应该尽量保证规则的公平性,并保留规则增长的权利(即在实际运营中,授权者需要根据实际情况变更规则内容,以避免第三方支付机构营私舞弊)。

2. 公开透明

互联网不仅是一种物质形态的技术工艺,也是人的精神形式。人们对互联网抱有许多美好的期盼。"我们对作为人类和其能力外延的技术的终极目的充满幻想,对技术充满主观幻想。但是,今天这个实用的定律被其外延自身、被这种超越物理的和抽象的定律的无约束的虚拟挫败。""我们所有的工艺技术都只能是我们认为控制世界的工具,它所以成为必要,是因为我们是这台设备的操作者。"①互联网支付作为互联网金融技术创新的重要成果,体现了人类利用自然规律为自身服务方面的巨大潜能;人造物品所寄寓的是人的价值和对社会关系的想象。公开透明是互联网精神的重要方面,尽管它也曾经、甚至一直使人们为互联网的未来担忧。每一项技术进步的背后都是人们对生活和世界的欲望,但"公开透明"作为互联网的特殊气质在支付方面则表现出矛盾的二重性:可溯源性和可追踪性是互联网支付方面应该具有的特征,这是保证资金流向并且维护其合法性的基础;隐秘性和私人性也是互联网支付用户的重要诉求,无论是资金用途还是资金去向的细节都是保障消费隐私和社交隐私的重要方面。前者要求数据透明,在用户主动请求下给予适当公开,以维护用户资金安全;后者要求数据保密,在用户未授权的情况下不得擅自进行数据加工、泄露或转让。无论是银行自营的支付服务还是授权经营的其他机构的支付业务,在支付信息处理上都将面临数据公私属性的困扰。

---

① (法)让・博德里亚尔:《完美的罪行》,王为民译,北京:商务印书馆,2000年,第70页。

2020年5月15日国家工业和信息化部发布了《关于侵害用户权益行为的APP通报(2020年第一批)》,①通报了第三方检测机构对手机应用软件的检查结果,其中有16款APP未完成整改(包括当当、知乎日报、1药网、“好医生”等)。所列16款APP应在5月25日前完成整改落实工作,逾期不整改的,工业和信息化部将依法依规组织开展相关处置工作。此“通报”中列出了这些APP主要涉及的问题:“私自收集个人信息”“私自共享给第三方”“不给权限不让用”“超范围收集个人信息”“强制用户使用定向推送功能”“过度索取权限”“账号注销难”等问题。互联网平台服务运营商的信息侵权加剧了网络用户的逆向选择,本来是为了进一步锁定用户的行为往往最后成为用户流失的原因。而一些具有垄断性的互联网服务,基于用户锁定的信息侵权则容易得多。诸如大型网络超市(如当当等)、技术服务平台(如“好医生”等)和稀缺产品(如某些影视播放平台)的用户依赖关系较为紧密的互联网服务提供商,对用户的信息欺压甚为严重。用户信息究竟是平台的专有资产、网络公共资产还是用户的私人资产?这是一个拷问物联网服务提供商价值基点的核心问题。互联网支付平台应该在这一核心问题上清醒地认识到:其一,用户对自身信息具有完整收益权和处置权,强行要求授权并将其作为使用其网络产品和平台的条件的行为是不道德的;第二,用户信息是构建互联网价值的基本要素,只有广大网民参与才能构筑大数据时代的信息大厦并促进互联网产业链的发展。由于如上两个方面在内容上存在一定的冲突,即信息私有,但网络要求信息共享。这就诞生了互联网信息公私属性的基本伦理遵循:为公而公,为私而私。出于对公共网络设施建设的需要,平台之间有必要整合用户信息资源,以维护公共利益;出于个别企业或个人的私利,未经授权不得使用和收集用户信息。因此,对互联网支付而言,公开透明必然建立在司法追踪的方面,而对个人用户和社会公众而言,互联网支付应保护其应有的隐私。换言

① 《关于侵害用户权益行为的APP通报(2020年第一批)》,中华人民共和国工业和信息化部网站,http://www.miit.gov.cn/n1146290/n1146402/n1146440/c7911938/content.html。

之,第三方支付机构作为具有更大私人属性的经营机构,不允许对用户信息擅自收集、转卖和加工;而银行应该主动要求第三方机构托管全部用户的支付信息,并提供规范的存储查询服务。这方面的规制仍然有待加强。

3. 权责明晰

互联网支付的民间化使权力格局发生了明显的变化,原来由银行机构履行的职责转变为包括许多第三方民间机构亦能行使的职能。这种转变来自于权利关系的博弈结果。阿尔文·托夫勒认为将深嵌于技术之中的知识权力给货币重新下定义之后,许多长期牢固确立的权力关系就发生了动摇;①民间兴起的电子货币或代币在现代化支付中占据优势地位,其便捷性是传统货币支付方式所不能比拟的。但民间电子支付系统的在记账式支付中的作用超越了一定范围之后,对社会运行的功能会发生巨大冲击。首当其冲的便是社会控制体系的崩溃,法币在市场上的失灵造成民间代币纷拥而上,不断挤兑社会财富或兼并社会权力。当人们还未能充分享受电子记账式支付带来的便捷时,它便变身为恶魔吞噬人类劳动的一切创造物,把最为珍贵的民间创意和利民的快捷支付的梦想变为一场灾难性的游戏。在失去边界和管辖的电子记账式民间经营中,社会权力被更多黑暗势力所掌握,人们的权利遭受损失,这绝不只是通货膨胀激增这一方面。禁止这样的电子记账式支付在理论和实践上都是有益的,无论是比特币支付还是其他可能更为新颖的支付手段,在法币体系之外新建的民间支付系统并不体现民意的珍贵和经济的民主化。任由这些民间电子记账式支付的发展,那些专司制作支付符号(比如开采比特币)的极少的人,与创造社会财富的极为庞大的群体,平分了整个社会的财富。在这样的支付体系中,社会劳动的价值不断被稀释;任何一种有效的劳动都不及直接获取支付工具来得便利。

---

① (美)阿尔文·托夫勒:《力量转移——临近21世纪的知识、财富和暴力》,刘炳章、卢佩文、张今等译,北京:新华出版社,1996年,第76页。

但是,禁止民间记账式电子支付系统创造的行为在当前环境下往往会被认为是保守主义的行径,似乎是对社会创新创造潮流的冒犯。在此背景下,传统银行体系不得不作出让步,使更多的权利主体参与到支付体系中来。互联网支付系统的发展,在这种利益博弈中显示出了如今的格局。互联网支付并不意味着互联网创造或赋予了新的支付内容,它只是把银行系统所具有的支付功能嫁接到了网络平台,并授权某些具备一定资质的互联网企业行使同样的功能,共享银行储户资产的数据并以委托代理的方式进行资金结算。这一结局保证了社会财富体系的稳定和人类对劳动的基本尊重。禁止民间记账式支付的自由发展,其本质是将铸币权掌握在一定的法制限度内,以最大限度降低社会信用风险以及造成支付功能的紊乱。假如民间支付体系取得统治地位,无论是当前看来如何万无一失的、具有最大开发额度的比特币还是其他数字货币,它都会形成一种知识权贵对民众的彻底盘剥。赋予他们以支付功能的,就是不可替代性和权属的明晰吗?如果某一民间数字货币获得这样的特权,有什么充分理由拒斥其他无止境出现的新的数字货币?在错误的道路上迈上半步便要停止、并将其正名显然是困难的,尤其在科技创新的领域中,禁止持续的创造比在创新道路上取得不断胜利要困难得多。互联网支付时代,各方保持权责的清晰无比重要,它维系着互联网生态的持续稳定健康发展,维系着人民群众生活稳定和社会的安定团结,它维系着任何一个民族国家的经济命脉和经济安全。因此,任何商业银行和第三方支付机构都不要试图在代行铸币的方向打主意,这一定是玩火自焚的方式。支付的内容只能是中央银行发行的货币及其数据替身。国有商业银行亦不能僭越这种基本的边界;否则其必然导致货币体系信用功能的失调。中央银行在互联网支付最终数据收集与资金结算中处于绝对权威地位;商业银行在网络支付中能够发挥充分的主体功能,在维持法币权威性的同时创新支付手段是多方受益的事情;第三方支付机构在获得用户体验信息上具有更为敏感的特征,在金融创新和电子商务发展中扮演着特殊重要的角色作用。金融制度的主要功能之一就是“设计与创造和谐稳定的秩序”。[①] 只有坚持中央银行和国家银监会的法规和制度，各利益相关方在权利和责任问题上保持清醒的认识，互联网支付的功能才有机会充分发挥出来。

4. 普惠标准

互联网支付给人们带来的希望，是普惠金融正在落地成为现实。“现在的事实是，人已成为超人。人的超人性质在于，由于其知识和能力的成就，他不仅支配着他身体内的物质力量，而且还支配着自然中的物质力量，并能利用这种力量。”[②]计算机的发明更是超过了人们对于现代工业机器发明的种种论述和想象。互联网支付已经成为互联网创业甚至线下创业的重要推手和工具。互联网支付的普惠功能体现在这些日常的服务之中：第一，互联网支付为网络创业和创新提供了资源流动的中介，物流、信息流和现金流的困境因为互联网支付的出现而有了极大改善。互联网支付为智慧的融集、资源的共享、生产要素的流通等提供了信誉保障和便利。第二，互联网支付是金融创新的基座。网络众筹、P2P 网贷、惠农金融和商务、互联网消费金融和保险等，都离不开互联网支付的支撑作用。对于互联网支付的执行机构（银行和第三方机构）而言，普惠性是其应当遵守的伦理准则。尽管有人始终将利润率作为一种经济活动或新业态产生和发展的依据，但我们不得不承认“有人强调效率并把公司比喻为一架机器时，一些东西被忽略了。这些被忽略的东西使得效率所具有的那些令人着迷的优点以及机器比喻所蕴含的吸引力都大打折扣。”[③]如果互联网支付的便捷性作为其首要的价值依据，则是通过技术行为而典当了人的道德情操，这种舍本求末的做法必然损害行业的健康发展和互

① 战颖：《中国金融市场的利益冲突与伦理规制》，北京：人民出版社，2005 年，第 51 页。

② （法）阿尔贝特·施韦泽：《敬畏生命——五十年来的基本论述》，陈泽环译，上海：上海社会科学院出版社，2003 年，第 99 页。

③ （美）罗伯特·C.所罗门：《伦理与卓越——商业中的合作与诚信》，罗汉、黄悦等译，上海：上海译文出版社，2006 年，第 26 页。

联网支付业态的人本属性。

“在这里我们再次发现了一种类似于混合博弈的情境,它既有某些共同的利益,也有某种冲突的利益——共同利益在伙伴关系中,冲突的利益涉及谁作了较大承诺。有较少选择机会的伙伴通常比对方更加依赖和受制于这种交换。”①在传统的支付行为中,产品和服务的供应方作出了较大的承诺,这是以产品和服务的性能以及其满足购买者需要的程度作为考查对象的。当交易发生在远距离的情况下,买卖双方发生支付行为必然导致货物流动与资金流动不处于同一进程的运动中,由此而导致买卖双方采取更为保守的物流和现金流举措。这是传统商品和服务交易中效率较为低下的重要原因。互联网支付业务的拓展使这样的情况发生了好转。在物流和资金流两个相向的流动进程中,买家在网络经济中需要作出更大的承诺。因为商品的流动和资金流动的分离,买家需要向卖方作出支付承诺才能保证交易的安全,而这种承诺的最为便利的方式,便是向第三方机构支付具有一定锁定期限的货款。普惠标准也就体现出了对交易中风险较高一方的利益的维护。在一些特殊的场景中,互联网支付机构尤其应当将普惠标准作为核心价值予以维护,诸如惠农项目中的支付服务和社会民生保障领域的支付服务,普惠性价值远远超过了经济性价值。银行在对第三方支付机构的合作授权中,将支付机构所提供的支付服务是否具有普惠性作为机构遴选的依据,这是社会伦理的基本要求。

小　　结

恩格斯在《国民经济学批判大纲》中说:“(在私有制统治下)商业所产生的第一个后果是:一方面互不信任,另一方面为这种互不信任辩护,采取不道

① (美)彼得·M.布劳:《社会生活中的交换与权力》,李国武译,北京:商务印书馆,2012年,第166页。

德的手段来达到不道德的目的。"①实际上,相互信任才是商业活动顺利进行的重要前提,而不信任会导致商业活动中的参与各方在谈判、缔结协议、经营决策和权益维护上付出很大的成本。但市场经济并不意味着"最经济",它可能由于过度主张市场参与者的主体地位以及各自在经营活动中的自由放任而导致人力、财力和物力的浪费。网络市场经济似乎对市场的盲目性进行了必要的压制,因为互联网在参与诸方的透明性上有了更多的技术支持。不过,这一设想很快就被网络经济发展的现实给毁灭了;因为随着互联网经济的发展,欺诈和其他不道德的商业行为并没有减少,反而出现了许多令人震惊的事件。互联网支付与数字货币(或者货币的数字化)是支撑起整个网络经济的两大支柱,尤其是互联网支付给人们带来的苦恼可能和它所带来的希望一样多到难以细数。"每种经济之中必定有它的系统,否则再好的方法也没有用。"②也许互联网支付就是这样,它在科学技术发展的某个节点上出现,成为人类传统支付手段的替代之物;但指望它只是替代"支付"这一传统的货币功能是不可能的,因为互联网支付有其自身的适应场景和能够完美嵌入的社会结构。人们往往忽略了这种"场景"和"结构",将互联网支付仅仅看做是一种支付手段或者新的支付形态。

互联网支付在技术上的系统应用,使它不仅成为传统支付手段的重要替代形式和互联网技术发展的重要成果,而且成为整个互联网生态构建的基础设施。互联网支付应用于市场实践的前提,是其在安全性能上的稳定可靠以及在便捷性上具有超越传统支付方式的独特之处。网络防火墙是网络安全的屏障,能够强化网络安全策略,对网络存取和访问进行监控和审计,防止信息外泄。加密技术在网络支付中的作用在于防止业务信息被拦截和窃取,目前电子商务中常用的加密方法有私有密钥加密和公开密钥加密;前者适合对大

---

① 《马克思恩格斯文集》第1卷,北京:人民出版社,2009年,第60页。

② (美)沃尔多·爱默生:《论和谐生活的准则》,任晓晋译,北京:光明日报出版社,2006年,第100页。

的数据量进行加密,后者则适应于网络开放性的要求。数字信封则在加密技术的保护下只有规定的接收人才能阅读信息内容,往往采用了前述两种加密体制。数字手印保证互联网支付中一些隐私数据的完整性,其常用的算法都是以 Hash 函数算法为基础的。数字签名也叫电子签名,是对公开密钥加密和数字手印的应用,以确保支付过程和数据的真实有效。此外还有数字证书及认证中心、安全网络支付的协议机制(SSL 协议、SET 协议、3D Secure 协议等),互联网支付的安全技术保障并非单一的算法或者技术要素就能完成,而是系统性技术群发展的结果。这些技术要素在其他领域亦有出色的兼容表现,并由此而将互联网支付植入到电子商务网站或者其他客户应用终端。随着相关技术群的进一步发展,人体生物信息识别和(可通过注射植入人体手臂的)高性能芯片的研发,将会使人的生物系统与外界的电子系统紧密联系起来。互联网支付将会在那样的技术背景下成为人与外界沟通的重要方面,而人们并不需要额外做出肢体上的响应。支付系统是市场经济的血液营养系统,第三方支付是整个货币支付体系中的“毛细血管”。[①] 互联网支付在技术组成上的系统性全面影响着产业网络的系统性,虚拟世界与现实世界不断生成新的机构和业态,在技术发展的过程中再塑产业结构与行业网络。

互联网支付在社会上的系统影响,既表现为它作为市场经济时代社会有机体诸要素结合的重要连接方式(而这种连接方式存在着对新的社会秩序的建构和对旧的社会秩序的破坏的双重作用),也表现为它在新的价值观生成和发展上的影响以及它在运用过程中所具有的价值创造能力。正如科学技术的任何现实化及其应用一样,往往带有一种双刃刀的先天因素;将工具理性价值化是纯粹属人的壮举,与科学技术及其产品没有本质的、必然的联系。尽管互联网金融的诞生就被赋予普惠金融的期待,但真正做到普惠还需要人类价值理性的深度介入。正如有人认为,“通过计算机让我节约时间的任何企图

① 刘刚、邹新月:《互联网金融乱象及其风险监管》,北京:北京大学出版社,2019 年,第 88 页。

都是罪恶的。让我赢得时间,而我自己都不知道拿时间干什么用(这也许正是我有点用处的地方,即拯救那些濒临灭绝的闲人种群)。"①互联网支付如果仅仅只是为了给人们提供更多休闲时间,那么,在传统支付方式下,市场经济中无处不在的支付活动以及为了保持支付能力而做准备的时间耗费是巨大的。如前所述的货币甄别和支付反悔后的权利追索等,是费力又有着高风险的事情;携带大量货币以备随时支付之需就更加费劲。不过,我们仍然不能将它作最坏的假想,以便说出互联网支付在节约时间上毫无益处。事实上,只有不断节约这些渠道流通环节的时间,人们才能在更大的范围内获得自由全面发展的机会。互联网支付的便捷性、隐秘性、可溯源性、安全性使人们在商品交易、服务和劳动报酬、债务偿还中更多地选择使用它。也由于这些同样的特征,使欺诈和犯罪活动不断出现。无论技术上多么先进,它都没有办法绝对保证互联网必然走向伦理的美善境界。互联网支付在社会影响上的系统性也表现在价值上的系统生成。它不但创造出了美好生活的现实,而且随着无感支付系统的研发,人的可识别的意念就能识别支付信息,社会关系将会得到进一步改善。尽管技术上使互联网走向美善境界是困难的,但它在完善人们的伦理秩序上仍然有着不可否认的贡献;在人们之间的信任关系转变为经济主体之间的信用机制方面,互联网支付能够在技巧上超越普通个人的辨别能力,从而加强信用的社会意义。互联网支付也使物质世界的流动性价值增加了,未来互联网支付的发展,在这一趋势上只会越走越远。"以静制动"或者"以逸待劳"体现的是新时期及未来社会中人与物的关系。商品流、信息流、资金流不断涌动,而人们却安居于世,享受美好生活。"要实现人的自由价值和真实的自由,就要改变表现为人的本质规定的各种社会关系,尤其是经济关系。"②就此意义上,互联网支付或许是人类迈向自由全面发展进程中的重要工具,它

① (法)让·波德里亚:《断片集——冷记忆3》,李露露译,南京:南京大学出版社,2009年,第118页。

② 王小锡:《道德资本与经济伦理》,北京:人民出版社,2009年,第101页。

立足于现实需要而指向未来社会人们生活方式的型塑。就目前而言,离开系统性思维而片面寻求互联网支付的经济效益,必然会造成工具理性的异化。互联网支付成为黑暗交易的帮凶,或者更为严重的是其为恐怖组织和犯罪团伙提供便利。有一句话或许值得人们谨记:

“为达到目的而过分使用手段是愚蠢行为。”①

① (法)让·波德里亚:《冷记忆 2》,张新木、王晶译,南京:南京大学出版社,2009 年,第 60 页。

第五章　P2P 网贷:“伙伴关系”的终结及其伦理反思

P2P 网络借贷(Peer to Peer Lending)是随着互联网的发展和民间借贷的兴起而发展起来的一种新型金融模式。P2P 网贷旨在通过网络平台实现社会闲置资金的有效利用,在资金富余者和需求者之间架起信息沟通平台,是民间借贷的网络延伸,P2P 网贷亦将熟人借贷关系转接到互联网的陌生人借贷关系中。随着移动网络的兴起和普及化,P2P 借贷成为民间借贷的重要方式。我国自 2007 年开启的网络借贷,在短短几年内进入高潮,2015 年网贷平台数达 3433 家。① 与 P2P 借贷增长相伴随的是随之而来的道德问题。2016 年至 2017 年,网贷行业“1+3”制度框架确立,P2P 网贷监管加强,平台数量急转直下。至 2019 年 12 月底,全国正常运营的 P2P 网贷平台仅剩 343 家。② P2P 网贷利率下降、营业额减少,综合收益率从 2016 年 3 月的 11.63%下降到 2019 年 12 月的 9.46%(而 2014 年 2 月 P2P 网贷行业月平均利率甚至达到

---

① 《2015 年中国网络借贷行业年报》,网贷之家、盈灿咨询,https://www.wdzj.com/news/baogao/25661.html。

② 《2019 年中国网络借贷行业年报》,网贷之家、盈灿咨询,https://www.wdzj.com/news/yc/5568513.html。

21.63%[①]);成交量由 2017 年 3 月的 2488.44 亿元,下降到 2019 年 12 月的 428.89 亿元。2020 年 11 月中旬,实际运营的 P2P 网贷平台清零。在 P2P 网贷诞生、发展、瘦身、取缔的过程中,平台与投资人、投资人之间、平台之间的复杂伦理关系却值得持续深入思考。诸如跑路、“裸贷”、“套路贷”、暴力催收等突破人伦底线的行为及其影响,始终都不会因为 P2P 网贷行业发展的“终结”而终结。它反复提示着人们,在经济发展的过程中,人的伦理道德始终是“人之为人”的重要方面;抛弃基本伦理原则,一定会对行业本身形成致命的打击,也会使自身最终失去“人之为人”的部分基本权利(如“自由”)。[②] 伦理的吊诡之处在于:财富的聚敛似乎抵制伦理道德的约束,然而,一旦将伦理道德踩在脚下,财富本身竟也如同海市蜃楼。P2P 网贷十余年的发展是对这一伦理“吊诡”问题的注解。当然,正如查尔斯·拉莫尔所言:“不仅对于道德性的客观性,甚至是对于哲学作为一种知识形式的可能性,都没有比反思更为重要的了,但是同时也没有什么比反思更难分析的了。”[③]

第一节　P2P 网贷的发展及其伦理质问

一、P2P 网贷的发展

2005 年 3 月,Zopa 网站开始在英国伦敦运行,标志着全球首家互联网 P2P 借贷平台的诞生,它把私人借贷由熟人关系延伸至陌生人关系。2006 年和 2007 年,美国网贷市场占有率较高的两家公司 Prosper 和 Lending Club 相

---

① 黄震、邓建鹏:《P2P 网贷风云:趋势·监管·案例》,北京:中国经济出版社,2015 年,第 124 页。

② 如:唐人贷、三湘金融、盛泰信投、圣豪贷的负责人涉嫌刑事犯罪被人民法院处以 10 年以上有期徒刑。

③ (美)查尔斯·拉莫尔:《现代性的教训》,刘擎、应奇译,北京:东方出版社,2010 年,第 124 页。

继成立。2007 年 6 月,我国首家 P2P 平台拍拍贷上线运营。红岭创投(2009 年)、人人贷(2010 年)、陆金所(2011 年)等具有较大规模和影响的网贷平台陆续问世,网贷行业迎来快速发展的春天。2014 年,"互联网金融"首次出现在我国《政府工作报告》中。2016 年的《政府工作报告》明确提出"规范发展互联网金融,大力发展普惠金融和绿色金融。整顿规范金融秩序,严厉打击金融诈骗、非法集资。"2017 年的《政府工作报告》进一步明确"对不良资产、债券违约、影子银行、互联网金融等累积风险要高度警惕"。2018 年的《政府工作报告》强调,"严厉打击非法集资、金融诈骗等违法活动。强化金融监管统筹协调,健全对影子银行、互联网金融、金融控股公司等监管。"

然而,政策供应与伦理建设远远不能满足 P2P 网贷行业发展的需要,以致 P2P 网贷平台成为一夜暴富的敛财工具。作为信息中介或信用中介的 P2P 平台越来越离开其存在的本义,成为庞氏骗局的新手段,与之相应的伦理问题不断涌现。2014 年成为我国 P2P 行业等待监管政策落地的创新、发展、反思之年,多层次 P2P 金融市场基本形成。① 2015 年 7 月,人民银行、工信部、公安部等十部委联合出台《关于促进互联网金融健康发展的指导意见》(简称《意见》)。《意见》指出:"网络借贷包括个体网络借贷(即 P2P 网络借贷)和网络小额贷款。个体网络借贷是指个体和个体之间通过互联网平台实现的直接借贷。"它给 P2P 网贷划定了基本业务范围,将其功能确定为"撮合"个体之间直接借贷的信息平台。2016 年 4 月国务院办公厅印发《互联网金融风险专项整治工作实施方案》(简称《方案》),《方案》提出对第三方支付、P2P 网络借贷、股权众筹等分类专项整治。它指出 P2P 网络借贷平台应落实"信息中介"的定位,恪守法律和政策底线。不过,由于当时法律和政策本身并不健全,现有法律和政策往往具有较强的笼统性,在具体操作过程中并没有起到良好的规范作用。2016 年,P2P 网贷的"问题平台"达 566 家。

① 谢平、陈超、陈晓文等:《中国 P2P 网络借贷:市场 · 机构与模式》,北京:中国金融出版社,2015 年,第 39 页。

2016 年 8 月,中国银监会、工信部、公安部和国家网信办联合发布《网络借贷信息中介机构业务活动管理暂行办法》(简称《办法》),《办法》第二条规定了网络借贷的主体关系,并规定 P2P 网贷的性质是“专门从事网络借贷信息中介业务活动的金融信息中介公司”。网贷平台的主要业务是“提供信息搜集、信息公布、资信评估、信息交互、借贷撮合等服务”。《办法》第三条规定了网络“借贷信息中介机构”的服务原则是:依法、诚信、自愿、公平,不得损害国家利益和社会公共利益。借款人与出借人要遵循的基本原则是:借贷自愿、诚实守信、责任自负、风险自担。P2P 网贷平台的责任是:客观、真实、全面、及时地进行信息披露。平台不承担借贷违约风险。

由于 P2P 网贷平台“不承担借贷违约风险”(这也是 2016 年前后业界的基本价值认同),由此留下了极大的隐患。P2P 网贷平台依赖借款管理费、利息管理费及其他增值费作为收入,其风险极低。为了提高网贷平台的收益水平,平台对信息的披露及审查愈加宽松,降低准入门槛,以此提高流水金额。正因为如此,2016 年前后(2015—2018 年),年平均问题平台达到 588.5 家(见表 5.3)。暴力催收、“裸条”贷(尤其是校园“裸条”贷)、跑路等问题层出不穷,其社会危害已经引起民众的极大不满。2017 年网贷行业“1+3”(一个办法三个指引)制度框架形成,网贷整顿逐渐有规可循。2017 年下半年,上海等地暂停了小额贷款公司的批设工作。P2P 网贷行业迎来一波接一波的专项整顿。2018 年 8 月,P2P 网络借贷风险专项整治工作领导小组办公室正式下发《P2P 合规检查问题清单》,为网贷行业合规发展划定了统一标准。随后,各省市跟进了专项整治的力度和幅度。2018 年,新增平台数遽减,由 2017 年的 415 家降至 70 家,而 2019 年则新增为 0。2018—2019 年,由于整顿力度加大,问题平台不断被曝光和退出市场(或者转型)。2019 年 12 月底,正常运营的 P2P 平台已经降至 343 家(见表 5.1)。2019 年下半年,国内第一家 P2P 平台拍拍贷宣布自己“不再是 P2P 公司”,并且将公司名称改为“信也科技”,转型发力金融科技领域。2019 年全年 P2P 网贷行业成交量达到了 9649.11 亿元,相比 2018 年全年 P2P 网贷成交量(17948.01 亿元)减少了 46.24%,从数据可以发现 2019 年全年成交量创了近 5 年的新低(见表 5.2)。2020 年底,P2P 网贷彻底退出互联网金融市场,2021 年初,国家对网络借贷的其他形式亦予严厉整顿。

表 5.1:网贷之家·网贷数据可查询详情的平台数量(依据网贷之家数据制作)①

年份	新增平台	累计平台	正常运营平台(以 12 月计)	累计停业转型平台	累计问题平台
2019	0	6608	343	3342	2923
2018	70	6608	1073	2835	2700
2017	415	6538	2412	2123	2003

表 5.2:P2P 网贷行业的成交量及综合参考收益(2016 年 3 月—2019 年 12 月)②

月份	成交量(亿元)	综合参考收益率	平均借款期限(月)	待还余额(亿元)	资金净流入(亿元)
Dec-19	428.89	9.46%	15.714	4915.91	-492.37
Nov-19	506.23	9.38%	15.38	5408.28	-484.41
Oct-19	570.27	9.49%	14.5	5892.69	-206.79
Sep-19	697.42	9.67%	14.92	6099.48	-329.31
Aug-19	780.46	9.83%	15.28	6428.79	-241.15
Jul-19	900.28	10.02%	15.64	6669.94	-201.26
Jun-19	893.81	9.99%	15.53	6871.2	-131.15
May-19	930.03	10.08%	15.66	7002.35	-173.57
Apr-19	937.74	10.26%	15.75	7175.92	-159.04
Mar-19	1003.28	9.79%	15.48	7334.96	-179.96

① 注:不同研究机构的统计数字稍有差异。如中国互联网金融协会编写的《中国互联网金融年报(2018 年)》(中国金融出版社,2018 年)指出:"截至 2017 年末,全国运营平台有 2625 家"(第 39 页)。与网贷之家的 2412 相差 113 家。经查询"网贷天眼",2020 年 3 月 18 日,正常运营的 P2P 网贷平台有 770 家。

② 注:表格数据资料来源:网贷之家·网贷资讯,https://shuju.wdzj.com/industry-list.html。

续表

月份	成交量（亿元）	综合参考收益率	平均借款期限(月)	待还余额（亿元）	资金净流入（亿元）
Feb-19	959. 63	9. 94%	15. 31	7514. 93	-130. 88
Jan-19	1037. 07	10. 12%	15. 5	7645. 82	-243. 83
Dec-18	1060. 16	10. 15%	15. 25	7889. 65	-222. 29
Nov-18	1114. 54	10. 11%	15. 07	8111. 94	-210. 95
Oct-18	1022. 67	10. 25%	14. 66	8322. 89	-213. 82
Sep-18	1107. 37	10. 30%	14. 87	8536. 71	-496. 13
Aug-18	1193. 27	10. 02%	14. 64	9032. 84	-528. 64
Jul-18	1447. 54	9. 76%	12. 99	9561. 48	-667. 18
Jun-18	1757. 23	9. 62%	12. 34	10228. 66	-463. 06
May-18	1826. 6	9. 68%	12. 02	10691. 72	137. 6
Apr-18	1730. 95	9. 64%	11. 58	10554. 12	29. 57
Mar-18	1915. 65	9. 62%	11. 5	10524. 55	13. 5
Feb-18	1690. 04	9. 68%	10. 95	10511. 05	72. 69
Jan-18	2081. 99	9. 58%	10. 62	10438. 36	35. 25
Dec-17	2248. 09	9. 54%	10. 02	10417. 68	35. 25
Nov-17	2278. 43	9. 49%	9. 26	10382. 43	36. 85
Oct-17	2183. 94	9. 50%	8. 84	10345. 58	203. 16
Sep-17	2351. 41	9. 53%	8. 91	10142. 42	344. 54
Aug-17	2495. 55	9. 49%	9. 1	9797. 88	450. 41
Jul-17	2536. 76	9. 41%	8. 97	9347. 47	288. 66
Jun-17	2454. 91	9. 30%	8. 78	9058. 81	558. 21
May-17	2488. 44	9. 21%	8. 66	8500. 6	396. 6
Apr-17	2249. 19	9. 30%	8. 72	8104	328. 7
Mar-17	2508. 44	9. 41%	10. 01	7775. 3	384. 12
Feb-17	2043. 41	9. 51%	9. 21	7391. 18	522. 38
Jan-17	2209. 92	9. 71%	9. 48	6868. 8	73. 69
Dec-16	2443. 26	9. 76%	9. 3	6795. 11	577. 45
Nov-16	2197. 34	9. 61%	8. 25	6217. 66	220. 15
Oct-16	1885. 61	9. 68%	7. 68	5997. 51	143. 71
Sep-16	1947. 17	9. 83%	7. 76	5853. 8	248. 76

续表

月份	成交量（亿元）	综合参考收益率	平均借款期限（月）	待还余额（亿元）	资金净流入（亿元）
Aug-16	1910. 3	10. 08%	8. 04	5605. 04	97. 47
Jul-16	1829. 73	10. 25%	8. 18	5507. 57	371. 53
Jun-16	1713. 71	10. 38%	7. 81	5136. 04	186. 96
May-16	1480. 17	10. 96%	7. 93	4949. 08	221. 73
Apr-16	1430. 91	11. 24%	7. 39	4727. 35	237. 28
Mar-16	1364. 03	11. 63%	7. 33	4490. 07	221. 28

表 5. 3:网贷之家·网贷数据可查询详情的问题平台数(依据网贷之家数据制作)

年度	提现困难	经侦介入	跑路	延期兑付	网站关闭	总数
2019	11	46	2	77	87	223
2018	183	308	41	100	65	697
2017	150	9	65		1	225
2016	167	6	392		1	566
2015	284	15	567			866
2014	122	5	138			265
2013	66		6			72
2012	4		4			4
2011			5			5

从被寄予希望到成为“黑色产业”,P2P 网贷行业经历了探索、爆发、萎缩、退市的阶段变化,它既有新业态出现时政策供应不足和不及时的原因,也有市场经济发育过程中,人们义利观扭曲、基本伦理道德丧失的问题。

二、P2P 网贷的伦理质问

P2P 网络借贷平台,是 P2P 借贷与网络借贷相结合的互联网金融服务网站。P2P 是 Peer to Peer Lending 的缩写。Peer 的原意是 *Person who is equal to another in rank, status or merit*,即官阶、等级、地位或功绩“同等的人”。“Peer to Peer”即为“个人对个人”(或“伙伴对伙伴”)。P2P 网贷利用网络平台,实现“个人对个人”的借贷关系,是“撮合”资金富余者和需求者的信息中介。如果从解决“急需”,扶危助困的角度来看,它具有符合伦理要求的基本价值取向,使更多人获得生存与发展的机会,并由此给提供资金的贷方带来经济收益,颇具“福往者福来”的因缘意味。果真如此,P2P 网贷就会成为新时代民间借贷的颠覆者。然而事实走向了它的反面,P2P 网贷并没有因为“*person who is equal to another in rank, status or merit*”的“*equal*”(平等、公平)而获得社会尊重。这不是人们对 equal 这一语词的怀疑,而是对 P2P 网贷在运营过程中是否名实相符的质问。“平等”是 P2P 借贷关系中的核心价值,而构建平等关系的是交易的自由和自决。

P2P 网贷关系既然以“平等”为要义,那么,贷款人、借款人和信息中介(平台)就应该是具有同等地位的参与人,在借贷关系的形成过程中处于平等的地位,并承担同等的责任。然而,“三方责任均等”的提议必然引起强烈抵抗,在生活中很容易找到诸多特例予以反驳和否定。无论是上海市《关于促进本市互联网金融产业健康发展的若干意见》,还是中国人民银行、工信部发布的《关于促进互联网金融健康发展的指导意见》等文件,强化的都是“经营底线”和“政策红线”,强调的是“行业自律”。显然,在“底线”之上和“红线”之内,必然要求伦理道德的深度参与。但从 2007 年至 2020 年底的 P2P 行业发展来看,本应该作为“信息中介”或“信用中介”的 P2P 网贷平台从一开始就忽视了伦理道德问题。相反,作为“法无禁止即可为”的经济行动,明目张胆地进行各种违背风俗良序的活动。P2P 网贷平台既不将自身置于“平等”责任的一方,更不将自己置于借贷关系“撮成”的主导方,而是表现为在利润面前肆无忌惮,在责任与道德面前无辜可怜的样子。如前所述,借贷三方关系“平等”表现为参与者的“自由与自决”,借贷“自由”是民主参与的前提,而“有效自决”的前提必然是信息的公开透明。P2P 借贷关系中,平台理应提供充分的、可靠的参与人信息，并为这些信息的客观性和有效性负责。因为，“在引入一项新的金融工具的任何时候，都会创造作为副产品的信息提取的全新机会。”①然而它的困难程度明显表现在诸多方面：借贷双方信息的充分性难以保证，有效信息的可靠性需要支付大量经营成本。在陌生人之间的借贷关系中，欺诈成为金融信用的致命因素。

P2P借贷平台对获取全民征信数据无能为力，至少在大数据技术尚未全面渗透到人民生产生活末梢的时候必然如此。P2P平台的这种“无能为力”是可以理解的。但因为这种窘境而全面撇开责任和义务，则不是风险行业从业者应有的伦理道德水准。主观欺骗或者客观的履约能力丧失，都可能在借贷关系中出现爽约风险；P2P网贷平台强调“不承担借贷违约风险”显然不足以支撑其获取“风险收益”的现实。诚然，对P2P平台是否获取了“风险收益”也许存在疑问；但只要我们仍然认为P2P网贷是一种借贷关系、一种金融活动，那么这一质疑就会站不住脚。P2P网贷平台绝不是简单的“信息中心”，它同时也是“信用中心”。金融资产的主要特征包括：货币性和流动性，偿还期限，风险性，收益性。② P2P网贷平台资产在表面上只是信息系统维护和运营的基本物质支撑（包括技术、研发和客户维护、业务拓展等），实际上由于它具有“单独不成立”③的属性，从而只能与出借人的资金一起构成金融资本体系。只有参与到实际的借贷关系中，在资金贷出方与借入方实现跨期非等值资金流动，P2P网贷平台才能获得预期收益。这种收益的最终完成，具有跨期性和不确定性。在较长时期内，淡化P2P借贷平台的金融资本属性，弱

① （美）兹维·博迪、罗伯特·C.默顿、戴维·L.克利顿：《金融学》，曹辉、曹音译，北京：中国人民大学出版社2010年，第33页。

② 黄达：《金融学》，北京：中国人民大学出版社，2012年，第210页。

③ 注：“单独不成立”指的是某一条件或存在物不能独立成为某一功能的主体支撑。此处主要是指P2P网贷平台建设和运营的负责人，仅凭其投入基础设施建设和员工维护的费用，不足以承担一种社会功能的实现。作为中介系统的P2P网贷平台是网络借贷关系的核心要素，并依靠借贷双方的资金流动而获得利益。

化了平台的社会责任,使其成为一种“风险无涉”的“第三方”(他者)。它将别人引入风险之境,自身却试图置之度外。这是一种不可思议的经济逻辑。

Peer to Peer Lending(这里暂且把第一个 Peer〈贷款人或放贷人、债权人〉称为 Peer1;第二个 Peer〈借款人或债务人〉称为 Peer2)需要提醒人们将“个人关系”引入“伙伴关系”,其理由不是个人对伙伴的需求,而是个人在伙伴关系中寻求投机现场。道德在慎独中愈显珍贵,伦理在人群中窥见本色。放贷人(Peer1)作为 P2P 网贷平台的重要投资人,却不能与平台发起人和占有者拥有对等的决策权和收益权(正式的规范文件也支持一种偏袒平台的意见,将投资人仅仅设定为平台基础设施建设和保障运营条件的股东),放贷人直接奔着 P2P 平台允诺的高额利率,甘愿冒着财产损失的巨大风险;他们承担了整个 P2P 网贷行业的大部分风险。尽管在市场经济环境中将觊觎他人钱财视为不道德的行为多少会遭到一些人的反驳。“不劳而获”在更多的场合被经济理性中的“善于投资经营”所掩盖。尤其是“生产要素”理论,进一步将“不劳而获”视为一种美德。这在经济社会发展的特定阶段的特殊意义(即在经济资源匮乏的情况下有效提高其利用率)不容否定,但这种思想一旦膨胀成为人们获得社会财富的主导思想,必然会导致经济虚化的结果,导致金融泛化、人心浮躁。当人们将资金闲置看成巨大的浪费,从而试图通过 P2P 网贷方式架起资金富余者和需求者之间的桥梁时,资金需求者 Peer2 需要为此付出巨大的代价。坐享其成的 P2P 网贷平台将全部风险分配给了借贷关系的两端,反过来又能在风险中获得其他风险收益(如参与各方的违约金)。紧张的风险关系和逃避风险的投机心理,使整个行业充斥着隐瞒、欺骗和恶意敲诈。Peer1 将高额利率(超常利率)视为唯一的价值目标,明知获取高于社会总资本(尤其是生产资本)利率的高额利息必然存在“损不足以济有余”的道德风险和投资失败的经济风险,却义无反顾地进入 P2P 网贷圈钱的各种圈套中。我们需要反思人们对于财富的向往究竟会达到什么样的境地,会在怎样的程度上为了获得财富而不惜冒着经济和道义的双重风险?Peer2 的资金需求具有复杂性和隐秘性，网贷风险的关键环节在于 Peer2 的信息透明度。Peer2 的信息越透明，网贷风险越低。故意隐藏关键信息和因不可控因素遗漏关键信息在伦理上有着本质的区别，但在网贷风险控制上则具有相同的结局。由此而带来的伦理道德问题，又将如何区别？在网贷关系中故意隐身，实际则充当主角的 P2P 平台方（称为 Peer3 是恰当的，理由如前所述），如果只是承担着“撮合”交易而获得信息服务佣金，在表面上是正当的。但是 2007 年至 2020 年底（尤其是 2012 年以来）爆发的网贷事件，反复提示着 Peer3 其实已经在网络借贷关系中起到决定性的作用，无论是对 Peer1 的引诱，还是对 Peer2 的勾引、欺骗和暴力，都将其推向风口浪尖。这是一种信息权力的失衡，还是道德沦丧的极端反应？“伙伴关系”为何纠缠着伦理纷争？这些问题值得我们深入探究。

第二节　P2P 网贷的伦理初衷与愿景

一、普惠金融的伦理属性

2016 年尚有专家预言 P2P 行业将在 2021 年贷款余额增加 23 倍，达 10.7 万亿元。[①] 实际上，截至 2020 年 3 月 15 日，已有包括山东、湖南、四川、重庆、河南、河北、云南、甘肃、山西在内的 11 个省市宣布全面取缔 P2P。[②] 关于 P2P 发展的美妙预言已破产。P2P 网贷行业的发展由于其忽视伦理建设，在法律边缘游移而最终退出人们的经济视野。自由经济的理想主义者总是忽略制度、文化、伦理等非经济因素的影响，将经济问题作为纯粹的数学模型加以建构，在社会实践中遭遇毁灭性打击是情有可原的。其实，仅从 P2P 网络借

① 《P2P 未来大预测：5 年后贷款余额有望增加 23 倍》，https://www.wdzj.com/news/yanjiu/28773.html。

② 《P2P 凉凉、全球股市暴跌、理财收益走低，这届投资人太“南”了》，https://news.p2peye.com/article-558013-1.html。

贷的程序设计而言，它的普惠意义是明显的，它也由此获得了普通群众和专家学者的喝彩与厚望。个人金融权的平等是经济正义的重要内容之一。平等的金融权意味着发展机遇的增加和社会财富分配的民主化——至少在形式上提供这样的机制。尽管依据投资基数和金融技术的财富重配未必体现对低收入人群的关照，但 P2P 网贷平台在准入门槛的设置上已经提供了这种理念。一些 P2P 网贷平台无论是贷款还是借款，均设置了包括低收入人群在内的客户指南，提示 P2P 平台将对一切人敞开怀抱，甚至没有任何经济收入的学生和不能履行完全民事责任的未成年人。P2P 网贷平台似乎并不关注借贷风险的可控性，而将注意力放在资金流的大小上。当人们最先尝试了 P2P 借贷的便利性后，便将其作为普通人群（也称为"草根"）获得传统金融体系之外的投融资渠道。在缓解应急资金紧张方面，P2P 网贷成为真正的"草根银行"，尤其是在小额资金需求的满足中，避免了严格审批和银行抵押的繁琐程序。普惠金融的光环从一开始就被赋予了 P2P 网贷行业，并成为平台广告和文化宣传中的响亮口号。一个有趣的信息跟踪结果显示：2014 年底，国内借贷成交量最大的前 20 个网贷平台中，人均借款量最高的十位和最低的十位之间形成鲜明的对比（见表 5.4）：人均借款金额越高，平台"问题率"越大。人均借款金额多的前十家 P2P 网贷平台中，2020 年 3 月 18 日在"网贷天眼"查询的结果显示，仅有两家仍在"正常运营"，平台的"问题率"达到 80%。人均借款量居于后十位的网贷平台中，同一时间查询的结果是：仅有 1 家出现"平台展期"的提示。① 而前者有 6 家显示"警方介入"或"提现困难"。从表 5.4 中所列的"借款人数"和"查询结果"可以明显看出：离开"普惠金融"的本真属性（"普惠"意味着大众受惠），将 P2P 视为非法集资（小众受益）的便利途径，必然会遭受失败。

① 注：平台展期一词一般是指借款人在借款到期之前，向平台申请延期兑付。

表 5.4：P2P 网贷平台（2014 年底交易量前 20 位）跨期跟踪信息表①

人均借款排名	平台名称	成交量（万元）（2014.12.16 至 2015.1.14）	借款人数	人均借款（万元）	2020 年 3 月 18 日“网贷天眼”查询结果
1	钱爸爸	34406.00（18）括号数字为成交量排名，下同	115	299.18	警方介入 2018.7.11 后面日期为案发时间下同
2	温州贷（改名：掌存宝）	85151.09（4）	447	190.49	警方介入 2019.6.24
3	盛融在线	54671.62（11）	452	120.95	提现困难 2015.2.11
4	团贷网	32127.43（20）	379	84.77	警方介入 2019.3.28
5	红岭创投	300400.69（1）	3944	76.17	平台展期 2019.4.17
6	鑫合汇	78056.20（6）	1324	58.95	警方介入 2018.8.10
7	易贷网（改名：宜贷网）	43080.07（14）	1396	30.86	平台清盘 2018.12.29
8	有利网	71966.11（7）	2885	24.94	正常运营 2020.3.18
9	PPmoney	130908.54（3）	5506	23.78	正常运营 2020.3.18
10	金信网	60392.72（9）	3794	15.92	警方介入 2019.5.31
11	爱投资	33481.97（19）	2474	13.53	平台展期 2018.8.10
12	投哪网	35977.14（16）	2805	12.83	正常运营 2020.3.18
13	积木盒子	60602.99（8）	5531	10.96	正常运营 2020.3.18
14	翼龙贷	24515.30（17）	3610	9.56	正常运营 2020.3.18

① 本表依据网贷之家、网贷天眼数据整理而成。

续表

人均借款排名	平台名称	成交量(万元)(2014.12.16 至 2015.1.14)	借款人数	人均借款(万元)	2020 年 3 月 18 日“网贷天眼”查询结果
15	你我贷	40672.11 (15)	5385	7.55	正常运营 2020.3.18
16	微贷网	83249.60 (5)	11550	7.21	正常运营 2020.3.18
17	人人贷	56975.58 (10)	9280	6.14	正常运营 2020.3.18
18	陆金所	137249.75 (2)	24984	5.49	正常运营 2020.3.18
19	宜人贷	54640.19 (12)	11316	4.83	正常运营 2020.3.18
20	向上金服	46872.32 (13)	30497	1.54	正常运营 2020.3.18

黑格尔在《精神现象学》中说道:“在德行意识看来,规律是事关本质的东西,个体性应该遭到扬弃,而且既要在个体性的意识那里,也要在世界进程中遭到扬弃。在世界进程中,自主的个体性应该接受普遍者或自在存在着的真和善的教化。”①P2P 网贷顺应网络时代草根崛起的需要而诞生;陌生人之间的网络联结使互联网具有巨大的财富生产能力。P2P 网贷中,平台的个别性试图假借 P2P 之名,使 Peers(很多的个体)服务和服从于 The Peer(特定的个体),这本身是对互联网精神“去中心化”特质的忤逆。网络借贷遵循梅特卡夫定律(*Metcalfe's law*)的基本规律,只有在人们的广泛参与和激活中,才能使 P2P 借贷网络具有更大的价值,而且这种价值会随着节点(即参与人)的增多而增加。《中国普惠金融创新报告(2019)》中提出了可持续的普惠金融的几个基本要素:便利性、产品多样、成本可担负、商业可持续、消费者保护。“消

① (德)黑格尔:《精神现象学》,朱刚译,北京:人民出版社,2013 年,第 233 页。

费者能否便捷地获得金融产品和服务是普惠金融最为关键的要素之一。"①这里的"消费者"既包括 Peer1,也是包括 Peer2 在内的广大网众。这种大众化参与的方式,在社会功能上体现了平等的个体关系,也表达着互助的隐含德性。回到黑格尔所说的"规律是关于事物本质的东西",P2P 网贷行业强行离开网络发展的基本规律,把噬利性作为圭臬,用臆想的经济理性替代物质世界(互联网技术及其社会影响)的客观规律,便是要抛弃 P2P 网络借贷对"普惠"金融属性的伦理遵循。当然,P2P 网贷平台在金融消费的透明性上也为群众提供了诸多期盼,人们希望通过网贷平台降低交易成本和风险。

二、伙伴关系与共情伦理

马克·马陶谢克说:"为了创造一个具备公平、公正、忠诚等特点的系统,早期的人类开始着手试用不同的'规范性资源'——规则、故事、神话、图像和更多事物,以定义和完善我们应该遵循的生活方式。"②"应该"遵循的生活方式中必然包含人们对"具有"的生活方式的改良愿望。民间信贷关系与人类经济生活具有相近的历史长度,尽管它或许要晚一段时间——直到私有观念和私有财产的出现,并且部分人拥有比他人更多的生活资料和其他物品。民间借贷关系的建立往往通过熟人关系链接起来,某些民间借贷也会在一定程度上通过中介而扩大关系网。民间借贷与"高利贷"长期以来难以分辨,而放高利贷对社会的危害已经为社会所公认。在旧社会,放高利贷者往往有着黑暗的家庭背景或者令人恐惧的社会手段,这是他们获得巨额利息、维护资金安全的必要条件。新中国成立后的相当长时期内,高利贷被消除。劳动成为人民维持生活和实现人生价值的主要方式。在这样的社会环境中,投机取巧被

---

① 曾刚、何炜等编:《中国普惠金融创新报告(2019)》,北京:社会科学文献出版社,2019 年,第 22 页。

② (美)马克·马陶谢克:《底线:道德智慧的觉醒》,高圆圆译,重庆:重庆出版社,2012 年,第 54 页。

整个社会唾弃。但经济社会发展的世俗的动力机制的缺失,在一定程度上弱化了个体在经济生活中的活跃性和主动性。王伟光指出:“个人利益是利益动力结构的原始细胞。任何时代的历史活动都是由无数单个的具体个人的社会活动所构成的,个人作为历史活动的主体是整个社会历史活动主体的最基础的单元。”①“高利贷”破坏了人们生活的基本秩序;在利益驱动下,资本/资金占有者不惜使用一切手段获取高额利率。一方面是财富的迅速集中化,黑色食利阶层的财力壮大必然进一步加强豢养维持和巩固利益体系的犬牙;另一方面是支付高利的借款人由于偿还能力的限制不得不放弃抵押物(甚至个人和家庭成员的自由、尊严等)来履行承诺。尽管契约论者并不将这一行为视为对伦理道德的侵犯,似乎“履行承诺”才是至高无上的道德准则。“制定契约的前提”被“履约的义务”所淹没。黑色食利现象在剥削社会是普遍存在的社会阴暗面,它将各种丑恶和犯罪势力(如赌博、卖淫、吸毒等)连接在一起。我国在发展社会主义市场经济的过程中,始终坚持经济建设的法治原则,坚持社会主义核心价值观的引领作用。伤风败俗和欺凌、敲诈等行为被法律和制度严厉禁止。但市场经济发育过程中不断被刺激的物质欲望仍然在破坏人们的正常社会关系,使人的道德生活面临重重挑战。

有人认为 P2P 网贷平台之所以问题层出不穷,与平台负责人主要是青年群体有着千丝万缕的联系。“P2P 网络借贷创业者及其高管层多是年轻人,有开创一番事业的冲劲,敢打敢拼,但是部分平台法律意识不足,在很多情况下非主观地碰触了非法集资的红线,误入了跑路的迷途。”②研究者当然不应当对 P2P 网贷平台决策人员依据年龄阶段而将其贴上身份标签。但 P2P 网贷的确是属于金融世界的新生事物,它短暂的发展历程以及自诞生以来出现的大量乱象足以说明其制度和规范的不完善。不过,这一观点在另一层面也反映了 P2P 网贷行业从诞生到发展的内在动力中,必然包括年轻人之间的

① 王伟光:《利益论》,北京:人民出版社,2001 年,第 192 页。
② 谢平、邹传伟等编:《网络借贷与征信》,北京:中国金融出版社,2017 年,第 3 页。

“共情”。当“共情伦理”与如前所述的“个人利益”发生冲突时,不同道德意志和道德认知的人会做出迥异的反应。P2P 网贷平台成长伴随着年轻人成长奋斗进程中的共同关切和困扰。他们深知部分在校大学生攀比成瘾,熟悉某一电子产品的问世会使许多年轻人“挂念”,也感受到了创业过程中资金短缺的困难,还有生活、工作和人际关系中的种种困扰和忧虑。在这样的背景下,P2P 网贷几乎成为年轻人的主要融资路径。不得不说,它在诞生之初就维护了年轻人的面子:想要独立而尚不能独立,试图脱离原生家庭的经济关系,获得经济独立和自由;忍受着被催债和可能做出其他牺牲的风险,而要贷款置办物什;等等。“共情”是一种美德,尤其在他人和社会的灾难或痛苦面前,共情使人们获得心理安抚。保罗 · 布卢姆说道:“道德的某些方面可能与共情无关,但共情却是道德的核心所在。没有共情,也就没有正义、怜悯和同情。”①

P2P 网贷本可以通过“共情”而获得生生不息的内生动力,这是道德资本的巨大潜力。在体察并安抚具有相同困境的“他人”时,自身也能得到心灵的慰藉。在经济活动中,它在一定程度上也能成为获得利益回报的机遇。这种正当获利的机会并不丧失行为的道德性,其前提必然是借款人在这一过程中得到的(经济的、社会的和情感的)利益要大于他/她的支出。由此我们再理解王伟光先生的“利益结构”问题就会更为清楚明白:个人利益不限于自我个人利益,而泛指每一个“个体利益”;它们的有机结合,宏观上能够在某种程度上解决一些表象上复杂的社会问题,微观上能够对个人的发展和健康成长提供帮助。这样的个人利益的激活,必然成为整个社会机体良性运行的有效助力。即便是在黑色食利链被解除后,社会中的“赢者通吃”和“大鱼吃小鱼”的现象也难以彻底消除;这既是社会信用机制的需要,也是由社会道德发展水平所决定的。P2P 网贷平台的出现使“抵押贷款”和“社会关系”在一定程度上从年轻人的负担中移除。事实上,P2P 借贷给人们发出了严重的警告:大众履

① (加)保罗 · 布卢姆:《摆脱共情》,徐卓译,杭州:浙江人民出版社,2019 年,第 44 页。

约能力与意愿,同人们的社会地位和资产多寡并无必然关联。从表 5.4 中发现,放贷人数越多,人均借款额越低,平台运行相对安全。另外,我们也许对“透明度”所寄予的希望远远高于它的实际作用,或者说,人们对信息成本与信息安全的关联性存在误读的可能。表 5.4 中,借款人数仅百余人的 P2P 网贷平台,从理论上讲应该有更多的时间和精力去确认其信用记录,并对其质押物进行合理评估。但是,这些借款人数较少的 P2P 网贷平台最终无一幸存。“共情”在网贷行业中更多地指向了“普惠”,指向了大众金融的开放性和便捷性。

三、积沙成塔与生产力要素的激活

2018 年《中国互联网金融年报》指出:“未来在监管政策的引领下,网贷行业将持续发挥服务小微、服务普罗大众方面的优势,坚持小额分散功能,定位线上经营模式,建立合理定价机制,帮助解决小微企业的融资难、融资贵问题,更好地促进普惠金融发展。”[①]前表 5.3 也印证了这一规范要求及其合理性:P2P 网贷本身应属于服务大众的普惠金融。亚当·斯密在《国民财富的性质和原因的研究》中指出:生产要素会随着市场需求而自动调节,其中,金钱(金银)的调节作用“最为容易,也最为准确”。[②] 这就是市场这只“看不见的手”的调节作用。自发调节的内在动力在于理性经济人对“最大化利益”的孜孜以求,从而使经济资源配置在适宜财富生长的恰当位置。但亚当·斯密并没有指明(也不可能指明):在技术发展的特定阶段,社会经济资源配置的最优化具有更多的可视度;由此而大大减少了斯密当初设想的那种自由调节的流动成本。斯密对金钱在流动中的便捷性有着清晰的判断,但资金的最优适配

① 中国互联网金融协会编:《中国互联网金融年报(2018)》,北京:中国金融出版社,2018 年,第 52 页。

② 亚当·斯密:《国民财富的性质和原因的研究》(下卷),郭大力、王亚南译,北京:商务印书馆,2014 年,第 10 页。

却并非理论家能够通过模型分析得到有效结论的。理性经济人只有结合适当的经济工具才能实现利益优化的理想,P2P 网贷就具有这种“工具”性质。

阿玛蒂亚·森在《经济学与伦理学》中归纳了“自利行为”这一复杂结构的三个性质完全不同的特征:(1)一个人的福利仅仅依赖于自己的消费,不存在对他人的同情和憎恶;(2)一个人的目标就是最大化自己的福利,以及这种福利的概率加权期望值;(3)每个人的每一行为选择直接受其目标引导。① P2P 网贷行业对于森的这一理论概括作出了实践的注解。不同的利益认知和价值追求在互联网借贷关系中同时并存,将其中“之一”作为整个 P2P 网贷行业借贷关系的属性加以批判和同情,显然是有失公允的。如果把所有的投资行为都当成嗜赌恶习加以嘲笑,显然是违背基本价值遵循和文明法度之主张的。P2P 网贷行业具有的生产性积极功能是人类幸福生活的一种现实力量或期盼——那就是将个人富余的资金使用权让渡给需要它们的人。这种让渡的主观动机或许不含任何“同情和憎恶”,或许包藏着发家致富的期望,或许只是在社会关系变迁(尤其是技术变迁)中的一种适应性反应。但 P2P 网贷的“强普惠性”不在于资金提供者的主观意愿,而在于受惠者在这种借贷关系中的利益加减程度。但是,贷款人的福利保障却依赖于借款人是否同样实现其福利目标;或者说,借款人福利目标的实现(基于生产经营需求的借款),以及借款人其他目标的系统性实现(之所以是“系统性”实现,是指生产经营以外的借款,如果不能同时具有其他系统性支持条件,则会在事实上造成借款人偿贷能力不足),是贷款人获得或增进福利的基本条件。就此而言,无论从自利的角度,还是从 P2P 网贷的普惠性质而言,支持生产经营性借贷关系乃是一种相对可靠的资金增值渠道和适配路径。

现代经济的发展在规模上有着两个并行不悖的趋势:巨型企业集团的膨胀和小微企业的不断涌现。随着生产社会化程度不断提高,国际经济关系的

---

① (印度)阿玛蒂亚·森:《伦理学与经济学》,王宇、王文玉译,北京:商务印书馆,2014 年,第 81 页。

深入沟通,大型跨国公司和垄断企业不但创造了大量社会财富,也为整个社会生活提供了主要的物质技术基础。但创客和新兴创新创业浪潮也使小微企业如雨后春笋般生长起来。小微企业的生产经营往往填补了大中型企业的生产空白,或者为小众化社会需求提供稀缺产品和服务,一定程度上解决了结构性供给不足的问题。一方面,对异质性社会消费的尊重和满足是非常重要的;另一方面,也使这些从业人员发挥自身智识特长并实现其社会价值。小微企业在生产经营过程中因为生产经营属类特性及自身资本实力的缺陷,往往融资困难。在这样的情况下,P2P 网贷平台的出现,无疑给其提供了至关重要的资金来源。在“大众创业、万众创新”的今天,破解小微企业融资困难有着重要的社会意义。① 克里斯·安德森说:“网络的美妙之处在于将发明工具和生产工具大众化。不管是谁想到了某个新点子,都可以凭借某些软件代码将想法变为产品”,“我们已经看到了大众化创新的网络模型对于推动企业家成长和经济增长的作用”,“不仅仅是工作室、车间本身的变化,更多的是普通人掌握了卓越的工具之后能够在实体世界中大展拳脚。”②创客意味着普通个人在创新创业过程中逐渐拥有更多机会;但这显然只是技术上的,在营销和产品开发过程中依然存在着普通个人资金短缺的障碍。P2P 网贷行业为社会化创新提供了方便之门,在推动万众创新中淬炼和升华整个民族的创新能力和创新精神,无疑是令人激动的方面。

新时期与过去相比的重大区别,如下所述可能是其中的重要方面:凡勃伦(1857—1929)在《有闲阶级论》中提出,当时的人们对于生活方式“在任何一点上的改革总是抱有反感”。③ 这是传统社会的典型意见。新时期人们对生活方式上的“任何一点改革”都怀抱着惊喜和期待。P2P 网贷在短短几年之

---

① 谢平、邹传伟等编:《网络借贷与征信》,北京:中国金融出版社,2017 年,第 33 页。

② (美)克里斯·安德森:《创客:新工业革命》,萧萧译,北京:中信出版社,2012 年,第 10—15 页。

③ (美)凡勃伦:《有闲阶级论》,蔡受百译,商务印书馆,2011 年,第 158 页。

内就发展为覆盖全国各地的大众融资系统。“1+3”规则尚未出台前,2015 年总资金流入比 2014 年增加 361.80%。[①] 这对拥有少量余钱的民众来说,提供了资产保值增值的机会。对于主要依靠劳动获得报酬的民众而言,维持资金的价值本身就是对劳动的尊重。如果 CPI 不断提高,传统银行存款利率扣除通胀系数后已经进入负利时代,则必然意味着劳动者以金钱形式暂存的生活资料不断被削减。尽管工资性增长可能在一定程度上弥补当下的损失,但对存余资金而言,依然是一种不可忽视的贬值,是对劳动价值的强制性压缩。因此,我们没有必要对寻求小额存余资金的保值增值的行为强加指责。P2P 借贷平台以其较高的利率水平吸引了大量的工薪阶层,将无暇打理的盈余资金存放在 P2P 网贷平台,以期获得一定的经济回报。无论对美好社会的宣称是不是寻求经济上的平等回报,[②]这种投资行为本身无可置喙。更何况,从总社会总财富的再生产角度而言,私人财产的静态化和从社会生产关系中的抽离(财富孤立或个体化),就是对社会经济发展的相对阻碍。P2P 网贷使社会总资本(及资源)有效流动起来,从而避免了资产静态化;使个体化的资产涌进社会生产关系中,从而避免了资产的孤立。这是扩大社会再生产的必要条件。

可见,从大众参与投资 P2P 网贷行业的角度来看,它可以避免资金闲置和浪费,提供社会服务和增进经济效益的重要作用;它也是维持财富保值从而体现对社会劳动之尊重的重要方面,个人财富转变为社会财富,并通过借款人的生产经营激活整个社会的生产积极性和创造性。[③]

---

① 方兴东、张爱芹:《互联网金融蓝皮书》(2016—2017),北京:电子工业出版社,2018 年,第 91 页。

② “美好社会不寻求经济回报上的平等;这既无法实现,对社会也无益处。对有些人来说,其最终目的就是赚钱以获得满足,或公开炫耀或案子攒钱;另外一些人则不是这样。”[见(美)约翰·肯尼斯·加尔布雷思:《美好社会》,王中宝、陈志宏、李毅译,江苏人民出版社,2009 年,第 25 页]

③ 借款主要用于个人消费的相关内容,在第七章专门论述。本章与第七章“互联网消费金融的伦理问题研究”之间不可避免地存在一些重合和交叉的内容,但各自的侧重点有明显不同。

四、经济民主与消除垄断

自由主义者对经济民主寄予的厚望远远超过了它们应得的赞赏,威尔·杜兰特和阿里尔·杜兰特在《历史的教训》中揭露道:“他们把自由主义的自由信条付诸实施,为商人辩护……(作者按:自由主义者认为)在自由企业制度下,竞争的激励以及所有权的热情和兴趣,激发了人们的生产力和创造力……几乎所有的经济才能迟早都能找到自己的位置……民主的原则支配着这个过程。”①这一观点与西方古典经济学保持高度一致。网络时代个人在网节中的权力越来越大,传统的中心主义权力体系正在让位于扁平化的权力结构和网络关系。每个人都成为万维网上的节点,并由此而增进网络价值。网络经济的伦理主张便是在增进个体福利的同时,增加网络自身的价值,这种共生的价值成长是网络经济的天然属性。但这一“天然属性”未必带来天然的权利均等化,它只是权力结构的网络机制(可能性),而不是权利体系的生成样态(现实性)。P2P 网贷平台呼唤这样的权力格局,并试图由此增加人们的权利。在信息社会的幻觉中(或者是未来学家的天真想象),透明、规范的网络经济将会带给人们无限的自由和公正。不过,与此相比,目前的状况尚存在巨大差距。其原因或许是大数据技术还未发展到理想的高度,储存的中心化还未解体(云储存);或许是植根在人们骨子里的风俗习惯,以及传统价值观念控制着人们的行动方式。这一点并不重要。P2P 网贷也实现不了自由主义的经济设计,它既非理论上的典范,也非一无是处。至少在提供经济自由的价值观念方面,它仍然是有意义的。阿玛蒂亚·森说:“自由是有价值的,不仅是因为它有助于成就的取得,而且还因为它有其自身的重要性,这一重要性远

① (美)威尔·杜兰特、阿里尔·杜兰特:《历史的教训》,倪玉平等译,成都:四川人民出版社,2015 年,第 97—98 页。

远超过了已经取得的实体状态的价值。”①森以此指出功利主义自由观的缺陷。在 P2P 网贷行业的发展进程中，业绩的取得已经被“证明”了它在运行机制上存在巨大的缺陷，以至于在十余年的发展过程中问题层出，在高潮来临之际就一步步走向了颓败。P2P 网贷除了实际提供给普通民众的财富和机会外，还有一种对传统经济垄断的反叛精神——它具有独立的伦理价值。尤其是传统银行业流行的“霸王条款”，它们剥夺了民众的选择权和商讨权；存在着基于贫瘠的数据库而构建的征信系统，并依靠它进行借贷指引，使小微企业和普通个人在缺乏抵押物时不能享受到社会财富盈余部分带来的机会（尽管它同样要支付利息以有偿使用这些盈余财富）。在传统经济中，存在着借贷利差的巨大鸿沟，使银行成为食利者阶层的巨大吸盘，它“吸利”的对象不仅是借款人，也包括存款人。为维持整体金融系统的稳健发展和社会经济的稳定繁荣，行业协会或中央银行必然对借贷利率进行全局性指导，以避免利率竞争导致的金融失序。但这同时也使普通个体尤其是较低收入的个人失去了选择金融服务产品的机会。

P2P 网贷行业的爆发式发展与金融垄断和人们对经济自由权利的渴望有着密切关联。有人曾对 11 家平台的 55264 名借款人年龄阶段进行统计，发现绝大部分借款人分布在 20—49 岁之间（20—29 岁占 24.42%，30—39 岁占 37.70%，40—49 岁占 26.37%，50—59 岁占 8.84%，60—69 岁占 0.34%，其他占 2.34%）②这一年龄阶段的人群正是事业发展的起步和成长阶段，他们需要一定的资金支持以发展其技能和事业。占比最高的年龄段人群（即 30—39 岁年龄段的人）的生活压力明显高于其他年龄阶段的人群，这是常识告诉人们的基本意见。个体的成长使其断开了原生家庭的经济支持，必须独自承受维

① （印度）阿玛蒂亚·森：《伦理学与经济学》，王宇、王文玉译，北京：商务印书馆，2014 年，第 62 页。

② 谢平、陈超、陈晓文等：《中国 P2P 网络借贷：市场、机构与模式》，北京：中国金融出版社，2015 年，第 45 页。

持生活、追求发展,甚至供养较多家庭成员的重任。他们在资金的需求上往往比其他年龄段的人更为急切:为了使经营计划得到实施,以获得理想的经济回报;或者为了在特殊时期实现短期目标,以获得个人尊严(部分情况下也有虚荣心存在的可能);或者为了维护社会关系、保持社会联系中的基本认同,以谋求在社会化生活中免受排挤;等等。P2P 网贷平台适用低门槛借贷的要求,并对小额借贷予以支持。普惠金融的内涵之一便是对经济自由的支持:在互联网经济中,既是网络节点均权的内在要求,也是信息技术“赋权”的民众期望。尼葛洛庞帝曾预言:“数字化生存所以能让我们的未来不同于现在,完全是因为它容易进入、具备流动性以及引发变迁的能力。”[①]P2P 正是在这个意义上,才具有经济民主和消除垄断的内在要求;也因此而在其诞生之初获得网众拥护。

传统金融系统存在着维护现有利益关系的弊端,或者说存在利益固化的运营机制。“赢者通吃”和“马太效用”在传统借贷关系中是显而易见的。资产抵押和信誉担保必然要求借款人具备良好的家庭经济条件和社会关系,对普通创业者而言,恰恰是其所缺少的东西。所以,当一些人惊奇地发现 P2P 网贷平台的创始人和借款人大部分是中青年(尤其是青年人)的时候,其实是不需要惊诧的。正是这一部分人缺少必要的资金支持,并在 P2P 网贷行业刚刚兴起之时将其作为事业发展和创业机会而紧紧抓住。他们对借贷风险的评估能力和适应性显得十分不足,以至于到期支付和偿贷能力跟不上信用承诺的期限。其中的原因是复杂的,此处暂且不论。P2P 网贷增加的阶层流动性与资金的流动性有一定相关性,但研究其中的相关性指数则是困难的。资金向低收入人群和小微企业流动,意味着这些人和企业将会获得更多的发展机会。遗憾的是:这种具有普惠性的借贷方式并没有充分发挥其应有的作用,反而出现了重大的社会问题。对于借款人而言,其急于获得资金支持的愿望被

① (美)尼古拉·尼葛洛庞帝:《数字化生存》,胡泳、范海燕译,海口:海南出版社,1997 年,第 271 页。

一些蓄意欺骗的 P2P 平台所利用。据统计,在 P2P 网贷借款者中,大专及以下学历的借款人占 75%。① 这一方面可能是由于高学历的人员更容易从传统金融中介获得贷款;另一方面也可能是较低学历的人相对难以识别 P2P 网络借贷的骗局,在经济上更具有盲目性和冲动性。如果这一猜测成立,则前述之“经济自由”的独立价值将会大打折扣。普惠金融作为一种道德经济的形式,更加需要社会文化(包括教育、制度和习俗等)的支撑。当前,普惠金融的理念已经获得了政府和民众的支持,它在缓解小微企业、民营企业的融资难问题,在助力脱贫攻坚实践,扩大普惠对象等诸多方面具有重要的意义。②

第三节　P2P 网贷的伦理失禁与失算

一、P2P 网贷的伦理失禁的表现

2013 年全国网贷企业融资额为 4.6 亿元,2016 年则达到了 161.08 亿元。交易量由 2013 年 67671 笔(1508 亿元)增加到 2016 年的 3897592 笔(14113 亿元)。与之相应的问题平台数也不断增加,由 2013 年的 92 家,增加到 2016 年的 2076 家(其中 2015—2016 年均增加 850 余家)③。2016 年,综合收益率最高的省市分别是内蒙古、福州、广西,其收益率分别为 18.48%、14.68% 和 14.66%。④ 当时,资本市场对 P2P 网贷行业的乐观预期与该行业的实际发展状况相吻合。在问题平台中,尤其以“跑路”、套路贷、庞氏骗局、暴力催收受

① 谢平、陈超、陈晓文等:《中国 P2P 网络借贷:市场、机构与模式》,北京:中国金融出版社,2015 年,第 46 页。

② 曾刚、何炜等编:《中国普惠金融报告(2019)》,北京:社会科学文献出版社,2019 年,第 18—20 页。

③ BR 互联网金融研究院编:《互联网金融年鉴(2014—2016)》,北京:中国经济出版社,2017 年,第 224 页。

④ 网贷之家、盈灿咨询:《2016 年中国网络借贷行业年报》,https://www.wdzj.com/news/yanjiu/52614.html。

人诟病。正如查尔斯·泰勒所言,社会以及个人有必要“重视我们在严肃的道德思考中从未重视的,甚至可能具有高度摧毁性的工具主义理性”。[①] P2P 网贷行业的问题并非纯粹的经营合规性问题,其中必然包含法律与道德的若干方面。在伦理上引发失序的原因是这一经济业态正在摧毁和改变人们的预期,改变人们的正常生活意愿,并引发了人们对于生存、文化与情感的动荡。P2P 网贷作为经济理性的产物,在普惠金融方面蕴含的伦理意味得不到充分伸张,而其隐藏的恶却爬上了社交媒体和人们心灵之上。因网贷引起的自杀、精神失常、生活失序等问题,绝不能用一种旁观者的过度清醒予以嘲笑和蔑视。在有关“网贷事件”的新媒体信息中时常看到的“活该”的评论,这是偏离了基本伦理价值准则的。人在自己的经济活动中,无论其是否具备完全的理性能力,也无论其是否自愿在这些活动中承诺风险,都不是“应该”遭受痛苦、打击和伤害的。“被害者有罪论”在伦理建设中具有非常大的危害,它试图使我们放弃对丑恶的责问和惩罚,甚至是为丑恶的东西辩解和提供理论支撑。不应过度崇拜工具理性的造物,它在改变我们的生活,并为之提供新的机会时,或许也意味着新问题的孕育。这里,我们重点叙述 P2P 网贷行业及其活动中的几类伦理失序现象。

1.“跑路”

“跑路”原意是指因做了坏事而被官方通缉、或是因某些原因(如欠钱、负债等)而被他人追杀(或追讨金钱)、或起了贪念想把(非法)集资款据为已有,而不得不逃走。这里所讲的“跑路”是指由于经营不善,或者蓄意欺诈、风控不善,或有其他犯罪事实,导致 P2P 网贷平台大批借款逾期、坏账,平台负责人(经营者)携资潜逃;或者是非法集资、圈钱后逃逸。“跑路”本质上是一种对象性缺损或隐藏。在 P2P 网贷关系中,尽管平台试图通过冗长的借贷条款

① (加)查尔斯·泰勒:《现代性之隐忧》,陈炼译,北京:中央编译出版社,2001 年,第 10 页。

掩盖借贷关系中的责任，但在实际投资和融资过程中，贷款者 Peer1 和借款者 Peer2 都会对平台的撮合抱有信任。正是因为借贷双方发生关系的前提是对平台抱有信任，无论平台是通过何种方式对借贷双方信息进行确认，及以何种方式通过借贷资质的审核，Peer1 和 Peer2 对平台的依赖关系是明显的。当借款人 Peer2 因故不能履行借贷合同中的义务时，P2P 平台有义务澄清这种爽约的细节并为之承担责任。在这种情况下，平台事实上成为 Peer1 和 Peer2 的借贷担保人；尽管其或许没有明确的担保事项，但它隐含的信誉担保与其经济实力和经营信誉所产生的“投靠”意愿，使 P2P 平台必须担负起主要的风险责任。当借款方 Peer2 存在较多失约和无力偿还贷款的情况下，平台成为贷款人 Peer1 追责的对象。作为信息中介，P2P 网贷平台应反思信息搜集过程中存在的失误，并对提供的（事实上的）虚假信息负有责任；作为准银行业务机构（如果存在平台集资和现金池的情况下），网贷平台应该保障贷款人（实际上相当于储蓄户）的资金安全和约定收益。因此，在资金收拢困难或借款人失约（即 P2P 平台经营不善）的情况下，平台“跑路”的目的，是要对先前作出的投资承诺进行抹除，是一种主体责任的对象性逃逸。在另一种情况下（即 P2P 平台主观恶意的非法集资，或由于其他合规性问题而受到政府部门的惩治），P2P 平台的“跑路”表现为两种表象上不同的恶：前者表现为主观性的恶，后者则是恶的外溢（是客观性的恶）。主观性的恶固然有其客观的内容，但它更侧重于蓄意为恶的不道德性；客观性的恶固然有其主观性的因素，但它更侧重于伤害对象的非指定性。无论是 Peer2 所引起的平台经营状况恶化，还是平台本身的过失所造成的逃逸，“跑路”对贷款人 Peer1 的经济损害和道德损害是深重的。

“跑路”对贷款人的伦理伤害首先是“希望的中断”。贷款人对投资收益抱有一定的热情，这种热情有着复杂的社会支持作用。如：维系克服困难的意志（“以后生活会慢慢好起来的”），提供链接其他信用关系的媒介（“等我收回那笔存款就还清您的账目”），或者用于实现其他非主流价值和个人信仰等。P2P 平台负责人“跑路”则意味着这种“支持”突然瓦解、消失,从而使贷款人的相关希望落空。在赋予人们希望的热情后给予绝望的打击,是非常不道德的,尤其是这种“绝望”的降临是被人蓄意而为。其次是“信誉的中断”。信誉往往在社会关系中形成链条关系,只要某一环节脱落,就会导致整个信誉链的瓦解。如前所述,当债权资产是贷款人在其他借贷关系中的债务担保时,债权资产就是这一信誉链的关键环节。它的脱环必然造成信用链的中断,由此而在错综复杂的信用关系网中造成巨大的社会危害。再次是“情感的中断”。在互联网时代,有闲阶层不但以消费的景观化作为情感支撑和依托,也有部分有闲阶层以投资的景观化作为情感支撑和依托。对于后一种人来说,他们将大量的时间和精力灌注在自己的投资行为中。P2P 网贷行业兴起,这些网络常驻民将其作为一件刺激情感活力的社会行为而精心投入。当借贷关系突遭中断,必然对其“行为依恋”的情感形成伤害。当然,“跑路”对整个社会伦理失序的影响是显著的,恶意逃避责任和侵占他人财产,并由此可能给他人造成经济、家庭、社会关系、身心健康、人格尊严等方面的伤害,它腐蚀社会风气、恶化营商环境、造成信任危机。

2. 套路贷

“套路贷”是以“贷款”为名行非法占有被害人财物之实。它与“高利贷”的不同之处在于,后者的目的是获得高额利息,而前者则以获取他人房产、藏品、有价证券以及剥夺他人自由等为目的。最为臭名昭著的套路贷就是校园贷和“裸贷”,因为它们觊觎的不仅是个人的一般财产,而且包括借款人的人格权。套路贷在人伦道德上完全失去底线,罔顾风俗良序的基本价值。套路贷之所以会得逞,既有借款人自身的原因,也有法制不健全和社会风气的因素;当然,更离不开部分 P2P 网贷平台的主观为恶。群体心理学者埃里克·霍弗说道:“机会无穷就像机会稀少或缺乏一样,可以是失意感的有力来源。当一个人面对无穷的机会时,无可避免地会看不起现在……这种失意感特别容易萦绕淘金者和荣景时代的浅狭心灵……怪异的事实就产生了:淘金者、掠地者和追求一夕致富者这些明明是最自私的人,往往极乐于表现自我牺牲和参与群体行动。”①实施套路贷的 P2P 平台及其运营者,能够在借款人最为需要资金的时候,为其解决实际难题,他们对借款人心态的揣摩非常细腻,直到借款人无力偿还贷款、并且不愿意接受他们提供的“选择性条件”时才会露出狰狞的面目。套路贷操纵者还擅长于煽动群众(尤其是青少年)的某种畸形消费观念,并借机施展套路,引人上钩。套路贷往往通过阴阳合同、伪造银行流水、单方面肆意认定借款人违约、虚假提起诉讼,诱惑、威胁、恐吓借款人就范。套路贷不仅是对借款人财产的侵占,导致一些家庭破裂、财产耗尽,而且还在借款人人格权上肆意妄为,导致部分借款人不堪忍辱,最终自杀、辍学、走入卖淫、贩毒等犯罪道路。甚至可以说,套路贷是 P2P 网贷行业“污名化”的罪魁祸首。

针对没有经济收入的学生群体的 P2P 网贷平台有名校贷、爱学贷、久融金融、信通贷等,这些平台从一开始就不符合基本的金融中介的运行规律,将资金安全置于不顾,必然存在滋生非正常借贷关系的土壤。《中国互联网金融协会会员自律公约》中也表明:“审慎甄别客户身份和评估客户风险承受能力,不得主动将产品销售给予风险承受能力不相匹配的客户。”②在各种形式的校园贷中,尤其以裸条贷(或裸贷)为恶最甚。裸贷是指在进行借款时,以借款人手持身份证的裸体照片作为抵押凭据进行借贷活动。裸贷的借款人往往以年轻女性为主,引发社会的高度关注。2016 年,一个以熟人借贷业务为主的网贷平台,在发展“利差”金融服务的过程中,出现基于陌生人借贷的裸条贷款事实。数据量达 10 余 G 的“裸条”信息(含视频和照片)曝光。其中涉

① (美)埃里克·霍弗:《狂热分子:群众运动的圣经》,梁永安译,桂林:广西师范大学出版社,2011 年,第 90 页。

② 朱东荣主编:《中国互联网金融发展报告(2016)》,北京:社会科学文献出版社,2016 年,第 76—77 页。

及 161 位年龄在 17—23 岁的女生。这些女学生主要是河南和江苏的几所师范学校和医专。这些视频和照片一经流出即引发群众对裸贷的声讨。而涉事网贷平台以借贷双方擅自线下交易为由撇开责任。一个名为《*Stupid Girl*》的 8G 大的压缩文件包在外网疯传,其中有超过 1000 名中国女性的裸照和视频,以及她们的姓名、家庭住址、身份证号码等。甚至有些文件名还标注了:“该女生愿意用性行为来还贷”。[①] 校园贷的放贷目标是没有任何经济收入的在校学生,无论其初始借口是提供学生生活费用、帮助学生渡过学习、考试难关,还是其他任何理由,都不构成借贷中介将其行为合理化的要件。尽管法律在 P2P 网贷平台的这类业务上,早期并无限制;但任何鼓励、引诱没有经济偿还能力的在校学生发生借贷关系,必然存心不善。裸贷只是这些平台的“突出事迹”,与其坚守的价值观在本质上是相通的。一篇《她在最穷的时候选择“裸贷”,在抑郁的时候选择自杀》的网文,陈述了一个网贷受害者的思考与忏悔。[②] 网民将矛头指向了这些没有偿还能力且虚荣心重的女学生。“她”是有罪的,她的罪不是来自别的,是来自“她受到了伤害”这件事本身。这样的思维逻辑令人不忍直视。这些女学生,成为了整个消费链上的一个环节。在道德上将一个人置于“他者”的位置而寻求一种自我优越性,无论是从性别还是从智识的角度来看,都是下流的。P2P 网贷平台应该为此承担的道德责任决不能因为自圆其说的辩解得到宽恕。而它们和网民共同建构的性别消费(对女性的消费)恶习所展示的坏的影响更加令人痛心。无论是对在校学生理性(或心智)成熟程度的揣测(并依此而设计的 P2P 网贷业务),还是基于性别歧视的特殊业务设计,都是令人发指的。在一个文明社会进行智识和性别的赤裸裸的歧视,并将这种“歧视”的“成果”作为敛财的手段,这对人类基本的

① 《被裸贷“逼死”的女大学生:为 2000 块出卖肉体! 虚荣心正在一步步摧毁你!》,https://www.sohu.com/a/231050803_355410。

② 《她在最穷的时候选择“裸贷”,在抑郁的时候选择自杀》,https://www.huxiu.com/article/257894.html。

平等观念失去了最浅显的认知。“引诱”和“欺骗”，它们作为一种霸凌，与暴力催收的霸凌相比，前者是软暴力，后者是硬暴力。而对人们身心的伤害程度，并不能由此而清晰地区分开来。

套路贷尽管不等于高利贷，因为“高利贷”以获取高额利息为直接目的，有可能其借贷关系的形成是公开透明的；而套路贷则以欺骗为主要手段，采取哄蒙拐骗的方式引诱识别能力较低的人入套。但套路贷往往同时以高利贷作为手段，以便增加“套路”的“通吃”能力。变相收取高额咨询费、管理费、服务费，同时预先截留高额利息，采用非法高频复利方式，签订阴阳合同，使借款人需要承担极高的日息，而实际获得的借款远远低于合同约定的金额。网络套路贷与高利贷犹如孪生子，形影不离。当高利息开始使人的精神窒息时，就是升级套路模式的时候。将人的痛苦与煎熬作为盈利的手段，作为获得高额回报的工具，完全无视人性的底线。这到底是资本的劣根性还是人的劣根性？资本的罪恶在于与非道德的金钱信仰勾结在一起，从而资本占有了一切人间的罪恶，而将罪恶植入资本体系中的人，似乎得到了圣灵的豁免。只要魔鬼善于使用手段，便也能够“得救”（或“得到宽恕”）。P2P 网贷一旦成为一种置伦理道德于不顾的纯粹经济理性的成就，将其内蕴的普惠金融的旨趣当做一种搜刮民脂的利器，还有什么是它忌惮的呢？《人民日报》2019 年 12 月 15 日在微信公众号报道：网红“花姐”深陷套路贷，两个月时间负债由几千元变成几十万元，被逼跳楼；方女士从开始借 1500 元到欠各种小贷平台 50 多万元，同样只有两个月时间。① 在经济理性之外，倘若不给道德律令留有地盘，各种严惩之后，新的套路一定还会上演的。

3. 骗贷

一些 P2P 网贷平台采取无担保无抵押的方式开展借贷（中介）业务。它

---

① 《两个月贷款从 1500 元变 50 万，这 App 简直杀人》，https://www.jfdaily.com/news/detail? id=194745。

们控制风险的一般方式有两方面:其一是借款人按月还贷,减少每月还款金额,贷款人也每月能够获得部分还款,由此降低风险;其二是信用审核引入社会化因素,借款人的学历、户籍证明、结婚证等都可以作为信用加分项。这种无担保无抵押的借贷关系,正是 P2P 崛起的重要原因;但它也埋下了引爆行业危机的“地雷”。恶意借款的潜在风险很大,尤其是依法并不能通过获得借款人的证件原件,其所提供资料的信息可信度会降低。“某村 700 人集体网贷逾期不还”的网帖真伪难辨;但它透露出一个重要的信息,P2P 网贷公司面临借款人集体违约的情况下,其风险如何化解?当一些人并不将信誉作为一种道德资产予以保护,而是在利益面前表现出对金钱的独宠,通过虚假信息故意在若干网贷平台借款,甚至集体抵制平台的催收(如以村为单位)。在征信不健全的情况下,其结果必然是 P2P 网贷平台和贷款人消化坏账,而借款人逍遥法外。集体骗贷是一种道德沦丧的表现。其发生的内在机制是什么?值得人们反思。马克·马陶谢克说:“‘应该’是一种精神创造。”[1]但我们可以保持一种乐观的态度去猜想那些可能进行过集体骗贷的村落,或者那些集体进行电信诈骗的村落,这些村民集体进行着丧失道德原则的活动。“缺德集体”是否在其意识中不存在“应该”如何的道德判断?从这些村民集体行为的范围和对象看,他们都将行骗对象指向了陌生人。一个人在与陌生人之间的关系中很快就失去了道德准则的自我约束。也正因为如此,时常有违法犯罪的人在行为暴露或者被处罚的时候,周围的熟人往往感到十分惊讶。这种陌生化场景的道德失灵,在网络时代蔓延成为网络诈骗、谣言、网络暴力等。P2P 网贷平台从熟人世界引入陌生人世界的经济关系,正被这种“陌生人伦理失禁”的现象所干扰。耻感是维系道德行为的内在力量,而耻感本身的维护最早是在熟人社区建立起来的。[2] 仅就社会现实而言,人们在熟人社区中的行为往往受到相关风俗习惯和集体价值的约束;一旦离开熟人社区,人们的

---

① (美)马克·马陶谢克:《底线》,高园园译,重庆:重庆出版社,2013 年,第 65 页。

② 注:这一推论需要更多历史事实的支持。

耻感就会有所稀释；甚至在一部分人那里，由于耻感本身的脆弱性，以至于在陌生人世界中完全失去羞耻之心。集体行骗在个体耻感维护上有着糟糕的环境，因为每一个人都将同样的丑恶扭曲为一种理所当然的行为。“不应该”行使欺骗、盗取他人财物，这一道德律令必然在集体认同中才能发生效力。

在P2P网贷关系中，骗局往往还由网贷平台进行设置，尽管这看起来有些不可思议，因为监守自盗并非常理。2012年的“优易网”事件、2013年的“铜都贷”事件、2014年的“中宝投资”事件、“科讯网”事件、2015年的“国湘资本”事件、“e租宝”事件、2016年的“融资城”事件等，无一不是网贷平台所设的骗取民众资金的局①。全国企业信用信息公示系统、工信部域名信息备案管理系统、人民法院被执行人信息查询平台等，尽管可以查询已经“犯事”且“爆雷”的网贷平台，但若要在网贷投资中完全避免陷入骗局，依然有些难度。P2P网贷平台主导的骗局，有的是单一平台通过庞氏骗局的方式吸纳贷款人Peer1投资，用所吸纳的Peer1贷款支付先前吸纳的贷款客户的高利息，从而吸纳更多的人不断对其进行资金投入，当支付的高利金额与所圈纳的资金达到一定比率后卷款逃逸。也有一些平台相互密谋联合骗取贷款，如前述“套路贷”中的方女士，在一个平台借款逾期无力支付的时候，他们会“介绍”、引诱其在另一平台拆借偿还，如此循环链接，以至于在短期内将借款金额从1500元提高到了50万元。这种嗜血的连环借贷网络是黑色互联网金融中介主导的经济诈骗，但在运行过程中往往单方面强调“借债还钱”和歪曲宣扬所谓的信用记录。当然，征信系统滥用信用记录也是许多骗局发生的重要原因。一些违规P2P平台动用社会征信系统，通过利益输送的方式获得征信采纳的权限，从而单方面道德绑架服务对象。甚至一些电网单位、煤气公司、商品供销单位都能在逾期缴费的时候以“上征信系统”来威胁用户。这种征信系统的滥用，必然会成为民众恐惧的心理负担；因为对“上征信系统”的害怕，往往

① 方兴东、张爱芹：《互联网金融蓝皮书（2016—2017）》，北京：电子工业出版社，2018年，第84—88页。

对个人的过失行为不能及时止损。道德工具一旦泛滥和不经审查,在其早期定然成为人们心灵的枷锁,而在其后期必然成为人们唾弃的敝屣。当它依然是人们心灵的枷锁之时,信用记录或许还能唤起人的道德自律意识;一旦人们将其视为敝屣,则整个社会的道德风化将受到重创。如此看来,作为道德治理工具的征信系统,它的信息构成和成果使用,必然采取审慎的态度,否则就会自掘坟墓。受骗者之所以会多到令人震惊的地步,与某些公共组织和部门的非主观支持有着必然的联系(此处亦适用前述“单独不成立”的原则)。

在被曝光的问题平台中,现金池和违规自融的伦理问题似乎被忽视。作为伦理视角的思考,人们似乎只关注利益损害的轻重和针对性。在 P2P 网贷行业中进行伦理审视,尽管批判的对象主要集中在 P2P 平台和借款人 Peer2 的违约和丧德行为(这是理所当然的);但是,这一思路过分强调贷款人 Peer1 的利益保护(甚至将其作为 P2P 网贷行业唯一的道德合法性依据)。当我们基于个体保护的原则,而不是基于伦理秩序的建立,则从长远看,问题终究得不到有效的解决。比如“资金池”和“自融”现象,从 Peer1 利益视角看来,其危害性并不十分明显。假如(自融的)P2P 平台投资规划具有可行性,或者具有其他支撑条件,其风险并不显著高于其他主体融资的情况。它的主要问题在于违背了公平和透明原则。在资金池管理和自融过程中,监管的缺失使得贷款人与平台之间形成的权利关系失重,网贷平台既是借贷关系中的“借款人”,又是“中介方”;既是借贷风险的制造者,又是借贷风险的管理者。如此一来,贷款人权利的维护就完全被架空。“资金池”(或现金池),指的是部分 P2P 借贷平台将借款需求设计成为理财产品出售给放贷人,或者通过先集资、再寻找借款人的方式,使贷款人 Peer1 的资金进入平台中间账户,产生资金池。这样一来,资金就会形成一个沉淀期,增加企业成本,当企业出现运营困难的时候,就有可能通过虚假标将资金套走。① 而“违规自融”指的是 P2P 网贷平台偷偷参与借贷,

① 刘刚、邹新月:《互联网金融乱象及其风险监管》,北京:北京大学出版社,2019 年,第 54 页。

对“信息中介”的角色定位不清，在互联网借贷运营中，这些平台既扮演“裁判员”，又扮演“运动员”。如P2P网贷平台“东方创投”只有前期极少的标的是真实的，其余均为假标，投资人的款项均被转入管理者的私人账户。2014年，该平台被查处。[①] 从贷款人（或投资人）的角度来看，更为隐秘的骗局往往是基于个体利益的极端关注，并忽视伦理秩序的建构。如果仅仅从利率和现实的承诺兑现率来考察网贷问题，其间的欺骗终究难以破除。

4. 暴力

与文明社会渐行渐远的词语之一，必然包括“暴力”在内。尽管社会关系中必然存在难以杜绝的矛盾和冲突，尤其是在借贷关系这种经济利益中，矛盾和摩擦的存在并不奇怪，现代法制为解决它们做好了充分的准备。然而，在新浪网“黑猫投诉”（*https://tousu.sina.com.cn/*）上搜索“暴力”，竟有22567条信息，搜索“网贷催收”有1048条信息(搜索时间为2020年3月24日上午9:36)。

伊万·亚历山德洛维奇·伊里因说：“一个恶徒本来是能够去爱的，假如他不是把爱的所有力量全部放在使他得到快乐的、下流的、令人憎恨的制造痛苦的活动上的话；一个恶徒本来是能够看见的——看见山上的上帝，看见良知中善的力量，看见人世中的美，看见人的权利，假如他进行洞察的全部力量不是被用于邪恶的狡计和精心谋划的复杂阴谋的话。”[②]网友“兰非思”投诉称因“疫情期间，工资没有发，566元，逾期4天，‘拍拍贷’暴力催收”。这让人想起P2P网贷平台“人人贷”创始人李欣贺说的那句话：“‘使每个人能够平等、有尊严地享受金融服务’是普惠金融的核心理念。”[③]P2P网贷行业兴起的

---

① 刘刚、邹新月：《互联网金融乱象及其风险监管》，北京：北京大学出版社，2019年，第74页。

② (俄)伊万·亚历山德洛维奇·伊里因：《强力抗恶论》，张桂娜译，上海三联书店，2013年，第43页。

③ 谢平、陈超、陈晓文：《中国P2P网络借贷：市场、机构与模式》，北京：中国金融出版社，2015年，第221页。

重要原因之一,也是因为其与传统银行业相比,具有更加“亲民”的机制:低门槛、公开透明。2018 年 3 月底,中国互联网金融协会发布了《催收自律公约》,指出“催收人员不得骚扰无关人员,采用恐吓、威胁、辱骂行为胁迫债务人”。[①]网贷行业所衍生的问题的确十分严峻,尤其是网络暴力通过 P2P 平台作为中介,演化为现实生活中的暴力。其中的原因之一,是 P2P 网贷平台为了降低借贷风险,减少借款人信用审核过程的成本,与实体小额贷款公司、专业催收公司联合,进行以人身安全威胁、荣誉绑架为手段的资金安全维护。也有部分 P2P 平台与小贷公司和催收人员勾结,进行主观蓄意的违法犯罪。无论如何,以暴力作为后盾的信用体系是虚伪的;而以暴力作为手段的盈利是肮脏的。迈克尔·舍默提到过“最低充分威慑”[②]的问题。为保障集体(或国家、社会等)的利益,建立“最低充分威慑”的保障机制是经营者(统治者)试图努力做到的。在社会治理上,它或许是降低社会总体恶的有效方式。若这种带有功利主义利益量化比较特征的伦理思想,在营利性组织和私人之间奉行的话,必将遇到严重的伦理难题,即:“最低”与“充分”的具体边界何在? 当 P2P 网贷公司为了维持信贷关系的有序进行,通过一定的“威慑”试图建立一种个体意志的“服从”格局时,它就已经在伦理道德的边沿伸出了试探的、带有强烈罪恶倾向的手。频繁的电话骚扰、辱骂,对借款人亲属的骚扰,以及上门催债时所使用的恐吓和暴力,它们已经“充分”了吗? 其“充分”的依据是实现经营目的(亦即获得经营规划书和年度营销战略目标中所拟的条款),还是实现契约的正常约定(即借贷合同所约定的权利义务)? 若是前者,其“最低”的威慑意味着对有限借款人的不断侵害,逼迫其为实现平台经营目标作出牺牲。若是后者,其“最低”的威胁意味着对既定借款人的达成迫使其就范的目的,无论

① 《关于暴力催收的法律有哪些? 触犯这些可能会被判刑!》,https://www.csai.cn/loan/1281949.html。

② (美)迈克尔·舍默:《道德之弧:科学和理性如何将人类引向真理、公正与自由》,刘为龙译,北京:新华出版社,2016 年,第 53 页。

这种"就范"需要损害借款人及其具有连带亲属关系的群体多大利益。对行使暴力的一方来说,"最低充分威慑"的确是其行为的基本原则,因为超额威慑的代价超过了成本预期。事实上,"最低"的边界是没有穷尽的。一旦超越法律和道德的"威慑"能够自由行使,令它们停下来的,只有流血牺牲。这或许不是理论问题,而是实践经验的结论。

菲利普·佩蒂特说:"互联网在很大程度上激动人心,因为它使我们每个人承担不同的角色,并且不被预定的身份标志限定……人们是否可以……以一个人的另一个外表形象来信任对方"?① 与人的现实身份的真实性、长期性不同的是,个人的网络身份具有虚拟性和临时性。人们一旦撇开经济生活的物质规律,将网络生活仅仅作为一种精神生活的家园,虚拟身份系统的确可以在不断的"分身"(可以在不同的网络场景中同时充当不同的角色)和"化身"(可以使用虚假的身份进行活动)中切换不同的角色,使人具有千变万化的能力,无拘无束的场景设定。只要在经济范围内活动,物质规律的牵连就不再使一个网民仅仅成为"一个网民",这是一条屡试不爽的规律。经济价值必然与现实个体建立联系才能实现其现实价值,当经济价值停留在虚拟社区不能突围,不能从网景世界中冒出来的时候,经济价值的虚拟性就将其自身的生命力定格在遥远的彼岸世界。事实上的受惠者一定是现实中的人,而最终所获得的网络虚拟的经济价值,也一定能够现实地转化成为货币或商品形式。因此,将网络经济视之为沟通现实世界与虚拟世界的主要通道是理所当然的意见。网络暴力通过这一通道涌向现实世界,则是这一"意见"永远不愿包容的东西。在经济利益的驱使下,网民在 P2P 借贷关系中表现出的道德水平,远远比在其他网络关系中表现出的道德水平要更为真实;就如同 P2P 平台运营方在尚未现实地获得经济资源的时候,其所发布的融资公告,远远比在借贷关系成立后所表现的道德形态要美妙得多,也虚伪得多。

---

① (荷兰)尤瑞恩·范登·霍文、(澳)约翰·维克特:《信息技术与道德哲学》,赵欢迎、宋吉鑫、张勤译,北京:科学出版社,2014 年,第 132 页。

P2P 平台得以安定其经营意志的,乃是对借款人的信息甄别和掌握,尽管在互联网时代的早期阶段这一努力往往是徒劳的;但大数据技术的发展也许会打开新的局面。数据追踪是部分 P2P 网贷平台输送暴力的基础。通过大数据集成和分析,得到借款人的各项生活记录,以及人物关系谱。这与凯文·凯利的描述有着较大的差异,他认为的信息自由有着理想主义的色彩,现实生活中的信息反而导向了技术霸权或资本霸权的方向,这一点,对于网络暴力的现实化而言,有着助纣为虐的意思。凯文·凯利认为:“记录生命日志的目标是:把一个人生命中的所有信息记录和归档……归档和保存这些信息对生命日志记录者是有好处的,并且他(她)可以自行控制,来决定在多大程度上与别人分享这些信息。”①然而,韦伯斯特早就表现出一种忧虑,但他只是担心个人信息的充分暴露会损害“个性化”,他提出了“各化”(*individuation*)和“个性化”(*individuality*)的矛盾问题。“各化”指的是每个人的独特记录,例如名字、生日、住所、工作经历、教育程度以及偏爱的生活方式。“个性化”意味着个人对自己的命运负责,对自己的言行和生活具有自决权和自决能力。当代社会,“各化”的程度在不断增强,而“个性化”的程度无疑因此而被削弱。“各化”要求人们被监视,而这些被监视的内容,正是人的个性化的必要条件,这是维系个体独特性的因子;“各化”的加强,使人们不得不放弃“个性化”的权利。而如果不能有效对“各化”信息精准掌握,诸如住房、教育、生活水平等的了解,就不能保障他们在这些方面的基本权利,从而妨碍“个性化”的实现。② 在部分 P2P 网贷经营者看来,“各化”是可以兑现的资本利益,因为它标志着成本低廉的信用保障有了可能;同时,它在现实上能够为锁定“借款人”并确保利益的实现提供了帮助。在正常状态下,“各化”的资本化并不令人讨厌,甚

① (美)凯文·凯利:《技术元素》,张行舟、余倩等译,北京:电子工业出版社,2012 年,第 291 页。

② (英)弗兰克·韦伯斯特:《信息社会理论》,曹晋、梁静、李哲、曹茂译,北京:北京大学出版社,2011 年,第 267 页。

至可以说,它对于维持权利义务的对等关系有着重要的意义。P2P 平台有权利知晓其撮合或转贷资金的真实去向,这一点是天经地义的。如此一来,P2P 借贷与传统银行借贷关系相比,所剩的优势就无几了。“个性化”是荒谬的,只有在实体经济的商品生产和服务提供上,“个性化”才是异质性经营战略的起点。在网络虚拟借贷关系中,“个性化”最终需要转化为“同质性”的偿贷能力。在蓄意为恶的网贷公司看来,“个性化”则是诱拐之道的秘密。

网贷平台与催收公司和小贷公司进行线上线下的勾兑,使暴力由虚拟转向现实。“欠债还钱”的理由丝毫不能减损暴力伤害的不道德性。这不是将“金钱损失”与“荣誉损失”或“舒适度损失”做一个简单的比较,而是个人或组织对他人进行人身攻击和肉体伤害的理由始终令人怀疑。高利贷与套路贷(一般而言,使用暴力催收的平台往往这两者都具有),是涉暴 P2P 网贷平台的两翼。在 P2P 网贷中,暴力的起点是欺骗,而不是契约。通常而言,暴力可以分为软暴力和硬暴力。软暴力指的是通过言语、表情、关系等展示出来的对人的心理伤害、威慑和打击。在 P2P 网贷平台的暴力催收中,言语恐吓、辱骂是主要手段。催收人员将这种软暴力扩展到借款人之外的“通讯录”人员中,使受骚扰的面极为广泛。硬暴力指的是进行肉体攻击、绑架、胁迫受害人从事非法或存在巨大危险的工作。这是 P2P 网贷中的极端事件,“裸条贷”中的“肉偿”就是胁迫妇女从事卖淫,其性质极为恶劣。社会正常的道德关系遭受破坏,一些借款人因为无力偿贷,最终被逼轻生。雅克·蒂洛和基思·克拉斯曼说:“一个人可能犯下的最恶劣的道德罪过是结束人的生命……因为道德本身必以生命为先决条件。”①无论是软暴力还是硬暴力,终将以借款人的生命消殒作为句号。在此之前绝不会主动结束无赖般的纠缠。以“私人通讯录”作为借贷的重要依据,这就是侵害行为的起点,它宣告了这种借贷关系将会在连坐的惩罚机制中得到维护,无论这种借贷关系是否公平公正。对于那些仅仅

---

① (美)雅克·蒂洛、基思·克拉斯曼:《伦理学与生活》,程立显、刘建等译,北京:世界图书出版公司,2008 年,第 165 页。

是因为亲友或熟人中有人网贷而受到骚扰的人,这种意外的、完全没有任何偿贷义务的人,在昼夜不停的电话骚扰和谩骂羞辱中煎熬会是什么感受?在莫名的恐惧和担忧中度日是什么体会(不知道这是一股什么样的邪恶的力量,将会在何时、何地以及何种形式与自己相遇)?暴力催收使受害者的生命质量不断降低,在精神的折磨中惶恐不安。有些人会用冷静得令人意外的口吻告诫人们:法律终将护佑人民的平安。但在等待法律制裁的过程中,多少人必然为此付出巨大的代价,甚至等不到法院"制裁"强力拆除"道德危险"的结果。

二、P2P 网贷伦理失禁的原因

1. 游走在法律边沿

P2P 网贷行业乱象丛生的重要原因是法律的兜底功能失灵,底线道德沦丧。哈耶克认为,经济秩序的建立不能完全交由"契约自由","因为在当今这种复杂的社会中,没有一项合同能够通过明文规定的方式预防所有的偶发事件"①P2P 网贷业务自 2007 年在国内诞生,迄今已有十余年,但由于对该行业的属性认识处于不断变化中,P2P 网贷平台的角色定位以及网贷关系的法律认定十分困难,从而使得法律失去了兜底功能。所谓法律的兜底功能,指的是在伦理道德的视角看,法律一般只是对底线道德的最低规范,是维护社会秩序的基本规范。由于立法的程序问题,往往是一种基于既存事实的秩序梳理和规范性建构;因此,专门性的法律制定往往在事态发展到一定阶段才会提上日程。采取预测性的立法措施在形式上不能得到肯定,在内容上也必定陷入假想之中,其应用性相对有限。但基于既成事实的专门立法必然存在立法前的一段空档期,有可能为此付出一定的代价。P2P 网贷行业的发展以及与之相应的法律规范的建立也是这样。在专门法未有建立之前,《刑法》《民商法》等

---

① (英)F.A.冯·哈耶克:《个人主义与经济自由》,邓正来译,北京:生活·读书·新知三联书店,2003 年,第 169 页。

是维护 P2P 秩序的主要裁判依照;在将 P2P 借贷关系的整体行业视为新金融业态的背景下,2001 年 1 月最高人民法院印发的《全国法院审理金融犯罪案件工作座谈纪要》,公安部 2010 年 5 月出台的《关于公安机关管辖的刑事立案追诉标准的规定(二)》以及其他部门法律法规及规范性文件具有裁判的参照和借鉴意义。《刑法》第一百九十三条的规定,《民法》和《担保法》的有关规定以及 1996 年最高人民法院《关于审理诈骗案件具体应用法律的若干问题的解释》等对"编造引进资金、项目等虚假理由,使用虚假证明文件,使用虚假经济合同,使用虚假的产权担保和重复抵押担保"等作了一定的规定和解释;2006 年 6 月《刑法修正案(六)》、全国人大常委会《关于惩治破坏金融秩序犯罪的决定》和 1995 年 3 月中国人民银行等单位下发的《关于对金融诈骗案涉及的金融工作人员行政处分的暂行规定》对金融诈骗、共同犯罪骗取贷款等做了一定的界定和规范。[①] 这些法律法规具有规范金融秩序的一般功能,遗憾的是在鼓励金融创新和网络创业的过程中,忽视了对这些法律规范执行力度的强化,以及在 P2P 业务发展过程中对新的社会问题的及时关注,这一是方面。P2P 网贷行业发展过于宽松的环境,另一方面是因为对 P2P 网贷平台的性质认定不清,长期在金融中介和信息中介两种角色中游移,对于官方的认定来说,更加侧重于信息中介这一性质,并将借贷风险置于平台之外。正因为如此,平台与线下小额公司及催贷专业人员的联合,使诸多准金融问题转变为一般民事纠纷。一些复杂的社会问题,直到裸条贷事件的爆发才引起相关部门重视,接连出台系列规范性文件(如前文所讲的"1+3"制度框架)。法律作为最基本的道德规范,一旦失去应有的强制力和执行力度,就必然使人们对陌生化的社会关系肆无忌惮、丢弃伦常。正如哈耶克所言,"契约自由"无法自动保证社会秩序的稳定和发展。它既需要对"自由"的真实性进行考察,也需要对"自由"的公平性进行质问,还必须以一定的力量保障这种"自由"的实

① 孙建林:《怎样识破骗贷迷局:近 200 起刑事案件的警示》,北京:企业管理出版社,2014 年,第 495—529 页。

现。抽象自由的危害,在 P2P 网贷行业的发展早期表现得淋漓尽致。大家对新生事物的观望态度与宽容,似乎超越了传统社会人们的审慎立场。亦如前述,这是网络时代的基本特征。

2. 互联网幻觉

在互联网虚拟性不断增强并渗透进社会生活的诸多方面时,伦理主体的角色缺位成为一些社会问题触发的重要原因。互联网容易使人产生幻觉,似乎在虚拟空间产生的一切并不需要承担相应的法律责任和道德义务,这种认识来源于“受害者体验”。所谓“受害者体验”,指的是作为被侵害的对象,他/她对事件感受的经验总结。在网络时代,几乎所有的人都具有“受害者体验”,这一略微夸张的表述很难被质疑,原因正在于网络时代各种基于互联网和信息泄露所造成的电话骚扰、弹幕霸屏、精准推送、垃圾邮件、网络诈骗、色情传输等无处不在。人们对这些东西并非道听途说,而是亲身体验。进一步的情况表明:人们的这些“被骚扰”和“被侵害”的现象没有得到及时处理,侵害者和骚扰者并未受到人们所期望的处罚。这种情况蔓延成为一种常态的“琐事”后,人们尽管依然受到侵害和骚扰,但对这些行为慢慢就能接受(或者忍受)并且不再因此而向某些主管部门主张自己的权利。人们对网络时代侵权行为耐受性的提高,一方面表现为对事态的缓和态度,另一方面则表现为集体幻觉的诞生:网络社区是另一个与人们的现实环境不同的场景,人们以超道德和法律的形式而存在。尽管官方不断强调“网络不是法外之地”,但执法的困难和滞后已然造成了难以抹去的社会影响。只有在社会危害极大的事件上,人们才能看到互联网与现实社会的一致性。P2P 从业人员以及借款人的很多违规行为,深受这种“受害人体验”的影响,由此而增加了其违背道德情操的“自信”。

“在现代社会活动数不清的背景中,构成日常生活的种种彼此相遇的,是被霍夫曼称之为‘世俗的不经意’(*civil inattention*)的东西……在城市的人行道上,两个人相遇,又擦肩而过。这样的事每天就会发生上百万次……‘不经意'所展示的,不是'冷漠'。更确切地说,它展示的,是对可以被称之为礼貌的疏远(*polite estrangement*)的刻意控制。"①这种"世俗的不经意"体现了社会流动性对人们造成的生活的动态化,而"礼貌的疏远"则体现了现代人在若即若离中对自我和他人主体性的尊重,对个体身份边界的保守和对社会关系建构的不确定。在互联网时代,个体身份或人格的确认需要"高度熟练的自我管理能力",因为网络幻象时常令人迷惑。在陌生化的网络中,甚至连吉登斯所提示的那种"刻意控制"也可以随意抛弃(吉登斯所讲的终究是工业社会的事情),人们认定网络的虚拟性会带来安全感。尽管事实并非如此。农业时代的稳定关系被工业时代的偶在关系所取代,工业时代偶在关系的现实性又被信息时代偶在关系的虚拟性所取代。人们迈向主体的迷失之境。

3. 流动性

在传统社会(或自然经济)中,封闭性成为可靠信用机制的重要原因。②现代市场经济的流动性加剧了信用问题在社会经济发展中的矛盾。尤其是人口的流动性使得依靠舆论控制的传统信用系统瓦解了,而互联网进一步将人的言行隐身在海量信息中,尽管搜索引擎提醒人们:互联网善于记忆,一切试图制造"过眼烟云"的人伦失序和缺德行为都将在网络中不断传播和不断翻出——他的这种企图是要失败的。P2P 网络借贷行业是在互联网经济发展过程中出现的新业态,它的强流动性比工业社会(与网络社会、信息社会相对应)的信用体系更不可靠。从自然经济到工业经济,再到网络经济,社会信用越来越重要。它已经不能依靠天然的机制——自然经济体系中的宗亲关系、邻里关系,以及相互的联系,迫使人们遵守信誉,否则就会遭受谴责和排挤。在那样的经济形态中,人与人的依赖关系尤为重要,促成了舆论的统制作用。

---

① (英)安东尼·吉登斯:《现代性的后果》,田禾译,南京:译林出版社,2011 年,第 71 页。

② 刘光明等:《企业信用:伦理、文化、业绩等多重视角的研究》,北京:经济管理出版社,2007 年,第 178 页。

在商品经济中,市场的扩大使人们离开了原生部落,也开辟了更为广阔的发展空间。人们之间的“临时关系”(交易关系)被提高到重要的地位。这与自然经济形态下的“稳定关系”相比,它的解散具有随机性和低代价性。重建临时关系所需要的成本并不太高,由此而使得人们的侥幸心理异常活跃,并寄希望于在这样的临时关系的解体和重构运动中获得利益。这时,信用成为商品经济的稀缺资源,成为经济体健康发展的重要因素。P2P 网贷行业重新点燃了部分人的侥幸心理,甚至在不惜公开通讯录(其本质是“人际关系谱系”)的情况下做出违背法律的借贷行为。

尽管技术发展对信用风险的影响究竟朝着哪一方面发展至今仍然难以确认,但网络技术的发展加速了社会人口的流动性以及与之相关的文化流动性。流动性与投机(或机会主义)有着千丝万缕的联系。如前所述,流动性较弱的自然经济形态下,人际关系中的投机行为会遭受来自稳定的社会结构的制约,以及相对稳定的文化结构的裁决;社会朝着流动性的发展,使投机行为有了避免察觉和惩罚的机会。P2P 非法网贷中有不少平台就是借助流动性的社会机制,不断变更经营场所和名称;甚至一些具有合法资质的借贷平台,也在曝出问题出来后,选择利用流动性的社会机制来洗刷不良记录。“某种羞耻心理,很早就在信贷身上嗅到了一丝道德的危险,它把全额付清当做布尔乔亚(*Bourgeoisie*,中产阶级、资产阶级)的美德之一。但我们可以假定这些心理上的抗拒将逐渐地减轻。它能坚持的地方,便是传统财产概念的余留。”①也只有在传统的财产关系中,才使人们在结构化的文化体系中保留着那样的道德。网络时代鼓励超前消费,也鼓励一种虚假的经济狂欢,以至于借款人在 P2P 网贷上陷入各种消费主义的陷阱不能自拔。提前消费(或者对付费的时间限制逐渐减弱)使人们的经济关系变得越来越扑朔迷离。在一个流动的社会中建立临时关系,消费的文化价值前所未有的拔高,一种带有身份符码属性的消

① (法)让・鲍德里亚:《物体系》,林志明译,上海:上海人民出版社,2019 年,第 172 页。

费价值观和财富幻象使一些人泯灭了“劳动创造价值”和“权利义务的一致性”原则。超过自身偿贷能力的借款在冲动性消费中被激活，部分 P2P 平台在各种非法行动中如鱼得水。引诱或者冒犯，在一个以文明标榜自身的时代总会寻找自己的遮羞布。“消费劝导”和“文化输送”便是其中的重要手段。结构化的、稳固的家风传承让位于网络社区的鼓噪和喧腾。伦理道德成为临时关系中的奢侈品。虚伪和欺诈的抬头，暴力的摸黑前进，一些 P2P 网贷平台进行着城市阴暗面写照的表演（有时候它也蔓延至农村）。流动性只需要“场景”或者“情境”这类词语，它们是呈现自我的氛围和基质。

4. 广义虚拟财富观的偏执

在变动不居的亚文化体系中，一种新的火苗已经燃烧一段时间了，那就是对广义虚拟经济的崇拜。如果前面只是对放贷人、借款人和平台运营者的单独批评，那么，广义虚拟经济的思想控制便成为较为普遍的社会力量；它在社会深层发挥效力，促使人们改变消费观念和金钱观念。“挣快钱”、金钱欲、“金钱的通兑能力”、“心理的资本化”、道德搁置等，成为了网贷行业中社会问题聚集的直接动力。如果“广义虚拟经济”仅从正面告诫或者提示一种新的经济现象和经济问题，对于实现更高效率的生产经营无疑是有帮助的。这种新的经济现象和经济问题乃是人们对心灵作用的审视和利用所导致的经济景观：在实体经济中，品牌的重要意义已经超越了（至少在部分领域和场合）其物理属性和实际功用。人们的品牌情感正在成为一种可利用的经济效益。尽管这一现象由来已久，但真正成为普遍化的社会现象，必然是丰裕社会的情形。只有在物质财富比较丰富、人们在基本生活得到保障并有较大剩余的时候，才会在“品味”和“文化”上有进一步的要求。在此之前，商品（或产品）的物理属性才是其“有用性”的唯一来源。从“卖”的角度看（尽管这一角度始终会有一些人极力抵制和否认），丰裕社会使人的智力（诸如知识产权等）、情感（如品牌认同、代言人崇拜）、爱好、虚荣心、权力、性等，都能被金钱标识其层级和数量。如下(I)所示那些原来无法数字化的东西,在金钱面前变成了可以量化的东西,这是一种奇怪的、然而是我们正在经历的社会现象。这种现象在“买”的一方看来,便如同(II)所示的那样,只要有钱,就能买到智力、情感、爱好、性、权力和地位、身份和荣誉等。从“广义虚拟经济”所揭示的社会现象倒过来看,社会的道德、心思、美、爱好、虚荣心、身份等,都变成了金钱。我仍然反对将年轻人与P2P网贷放在同一层次进行批评,“挣快钱”本身包含着一定的年龄成分,但并非“年轻”就是急功近利和不择手段的根源。渴望成功并非过错,渴望迅速成功亦非过错。渴望占有财富并非过错,渴望迅速占有财富亦非过错。从道德的角度来看,除非迅速成功需要他人做出不是发自内心意愿的牺牲,除非迅速占有财富需要他人付出承担痛苦的代价;否则,它们便不能称之为不道德的事情。放贷人将明显超过国家允许的24%的年利率视为盈利机会,恨不能获得300%的利率。网贷平台将通过资金池形式积聚的金钱当成自由资产任意挥霍,将借贷关系外的其他侵占行为视为当然;借款人将P2P网贷资金视为意外财富。这些看似不可思议的现象,其浅层原因当然是法制和道德意识的淡薄,是制度供应的不及时、不充分,是教育、引导规劝和惩戒的不足;其深层原因则是社会结构和社会文化中的漏洞。

(I)	(II)
智力	智力
情感	情感
爱好	爱好
性	性
虚荣心=金钱	金钱=虚荣心
权力、地位	权力、地位
身份标签	身份标签
荣誉	荣誉
……	……

在商品经济比较发达的现时代，人们既是卖者又是买者。“为买而卖的过程的重复或更新，与这一过程本身一样，已达到这一过程以外的最终目的，即消费或满足一定的需要为限。相反，在为卖而买的过程中，开端和终结是一样的，都是货币，都是交换价值，单是由于这一点，这种运动就已经没有止境了。”①马克思在讲这段话的时候是指货币在转化为资本的过程中，*W*-*G*-*W*（*G*-*W*-*G*）的循环是无止境的，正是在这种循环中（劳动力商品的引入）实现了资本的增值。这里只是用以说明作为“卖”和“买”的角色，在不断的买卖关系中已经不可孤立、难以分割、彼此交融。资本循环是在增殖基础上的循环（或者说在循环的过程中实现了资本的增殖）；广义虚拟经济中（I）和（II）也是一个循环的过程。如果从道德与金钱的置换能力而言，一旦用道德代价置换成为一定量的金钱，它便能在扩大的基础上进行更大的不道德行为。当P2P网贷平台的运营者以包藏的不道德的欺骗作为发财手段而获得广大网民的投资后，他们便顺理成章地在其下线发展出更大的罪恶，这就是高利贷、裸条、恐吓、辱骂、武装暴力、逼良为娼等。不道德能够滋生更多更严重的不道德。这是商品经济条件下不经法制和道德过滤的社会关系必然出现的局面。这一现状使人们极易将（I）和（II）中的关系融为一体、交错运用。

P2P网贷行业伦理失禁的原因，除了法制供应和法治力度的不足、互联网虚拟幻象、社会流动性增强、广义虚拟经济的财富观错位等因素，还有诸如资本的噬利本性、P2P网贷业务本身存在的机制性问题、社会关系的过渡性质等。这些在本章其他地方也有论述，此处从略。

三、P2P网贷的伦理失算

1. 利益之上的伦理

马克思说：“在生息资本的场合，一切都表现为外表的东西：资本的预付

① （德）马克思：《资本论》第1卷，中央编译局译，北京：人民出版社，2004年，第177页。

表现为资本单纯由贷出者手中转移到借入者手中；已经实现的资本的回流，表现为借入者单纯把资本连同利息归还或偿还给贷出者。"①借贷关系（无论是传统借贷关系还是 P2P 借贷关系）表现为一种借贷双方的契约，它似乎离开了生产领域而单独存在，似乎只是一种承诺以及实现这一承诺的机制和方式。在贷出和借入的过程中，资本的生息是"承诺"的现实化。这种表象的东西完全掩饰了借贷关系中的伦理问题，它唯一指向的道德话题是对逃避债务的斥责。P2P 网贷行业的发展，其"启动"的初始因究竟是什么？在社会关系的过渡时期很难说清。所谓"社会关系的过渡"，指的是人们正在经历的由经济关系的主导转向多维人际关系的过程。在工业经济时代，劳动价值的创造显而易见，借贷资本分享社会总资本所产生的平均利润；而在互联网时代，劳动价值的创造隐而不显，借贷资本与广义虚拟资本（参照前述广义虚拟经济的论述）共同构成了社会财富的主体，而物质财富的丰盛，使人们之间的关系转入到更为复杂的广义虚拟价值关系之中。在这样的背景下，P2P 网贷创造的初始动因也许是资本增值、权力构建、社会价值的实现，或者其他。因此，当 P2P 网贷的早期设想将经济民主化的观念植入这一事业的发展进程时，它具有更多的社会价值。当 P2P 网贷行业最终背弃最初的人类设想，转而投进单向度的价值增值时，它就遭受到了严重的挫折。尽管功利论者认为，"人在采取行动之前，是没有时间来计算和衡量具体行为对普遍幸福的影响效果的。"②在计算利益得失的时候，P2P 网贷的投资人和经营者，忽视了当前社会关系的复杂格局，而将其定义为纯粹的经济契约，以至于对法制和道德的漠视走向了极端化。人们难以在抽象数学计算中获得现实的物质财富，P2P 网络高利贷以及设置精明的信用管理体系，甚至包括线下暴力催收，也不能阻止逃废债的出现。正如投资人对 P2P 网贷平台运营者的全方位调查，终究不能规避各种蓄

① （德）马克思：《资本论》第 3 卷，中央编译局译，北京：人民出版社，2004 年，第 399 页。

② （英）约翰·斯图亚特·穆勒：《功利主义》，叶建新译，北京：中国社会科学出版社，2009 年，第 37 页。

意安排的融资套路。逃废债行为严重影响 P2P 平台的资金流动性,加重了平台的兑付困难。而借款人制造谣言、煽动投资人挤兑,从而逃脱还款义务的行径,更加使借贷关系陷入混乱。[①] 厉以宁指出:“只要盈利的结果损害了社会利益,那就应当受到指责。”[②]利益之上必然存在伦理道德的要求,这是“人的关系”的内核。“一旦群体耗费大量脑细胞去琢磨自己当下的利益,那么我们所生活的这个星球也许就不再有所谓的文明和历史了。”[③]P2P 网贷行业中利益相关者的关系,也绝不是货币与货币关系的简单构成。

2. 个人之上的秩序

金融关系固然是当今社会的重要关系之一,但人们并非以此作为生存与发展的唯一关系,而将其置于全部社会关系之上。金融关系中个体的活跃性鼓动了整个金融市场的波动,这是行为金融学必然研究的课题。在金融机制中如何恰当地研究金融个人的参与热度和理性能力,考验着金融市场的成熟程度。P2P 网贷行业的兴起不是因为它对于风险控制能力的超越性,而是参与者的热度支持了这一新生事物的发展。参与热度的密切关联因素是经济现实需要和对人民性的尊重。如果将风险管理作为最高的目标放在 P2P 网贷的首位,那么彻底将资金捂在自己的荷包里是最安全的(尽管在资金的保值增值上同样会冒风险,但至少在物理属性的维持上保证它们不会消失)。“我们的根本目的不是避免风险……我们的目的是……通过给予信任而获得信任税,最大限度地获得信任红利。”[④]“信用制度固有的二重性质是:一方面,把资

① 欧阳日辉:《中国互联网金融创新与治理发展报告(2019)》,北京:社会科学文献出版社,2019 年,第 267 页。

② 厉以宁:《经济学的伦理问题》,北京:生活 · 读书 · 新知三联书店,1995 年,第 162 页。

③ (法)古斯塔夫 · 勒庞:《乌合之众——大众心理研究》,严雪莉译,南京:凤凰出版社,2011 年,第 40 页。

④ (美)史蒂芬 · M.R.柯维、丽贝卡 · R.梅里尔:《信任的速度:一个可以改变一切的力量》,王新鸿译,北京:中国青年出版社,2011 年,第 340 页。

本主义生产的动力……发展成为最纯粹最巨大的赌博欺诈制度”;“另一方面,造成转到一种新生产方式的过渡形式”,“加速了生产力的物质上的发展和世界市场的形成。”①在经济个人主义的原则上,人们以争取利益最大化为主要目标,个人对经济价值的追求成为个体参与热度的源泉。P2P 网贷行业在个体热度的支持下野蛮生长,但要走向有序的发展格局,则需要将个体之间凌乱的关系整理成为一种恰当的社会关系,使 P2P 网贷行业保持内在的稳定性和健康。将凌乱关系整理成社会秩序的力量便是信用制度,它在个体身上表现为信任。信用和信任本身便是风险的凝固形态,当信用制度瓦解的时候,组织就会破败;当信任解体的时候,个人就会孤独无依,进入丛林社会。

P2P 网贷需要建立在信用制度之上才能健康发展,但 P2P 网贷过分强调信用技术的力量——尽管它在一定程度上的确能够增进社会关系的透明度,并为维护信用关系寻找到适当的方案。P2P 网贷中,将消费信息和其他身份信息作为担保的做法已经在事实上被证明是失败的。尤其是“杠杆生活”的普遍化,导致网络消费信息中借款人经济实力与偿贷信用的记录,存在失真的可能性。“杠杆生活”是一种依靠债务维持的高消费生活,它本身并不能明确地说明消费者的经济状况,其唯一能够说明的只是金融参与的热度。因此,金融参与热度高的人和经济实力雄厚的人,在生活的景象上具有雷同的地方,以至于在放贷的过程中会失去算计的精准性。以个体为单位的 P2P 网贷平台,在阐释过程中往往强化了“点对点”的强大优势,从而忽视或弱化了点与点之间的复杂关系。离开“共治”的基本理念,在经济个人主义的路上越走越远,直到消耗完个人之间的安全间距。用人际的信任和组织体系的信用关系搭建的个人之间的安全领域,是构建网贷秩序的有效黏结剂,是 P2P 网贷迈向正轨的必经之地。2019 年 10 月 21 日,在最高人民法院、最高人民检察院、公安部、司法部《关于办理非法放贷刑事案件若干问题的意见》正

① (德)马克思:《资本论》第 3 卷,中央编译局译,北京:人民出版社,2004 年,第 500 页。

式发布，扰乱金融秩序的 P2P 网贷平台将依照《刑法》第二百二十五条第（四）项的规定，以非法经营罪论处。然而，P2P 网贷还是错过了自我修正的机会而走向毁灭。

3. 透明网络的多向

迈克尔·凯姆说："虚拟世界的最终目标是消解所泊世界的制约因素，以便我们能够起锚，起锚的目的并非漫无目标的漂流，而是去寻找新的泊位，也许寻找一条往回走的路，去体验最原始和最有力的另一种选择，它植根于莱布尼茨提出的问题：究竟为什么在者在而无反倒不在呢？"①这一带有疑问式的话语将网络虚拟本性的存在论问题带到了人们面前。无论是 P2P 网贷还是其他互联网金融的细分领域，都将在互联网这一技术底座上进行。而互联网的技术底座支撑起来的，并非只是新兴业态的丛生，还包括建基于其上的价值主张和信念。信息不对称问题是金融市场上的难题，也是市场经济中机会主义盛行的密道。网络的虚拟性却提供了真实世界想要的透明度，P2P 网贷平台的运营商涌聚于此的原因之一，也是看好了互联网透明性高这一特质。网民的任何搜索和网页浏览痕迹都被收集和利用，更不用说那些官方开放的数据和个人信息，以及通过黑色产业链获得的个人隐私信息等。P2P 网贷平台以"信息中介"的角色，运行着"金融中介"的业务，在借贷之间收取利差和管理费用，并借助周边产品（如捆绑的保险销售和其他）进行业务拓展，而将线上资源拉入现实生产经营领域（自融）的情况，更使其从虚拟世界又回归到了现实世界。网络的透明和虚拟绝不是单向度的，它多层次、多向度地渗透到经济社会生活的诸方面。网络隐身并不限于借贷中的任何一方或者平台，而是多向度的，全息网络包容万象。罗伯特·席勒认为："未来世界将是一个通过电子化手段紧密联系在一起的社会，任何人想要隐瞒、欺骗、逃避都将变得异

---

① （美）迈克尔·海姆：《从界面到网络空间——虚拟实在的形而上学》，金吾伦、刘钢译，上海：上海科技教育出版社，2000 年，第 142 页。

常困难。”①但任何人都绞尽脑汁在隐藏点什么,以便在虚拟和现实的空当处大发横财(或者实现其他膨胀了的欲望)。正因为这样,现金池作为明文禁止的东西在 P2P 网贷行业中心照不宣地存在,银行代管的资产存在的诸多虚假账目也是如此;它们只是虚拟和现实的中间地带,是一片灰色的财富沃土——然而也是道德荒原。利用套路贷的形式觊觎别人的房产、美貌和有价证券,是通过 P2P 网贷这一虚拟金融形式迂回满足现实欲求的“捷径”:它既不是纯粹虚拟的,也不是纯粹现实的,它与实体产业的现实性无关,但在虚拟关系中生成一种兑换的条件。不管怎样,它们的最终目的是指向现实性的欲望和利益。因此,“在者”(在此将其指定为现实性存在)是在的,而无(在此将其指定为虚拟关系)反而是不在的。正是透明网络的多向性,其映照的才不是借款人、贷款人或者平台经营者某一具体个体的道德修养,而是体现在这些利益关联者之间的伦理秩序:对他人的严格要求,自己则尽其所能隐藏目的、意图和真实身份。

4. 主流文化的制导

马克思有一段分析个体生活与类生活的话,这里用来分析主流文化与非主流文化之间的关系,是非常形象的。他认为,要避免将“社会”当做抽象的东西与个体对立起来,个体作为社会存在物,其生命表现,是社会生活的表现和确证。个体生活是类生活的较为特殊或普遍的形式,或者说,类生活是较为特殊或较为普遍的个体生活。② 文化生活是人的生活的重要组成部分,个体的文化生活与人类的文化生活相比,也具有马克思所说的特殊与一般的关系。当一种文化生活被较为广泛地认同时,它作为主流文化存在于世;当它作为个

---

① (美)罗伯特·席勒:《新金融秩序:如何应对不确定的金融风险》,束宇译,北京:中信出版社,2014 年,第 82 页。

② (德)马克思:《1844 年经济学哲学手稿》,中央编译局译,北京:人民出版社,2000 年,第 84 页。

体文化生活的特殊形式存在的时候，往往具有非主流的形式。非主流文化必然以主流文化作为基本的底色，由个体文化主张所集成的社会文化景观，共同构成了社会的文化主体和主流。因而，在一种社会文化体系中，试图将一种特殊的个体文化从整个社会的文化形态中抽离出来是十分困难的。个别的、特殊的、以个性化作为价值主张的个体文化，是当前文化生态中的一种极有影响并得到较为广泛认同的文化形态，从而在社会经济、政治、文化与社会生活的其他方面，表现出人们之间的个性化取向越来越显著；这种看上去繁杂的、去中心的文化生态本身，恰恰是当代文化的概貌，是主流文化的基本特质之一。因此，个性化文化乃是主流文化的显身，而主流文化是个性文化的基质。前者表现为文化的自由自决，后者表现为文化的必然和他决。早期 P2P 网贷行业的蓬勃发展，从文化视角看，是消费文化和投机文化的密谋。消费主义在中国市场经济的发育中逐渐壮大，超前消费和奢侈消费成为一种时尚；投机文化则将机会主义的原则渗透进社会生活的诸方面，其本质是功利主义的“兑现需求”所采取的行动。在功利主义的兑现过程中，机会主义成为必要的手段，它在经济生活中（在形式上）完全抹杀了投资和投机的区别。如果说，消费文化创造了成千上万的 P2P 网贷平台的借款人（或者逃款人），那么，投机文化则创造了大量的 P2P 网贷的投资者和运营商。消费文化和投机文化是市场文化的两种表象，但它们离不开市场文化的庞大结构性制约。当个性化的消费文化与投机文化倒腾着 P2P 网贷事业意欲大展身手时，市场文化这一基座成为其决定性的场域——而市场文化除了消费文化和投机文化，还有契约文化、法治文化、伦理文化等。走向褊狭的 P2P 网贷在市场的整体文化结构中必然做出调整，如果它不愿意过早结束 P2P 网贷的生命的话。无论是投机还是博弈，无论是唯利是图还是重利忘义，社会文化具有的多元性总是受到主流文化的制导。嘈杂无章的互联网金融乱局必然失败，浑水摸鱼的赌注必将付诸东流。在 P2P 网贷行业发展迅速的社会主义中国更是如此，社会主义核心价值观不但引领了市场文化的基本方向，而且成为新业态的引领力量。P2P 网贷行业的断崖式崩溃,也可以说是非主流文化蔑视主流文化制导作用的必然结果。

在利益之上有着伦理的规范作用,在金钱之上有着道德的普遍追求;在个人之上有着社会的整体诉求,在原子化生存之上,有着社会机体的自在组织;在虚拟化社会有着现实生活的影子,在网络世界有着现实世界的物质(和欲望)结构;在非主流文化的热闹登场时,必然有其牢固的普遍性的文化土壤,在个性化的文化主张及其实现的过程中,需要结合社会主流文化的价值主张和文化的系统结构。如果对这些关系置之不顾,在伦理道德之外追求利益和个性,乃是低估社会有机体的内在价值和力量。

第四节 P2P 网贷的伦理秩序建构的假想

P2P 网贷已被全面取缔,网络借贷的其他形式仍然存在;全面取缔网络借贷在当前阶段仍然是没有必要的。作为一种伦理反思,对已经消殒的 P2P 网贷的伦理问题,依然可以做一些“建构性”的假想。罗伯特·席勒认为:“人们为交易不同种类资产而开发的新技术使可被交易的资产种类不断扩展。金融市场产品的丰富程度不断增加,风险管理得到改善的可能性也随之提高。”① 这种将风险管理的主要希望寄托在“新技术”方面的错误,在于将“新技术”设定为理所当然的正义之技。焉知“新技术”本身并不带有意识形态和伦理偏向的色彩,它公开在所有人的面前。甚至最为坏心恶意地利用新技术,和最为善良人道地利用新技术,在技术的熟练程度上并没有什么差异。新技术的发明没有减少对伦理道德的冒犯。就算技术本质上更加倾向于表达一种至善至美的民意,也需要人们的共同努力才能将其实现。P2P 网贷从技术的角度来说,其方便、快捷、高效、低门槛等特征已经表现了足够的民本色彩,也赋予了

① (美)罗伯特·席勒:《新金融秩序:如何应对不确定的金融风险》,束宇译,北京:中信出版社,2014 年,第 79 页。

足够的道德意蕴。技术赋能是可能的，在已知或未知的信用体系漏洞中帮助人们更好地修缮它，这是新技术存在的潜质。但技术的破解方式在它的对手那里依然存在，甚至利用相同的技术逻辑行使更为隐秘的破坏。因此，具有"赋能"和"赋权"功能的新技术，却未能"赋德"，以至于赋能和赋权的潜质被削减了。既然技术本身不能"赋德"，我们就应该将德性赋予技术，而这样做，是要通过人以及人们的社会关系来实现的。

一、P2P网贷平台责任伦理

P2P网贷市场的"柠檬化"使安全、优质的网贷产品供应不足，整个市场出现凋零的趋势。"柠檬市场效用"，指的是在信息不对称的情况下，好的商品被淘汰，而低劣商品则占领市场。由于P2P网贷的门槛低、监管少，整个行业乱象丛生。尤其是各种小贷公司和地下钱庄、民间贷款往往以P2P网贷的名义（或与网贷公司勾结），行使套路贷诈骗、使用暴力手段催收、进行裸贷等非法活动，从而使P2P网贷污名化，引发了许多社会问题。① 从伦理秩序的构建来说，加强平台的伦理建设，是P2P网贷行业健康发展的首要环节。尽管网络已经为人们提供了迅捷和公开共享的信息基础设施，在此基础上有着无限的社会想象和价值挖掘的空间；从互联网自身的传播逻辑出发，人们惊奇地发现了网贷作为民间借贷的替代或补充产品的优越条件，与传统银行的借贷相比，其普惠金融的属性显而易见。即便如此，P2P网贷仍然没有实现其理想的目标，反而因为伦理失序而陷入困境。让我们且回顾卡西尔的话："科学赋予我们的思想以秩序，道德赋予我们的行动以秩序。"②网络技术的发展及其广泛应用，终端设备的不断开发及其普及化，改变了人们的生产生活和经营方式，也改变了人们的消费理念和经营思维，与之相应的道德问题也不断显现。P2P网贷乱象所代表的这

---

① 刘刚、邹新月：《互联网金融乱象及其风险监管》，北京：北京大学出版社，2019年，第60页。

② （德）恩斯特·卡西尔：《人论》，李琛译，北京：光明日报出版社，2009年，第160页。

些新技术、新业态衍生的社会问题,需要在健全道德的引领下,才可能有效预防。P2P 网贷行业的健康发展,首先必须对其平台的运营进行道德规范。

对一个组织或一个人的道德规范,其出发点可以是其所从事的活动,或者是其所承担的社会角色。以活动为中心的道德规范在对新生事物的道德约束上具有较强的针对性;以角色定位为出发点的道德规范则对新生事物的行为活动予以限制。二者各有利弊,但视角的不同,会产生不同的结果。前者会有道德滞后性,并且由于不道德行为产生的社会后果具有不可逆性,其社会修复能力极其缓慢和困难;因此,对新生事物或新业态进行以社会活动和业务范围为依据的道德规范,会陷入相当困难的境地。P2P 网贷的兴起及其道德规范(行业自律条约)的不断跟进,已经在事实上说明这种滞后的道德约束难以在不道德问题出现后产生良好的补救作用。后者能够较早地通过道德约束介入新兴行业和业态的行为活动,使那些在规定范围内的社会行为和经营活动,符合预先规定的道德要求。但其缺点也是显而易见的:新业态和新事物在其成长过程中,需要不断调整活动范围和业务内容,并在实践中发展新业务和对业务经营模式进行不断创新;角色身份一旦确认,其新事物的发展必然受到掣肘。只有把业务和主体属性的道德审查结合起来,在实践过程中既允许组织或个人进行业务创新,又要在业务拓展的过程中进行道德评估,才能避免出现极端化的社会问题。P2P 网贷行业发展中的伦理问题,在一定程度上正是缺乏这一“结合”所造成的。在 P2P 网贷行业发展的初期,以业务的事后审查作为手段,道德建设在业务拓展和推进的过程中亦步亦趋,步步滞后。

在事务性的道德规范方面,应该遵循的基本原则是:作为担责、获利担责、危害担责。这三个原则应该体现在任何经营性、事务性活动过程的道德规则中,成为普遍的道德律令。“责任意识是人的自我意识最基本、最深在的层次。高度的社会责任感,是一切创造性劳动和高尚行为的内在动力。”①P2P

① 罗国杰:《伦理学》,北京:人民出版社,1989 年,第 332 页。

网贷的本质是运用互联网渠道和信息对接优势,解决传统金融体系中的信息不对称的问题。① 按照《网络借贷信息中介机构业务活动管理暂行办法》的规定,P2P 网贷平台的主要业务活动是信息沟通,即通过构建信息平台促进资金供需双方达成借贷关系。但在具体的运营模式中,不同的网贷平台采取了不同的方式。(1)无抵押无担保模式。以"拍拍贷"为代表的 P2P 网贷平台经营模式,也是国内较为典型的模式。它采用竞标模式来实现借贷关系的搭建。借款人资金需求信息(包括借款原因、金额大小、预期利率、期限等)发布在 P2P 网贷平台上,资金供应者根据自己的意愿参与贷款竞标,利率低者中标。在这种类型的网络借贷关系中,P2P 网贷公司除了提供信息发布平台,还具有惩罚借款逾期不偿的权限,例如将其拉入黑名单,信息曝光等。P2P 网贷平台的功能主要是"信息中介"和"见证人"的作用;它不能对陌生人之间的借贷关系承担信用责任,且并不提供信息真实性服务(采用社会化信用审核),借款人信用等级需要贷款人自行审查和斟酌。(2)无抵押有担保模式。它是以"宜信"为代表的另一种网络借贷竞标方式。P2P 网贷平台负责帮助贷款人甄选借款人并审核其信用记录,P2P 平台担任贷款人和借款人的债务转移人,并承担出借人资金安全担保。P2P 网贷平台的功能是"信息中介""见证人"和"担保人"的作用。(3)第三方担保模式。以"陆金所"为代表,它是 P2P 网贷平台与第三方担保机构合作,基本金保障服务外包给第三方机构的网贷经营模式。第三方担保机构对 P2P 平台项目进行审核与担保,网贷公司给予其一定比例的渠道费和担保费;网贷平台不负责坏账处理,不承担资金风险。第三方担保公司(小贷公司或担保公司)推荐借款人。在这一类 P2P 网贷关系中,平台的功能主要是"信息中介"的作用。

无论在哪一种类型的经营模式中,P2P 网贷平台都将作为"信息中介"而存在。其必然遵循如下基本规范:第一,信息内容的真实性。无论是第一种类

① 方兴东、张爱芹:《互联网金融蓝皮书(2016—2017)》,北京:电子工业出版社,2018 年,第 72 页。

型中对借款人项目的信息审查,第二种运营类型中对借款动向的信息公布,还是第三种类型中对担保资质信息的审核,以及 P2P 网贷平台与第三方担保机构之间是否有其他利益关联和人员关联等信息的透明、真实,这些都应当得到保障。P2P 网贷平台提供真实有效的信息是其作为“信息中介”的首要责任。第二,信息内容的合法性。在无抵押无担保的经营模式中,由于采用社会化信用评估模式,借贷风险极高,因此,引诱贷款人出借资金的重要动力就是高利率。目前,我国对民间借贷的利率控制是年利率不得高于 24%(最高人民法院发布的《关于审理民间借贷案件适用法律若干问题的规定》第二十六条规定“借贷双方约定的利率未超过年利率 24%,出借人请求借款人按照约定的利率支付利息的,人民法院应予支持”),但是,这一规定中并未对借款人实际支付的“利率”作出明晰的鉴定,因此,一些平台往往在利率、管理费等叠加后,借款人实际支付的利率接近 40%。① 甚至一些平台故意将利率调至年息 24%,而大肆增加其他费用(如保险费、管理费、注册费、信用征集费、展期费等)。更有甚者,通过各种复利计算和虚假合同,或者短期贷款(如期限 5 天、1 周、10 天)抹杀年利率(比如:日息 1%,期限 5 天,展期费 2%,逾期费 2%。在这样的情况下,到期不能偿还则劝导、引诱借款人在其经营的其他 P2P 平台借债还债,由此,以任一平台看来,利率都可能低于 24%),实际利率可能达到本金的几倍、几十倍。第三,信息的完全性。信息一旦不完整,就如同盲人摸象,最终得出错误的结论。尽管获取资金出借人的信息对于提高平台的道德义务感或许有着十分重要的意义,因为在 P2P 网贷平台进行资金出借的人群中,有着大量经济本身并不宽裕,但对其所拥有的极小盈余资产不知道如何打理的人;也有着大量金融知识匮乏、文化程度不高,完全依靠强体力活赚取一些微薄薪酬的人,他们被高利率所吸引而尽其所有投入到借款人行列的;等等。这些信息的充分暴露有利于借款人和 P2P 网贷平台道德情感的唤醒,但

---

① 方兴东、张爱芹:《互联网金融蓝皮书(2016—2017)》,北京:电子工业出版社,2018 年,第 76 页。

也会增加隐私泄露和其他侵害行为的风险。因此,这里所谓的"充分信息"或"完全信息",指的是P2P网贷平台有义务尽最大努力提供完备的信息,以保障出借人资金的安全,并在项目规划书、招标书和借贷合同中提供详尽的(不需要额外解释的)规则和信息(包含风险等级信息),以利于借贷参与各方基于自身利益维护的考虑而作出决策。

"社会规范会激励人们去做有益于社会的行为,而没有社会规范的激励,我们就得花大价钱去购买这些行为。"①如为了避免坏账,必须耗费巨额资金与大量时间去研发风险管理的技术,或者为征信系统的信息质量改进而耗费大量人力物力成本。P2P网贷平台作为"担保人"或外包风险时(即第三方担保),必须明确评估担保能力。给予当事方信任的充足理由,远比口头上最坚决的承诺要可靠。在P2P网贷行业中,尤其是在平台招揽业务时,往往将"最坚决的承诺"作为武器到处招摇,而放弃对自身担保能力的正确评估。"巧言令色鲜矣仁",道德承诺的支撑不能离开现实物质基础,尤其是在经济利益相关的承诺方面,其兑现能力的真实性才是其真诚度的表现。承担"担保人"职责的P2P借贷平台,除了对其经济实力进行有效评估外,还要对其兑现的可行性进行披露。可行性主要有赖于固定资产的市值、担保金的最终来源及其可靠性等。可见,P2P网贷平台作为"担保人"需要在至少两个方面履行职责:第一是资产披露(包括资产类型、市值等);第二是可兑付性(包括固定资产总额、资金托管方式、第三方资质与信用记录等)。在P2P网贷关系中,往往以资产总额大小和资金托管两方面的不完全信息来印证其投资安全性,它本身就具有隐藏关键信息的动机。

在P2P网贷平台的业务中,"融资租赁"是一种具有极大风险和隐患的形式,然而也被一些行业专家视为互联网金融运营模式创新的典型。P2P网贷

① (美)迈克尔·桑德尔:《金钱不能买什么:金钱与公正的正面交锋》,邓正来译,北京:中信出版社,2012年,第131页。

的“融资租赁”指的是融资租赁公司寻求与 P2P 网贷平台合作,从而获得资金。[①] 其本质是平台对融资公司进行定向招标和内幕交易。在这种情况下,P2P 网贷平台应该对资金安全负有完全责任。在 P2P 网贷平台的“自融”过程中,也体现了这样的关系。它将公众资金引入个人投资或公司其他业务经营,并在平台资金招募书中假称 P2P 借贷,使中间人变为借贷关系中的一方,且在这一过程中收取出借人的管理费用,这是极不公平的欺骗行为。事实上,不论是融资公司还是线下小贷公司,P2P 平台试图通过寻找具有较强经济实力和经营前景的企业来分担经营成本并化解借贷风险。然而,在利益传输中,主体角色的丰富会加重道德风险的程度,这是一把双刃剑。试图转嫁风险和成本的 P2P 网贷平台,并不具有人本经济或普惠金融中的基本精神。普惠金融试图通过减少中间环节而使普通群众受益,上述行为却通过增加中间环节而使资金出借人面临更多的风险。由此可见,对于 P2P 网贷平台而言,树立主体意识,在网贷关系中勇于承担风险和责任,并通过技术力量或制度优化去促进借贷关系的良序化,才是正途。以“普惠”的名义增进“人气”,而又在具体运营模式和理念上遵守经济活动的利润最大化原则,显然是自相矛盾的。在 P2P 网贷关系中,“普惠”是通过“节约”(成本)和“加速”(流通)来实现的。所谓“节约”,指的是借贷关系链的压缩,借贷手续和繁文缛节的减少,借贷利率的亲民,借贷形式的灵活便捷等。所谓“加速”指的是相同的社会资源通过加速流通而使更多人受惠;在 P2P 网贷上,就是使沉积在个人手中的资金加速社会化运动,从而使更多人免受资金缺乏之苦,从而获得经营、生活、学习等方面的改善。P2P 网贷平台急于上市融资,以及它们急于加强与第三方机构的利益渗透,本质上已经违背了 P2P 网贷行业的“普惠金融”属性,从而也就必然在线下的各种悖德行为中起到推波助澜的作用。无论就事务而言,还是就 P2P 平台经营者的投资意愿而言,它绝非单纯的“信息中介”,在事实

① 刘星:《一看就懂的 P2P 新玩法》,北京:北京理工大学出版社,2017 年,第 155 页。

上或多或少行使了金融中介的职能。

在2016年中国银监会、工业和信息化部、公安部等部门联合发布的《网络借贷信息中介机构业务活动管理暂行办法》中，试图通过设定借款上限、禁止债权转让、强制第三方存管，迫使P2P网贷平台回归“信息中介”的本质。就其本意而言是符合社会主义人本经济要求的，它试图防范现金池、自融和其他风险重大的违规行为的爆发，试图压缩P2P网贷的中间环节和利益链，真正实现点对点的借贷关系，让利于民，实现“普惠”。但就P2P网贷行业的运行业务及实际盈利点而言，这一规定不能有效实现对P2P网贷平台的监管。在“信息中介”的身份之外，由于在经营过程中主要承担撮合借贷双方达成协议的功能，它必然是“信用中介”。P2P网贷平台必将因其身份与业务的一致而承担更多伦理义务。当然，P2P网贷运营人的伦理反思与道德反省能力与意愿，社会道德环境对P2P网贷运营人道德唤醒的能力与作用机制，以及运营人的道德意志等，都是P2P网贷平台企业伦理与运营人道德建设的重要内容和力量。P2P网贷平台经营者的道德自律是整个行业发展的基础性环节，如果P2P网贷平台经营者及从业人员道德修养低下，即使最完备的监管体系也不能避免行业信誉遭受损失。在这些方面，P2P网贷平台及其经营者一再错失良机，任由“金钱欲”统制而全然不顾道德沦丧给行业带来的毁灭性打击。

二、P2P网贷利益相关方的道德义务

卡尔·施密特说：“如果能够以全体人民实质上的同质性为前提条件，那么，通过简单的多数确定来形成意志的方法是有意义的、可以接受的。”①这在面对具有功能主义倾向的新业态所产生的伦理道德问题时，绝大多数必然成为一种伦理道德的裁定依据。无论是对P2P网贷平台的伦理审查和建议，还是对出借人与借款人、第三方担保人的伦理质问和规范，毫无疑问受到一种公

① (德)卡尔·施密特：《合法性与正当性》，冯克利、李秋零等译，上海：上海人民出版社，2015年，第118页。

认的道德准则的要求。在 P2P 网贷平台主导的网络借贷关系中,放贷人、借款人和第三方担保具有各自的道德要求,而这一要求转变成为恒常的规范,才能保证它们的协调与运转。倘若 P2P 网贷参与各方自觉遵守相应的道德规范,形成行业共治格局,P2P 网贷也许就能实现它最早的梦想——相互成就、普天同惠。

1. 网络贷款人的伦理要求与规范

在投机性投资的劝导者那里,不存在“贪婪”这样带有道德情感色彩的词汇,它在严格意义上是与理性经济人的利益最大化诉求相违背的。凯瑞特说:“(投机性投资者)并不是要寻求已实现的利润……他要的是自己的资金获得最大程度的资本增值。”因此,他“没有理由中止自己的投资”。① 实际上,在 P2P 网贷行业的治理理论和实践中,对资金出借人一般都不做任何规范与要求,似乎提供资金并收获利息乃是他们在权利义务中的唯一职责。通过将富余的资金投放到再生产中,将资金使用权让渡给他人,从而获得利益回报,这被认为是理所当然的。对于出借人的资金使用权转让的动机,以及实际上参与借贷关系中的行为及其结果的道德考量,被认为是多余的。无论如何,人们不应该指责为美好生活而努力奋斗或对自由资产作出合理规划的行为,只要这些行为不侵害到他人的利益或造成社会公共的危害。罗纳德·德沃金说:“对良善生活有自我意识的人,认为意义至关重要。他们认为,重要的不仅是(或根本就不是)他们的生活是否舒适,而是他们的生活是否良善。”②符合伦理道德规范的投资经营、捐赠或者消费,不应赋予其道德手段的意蕴;也就是说,并非每一种投资经营、消费行为都会有增进社会福利或增加他人幸福和利

---

① (美)菲利普·L.凯瑞特:《投机的艺术》,余中福译,天津:天津社会科学院出版社,2012 年,第 201 页。

② (美)罗纳德·德沃金:《至上的美德》,冯克利译,南京:江苏人民出版社,2012 年,第 257 页。

益的潜质。在P2P网贷关系中，资金借出者能够获得比传统金融中介更高的利息（以2019年一年期定期存款利率1.5%为参照，网贷平台的利率要高出许多），而这是以金融中介的压缩为前提的，在金融去媒的过程中，金融中介运营成本的削减，从而使贷款人获得更高利息，而借款人支付更少利息。这是普惠金融的本质要求。网络贷款人不应持“更高利率”的唯一目的，去行使自己的权利，置P2P网贷的普惠属性于不顾；更不能与P2P网贷平台形成利益共谋关系，从而形成对借款人的金融绑架，通过征信威胁或其他手段迫使借款人就范。

民众积极参与P2P网贷的重要原因之一是央行对利率的管制。在居民消费价格指数（CPI）持续上涨，而银行存款利率持续下降的过程中，使资金保值增值是民众关心的重要问题。P2P网贷在它兴起的早期阶段，利率高，吸引了大量普通群众将富余资金投入其中。① 贷款人伦理在P2P网贷关系中主要解决的问题包括如下几个方面。

（1）乘人之危还是扶危救困？在借款人项目公开招标的经营模式下，借款人因各种原因需要借钱均有明确标识。其中不乏一些人由于经营困难、生活拮据、事业变故、灾难等原因需要借款以渡难关，这类借款人对资金的急需程度往往比较强烈。在此情况下，贷款人是否由此而刻意提高利率并附加其他苛刻条件，是衡量资金出借人道德素养的重要方面。有偿转让资金的使用权，在法律许可的范围内经过协商达成一致，在市场经济条件下是被允许的。但因为对借款人信息的充分掌握，从而通过“应急救助”贷款的方式，提出附加条件，以便获得额外报酬，或设计套路，使借款人陷入困境，遭受经济损失和其他损害，显然是不义的。

（2）高利贷。一般而言，生息资本获得社会平均利润是符合社会正义原则的，投入不同领域获取不同的利率，也是借贷资本在经济活动中的情况。

① 黄震、邓建鹏：《P2P网贷风云：趋势·监管·案例》，北京：中国经济出版社，2015年，第126页。

2002 年发布的《中国人民银行关于取缔地下钱庄及打击高利贷行为的通知》中规定：民间个人借贷利率不得超过中国人民银行公布的金融机构同期、同档次贷款利率的 4 倍。超过上述标准的，应界定为"高利贷"。2015 年最高人民法院《关于审理民间借贷案件适用法律若干问题的规定》中规定：借贷双方约定的利率未超过年利率 24%的，人民法院应予支持。高利贷对人民生产生活造成严重的危害，并过度刺激噬利者阶层的诞生，违背社会劳动价值观，对增加违法犯罪形成一定的隐患。因此，出借人明知借贷利率畸高，仍然乐于从事此类放贷行为，是违背社会公德，并对借款人可能形成巨大危害的行为。

(3)过度监管。因 P2P 网贷是基于陌生人之间的借贷关系，传统监管的缺位使得 P2P 网贷关系中存在巨大的资金安全风险，信用制度的不健全使贷款人对借款人偿贷能力和偿贷自觉性抱着非常强烈的质疑态度。为保障资金安全，个别贷款人渗入借款人私人生活领域，监视借款人的生产经营活动，调查借款人个人信息及人际关系等；这些行为严重干扰借款人正常生活，是对借款人隐私的侵犯。贷款人应遵循基本的借贷契约，在偿贷约定日期之前不应该介入借款人的现实生产生活；在约定的偿贷日期后，若借款人不能按期偿还，应通过进一步协商或者司法途径解决问题，而不能采取私人处罚行动或威胁、骚扰方式收回贷款。

(4)理性投资的伦理问题。有人认为"我国缺少合格的投资人"，①以潜规则代替明规则，在风险投资中没有承担风险的心理能力等。P2P 网贷中，由于早期宣传过程中的浮夸，导致投资人(这里指资金出借人)产生一种高利幻觉，一旦高利期望落空，或者出现其他不可控的风险，资金安全受损，他们就会采取聚集闹事、纠缠网贷平台的方式追讨投资。在明确借贷风险的时候投入资金，并自愿接受约定款项，就应该遵守，这是基本的契约精神。市场经济条件下，商品(包括金融产品)和服务的价格依据供需关系及营商环境的变动而

① 方兴东、张爱芹：《互联网金融蓝皮书(2016—2017)》，北京：电子工业出版社，2018 年，第 250 页。

出现波动是很正常的。如若高利期望不能实现,就实行非理性讨债行为,显然从道德上讲亦是不正当的。尽管在研究的过程中会发现 P2P 网贷经营者有着金融中介或信用中介的业务活动,但为了避免更为广泛的民间信用泛滥,国家将 P2P 网贷平台定性为“信息中介”,就意味着它不可能承担信用风险。投资人必须在法律范围内,依据约定行使自己的权利,增强风险适配(即投资者风险承受能力与投资项目风险大小的对应)的自觉能力。资金出借人的伦理道德问题从未引起 P2P 网贷行业的深度关注,这也是它走入绝路的原因之一。

2. 网络借款人的伦理要求与规范

当人们将“征信困难”作为 P2P 网贷行业发展的掣肘加以批评时,往往忽略了这种新金融业态出现的最初动力正是基于征信的简约化。而传统银行系统的征信网络和手段,归根到底采取歧视的方式开展信贷业务,它将广大“草根”和(尤其是初创的)小微企业排除在银行借贷体系之外。而政策性的银行小微贷项目的借贷流程过于复杂。在此背景下才有民间贷款的上线,并演化为陌生人之间的小额借贷关系。这种小额借贷关系往往对于借款人提出了极为严苛的条款,或者通过线下小额公司、催收团伙等对借款人形成威胁或震慑。事实上,它违背了普惠金融的人民性本质。尽管 P2P 网贷问题的出现,更多的是平台经营者出现“跑路”和欺诈行为,但借款人偿贷信誉往往成为人们伦理批判的矛头所向。人民银行组织建立的信用信息数据库,将居民的社保、公积金、税务、民事和刑事记录、行政执行记录等公共信息纳入信用档案,作为建立借贷关系的依据。但 P2P 网贷平台显然离开了这一信用档案体系,而采取社会征信和自我举证的方式来获得贷款支持。其“自我举证”的方式乃是将个人特殊信息上传到网贷平台,以换取借贷信任。相较而言,能够充当信用信息的是具有社会公信力的证书、社会关系和银行流水。借款人既是资金需求信息的发出者,也是借贷关系的终结者,在 P2P 网贷关系中,借款人具有重要的作用。正因如此,借款人的伦理道德水平对借贷关系的终结形式具有决定作用;在排除平台经营者的庞氏骗局和恶意自融的条件下,真正的借贷关系往往最终由借款人决定。从伦理视角看来,“在功能关系场中,无耻和真诚互不矛盾地在同一种符号操纵中交替。当然,道德模式(真诚=善/虚假=恶)依然发挥着作用,但它不再指涉真实的品质,而仅仅指涉真诚符号与虚假符号之间的差异。”[①]借款人的动机和道德遵循情况,对 P2P 网贷的普惠属性作出注解或否定:当借款人在借贷过程中遵循诚实守信的原则,P2P 网贷关系一般地能够达到预期的效果;反之则会失去普惠的属性,沦为欺诈滋生的土壤。

借款人的伦理道德体现在如下一些方面。

(1)遵守信诺。在发布资金需求信息或借款诉求的时候,借贷双方签署的电子合同既是双方必须遵守的权利义务关系的法律凭据,也是借贷双方必须遵循的道德指令。依据合同约定的时间按时足额支付利息并偿还本金,是借款人的基本道德要求。在借贷关系形成之前就应当合理评估自己的偿还能力和可能存在的风险,并设置可靠的挽救措施,避免失信于人。在借款的时候做到量力而行,是遵守信诺的前提。不为获得应急资金而盲目许诺是遵守信诺的必要条件。

(2)诚实经营。劳动是创造财富的最直接、最现实、最基本的手段和途径。热爱劳动、诚实经营,是安身立命的根本。一个人若专注于聚集资金的制度漏洞,固然可以获得一定的金钱,但却会损害他人利益,受到道德谴责。P2P 网贷野蛮生长的早期阶段,由于无门槛无抵押贷款项目的大量存在,一些人蓄意钻营、骗取钱财,这是为常人所不齿的。

(3)真诚待人。在“信用自证”的 P2P 网贷平台,试图瞒天过海在技术上绝非难事,但这违背了真诚待人的原则。借款人应该主动提供真实可靠的信

① (法)让·鲍德里亚:《消费社会》,刘成富、全志刚译,南京:南京大学出版社,2014 年,第 172 页。

息,作为贷款人出借资金的决策依据。在许诺支付利率时应根据自身条件和款项用途作出相对准确的研判,不能浮夸、虚构,以增强项目的吸引力。

(4)自尊自爱,减少虚荣。在一些问题平台中,各种侵犯借款人利益的情况时有发生,一部分要归咎于平台的不道德行为,另一部分要归咎于借款人自甘堕落。人格尊严神圣不可侵犯,不能作为任何交易的筹码,更不能作为借贷关系的依据。如前所述的"裸条贷"中,往往使人"哀其不幸、怒其不争";而对其"不争"的愤怒,无非是对个体放弃人格尊严的愤怒。这既是对个体自我的否定,也是对"人"之为"人"的价值的否定,必然遭到普遍指责。只有自尊的人才能获得他人尊重,一个人为了购买一部新潮手机而甘愿拍摄裸照和视频换取借款权利的人,要想获得作为"人"的完全尊重是极为困难的。同时,减少虚荣,理性消费。"虚荣的人并不诚实,他心底很少相信自己具有哪些他希望你认为他具有的优点。"①亚当·斯密早造就揭露了虚荣心本质上与一个人的道德水平关系密切。既然为了攀比消费而愿意放弃人格尊严,他/她在诚实守信原则的践行中又焉能尽力而为?

(5)节制欲望。与上述虚荣心有着密切关联的方面,便是对欲望的适当节制。随着经济社会的发展,人们越来越享受到了现代社会的物质文化和精神文化的繁荣成果,因而认为,"禁绝享乐的欲望,变得比较不那么必要,心灵可以比较随意放松它自己,并且在所有享乐事项上,纵容它的各种自然倾向。"②这对依靠消费拉动经济持续繁荣发展的观点起到支持作用,但经济理性并没有自然而然地将人类导向人与自然和谐相处的永续发展的轨道。相反,过度的经济理性使得社会问题层出不穷。作为消费金融的重要渠道,P2P网贷已经为普通民众提供了快捷的融资通道。但为了膨胀的欲望而不顾自身经济条件进行借款,本身就具有欺诈的故意。欲望的膨胀,将人们引入贪婪——道德上有许多罪恶正是在贪婪中孕育而成。"在古典经济学中,'需

① (英)亚当·斯密:《道德情操论》,谢宗林译,北京:中央编译出版社,2011年,第324页。

② (英)亚当·斯密:《道德情操论》,谢宗林译,北京:中央编译出版社,2011年,第254页。

要’是客观的,指的是对生活或美好生活的需求。相较而言,‘欲望’是一个心理现象,它存在于产生欲望之人的脑海里。”罗伯特和爱德华说,“随着‘需要’和‘欲望’的区别的倒塌,继而倒塌的是与它们密切相关的‘必需品’和‘奢侈品’的区别”,“‘足够’或充足的概念”和“使用价值这个核心概念”。[①] 必需品是必不可少的,奢侈品是一种选择,无论就人的生存的现实性还是就这些消费品的额外的社会功能而言,奢侈品将更容易与道德性发生关系,必需品的“道德性”显然要弱了许多。正如“足够”概念对使用价值的强调,它们与“欲望”的比较,表面上只是程度的不同,而本质上则包含着是否陷入“贪婪”之境的明显区别。基于“贪婪”而进行的融资借款,与具有道德本性的 P2P 普惠金融相去甚远。

(6)同理心。借款人需要站在贷款人的立场和角度思考问题,这是建立良序借贷关系的重要条件,即推己及人。资金出借者最为担心的事情是资金安全问题,而最为期待的事情必然是“利息期待”的实现。只要稳定了贷款人在资金安全与利息期待中的情绪,借贷关系就能维持,整个 P2P 网贷的信誉也会得到维护。借款人应该能够体会到为保持资金保值增值而放贷是一种理所当然的个体选择,并不能以“寄生虫”或其他身份符码影射食利者阶层。更何况,在 P2P 网贷中,出借资金的大部分人所获得的资金都是劳动所得,是勤俭节约的积蓄。借钱不还就是侵占别人的劳动成果,就是侵占别人的劳动时间(也就是生命时间)。总之,贷款人和借款人道德水平的提高,是维护 P2P 网贷事业健康有序发展的关键,在 P2P 平台的“信息中介”职能定性后,这一“关键”作用更为突出。

3. 网贷监管的伦理要求与规范

美国证券交易委员会(SEC)在 2008 年即介入 P2P 网贷监管,严格把关

---

① (英)罗伯特・斯基德尔斯基、爱德华・斯基德尔斯基:《金钱与好的生活》,阮东译,北京:中信出版社,2016 年,第 97—98 页。

P2P 网贷平台的运营。这让一些学者将“严格监管”与“束缚美国 P2P 网贷发展的手脚”联系起来,并得出结论:“对新兴产业而言,很多时候,没有监管政策就是最好的政策。”①再联系我国 P2P 网贷自 2007 年迄今的发展历程,2016 年开始的规范化管理立刻使乱象丛生的 P2P 网贷行业收敛了不少,但同时也使得 P2P 平台数量剧减,经营额度骤降。将 P2P 网贷规模作为是否需要监管的唯一依据,显然是不合理的。P2P 网贷行业的发展必须以符合人民群众对日益丰富的美好生活的向往为依据,而不能单纯从经营体量的大小出发判断一个行业的社会效力。为什么无论是美国还是中国,只要监管进入正轨,“新产业”就会遭遇严厉打击?其喷发的势头立刻受到重挫?其原因仍然在于 P2P 网贷行业自身野蛮生长所形成的脆弱性。古话说:“灭六国者六国也,非秦也。”P2P 网贷行业走上绝路的重要原因必然要从行业内部发展的机制和现状出发进行剖析,而伦理道德问题是其中的重要方面。如前所述,在新业态发展的初期,野蛮生长难以避免,监管部门是否需要及时跟进?或是任由新业态自由发展,在其达到一定规模后再行整治?或是永久性地放任新业态的发展,使其自生自灭?

这三种选择在伦理上具有不同的倾向。后者明显受到自由放任思想的影响,偏信市场在调节产业结构和业态属类方面具有万能的效用;它将新业态产生的伦理道德问题置之度外,或者寄希望于新业态组织的自我净化。第一种选择含有规范论和约定论的意见,它将约定俗成的伦常关系贯彻到新业态中,并用类比和相似度来评判一种新兴业态活动的道德结果。这一选择对维持社会稳定无疑是必要且有效的。第二种选择其实具有自由主义和功利主义的混杂观念,认为只有当新业态的社会效用出现负值时,必要的干预才是可行的。其困难在于社会效用的计算尤其困难,因而在何时以何种强度进行社会监管变得模糊不清。任何一种新业态的出现,作为社会监管体系中的主体,无论是

① 黄震、邓建鹏:《P2P 网贷风云:趋势 · 监管 · 案例》,北京:中国经济出版社,2015 年,第 84 页。

正规部门还是非正规部门，都应该予以适当的伦理关注，以在伦理风险出现之前发出预警，避免社会性的灾难。"市场监管的主要目的是确保有效性，但只有当人们对市场的公平性具有信心的时候，市场才是真正有效的。"①市场的公平性，也体现在它不能对社会整体福利和他人造成损害，无论这种损害是出于过失还是故意。"伤害或扰乱他人幸福……它本身就是违背正义的行为，自应运用社会强制力予以遏止与惩罚。"②

P2P 网贷行业的发展应以实现"普惠金融"为目标，这在伦理上始终是成立的；其独特价值的发现，并不在于提供了网络通道这一虚拟空间（渠道增加），而在于在传统金融利益体系之外挖掘出了更为亲民的金融空间（权利增加）。凡勃伦认为："在对公认的生活理论加以变更的过程中是需要作一定程度的精神意志上的努力的；在变更了的环境下要判断方向，找到自己的位置，是需要作长期艰苦的奋斗的。"③在 P2P 网贷行业发展历程中，监管部门的作用非常重要，它使人们在"变更"生活方式的进程中适得其所、"找准位置"。因此，监管部门首先起到了秩序维护者的作用。在混乱的市场竞争中，监管部门为其制订规则，并利用权力（无论是行政权还是舆论的力量）引导 P2P 网贷行业认清业态本质，固守业务初心。以"校园贷"为例，2017 年，湖北银监局、省政府金融办和省教育厅联合下发《关于推进校园金融服务网格化工作的通知》，湖北省内每所高校要进驻 2 家至 3 家银行，按每 5000 名学生设置 1 个金融网格化校园工作站。④ 到了 2021 年 3 月，面向在校学生的网络贷款全面取缔，被国家视为非法。监管部门在尝试将"小额、方便、快捷、高效"的网络借贷引回普惠本质后，最终放弃这一努力，是因为在校学生并不具有偿贷能力。从伦理视角看，它维护了人民群众的现实利益，避免了校园贷造成更大的社会

① （美）博特赖特：《金融伦理学》，静也译，北京：北京大学出版社，2002 年，第 32 页。

② （英）亚当·斯密：《道德情操论》，谢宗林译，北京：中央编译出版社，2011 年，第 273 页。

③ （美）凡勃伦：《有闲阶级论》，蔡受百译，商务印书馆，2011 年，第 159 页。

④ 《正规校园贷来了！这个省确定目标：要投 80 到 100 亿》，凤凰财经，http://finance.ifeng.com/c/7qBQxbJ9OFC。

风险。我国P2P行业的监管机构包括银监会、人民银行、工商管理部门、工信部等政府机构,也包括行业协会这样的自律组织和新闻媒体等舆论监督机构。它们在行使监督权力时遵循的伦理道德准则是不同的。

(1)政府部门。包括国务院、人民法院、人民检察院,以及银监会、人民银行、工商行政管理部门、工信部等。政府部门的伦理准则是运用强制力,保证行业公平,维护人民群众的根本利益。国务院、人大常委会、人民法院和检察院,主要是提供强制性制度供应,对P2P行业发展过程中存在的问题进行法律兜底,以确保社会公德的维护和风俗良序的稳定。银监会、人民银行尽管并未将P2P网贷直接纳入监管范围,但可以在专业问题上提供规范性意见。而工信部和工商管理部门则对P2P网贷企业的举办、业务变更、平台内容的合法性具有直接审查的权限,是维护P2P网贷行业健康发展的基本保障。不过,由于政府部门并未将P2P网贷行业的经营业务纳入正规管理体系,其所制定的法规、意见和规定,大都具有较大的变通幅度。政府部门在行使职权时应该紧跟行业发展动态、主动作为,对新业态新业务进行伦理评估、建立道德风险预警机制,引领为主、规范为辅,宽严适度、惩教相济。P2P网贷在我国的发展历程证明"放乱管死"仍然是社会治理中应该予以重视的方面。

(2)自律组织。包括中国互联网金融协会、中国小额信贷联盟P2P委员会、中国支付清算协会、各地区网络信贷企业联盟、P2P网贷行业协会等,是P2P网贷等互联网金融新业态发展过程中的行业自律组织。它们依靠制定自律公约、按时披露信息、规范日常经营等方式加强P2P网贷的合规性。自律组织应该成为监管体系中道德建设的主体,为P2P网贷行业从业人员提供职业道德规范和行业经营准则,在对业务的具体指导中纠正偏差、提示风险。自律组织应该树立正确的行业使命,为P2P网贷行业发展提供行动遵循和价值指引。建构行业内部制裁手段,为政府部门提供行业准入和退出标准建议,为政府部门制定相关法规文件提供技术支持。

(3)社会舆论。包括网络、报纸杂志、电视等,以及用户和民众口碑。在移动互联网时代,社会舆论对新兴业态的发展起着重要的作用,对营商环境的构建具有重要的意义。公共媒介以及社会群众应以社会主义核心价值观为指引,自由、平等、公正、法治是社会层面的价值取向,也是任何新型业态发挥社会功能时对其进行道德审查和评判的基本依据。P2P 网贷并不是价值无涉的盈利机器,而是搭建民众信用平台的介质,是提供普惠金融的渠道,是激活社会沉淀资本活力、创造更多社会财富的途径,是在社会主义市场经济中依法经营的新型业态,必然在经济性和道德性中作出恰当的平衡。

P2P 网贷运营者、资金借贷双方以及其他利益相关者的具体行为细则和活动指引随着新业务的开拓必然遭到挑战,只有将伦理道德规范建立在人民性立场上,坚持在发展经济的同时全面提升社会文明与和谐程度。创新、协调、绿色、开放、共享是社会主义社会的基本发展理念,也是新业态新业务发展要遵循的基本精神。P2P 网络借贷应该遵循依法、诚信、自愿、公平的原则,不得损害国家利益和社会公共利益。借款人与出借人要遵循的基本原则是:借贷自愿、诚实守信、责任自负、风险自担。P2P 网贷平台的责任是:客观、真实、全面、及时地进行信息披露。只有 P2P 网贷相关各方各司其职、规范有序、坚定信仰、恪守情操,这一业态才会有其发展前景。如今,P2P 网贷已如昙花一现,成为金融史上的并不光彩的一页,P2P 网贷投资人、经营者、借款人以及监管者,都是有其责任的——无论是业务能力上,还是伦理道德上,他们都应当认真反思,才有能力迎接其他新业态的诞生。

小　　结

当那些只受惠而不回报或付出的个体或组织最终受到惩罚时,互利和利他的行为才会发展起来,P2P 网贷欺诈行为才会减少。从“囚徒困境”理论来研究此利益博弈问题,显然将人置于理性经济人的自私自利基础之上。怀抱这样的信念从事伦理研究或者进行经济哲学的追问,其价值取向决定了最终的解决思路必然是技术决定论的。在P2P网贷行业中将大数据征信作为唯一的依靠,从而指望新的技术手段为网贷事业提供坚实的信用基础。这种理想的情绪在P2P网贷行业屡遭暴雷的背景下是可以理解的,然而它的结局就如同P2P网贷刚刚兴起时的狂欢一样,忽视人的思想和欲望,忽视工具理性的共享性,就难以避免在掌握了充分的信用技术后仍然陷入失望的境地。网络黑客和技术高手在技术体系中寻找漏洞并非难事。因此,对技术理性的渴望固然值得同情,并且在一定程度上也必然能够成为降低信贷风险的重要工具,只是不要寄予全部的期望。在工具理性之外,搭建起价值理性的坚实基础,是经济朝着健康有序发展的重要环节。当前,网贷平台由"草根"体系向大资本体系转变,大型资本集团和国有资本(大型上市公司和银行财团等)参与网贷事业,并将其发展成为新的形式,诸如P2B(个人对企业)、P2C(个人对公司)、P2G(个人对政府项目)、P2N(个人对多机构)等。在P2P网贷被取缔后,其他网贷形式仍然有着巨大的发展潜力。

P2P网贷从它的诞生之日起就被人们寄予厚望,在呼唤更加公平、更加开放、更加平等、更加高效、更加经济的融资渠道上,网民将其作为一种具有普惠金融属性的新业态予以呵护。然而在进一步的发展过程中,由于平台运营者过度强化P2P网贷的经济性而忽视它的人民性,借款人过度强调它的普惠性而忽视它的信用本质,贷款人过度强调它的高利息而忽视它的合法性,政府机构过分强调金融创新而忽视了它的社会风险,社会舆论过度关注它的资金流量而忽视了它的道德窗口作用等;以至于在其发展十余年后就因经济风险与道德风险的叠加而被取缔,实在令人唏嘘不已。有些平台在经营过程中,挑战人伦底线、蔑视道德红线,做出了不少伤天害理的事情,并由此而使P2P网贷行业陷入污名化的困境难以自救。沃尔夫冈·汉克尔·克维特曼曾经说:"无耻所指的始终都是对代价的分配。从几年以前开始,德国的贫富差距就越来越大;富人越来越富,穷人越来越穷……金融海啸使全球的亿万富翁减少了355名,目前他们每个人的资产缩水到只剩下几亿美元。当然,作为个人的商海沉浮,这可能是很有戏剧性的,但在大众中间并没有产生出对他们的同情——而该过程中的另一个面倒值得同情——越来越多的人生活在贫困中。”[①]当一个个 P2P 网贷行业兴起时的弄潮儿在整顿潮中溺亡,当“暴发”的P2P 网贷经营者将这种平台作为敛财工具而胡作非为时,民众对之抛以不屑和鄙视的态度。P2P 网贷行业的系统性伦理风险和潜在的危机,它以网贷平台的“跑路”“裸贷”“暴力催收”“套路贷”“非法集资”“庞氏骗局”“自融”等形式表现自己。人们正是在这些具体的案例中窥探 P2P 网贷行业的本质,并轻易做出了判断,尽管它的确有失精准。但这一并非精准的判断,来自民众基本的道德信念和伦理操守,它的坚固的传统基石支撑起其批判和否定某种新生事物的能力。这或许是 P2P 网贷行业由盛转衰的重要原因。那些昔日辉煌的 P2P 网贷平台,如今或者被取缔,或者悄悄更名转营金融科技。P2P 网贷曾经是多么令人兴奋的新业态,它的运行逻辑似乎让我们深信陌生人之间可以成为亲密的金融伙伴,成为相互信赖的资源共享者;然而,这一切都结束了。

我们应当谨记:使 P2P 网贷终结其在经济舞台生涯的,是道德沦丧。

---

① （德）沃尔夫冈·汉克尔·克维特曼:《道德沦丧:禁忌消失时我们将失去什么》,周雨霏译,北京:中国画报出版社,2012 年,第 145 页。

第六章　众筹:网络社交经济与融智时代的伦理景观

众筹(*Crowd-funding*)是普通捐赠行为在互联网时代发展演化而来的一种商业模式,它为个人和组织提供更多机会、带来更多财富、创造更多价值。从捐赠到众筹,是从利他行为到互利行为或利己行为的转变。众筹,其意或指"汇集多人的投资力量,支持他人的奋斗和努力"。[①] 通过多方面的资金支持(不包括面向特定人群的资金募集[②])为一个项目或某种尝试提供助力,并通过这一项目或尝试的完成实现投资或捐助者的物质或精神方面的目标。众筹的明显特征表现为:投资人分散、投资额小、投融资方陌生化、投融资人投资素养和风控能力差异巨大。众筹给人们带来的希望,在大众创业万众创新的时代号召下显得尤为突出。它将"小我"的力量通过众筹平台链接为"大我",在网众汇聚的资金支持和智力援助下实现创新创业的宏伟设想。

作为互联网金融的新业态,它不仅包括了非盈利性质的网络捐赠和项目赞助,更有重视投资回报的权益众筹和股权众筹。人们将小额资金用于支持伟大事业,并在其中获得回馈。这种"伟大的事业"对于他人来说究竟有没有

---

① 李耀东、李钧:《互联网金融:框架与实践》,北京:电子工业出版社,2014 年,第 277 页。

② 中国证监会办公厅:《关于对通过互联网开展股权融资活动的机构进行专项检查的通知》(证监办发〔2015〕44 号),http://www.gov.cn/xinwen/2015-08/07/content_2909930.htm。

“伟大”的具体内涵并不重要,重要的是它已然激起了人们对生活的新期盼,并在“小微”创新创业的盛世浪潮中表现出自己对社会文明进步或生活质量改善的积极参与。传统社会中也许被重大社会项目所排挤的小微力量,在网络时代有了用武之地。因此,对于众筹项目的投资人而言,众筹不仅是保持资金价值(甚至增值)的途径,更是将沉睡的闲置资金布局在他/她认为有意义的事情上的有效渠道。无论是小额资金支持创新,还是用于捐赠和赞助,将资金(对广大劳动者来说,它是辛勤劳动的成果)配置在能够为社会事业提供助力的地方,本身就是一种具有良好道德性的行为。将伦理道德的指标放在生产经营领域时,往往会受到一些人的诟病,认为伦理道德也应设置自己的存在边界。然而,伦理道德涉及不到的地方,除非它并不构成人与人之间、人与自然之间、人的言行与自己的内心信念之间的关系;否则,无论它具有多强的自组织功能,也必然在道德沦丧的同时遭受反噬之苦。每一种新的互联网金融业态的出现,如果幻想它成为道德无涉的经济理性的成果,那么,它最终只会促进投机的疯狂,只是为露骨的欺骗找回原始的形式。① 人们在这些新的业态中失去的,不仅是彼此的信赖,也是对创新创造的沉重打击,是对新事物创生环境的破坏。

在项目众筹过程中,投资人具有自由选择权,可以依据自己的志趣和意愿进行资金注入;投资人和项目发起人进行深入的信息交换,众筹活动以网络社区化方式进行运作。众筹平台和项目发起人与投资人的信任关系有着反馈积累机制(信用增益机制),成功的项目将进一步提升发起人的信用度和投资黏度,使更多人愿意追随其事业开创和产品研发;对于众筹平台来说,成功的项目也会增加平台的可信度,使更多的投资人信赖它并赋予它成长所需的包容、人气和资金。在权益型众筹这一主要的众筹形式中,由于它更加直接和更多地关注文学艺术、影视、技术等方面的创新创造,良好的氛围建立在容错机制

① 《马克思恩格斯全集》第 29 卷,北京:人民出版社,1972 年,第 73 页。

的改进上,社会对创新创造失败的容忍度关系人们投入到艺术创作、科技攻关、事业开拓过程中的勇气和胆识,关系到创新发展的人文空间的大小。在很多情况下,投资兼有预购和赞助的性质,是一种相对平等的经济和信息交往关系。鼓励小微创新创造,弥补社会保障的漏洞,激活众创力量的蓬发,增进社会闲置资本的价值,众筹行业可以发挥其独特的作用。

对新业态进行伦理道德审视的困难在于视角的选择。单纯从从业人员的职业道德角度来加以表现和论述,显然必须依从角色伦理这一基点。诸如平台经营者的信息中介角色,必然将其"在众筹过程中斡旋撮合"的基本职责设置一般的道德规范。但作为新业态发展中存在的伦理失序,往往牵涉利益关系的冲突,并在伦理道德上缺少典案的参照。众筹行业的健康有序发展,必然遵循"以人民为中心"发展观的基本要求;而人的尊严的维护和价值的发掘,在经济生活中始终都应该放在至关重要的位置,无论新的经济场景发生了多大的变化。黑格尔认为,"良心拒绝采取道德世界观所有这些忽而设置或肯定下来忽而又加以否定或废置的做法,因为它根本拒绝那认为义务与现实互相矛盾的意识。"①互联网时代瞬息万变的新业态不断催生新的伦理场景,环境变迁的确令人们对道德的适应性表示忧虑。但是伦理道德的基本遵循有如黑格尔所言,不至于忽悠不定。在道德情感、义务与责任担当的操持方面,新业态所提供的,是新的表达形式和承载方式。如果将众筹新业态的兴起和发展作为人们经济生活中的特殊处境,而这一"处境"乃是由具体的人所建筑的。对众筹行业具体人事的伦理审查,以及对其运行环节和整体特征的伦理质问,使这一"处境"被人们的伦理目的"照亮"。造就一种新业态的营商环境,也就是造就了自己。这种带着存在主义伦理意向的关照,②在经济生活中

---

① (德)黑格尔:《精神现象学》下卷,贺麟、王玖兴译,北京:商务印书馆,2015年,第170页。

② 萨特说:"每个人只能实现一种处境:就是他自己的处境。""在'造就处境'的同时,也造就了自己,反之亦然。"[(法)萨特:《存在与虚无》,陈宣良等译,北京:三联书店,2007年,第668页]

往往表现为行业伦理和从业人员道德与业态本身的相互关系。众筹行业表现出来的网络社交经济特征,使人伦关系显得尤为重要;而在大众创业万众创新的社会环境下,创客经济的本质并非孤军奋战,而是网络融智的结果。人们之间的合作与利益协调,在这种新业态的发展中尤为重要。

第一节　我国众筹行业的发展现状与伦理问题的提出

一、众筹行业的发展及其原因

1. 众筹行业发展现状

有人认为西方“创意工作的众筹融资方式已经存在数百年”,[①]它可以上溯到莫扎特和贝多芬等艺术家的订制式艺术创作。ArtistShare(2001 年在美国成立,2003 年开始音乐项目众筹)被认为是首家众筹网站。ArtistShare 网罗了一批有声望的艺术家,他们的作品获得过包括奥斯卡提名、普利策奖、格莱美奖等多种奖励,2005 年后众筹平台数量激增,开启了互联网众筹时代。成立于 2008 年的 IndieGoGo 宣称“全世界的筹资平台,一切皆可众筹”。而成立于 2009 年的 Kickstarter 是当前世界上最大、最著名的众筹融资平台,主要涉及文学、艺术、影视、游戏、出版、技术等多个领域的项目筹资,其口号是“创意照进生活”。在国际互联网金融发展的背景下,国内众筹平台“点名时间”2011 年 7 月上线,它的创始人认为“这个时代不缺乏有创意的人,但缺乏一个支持他们的平台”。随后,“追梦网”“淘梦网”“众筹网”等相继问世。2013 年后,百度、阿里、腾讯、京东几大电讯电商巨头纷纷布局众筹市场。至 2016 年初,我国众筹平台最多达 532 家。2016 年后,随着互联网金融监管的加强,众

---

① 李耀东、李钧:《互联网金融:框架与实践》,北京:电子工业出版社,2014 年,第 278 页。

筹平台增速放缓。2016年底，我国有383家众筹平台处于运营状态；而2018年底，处于运营状态的众筹平台仅剩147家；2019年6月，运营中的众筹平台仅有105家；2020年1月底，我国处于运营状态的众筹平台共有66家（其中股权型23家、权益型24家、物权型8家、综合型7家、公益型4家）。[①] 总体趋势是平台数目不断减少，投资人热度降低，融资额减少，撮合成功的项目减少。尽管至2020年初，情况已经发生重大变化，业态发展趋势并不乐观；即便如此，也有一些非常成功的融资项目。比如："小米众筹"上的"臻米脱糖蒸汽养生饭煲"项目，实际融资额为1504.7776万元，完成进度达到3776%，支持人数共计18834人。"淘宝众筹"上的"《上新了故宫》天音系列中国色卫衣"项目，预期融资额为5万元，但实际融资达到453.1689万元，支持人数共计13376人。众筹行业在经历了2011—2013年的萌芽阶段，2014—2015年的爆发增长阶段后，随着监管的逐渐加强，制度体系的进一步完善，必然趋向平稳发展。

2. 2014—2015年众筹行业爆发式增长的原因

首先是国家宏观政策鼓励创新创造，为小微创新创业提供条件，"为一切有志于创新创造、干一番事业的人们提供了广阔舞台"。[②] 为"增添经济发展的推动力量"，国家对民间资本激活，金融门槛调整、"放宽市场准入"[③]等方面有了新的战略布局。同时，国家对破除创新驱动发展的体制机制障碍有着更大决心，为了增强自主创新能力，鼓励大众创业万众创新，"最大限度解放和激发科技作为第一生产力所蕴藏的巨大潜能"。[④] 2015年国务院《关于积

---

① 《2020年1月中国众筹行业月报》，众筹家网站：http://www.zhongchoujia.com/data/32392.html。

② 《习近平谈治国理政》，北京：外文出版社，2014年，第60页。

③ 中共中央文献研究室编：《十八大以来重要文献选编》（上），北京：中央文献出版社，2014年，第796页。

④ 中共中央文献研究室编：《十八大以来重要文献选编》（中），北京：中央文献出版社，2016年，第21页。

极推进“互联网+”行动的指导意见》鼓励利用互联网“重塑创新体系、激发创新活力、培育新兴业态和创新公共服务模式”。① 可以说,网络众筹正是“互联网+金融”与“互联网+创新创业”相结合的产物。在这一宽松的政策环境下,互联网众筹平台如雨后春笋般出现在神州大地。响应国家号召,互联网巨头纷纷参与互联网众筹布局,在一定程度上起到引领风向的作用。其次,国民财富积累是重要的原因。国家统计局数据显示,2014 年全国城镇居民人均收入达到 29381 元,人均消费支出为 17806 元,人均收支差额 11575 元;城乡人民币存款余额 485261 亿元。在众筹投资人集中的城镇居民中,人均可支配收入不断增长,按五等份分组统计,至 2014 年中等收入以上分别达到 26650. 6 元、35631. 2 元和 61615. 0 元,中等收入以上城镇居民完全有富余资金投资新型业态。持续增长的居民可支配收入(见表 6. 1 和表 6. 2),是互联网众筹行业支撑发展的物质基础,没有这一基础,它是不可能发展起来的。再次,西方众筹行业的发展也为国内众筹业发展提供了借鉴和启发。2014 年全球众筹市场预期规模达 614. 5 亿元,当时社会对众筹发展的未来预期非常乐观,估计两年后会达到 2000 亿元的市场规模。世界银行 2014 年《发展中国家众筹融资报告》宣称,全球众筹融资潜在机会为 960 亿美元,而中国众筹潜在机会达 476 亿美元。② 83. 05%的获融资平台上线时间集中在 2014 年和 2015 年,③与人们对这一行业蓝海的信心有着密切的关联。最后,互联网平台已经成为年轻人创新创业的重要平台,在互联网寻求资金支持和创意创业项目的实施是移动互联网时代的重要特征。“网络是一个媒体平台、交流平台,也是松散地汇聚了众多资源的汪洋大海,这里是实现‘破门’(网络可以被利用来支持新

① 中共中央文献研究室编:《十八大以来重要文献选编》(中),北京:中央文献出版社,2016 年,第 589 页。

② BR 互联网金融研究院编:《互联网金融年鉴(2014—2016)》,北京:中国经济出版社,2017 年,第 156 页。

③ 《2016 中国众筹行业融资统计报告:融资总额超 30 亿元》,https://www.jiemian.com/article/876639. html。

战略,我们把这个称为'破门')的最佳场所。"①在传统企业内部复杂的人际关系中,往往也阻碍了那些具有创新精神和能力的人的发展,"产生创新思想的职业群体,因专业的特殊而与企业内部的其他群体格格不入。结果,阻碍了沟通与协调。相反,他们与企业外那些兴趣相同、专业相近的群体,却彼此理解、互相联系。"②在互联网上寻找创意兑现的途径和创业渠道,成为新时期人们尤其是年轻人在创新创意创业过程中的重要方式。

表 6.1:按收入五等份分组的城镇居民人均可支配收入(2000—2014 年)

年份	低收入户	中等偏下户	中等收入户	中等偏上户	高收入户
	(20%)	(20%)	(20%)	(20%)	(20%)
2000	3132.0	4623.5	5897.9	7487.4	11299.0
2001	3319.7	4946.6	6366.2	8164.2	12662.6
2002	3032.1	4932.0	6656.8	8869.5	15459.5
2003	3295.4	5377.3	7278.8	9763.4	17471.8
2004	3642.2	6024.1	8166.5	11050.9	20101.6
2005	4017.3	6710.6	9190.1	12603.4	22902.3
2006	4567.1	7554.2	10269.7	14049.2	25410.8
2007	5364.3	8900.5	12042.2	16385.8	29478.9
2008	6074.9	10195.6	13984.2	19254.1	34667.8
2009	6725.2	11243.6	15399.9	21018.0	37433.9
2010	7605.2	12702.1	17224.0	23188.9	41158.0
2011	8788.9	14498.3	19544.9	26420.0	47021.0
2012	10353.8	16761.4	22419.1	29813.7	51456.4
2013	11433.7	18482.7	24518.3	32415.1	56389.5
2014	11219.3	19650.5	26650.6	35631.2	61615.0

数据来源:国家统计局。

① (美)克里斯·布洛根、朱利恩·史密斯:《信任代理:如何成就网络影响力》,繆梅译,沈阳:万卷出版公司,2011 年,第 31 页。

② (美)约翰·希利·布朗、保罗·杜德奎:《信息的社会层面》,王铁生、葛立成译,北京:商务印书馆,2003 年,第 151 页。

表 6.2:居民人均可支配收入(2013—2020 年)

年份	2013	2014	2015	2016	2017	2018	2019	2020
收入	18311	20167	21966	23821	25974	28228	30733	32189

数据来源:国家统计局。

3. 2016 年后众筹行业热度降低的原因及未来宏观趋势

2016 年后,众筹行业热度降低的原因:其一是问题平台的不断涌现,平台信用受到质疑。前期我国众筹法制规范薄弱的背景下建立起来的众筹平台,由于缺乏规范和行业准则,其运营相对比较随意,存在触及法律与道德底线雷区的严重风险;随着监管的加强,一些平台创始人纷纷"避雷"。2016 年 10 月,中国证监会等 15 部门联合公布了《股权众筹风险专项整治工作实施方案》(简称"方案"),对互联网股权融资平台欺诈融资发行股票、挪用占用投资者资金、虚构夸大平台实力等 8 类问题作出了分类处置要求,并部署了具体的整顿日程。在该"方案"的规定中,严格意义上合法合规的股权众筹平台并不存在。2016 年,众筹平台 36 氪发起的"宏力能源"项目引起广泛关注,在其包装的项目招投信息中预测年盈利将达到 3500 万元,而事实是当年宏力能源亏损 3000 万元。① 众筹平台 36 氪在宏力能源项目中,不但未能尽到信息调查与披露的基本责任,甚至还有包庇、帮助虚假宣传的嫌疑。从表 6.2 看来,我国居民可支配收入持续增长,并没有出现某些经济学家预言的那种情况:居民可支配收入增长与众筹行发展保持同向同速。由表 6.1 和表 6.2 看来,居民收入增长是众筹发展的必要条件,但绝非充分条件。

在互联网时代,只需不多的几家众筹平台出现严重问题,就能引起人们对整个行业的不信任。信息属性和导向具有在传播中不断加强的特征。因而,

---

① 中国互金安全课题组:《中国互联网金融安全发展报告·2016》,北京:中国金融出版社,2017 年,第 44 页。

当一些众筹平台出现恶劣事故时,受损的往往不止其一家平台。其二是互联网金融监管的不断加强,治理密度和强度均加大,政策框架和监管举措逐渐初步形成体系。在"法无禁止即允许"的原则框架内,2016 年以前,包括众筹在内的互联网金融平台可以说是野蛮生长,钻法律空子;2015 年,中国人民银行、工信部等 10 部门发布《关于促进互联网金融健康发展的指导意见》,指出互联网金融本质上仍属于金融,没有改变金融风险的特征,明确了股权众筹的概念、主要经营主张,并对众筹融资中介机构进行了规范,指定证监会负责监管股权众筹融资业务。2016 年,国务院办公厅印发了《互联网金融风险专项整治的通知》,对股权众筹平台进一步细化了管理要求;①工商总局等 17 个部门印发了《开展互联网金融广告及以投资理财名义从事金融活动风险专项整治工作实施方案》,对不实的互联网金融广告和金融产品实行严厉打击,突出对股权众筹融资平台等网站的整治;非金融机构不得使用"股权众筹"等字样,其严厉程度可想而知。② 2017 年,中国人民银行等 17 部门再次发布《关于进一步做好互联网金融风险专项治理工作的通知》,明确指出"严格准入或备案管理","化解存量、严控增量",对证监会 2016 年发布的《股权众筹风险专项政治工作方案》的落实提出了具体要求。③ 政策供应的丰富,使得众筹行业发展渐趋理性,整体业务流量减少,小微平台关闭较多。其三是网络众筹的小资本平台营利能力受限。随着大资本企业进入众筹平台领域,原来依靠收取成功项目佣金及增值服务的小型众筹平台由于营利能力较差而失去生存空间。营利模式单一,增值服务同质化是其中的重要原因。"中国的互联网一直以免费的策略制胜,作为互联网产物的众筹平台也采取了此策略。而众筹

① 中国互联网金融协会:《商业银行互联网金融业务法律法规汇编》,北京:中国金融出版社,2019 年,第 363—369 页。

② 中国互联网金融协会:《商业银行互联网金融业务法律法规汇编》,北京:中国金融出版社,2019 年,第 635—638 页。

③ 中国互联网金融协会:《商业银行互联网金融业务法律法规汇编》,北京:中国金融出版社,2019 年,第 375—379 页。

平台的广告业务、孵化业务尚未形成。”[①]一些众筹平台不能维持盈利,只得关闭或转型。众筹平台本身的创新能力及对项目的管理能力不足,信用体系不健全等,使进入行业竞争阶段的平台出现了不适应新环境中的情况,在网络传播中出现客户黏性的马太效用;资本实力强大、信用基础好的平台市场占有率越来越高;而资本实力较弱、信用能力较差的平台则面临客户流失、难以为继的局面。由于缺乏新颖创意、项目发起人和投资人之间信任不够、社会创新氛围不浓、风险容忍度低、法律和政策风险大等,导致我国众筹行业发展不尽如人意。[②] 对创新的鼓励、对创新创意失败的容忍等是发展众筹事业的重要社会因素。

今后互联网众筹行业发展的基本趋势:一是行业信誉的回升。随着市场竞争和整顿力度的加大,网络众筹平台及其业务必然建立在可靠的信用基础之上,草创时期的生长方式彻底被淘汰。其原因主要在于人们对众筹的认识越来越清晰、互联网狂欢后的信用风险教育了广大网民。其二是专业化众筹平台将更有发展前景。众筹业务的市场细分,对焦于人的圈层区划和小众需求,这是互联网在巨网基础和小众普惠之间取得良好平衡的重要方面。众筹要想发展趋好,必然在满足特殊人群和小众需求上做出表率。当然,对于大资本主导的众筹平台,其在小众市场上的变通能力仍然需要观察。其三是创新创造创意是众筹项目发起人需要关注的重点,常规项目众筹将举步维艰。人们越来越审慎对待众筹投资,因而在创新创造创意方面的资质和前期成就尤为重要。草根创业在众筹平台上需要有足够的文化特色、科技含量或隐含的伦理旨趣。消费者参与创造性生产过程。其四是社交化与智能化的融合。众筹的社会基础是网络社交的深度渗入,众筹项目对人的吸引力之一就是项目参与度的提升,投资者经济主体性的确认;而物质基础是新兴金融科技的崛

① 胡一夫、谭小芳:《众筹时代》,北京:北京理工大学出版社,2015 年,第 180 页。

② 李耀东、李钧:《互联网金融:框架与实践》,北京:电子工业出版社,2014 年,第 286 页。

起，区块链、大数据、云计算等新的金融科技不断更新和应用。其五是众筹平台的项目孵化功能进一步提升。网络众筹平台要成为“造梦工场”“梦想实现平台”，为“每个人都有人生出彩的机会”的实现提供平台和支持。未来众筹平台如果兼容项目孵化的功能，提供创业和项目指导等增值服务，可以进一步减少众筹投资人的风险，并提高融资项目的运营成功率，从而反哺社会投资者，实现多方共赢。

二、众筹行业暴露的伦理问题

我国互联网众筹在短期的发展历程中暴露出伦理道德上的诸多问题，信用体系不健全、从业人员道德自律较差、主体价值（网络众筹平台及其从业人员在社会风化与文明进步中究竟起着何种作用）不清晰、在复杂利益格局中的价值认知（如何均衡投资人、发起人、平台即其他相关方利益关系）狭隘。“角色沉浸”、陌生化场景的自律问题、价值的多元意指偏差、机会主义盛行等是众筹行业暴露出的主要伦理问题。

1. 角色沉浸

利益冲突在金融领域普遍存在，“在确定是否会出现利益冲突时，弄清涉及的角色或关系很重要。一方确实有责任或义务为他人利益做事吗？”①“角色沉浸”是众筹行业中伦理问题的重要方面。角色沉浸指的是作为行为主体的人和组织，将自身过度界定在狭小的角色意识和规范中，从而对普通人和社会组织的基本规范采取漠视的态度。在市场经济中，角色沉浸使得人们见利忘义，并以商人的“核心”目的就是赚钱为幌子，实行商人的“全部”目的就是赚钱的行为。网络众筹作为互联网金融中的一种业务形态，其经营者或参与者往往会将自身设定为这一行为中的某种角色。当众筹平台的经营者和项目

---

① （美）约翰・R.博特赖特：《金融伦理学》（第3版），王国林译，北京：北京大学出版社，2018年，第46页。

发起人在角色定位上出现偏差并沉浸其中,就会产生主观上对基本人伦道德的漠视。网络众筹在我国发展时间不长,众筹参与各方的法律主体地位不清晰,在互联网金融相关规范性文件中提及的"股权众筹",其含义仍未清晰。权益型、公益型或其他综合性众筹方式更是从名称到内涵均界定不明。在此情况下,众筹参与角色的定位更多侧重于"自我定位",依据主体自我价值主张进行角色的自我确认;其在社会组织或系统中的特指性角色身份尚未形成。由此,自我一旦沉浸在偏离伦常的角色意识之中,就有可能使角色道德与社会公德或行业道德发生冲突。譬如在股权众筹中投融资方的冲突:投资人更倾向于直接股东模式,而平台和融资人则更倾向于间接股东模式。前者有利于直接体现和伸张投资人的股东权利,这是直接参与管理项目的基本要求;后者则避免股东人数过多而影响公司治理,他们的目的在于筹集资金,而并不希望在获得资金支持的同时放弃或让渡部分项目经营权。前者的本质是将自己确定为"合伙人",而后者的本质是将自己确定为"借款人"。同样,网络众筹平台究竟应该将其确定为"信息中介"还是"项目经营主体"?这两种不同的角色选择将对其在撮合投融资方并参与监管资金去向和项目运营中的价值取向和决策起着决定作用。正是投资者作为项目参与者或放贷者,项目发起人作为项目经营者或者合伙人或者借款者,众筹平台作为信息中介还是监管部门或者项目参与主体等,网络众筹参与各方在法定角色规范缺位的背景下,自我定位决定其经营价值取向和众筹参与意图。而这种角色的自我强化就是角色沉浸,它使网络众筹出现违背伦理秩序的可能。

2. 陌生化场景的自律问题

互联网时代,人们不再对"好友"这个词寄予深情,尤其在社交媒介中,申请好友和获准成为好友已经变得非常随意。熟人社会与陌生人社会具有更多兼容性。"如果人们不能理解文化背景的微妙不同和社会的细微差异,那么他们对单词‘好友’含义的领悟可能也是模棱两可的。”①在人们的即时通讯软件中,很难辨别陌生人与熟人之间的区别,或许他们被放置在同一列表中。陌生化是网络社会的一个重要特征,或者换言之,网络社会一方面使熟人社会的牢固关系逐渐解体,邻里、朋友、亲属之间的依赖关系逐渐减弱;另一方面是虚拟人际关系的拓展,似乎所有人都链接成为一个网络,成为网络中的一个节点。很明显,前者是个体化增强的表现,它的现代性特征是突出的;而后者往往被认为是逆现代性潮流的,因为它(互联网)将独立的个体重新组织起来,成为一个新的系统。社会发展正在朝着反系统化的方向前进,尽管这一趋势是否具有“进步”的意义尚难定论。其实,正因为“泛好友”化的深入发展,网络链接的“好友”世界并没有改变陌生化这一趋势,反而加强了这一趋势在虚拟和现实双重空间的势头。陌生化世界的“好友”具有边际成本低廉的特征,甚至不需要付出任何代价就能获得较多好友的关注。这正是网络经济兴起的重要基础之一。网络众筹建立在社区化交流的基础上,失去了项目内核的深度沟通,众筹的困难将不可克服。但在陌生人之间仅凭言语沟通难以实现人际信任,这是一个值得深思的问题。整体而言,熟人之间的信用成本较低,而陌生人之间的信用成本则比较高。如果将众筹项目运行的过程中所需要的信任支持作为一种组织体系的结构力来理解,那么,网络社会的这一结构力已经相当松散。个体化是陌生化的基质,而“个体化使传统伦理销蚀和解体,其中包含‘原始义务规约’这一至上习俗的破坏,宗教力量的削弱,公共超我在自我中亲密呈现的弱化。”②网络众筹中的信任体系不能来自发散组织的结构力,而只能来自人们在虚拟社区的自我约束能力。网络众筹作为陌生化场景中社交经济的成就,无论是公益众筹还是带有投资属性的众筹,必然将风险放

① (加)马修·弗雷泽、(印)苏米特拉·杜塔:《社交网络改变世界》,谈冠华、郭小花译,北京:中国人民大学出版社,2013年,第56页。

② (法)埃德加·莫兰:《伦理:非如此不可?非如此不可!》,于硕译,上海:学林出版社,2017年,第137页。

置在重要的位置；但是，风险的强化同时意味着陌生化场景中彼此需要提防对方的欺骗和陷阱。在这样一种相互不信任的环境中，要促进人的自律性显然十分困难，这也是网络众筹伦理问题涌现的原因之一。

3. 价值的多元意指偏差

"马歇尔·布莱恩指出，在人类创造力的最佳例子中，比如科学发现、文学创作、艺术、音乐和设计，许多都不是出于利益，而是出于其他动机，比如好奇心、对创造的渴望或同伴的意识。"①在权益型众筹中，创新创造和创意一直是其标榜的核心价值，汇集众人的力量鼓励大众创业万众创新，使好的点子能够落地生根，使发明创造不受资金的短缺而夭折，使贫困的天才有机会施展拳脚、获得人生出彩的平等机会；所有这些都是网络众筹伦理意蕴的主要方面。在公益型众筹和权益型众筹中，其根本目的在于帮扶和赞助某种事业和发明创造，从而使微小资金发挥巨大的社会价值。个人的细微价值在社会关系的网络中得到放大。这一价值观对网络众筹的社会效用所起到的支持作用再明显不过了。但互联网时代价值的多元性不可能允许这种单一价值观独占的局面一直维持下去，或许从网络众筹的发生之初就不存在这种单一的价值观独占局面。金融创业者的热情可能高于技术里手和艺术家。在日常生活尚且金融化的今天，跨期风险获利是人们取得一夜暴富的主要途径；互联网众筹恰恰提供了这样的机会。对互联网金融捞金者而言，创新创造和创意，这些东西仅仅是工具性的，它们统统服从和服务于财富的聚集。在社会主义市场经济条件下，人们通过合法经营和诚实劳动的途径追求一定的物质利益是无可厚非的。在一定时期，甚至还鼓励人们对经济利益的追求。但受众在接受市场启蒙的过程中，有些人将金钱的通约能力神秘化、神圣化，从而出现拜金主义的思潮。"贪污和诚实行为，都是自我加强的。在一个以其诚信而闻名的组织

---

① （美）迈克斯·泰格马克：《生命 3.0》，汪婕舒译，杭州：浙江教育出版社，2018 年，第 234 页。

中,成员愿意去揭发不诚信的行为。腐败组织中的成员们则会发现,要做到诚信是一件很难的事情。"①约翰·凯伊把这种受环境影响而产生的行为叫做"适应性行为"。社会环境对人的道德行为起到支持作用,而对人的不道德行为起到遏制和教化的作用。互联网金融贩子走在网络众筹的最前沿,对网络众筹事业来说,无论是就其公益性还是金融性来说,都是灾难性的。我并不是否定物质主义存在的特殊价值,在社会发展的一定阶段,或许它对生产力的发展和社会总财富的增加是有裨益的。但是,"物质主义之所以具有毒害性,是因为它剥夺了人类之所以为人的原动力,也就是我们的情感本性。"②在网络众筹这一行业中,物质主义的流行,使大量渴望发家致富的人将其作为短平快的致富风口,部分或全部抛弃了网络众筹的公益性和普惠金融的本性,也忽视了网络众筹独特的社会功能:道德资本的孵化和自主创新能力的增进。

4. 机会主义盛行

研究显示,"股权众筹融资平台的信用风险主要是因为平台之间、交易者与交易者之间缺乏了解。"③众筹平台也"特别不愿意披露一些不利于项目发起者的信息,甚至还可能为项目进行一定的虚假包装"。④ 人们对互联网的美好愿景一般地来自互联网信息的透明性或信息的易获得性;然而,在金融互联网上,信息的包装已经使事物的特征失真。众筹平台和项目发起人之间由于利益兑换关系,彼此对信息暗箱视而不见、疏于监管,以至于众筹项目的真实性难以考证。众筹平台本应该对其运行平台的项目负有充分披露信息的义

---

① (英)约翰·凯伊:《市场的真相》,叶硕译,上海:上海译文出版社,2018年,第253页。

② (美)杰里米·里夫金:《零边际成本社会:一个物联网、合作共赢的新经济时代》,赛迪研究院专家组译,北京:中信出版社,2014年,第290页。

③ 中国互金安全课题组:《中国互联网金融安全发展报告·2016》,北京:中国金融出版社,2017年,第43页。

④ BR互联网金融研究院编:《互联网金融报告(2017)》,北京:中国经济出版社,2017年,第58页。

务,但为了项目融资成功而帮助项目发起人掩饰不利于大众投资的信息。这与互联网创业人员的整体素质有着密切的关联,尽管这种判断需要更多的支持来完成,但正如陈宇所说的:“互联网的短期战略使得互联网的企业文化更多是简单粗暴直接。在公司里推行狼性文化,必然是让公司整体陷入狂躁的情绪中……在互联网企业里,开始更注重短期的绩效刺激战略,所谓良好的企业文化,越来越不是这些公司所选择的主流了。”①互联网众筹平台企业是互联网创业中更需要承担风险的领域,融资人信息披露在对平台利益造成成本积累和项目损失的情况下,众筹平台在“狼性文化”中难以坚持基本道义。在互联网上,投资人都能获得的信息,表面上是开放的、无限的,其实他/她们能够获得的信息仅仅是信源创造者主动呈现给他/她的那一部分,更多的信息搜索并不能获得更多的有效信息支持。在寄希望于“更多信息以避免视听误区”的基本认知体系中,现有过剩信息和人工信息对事物本真状态的掩盖早已改变了这种情况。更多的信息并不能使我们更加接近事物的真相。互联网的这一特征为互联网金融的机会主义盛行提供了肥沃的土壤。因此,网络众筹中,信息隐蔽、暗箱交易、利益勾兑等现象层出不穷,平台和融资方的内幕交易、关联交易甚至是“自融”屡禁不止;项目发起人过度渲染创新,脱离社会生活实际,在包装宣传上投机取巧,在项目运营和实施上蝇营狗苟。无论众筹平台还是项目发起人,对“平台”和“项目”的持续性发展投入少,对短期营利关注多,甚至通过各种虚假宣传造势,以便短期聚拢资金,迅速“跑路”或“转型”。

5. 普惠金融属性变质

对互联网金融的美好期盼源自于它与普惠金融的天然联系,但这种“天然联系”只是伦理意义上的应然状态,实然状态与之有着较大的差异。群众

① 陈宇:《风吹江南之互联网金融》,北京:东方出版社,2014年,第275—276页。

对互联网的运用已经相当广泛，包括知识获取、信息交流、消费、游戏甚至创作等，都可以利用互联网的便捷工具来完成。互联网在金融领域的运用使人们对其寄予厚望，它突破了草根阶层对传统金融在信用资质上所设置的壁垒，为草根阶层投融资开辟了广阔的前景。因此，互联网金融在很大程度上被定性为普惠金融的应当形式。网络众筹尤其使这一形式得到加强。人们对自己的创新创造创意能力的自信与对基础支持资金的不自信简直是形影相随的。一方面很多人（尤其是思维活跃的年轻人）对创意和创造富有热情和抱负；另一方面却因创业资金的缺乏而苦于将其变为现实。在此背景下，网络众筹为其带来了无限希望和遐想。同样，那些稍有小额资金剩余的工薪阶层，长期被工作压抑的创业梦想和在某一方面所具有的创作热情，在众筹这一新的要素聚合平台上被点燃了。他们希望参与到自己热爱和追捧的事业当中去，从而对特定创新创造创意项目予以众筹的方式投资，并关注和参与该项目的成长。这对大众创业万众创新简直就是量身定制的方式，它不但汇聚了资金，而且汇聚了人气和智力。从大众受益和大众创新这两个角度来看，网络众筹的普惠本性显而易见。但事实上该行业的发展遭遇到原始属性发生质变的风险，这从它诞生之初就已经出现。一方面，投资人、平台和项目发起人可能对项目的真实效用并不关心，其关心的只是项目的设计是否天衣无缝，能够吸引人们的广泛关注，进而获得大量融资。另一方面，名人聚集效用依然存在，互联网金融自动导向草根的实际作用不大；草根创新创意创业在众筹平台上没有任何显著优势，尤其是在信用担保缺席的情况下。名人（包括网红）往往以信誉资产作为担保而获得较大的融资权限，但草根融资项目必须经过更为严格的审查，这些审查将人的等级圈层暴露无遗，甚至在一个以陈见作为防护武器（如对高学历和低学历人的看法和信赖是迥异的，并依据项目发起人的高学历身份而对其予以信任，相反则需要接受更多质疑）的历史阶段，人们不得不主动曝光自己的关键信息，以获得网众的支持。众筹在草根创新创业上的实际作用非常局限，这使得网络众筹的普惠金融属性发生变质，其伦理价值亦随之削弱。

三、众筹行业伦理与参与者道德建设的必要性

互联网众筹具有低门槛、多样性、依靠大众力量、注重创意等基本特征。①权益回报型众筹具有激励创新的功能,股权众筹具有激励创业的作用,公益募捐型众筹具有社会保障的意义,总之,网络众筹给人们带来的不仅是想象,还是富有实践意义的经济社会变革。参与网络众筹,无论是作为大众投资人,还是项目发起人和众筹平台经营者,依据其项目类型的不同而获得荣誉、财富、友谊和成就等。但是,“行为是人们所处环境的产物”,互联网众筹并不带有先天的规范逻辑,迫使人们遵循某种具有自然必然性的程序和规范,因此,“我们通过遵循固有的,事先就决定好的偏好进行活动,以使福祉最大化的理念,应当被视为一种分析方法,而不是对行为的现实描述。”②对网络众筹进行伦理道德规范,或者对网络众筹参与者进行必要的道德教化,不是要在法制之外另辟蹊径寻求互联网金融治理的密钥,而是与法制建设一道,共构互联网金融秩序的防火墙。

第一,使网络众筹回归“普惠金融”本质。“不同类型的普惠金融服务,可以满足各个阶层客户的基本金融需要,并以合理的价格获得必要的金融服务。”③强化网络众筹的伦理属性或许不能改变互联网受众的聚焦效用,2017年样本平台的地域调查显示,近八成的新增项目融资集中在东部地区。④ 尽管这一数据不能完全证明网络众筹“普惠金融”本性的丧失及其程度,但在一定意义上可以看出其经济理性的高扬。恰恰在中西部地区更加需要举社会力

---

① 郭勤贵、程华、王海军等:《互联网金融原理与实务》,北京:机械工业出版社,2017年,第194页。

② (英)约翰·凯伊:《市场的真相》,叶硕译,上海:上海译文出版社,2018年,第252页。

③ 曾刚、何炜:《中国普惠金融创新报告(2019)》,北京:社会科学文献出版社,2019年,第22页。

④ 中国互联网金融协会:《中国互联网金融年报(2018)》,北京:中国金融出版社,2018年,第131页。

量帮助其发展生产、拓展经营、激活和培育创新能力，网络众筹本可以发挥其强劲的融资能力和项目支撑能力，但事与愿违。同样，就个人创业的角度来说，知识壁垒往往成为不同人群创新创业的障碍。普惠金融试图针对弱势群体和底层群众提供金融服务，培养其理财能力并提供性价比较高、风险较小的金融产品。经济理性的过度张扬则会压制普惠金融的这种倾向性，转而成为财富相对集中的东南沿海和中心城市的专属，成为高收入人群的俱乐部产品。有人认为，投资股权众筹项目只是不得已的投资者的选择，因为“当你向那些智财（smart money）放弃的项目投入傻钱（dumb money），其结果是确定的，并且是确定无疑的”。[①] 加强伦理建设，能够在一定程度上减少欺骗，提高项目成功率，从而维护网络众筹普惠金融的本性。只有在普惠金融的基本框架内，才能使互联网金融成为具有人民性的新兴业态，众筹事业亦避免陷入单纯牟利工具的境地。

第二，使万众创新大众创业取得更大成就。创新是一个民族进步的灵魂，创新主体的扩大是社会创造力的源泉。众筹不但有筹钱鼓励草根创新创造的作用，也有筹智集体创新的功能，在后一方面作用的发挥程度，需要依据人们在众筹活动中的价值选择和伦理导向而定。“现在，我们已经被网络上俯拾即是的财富宠坏了。只要有想法，外加一台笔记本电脑，年轻人就能创立改变世界的公司。”[②]大众化创新的网络模型已经显示了对于推动企业家成长和经济增长的巨大作用。包括科学技术和管理经验在内的新的生产要素通过网络共享而成为持续创新的稳定基础。众筹赋予网络这样一种创造要素汇聚的渠道：股权众筹使一般投资人参与创业，而权益型众筹和部分公益型众筹则将创新与创意带进普通群众的生活之中。私募基金投资门槛过高，公募基金投资

---

① （英）安德鲁·帕尔默：《金融创新：重塑未来世界的智财》，郭杰群、草沐译，北京：中国人民大学出版社，2016 年，第 142 页。

② （美）克里斯·安德森：《创客：新工业革命》，萧潇译，北京：中信出版社，2012 年，第 10 页。

标的范围过窄,对我国中等收入以上的广大人群而言,是难以参与进去的。网络众筹则使小额资金具有积聚一起、共同创业的作用。网络众筹行业伦理道德建设的直接作用是保护它内在的伦理基因,然而事物并不具有内在性的伦理道德,只有在人们对使用方式的选择上,才体现出伦理的价值。激励大众创业万众创新,说到底是一种伦理性的众筹使用抉择。

第三,经济理性不是人存在的唯一依据。网络众筹是金融理性工具,也是价值理性工具。陈旧的思维方式运用在新颖的现代科技上,所能产生的依然只是过去老调常谈那些社会问题的涌现。以金融投机作为纯粹的动机来驾驭众筹,则欺骗和套利行为屡禁不止、行业柠檬市场必然定格。网络众筹以创新创业项目的资金支持和智力支持作为基本内容,以信息化作为基本手段,表面上看,技术性依赖乃是主要的特征;但是,互联网金融产品的成功"除了分析数据的趋势和真实性之外,还难在对用户心理和行为的把控,从人性角度考虑,提出合理化的需求和营销策划案,让用户实实在在体验新产品,才是新产品成功与否的关键"。① 工具理性深入人心的方式是理解人的需要、价值和尊严。如果任由工具理性肆意膨胀,"行为的功过常常同我们的自然倾向相违背,有时还会控制我们的自然倾向。但是,理性就没有这样的影响。因此,道德上的区分并不是理性的产物。理性整个就是不活跃的,而且绝不能成为像良心或者道德感那样活跃原理的根源。"②理性的"不活跃",是指其对事物的发动作用,是作为动机存在的东西,它构筑人们在某一事业上倔强的意志,在这一点上,理性必然不如道德。自由主义者或许认为社会利益与个人利益有着不可调和的矛盾。③ 网络众筹是互联网时代的产物,而互联网呼唤"个人抬头"。不过,同时应当注意的一种发展趋势是,"数字科技可以变成一股把人

---

① 刘刚、邹新月:《互联网金融乱象及其风险监管》,北京:北京大学出版社,2019 年,第 44 页。

② (英)大卫·休谟:《人性论》,石碧球译,北京:中国社会科学出版社,2009 年,第 320 页。

③ (英)安东尼·德·雅赛:《重申自由主义》,陈茅、徐力源、刘春瑞等译,北京:中国社会科学出版社,1997 年,第 120 页。

们吸引到一个更加和谐的世界之中的自然力量。”①而能够使这种“自然力量”发挥作用的，是伦理道德。

第四，促进知识生产。在知识经济中，“数据、信息和知识是交易的主要商品，附加值或竞争优势来自一次又一次地配置知识资源的创造力”。② 网络众筹对知识生产的要素进行了激励性重组。民众能够通过众筹平台参与到项目发起人的创新创意过程中去，从而扩展了知识生产的主体基础。对于中小创业公司来说也是如此。在这个过程中，众筹平台能够起到非常重要的作用，对激活和配置知识生产的要素起到信息中介和促进作用。“取得知识和专门技术，以新的方式重新配置并经销它，正在变成专业化的职能，新成立的中介组织在这方面发挥着作用。”③众筹平台成为造梦工场，就是将普通人的创意加工成为现实产品和服务的过程。发起人（创意人或发明者）将好的计划和设计付诸实践，通过网络筹集资金支持，同时也通过资金来源的渠道以反馈的方式将产品和服务输送出去。它既促进了创意和设计的实践，也将其服务于现实生活的能力直接赋予投资者群体。众筹行业伦理道德建设需要顺着这种思路适当引导，将其对个人财富和小微资金之社会价值的放大作用发挥到极致。同时，通过项目的运营鼓励知识生产中的草根力量。“随着联盟的增加，互渗性也增强了，企业间的技术知识流动变得更为普遍。”④知识流动对知识鸿沟的弥补无疑是至关重要的。如果众筹行业中不注重伦理道德的建设，其实际能够发挥的作用，可能并非促进知识生产的进步，而是相反，因为新的知识生产必然冲破现有的利益体系，一切即将取得和业已取得的利益关系格局

① （美）尼古拉·尼葛洛庞帝：《数字化生存》，胡泳、范海燕译，海口：海南出版社，1997 年，第 270—271 页。

② （英）迈克尔·吉本斯、卡米耶·利摩日等：《知识生产的新模式：当代社会科学与研究的动力学》，陈洪捷、沈文钦等译，北京：北京大学出版社，2011 年，第 109 页。

③ （英）迈克尔·吉本斯、卡米耶·利摩日等：《知识生产的新模式：当代社会科学与研究的动力学》，陈洪捷、沈文钦等译，北京：北京大学出版社，2011 年，第 104 页。

④ （英）迈克尔·吉本斯、卡米耶·利摩日等：《知识生产的新模式：当代社会科学与研究的动力学》，陈洪捷、沈文钦等译，北京：北京大学出版社，2011 年，第 105 页。

都在常变常新的互联网潮流中显得脆弱不堪。而利益体系的脆弱性,正是边缘人获得人生出彩的机会。知识生产亦是如此。每一种知识体系和知识层次都将维护或填充特定人群的利益库,旧的知识体系的瓦解,不但使权威遭受质疑和倒塌,更有可能摧毁其赖以生存的根本利益。包容和共享,是众筹时代推动知识生产的重要理念,也是创新创意相关项目众筹的起点和要义;它们也必然是网络众筹伦理道德建设的重要内容。

第五,提高网络社会治理现代化水平。网络众筹作为一种新的经济业态,必然建立在社会治理的总体框架中,增强平台信息披露能力与水平,防止发起人项目欺骗,维护信息安全,防止金融犯罪和洗钱,既需要法律和制度规范,也需要伦理道德建设。只有全面提高行业自律和从业人员的道德意识,才能使其在拓展新业务,创新经营方式时不钻法律空子。在"法无禁止即可为"原则之外,确立伦理道德审查的门禁,是提高网络社会治理现代化的重要方式。因为在"法无规定不可为"原则下,必然造成新兴业态创新能力和适应能力的滑坡,造成创新创造意识的丧失。如果整个互联网金融都将"法无禁止即可为"作为一种默许的同行准则,法律和制度建设的滞后性就会造成新兴业态发展过程中的巨大代价和社会信誉损失。伦理道德准则与法律制度相比,更具有低层性和基础性,它全面渗透在人们的行为抉择和价值选择上,对网络众筹这种新的经济业态的指引作用,在某种程度上是法律制度所不可替代的;而过度依赖金融科技(云计算、大数据、人工智能等在互联网金融领域的应用)在透明技术上的改进,其风险仍然是巨大的,因为任何科技工具,在社会价值上都可以做相反的应用。

第二节　众筹的类型及其伦理意蕴

众筹行业的伦理道德问题在原则高度上应该具有超越事实的预定性,这是伦理筹划的重要依据。当伦理基点坐驾在个人主义或功利主义或自由主义的任何一种特殊伦理旨趣上时,具体的道德行为就展现出不同的倾向性。但从一种倾向性出发来审视众筹行业的现行规则或者实际运营活动,就会质疑人们究竟能不能找到一种能够一以贯之的行动准则,以便指导各种新近出现的事务和职业活动。与前一章曾论述的问题相似,在众筹行业的项目化运行过程中,角色变化似乎是永久性的问题,与它相伴的是角色伦理在应对众筹伦理失序和道德失范的时候,如何确定“序”和“范”本身。以功利主义的视角来观察众筹项目,往往会导致对项目运行长期性的忍耐性损失。在创新创意众筹项目中,尤其是关于基础科学和深度技术研发的进程中,时间跨越的长度往往会不断煎熬人们对短期利润和利益的追求欲望。投资人在这种项目中,是“合伙人”“合作者”或者“利益共同体”“志趣共同体”等,而他可能同时是公益项目的投资者或者股权众筹的股东,这是在义利上分裂的两种众筹方式。功利主义无法核算帕累托较优的局势,也就无法对行为进行功利主义的指导。多重角色中功利的本体论属性出现巨大差异更是导致验算中的失败。因此,用一种特定的思想方式来对众筹中的主体和组织进行简单规范,显然力不从心。回到上一章所采用的基本方法,那就是从众筹项目类型及回报方式分类,从而在不同的行为过程和特殊的场景关系中确定伦理道德的规定性和意向性。网络众筹的方式有不同的分类方式,从而也有不同的分类结果。这里按照投资和收益效用作为基本依据进行分类,主要选取股权众筹、权益型众筹、物权类众筹和公益类众筹作为论述重点。这几类众筹中,又侧重于对权益性众筹和公益众筹进行分析;这是因为它们或许具有更多的伦理道德指向性。

一、股权类众筹的伦理意蕴与规制

股权众筹与天使投资、PE(私募基金)、VC(风险投资)构成一条完整的融资生态链,是多层次资本市场体系的一部分,该模式主要的业务是服务于初创企业。其实质并不能脱离网络买卖股份完成投融资这一事实,尽管它可能会触犯证券法的相关规定(往往通过实名认证、投资者资格认证、最低投资额的控制、投资人数的限定、退出年限等来规避法律限制），常常在非法集资和合法集资的中间地带游离。根据国际证券会组织的定义，股权众筹是指通过互联网技术，从个人投资者或投资机构获得资金的金融活动。[①] 其主体包括融资方、平台和投资者。股权众筹因投资人限制以及项目本身的风险性极高（美国风投创业企业 5 年内失败率为 60%—80%[②]），资金退出（或锁定周期）或兑现险收益的时间较长（平均 5 年以上），因而并不适合普通工薪阶层和中低收入群体投资参与。我国较早开展股权众筹的平台是 2011 年上线的"天使汇"和"创投圈"。2015 年，上海、广东、北京、天津先后开展互联网金融股权众筹融资试点。我国 2015 年由人民银行等部门联合发布的《关于促进互联网金融健康发展的指导意见》中明确规定了股权众筹是指通过互联网形式进行小额股权融资的活动。"小额"的限制将网络股权众筹与私募区别开来，同时降低了投资风险。网络众筹一方面缓解小微企业融资难题，另一方面也为民间资本的放贷提供新的渠道。在对投融贷界（trjcn.com）进行项目查看的情况下，目前国内股权众筹平台抢滩新三板（指全国性的非上市股份有限公司股权交易平台，主要针对的是中小微型企业）业务，[③]投资人设置限制相对弱化，项目类型涵盖建筑、美容、餐饮、软件、生态产业、工业互联网、零售、教育、水利、健康、能源等各行各业。

1. 股权众筹的主体道德规范是由其在行为中享受的权利决定的，而与其履行的义务并不对称

张讯诚认为，"众筹的核心思维是：搭建一个平台，汇聚各个小个体的力量完成一个项目，并让参与的小个体获得当中的利益。"[④]股权众筹为小微创

---

① 周光友：《互联网金融》，北京：北京大学出版社，2017 年，第 219 页。

② 周光友：《互联网金融》，北京：北京大学出版社，2017 年，第 220 页。

③ 方兴东、张爱芹：《互联网金融蓝皮书（2016—2017）》，北京：电子工业出版社，2018 年，第 48 页。

④ 张讯诚：《众筹+：众筹改变世界》，北京：中国财富出版社，2015 年，第 145 页。

业者提供了与大企业接触交流的机会。可以吸引大企业进行注资并参与运营管理。不同的众筹模式中,参与人的权利义务关系是不相同的。

(1)在有限合伙人模式下,有限合伙人作为整体(合伙体)投资主体参与融资企业的项目,享有股东权利;其中一些富有经验的投资人成为普通合伙人,而其他人则是有限合伙人。在这一模式下,投资人通过联合形成合伙体,极大地降低了投资风险,可以将有限的资金分别投入到更多的项目中去,从而进一步减少投资风险。在项目失败率和高额回报率的综合权衡中,更多项目的投资意味着保本盈利的几率大幅增加。在合伙人模式下,广发非专业性投资人,由于仅作为跟投人参与投资,从而减少了投资知识养成和技能训练的成本,同时免去了项目考察和选择的时间成本;在专业投资人的领投下,投资风险相应降低。不过,合伙人模式下的主要道德风险在于,领头人(很多时候也会是众筹平台)是否与有限合伙人处在同一利益链上。这个似乎毫无疑问的关系问题却成为有限合伙人模式下股权众筹中欺诈行为的根源之一。当领投人与项目发起人存在更多利益勾连或者暗约的时候,一般有限合伙人由于对项目运营并不参与,就会完全成为任人宰割的对象。

(2)在代持模式下,不需要设置有限合伙实体,只需要在众多的投资者中选择少数投资者作为代表行使权利,这些投资代表(或股权代持者)成为项目发起企业的股东,代持者与其他投资者签署股权代持协议。在这个过程中,我们可以把投资者称之为实际股东,而代持者是名义股东;股权由名义股东来维持。其风险在于:一是实际投资人的股权身份难以确立,二是名义股东有可能侵害实际股东的权益,三是在项目运营失败中代持者可能受到实际股东的索债。代持需要更多的信任机制参与其中,否则,上述风险就有可能在有意无意中爆发。当互联网平台上的弥散的自由投资人进入股权代持模式众筹中时,名义股东在与实际投资人签署股权代持协议时,要坚持公开、透明、互利的原则,同时应体现贡献与回报的相应对称关系。名义股东与实际股东之间是一种信用代理关系,但由于缺乏实物抵押的背景和条件,个人道德品质、资历、身份地位等成为获得代理权利的重要因素。而一旦代理关系形成，投资人就应该对自己的代理事项予以确认并承担这种风险代理所必然产生的后果。现实中发生冲突的方面正是在承担义务与获得权利之间的矛盾冲突。也许在众筹项目正常运行的过程中，预期回报与承担的义务之间尚且存在一定的正相关；在项目运行失败的情况下，获得同样的正相关就尤其困难。也就是说，在项目失败的时候，名义股东不能获得更多的安慰和宽容，而是相反。这在伦理道德上是说不通的，它将行为的道德性以及道德回馈设置在外在事物的运行结果上，而外在事物的运行结果往往与道德无涉。其他主体的伦理关系与有限合伙人模式下相似，不赘述。

(3)在契约基金模式下，与有限合伙人模式相比，它不设定有限合伙人实体，而是由基金公司发起设立契约基金；投资人与基金公司订立契约投资合同，资金由基金管理公司直接管理并进行投资。可以说是有限合伙人模式的简化版，但是在道义上，由于契约基金是由基金管理公司发起的，而有限合伙人常以一定投资人数的整体作为有限合伙体参与投资，项目发起人是实际运行者，从而投资人会相对关注项目运行状态，并在项目失败的情况下不得不承担其后果；而契约基金模式下，仅发起人与投资者之间订立契约，其本质是投融资关系，基金公司的运行项目就是“投资”本身。在索债权上，投资者无法向一个虚拟“合伙体”索债，而是共同指向项目发起人，并按合同承担风险；不过投资者能够向基金管理公司索债，并按合同索要权利。作为投资者，一方面在契约基金模式下更加省心省力，将投资实务交由专业投资团队打理；另一方面，也存在股东权利难以维护，营利水平的透明度难以把握等问题；在极端情况下，还要防止基金公司的欺诈、跑路行为。

当人们将更多的具体事务交给一个中介组织进行管理和运作时，他/她就必然会因此而付出更多风险、让渡更多利益、远离信息真相等方面的代价。而遵守这一基本逻辑，是股权众筹投资人应有的基本共识。否则，在网络众筹法律制度的各种限制条件下，投资人不得不合伙设立专门的投资公司作为众筹的投资主体,这在实际的运作中由于成本的高昂和操作的不便,较少被采用。

2. 股权众筹是纯粹资本逻辑施展的舞台吗

如果将上述运行模式结合起来看,就会发现股权众筹在资本逻辑之下,有着一定的伦理道德的指向。并且,对行为方的道德规范同样显得重要,尽管项目的属类或许与道德毫无关系。马克思说:“对于基督教来说,一切取决于人有没有信仰,而对于资本来说,一切取决于他有没有信用。”①项目发起人在众筹平台发布项目信息时,意味着一种以股权转让为内容的经济契约已经展现出来,它在投资人与发起人达成最后协议时变为现实。一方是资金的输出,其目的是获得更多的资金;另一方是资金的输入,其目的是项目的最终实现或获取更多资金。获得“更多资金”是投融资双方的共同目标,它以项目的运营作为实现途径。在这一过程中,不同的股权众筹模式,投资人对项目运营的实际关注和参与程度有着巨大的差异;在契约基金模式下,投资人甚至完全不参与项目的实际运营。因此,资本的增殖逻辑是股权众筹中的核心逻辑和内在动力。忽视了这一点,就会将股权众筹作为具有更多道德倾向性的经济活动类型,并因此而对投资人赋予过多的伦理价值期望。在以盈利为目的的股权众筹投融资双方看来,实现资金的纯增长是最为可靠和直接的目标,道德义务和伦理价值是这一活动过程中作为人的基本道德遵循,并不包含太多的伦理道德厚望(尽管确有其一定的伦理特指性)。投融资双方在维护项目正常运营并因此而实现彼此的价值期望,这是股权众筹投融资协议中应有的基本精神。项目发起人必然保障项目的真实性和信息的透明性,并努力实现带有强烈许诺性质的融资说明书所强调的营利能力和盈利水平。投资人或投资代理人在协议允许的范围内积极参与项目的运营,并维持资金供应的稳定,以使项目在可能存在的风险和动荡中完成预定的历程;在项目的最终归宿(被收购或失

---

① 《马克思恩格斯全集》第26卷(Ⅲ),北京:人民出版社,1974年,第495页。

败)中承担作为金融投资应有的风险。

当然,股权众筹也有一定特殊性的伦理意蕴。其一,股权众筹为初创企业提供了资金和宣传平台。我国股权众筹更多的是初创企业完成首轮募资,它一般包含天使投资的倾向,或为吸引天使投资人对其进行投资做准备。股权众筹对于那种尚未形成巨大资金集聚能力和完备企业制度及稳定盈利水平的初创型企业来说,是获得社会融资的有效手段;而大企业或者具有稳定盈利水平的企业并不需要在小额融资上费尽心机。初创企业利用众筹平台进行项目宣传,提高公司或项目的知名度;并且通过创始人或领投人邀请特定对象参投,可以直接选定一些除了股权之外还能提供各种资源的潜在投资人。[①] 在企业经营中体现了自助者天助的原则。只有积极探求社会各种资源的支持,才能使企业做大做强。其二,股权众筹与民间资本具有天然的亲缘性。民间借贷具有深远的历史文化传统和现实土壤,也有着污名化的现实原因。一方面,社会经济的发展为民间资金的充分利用和使用权让渡提供了条件,在民间资金使用权让渡过程中实现借贷双方互利是其基本宗旨;它也确实为生产经营和社会生活中资金短缺的问题提供了解决路径。但是,问题民间资本层出不穷,设置各种套路并穷尽人伦底线获取高额利息或霸占他人资产的情况常有发生,这使得民间资本借贷具有被污名化的现实性。股权众筹因为涉及国家相关部门和行业协会的监管,并且在网上进行公开招投标的形式进行,反而使原来可能存在的黑暗交易变得光明磊落,减少了暗箱操作和人为构陷、谋取他人财产的几率。网络股权众筹为民间借贷的归正与德治提供了条件。其三,股权众筹风险非常大。在经济领域中,风险投资有着特殊的内涵,它将大概率的项目失败所造成的损失,提交给少部分成功运营的项目来予以偿还;尽管这一机制并非人为设定并运算得出,但在风险交易中足以显示出其内在的合理性。正是在这样的背景下,风险投资的原则中往往包含有分散投资项目

① 周光友:《互联网金融》,北京:北京大学出版社,2017年,第225页。

来减少风险系数的普遍做法。由于股权众筹的融资方往往是初创企业，创业初期面临的挫折和困难往往异常艰巨，在市场开拓和产品优化的双重困局中只有较少的企业最终完成凤凰磐涅，大部分项目必然惨遭淘汰。股权众筹往往也对资金的锁定期设置较长，它对希望加速资金周转速度的投资者来说并不适宜。正因为跨期长且风险大，项目发起人理应在项目说明中注明风险等级，并设定一定的投资犹豫期，以便大众投资能够在综合权衡中做出更为理性的判断。在股权众筹风险中平台方面所应当坚持的伦理道德原则与网贷中的情形具有较多相似性，不赘述。

二、权益类众筹：在创造历史的进程中创造个人财富

权益型众筹又称为回报型众筹、奖励式众筹或预购式众筹，是指投资人可以从项目发起人那里获得非金融性奖励/权益作为回报。这种回报可能是象征性的，也可能具有消费属性。权益类众筹更多体现了非正规金融的一些特征，其发生和发展一般基于一定的社会关系（圈层）进行，而这种社会关系成为众筹的隐性担保形式。[①] 在认定项目发起人的资质和项目本身的可行性方面，基于一定社会关系网络的项目具有舆论和知识体系约束的风险减免。尽管作为“风险减免”的方式并不取决于社会的成文典章规范，但它有着自身的约束机制。在互联网金融监管不彻底、征信体系不完善的情况下，网络社群或圈层本身的信誉约束和智识融合能够解决部分融资欺诈隐患。在主张草根创新的互联网时代，在网络社区基于圈子文化发展相关创新创意项目，有着较好的发展前景。诸如在网游社区进行游戏改进或创意，能够较为迅速地获得玩手的支持，而在音乐爱好群开展器乐或声乐的网络项目开发，也可能获得较多的支持。同时，因为相对专业化的社群对项目本身的设计和可行性具有一定的鉴别能力，尤其是在网众集思广益的基础上，低档、重复、市场前景黯淡的项

① 刘刚、邹新月：《互联网金融乱象及其风险监管》，北京：北京大学出版社，2019 年，第 111 页。

目很难蒙混过关。在此类项目的众筹方面,投资者参与的热度会相对较高,且对项目的完善多有助益。当然,要完全规避创新创意不足是非常困难的;因为要获得项目的前景知识,以及当前大企业是否有着类似项目的更为先进的研发计划,不但需要前沿专家知识,而且可能需要寻求一些商业机密上的信息。就此而论,基于业趣或项目情感依恋的众筹项目,依然存在一定的风险。它所能减免的风险,也就停留在故意欺诈和信息隐瞒层面。在 2016 年全国运营的 532 家众筹平台中,权益型平台是 149 家,占 28.01%。[①] 2017 年减少到 90 家,2018 年持续减少到 47 家,占运营平台数的 31.97%,平台绝对数仅次于股权众筹平台数(52 家)。[②] 陈宇认为"众筹模式在中国开展的难度之大,首推金融市场整体浮躁。大家先想的是圈钱,对于无法圈钱的事情,基本不愿意去做"。[③] 这一说法在今天仍然是比较准确的判断。众筹平台基本是股权类众筹,而在权益性众筹中,我们在"京东众筹"首页所能见到的,基本上是现成产品和服务的预售或团购类的项目,基于科技研发和创意产品开发的支持项目很难找到。2020 年 4 月 13 日京东众筹(jr.jd.com)"热门推荐"第 1、2 页的 32 个项目中,美食(含茶叶、酒品)20 项,服装饰品 6 项,创意产品 5 项,其他 1 项。在"支持最多"的项目中,前 10 项中包含科技创新说明的项目占 7 项,其他 3 项分别是 2 款茅台镇白酒和 1 款信阳毛尖新茶。在"金额最多"的前 10 项中,7 项为包含科技创新说明的项目,其他 3 项为宜宾春茶、紫砂壶、桑葚酒等普通产品预购团购式众筹。京东众筹本质上是一个产品众筹的平台。在资本逻辑的统治下,众筹的创新创意培育率不高,对种子项目的培育和持续支持率比较低。权益众筹在本质上应体现社会效用和经济效用的适当结合。当其价值取向偏向纯粹的金融营利,则其所能挖掘的巨大社会作用必然遭受埋没。

---

① 刘刚、邹新月:《互联网金融乱象及其风险监管》,北京:北京大学出版社,2019 年,第 118 页。

② 烯易热度研究院:《2019 互联网众筹行业研究报告》,https://www.sohu.com/a/297538910_800248。

③ 陈宇:《风吹江南之互联网金融》,北京:东方出版社,2014 年,第 133 页。

1. 权益型众筹能够减少产能过剩的现象,提高社会生产的效用

权益型众筹项目的产品具有可展示性的特点。"产品的可展示性"是创意项目进行网络众筹的前提,它便于平台审核和投资人直观感受,具有可操作性。[①] 同时,它通过展示项目详情,模拟市场营销,测量消费者对产品属性、包装、功能及社会价值的认同程度,促进产品信息与客户的深度沟通,预判产品或服务市场化进程中存在的障碍以及由此而改进其存在的缺陷。市场对社会资源的配置具有自发性和盲目性,尽管它在挖掘潜在消费市场上有着深度渗入的独特优势,但传统市场机制必然导致生产社会化的扩大和企业生产自主性之间的矛盾,使结构性供需错配成为常态。权益型众筹的回馈方式不是金钱,而是产品和服务。这种回馈方式对于促进生产定量的精准化有着重要的意义。尽管预售形式和团购模式的众筹并不新颖,但随着网络化的进一步发展,以权益众筹的形式出现的全网预售和团购营销模式必然铆合产销关系,减少供需错配现象,节约产能。对纯粹商品化或产品化众筹不应抱有过高的伦理期望,它所能实现的独特价值主要是:(1)满足小众需求。对小众化产品和服务的众筹能够满足特殊人群的需要,从而在尊重异质性消费的形式下维护消费公平;当然,从生产的维度来说,也是对小众产品和服务提供者的劳动尊重和价值确认。(2)如前所述,它能够进行定量生产和提供服务,从而避免劳动拥挤和劳动者之间的相互挤兑,造成劳动价值在过度竞争环境中的弱化;使整个社会的生产和需求之间具有更为匹配的关系。在社会总资源有限的情况下,产能匹配是将社会资源的价值以最大化方式挖掘出来并加以利用的有效手段。(3)对边缘化消费群体进行社会化联络,通过众筹平台,匿名寻找社会消费认同,从而避免基于消费的小众化而产生的社会歧视;在带有社交性质的网络众筹中,通过专门论坛和通讯群组构建边缘产品消费共同体,尊重各种对

① 胡冬鸣、田春丽、金茹:《如何运用互联网金融》,北京:中国财政经济出版社,2017 年,第 191 页。

他人无损的消费习惯和消费内容。就此而言,无论是成品的权益众筹还是样品的权益众筹,它们在社会化网络中仍然具有一定的伦理价值。

2. 权益众筹与“造梦工场”

“金融确也有做好事的能力”,尽管“癌症超级基金是一个尚处在其生命之初的想法”,①但金融与创新梦想之间有着可以实现的内在联系。通过金融手段实现人类对未来宏愿的设计和追求,这是值得期待和赋予祝福的事情。当人们正在为未来人类寿命的长度和质量忧心忡忡时,那种将彻底探究生命奥秘的研究计划能够激励人们的情绪和集体战斗的意志;而当生态文明遭到严重破坏时,一些热衷于对世界可持续发展作出贡献的科学家和行动家们完全可以通过众筹的方式进行资金归集,以便使梦想变为现实。这种超越一般个体能力范围的宏大计划需要广泛而持久的群众支持。赋予这类项目的投资人以回报的是一种价值领域的赞赏和荣誉,或者仅仅只是分享社会变好之后的社会环境和生存条件。这是多数人支持少数人,而少数人为多数人的利益奋斗的过程。在网络社区中,“多数人资助少数人”的权益型众筹也许更为现实,为更多人所接受的往往是对创业者的鼓励,即进行类似于股权众筹的投资;不过,与股权众筹相比,它不是为了获得资金回报,而是为了获得产品和服务的优先享用权。与前述产品众筹有所不同的是,权益型众筹在实现创业梦想的过程中,甘冒风险去获取的产品和服务,其本身就是出于概念阶段的东西,其进入生产阶段尚需时日。在科学研发领域,特殊医药产品和高科技智能终端的研发具有典范作用,因为当其开始进入众筹阶段时,至少已经取得了阶段性的成就,并在通向最终的成果道路上有着可以估计的良好结果。在研发的某一特殊阶段,资金的瓶颈已经成为了研发项目的最后进程。

权益型众筹给那些期待产品和服务出现的隐性消费者给予参与和帮助项

---

① (英)安德鲁·帕尔默:《金融创新:重塑未来世界的智财》,郭杰群、草沐译,北京:中国人民大学出版社,2016年,第110—114页。

目实现价值的力量。这既是实现生产者和创意者的创业梦想,也是实现投资人的消费梦想。除了科技产品研发的后续补金,以保证冲刺阶段的资金殷实,影视、艺术、文学创作、人文社科研究、小微创业等也能通过权益型众筹得到支持。出版众筹就是一种有前景的项目,它在互联网版权泛滥的时代,给予真正的创作者以现实力量的支持,既保障了作品的按时出版,也保证了创作者的基本生存条件。带有预售性质的出版众筹并不同于前述产品众筹,因为它只是整个作品创作的一个支撑条件,而在众筹结束之前,作品并未最终形成。文学和艺术作品、甚至一些人生哲理性或生活技能型的专门著作,都能通过众筹的方式完成创作,使作者在创作过程中衣食无忧、专注于创造性思维;而在作品完成后,亦能顺利出售、获得应有回报。可见,无论是高科技或独门特技生产的物质产品,还是文学、艺术、影视、人文等精神产品,热衷于对它们进行创作的人们,只要有着强烈的创作欲望和充分的创作能力,就有机会在权益型众筹中大展拳脚。当然,在需要承担权益性风险的投资项目中,创意类项目的周期长度对众筹的成功与否起着一定的作用,周期越短,潜在投资人会越多。这是基于兑现权益的基本意向;它也警醒人们不要对权益型众筹抱有过多的期望,在基础性研发和漫长的实验检测中,由政府机构和非营利组织领导的研究依然起着领导作用。小微创意和创业的梦想又多了一条出路,这一点是毫无疑问的。“伟大的技术突破往往发生在新企业中,并且新企业对就业增长作出了极大的贡献。”①尽管新企业失败的可能性很大,但成活下来的新企业往往具有巨大的发展潜力和空间,为技术进步和社会发展作出重大贡献。精神产品的生产或许也是这样。就此而言,投资梦想的人们,既成就了他人,也往往成就了自己;而在互利的期指中所付出的,是金钱损失的风险——与某种道德性的行动相比,它往往是微不足道的。

① (英)安德鲁·帕尔默:《金融创新:重塑未来世界的智财》,郭杰群、草沐译,北京:中国人民大学出版社,2016年,第135页。

3. 权益众筹与网络时代的知识生产模式

众筹的社会属性之一是盘活社会关系价值链中的各个链条,以众筹平台为中介,通过平台进行交流,聚合众人之力来做一件有意义的事情。[①] 阿莱克斯・彭特兰说:"拥有最好想法的并不是最聪明的人,而是那些擅长从别人那里获取想法的人。推动变革的并不是最坚定的人,而是那些最能与志同道合者相处的人。最能激发人的并不是财富和声望,而是来自同伴的尊重和帮助。"[②]凯文・凯利指出,我们时代的社会机制已经发生了重大的变化,新的经济机制将服从于网络的逻辑。节点变得越来越小,而连接变得越来越多、越来越强。[③] 任何人或事物如果能够连接周围的人或事物,并取得有益于自身生成与发展的信息资源,他/它就能够变得充满生机和力量。知识的生产亦是如此。权益众筹项目在初始设计中的模型并未定格,它可以在与投资人的密切接触中使项目成果更加贴近人们的需求,并取得突破性的发展。在这一过程中,产品生产与知识的生产具有同步性。在改进项目运营方案与完善项目内容的同时,也就增加了项目所包含的知识和人文要素,并将其现实化。当然,诸如版权众筹之类的项目更是如此。尽管目前存在的大量版权众筹项目并未开放智慧采集的通道,但这是舍本求末的,未来权益众筹中智慧采集的内容将会更加充盈。通过智慧的采集,使知识体量增大、层次更高,从而在技术底座或文化内蕴上彻底优化项目。筹智是时代赋予权益众筹的重要内涵。

知识生产的类型转换要求互联网金融避免对时代呼声的漠视。如果从其获得的回报来看,权益众筹的风险本身是较大的。但权益众筹能够激励人们

---

① 方兴东、张爱芹:《互联网金融蓝皮书(2016—2017)》,北京:电子工业出版社,2018 年,第 33 页。

② (美)阿莱克斯・彭特兰:《智慧社会:大数据与社会物理学》,汪小帆、汪容译,杭州:浙江人民出版社,2015 年,第 2 页。

③ (美)凯文・凯利:《新经济新规则》,刘仲涛、康欣叶、侯煜译,北京:电子工业出版社,2014 年,第 2 页。

对此怀抱热情的要素之一，便是它对于经济参与程度的认可，尤其是在具有知识生产倾向的项目上。因此，在出版物构建、影音产品及科技项目研发的过程中，非专业化的投资人能够在用户体验的层面为专业开发人员提供指引；而具有专业特长的投资人甚至能够深度参与到项目的研发过程中来，从而共同推进项目的实现。对于项目发起人来说，“创造性比较优势不仅仅来自资源，还来自资源与资源配置力的结合。”①通过众筹平台将知识生产的主持人和协作者紧密联系在一起，在兴趣和职业上进行全网筛选，达到知识生产的社群化。对于专门知识的生产来说，这种基于网络全域筛选的机制有着无比巨大的优越性。它避免了传统社会业趣组合的诸多困难，比如因人群散布和地理距离引起的信息沟通不畅，特定知识生产的主持人很难找到志同道合者或技能互补者。网络众筹平台恰恰在这方面有着其天然的优势。

渠道价值向生产价值的转变是权益众筹的重要意义。“网络融资最直接的价值在于渠道价值。”②股权众筹、P2P 网贷等，它们的主要作用在于融资渠道的开辟，而对于大部分产品众筹来说，同时也是沟通生产者和消费者价值认同的重要渠道。但是，在权益众筹的某些领域，尤其是知识生产相关的领域，众筹的价值重心由渠道价值转向了生产价值。“正如我们将会看到的那样，想法的流动对于理解社会至关重要。这不仅是因为及时的信息对高效的系统来说非常关键，而且更为重要的是，新想法的传播和结合是行为转变和创新的推动力。”③尽管众筹平台的确为“想法流”或者智慧采集提供了宝贵渠道，但这种渠道的功能仅仅是生产性价值的支撑而已；在渠道构建之前并不存在已经定型的知识产品。促成权益众筹中的知识生产性众筹获得成功发育的，是基于价值的认同和追求，而“要使人民承认他们要为之服务的这些价值标准

① （英）迈克尔·吉本斯、卡米耶·利摩日等：《知识生产的新模式：当代社会科学与研究的动力学》，陈洪捷、沈文钦等译，北京：北京大学出版社，2011 年，第 107 页。

② 王斌：《互联网金融+：中国经济新引擎》，北京：机械工业出版社，2015 年，第 71 页。

③ （美）阿莱克斯·彭特兰：《智慧社会：大数据与社会物理学》，汪小帆、汪容译，杭州：浙江人民出版社，2015 年，第 8 页。

的正确性,最有效的方法是说服他们相信这些价值标准的确是和他们,或者说,至少是和他们当中的最优秀者一直所持有的价值标准相同的,只不过它们在以往没有得到应有的理解和认识罢了”。[①] 在互联网时代,众筹平台予以那些追求人生意义和价值目标的人们以“理解和认识”的途径或机会。不仅如此,权益型众筹对新知识生产模式的激励机制也与网络传播机制具有内在的一致性,即它们通过网众聚合的方式增强价值认同和社群凝聚力,从而坚持在众筹投资中的逆风险行为。在某些价值观吸附性极强的项目面前,人们甚至丧失对于利益回报的理性能力,从而走向一种非金融性的活动。或许正因如此,权益众筹的部分客观效果,将会为人类知识生产和发展提供新的动能。它对于创意和创业的项目发起人而言,意味着不仅筹集了资金,更是筹集到了智慧和人脉。它对项目投资人而言,成功运营的知识性的众筹项目弥合了消费和创造之间的对立。

4. 权益众筹与“粉丝经济”:虚拟社区的新阶层制度

2014 年,“那世界”音乐会在深圳呈现,歌手那英的这场音乐会首次采用众筹的方式进行运作。那英的粉丝可以根据自己的意愿和经济实力在线对“那世界”演唱会给予资金支持并获得相应的权利(奖励),比如支持 1280 元的粉丝可以获得 1 张内场演唱会门票、1 本“那世界”纪念工作笔记本、1 件纪念 T 恤和 1 张“那世界”典藏纪念 CD 等。支持金额可以从 120 元至 60000 元不等,初始设定众筹目标金额为 20 万元。[②] 组委会通过消费等级制度建立起严密的盈利体系,在众筹平台获取粉丝支持。而粉丝通过投资该项目获取与明星互动的机会或获得具有象征意义的象征物件。权益型众筹促进了粉丝经济的发展,并使“动物精神”在金融领域之外蔓延。所谓“动物精神”,指的是

---

① (英)弗里德里希·奥古斯特·哈耶克:《通往奴役之路》,王明毅、冯兴元等译,北京:中国社会科学出版社,1997 年,第 150 页。

② 黄凌灵:《解读互联网金融》,北京:清华大学出版社,2017 年,第 170—171 页。

人类经济决策中的非理性。权益众筹与粉丝经济之间有着内在的联系，在很大程度上也是投资人面对众筹项目风险时克服犹豫期心理波动困扰的重要原因。粉丝经济指的是“粉丝”（即忠诚的崇拜者、仰慕者和追随者）与明星、名人之间由于关联黏性而引起的经济活动及其结果。具有强粘附性是粉丝经济的特征。商品或服务与一定的名人、明星相关联，从而获得用户的稳定支持，这是在广义虚拟经济条件下的重要经济特征。对于那些拥有数以百万（甚至千万）计的粉丝的流量明星，他们所能带动的经济流动性是惊人的。基于影视艺术明星的文艺项目众筹，由于可兑现性强，吸引了大量网民的参加。一些知名影视艺术创作者以及作家和通俗作品写手，通过权益众筹将创作和创意变为现实物质财富，并通过众筹平台进行营销推广。对文艺、创作性劳动产品及其溢出价值（物化为周边产品和服务项目）的项目众筹，使得注意力成为稀缺资源，明星之间进行激烈的“吸粉”（吸引粉丝）竞争，并常伴有“动物精神”的外溢，导致非理性冲动在现实生活中造成粉丝团（即不同明星的粉丝群体）之间的摩擦。

尽管凯文·凯利说：“任何创作艺术作品的人——只需拥有 1000 名铁杆粉丝便能糊口。”①但是，在注意力稀缺的年代，吸收和稳定 1000 名粉丝并非易事。主要原因在于虚拟社区中已经形成了比较稳定的社群结构，新人参与创意产品竞争和文创类众筹需要非常厚实的专业技术和引人注目的突出优势，否则就会在海量信息中被淹没。粉丝经济的本质是一种会员制消费的最新版本，但在网络众筹平台获得了新的融资工具，使人脉网络辐射的范围更为广阔，从而也就加剧了虚拟社区的阶层化，甚至在一定程度上随着注意力垄断而形成了新的经济和文化独占。这将让新人走向舞台中央或获得社会认同有着更为艰难的阻碍需要克服。权益众筹与粉丝经济的勾连，在这个意义上具有伦理的逆向阻碍作用，它并不主张普惠的道德行为，而是在不断“圈粉”的过程中形成新的阶层壁垒。这一倾向远远强于传统传媒时代粉丝经济的力

① （美）凯文·凯利：《技术元素》，张行舟、余倩等译，北京：电子工业出版社，2012 年，第 86 页。

量。在传统传媒时代，粉丝经济圈具有一定的地域色彩，全域范围的超级粉丝圈很难形成，这是由于地域文化的分割现实所造成的。但互联网将这一格局打破了，全域超级粉丝圈往往抵制了地区性和专业性的小微创作和创业。就此而言，这样的权益众筹终将与互联网金融伦理的普惠主张背道而驰。

基于产品和服务内容，而不是基于人的权益众筹所形成的粉丝经济也许具有较好的结果。那是对某一类产品的特别关注和喜爱，诸如对电子产品、古董器物、手工艺品等等的特别嗜好，它们亦可形成粉丝经济的一种形态。而对某种产品和服务的“铁杆粉丝”因为主要是从消费的立场出发，从而不同于前述之知识生产的方面。在特殊产品的“铁杆粉丝”（如“飞行器”“网游”等）中，亦能形成产品权益众筹的广阔空间。它们对人的依赖性远远低于对物的依赖性。这类权益众筹在激励个体和组织进行产品更新与技术改进方面具有非凡的作用。消费的升级需求往往刺激着创造者进行产品和服务的升级研发，这对整个社会的创新发展而言显然是有益的。权益众筹内部具有的多重结构和不同类型使得很难将其作为一种行为方式作出笼统的说明，因而将权益众筹视为自由人联合体的最新样板是行不通的，因为在很多场景下，权益众筹导致的恶性竞争以及相互欺骗并不符合自由人联合体的基本原则。比如流量明星粉丝团之间的消费竞争和声誉竞争，往往导致毫无底线的人身攻击和身体伤害；而创新创业中的其他权益众筹，也有部分发起人因为对金钱的偏执追求而导致对投资人的欺骗。

三、物权类众筹：蚕食世界还是互济共进？

物权型众筹指的是通过互联网向大众筹集资金，用以收购实物资产，通过资产升值变现获得利润。其利润回报可以通过经营分红、租金分红以及物权的未来增值来实现。[①] 2018 年的物权众筹交易量较大的平台分别是“中 e 众

① 烯易热度研究院：《2019 互联网众筹行业研究报告》，搜狐网：https://www.sohu.com/a/297538910_800248。

筹""维c物权""八点网""米粒众筹""寸芒金融""好友邦众筹"等，它们主要从事二手车众筹，个别平台也从事其他物权经营（如"八点网"同时经营"不良资产处置"，"好友邦众筹"则专注于航空租赁与医疗设备租赁领域的物权众筹）。① 物权众筹可以通过集中零碎资金进行物权收购、运营，从而获得利润。物权众筹投资门槛低，以实物投资为标的，可信度相对较高；又由于物权租赁或变卖的周期相对较短，从而降低了投资风险，受到小微投资者的追捧。"互联网生态下每个独立运行的局部，都是部落，都有自己的私法。这个私法，就是玩法的保障，有时就是玩法本身。酋长可以玩得更愉快。这是侵占。"②在物权众筹中，"酋长"就是领投人或者项目发起人，他（同时极有可能是平台运营者）通过众筹平台获得小微网众的资金支持，在汇集一定资金后，购买实物资产，进行增值运营、转卖，从而获得利润。小微投资者依据投资额度取得相应回报。一般而言，物权众筹中，小微投资人与领投人之间的合同是保障其物权分割的依据，但这一依据并不能保障在物权租赁、运营和转卖过程中产生的利益损失。领投人作为法律规定的实际物权所有者在执行权益分割时是否能够公开透明，并维护跟投人利益，在一定程度上依然是一个道德问题。制度之维的漏洞几乎不可能杜绝。

物权众筹的购买行为是为卖而买，在保障利润的前提下，交易频率加快有利于资产的增值，使投资人获得更多的利益。"在这种背景下，高频交易无疑是聪明的，但是对社会并无益处。对于一小部分人来说，只是赚钱而已。"③为卖而买在经济上似乎并无不妥，而且显示出以钱生钱的理财能力。但在社会基本生活物品上的囤积和倒卖行为，使社会中广大民众陷入更加糟糕的生活

① 《2018国内最新物权众筹平台排名》，喜投网：https://www.xitouwang.net/zhongchou/3155.html。

② 仲昭川：《互联网哲学：互联网+时代的人类智慧》，北京：电子工业出版社，2015年，第219页。

③ （澳）理查德·沃特森：《智能化社会：未来人们如何生活、相爱和思考》，赵静译，北京：中信出版社，2017年，第72页。

状态,他们不得不为获得房屋、汽车等这类基本生活物质保障而付出更多代价。通过物权众筹进行投资的人,许多人本身并不具有宽裕的资金,在购买房产、汽车等大型商品时所能拥有的财务自由并不充分;当他们将希望通过较小份额的投资获得物权众筹项目的利润回报时,就必然进一步推动了房产、汽车等大型消费品的市场价格上涨。如此一来,在社会生活中他们购买并拥有独立住房和汽车的梦想就更加难以实现。从长远来看,物权众筹所涉猎较多的汽车和房产购买、租赁和倒卖行为,一方面侵害了普通市民获得这些物产的机会,另一方面也必然损害自己的利益。而在这一过程中真正获利的,是领投人和众筹平台。它们以牺牲大部分人的利益来积累自己的私利。与其说这是一种普惠金融的形态,不如说这是一种大资本侵占小微资本,并通过所谓的共享物权迫使小微投资者对这一侵占行为保持欢迎态度的秘密行动,但它被小额物权份额所掩盖了,投资人只是坚信投资回报的实惠性。正因为回报的实惠性使得投资人对物权众筹坚信不疑,它通过看似明朗的物权分割方案和现实存在的物权体来维持投资人的信心。通过高频交易不断推动市场价格上涨,从而获得项目运营的利润源泉。因此,从宏观角度来说,物权众筹的道德属性实在差强人意。当然,将个体利益与整个社会福利放置在同一问题域中进行分析,它有利于我们确证个体行为是否具有更多的伦理意义;尽管这一立场在经济理性看来简直是荒谬至极的。

假设我们将目光投向社会显微镜的目镜,所能看到的活跃于物权众筹的投资者们那狂欢的呼声和拥挤的身影里,有着难以掩饰的机会主义和权利掠夺的液质。在物权众筹中,搭便车的现象是最为常见的机会主义表现。由于出资者以小额股东为主,权力过于分散,物权管理中每个人都抱着“玩票”的心理,想要坐享其成。没有完善的管理制度,没有健全的议事和决策机制,经营决策犹豫、分散、执行力差,从而往往导致项目最后失败。① 而领投人却因

① 刘刚、邹新月:《互联网金融乱象及其风险管理》,北京:北京大学出版社,2019 年,第 122 页。

为监管的缺位和个人代理执行项目经营的权力过于集中,往往容易滥用权力,甚至采取徇私舞弊的方式中饱私囊。物权众筹受到青睐的重要原因是信用作用在这种经济关系中并没有那么重要。这是一个非常奇怪的现象。在愈是需要信用保障的领域,互联网金融就愈是显示出自己的脆弱性(如 P2P 网贷);在愈是不受信用制度约束的地方,互联网金融就显示了其强大的生长力(如物权众筹)。这一现象对互联网金融来说简直是一个巨大的讽刺。那种对互联网依靠贩卖个人隐私获得信用系数的金融机制显然是失败的。这个巨大的困惑目前尚处于无解之境。信息的泛滥与隐私出让,既没有使信息更加接近真相,也没有保障信用体系的坚固。在价值理性之外寻求纯粹工具理性的社会支持,其意义终究是有限的。人的存在是互涵的,在物权类众筹中,项目发起人与投资人处于一个具有相同诉求的价值共同体和命运共同体中,其存在和发展必然是互涵的。孙英、吴然等指出,在合作精神的指引下,互涵应包括包涵(对合作者和组织的理解、体谅,对人、事、市场的理解等)、涵化(相互学习、包容化解)和协作(同心协力、真诚合作)。而互涵的基本要求包括自律(自爱、自尊、自制等)和尊他(信任、尊重)。[①] 领投人和众筹平台的失责必然导致相互欺诈和机会主义的盛行。

"每一既定社会的经济关系首先表现为利益。"[②]物权众筹中的投资人和领投人对物权的追求不是为了获得该物权的使用权限,而是为了获得资产的跨期增值。在市场经济中,效率就是利器。网络众筹使小微资金能有更大的舞台,在二手车市场、房产租赁市场以及其他生活设备的租借行业,网众通过集资获得购买相关的实物资产,并通过租赁形式而获得利益回报,或者在利好的市场情景中,囤积相关物产而等待其涨价。这种方式,从个人资产的保值增值角度来看是有意义的;尽管如前所述,它对本身购买力不足的群众来说,或许它将人们的生活水平进一步压低了。而在一些大型专用设备租赁(如远洋

① 孙英、吴然:《经济伦理学》,北京:首都经济贸易大学出版社,2015 年,第 305—306 页。

② 《马克思恩格斯文集》第 3 卷,北京:人民出版社,2009 年,第 320 页。

航海运输船只、航空飞机、大型医疗器具等)方面,物权众筹也许能够显示出它较大的伦理价值。这些庞大的、市值很高的资产并非一般个人可以单独购买,在政府公共服务部门所能提供的设施之外,如果社会能够筹集民众资金进行添置,无疑对人民群众的生活水平的改善和公共产品的便捷租用起着重要的作用。作为正规金融市场的溢出形态,股权众筹发挥社会作用受到多方面的制约。但是,仅从个人获利的多寡来审查这种经济形式,显然是不够的。股权众筹丰富的内部形态和运行方式,将它的伦理尺度分解为不同的侧面,以至于一种笼统的词语界定将走向偏执和迷信——对物权众筹的过多的指责和过高的褒扬都是有失公道的,它必然建立在具体的项目运营之中。詹姆斯·柏克说:"如今我们生活在塑料王国","我们的世界可塑性更强了。塑料很容易改变造型,可以任意挤压、扭转、制造模具、注入,十分易于加工,生产商只需要付出非常低廉的成本,就能一次又一次地更改产品的形状和模样。"[①]"塑料"社会这一象征性的提示,告诉我们,在互联网时代,由于有关组织形态和金融业态创新领域的边际成本非常低廉,"网络包租婆"或许展示了新的生存场景和经济关系,或许未然。马克思在 1877 年 10 月 19 日给左尔格的信中,就曾抱怨那些用关于正义、自由、平等、博爱的现代神话来替代唯物主义基础的人。[②] 物权众筹究竟是蚕食社会资源,还是小微资金所有者之间的互济共赢,需要在物权众筹实践中予以辨识,而非在抽象的概念中予以界定。

四、公益类众筹:利他主义还是伦理消费?

公益性众筹是不以营利为目的,通过互联网向不特定人群募集资金,用以扶危助困、对灾难、贫困或其他社会公益事业进行资助的筹资方式。比较典型的公益众筹平台有水滴筹(截至 2020 年 4 月 15 日,下同,共筹得善款 200 多

---

① (英)詹姆斯·柏克:《联结:通向未来的文明史》,阳曦译,北京:北京联合出版社,2019 年,第 291—292 页。

② (英)史蒂文·卢克斯:《马克思主义与道德》,北京:高等教育出版社,2009 年,第 8 页。

亿元,2.5亿人次参与)、腾讯乐捐(截至2020年4月15日共筹善款85.93亿元,参与人次3.35亿)、绿动未来、米公益等。与其他类型的众筹相比,其参与人数多、融资金额少是其重要的特点。公益类众筹是捐助行为,不是投资营利行为;因此不存在投资收益的经济问题。公益众筹在2017年的热度比2016年有所减弱,其主要原因有二:一是2017年整个公益众筹领域被曝出许多诈捐、骗捐等消息,让公益众筹的捐赠者心生疑虑,影响公众对通过众筹平台进行捐助的信心;二是互联网金融专项整治持续深入,行业规范不断增强,尽管公益众筹的金融属性并不明显,但对公益众筹中平台现金池问题也有着震慑作用。公益众筹未来可能会将金融科技纳入体系之中,如区块链、大数据征信、VR、人脸识别等技术的应用,可一定程度提高公益众筹的透明度,特别像区块链这样无法更改的数字账簿,如有效地运用在整个公益众筹的流程中,包括后期的善款用途及去向,会慢慢让公众对公益众筹重拾信心。① 2019年德云社相声演员在水滴筹发起100万元筹款事件引发了人们对公益众筹的质疑。许多网友认为在北京拥有住房、汽车等较高市值资产的情况下,发起面向不特定公众的捐赠众筹是否恰当?参与众筹捐赠的群众当中,大部分并没有达到筹资者那样的生活水平。而水滴筹平台则声称平台没有资格去审核筹款发起人的车产和房产,信息真实性由筹款发布者自行负责。这一回应使人们对公益众筹平台所提供的信息是否真实有效更加怀疑,认为众筹平台为诈捐、骗捐现象的滋生提供了土壤。最后迫于舆论压力,德云社演员退还了全部筹款。据水滴筹官方网站宣称,截至2020年4月,其已经筹款200余亿元,月均筹款近5亿元,而默认筹款期限为30天。这被认为是水滴筹等公益众筹平台营利的主要途径,利用稳定的现金池作为运作工具,牟取利润。2019年底,"志愿者""扫楼式"众筹,更是将水滴筹推向风口浪尖。其所谓的"志愿者"许多是水滴筹平台的地面转兼职推广工作人员,薪资在7000至1万元每月,

① 盈灿咨询:《2017年众筹行业年报》,网贷之家,https://www.wdzj.com/news/yc/1806252.html。

是公司业务推广的雇佣人员;但是他们在医院住院楼等进行挨个推销时,常以"志愿者"自居。人们不禁质疑:这究竟是在做公益还是在进行商业欺诈?

"如果人类幸福从根本上来源于帮助别人,那么在线分享和协作的新哲学可能预示着一个新的现实时代的到来。"①公益众筹的本义在于对急、难、危、灾及公共事业等进行无偿救助,并通过这种网络筹资行为使更多的人参与到互助和慈善活动当中。网络公益众筹具有低门槛、方便快捷、参与者众多的特征;在发挥群众力量开展互助活动和进行慈善资助方面有着自身的优势,近年来取得了长足的发展。但是,公益众筹发展过程当中,也会存在一些伦理道德上的困境,使原本具有纯粹利他主义道德倾向的行为变成一种利己主义的应用,从而使公益众筹事业遭受挫折,也可能形成网络道德危机。事实上,"很多追求高层次快乐的人偶尔也会禁不起诱惑而使高级趣味臣服于低级趣味。"②公益众筹平台的创建,其本意应该是出于对"公益"的热情和志愿,出于一种济世扶困、创造美好世界的慈善心理。但当大量资金集中到众筹平台时,其运营者是否还能坚守初心,不被商业利益冲昏头脑,这是一种非常现实的道德考验。公益众筹平台对其公司所持有的公益理念应有坚守的立场,在美化社会、施于善举、增进社会福祉、发展民生、解除人民痛苦等一方面或若干方面要有所作为。平台的社会责任是由运营者在创建之初就确定了的,它一经确定就成为人们的期望所在;一旦中途变更运营理念,转型为盈利机构,就会遭受群众的道德谴责。事实上,公益众筹平台转型必然存在投机取巧的内在动机,它与其他众筹形式不同的地方便是:其他众筹平台创建之初就以盈利为目的,并宣告投资风险,警示群众投资过程中应该保持应有的审慎和理性;而公益众筹则以人们的善意和对社会的强烈责任而凝聚网众参与其中。从水

---

① (澳)理查德·沃特森:《智能化社会:未来人们如何生活、相爱和思考》,赵静译,北京:中信出版社,2017年,第25页。

② (英)约翰·斯图亚特·穆勒:《功利主义》,叶建新译,北京:中国社会科学出版社,2009年,第16页。

滴筹的演员筹款和扫楼式筹款可以看出，平台在平衡公益的社会效用和互联网企业的商业效益上存在一定的矛盾，这一矛盾使得平台管理者处于艰难的抉择过程中犹豫难决。

公益众筹的领投人是公益事业的倡导者，或者是灾难、病痛事件中的当事人，他们需要通过网络集合具有爱心的人士参与完成其心愿，达成一定的目的。在这一行为过程中，他们处于受惠者的地位（尽管公益事业的倡导者并不一定直接受益于众筹所得，但公众是为了帮助其完成一项社会使命，并将行动的权力赋予他，在一定程度上说，公益事业众筹项目的发起人也是受益者），本应该秉持感恩和真诚的原则，传递善意和如实汇报情况。如果发起人并不主动发布具体详细的信息，而是隐瞒关键信息进行筹款，其实质是诈骗行为。在公益性募捐的过程中，不能采取任何带有强迫性质的语言和引诱性质的信息，必须平实、真实地叙述详情。在互联网上，往往存在过度悲化、惨化事件的倾向，以博取网众的同情心；或者是通过众筹信息的链接分享和反复不断的情感绑架，逼迫亲友捐款。这些都不是道德的行为。无论人们是否急于实现某种公益目标，或者多么需要通过募集资金解除危困，人格尊严是不可让渡的基本价值。互联网的优越性是在社交圈中形成强化信息的效用，增强信息传播的力度。对一些急困事件的众筹项目而言，这种便捷的社区化众筹，使人们能够在短时间内筹集到需要的资金来解决问题。但网络社区化的强迫意向同样使人心理压抑，在一些标榜“价值”与“文明”的宣言式众筹口号中，人们不得不采取一种“被迫的认同”而避免遭受歧视。而在捐助性的帮扶众筹中，可能为了维持一种稳定的社交关系而迫使人们作出一些并不情愿的资助。这种“逼迫”使公益众筹有可能演变为一种伦理消费；它把伦理道德作为实现经济利益的手段，从而极大地降低了公益众筹的品格。当然，这对那些处于危困之中的人们来说，是一个极高的道德要求，或许在一种“情急”的假设中，人们对这些多少带有强迫性质的众筹信息并无太多反感，这是人性善良意志的胜利。而前述德云社演员众筹事件中，对于发起人经济实力和道德实力的质问，是否仍然需要再次反思？我想是必要的。这需要对公益众筹的初始动因做出明确的判断。假设“救急”与“扶困”“解危”具有同等重要的作用,那么,具有一定资产的人同样是可以获得公益众筹资格的。但它的代偿机制明显有别,这是因为它必然建立在互助的基础上,建立在权利和义务对等的基础上,而不是在无偿扶助的基础上。在“应急”需求中发起的众筹,可以是带有公益性质的众筹,也可以是带有商业性质的众筹。人们甚至有权要求在危机解除后获得资金的偿还甚至收益,这样做已经实现了项目发起人的目标,并且是在社会资源最少损害的基础上实现了自己的目标。使他人和世界变得更好,将资金和资源用在最需要的地方,这无疑是物质世界运行中最具伦理旨趣的思维逻辑。在这样的思维方式下,捐助者亦会放下那种对于回报率的斤斤计较,无论回报的是物质利益还是荣誉。公益众筹是美妙的,是带着人性光芒的经济活动和伦理实践,它离利益计算越来越远,而离人性越来越近。从本质上讲,在互联网金融体系中,它只是附带的产品,除了资金的流动性,再也不带多余的金融味道了。

第三节　众筹的伦理风险及其防范

马克思说:“贪欲在没有货币的情况下也是可能的;致富欲望本身则是一定的社会发展的产物,而不是与历史产物相对立的自然产物。”①互联网金融的迅速崛起代表着草根生存机会的盛大景观,网络众筹作为互联网金融的一个分支形态,承载着“聚少成多”“聚沙成塔”的良好愿景。有时候,美好愿景悄悄被替换成为一种“贪欲”,成为新事物的新动因。在互联网金融崛起的一定阶段,人们产生了一种金融幻象,将一切来自互联网传播机制的、扩大了的聚集效用充分发挥出来,用以承载货币的流通。而货币的迅速集中,往往超越

① 《马克思恩格斯全集》第30卷,北京:人民出版社,1995年,第174页。

了梦想本身，那种草根创业和个体创意的普惠意愿时常受到冲击。众筹的多样形态使得对其进行一项一言以蔽之的伦理阐述显得困难重重。纷呈的众筹形态对于年轻一代和其他熟悉社交网络和产品类众筹的项目投资人来说，其社会收益可以被总结为一个词：乐趣。① 而对于平台的建设者和运营者来说，或许被归结为另外一个词：赚钱。项目发起人（或领投人）则可能因人而异，他们或许希望寄托梦想，或许希望获得一种生存的自主形态，或许只是在这种风浪中尝试一下这新鲜玩意儿。众筹的风险是存在的，只是人们有时候带着强烈的个人意志在完成一种使命般的活动，通过众筹资助他人或者作为某个产品和明星"铁杆粉丝"的印证而已。这并不排除伦理风险的暗流涌动。

一、伦理风险的种类及原因

众筹所存在的伦理风险主要是由于平台即参与人在参与、策划和运营众筹项目时角色定位的混乱所造成的；而造成角色混乱的重要原因是价值选择的不确定性。价值选择的不确定性是由众筹本身所涵盖的内容十分丰富、形态变化万千、项目使命各异等造成的。正因为众筹形态多样、内涵丰富、具体项目使命迥异，造成了发起人、跟投人和运营平台难以养成角色意识，形成角色道德。在经济性、伦理性和情感性、社交化等不同的层面，不同类型的众筹项目发生差异性极大的作用，有时甚至有着完全相反的作用，比如股权众筹和公益众筹在核心目标上的差异是利和义的两端。在股权众筹中过度彰显无私奉献和在公益众筹中精于计算，都将违背它们各自的核心价值，走向异化。在网络众筹中，伦理风险主要源自于如下几个方面：

1. "资本本质"与"资本形态"之间的不匹配

这种不匹配的本质是"捞快钱"与"新业态"之间纠缠不清的关系。资本

① （美）戴维·弗里德曼、马修·纳丁：《股权众筹投资指南》，清控三联创投译，北京：清华大学出版社，2019 年，第 16 页。

的本性要求通过不断加速资本周转提高资本效用,减少运营风险的方式提高稳定增值的能力。在众筹类型的选择中能够明显发现这一趋势,权益型众筹尤其是商品众筹由于兑现周期短,成为众筹行业中的发展较快的形态,京东众筹上琳琅满目的商品众筹以及超过预设金额的最终募资规模,使人们感觉到在众筹平台的资本“剩余”。那种带着“让利”和“折扣”系数的创意商品和传统茶酒类产品深受青睐;与之相对应的那些带有市场推广和用户体验意味的新型产品和创意作品则相对冷清。人们不愿意冒较多的风险去对小额资金的投放承担压力。风险回避与利益最大化在金融市场中本身具有一定的矛盾性,但在网络众筹这一特殊领域中,因为网络透明性幻象给人们带来一种偏见,认为开放性的互联网能够提供足够的信息以支持信息甄选的需要。因此,高利率和低风险成为投资者的双重要求。这也是为什么在网络众筹项目失败的情况下,网络论坛和 QQ\微信等的维权群中充满激烈的批斗措辞和战斗讨伐的原因。众筹项目失败意味着其脆弱的信用体系将会遭受广泛诟病,尽管项目发起人和运营平台都在明显的位置发布“投资有风险、众筹需谨慎”之类的提示。培养理性投资人一直被认为是互联网金融的重要内容,但它的困难在于资本本性与资本形态之间出现的这些不匹配,在追求高额回报与降低风险中寻求平衡是困难的。人们在主张资本本质力量的时候,忽视了新业态中存在的信息失真和失全的因素,也忽视了众筹项目本身的运营风险和市场机制的客观性。

2.“信息增殖”与“信用增殖”之间的不匹配

“互联网只是提供了降低信息不对称的可能性,而现实中却是存在制造更大的信息不对称。”①信息增殖是网络时代的重要特征,由于人人都是麦克风,每一个人在信息网络中具有深入参与信息生成的作用。众筹是一种具有

① 陈宇:《风吹江南之互联网金融》,北京:东方出版社,2014 年,第 25 页。

较强社交属性的经济活动，网络现有的社交关系是众筹信息发布和传播的主要渠道。在交互式的众筹信息传播过程中，信息不断得到维护、强化和延伸，从这个角度上说，众筹具有信息增殖的特征。信息增殖意味着更多的信息需要建立在更多的信用基础上，因为随着对众筹项目解读的细化和延伸，这些细化和延伸的信息同样需要信用支撑。但是，细化和延伸的信息已经不再是项目发起人的主张，并在传播过程中有发生质的变化的可能；同时，也有项目发起人主观上有意利用这一传播特征，将项目的主体责任模糊化。如此一来，信息的增殖就超越了信用增殖的速度和幅度，新增加的信用关系不能覆盖新增加的信息内容。欺诈便拥有了滋生的土壤和气候。“我们经常质疑人们所做的那些交易的公平性，我们也熟悉能够导致不良交易的那些偶然性：交易的一方可能是个更好的谈判者，或者有着更好的交易地位，或者对所交换物品的价值了解得更多。”①网络众筹的社交性使人们对契约的公正性缺少必要的质疑。在网络众筹的各种主体角色中都存在着信息不对称的情况。就算是那种依赖于信息隐私换取信任的公益众筹中，发起人道德展示的主观性和随意性也缺乏得到纠正的客观机制。众筹项目的真实性、可靠性、投资价值或伦理价值是一种单方面的承诺，并不能建立在良好沟通的基础上，不良交易的“偶然性”仍然起着至关重要的作用。

3.“工具理性”与“价值理性”之间的不匹配

将网络众筹设置为一种为实现某一目的的特殊工具，这是毫无疑问的，它并不贬损众筹的社会价值和经济意义。但众筹形态的多样化，使片面的工具理性充当统治经济活动的主要手段，则会使众筹变成一种“去道德化”的互联网运用场景，降低了众筹这一新业态中蕴藏的伦理价值。杠杆原理的滥用是经济理性偏执的特征之一。“用杠杆原理来放大科技、信息或者任何其他事

① （美）迈克尔·桑德尔：《公正：该如何是好？》，朱慧玲译，北京：中信出版社，2012 年，第 161—162 页。

物的效果，将会把你所做的工作增值很多倍。”①如果将这一理念贯彻在日常行为中，尤其在伦理道德价值领域，它必然是十足的骗子。在工具理性的角度来看，众筹对项目发起人完成自己的事业和梦想起着重要的支持作用，是杠杆原理的适当应用。但是，同样在众筹活动中，采取较小的道德义务去换取众人的投资，或者通过瞒天过海的方式，美化和夸大项目的社会效益和经济效益，从而骗取最大限度的社会支持，无疑是杠杆原理的不适当应用。将工具理性的原理放在价值理性的领域去试水，必然是对社会价值体系的破坏。在狭隘的工具理性视域下，正如马克思所批判的那样：“没有任何东西是高尚的、神圣的等等，因为一切东西都可以通过货币而占有。正如在上帝面前人人平等一样，在货币面前不存在‘不能估价、不能抵押或转让的’，‘处于人类商业之外的’，‘谁也不能占有的’，‘神圣的’和‘宗教的东西’。”②众筹不过是捞取金钱的有效手段，它善于将个人庸俗的物欲伪装成为一项伟大的事业；以获得大量网民的资金支持为目的，付出了抛弃人格尊严的代价。在任何一种意义上，或者在任何一种隐情下，它都是不值当的。

4.“普惠金融”与“个人主义”之间的不匹配

众筹以低门槛、便捷性、社交化为特征，具有普惠金融的一些属性，也通常被作为普惠金融的重要手段赋予小微企业和个人的创新创业筹资渠道。普惠这一原则的确立，使其成为具有强烈伦理意味的经济活动（在特殊场景中甚至成为增强公共福利水平的途径）。可见，众筹具有较强的道德敏感性。但众筹参与者的广泛性及个体自决性，使个人经济主义成为它的内涵之一，并因此而树立了众筹的经济民主的象征性。似乎只要是基于自决原则（尤其是自愿、协商和契约）基础上的经济活动，都将带给人们一些反抗陈旧的传统利益

① （美）克里斯·布洛根、朱利恩·史密斯：《信任代理：如何成就网络影响力》，缪梅译，沈阳：万卷出版公司，2011年，第113页。

② 《马克思恩格斯全集》第31卷，北京：人民出版社，1998年，第252页。

关系的希望。作为传统银行借贷和民间借贷之外的筹资手段,众筹的许多形式都不以资金回报作为直接的投资目的,在诸如鼓励创新创意和众筹项目和发展公益事业的众筹项目中,社会理想和个人梦想是融合在一起的。人们在网络众筹的普惠倾向中寻求认同和赞赏,并将实现梦想作为核心的目标来追求。但意外的情况往往并不是源于这些方面,而是相反。当普惠金融的价值认同与个人主义的经济诉求相结合时,持有两种对立观念的人就会在众筹过程中发生矛盾。持普惠金融理念者往往认为众筹诸方面的实质是“合作者”,并且不认同“合作者”在价值损失和风险承担中必然要有支撑其行使这种冒险活动的力量:高额利润的回报;而持有“个人主义”理念的人则恰恰相反,个人通过众筹获得资金支持,就必然需要对支持者履行相应义务,并由此而使参与诸方均衡获得利益,并共同承担风险。马克思说:“在现代,物的关系对个人的统治、偶然性对个性的压抑,已具有最尖锐最普遍的形式,这样就给现有的个人提出了十分明确的任务。这种情况向他们提出了这样的任务:确立个人对偶然性和关系的统治,以之代替关系和偶然性对个人的统治。”①在商品经济时代,个人为一种系统化的经济活动机制奉献自己的全部家当,显然是不合时宜的,无论这种经济活动是否被人为灌注了多少道德的墨水。如此一来,普惠金融与个人主义的主张便会在投资人和领投人之间发生表面化的冲突,就会在投资人和众筹平台之间发生现实的矛盾,因为领投人和众筹平台或许有着一系列完备的、诱人的价值主张和文化口号,而对于刚刚被经济启蒙的投资者,或许只有利率这一关键信息值得他们关注。

5.“机会主义”与“制度约束”之间的不匹配

奈特说:“财产和个人能力之间最为重要的所谓差异,即道德差异,并没有严格地局限在像现在这样的纯叙述性讨论的范围之内,但我们可能正好观

① 《马克思恩格斯全集》第3卷,北京:人民出版社,1960年,第515页。

察到,这一差异在很大程度上并不现实。作为‘劳动所得’的个人服务收入和‘非劳动所得’的财产收入间的区别,在很大程度上是由‘改革家们’弄出来的。这种区别,明显使人产生误解;要在两者间为道德真实性的区别找到理由,不能说不可能,但也非常困难。”①人们对道德的自觉遵循与他们所能得到的激励似乎并没有得到正相关的体现,相反,可能存在负相关的体现。互联网创业中去伦理化的情绪愈来愈重,并以“改革”和“创新”的名义将各种非人道的东西予以修饰和美化。既然自觉遵守规则并不能带来更多的“红利”,而投机取巧反而能够轻易逃避道德惩罚和制度约束,在一个制度化并不明朗的新业态出现之时,机会主义就成为一股不容小觑的力量。它们兴风作浪、钻制度的空子。波斯曼在《技术垄断》中说道:“技术垄断论依靠我们这样一个信念:我们像机器一样工作时就处在最佳状态,在一些重要的方面,我们可以委托机器代理我们工作。这些信念隐形的后面是,我们失去了对人类判断力和主体性的信心。唯有人类能够关照全局,看到事物涉及的心理、情感和道德层面,可惜我们让这个得天独厚的能力贬值了。我们相信机械运算的能力,用机械的威力取代了我们关照全局的能力。”②在人们寄希望于互联网众筹的信息透明和民主交流背景时,这种依赖技术进化赋予事物以信赖的情绪迅速成为潮流。当人们的道德情感不断贬值之后,当制度和道德建设不能紧跟新业态的需求时,“不再严格坚持操守绝对是理智的选择。”③从利益最大化的角度来说,或许就是这样。以诚实应对充满疑惑和变数的环境,其代价的高昂使那些对某种事业怀抱热情的人失去了最终坚守下去的勇气和决心。

---

① (美)弗兰克·H.奈特:《风险、不确定性与利润》,安佳译,北京:商务印书馆,2015年,第124页。

② (美)尼尔·波斯曼:《技术垄断:文化向技术投降》,何道宽译,北京:北京大学出版社,2007年,第68页。

③ (美)乔治·阿克洛夫、罗伯特·席勒:《动物精神:看透全球经济的新思维》,黄志强、徐卫宇、金岚译,北京:中信出版社,2012年,第28页。

6.“鼓励创新”与“人民属性”之间的不匹配

“创新”是互联网的头等大事，是互联网创业的伟大旗帜。从古老的预售形式发展到网络众筹，众筹的创新方面不但包括了融资渠道的广域化，也包括了项目本身的广域化。网络众筹能够在全网范围通过平台中介开展，使项目发起人获得更为广泛的支持；尽管网络信息的海量化会掩盖大部分众筹项目，至少人们在观念上有着这样的期待，而在手段上也存在实现它的可能（搜索引擎足够聚集全域网络的项目相关性内容）。网络众筹也使得项目属类有了全域涵盖的可能性，从商品众筹到创意支持、权益共创共享、公益支持等，项目范围比原始众筹的那种预售方式要广泛得多。当然，众筹项目本身亦高举“创新”旗帜，只有创新创意产品和项目才能引人注目，做足卖点包装。这种从内容到形式的全域创新格局，使“众筹”在发展其自身业态的时候也必然视“创新”为首义。不过，创新无论是作为经营手段还是作为科技布局，其社会价值不会自动显现；只有在与人的融合中才能得到体现。迈克尔·J.奎因曾说：“涉及健康、安全、公共福利的判断是最为重要的，也就是说，公共安全是道德准则的核心。”①网络众筹的产生和发展也是这样，离开公共道德原则的支撑，就不能说是一项善举。对公共道德的核心支持就是坚守人民性的立场，使技术和方法体系中的创新发展以人民为中心，维护、巩固和发展人民的利益。网络众筹如果能够将人民性与鼓励创新结合起来，其失德和失序的现象就会大量减少，从而回归普惠金融的本性，在特殊场景中甚至成为社会福利发展的公器。

可以说，信息不对称是现代经济的痼疾，而法律规范所能指引的出路非常有限。“法规不能确保银行不会破产，也无法确保医生会做出正确的诊

① (美)迈克尔·J.奎因:《互联网伦理:信息时代的道德构建》,王益民译,北京:电子工业出版社,2016 年,第 387 页。

断。……相比法律,自律规范有一项优势。”①自律的优势在于在人类在未知领域探索前行,在新业态开拓和推进的过程中,能够保持一些基本的原则和立场,不至于在人性道德的底线之下寻求某种工具理性能力的突破。伦理风险的种类是由形成它的不同原因造成的,而资本本质与资本形态、工具理性与价值理性、普惠金融与个人主义、机会主义与制度约束、鼓励创新与人民性之间的不匹配,造成了不同人群价值皈依的迥异,由此而导致利益格局中的种种冲突。当然,这里暂且不论资产私有和商品市场的经济基础,它们作为价值取向与伦理情感和意志的根本性作用,并非失去作用;而是在当前的物质生产条件中,将现实的物权产权体系予以否定并非良谋。

二、众筹伦理风险的防范

无论人们对网络众筹抱有欣然的期望还是近乎绝望的忧伤情绪,网络众筹已经作为一种新的业态出现在我们的生产生活当中。尽管 2016 年后,随着互联网金融专项治理力度的加强,众筹平台的总数和筹资总额均有下降,但这并不能说明网络众筹就已然迟暮。相反,建立一种更为理性,更加体现众筹的普惠性、人民性、便捷性,更加富有创造活力和更加饱含社会责任的互联网众筹新业态新格局,其现实意义是非常明显的。在互联网众筹发展的进程中,降低和防范伦理风险是一项艰巨的任务。迈克尔·舍默在《道德之弧》一书中列出了“十条纳入了考虑的暂时的道德原则”,其中“理性原则”“幸福原则”与“责任和宽恕原则”对众筹行业的伦理风险规避来说,无疑也具有重要的借鉴意义。

1. 理性原则

所谓理性原则,指的是“尝试通过首先与他人协商的方式,为你的道德行

---

① (英)约翰·凯伊:《市场的真相》,叶硕译,上海:上海译文出版社,2018 年,第 411 页。

为发现理性的理由，而不是对其自我正当化或者合理化”。① 当“自我正当化”成为一种新的经济活动的出发点时，寻找各种“理由”来支持行为的“合理化”就成为必然选择，其结果是对行为产生的各种结果进行主观的选择，回避那些阻碍项目进一步实施的信息。在协商的过程中能够较好解决这一状况，协商的真正作用就在于，通过模拟现实行动而体验关联者的受损状况或反应。对象性的关联者比施于行动的人更加容易获得模拟性的受损体验或冲击。当行为主体表达其权利与行动计划时，对象性关联者能够敏感地模拟出它们对自身的利益损害或冲击。协商的过程就是相互让步，不断通过透露自我潜在性受损的程度，以获得对方同情，从而逐渐达到利益均衡的过程。自由而充分协商的结果便是任何单方面的“自我正当化”都将受到质疑和限制。网络众筹是一种新的业态，项目运营的前景并不能直呈于当前，它的风险的隐秘性和较强的破坏性，使得项目发起人、投资人和众筹平台都需要冷静思考相关行动及其结果对自身的损害，并将这些损害公开化，以便在透明信息平台中寻求利益平衡和风险的中立化（亦即风向可能由任何一方或任何多方承担，而不得将承担风险特定地设置为某一方的义务）。

2. 幸福原则

所谓幸福原则指的是人们“追求幸福时永远牢记他人的幸福，如果一种幸福以暴力或者欺骗导致他人不幸，则永远不要追求”。② 它与功利主义的差别在于忽略对福利做量计算与比较，将“不导致他人的不幸”作为一切道德行为的前提。网络众筹的普惠性质是指在增进一方的福祉时也会使其他人获得或多或少的福利。幸福的源头有许多，但现实的福利和参与美好事业的机会

① （美）迈克尔·舍默：《道德之弧：科学和理性如何将人类引向真理、公正和自由》，刘维龙译，北京：新华出版社，2016 年，第 166 页。

② （美）迈克尔·舍默：《道德之弧：科学和理性如何将人类引向真理、公正和自由》，刘维龙译，北京：新华出版社，2016 年，第 165 页。

是重要的方面。权益性(尤其是支持创新创业创造的)众筹通过项目的变现而实现对人们现实福利的增加;公益性众筹则直接通过重置社会资源而使较少受惠的人群获得更多利用社会资源的机会。股权众筹对小微企业和个体创业者的支持在现实中逐渐失去了幸福原则的基本依循,主要原因是它们在风险管理中将投资人作为主要的风险转嫁对象,而获得投资人信赖的领投人和平台则利用现金池逃逸主体责任,并敛走最后的钱财。在网络众筹的设计当中,遵循幸福原则就意味着将他人的不幸当成自己的不幸来对待,并且在可能造成不幸的事件中积极履行风险承担的主体责任。当众筹平台以居间人对信息审核不负有责任,项目运营者又通过有意忽略关键信息的披露时,它们就已经将投资人存在的可能的不幸作为一件“他事件”来应对与回避。马克思和恩格斯在《共产党宣言》中设想:“代替那存在阶级和阶级对立的资产阶级旧社会的,将是这样一个联合体,在那里,每个人的自由发展是一切人自由发展的条件。”[①]这是他们对未来美好社会的设想,也是人类的美好祈愿,“每个人的自由发展是一切人自由发展的条件”。网络众筹作为单个的经济事件或经济业态,不可能有意而实现如此巨大的社会宏愿;但是,它却有着人们相互支撑的内在逻辑,以社交性为主要特征的网络众筹,是人们相互支持并共享资源的重要社会经济活动。众筹不但能够筹集到人气、资金,还能筹集到知识和智慧,从而使人处于一种相互帮助的良好社会关系中,极大地减少社会环境对个人发展的阻力。个人的幸福并不具有特别的人群指向性,而是针对“每一个人”,他们有着同样的机会获得社会的支持;其他人的存在和参与,正是“我”获得发展的“条件”,而“我”的发展也同样成为其他人发展的“条件”。如果“财富的新源泉,由于某种奇怪的、不可思议的魔力而变成贫困的源泉”[②],它就离开了幸福原则的基本遵循,必然引起社会新的矛盾和冲突。网络众筹在提供发展机会和经济增长点的同时,亦要避免因为欺诈和犯罪陷入同样的冲突之中。

① 《马克思恩格斯文集》第 2 卷,北京:人民出版社,2009 年,第 53 页。
② 《马克思恩格斯文集》第 2 卷,北京:人民出版社,2009 年,第 580 页。

3. 责任与宽恕原则

互联网传播机制通过新型网络经济业态而进入人的生活，现实地影响和改变人的生存环境。从“人人都是麦克风”的网络节点自决权力到网络众筹中体现的经济民主和利益共同体，互联网思维和实践逻辑深入渗透进了人们的现实生活。互联网传播机制要求每一节点审慎看待自己的信息增殖权力（也就是增加和变更信息内容的权利），这是互联网生态走向良序发展轨道的必然要求。在互联网上，对自我的道德要求的重要性要远远超过对他人的道德规范，因为在茫茫网海中人们除了通过反省认识自己的网络言行，很难从专业的立场和方法出发获得对他人网络言行的善恶评价。主动承担主体责任，并为网络虚拟空间的虚假信息和垃圾信息抱有适当的宽容，这是网络生活的常识。“为自己的道德行为承担全部责任，并准备好为自己施于他人的不道德真诚道歉和做出赔偿；让他人为自己的不道德行为负全部责任，并且愿意宽恕违反道德者，如果他们真诚道歉并准备为自己的不道德行为做出赔偿。”① 网络众筹作为网络经济生活和网络公益活动的一种形式，遵循网络生活的基本常识并将其具体化。众筹主体（在大部分场合特指领投人和网络众筹平台）需要具备承担主体责任的基本担当，在发起众筹项目并运营这一项目的时候，采取积极作为的态度，并保持透明、公开和自由的原则，使项目运行的风险在一定的阈值内，最大限度降低投资人的风险；作为项目参与者的投资人在众筹这一特殊的经济活动中，也有贡献智慧和知识的义务。众筹项目（纯粹捐赠项目除外）往往是参与各方利益与共、荣辱相关的伙伴关系；但是各自均不具有对他者进行利益诉求和情报追踪的可靠途径，以主体责任的自我意识和强化尤为重要。由于同样的原因，对其他参与者必然抱着宽容的态度，避免因信息不透明产生的“误伤”和“落井下石”，避免“把自己的鸡眼当作观察和

① （美）迈克尔·舍默：《道德之弧：科学和理性如何将人类引向真理、公正和自由》，刘维龙译，北京：新华出版社，2016 年，第 167 页。

判断人的行为的眼睛”。[①]

网络众筹伦理风险的防范显然是一种理想主义的态度。在以经济性而不是伦理性为核心要义的具体形态中,网络众筹对道德的蔑视使其无法遵循相关的道德原则,除非法律对践踏道德原则的行为进行严厉地打击。但唤起经济主体的道德意识和促成他们的道德行为,一直是经济伦理学家致力追求的目标。网络众筹在经济性和伦理性两方面具有错综复杂的关系,在不同的众筹形态中表现出迥异的样貌。因此之故,上述原则与其说是“防范”伦理失序的途径,不如说是“降低”道德风险的设想。

第四节　众筹行业发展的内在逻辑与伦理遵循

互联网众筹是建立在社交媒体的广泛应用之上的,没有社交媒体及其演化而来的虚拟圈层,就难以创造众筹事业发展壮大的局面。尽管 2020 年 1 月我国处于运营状态的众筹平台已经降到了 66 家,但小米众筹、苏宁众筹、淘宝众筹、京东众筹这些大资本举办的众筹平台正在发生重要的经济作用。为传统金融难以触及的社会阶层、组织和群体提供了融资渠道,也为小微资金持有者参与科技创新产品项目提供了机会。2020 年 1 月,小米众筹的“3L 臻米脱糖蒸汽养生饭煲”项目总计筹资 1504.7776 万元,支持人数 18834 人,完成进度达到 3776%;淘宝众筹上的“《上新了故宫》天音系列中国色卫衣”项目,实际融资额 453.1689 万元,支持人数 13376 人,完成进度达到 9063.34%。[②] 创新创意类商品众筹项目的支持率居高不下。水滴筹和轻松筹等公益众筹平台尽管偶受诟病,但依然是微信朋友圈、QQ 空间以及微博链接的主要信息之一。它们仍然能够给一些遭遇疾患或灾难痛楚的人们带去希望。社交化是公

① 《马克思恩格斯全集》第 1 卷,北京:人民出版社,1995 年,第 254 页。

② 《2020 年 1 月中国众筹行业月报》,众筹家,http://www.zhongchoujia.com/data/32392.html。

益性众筹主要的经营基座；股权众筹和物权众筹中则更多地表现出资本化的倾向；而圈层化和资本化则在更为广泛的众筹业态中得以体现。商品权益众筹的本质是团购和预售，在网络众筹中体现出来的“可兑换性”和“低风险性”使其网罗了许多追捧者，甚至在网络直播成为新的用户构架模式的当今时代，有着扩展其即时性，强化其粉丝经济属性的新特征。在消费社会中，这一趋势难以在短期内逆转。但从长期看来，更为普遍的丰盛生活将会促进人们参与社会生产和发展的积极性，众筹的综合性特征乃是其未来发展的趋势；也就是说，在筹资的同时，更加注重筹人和筹智；这是创客经济与共创共享理念在未来众筹业中的彰显。

一、网络众筹的社交化特征及其伦理遵循

网络众筹关联人架构是虚拟社交与现实社交融合的产物。现实社交对虚拟社交起到基础作用，是网民的初始社交圈。网络社交可以是初始社交的延伸或重建：当网民对现实社交具有自足的情感时，初始社交圈属于相对封闭的状态；当网民对现实社交具有拓展需求时，网络社交是现实社交的延伸；而当现实社交对网民具有压迫感或厌弃情绪时，网络社交是现实社交的替换物和重建关系。众筹是建立在社交关系中的，原始众筹（即以预售形式出现的初期形态）是现实社交关系的产物，发起人与投资人之间往往是熟人关系（即熟客）；互联网打开了熟人关系的封闭网络，将社交关系延伸到更为广阔的网络空间。基于网络社交关系的众筹以项目运营中的协商、共享和交互为主要特征，具有民主、民有和民为的意蕴。

1. 以协商为主要内容的经济民主

众筹中项目发起人可以与投资人进行有效沟通，继续完善项目创意，以达到筹资目的。发起人必须将项目的构成细节、市场前景和运营风险公之于众，并在众筹过程中回应投资人的质疑，解除投资人的疑惑；投资人与发起人经过

交流达成一致,众筹项目才能进行下去。众筹项目协商的本质是共同描绘梦想蓝图,并提供实现这种梦想的条件。张讯诚说,“做好众筹中参与者的互动是决定众筹能否成功的关键因素……众筹的本质在于社交,让特定人群支持特定的人,帮助梦想变成现实。”①唤起参与者的价值认同或者情感呼应是项目发起人进行项目包装、宣传的重要目的。“互联网打破了地域局限性,为人们与有着同样热情的人互动交流提供了新方式。”②网络协商对众筹的成功与否起着关键作用。协商的效用受到多重因素的制约:亲疏程度、对等性、协商环境等都有可能对协商的实际效用造成巨大的影响。协商的最终结果可以建立在不同的基础之上:信用关系的建立、利益制衡结构的生成、可以信赖的透明度、对超常利益的冒险等都能使协商诸方达成一致意见。(1)在互联网上,亲疏关系是随着网链的展开而渐趋疏远的,从面对面建立的网络关系延伸到非面对面建立的纯粹虚拟关系,逐渐走向生疏。网络众筹项目就是具有亲疏不同层次关系的人群共建的人际网,在项目各方协商的过程中,存在发起人和投资人因各自亲疏关系殊异而形成的不同利益集团的博弈,也存在发起人与其中一部分投资人具有亲密关系,而与另一部分投资人关系疏远的情况。这样,发起人与少数投资人有可能形成密谋关系,共同对其他投资人和平台形成密闭性的内部信息交流,在法制范围内形成一定程度的信号暗示。(2)对当性包括地位、身份的对等性和投资人的投资规模与众筹项目发起人的资格资历的适当性。具有对当性的人们之间的协商比较容易使双方认真思考对方的诉求,并将维护对当双方的关系作为重要的事务。而失当双方则在相互关系的维护和协商地位上很难取得平等的对待,由此而使协商结果存在隐性霸王条例的可能。如前所述,并非全部经由协商所订立的契约都是公平的,在不平等的双方建立的合约就存在利益格局严重失调的可能性。在网络众筹中,尤

① 张讯诚:《众筹+:众筹改变世界》,北京:中国财富出版社,2015年,第138—139页。

② (美)克里斯·布洛根、朱利恩·史密斯:《信任代理:如何成就网络影响力》,缪梅译,沈阳:万卷出版公司,2011年,第86页。

其体现在知化权利的不对等:即那些金融法律知识和科技创新思维能力较为匮乏的人与金融法律知识和科技思维能力较强的人之间,在众筹项目中难以保持对等的交流,最终前者受制于后者。(3)协商环境也是协商效用的实际影响因素。在人们对信誉的普遍尊崇和坚守中,协商的结果能够得到维护,并将忠诚和坦白作为美德表现在行动中;而相反的情况则将欺骗和隐瞒作为手段来实现自己的目的。协商环境包括临时环境和宏观环境,临时环境指的是协商所处的即时环境,而宏观环境则是指相对稳定的社会环境。网络众筹的临时环境是由项目发布渠道和信息沟通方式决定的,具有较强的流动性;当前网络创业中形成的急功近利、渴望暴富的社会情绪是重要的社会环境。因此,将网络虚拟即时环境引入现场沟通和考查环节,以及建立文明的网络文化氛围,对网络众筹中的协商效用有着极大的促进作用。以协商为主要内容的经济民主,将众筹的社交关系重构为基于亲疏关系和对当关系的新架构,它们对社会道德氛围具有较强的依赖。

2. 以共享为特征的经济民有

马克思说:“普遍的和作为权力而形成的忌妒,是贪欲所采取的并且只是用另一种方式使自己得到满足的隐秘形式。任何私有财产本身所产生的思想,至少对于比自己更富足的私有财产都含有忌妒和平均主义欲望,这种忌妒和平均主义欲望甚至构成竞争的本质。”①在财产私有的社会中,人际的隔阂由于利益的私人化而变得越发严重。传统工商业竞争中人们在满足自我的经济诉求中,认同并默许以竞争的形式掩盖贪欲和妒忌的行为。经济个体的原子化生存状态使人们的财富生产和社会关系的异化同比增长。财富成为人的异己的力量统治人,因而促使人与自己的本质相分离。马克思认为,人的本质的复归需要通过自我异化的积极扬弃,因而是“通过人并且为了人而对人的

① (德)马克思:《1844年经济学哲学手稿》,北京:人民出版社,2000年,第79页。

本质的真正占有”,[①]才能避免那种粗鄙的经济主义财富观所催生的恶趣。财富的共享是网络众筹事业中的伦理闪光点。在互联网上以“节点”形式存在的网民,通过信息和利益联结成为一张巨网;而在现实生活中他们的利益关系具有相对独立性。(1)利益互渗。在强化物权属性的当今时代,个人对合法财产的占有、处置和获利的权利不容置疑地得到法律的维护;这是将事实上存在的经济个体用成文的规范予以确认。现实生活中相对独立的经济体在互联网中链接成为经济共同体的行为,不是以掠夺和吸附为特征,而是以共享为特征的。共享的理念和行动将成千上万的孤立的网民结合成为同一事业和产业的支持者或合作者;而私有财产的相互渗透日益将人们的核心利益的硬核打破。股权众筹所共建的产业项目或经营的业务实体,已经是混杂着不同所有者资产的利益混合体;任何一个参与者都不能从其运行的风险中抽离出来,当然也同样能够在其运行的预期效果中获得利益。(2)彼长此长。在传统工商业竞争环境中,“忌妒和平均主义欲望”源自于社会财富总量增速较慢与个体财富的增幅预期过大之间的矛盾;至少这一矛盾是其中重要的原因。此消彼长是传统工商业竞争环境中的常见现象,相对稳定的社会总财富在利益主体之间的撕扯中不断变换格局,金钱时常从一个人的口袋流入另一个人的口袋。在互联网时代(或谓后工业时代,为了对仗工整,人们往往这样称呼),彼长此长成为新的竞争状态。在相互竞争中有可能存在相互促进的状态,尽管这一状态也不是时常出现,资本和财富的集中化依然是社会财富流动的主要特征。在互联网众筹这种特定的业态中,此长彼长却变得寻常起来。众筹的参与者通过让渡自己的权利(资金的使用权或者资产的获利权)而获得另一方的支持,通过相互的支持而获得共赢的结局。(3)财富溢出。网络公益众筹是依靠社会财富的占有者无偿让渡自己的财富而促成某一事业的发展,或者实现特定任务的目标。无论是带着强烈伦理道德关怀的捐助式救济行动,还是带

---

① (德)马克思:《1844年经济学哲学手稿》,北京:人民出版社,2000年,第81页。

着社会公德趣味的公共事业捐赠，都是社会财富的溢出效用。在社会财富较为丰盈的时代，发展公益众筹具有更大的社会物质基础。人们在追求物质财富而得到满足之后，有一部分人会在其他方面抱有理想和激情，对社会公益事业的关怀是其中之一。甚至对于另一部分自始至终抱着强烈社会责任感和慈悲心的人来说，创造和获得财富仅仅是其实现社会理想的手段而已。这种无私共享的情怀不是互联网时代的特产，却在互联网时代有放大的空间。高尚的事迹常因鼓励而强化其行动的持续力；卑贱的言行常因社会舆论的封杀而被迫收敛。在"共享"的旗帜下，无论是以追求利益为目的的权益众筹还是以支持慈善事业为目的的公益众筹，本质上都致力于使社会财富在人民中间涌流。

3. *以交互为形式的网络共创*

"任何一个存在物只有当它用自己的双脚站立的时候，才认为自己是独立的，而且只有当它依靠自己而存在的时候，它才是靠自己的双脚站立的。"① 网络众筹中人们对项目的参与程度远远高于其他形式的经济活动，以交互参与共建共营项目的方式体现经济民为。以业趣为核心的创新创意项目和大众服务项目的众筹中，投资人参与项目的完善，并通过交互式的信息沟通来实现项目优化。从预设的项目规划到投资人与发起人的协商交流，形成预演的虚拟项目模型；当预演的虚拟项目模型转入实际生产运营中后，投资人的监督使其及时纠正发展偏差，不断调整实际项目运行的结构和内容，从而促进众筹项目的日臻完善。无论项目发起人是否以某种公益的立场或共赢的理念来发布众筹项目，众筹项目对人们普遍的创造力的充分发挥所起的作用都是空前的：一方面是生产和创造要素的自由流动，对创客经济起着支撑作用；另一方面是普通人对创新和创意的参与热度不断攀升，人们在发展自己的天赋时"生产

① (德)马克思：《1844年经济学哲学手稿》，北京：人民出版社，2000年，第91页。

出他的全面性”。[①] 网络众筹将民众拉入一种自觉自愿的经济活动中，在深度参与经济创造的过程中发展自己的才智并享受项目运营过程带来的喜悦和运营结果带来的利益。在满足自我价值的问题上，网络众筹（尤其是权益型参与式的众筹与公益众筹）不仅满足人的基本的物质需求，也满足人们创造价值和分享成果的价值追求。多层次的价值结构融为一体，网络众筹不仅提供了一种新的经济模式，也提供了一种新的生活和消费模式。

社交化作为众筹的首要的基本的特征之一，它将经济性原则的社会化程度提高到一个更高的程度。社交网络关系正成为人们经济生活的基础设施，成为经济运行模式创新和经济业态创构的新平台。网络众筹将人际协商、合作、共享作为重要的手段与价值追求，是工具理性与价值理性融合的产物。而伦理性的规范在社交关系的深度发展中所起到的作用，远远强于经济原子主义时代各自为政给社会造成的撕裂。“令人愉快或痛苦的对象是极易辨别和明显的，不仅对于我们，对其他人来说也是如此……如果我们在别人看来是幸福的、善良的和美丽的，我们就把自己想象得是更幸福的、更善良的和更美丽的。”[②]这种带着反省美德意蕴的良好愿望，也只有在社交化经济活动中才有更为广阔的现实前景。

二、网络众筹的圈层化特征及其伦理遵循

圈层既是发展社交关系的前提，又是发展社交关系的结果。社交关系往往建立在一定的圈层基础上，这是如前所述的社交对当性和亲亲原则所造成的。对当性直接将不同阶层和地位的人群进行分化、归属；亲亲原则在社交网络搭建的过程中使更为亲密的关系成为局域社交网络的核心。亲亲和疏疏的原则在网络上尽管有走向反面的可能，这是虚拟社区陌生化生活的需要。而

---

① 《马克思恩格斯文集》第8卷，北京：人民出版社，2009年，第137页。

② （英）大卫·休谟：《人性论》，石碧球译，北京：中国社会科学出版社，2009年，第206页。

一旦形成了既定的关系网络，则无论他们在现实的血缘和其他关系结构中是否具有亲密性，都将同样遵循亲亲原则。也就是说，人们会自动形成虚拟社交关系中的亲疏关系，并重新赋予部分关系以更为亲密的情感和信任。“网络上的信任大多是通过小组建立起来的，通过一种归属感，换句话说，通过成为自己人。”①没有哪一种众筹的发动能够离开亲亲原则，如果它还需要利用社交网络来铺开传播范围的话。只有将投资人拉入“自己人”的范围，才能有效传播项目发起人的愿景并得到相应的支持。“被认为是自己人的一个好处是你从中得到的收益与回报往往来自真诚的互动。”②而对于投资人来说，“成为自己人意味着在他人身上投资你的时间和努力。”③各种因素构建起来的“自己人”团体无疑就是最为基本的圈层。这是众筹发展的活力之源。原初圈层影响和制约着社交关系的展开，社交关系的展开形成和发展出新的圈层关系。两者的双向互动使社会圈层更为丰富和复杂。

不同类型的网络众筹存在着圈层建构的不同主导因素。一般而言，股权众筹和物权众筹的经济利益导向性比较明显，作为理性投资人，基于对项目知识性共识而聚合的圈层化通常是主流，而财力也是重要的圈层化要素。在权益型众筹中，因业务细分的多形态性，基于兴趣爱好、智力、技能、情感、意愿等的圈层化展示了其多样性和多层次性。在公益型众筹中，志向和伦理追求往往是圈层化的主导因素。(1)因知而聚。对事物的认知能力和认识水平是圈层化的因素之一。互联网股权众筹中，对初创企业经营业务的知识和经验性预测是投资人作出决策的重要依据。初创企业的业务范围及合规性问题往往是其经营风险的潜在根源，投资人只有在具有相似的认知水平和认识能力基

① (美)克里斯·布洛根、朱利恩·史密斯:《信任代理:如何成就网络影响力》,繆梅译,沈阳:万卷出版公司,2011年,第74页。

② (美)克里斯·布洛根、朱利恩·史密斯:《信任代理:如何成就网络影响力》,繆梅译,沈阳:万卷出版公司,2011年,第78页。

③ (美)克里斯·布洛根、朱利恩·史密斯:《信任代理:如何成就网络影响力》,繆梅译,沈阳:万卷出版公司,2011年,第92页。

础上才能共构投资人体系,并与发起人结成利益关系联盟。在物权众筹中也存在类似的情况,即对特定物权本身的市场认知和价值认知体现了投资人集体的共识。这是因知而聚的圈层结构,在这类圈层化结构中,认知结构的超前或落伍都会使其在整体性社交关系中处于孤立地位,在面临项目决策和利益分割的时候面临"多数人暴政"的可能。圈层的内在一致性和排外性使人们在应对异见时保持警惕和抗拒的心理。(2)因趣而聚。在权益型众筹中,无论是出自哪种感官系统的特殊敏感性而形成的兴趣,如美食、服饰、化妆品、游戏、电影、汽车、雕刻艺术等商品众筹,因兴趣的导向对私有资产的丰寡较少考虑,而更多地出自生理和心理的偏好。这样形成的圈层对产品众筹的热情极高,也具有较强的忠诚度;但他们在众筹活动中因资源处置能力的悬殊而出现获利程度的巨大差距。等级化是圈层的属性之一,在因趣而聚的圈层内部会有更为细分的阶层等级。"每一个社会阶层都有自己的'生活方式'、自己的习惯、自己的爱好。"①当然,兴趣是一个有着不同强烈程度的导向因素,不同的人对同一事物具有不同的专注程度和喜爱的热烈程度,这也造成了因趣而聚的圈层内部并不具有严密的内部机制。依据因趣而聚的圈层固然可以发展部分公益众筹和权益众筹事业,但这是一个弱结构力的巨型圈层,只有极少数人因此而成为权益众筹和公益众筹的实际支持者。这种圈层的优点是圈层密闭性较差,由此而形成的圈层壁垒不足以阻碍其他人同样进入该圈层。(3)因智而聚。在科技研发项目和创意产品研发的众筹项目中,因智而聚成为人们最为欢欣鼓舞的趋势。这一趋势在小微创业中已经显示出了其独特的力量,但在更为广泛的众筹应用中尚不足以实现大众化的目标。如果说"因知而聚"主要是基于"共识"的圈层化,那么"因智而聚"则主要是基于"共创"的圈层化,是创新要素的全网融合。人的认识能力和创造能力既是有限的又是无限的。之所以是"有限的",是指就特定的个人和人群、在特定的历史条件

① 《列宁全集》第25卷,北京:人民出版社,1988年,第356页。

下，其认识世界和改造世界的能力总是有限的；之所以是“无限的”，指的是在不确定的人群中，在指向未来的历史进程中，人们认识世界和改造世界的能力是无限的。因智而聚往往是许多原来不曾设想的科学难题在协同作战中迎刃而解，使许多困扰人们的创新创业课题在集思广益中获得重大突破。当众筹成为因智而聚的重要渠道，社会集成创新的能力将会得到有力提升。(4)因情而聚。情感因素和认知、兴趣等有着千丝万缕的联系。对人和物的重视信仰和迷恋是当今经济生活中的重要生长点。粉丝经济将明星、偶像的经济功能扩大到非常高的地位；事实上，粉丝经济正在发挥着重要作用，在产品众筹的项目中时常展现出惊人的经济潜力。那些对特殊物品的迷恋情感同样如此，“铁杆粉丝”是维系这类众筹的“强力胶”。因情而聚的圈层一般会给予同样人情的人群以相互扶持的力量，而不是相互挤压，这是它与“因趣而聚”的圈层之间的不同。(5)因志而聚。在公益众筹事业中，投资人(捐助者)因志向和愿景的相似而聚集在一起，成为因志而聚的圈层。这种圈层因对物质利益回馈不抱期望，从而较少因利益冲突而发生内部结构的垮塌，而在与外部势力进行斗争(竞争)中则表现出超常的毅力和团结。在网络公益众筹事业中，最为核心的问题是要防止营利机构和噬利资本对公益众筹项目的渗透和嫁接，最后导致公益项目的变质。维系圈层的纯洁性存在着一种看起来悖谬的难题：当人们致力于维系圈层纯洁性，从而增加圈层壁垒时，它可能会影响到经济自由和圈层流动，形成利益固化的局面，不利于在竞争中促进社会各类型圈层的组织进化和社会进步；但开放体系在网络众筹中则往往导致道德质问的难题，在对众筹项目进行伦理审查时，由于圈层主导因素的各异，圈层混乱格局下的众筹项目中，参与诸方因立场和诉求的迥异而出现价值观冲突。例如在“水滴筹”扫楼式招揽业务的事件中，噬利资本对公益项目的渗透和转嫁就两种伦理场景发生同位竞争：公益众筹主张无私奉献，而资本企业追求利益最大化。

“社会心理学家通过实验证明，只要实验对象能够自行区分‘我者’和‘他者',群体间的分裂就很容易产生。我们表现出对'我者'的偏爱和对'他者'的偏见。"①"一切都在走向分裂,不同的情境化策略使情境的数量与日俱增,与此相对应的是朝生暮死的后工业秩序。"②分化与融合,在互联网时代生生不息地进行着,当一种社会撕裂发生作用时,另一种弥合机制又在悄然酝酿。但在圈层化的不断运动中,网络众筹或许能够寻找更多机会,使这些圈层建立在可靠的物质生产体系之上,从而也进一步优化社会生产要素的分配,刺激全要素生产的发生。

三、网络众筹的资本化特征及其伦理遵循

在基本生存资料生产的自动化和丰盛化背景下,我们"要投入很多的时间和精力,推动公民社会的建设,创造社会资本,这种设想自然很吸引人";"市场环境下的人际关系主要是一种相互利用的关系,是实现自身物质利益最大化的手段",杰里米·里夫金说,"创造社会资本依赖于人类互动,而创造市场资本越来越依赖于智能技术。"③社会资本④是与经济资本和人力资本相对应的一个概念,社会学家用以表示社会结构中的资源整合和社会生活的效率。互联网对社会的再结构化使社会资源出现重组,这对于在过去被边缘化的人群来说,是一种结构性流动的契机。网络众筹的社交化和圈层化特征是其社会资本化的重要表现,这里所需要探讨的,是里夫金所谓的"市场资本"或者通常所谓的经济资本。网络众筹因其资本化而成为互联网金融的一种具体业态。离开资本属性,它就只剩下网络信息架构这一内涵了。互联网众筹

---

① (美)乔治·阿克洛夫、罗伯特·席勒:《动物精神:看透全球经济的新思维》,黄志强、徐卫宇、金岚译,北京:中信出版社,2012年,第193页。

② (英)迈克尔·吉本斯、卡米耶·利摩日等:《知识生产的新模式:当代社会科学与研究的动力学》,陈洪捷、沈文钦等译,北京:北京大学出版社,2011年,第96页。

③ (美)杰里米·里夫金:《第三次工业革命:新经济模式如何改变世界》,张体伟、孙豫宁译,北京:中信出版社,2012年,第282—283页。

④ 注:社会资本是指个体或团体之间形成的社会网络、互惠性规范和由此产生的信任,是人们在社会结构中所处的位置给他们带来的资源。

的资本化特征主要体现在其作为新兴金融业态的那些方面。

1. 跨期获利

在 W-G-W′的一般商品流通形式中,人们通过卖和买的手段获得自己所需的商品,其所购之物 W′与所卖之物 W 在价值上是相等的,货币只是起到中介作用。而这种形式一旦不是终结于消费领域,那么,在 G-W′-G′继续前进中,G′与 G 相比,在数量上会存在一定的差别,这种差别往往由于各种因素形成,W′本身在市场上的盈缺状况、交换的偶然因素(交易中的供需博弈)、币值的变化等,都是的 G′与 G 差额形成的潜在因素,在不同的市场条件下其发挥作用的结合程度有一定的差异。而从 G 到 G′的变化中,时间因素是一个重要的因素,这是偶然因素在其中起着重要的作用。而时间因素发挥作用的机制,是生产力的变化和供需双方力量的转移所造成的。当 W 转向专门的证券,从而作为虚拟的商品形式进行买卖交易时,G 在这一过程中是否进入物质生产的现实运动已经变得不那么重要,对于买卖虚拟商品证券的人来说,通过持有这种证券而在跨期交易中获得更高的报酬是他们所追求的目的。资金的持有者通过购买某种收益权证明而跨期获利,是金融化的重要特征,也是金钱资本化的特征。金融体系执行的核心功能之一就是“提供跨期、跨地区和跨行业转移资源的途径”。[①] 在非公益性的众筹中,它的金融属性十分明朗,通过具有强风险性的跨期获利,维持和增加资金数额。“钱生钱”是资本化的内核,尽管在支撑条件中,这一过程需要足够的生产力水平的动荡和交易市场的变化来完成其使命,但在表现形态上,投资者往往只是“经历了一场惊心动魄的等待”。非公益性网络众筹正因为在跨期获利上有着孜孜不倦的追求,也就造成了投资心理上的时间承受域。投资者希望尽快获得回报,尽管众筹项目的运营可能需要经过更多曲折或者孵化孕育的时间。在投资人干预下往往以

---

① 兹维·博迪、罗伯特·C.默顿、戴维·L.克利顿:《金融学》,曹辉、曹音译,北京:中国人民大学出版社,2010 年,第 71 页。

项目转手的形式或其他形式终结这种资本构成关系。如果说众筹对于初创企业和创新创业有着天然的伦理亲和力的话,在项目运营进入爬坡期或颠簸阶段的时候,投资人逼债往往会对项目创始人形成致命的打击。因而,对于众筹投资人来说,需要有一种跨期风险承受能力的自觉。只有清醒地认识到自己在较长时期的风险历程中所具有的心理和经济承受能力,才有必要进入这种跨期较长的创业投资。而当进入到这种需要孵育的天使企业创投中,投资人需要在风险历程中有着共担风险和甘愿承受后果的责任意识。

2. 计算理性

非公益网络众筹的经济属性进一步表现为广泛的理性计算和投资者的噬利本性。效用权衡不仅是项目投资者和领投人所具有的心理状态,也是平台运营者所持有的基本理念。一方面,由于众筹项目的参与各方都秉着效用权衡的原则,在追求自我利益最大化的博弈中,“自私自利像老练的马贩子一样,把人们仔仔细细、毛发不漏地打量一遍,以为别人一个个也像它一样渺小、卑鄙和肮脏。”①这种相互的不信任就成为必然。计算理性越是充分发展,对网络众筹来说就越是提高了资金配置的成本。众筹的基础是信用,而由于参与各方都精于计算、相互猜忌,于是投资人对发起人不信任、发起人和投资人对平台不信任,相互不信任导致信用关系构建需要付出更多代价。在一定条件下,计算理性正在降低众筹的效率,使其快捷性的优势不复存在;构建具有理性依据的信用体系需要在信息公开与取证方面花费较大的时间成本和经济成本。显然,随着网络众筹的发展,网络众筹参与者一方要求其他参与方提供可靠的信用支撑是无可厚非的、在熟人社交关系向网络陌生人关系延伸的情况下尤其如此。另一方面,在网络众筹中,计算理性导致的后果还包括投资人不愿意向周期长、风险大、收益小的行业和项目投资,但这些项目和行业也许

① 《马克思恩格斯全集》第1卷,北京:人民出版社,1995年,第263页。

正是社会资源支持不足的方面,且可能对人们的社会生活起着非常重要的基础作用。在当前的互联网众筹平台上,真正为了科技创新和艺术创作而提供的众筹项目非常罕见,不能不说这就是计算理性的后果。那些基础性研发项目以及创新创意产品的设计和开发,往往存在市场风险(卖不出去)和产品风险(做不出来)的双重压力,投资者在审慎考虑后放弃对这些项目的支持,转而对商品众筹和物权众筹抱有更大热情。这是一件非常遗憾的事情。商品众筹和物权众筹对个人经济效用的保障的确高于创新创意方面的权益众筹项目,但这些既成产品和物权的重新分配并不能增加社会财富的总量,也许它们能够促进社会财富(尤其是市值较大的整体性资产)在中低收入者中间的流动(以分割所有权和收益权的形式)。理性计算的过度发展一旦渗入到公益众筹中去,就会出现诸如"水滴众筹""扫楼"的情况,在资本化与公益事业中定位错乱、坏了伦常。

3. 市场原则

资本市场必须遵循市场原则,坚持公开透明、公平自愿、守约合规的基本规范。"在国家和网络里,提高个体利益最可靠的方法是提高整个系统的利益。"①个体参与网络众筹的主要目的与众筹项目的类型及内容息息相关,在非公益性众筹中,市场原则是众筹各方联结的基本原则之一;坚持市场原则有利于异向性的个人经济主张转变为同向性的组织诉求,由此而实现众筹的系统性利益提升,为个人利益提升奠定基础。(1)公开透明。在市场交易中,信息不对称之所以成为难以克服的困难,是因为交易双方都试图获得信息优势、从而在交易谈判中处于有利地位。因此,对对方的信息公开透明抱着较大希望,而常常试图对自身的信息予以隐藏;信息公开成为交易谈判的重要内容,并促使交易各方在信息透明度上采取博弈的姿态。信息交换需要其他资源和

① (美)凯文·凯利:《新经济　新规则》,刘仲涛、康欣叶、侯煜译,北京:电子工业出版社,2014年,第93页。

权利的让渡才能得到较为充分的实现,或者是在与对手竞争的情况下才成为其选择的手段。与一般商品市场交换不同的是:商品交易采取即时交易的形式,而众筹中投融资双方权益交换关系是跨期进行的。项目的持续发展仍然需要在促成投融资行动后继续保持信任的关系,否则就会出现“抽资”或股东在经营决策中的内耗。可见,公开透明不仅是项目启动的必然要求,也是其运转和发展的必然要求;不仅是一种伦理要求,也是一种机制性的内涵要求。(2)平等自愿。网络众筹必须在平等自愿的基础上进行。投融资双方及众筹平台在法律和伦理上都是平等的地位,这一平等的规范性要求既有前述“圈层化”的物质基础,也有市场伦理上的道义性要求。只有在平等的基础上进行的众筹活动,才能实现自负盈亏的经营责任。平等是最终达成自愿参与的前提条件,在不平等的社交关系中,诸如公益众筹的某些项目往往在扩散传播范围时存在软暴力(强迫参与);在非公益众筹项目中,软暴力强迫参与的情况也偶有发生。前者体现为诸如在“朋友圈”反复发布诸如“水滴筹”和其他众筹信息,甚至私发链接给好友的方式,迫使“好友”碍于情面而参与众筹;后者则隐秘得多,它以“有利同享”的借口私发链接或者反复游说“好友”参加特定众筹项目等。友情绑架甚至是智商绑架(对某些股权众筹项目来说,项目经纪人往往以“专家”的身份进行劝说)都背离了平等自愿的原则。最终存在友情崩塌甚至与此相关的伦理崩塌的危险。(3)守约合规。市场经济是法制经济,也是契约经济。网络众筹在作为资本化项目形式的时候,同样遵守守约合规的原则。项目发起人与众筹平台、投资人各方签署的合同是众筹活动得以开展的保障,也是维持项目启动和运转的、具有法律保障的成文规范。对投融资关系及中介关系各方的约束在法律允许的范围内、以合同为基本依据。这些合同是众筹项目参与各方的权利义务关系的法律文本,也是参与各方对履行义务、承担风险的书面承诺。市场原则是众筹资本化的重要表现,而那些非资本化的众筹类型,尽管并不构成利益的交换关系,但在一定程度上,也适用这些规则所表达的内涵大义。

网络众筹的社交化、圈层化和资本化说到底主要还是停留在“渠道价值”的层面上，它的丰富的“内涵价值”在众筹事业发展的未来图景中应该予以更大程度的挖掘。从筹钱、筹人到筹智，是网络众筹综合化发展的重要方向。真正的“筹智”众筹开启的是世界的“众创”格局，是集体智慧在网络时代的映射。在科学技术日新月异的时代，在知识总量已经达到空前巨大的时代，集合网络大众的智慧进行创造、创意、发明，是应对时代要求的手段之一。而从筹钱、筹智走向筹制，则是网络众筹综合化发展的另一个重要方向。“筹制”比“筹智”更高明的地方在于机制的共建。筹制是一种要素集成，它指在一个系统中形成特定的机制。是对人气、知识、智慧、物质资源、管理运营模式等各种生产经营要素的全网大整合，是为完成一定目标而筹集生产经营或创新创造的各种“要素”而进行的系统性经济活动。在综合性众筹发展的未来，人们共创共享美好生活的图景将在更为细致的方面得到具体描绘。而在综合化众筹发展的未来，人的道德自律必然得到张扬。马克思说：“良心是由人的知识和全部生活方式来决定的。”①而进入到筹制时代的人们，其知识和生活方式的显像定然是“每个人的自由发展是一切人自由发展的条件”。②

小　　结

埃德蒙·柏克说：“要想获得正义，就得放弃任意所为，以及放弃认为什么对自己是最重要的就去做什么的权利。要想得到某些自由，就得为全体人民的自由做些牺牲。”③从原子个人利益出发的行为离开了社会的有机结构，将社会的系统抛诸脑后；但私人作为社会机体的细胞，既是环境的塑造者，也

① 《马克思恩格斯全集》第6卷，北京：人民出版社，1961年，第152页。

② 《马克思恩格斯全集》第2卷，北京：人民出版社，1961年，第53页。

③ （英）埃德蒙·柏克：《自由与传统》，蒋庆、王瑞昌、王天成译，南京：译林出版社，2012年，第61页。

是环境的被塑造物,他/她与其他人之间存在着必然的相互影响和相互型塑的作用。在网络众筹中,由于社交化的基本前提,人们之间的联系更为紧密。本质上,众筹事业不应该是此消彼长的"金钱转移"方式,而是通过社会要素的"结构力"促进社会的持续稳定发展,是通过互补的方式增进社会进步的系统功能。若如是,众筹行业在大众创业万众创新中的重大贡献或许可期,在由简单粗放的"筹钱"转向"综合性的生产要素筹集"方面发挥历史性作用。

1. 众筹行业利益相关人的道德规范

如前所述,众筹行业利益相关人的道德规范必然坐落在众筹的实际业务流程中,坐落在众筹肩负的历史责任和社会担当中。如果有人认为伦理学者对经济现象的道德化解读过于矫情,那么去道德化的经济理性追求更是行业堕落和消殒的根源。经济活动归根到底是人的活动,其最终目的必然是为了滋养人、塑造人、成全人、发展人。众筹活动的内在业务流程是社交化媒体发展至今的现状决定的,前面已经对不同众筹类型中的道德规范和伦理问题进行了解读,也对众筹的内在逻辑和特征及其所包含的伦理意蕴进行了分析;网络众筹的前景是否如人所愿地朝着属人的方向前进,需要利益相关者个人加强道德反思,克服纯粹物质利益的绑架。

(1)项目发起人。

从众筹业务领域看,发起人是否将筹资用于预定项目的研发和生产,能否及时准确披露资金使用情形,很大程度上依赖于发起人自身的信用和道德约束。① "对社会资本②而不是对自己的资本的支配权,使他取得了对社会劳动的支配权。因此,一个人实际拥有的或公众认为他拥有的资本本身,只是成为

① 刘志坚:《2017金融科技报告:行业发展与法律前沿》,北京:法律出版社,2017年,第90页。

② 这里的"社会资本"与社会学家的"社会资本"有着本质的区别,在马克思那里,社会资本不是指人际关系的资本,而是指社会化的资本或者整个社会的资本。

信用这个上层建筑的基础。”①马克思在对资本主义投机资本的集中问题的论述中，对资本的信用杠杆作用进行了深刻的阐述。众筹成为项目发起人“撬起地球的支点”，用较少的自有力量办成较大的事业。而项目发起人或领投人实现这种伟力的机制是出于投资人对其项目的“公认”——换句话说就是“期待”这种项目所能够带来的实际利益符合投资人的需求。在取得“公认”的要素中，项目的蓝图设计行使了特殊的功能。在项目招标书或策划书中展示的是它的美好未来以及对投资人的承诺，尽管在公开的文字中仍然会不失狡黠地补充“风险自担”的字样。其一，风险披露是项目发起人应该具备的责任和担当，尽管这或许会增加融资的失败率。对不同类型的众筹项目，其发起人具有不同的风险披露的责任。股权众筹中的融资项目应该具有高新科技性质、新颖的商业模式或高成长预期的特征；但这些项目的成功率并不很高，②其中项目发起人对风险因素的遮遮掩掩是重要的原因。结合项目本身的运营风险和成本（按项目融资总额5%左右交付给众筹平台中介费、管理费），其盈利空间的预算是否科学合理，这是项目发起人应该具备的基本业务素质。“在移动互联网时代，整个经济活动过程的逻辑发生了改变，披露信息成为一个公司面向公众的必然要求。”③主动披露信息是项目发起人道德意识和道德担当的首要方面，“可靠的信息来源无疑是任何民主社会的关键要素。”④其二，积极兑现承诺，完成项目策划书上所表明各种目标，是项目发起人应尽的义务。对于投资人来说，是以金钱换取时间，而对于项目发起人来说，则是以时间换取金钱。或者进一步具体化则是：投资人在付出金钱后，将免除制造某

① （德）马克思：《资本论》第三卷，北京：人民出版社，2004年，第497—498页。

② “在平台发布的项目中，只有20%左右会被投资者选择；在前期有出资者选择的项目中，只有60%左右能达到预期的筹资目的。”（见BR互联网金融研究院主编：《互联网金融年鉴（2014—2016）》，北京：中国经济出版社，2017年，第156页。）

③ 张讯诚：《众筹+：众筹改变世界》，北京：中国财富出版社，2015年，第3页。

④ （英）弗兰克·韦伯斯特：《信息社会理论》（第三版），曹晋、梁静、李哲等译，北京：北京大学出版社，2011年，第207页。

种物件或从事某项经营活动的时间,并避免在此过程中承担风险的心理刺激;而项目发起人正是对投资人感兴趣的项目实行经营权利的真实代理人,它为了自身目的(无论是盈利还是实现梦想)而不得不从事可能存在较高风险的创作、创造或其他经营活动,并承担项目经营风险所施加的压力。那种通过空买空卖套取利益的项目发起人是市场经济中的规则破坏者,在任何意义上都是可耻的。所谓"空买空卖"指的是,在项目发起的第一阶段,通过项目的虚假宣传、过度包装获取投资人信任,筹集第一批款项。在获得较好融资效果的基础上,以"融资额"作为声誉保障进一步通过项目转让,获得更多的社会财富,然后逃之夭夭。在整个过程中,项目是虚拟的、从来未曾进入实际转化和运营阶段的图纸和理念。项目发起人懒惰、敷衍、不负责任也是许多项目经营不善以致爽约的原因。① 其三,接受过程监督和听取投资人建议是项目发起人的分内之事。在投资人、平台和资金托管机构、行业和政府职能部门要求对项目进行审核、检查的时候,项目运营者有义务全力配合检查监督。资金去向、项目发展阶段、新的风险及采取的措施、社会异动、管理者人事变化等,都应该向投资人和平台通报。接受流程监督是发起人是否全力遵守承诺的重要审查环节,在此过程中搜集并接受投资人建议,认真考察其可行性并通报最终的可行性分析报告。总之,对项目发起人来说,项目发起的标书或策划书就是其对社会和投资人的正式承诺,在遵守社会公德和法律的基础上全力兑现承诺是其伦理道德的核心内容。

(2)众筹平台。

众筹平台的失德风险主要源于提成收益与项目门槛设置之间的平衡问题。平台的主要收益来自项目融资金额的提成和相关管理费用;因此,促进更多投资者和项目发起人之间达成合作关系是众筹平台获得收入的关键。在此背景下,众筹平台有可能会违背基本事实,为提高项目众筹的成功率而疏于对

① BR 互联网金融研究院编:《互联网金融年鉴(2014—2016)》,北京:中国经济出版社,2017 年,第 114 页。

项目的审核管理,并在某种程度上将项目风险进行一定的粉饰和隐藏。特别是股权众筹,由于风险较大、投资周期较长,此类现象发生的可能性更大。① 众筹平台在实际的运营中显示出功能多元、角色多重、流程多样、责任多维的特征。明确投资人和项目发起人之间的权利义务关系,对融资者进行必要的严格的项目风向和资质审核,披露重要信息,交易撮合,融资者财务审核,技术咨询与经营辅导等都是平台的工作内容。从伦理道德的角度看,众筹平台在以下几方面尤其应当予以重视:第一,制定公平的众筹规则,坚守中立。众筹平台的主要角色是信息中介,因此处在不偏不倚的立场并提供充分的信息是其基本的遵循。在众筹投融资双方达成协议的过程中,平台需要制定相关制度,以便参与双方有章可循。平台自身的清晰可行的运营规则,②保证了进入平台的融资者资质的审查力度和有效性,是投资人进行投资估算的基本依据。在撮合项目融资的过程中,平台不应该以撮合率作为最终的绩效评价标准,而应当以项目成功率作为绩效评价标准。如果将撮合率作为绩效评价标准,则出现诸如水滴筹"扫楼"现象成为必然结果。业务员和主管经理为提升绩效而帮助项目发起人隐瞒不利信息、虚假宣传。平台要监督融资方,确保资金投向明确,信守契约,不得更改资金用途。"虽然股权众筹平台是为投融资双方提供投融资信息服务的信息中介,其法律属性为居间人;但股权众筹平台仍负有对项目进行审核的基本义务。"③第二,提供稳定、安全的信息操作平台。在提供信息服务的过程中,信息平台等基础设施建设是必要前提。如果平台更新不及时、信息隐私保护措施不力或者出现其他系统漏洞,有可能使投融资双方利益受损。在这方面,平台应负起全部责任。第三,认证、审核、培养合格投资人也是非常必要的方面,是众筹项目减少中间消耗的重要途径。众筹平台

---

① BR 互联网金融研究院编:《互联网金融年鉴(2014—2016)》,北京:中国经济出版社,2017 年,第 115 页。

② 郭福春、陶再平等编:《互联网金融概论》,北京:中国金融出版社,2018 年,第 100—103 页。

③ 郭福春、陶再平等编:《互联网金融概论》,北京:中国金融出版社,2018 年,第 101 页。

承担经济信用启蒙作用，与设置更多投资人门槛相比，培养合格投资人具有更大的伦理意义。对于广大群众而言，种子项目投资的风险意识和鉴定经验不足，对投资风险的测量手段和评估能力不高，同时可能存在项目培育过程中的撤资纠纷或过度“维权”行为，从而导致项目孵化失败。这对创新发展显然是不利的。就此，平台需要引入大量具备风险投资经验、经济实力较强、具有契约精神的合格投资人，以便实现整个众筹项目的顺利实施，不为新项目在运营中的细微波折而影响全局。第四，挖掘和培育好的项目。股权众筹平台需要具备挖掘好项目的能力、投资者权益保障机制、快速撮合投资意向的模式。对项目类型的确认，以及对项目前景有着专业化的评估，这也是众筹平台的道德义务。将一个自己并不知情的项目推荐给投资人，并且依靠自身的资本实力发挥隐性信用[①]作用，这对投资人是不公平的。为了更好地促进项目成功运营，众筹平台有义务对项目进行运营指导，提供决策建议。同时在融资者门槛上设置专业性评估机制，防止浑水摸鱼、过度包装骗取融资。平台如果不能在企业项目孵化上有所作为，就会存在信息推介中的失察现象。尽管迈克尔·J.奎因认为“我们不能给公司或组织加上道德责任”。[②] 实际上，任何公司或平台都是由人组成的，如果以组织的名义来架空行为人的道德责任，显然是不恰当的。因此，对于众筹平台来说，披露和举报投资人的违规经营行为，提供负责人的项目信息并制定对双方进行约束的公平规则等是对投资人和社会应有的责任。第五，自律依然是非常重要的。众筹平台需要引进资金托管的实体银行保障投资者资金安全。资金托管机构是众筹平台的战略合伙人，全程为公众投资的资金进行第三方托管，以保障资金安全，它既可以是第三方支付机构，也可以是传统银行。众筹平台将投资者资金放在传统银行进行第三方

① “隐性信用”指的是大企业、明星、特殊公众人物及国家工程、政府、行业协会等利用自身的影响力、权威性、正规性和经济实力等而获得的民众信任，并由此而导致的信用关系。

② （美）迈克尔·J.奎因：《互联网伦理：信息时代的道德构建》，王益民译，北京：电子工业出版社，2016年，第406页。

托管结算,能够打消投资者的资金安全顾虑,也有利于监管。实际上,引入第三方资金托管是行业自律的准则,尽管现在已经成为行业的强制性规则,但逃避这一规则并不困难。如果平台试图采取机会主义的行动,项目发起至完成的时间差和资金提取方式的约定,能够为平台争取到巨额资金的较长滞留时间,形成现金池。当然,还包括平台与第三方商业银行之间的内部密谋,也是道德风险的原因之一,更不用说如前一章所述的自融问题了。

(3)投资人。

对投资人来说,一般没有特别的要求,其中股权众筹平台一般要求最低投资额度为 2.5 万元人民币,资本滞留(锁定)时间最少 1 年。股权众筹项目中,资本流行性差、退出渠道有限、不存在公开交易,股权转让和交易困难。成长型小微企业创业成功率低,投资风险大。在股权众筹的各种形式中,只有直接股东模式的投资人才具有项目经营的投票表决权,而基金间接鼓动模式的投票权由基金代理,对项目经营的实际行为没有影响力。我国股权众筹大多采取"领投+跟投"的模式,领投人代表广大跟投的微小投资人行使对融资项目的监督并通报信息,在漫长的投后管理中,领投人能否自始至终尽职尽责,关系到微小投资者的切身利益。在绝大部分股权型众筹中,投资人具有资本性的唯一特征,他们只对资金的增值表达关注。而在权益型众筹、物权型众筹和公益性众筹中,投资人具有更为广泛的道德规范。第一,理性投资也是一种道德要求。未经理性审查的项目是不值得投资的,这对于普通民众来说尤其如此。在众筹投资中,要紧密结合自身的风险承担能力、对项目本身及其运营规则的理解程度和对投资环境的正确评估,合理投资、规避风险。由于众筹支持者大部分是普通人士,缺乏对众筹行业的深入理解,对回报收益寄予过高期望,不太理性地看待项目风险;当投资回报未能达到心理预期,众多投资者一旦被煽风点火者引诱,很容易发生群体性事件,危害社会安定。① 由于自身投

① 刘志坚:《2017 金融科技报告:行业发展与法律前沿》,北京:法律出版社,2017 年,第 90 页。

资决策失当和对风险评估的不足而导致投资失败,不应当成为采取暴力行动的原因,或者成为非法聚集和闹事的依据。投资人自我教育十分重要。第二,避免过度投机。投机在社会公德的意义上是一种恶趣恶行,但在金融市场上彻底避免投机就是对风险性投资的彻底否定,显然,具有一定限制性的投机在金融市场是被许可的。但是,投机行为的盛行,"随着各种金融创新的出现以及金融监管对这一创新的放开,腐败或欺诈就会获得新的滋生机会,这也是在一定程度上导致腐败和欺诈的程度随时间而变化。"①为投机增加限制性措施是非常必要的伦理稳序策略。投资人在众筹项目投资中固然有基于个人洞见和运气的投机权利,但在察觉到项目违背真实性和合法性的基础上依然佯装不知情而伺机获取私利显然是违背社会道德的可耻行为。在与创新创业项目发起人进行合作的过程中,投资人利用其在金融知识上的优势而对项目发起人进行欺诈的行为在事实上也是能够存在的。无论哪一方采取禀赋、知识或能力的优势而进行欺骗性引诱行为都是不道德的。第三,遵守合同。众筹双方所签署的合同应该得到遵守,投资人不能在项目运营中的资金锁定期提出撤资的诉求,也不能以投资人身份对发起人进行任何霸凌行为。在一些公益性众筹中,捐资人对项目的实际运营者进行道德监视和过度道德绑架的行为不利于社会公益事业的发展。第四,贡献智慧和发扬美德。对鼓励创新创业创意的权益型众筹而言,投资人其实已经进入到融资者的价值场中,并肩负起共同创造的责任。因而,贡献自己的智慧,促成项目的更好发展是一种互利的行为。我们生活在一个以和谐、美好为追求之目的的社会中,发扬社会公德,奉献社会公益事业,扶助危困,这是义不容辞的责任。在这些类型的众筹中,经济利益不再是驱动所有者让渡资金使用权的内在动力,而社会责任和道德情感才是促使他们放弃对资金使用权的原因。

网络众筹中的伦理道德问题,既是其运行机制和业务流程所决定的,也与

① (美)乔治·阿克洛夫、罗伯特·席勒:《动物精神:看透全球经济的新思维》,黄志强、徐卫宇、金岚译,北京:中信出版社,2012 年,第 29 页。

其从业人员的道德素质紧密相关。只有认清网络众筹不同类型的运营机制及其内在的环节,梳理其中的利益关联和内在冲突,通过制度供应和道德建设的方式,填补其中的道德空白,矫正其中的伦理价值失序失常,众筹事业在网络社交广泛发展的未来才能显示出更大的社会价值。

2. 融智时代的众筹具有广阔前景

在理想模式上,“众筹并不是单纯的筹钱行为,它有三个特定属性:筹人、筹钱、筹资源。”①其中,筹人是第一位的,包括了知识、人脉、圈子,这是项目的基本支撑;筹钱是项目持续运营并最后取得成功的关键,对于权益型的众筹来说,众筹在很大程度上带有预售和团购的意味;而资源则包括了渠道、场地、独特的经验、技能等,这对于天使众筹来说,都是非常珍贵的资源。对于投资性众筹而言,小微企业和个人在创新创业的过程中时常出现资金不足的困扰,传统民间贷款往往需要较为强大的社会关系网络,而正规银行贷款渠道则更加忽视对小微企业和个人投资创业的有效金融扶持;在互联网时代,众筹为小微企业和个人创新创业融资提供了便捷高效的渠道。换言之,传统正规金融通过完整征信体系和担保制度(的显性信用体系)将小微初创企业排挤出金融服务范围,而传统非正规金融则通过人脉关系等隐形担保(的隐性信用体系)将一些小微企业和个人排挤出借贷关系。这对于贷款人节省交易成本、降低坏账率显然是符合逻辑的,但因此也对社会民众同等享有金融服务的权利提出了挑战。网络众筹在这一挑战的背景下迅速获得了较为广泛的支持。对于捐助性众筹而言,由于社会保障体系暂时尚不足以支撑起庞大的社会救济和救助需要,社会上依然存在一些因病、因灾等陷入困顿的人们,他们利用社交网络开展自救式众筹,成为社会救助体系中的非正规部分,在事实上缓解了社会矛盾。这种自救式众筹当然也离不开国家普遍经济发展状况的快速转好,

---

① 张讯诚:《众筹+:众筹改变世界》,北京:中国财富出版社,2015 年,第 146 页。

使一些人已经拥有一定的奉献社会的实际能力。自救式众筹和其他公益事业众筹项目的发展在未来一段时期内仍然会持续向好发展,其原因是:一方面,国民经济状况持续改善,更多人有机会、有能力参与到社会救助的非正规渠道中去;另一方面,公民道德素质持续提高,更多的人致力于社会公益事业和慈善事业。当然,在国家经济高度发展的未来,当国家有能力全部担负起社会救助和为民众提供完善的公益共用产品和服务时,这一事业将会转变为纯粹的融智行为。民众对他人和社会的非经济困难和窘况提供必要的智力帮助和精神支持,从而使人们走向更为和谐和美好的社会。

投资属性的众筹,包括股权众筹、权益众筹和物权众筹等形式,在未来同样会走向融智发展的阶段。融智时代意味着众筹的主要对象是智慧集合与融通,是集体行动在网络世界的展开。其中,随着丰裕社会的逐渐靠近,物权众筹存在发展的非必要性,因为个体在经济上越来越能够支撑其自身的消费需要。它和股权众筹作为具有经济单一性的投资行为,在伦理道德上将更加服从于法律制度的规范性细则;在这种相对保守的底线道德下,经济性获得规范化发展的新形势,它所赋予创新的含义,无非是对渠道创新的细枝末叶的更新。在权益型众筹领域,携带着走向未来的网络众筹事业的绝大部分光芒。它将大众创业万众创新的主张直呈式地描画成为现实图景,将融智时代的现实从物联网发展到智联网,从物与物的虚拟智慧联通,发展到人与人的现实智慧贯通。融智时代基于创新与创造的众筹事业有其内在发展的逻辑和动力,并形成了它应当遵循的伦理基础。融智时代已经初露端倪,而网络众筹的新境界、新视野、新格局仍待积极开拓。

(1)必要的风险。

在当今以商品众筹为核心的权益众筹中,商品具有完备的形式,其以样品的方式呈现在投资者面前,本质上就是一种网络预售或团购。这种产品众筹不能说其完全没有现实意义。在小微创新创业企业和个体手工特色产品生产上,它能够在全网范围内迅速寻找有效客户,锁定需求对象。同时,它也能够通过预定的方式最大限度减少无效劳动支出、减少社会资源浪费，达到供需适配，节约产能。正因为这种众筹对项目的可实现性较大，只要产品通过投资者检验被认为是基于价格优惠或个性化需求的可信产品，就能迅速完成众筹项目。这种网络预售或团购式的众筹，投资风险很小；但是，基于创新创意的概念产品及其转化项目，投资风险就会变得很大。产品概念化和虚拟化成为未来人们经济生活中的日常事物，其主要原因在于定制生产的普遍化、消费需求走向个性化；随着3D打印及智能材料的研发，面向小众需求的个性化生产能力有了巨大提升。在互联网众筹发展趋势中，一方面是安全性成为互联网时代民众的核心利益之一；另一方面是新的社会机制鼓励“风险优于安全”的原则。这两方面的平衡，是面向未来的众筹事业发展对新的伦理秩序提出要求的前提。一方面，互联网虚拟仿真技术的提高以及用户信息技术的飞跃发展，使得个人在互联网上具备更多专业技术能力进行各种活动。众筹投资者需要面对有组织的项目发起人的众筹平台欺诈，还要提防黑客潜入以及网络假面人制造的恐慌。因此，网络环境的安全性必然成为基本权利之一。另一方面，与严密组织下的创新相比，个人和小微企业的创新能力和创业规划缺少较为严谨的可行性分析，并且其支撑技术和人才结构具有相对较弱的条件。因此，当网络众筹在发现那些有着创新创意主张的项目并且试图予以关注时，不得不考虑到潜在的风险无疑是巨大的。在互联网时代，“确保创意甚至是一个产品的草图的安全变得更加昂贵。新的规则应该是拥抱风险。”“就像重实践而轻理论一样，‘风险优于安全’的原则或许听起来不太负责任，但这是发掘低成本创新潜力的必要因素。”①承担必要的风险，并构建安全的公共网络环境，构成了网络众筹事业朝着融智方向发展的第一要则。

（2）优先的系统。

互联网时代在这两个方面具有内在冲突。一方面“真正的个人化时代已

① （美）伊藤穰一、杰夫·豪：《爆裂：未来社会的9大生存原则》，张培、吴建英、周卓斌译，北京：中信出版社，2017年，第112—113页。

经来临”。[①] 另一方面则是“系统优于个人”。“真正个人的时代已经来临”包括三个层面的意思:第一,节点化个人地位的提升。无论是在工业文明时期还是在农耕文明时代,官僚阶层制度是社会统治的主要架构,个人在官僚阶层架构中处于绝对服从的地位。从具有人身依附关系和半人身依附关系的前资本主义时代到自由劳动者时代,官僚等级制度是组织社会生产、管理社会秩序、维护阶级利益格局的重要手段。尼葛洛庞帝猛然发现数字化时代“个人抬头”的时候,意味着金字塔结构的社会阶层关系逐渐被扁平结构或网状结构所取代(或者至少具备这样的潜能)。从资产阶级启蒙时代建立起来的个人价值取向和资本主义工业体系的异己性矛盾中诞生了信息时代的“真正个人的时代”。它既把人们从工业流水线体系中解放出来,成为独立的生产者提供了可能;也为人们从“生产决定消费”的标准化消费结构中解放出来,为人们走向个性化消费提供了可能。第二,个人生活。移动互联网对个人生活的影响深入到了细枝末叶的琐事中,解构了人们传统的观念和看法、思维方式和价值取向,一个多元、开放、包容的网络新时代正被人们所期待。异质性的时尚消费和小众主张不足为奇,人们习惯了那些对一致性和规整性的破坏和反抗,无论在物质产品还是精神产品的消费上,还是在个人生活的其他方面。小微力量不断被重视,草根网红也不断地崛起,话语方式和话语权都掌握在自己手上,无论个体在现实生活中的经济地位和政治地位如何。这种新的社会风气或文明特质至少在我国已经成为现实(在资本主义社会中,由于资本的强大和资本形式的虚伪本质,丑恶的信息内容和信息侦测活动依然肆无忌惮)。第三,个人生产。与个人生活息息相关的生产方式和生产组织已经私人化或正在私人化,这在表面上是一种“逆社会化大生产”的新动向。创客经济已经在一定程度上说明这种社会化大生产的逆向运动即将成为社会生产的新特

① (美)尼古拉·尼葛洛庞帝:《数字化生存》,胡泳、范海燕译,海口:海南出版社,1997年,第193页。

征。“创客”意味着个体通过网络所能进行的生产能力的提升，同时在一些网络创业中表现出个人自决的能力。但这种“逆社会化生产”的运动并不能实质上改变生产社会化的扩大趋势，因为生产资料的社会性不是被压制而是被强化了。“个人生产”或“创客”在表象上的存在同样有着重大的现实意义，尤其是在网络众筹项目中，“个人生产”是小微创新创意项目的重要特征。如前所述，把这种个人化或私人化进一步扩展到道德领域就会搅乱基本的伦常关系。事实上，它只是被“逆社会化生产”表象所迷惑的幻象。系统性并未退出人类社会的舞台。“‘系统优于个人’原则让人认识到，负责任的创新不只需要速度和效率，同时也要持续关注技术带来的整体影响，以及理解人、社区和环境之间的关系。”①越是个人价值和尊严得到维护的社会，社会的系统性越是需要得到维护和巩固。只有在命运共同体理念的指引下，人类才能走出私人利益的偏执和狭隘。网络节点化的个人价值和利益之所以能够得到确认和维护，正是由于人们在网络时代对社会资源具有更多的支配权利和利用机会。离开社会资源配置的权力来谈论个人的价值和个性化，必然陷入空想。网络众筹在此意义上提供的就不仅是渠道，而且是权利本身。而在“个人生产”和“个人生活”的主张中，未来的网络众筹对共同创造与智慧和资源分享有着更为严格的要求。系统优先与个人抬头之间的平衡，是融智时代众筹事业发展要遵循的又一准则。

(3)个性化的生活质量。

在信息时代，一方面是消费的个性化不断增强。另一方面是生产的合作机制变得愈加重要。在个性化消费中，决定个性化生活消费的不再是现实的商品生产类型及其规模，而是消费者的思想和意识（尽管它在根源上依然是由生产力系统所决定的）。消费者的创新能力和创意层次决定着消费品的层次和类别。因为在融智时代，消费的生产性依赖关系的解除，消费者变被动为

① （美）伊藤穰一、杰夫·豪：《爆裂：未来社会的9大生存原则》，张培、吴建英、周卓斌译，北京：中信出版社，2017年，第229页。

主动；消费创造生活，消费引领生产。个人的教育层次和禀赋对消费生活的质量起着决定性作用。从而使社会的消费权利转变为一种知化权利，即依据知识和技能所享有的权利，这种权利在形式上是开放的，但获取它则需要一定的主体能力。知化权利结构的出现，使基于物质匮乏所形成的资源分布不均有被基于知识分布不均所造成的新的不平等所取代的隐忧。然而事实上，信息时代知识获取的便捷性和廉价性已经极大地降低了知识壁垒的形成。在这个意义上，尽管知化权利存在一定的公平性挑战，但在总体上，网络时代消费的自主性得到了加强，人们有更多机会依据自己的创意设计和制作自己需要的产品，而不受工厂生产线规模化生产的限制。这是智能材料技术发展和"物—物""人—物""人—人"融汇发展的新境界。资源和智慧的融贯使得一切皆有可能成为现实，人们头脑中的思想和现实的物质形态之间的距离被不断缩小了。权益型众筹中对个人消费品的资源融合和智慧贯通具有重要的桥梁作用，它对社会资源的虹吸能力超越了工厂制度中的价值链结构力。供需错配问题得到进一步解决，个性化定制成为普遍的潮流。生产性浪费逐渐从根源上消除，大规模同质产品失去市场，标准化生产将成为现代化进程中的一个历史环节被人们记忆。在"启蒙传统之中，强调对个人物质利益、自治和独立的追求。然而生活质量这一概念却要求基于合作、联系和相互依赖进行新的理解和定位"。[①] 在生产上实现了共同设计的新机制，融智体现为从数字基础设施到数字传输与计算的各个层面，也体现在消费者价值的融汇上。"共同设计的本质便是激发用户自己寻找解决问题的能力。"[②]个人在创造性活动中的主体地位的提高，以及创意创业活动中独立性的增强，并不会使人们陷入

---

① （美）杰里米·里夫金：《第三次工业革命：新经济模式如何改变世界》，张体伟、孙豫宁译，北京：中信出版社，2012 年，第 232 页。

② （美）伊藤穰一、杰夫·豪：《爆裂：未来社会的 9 大生存原则》，张培、吴建英、周卓斌译，北京：中信出版社，2017 年，第 231 页。

一种叫做“群体性孤独”①的新灾难中。因为无论是个性化消费的自决还是个人在生产性活动中的自主,都渗透着社交化媒体的全面支撑。“社交化”使个人不至于在网络世界的茫茫数据库中感到孤独和无助,在社交化和圈层化的进程中促进更加有效的深度交流,不但促进了创新创意产业的发展,满足了人们生活的需求,也使人们的心理获得慰藉;而网民主体创造性的彰显,更加将人的个人价值与社会价值融为一体。就此而言,个人生活将会愈加幸福,而网络众筹起着基础设施的作用。

(4)透视不是网络众筹的救星,信用才是!

“在网络经济中,每次交易所花精力越来越少,但是建立这些交易的共同准则所要花费的精力越来越多。”②对网络经济交易时间成本的节约作出巨大贡献的是网络透明性的增强。无论在传统经济还是在互联网经济中,公开透明是一项引人关注的内容,它揭示市场成熟和制度化的程度。中小企业和个人作为网络众筹的发起人,其信息透明度显著低于大企业,对财务报表及运营流程的管理往往更加具有经营者个人的主观随意性。这正是其融资困难的原因之一。其一,在互联网上,这种格局同样难以完全克服,个人或企业要隐藏部分信息在技术上并不困难;相反,尽管数字智能化的发展使大数据技术的应用有可能深入到生产经营及个人消费的一些细节方面,但与自动化数据保持距离仍然是人们的基本立场,人们并不乐于在非必要场合让渡自己的生产经营和消费信息。社交化网络总具有亲疏关系的圈层结构,而信息的真实性和完整性在不同圈层中依然存在差异;将来要改变这一事实亦非简单。其二,在假设互联网能提供全面信息并甄选其中的有效部分的前提下,透明网络同样难以保证网络众筹的发展在伦理景观上获得美好的建树。在面临同样重要和

① (美)尼古拉斯·克里斯塔斯基、詹姆斯·富勒:《大连街:社会网络是如何形成的以及对人类现实行为的影响》,简学译,北京:中国人民大学出版社,2013 年,第 74 页。

② (美)凯文·凯利:《新经济 新规则》,刘仲涛、康欣叶、侯煜译,北京:电子工业出版社,2014 年,第 89 页。

同样彻底的信息披露时,人们的反应能力存在巨大的差异。尽管这可以用自负盈亏来加以搪塞,但对普通民众的智力掠夺不能成为社会精英理所当然的事情。在移动互联网时代,增强网络的透明度是一个纯粹的技术问题,假如我们认同这一预设并将其贯彻到底,那么技术还应该通过其他方式支持人们对众筹项目的选择。如果全部技术决定论的立场都能得到支持,那么,个人在信息社会就处于一种完全被动的、失去主动能力和必要的存在者地位。人的存在的必要性和价值被清零,这不是网络透明技术及其他技术应该有的属人立场,相反,它是一种反人类的立场。在那种立场中,人只是信息系统和自动机制中的某种附属物。因此,透明性不能导致更多公平或增加人的价值。其三,透明性一旦阻碍了人在融智时代的主体价值,在技术性存在中丧失个性时,就沦为了比暗箱交易更为糟糕的经济工具。“现代社会并未能发展出一套能限制及谴责自利的物质主义的道德规范,使其排除邪恶的欲望,抑制企业的恶魔。”①现代社会也未能将伦理道德技术化为一种运算机制或者组织架构,以便一劳永逸地解决人的伦理道德问题。埃德加·莫兰曾经说:“伦理之恶存在于人类关系的蛮荒之中,而且处于文明的中心。只要我们一如既往,我们就会一直野蛮下去,并重新陷入野蛮之中。”②新的科学技术必然催生新的社会机制,但它未必催生了新的伦理动力。当互联网众筹成为信息技术与传统金融的创造性成就时,不应迫不及待地对它寄予厚望。只有在深层次的文明化与伦理化进程中,新的技术和新的经济生活才能成为新时代文明的一部分;否则,它无非就是增加了一种新的野蛮方式,或者说,那些陈腐的贪欲和讨厌的欺骗,只不过是换了一个“马甲”。就此而言,透明计算的能力和互联网的公开性特征,不能以此完成对当前仍有诸多伦理失序和道德沦陷问题的网络众筹的救赎;促进未来网络众筹在融汇智慧和资源方面有更多作为,并对提高人

---

① (英)约翰·凯伊:《市场的真相》,叶硕译,上海:上海译文出版社,2018年,第377页。

② (法)埃德加·莫兰:《伦理:非如此不可? 非如此不可!》,于硕译,上海:学林出版社,2017年,第132页。

的社会价值和创造能力有更多助益的,只能是信用机制的进一步完善:亦即如前所述的对网络众筹运行机制及其环节的伦理规范,以及对参与人的道德约束。众筹内嵌的伦理意蕴在融智时代必将有进一步彰显的机遇。

第七章　互联网消费金融：资本进“场”的生活方式与场景化的伦理

随着网络经济的发展，消费者线上购买行为不断增加。互联网消费金融就是为线上购买商品和服务提供金融服务（主要是消费贷款）的经济活动。成立于2013年8月的“分期乐”是中国互联网小微消费金融商业模式的开创者。“分期乐”从支持校园消费开始，相继打造出了3C数码、运动户外、洗护美妆、教育培训等多个消费金融场景，用户群体亦不断扩大。尔后，“分期乐”升级为“乐信集团”，并衍生出另一消费金融品牌“提钱乐”。2016年7月，“提钱乐”单月销售额突破1亿元，号称“深受年轻人信赖的借钱及分期购物首选平台”，“随时借钱，5秒到账”；“提钱乐”与京东等大型零售网站合作，从手机分期发展到多个业务内容。至2016年11月，“分期乐”所属“乐信集团”用户数达1500万，交易额达300亿元。[①] “提钱乐”除了与线上零售平台合作外，还与诸多网贷平台建立了合作关系，提供资金支撑。2017年，“提钱乐”的网络舆情就主要是“利息太高”“久欠不还”和“起诉客户”之类的信息，而网站信息亦只存一个没有公网备案号、标识码、经营许可证的伪站。“分期乐”的官网则依然宣称“品质生活、触手可及”。但平台属性已经不是专门的消费

① 《2016消费金融生态报告》，盈灿咨询、融之家联合发布，2016年12月，第10页。

金融提供者，而是一家“倡导年轻人有度消费的分期购物商城”。这与各线上零售平台自主推出消费金融项目密切相关，单纯的消费金融业务难以为继，它们必然随着淘宝“花呗”、京东“白条”之类的消费金融产品的出现而式微。消费金融与线上购物平台的融合，使诸如“提钱乐”之类的高利率借贷产品逐渐失去社会价值，并遭受用户的抵制。尽管互联网消费金融平台的贷款额度不高，但违约率高攀的情况下，也会使企业难以为继。① 线上购物平台推出的消费金融产品相对而言更加符合数字化时代信用信息搜集、管理与风险控制的需要。由侧重金融场景向侧重消费场景的转向，是互联网消费金融发展的基本趋势。“在金融科技的赋能下，依托于十万亿级的居民消费市场，我国互联网消费金融未来的发展前景广阔。”②

2009 年 8 月，《消费金融公司试点管理办法》出台，首批 4 家消费金融公司成立，其后，国务院各部委陆续出台多项政策，鼓励发展消费金融业务，以进一步加强消费对扩大内需的积极作用。一般认为，“三大派系”（银行系、产业系和电商系）是角逐消费金融市场的三大主体。③ 就广义的消费金融而言，“银行系”是消费金融市场的主导；但剔除住房和汽车消费金融之外，在零售市场尤其是互联网经济中，“电商系”对市场的影响越来越大。淘宝“花呗”、京东“白条”、趣分期、分期乐、苏宁任性付等是“电商系”消费金融企业的代表。在伦理上，互联网消费金融也引起了一些新的问题，需要我们引起重视，以利于互联网金融在开创新型业务的同时，遵循并进一步优化网络经济秩序和伦理规范。由于互联网消费金融切入垂直细分市场，在教育、医疗、校园、装修、文旅、养老等各领域均扮演着十分重要的角色，深度融入细

① 中国互金安全课题组编：《中国互联网金融安全发展报告（2016）》，北京：中国金融出版社，2017 年，第 55 页。

② 《消费金融万亿蓝海发展可期，发展中的问题也需正视》，和讯网，http://xfjr.hexun.com/2019-08-19/198 258711.html。

③ 李扬、孙国峰：《中国金融科技发展报告（2017）》，北京：社会科学文献出版社，2017 年，第 153 页。

分产业链,并围绕产业链构建出消费场景大生态,因而使得互联网消费金融在网络经济时代成为人的金融化生存的重要入场口。2017 年以来,随着政策对消费金融领域的规范,消费金融在经济结构转型升级中也发挥了相当程度的积极作用。① 在金融资本进入互联网消费市场的同时,资本对消费生活的全面包抄,亦使消费和金融在伦理秩序上发生诸种冲突。面向未来的普惠金融和理性消费需要重新厘清头绪,避免网络消费的狂欢和金融的“动物精神”相互助燃,导致欺诈、逃避债务、刻意引诱、拜金、不劳而获、消费攀比等恶习的生长。

第一节　从传统消费金融到互联网消费金融

“事实证明消费者已逐步培养了借贷习惯且金融机构也倾向于发放相关贷款。”②就算在经济不够景气的情况下,美国消费信贷也在本世纪头十年增长了两倍多。住房贷款在绝大多数金融市场比较成熟的国家和地区都是主要的个人消费贷款业务;但是,随着经济社会的发展,汽车贷款在一些发展中国家也逐渐成为个人贷款的主要业务之一。经济的发展和个人生活的丰盛使得单一的消费模式不断被改变。过去只有大宗商品消费才采用的个人贷款已经转变为在小微商品和服务消费领域广泛流行。

一、消费金融的内涵

1. 消费金融的概念

消费金融是指金融机构通过信贷服务,为消费者提供消费信贷资金,满足

---

① 《2019 中国消费金融发展报告》,国家金融与发展实验室发布,2019 年 9 月,第 10 页。

② (美)戴维·劳伦斯、阿琳·所罗门:《消费金融真经:个人贷款业务全流程指南》,张宇译,北京:机械工业出版社,2019 年,第 2 页。

其消费意愿，从而达到刺激消费需要、扩大消费市场、促进消费经济增长的现代化金融服务方式。[①] 狭义的消费金融是指消费金融公司向民众提供的以消费为目的的小额贷款业务，不包括房贷和车贷。广义的消费金融则在上述狭义概念的内涵之外，还包括商业银行发放的消费贷款（包括房贷和车贷）、信用卡业务、消费金融公司产品和互联网消费金融产品等。[②] 戴维·劳伦斯和阿琳·所罗门认为，在消费金融创新的过程中，信用卡业务具有里程碑的意义；它使人们彻底改变了日常生活习惯和交易方式，为金融机构盈利能力的提升作出了巨大贡献。他们甚至认为，如果消费金融业务良性发展，遵守业务规律并减少盲目贷款的话，2007 年美国的放贷及次贷危机就可以避免。消费信贷业务管理应当遵循五个基本原则："风险收益平衡原则""未雨绸缪的业务规划原则""通过概率进行管理原则""通过业务指标体系管理原则"和"责权清晰的风险管理"。[③] 只要掌握这些基本原则并加以灵活应用，就可以减少经营风险、避免系统性风险的爆发并且增加金融机构的盈利。在《消费金融真经》中，戴维·劳伦斯和阿琳·所罗门对这些原则进行了详细的论证和陈述，罗列了诸多操作层面的要点。

消费金融的本质就是"花明天的钱，圆今天的梦"，就是通过贷款方式提前满足资金短缺的消费者的购物需求。消费金融的两个参与主体是金融机构和消费者，前者是提供资金贷款方，后者是借款进行消费方。消费金融主体间的连接方式是消费者购买活动的支付业务。当消费者对某种（些）商品或服务抱有欲求或需要，而其自身又暂时缺少资金支持其满足需要的时候，这一需要或欲求的强烈程度以及消费者的消费行为习惯，就决定了他们是否做出借

---

① 郭勤贵、程华、赵永新等：《互联网金融原理与实务》，北京：机械工业出版社，2017 年，第 254 页。

② 李扬、孙国峰：《中国金融科技发展报告（2017）》，北京：社会科学文献出版社，2017 年，第 150 页。

③ （美）戴维·劳伦斯、阿琳·所罗门：《消费金融真经：个人贷款业务全流程指南》，张宇译，北京：机械工业出版社，2019 年，第 5 页。

款进行提前消费的行为。消费金融的资金来源主要是商业银行和专门性的消费金融公司,在很大程度上,消费金融带有分期付款的明显特征。运营消费金融业务的机构利润,来自消费者在与金融机构发生借贷关系后必须按照约定支付的利息。消费金融的整体运营状况取决于细分市场的内部结构,也就是不同消费市场本身具有的风险程度的差异。一般而言,房地产等固定资产的金融机构损失率相对较低,而用于支付日常消费的信用卡业务中的损失率相对较高。消费品市场本身的稳定性和泡沫率决定着消费金融风险收益的状况,因而将大宗固定资产的消费市场应用作为开拓金融业务的依据是不充足的。在房地产市场泡沫高涨的时候,住房贷款同样有着较高的坏账率,甚至在允许资产净值作为次级抵押贷款的情况下,发生系统性金融风险的概率仍然较高。[①] 毫无疑问的是,对于银行或者消费金融公司来说,消费金融是在风险收益平衡原则中具有较好平衡点的发展项目。而对于普通消费者来说,由于传统银行贷款业务的一般服务对象范围相当有限,他们很难通过正规渠道获得消费贷款;日益发展壮大的消费金融市场在繁荣市场经济和促进消费正义方面或有不可替代的作用。

(2)消费金融的特点。

消费金融核心是纯信用贷款,按照信用风险等级将客群分为最优、优质、次优、次级、深度次级等五个群体。2018 年,我国消费金融行业贷款余额 11.1 万亿元,还有过亿优质和次优级客群没有被消费金融服务覆盖。[②] 与 GDP 增量保持一定比例增长计算,我国消费金融业务仍有很大的市场空间。作为纯

---

① 注:“房屋净值信贷额度是近年来涌现出来的金融创新工具……(它)的获得意味着房屋业主可以重新规划其持有货币及准货币的数量,以实现个人效用最大化;居民可以像三四十年前的银行那样进行负债管理,房屋净值贷款额度的增长也会使得房屋业主在货币供应量未发生任何变化的情况下增加其消费支出。”(查尔斯·P.金德尔伯格、罗伯特·Z.阿利伯:《疯狂、惊恐和崩溃:金融危机史》,朱隽、叶翔、李伟杰译,北京:中国金融出版社,2014 年,第 82 页)

② 卢施宇、张扬:《2019 中国消费金融行业报告》,爱分析(IFENXI)发布,2019 年 4 月,第 14 页。

信用贷款业务，消费金融一般不采取担保、抵押、质押方式发放贷款，而是根据借款人的信用、资信记录放贷。纯信用贷款本质上是一种伦理化金融场景，是对借款人遵守借贷契约的估计和给予信任的程度。正是在这个角度上，人们一般不将房贷和车贷作为消费金融业务予以对待。在传统的信任机制中，纯信用关系的建立源自于情感和道德的约束，在现实生活中，往往在相对稳定的居民（部落化）群体中容易实现。因为出于亲缘关系或者邻里之间的情感纽带，人们之间相互具有心理上的依赖性。这正是道德产生和发展的重要环境因素。在传统的陌生环境中，纯信用关系很难建立，就是因为舆论和声誉对个体的影响要比在熟人关系中小得多。现代社会中人的流动性不断增加，个人的经济性取得了相对独立的地位，在社会关系中具有更多主体功能；借贷关系的形成也就需要更多伦理道德之外的保障机制。依靠口头保证或者个人主观声张的东西不再具有信用保障的功能，除非这些声明和保证能够在强制力量中得到维护，即在现代法治体系中能够得到确认。当银行界开启面向普通消费者的贷款业务时，保持较低额度以降低风险便是其合乎逻辑的做法。但是，随着信用卡业务的展开，事实上普通个体消费贷款中的违约率并没有显著高于其他领域或群体。

较低违约率是消费金融公司及银行发展相关业务的决策依据。这对过去人们在经济生活中的过度“伦理矮化”是一种反击。伦理矮化是人们对社会中的他者抱有与其实际伦理道德水准不相符合，且明显低于现实伦理道德水平的一种社会情绪。在尚未全面、深入认识特定人事时便预设其伦理道德水平不尽如人意，并以此作为行动的指南而加以防范。这在西方经济学中是一个传统。他们将利己主义作为每一个有理性的经济主体采取经济行为的思想和价值基础，并认为这是个人主义在经济现实中的合理展现。消费金融中不再将伦理矮化的结论作为金融创新的前提，至少认定个体在伦理道德上会存在差异化的可信程度。至于这种信度的差异，则与过去的口碑、行为或者其他相关信息紧密相连。个人信息的全面性与真实性成为对个人消费者作出消费贷款决策的基本前提,并在此基础上依据个人信息所指向的偿贷能力和偿贷意愿做出授信额度和利率裁定。目前已经打造出了“千人千面”的智能营销体系,依托新型技术对海量客户进行数据分析,构建用户画像,进行用户分层,实现精准分层。消费金融行业主体由于对客群的占有不同,其利率水平也有较大的差异。银行、头部电商平台、消费金融公司、互联网科技公司、互联网公司所占有的客群质量依次递减,而其利率水平依次递升。这是风险收益平衡原则的体现。经济信用的物质支撑形式并没有发生彻底的变化,但这种支撑的现实基础则由个人财富的实体转向了包括声望、想象、社会符号等在内的诸多因素,或者说有了虚化的迹象。平民化是消费金融的显著特征,贷款申请者是个人或者家庭,而不是具有生产性质的企业法人或者其他组织机构;并且消费金融提供的贷款是用于消费而不是用于投资或者具体的经营活动。剔除广义消费金融中的房贷和车贷后,其他消费金融在我国的比重不是太高;但是,随着经济增长和居民消费水平的提高,尤其是国家对房价调控的实际作用发挥(或者房产开发过剩并适当挤出泡沫)后,很有可能在未来会出现其他消费金融的兴起。狭义的消费金融与居民日常消费息息相关,贷款额度相对较小,这是为了保证在免担保的背景下减少坏账比率。消费金融由于与个体在消费场景中的资金应急有着密切关联,在消费者急需资金解围或者需要获得具有时效性的消费产品和具有竞争性的服务时,临时借贷行为的发生才会更有动力。因此,放款速度快是消费金融的又一特征。作为场景化金融的重要方式,消费金融的场景来自细分市场的不同领域和经营部门,或者源自于消费者活动和经济条件发生变化的不同时间节点。就前者而言,消费金融是一种产业对接或行业对接的金融模式。消费金融渗入到具体的消费品市场中,诸如手机、电脑、服饰、美容、旅游、医药、教育等消费市场。而这些专门消费细分市场具有志趣、认同和舆情共济等方面的影响因素,从而使“场景”的意味更加浓厚。就后者而言,消费金融对应于个人在消费行为和心理认知发生变化、消费支付能力有了变动等情况下,也是一种金融场景应用。纯信用、平民化、额度低、放款快、产业对接、场景化等消费金融的特征,也是消费金融发展的内在业务要求,同时成为对个体金融消费伦理产生重要影响的方面。

(3)消费金融兴起的缘由及意义。

查尔斯·P.金德尔伯格和罗伯特·Z.阿利伯认为:"信贷扩张是一种系统性的必然趋势。由于金融市场的每一位参与者都寻求降低交易成本、持有更多流动性以保持其货币账户均衡。因此,信贷扩张这种情形在几百年间不断出现……作为对现有信贷体制的反应,市场不断开发出新的产品,这一过程会永远持续下去。"①消费金融蓬勃发展的原因:一是因为多重利好政策的促进作用。从 2009 年的《消费金融公司试点管理办法》,到 2015 年的《关于积极发挥消费引领作用,加快培育形成新供给动力的指导意见》,再到 2016 年《关于加大对新消费领域金融支持的指导意见》等,央行等国务院部委对发展消费金融提供有效政策支持。而各地方政府和行业机构也在政策供应上对发展健康有序的消费金融提供应对方法,如 2019 年浙江省银监局出台的《关于进一步规范个人消费贷款有关问题的通知》等。二是国家经济整体运行良好,居民生活水平不断提升,消费品供应日益丰富和充沛。据国家统计局数字公布,2018 年国内生产总值达 900309.5 亿元,城镇居民人均可支配收入达 39251 元,居民消费水平绝对数城乡分别为 33282 元和 13062 元。② 消费能力越高,人们对更高生活水平的要求也同步增长,从而使社会出现债务和可支配收入同向增长的现象。事实上,在居民生活水平极低,人们为温饱而奔波的年代,消费借贷行为极为稀少;在居民生活水平不断提高,人们获得更多商品和服务更为便捷且更有能力的当下,消费借贷行为反而增多。从这个层面上说,

---

① (美)查尔斯·P.金德尔伯格、罗伯特·Z.阿利伯:《疯狂、惊恐和崩溃:金融危机史》,朱隽、叶翔、李伟杰译,北京:中国金融出版社,2014 年,第 77 页。

② 数据见国家统计局《中国统计年鉴·2019》,http://www.stats.gov.cn/tjsj/ndsj/2019/indexch.htm。

金融并非解决资金不足，而是创造资金需求；不是弥补社会资源的缺陷，而是增加社会资源的创造欲望；不是满足个人的消费需求，而是刺激和扩大个人的消费欲望（即促进消费杠杆的生成并提高杠杆比率）。消费金融在我国市场经济取得巨大成就，并将在新常态下保持稳定发展的情形下，必然能够开拓更为广阔的市场。三是市场竞争推动消费金融走向多元和繁荣。金融机构的竞争、实体企业的竞争以及互联网企业的竞争日益激烈。商业银行凭借其雄厚的资金实力和低成本运作，在传统消费金融领域中占据绝对优势地位；消费金融公司由银保监会审批设立，由于抵押担保要求底、授信额度小、放款速度快、全天候服务等优势成为银行机构消费金融无法惠及客群的重要补充；电商平台则通过分期付款、深度融入平台商品经营业务、与银行信用卡代偿绑定、高效率低成本、渗透率高等特点而成为潜力巨大的消费金融主体机构。随着互联网机构消费金融向线下购物的拓展，它对银行与消费金融机构的挑战越来越大。阿里“花呗”就能在线下购物中广泛使用，据 FICO（一家个人信用评估、风险管理和软件提供的金融科技公司）分析，2017 年度“花呗”和“借呗”发行 ABS（Asset Backed Securitization，以资产信用作为支撑的证券产品）总量达到 3274 亿元。2019 年，京东金条日均放款 10 亿元，贷款余额超 1000 亿元；截至 2019 年末，京东白条资产为 698 亿元，坏账率保持在 0.63%左右。① 消费金融行业内部竞争加大，传统消费金融与互联网消费金融的竞争表现激烈。四是监管趋向合理化。对互联网金融来说，严格监管与合理监管在某种程度上是一项艰难的选择。2010 年，央行于 1999 年颁布的《关于开展个人消费信贷指导意见》废止，经过多年努力，目前已经形成了由金融委、一行两会、行业协会、消费者权益保护局等多部门组成的监管体系。从 2017 年整治现金贷开始，公安部门被纳入监管体系之中，消费金融市场监管体系更加完备。对消费金融的业务开展、消费者权益保护和市场秩序维护提供了组织和规范性保障。

① 《FICO—互联网消费金融行业分析 2020》，未来智库，https://www.vzkoo.com。

2009年开启的4个消费金融试点省市于2015年将试点范围扩展到全国。由于消费金融领域近期的相关政策性文件与前述“网贷”的相关政策性文件大部分重合,这里不做赘述。

消费金融的发展具有重要的经济和社会意义。第一,激活内需,发展经济内循环。消费作为推动经济增长的重要力量,既能使生产、流通、分配、消费、再生产的经济环节环环连接,又能提高民众生活水平,在更高层次上分享经济发展的成果,进而在更高层次上发展国内生产。当世界经济处于良性运行状态时,消费经济的发展能够使世界经济趋于更加紧密的关系中,通过消费需求探嗅世界经济发展的未来走向;在世界经济联系处于意外阻碍或者特殊不良氛围中(如特朗普政府的逆全球化行径)时,消费经济的发展能通过经济内循环避免陷入绝境。消费金融为民众消费提供资金支持,促进这一功能的实现。第二,有利于消费正义的实现。“从古至今,消费者贷款利率依然是个棘手难题。当铺的长盛不衰一直在昭示着大家对高利率的默然接受,贷方将它们伪装成工薪阶层偶尔解决燃眉之急的信贷机构。”①过去消费者很难在资金短缺的时候进行正当的消费,“一分钱逼死英雄汉”,只能接受具有高利贷性质的典当兑现。消费金融使大众能在紧急需求之时通过正规途径获得资金,从而满足消费需求。在具有时间限制或者竞争性的消费领域,消费金融尤其重要。人们不能等到攒足了资金再来消费,这在某些特殊的场景是不可能实现的;同样,当攒足了资金再去购买某些特殊商品的时候,可能其价格水平已经是另一番景象。第三,对产业布局和经济格局的良性发展也有重要意义。国家可以通过政策引领消费动向,对有利于国计民生和生态环境保护的消费领域予以更多支持和鼓励。在央行、银监会颁发的《关于加大对新消费领域金融支持的指导意见》(银发〔2016〕92号)中就指出:“促进大力发展消费金融,更好地满足新消费重点领域的金融需求,发挥新消费引领作用,加快培育形成经济发

---

① (美)查尔斯·R.盖斯特:《借钱:利息、债务和资本的故事》,蒋小虎译,北京:北京联合出版公司,2019年,第425—426页。

展新供给新动力。”[①]该“意见”中所列的六大新消费重点领域(养老家政健康消费、信息和网络消费、绿色消费、旅游休闲消费、教育文化体育消费和农村消费)也是我们在进行产业结构调整、促进经济协调发展、构建“生产发展、生态良好、生活幸福”的美好经济新常态的内在要求。

二、互联网消费金融的产生与发展

1. 互联网消费金融的含义

互联网消费金融是“互联网+消费金融”的新型金融服务方式。[②] 尽管我们一般可能会认为互联网支付、网贷、众筹等都具有在民众消费生活中的广泛渗透率,但它们并不属于消费金融的范畴。在 2015 年央行、工信部、公安部、财政部等十部委发布的《关于促进互联网金融健康发展的指导意见》(银发〔2015〕221 号)中对互联网金融进行了分类,主要包括互联网支付、网络借贷、股权众筹融资、互联网基金销售、互联网保险、网络信托和互联网消费金融。[③]该文件指出,互联网消费金融由银监会负责监管;而互联网支付由人民银行负责监管,网络借贷由银监会负责监管,股权众筹由证监会负责监管。当然,我们亦可在广义的层面将互联网支付和网络借贷纳入互联网消费金融的范围,这并不影响研究的内核;因为我们此处着重探讨的是互联网消费金融的内在机理和社会影响,并在其内在结构和运行逻辑中讨论它对金融伦理触发的程度和表现形态。“易观分析”(*Analysys*)对互联网消费金融的定义是:资金供给方通过互联网及移动互联网的技术手段,以小额、分散为原则,为中国境内

① 中国互联网金融协会:《商业银行互联网金融业务法律法规汇编》,北京:中国金融出版社,2019 年,第 333 页。

② 郭勤贵、程华、赵永新等:《互联网金融原理与实务》,北京:机械工业出版社,2017 年,第 256 页。

③ 中国互联网金融协会:《商业银行互联网金融业务法律法规汇编》,北京:中国金融出版社,2019 年,第 322—323 页。

居民提供的以消费为目的的贷款,包括个人耐用品贷款和一般用途个人消费贷款。互联网消费金融可以分为依托一定消费场景的消费贷和不依托于具体消费场景的现金贷,因后者在互联网金融领域就是指用于个人消费的网络借贷,从而这里所谓的互联网消费金融仅包括场景化的消费贷。就主体机构而言,银行、消费金融公司和互联网公司均能参与到互联网消费金融中来。商业银行可以与电商平台合作或者自主开拓电商业务,从而进入互联网消费金融领域;持牌消费金融公司由于在杠杆率上优于一般的互联网小贷,在与电商平台合作或者开展分期电商业务方面对客户的吸引力也比较强势;而人们熟知的阿里花呗、借呗、腾讯微粒贷、京东白条等,则是电商巨头经营的消费金融业务。由于电商平台自身具有的流量优势,后一种互联网消费金融主体机构逐渐表现出了较强的客户黏性和金融产品的性能优势。互联网消费金融产业链的核心圈包括:消费金融服务提供商、零售商、消费者和征信/评级机构。消费金融服务提供商包括提供资金来源的股东、投资人等,商业银行、互联网消费金融公司、提供分期消费的电商平台、网贷平台等。互联网消费金融的零售商主要是指各种商品和服务的经销商。① 消费者也就是借款人,由于在统一购物平台上消费记录与信用记录具有一致性,从而消费记录及其诚信度成为消费信贷额度提升或缩减的主要依据。征信/评级机构根据不同的消费金融模式采取不同的方式,对于大型购物网站自主开展的分期贷款而言,其征信/评级机构往往就是平台所属的一个部门;而对于消费金融公司与电商合作的经营模式来说,则可能进一步利用独立的第三方信用风险评估机构或者利用央行征信系统。不过,由于消费金融的大众化和小额化并举,央行征信系统在互联网消费金融的诸多场合下并不适用;因为消费者缺少征信记录或者采取其他方式回避征信惩罚。互联网消费金融在互联网深度发展并广泛融入生产生活各个领域的时代具有举足轻重的作用,对国家经济运行状况和居民消费水

---

① 郭勤贵、程华、赵永新等:《互联网金融原理与实务》,北京:机械工业出版社,2017 年,第 256 页。

平期待有很好的监测和调节作用。由于互联网消费金融的纯信用特征,也使互联网消费成为一种具有强烈伦理约束性的行为,并可能在未来成为个人网上征信记录的主要来源,以及成为身份识别的依据(正如某些公共网站利用支付宝账号登录作为身份核验的方式一样)。

2. 互联网消费金融发展的动力

互联网消费金融放款规模从 2014 年的 0.02 万亿元增长到 2018 年的 7.8 万亿元,增幅近 400 倍。剔除银行业占比 12%后,互联网金融消费的贷款规模仍然不容小觑。[①] 互联网消费金融由于其便捷的贷款审批、纵深的消费场景、强大的渗透能力而取得快速发展。在互联网消费金融发展的驱动力量方面,资本、传媒、生产和社会文化起着相辅相成的作用,共同推进金融和消费的融合与发展。

(1)资本入“场”。马克思说:“资本尽可能多地自行增殖”[②]是资本主义生产的目的。在社会主义市场经济条件下,资本的存在有其合理性和特殊的现实意义。金融资本以获取利息作为直接的经营目的,而商业资本作为具有部分生产功能的经营部门是社会总生产中不可分割的部分,并参与社会总价值的分配。互联网消费金融在很大程度上有着金融资本与商业资本的结合,并且这种结合的产物“商业—金融资本”正在成为新时期互联网经济格局中的重要力量。作为直接以“增殖”为目的的资本实体,任何中间的环节都只是资本获得增殖效用的手段,或者说是资本获得增殖运动场所的途径。资本以生产投资的方式入场还是以参与商业运行的方式入场,这些抉择的依据不是资本持有者的个人偏好决定的,而是基于资本实体的禀赋和效益计算的结果。“生产函数是投入与产出之间的关系,它表明任何时间从已知生产要素总量

① 《中国消费金融年度报告 2019》,北京:光华管理学院 & 度小满金融联合发布,2019 年 12 月,第 5 页。

② 马克思:《资本论》第 1 卷,中央编译局译,北京:人民出版社,2004 年,第 384 页。

所能得到的最大限度产出率。在最简单的情况下,假定生产要素资本和劳动力,生产函数就表示这些要素按已知成本最有效地(以最佳比例)结合起来的方式。人—时平均实际收入的增加,是资本相对增加和资源更有效利用的函数。"[①]互联网经济的发展所具有的良好社会预期,是资本涌向网络消费场景,并为之提供应有的助力。各种网络购物网站所弹出的分期广告和贷款信息,是飘荡在零售网站上的资本幽灵。互联网消费金融的广告,使资本最终进展到一个"超象征性的"形式。[②] 资本绝没有展示自己的欲望,而是在消费者的激情冲动中扮演着谄媚者的角色。服务的周详和对消费者心理的细节把握——这些纯粹由于大数据算法技术支持的结论的应用——使人们深陷资本的温柔陷阱之中。互联网消费是会上瘾的,因为资本在为各种消费场景中可能出现的原本是"一闪而过"的欲念进行强化,促使消费者不断作出果敢的决定。无论是三个月保价的承诺还是商家做宣扬的百年难得一遇的特价和折扣,背后都有商业资本与金融资本眉目传情的踪影。

(2)传媒捧"场"。在加速发展互联网消费的过程中,舆论起到了越来越重要的作用。舆论对消费行为的造势,通过公众媒介传播使特定的消费行为成为受到鼓励或者批判的对象,从而强化或者阻止特定消费行为的进一步发展。"今天,广大群众接受到的,已不是同一的信息。比较小的,分散的集团彼此相互接收并发出大量他们自己的形象信息。随着整个社会向多样化转变,新的传播工具反映并加速了这一过程。"[③]由于自媒体的发展,媒介信息的多样化更加充分,传播范围亦不断扩大。自媒体传播在其特征上具有圈层化的明显特征,不同受众对自媒体平台的认同程度有着较大差异。民众选择不

---

① (美)丹尼尔·贝尔:《后工业社会的来临——对社会预测的一项探索》,高銛、王宏周、魏章玲译,北京:新华出版社,1997年,第212页。

② (美)阿尔文·托夫勒:《力量转移——临近21世纪的知识、财富和暴力》,刘炳章、卢佩文、张今等译,北京:新华出版社,1996年,第76页。

③ (美)阿尔文·托夫勒:《第三次浪潮》,朱志焱、潘琪、张焱译,北京:新华出版社,1996年,第180页。

同的自媒体平台予以关注并对其传播的信息表现出信任的态度,这是新时期去中心化传播时代的特点之一。互联网消费文化的多样化与消费金融的产品创新是同步的,在传媒不断捧场的情况下,制造具有圈层文化属性的消费习惯,并根据特定圈层的财富情况和消费行为提供场景化的金融服务,反过来又增加了消费群体的实际购买力。

(3)生产建“场”。互联网消费金融的发展离不开整个社会生产的进步,没有社会生产的进步,就不可能有互联网消费金融的蓬勃发展。这是因为,一方面,消费金融的发展和广泛渗入需要大量剩余资本的参加,只有在社会生产相对富余的情况下,才有一些从生产资本中溢出的剩余资本投入到消费资本当中。尽管这一假设建立在世俗社会对生产的坚定信念和整个社会生产要素的理性流动的基础上,但在资金短缺和生产不足的情况下,想要发展消费金融显然是不可能的。生产的相对充分使游动的资本急于寻找更多的投资机会,并且为资本的积累做准备。同样,生产的充裕也为消费的多样化提供基本的物质保障。“商品优先地位的迅速改变源于技术的迅速变化,又和技术的迅速变化相互作用。它不仅导致一些商品和商标流行程度的经常改变,也缩短产品的存在周期。”①生产技术和生产能力的普遍提升,使得社会预定的消费规模不断扩大,在消费者所具有的实际资金不足以支撑起即将发生的消费规模时,消费金融缓解了这一局势。可见,只有生产的全面发展和繁荣,才能在根本上为互联网消费金融的发展提供物质保障和资金来源。

(4)社会固“场”。“人身上只有一种情感能满足人与世界结合的需要,同时还能使人获得完整感和个性感,这种感情就是爱。爱就是保持自我的独立与完整的情况下,与自身之外的他人与他物结为一体。爱就是体验共享与交流,它使人充分发挥自己的内在能动性。”②弗洛姆关于爱的探讨使社会文化

---

① (美)阿尔文·托夫勒:《未来的冲击》,孟广均、吴宣豪、黄炎林等译,北京:新华出版社,1996年,第59页。

② (美)E.弗洛姆:《健全社会》,孙恺详译,贵阳:贵州人民出版社,1994年,第24—25页。

与社会心理的生成问题上有着一种情志上的认同倾向,消费成为一种时尚,或者什么样的消费将成为一种时尚,无疑也是受到这种社会融入的情感驱动的。成为独立而不孤立的人,在多元化中保存个性并且成为普遍性中的一分子,这种内在的冲突构成了现代性与后现代性在当前时代的纠缠不清。社会文化和社会心理是互联网消费金融发展的加固器,它们专注于塑造一种社会的文化氛围,通过对消费的交流以便达成共识,这在互联网购物网站和专门产品及服务的网络论坛中形成气候;消费主义将身份与社会成就等内容和消费行为进行配伍对接,从而在消费活动中给人以个性化的感受和在某一特殊圈层中的融入感。超前消费的意识并不属于单独的社会思想,而是在消费主义主张下的一种必然的趋势,它只是达成社会文化和社会心理上的共识的一个工具。但是,在特殊的场景下,尤其是在具有深度参与性的众筹式共创共享的消费场景中,消费是一件令人陶醉的事情,而消费金融被赋予更多的道德意义,尽管它可能是外界强加给它的属性。无论如何,互联网消费金融的发展势如破竹,将在未来相当长的时期内对社会经济发展、资源配置和居民生产生活形成巨大的影响。

3. 互联网金融消费发展的趋势与意义

随着年轻人逐渐接受"今天花明天的钱"的消费理念,个人消费贷款的增长是必然的趋势。在经历了大件商品的分期付款和房屋、汽车等消费贷款后,个人其他方面的消费贷款必然会越来越多。互联网消费金融渗透率的提升,是与大数据技术的发展紧密相连的。在纯粹的信用贷款中,没有相关抵押作为基本的信用保障;为了减少坏账率,在风险—收益中保持平衡,互联网消费金融主体只能通过技术手段获得更多信用支持。消费金融范围的不断扩大,在借贷程序上的不断缩减,在场景介入和塑造上的不断深入,是互联网消费金融发展的基本趋势。它在表面上更加体现出互联网消费金融的道德属性,而在实际上则强化了对个人履约能力的技术侦探。不过,道德表象化的互联网消费金融,在树立一种经济伦理的氛围上的确有着积极的意义。让人们感觉到整个社会正在奖励积极履约的行为,而对在经济活动中屡次背弃信约的人予以惩罚。尽管互联网消费金融在目的性的层面并不意味着它是一种道德主张的积极倡导者,但在客观效果上却是这样的。大数据技术所能进行运算的对象无非是消费者的消费信息和履约信息,这种对于历史消费行为和借贷行为的分析,对信守承诺和遵循规则的社会文明是一种鞭策;对违背信誉进行欺诈和投机的行为将会进行必要的警示。正如在京东和淘宝上偶尔会出现的骗取退款的现象一样,规则仅对守规则的人有效,而不守规则的人需要在实际的惩罚中才能回到社会认同的轨道上来,这是实践活动的道德教化机制。在合理的范围内发展互联网消费金融,具有重要的社会意义(“合理”的意指则将在后面的论述中具体分析和表述)。第一,互联网消费金融有利于发展离场经济。离场经济主要包括非接触经济和非在场经济。非接触经济指的是人与人、人与物之间接触有限或者没有接触的经济。在疫情发生的时候,非接触经济对疫情防控起到积极的作用;在非流行病发生时期,对于公共卫生管理也颇有意义。非在场经济除了具有非基础的一些特点外,侧重指虚拟消费的经济形态,消费品不需要以物质形态实际进入到消费者的生活当中,如在线影院和网络联机游戏。互联网消费金融能够为这些新兴经济体的发展提供资金供应。在电商迅速发展、各种虚拟经济产品频出的时代,离场经济对整个经济的量和质的提升有着举足轻重的作用。第二,互联网消费金融有利于缓解供需矛盾。“尽管人类不是非理性的,人类仍然时常需要帮助才能作出准确的判断和更好的决策。有时,相应的政策和机构就能够提供这些帮助。”①互联网消费金融的提供者在新奇、独特、新颖的消费品市场或者某些具有专门知识和文化内涵的消费市场中,就能够起到很好的引导作用。消费作为一种基本的权利,需要进一步的基础支撑,这些支撑既包括消费者的支付能力,也包括消费者对消费品市场的理解能力和应用能力。将消费仅仅看做是一种经济能力

---

① (美)丹尼尔·卡尼曼:《思考,快与慢》,胡晓姣、李爱民、何梦莹译,北京:中信出版社,2012年,第380页。

的展现活动是不适当的,因为随着科学技术的发展和人类知识生产的进步,消费在特定环境下成为一种能力和权力的展现。也就是说,在社会的消费生活中,一些消费领域是需要消费者具备一定专业素养和文化知识的,消费行为亦是知化权利的体现;另一些消费领域则可能受制于消费者的身份符码或者消费者运用社会资源的能力,从而使消费成为一种权力的表现。这些因素都能导致消费与生产在现实运动中发生偏离,生产与消费在供需关系上出现紧张的情况。互联网消费金融作为专门的消费服务行业,能够在消费者教育方面发挥重要作用,也能够在消费竞争(即消费品的供应需要体现某种等级关系,从而具有对特定阶层或人群的优先供应)的情况下,弥补市场供应的不足。因为消费金融的目的在于最大限度地发展消费市场,以增加消费信贷带来的利润。第三,互联网消费金融有利于获得纾困(周旋)时间。金融服务具有明显的不均衡现象,城市金融服务与农村金融服务之前存在较大差距,职业群体之间也存在较大的差异。在传统的金融服务中存在着马太效用,越是有钱人越是容易获得金融服务,或者说越有钱越能借到钱。对于自身财富较寡,而具有的其他社会资源亦相当有限的人群而言,获得银行金融支持是相当困难的。这一局势在国家对小微企业进行大力支持的大背景下有所改善,但对于普通消费者而言,仍然是一个社会的不平等问题。因此,当人们真正需要纾解困难的时候,经济系统的支持就出现缺席的情况。金融作为社会经济系统中进行资源配置的重要部门,在人们的现实消费中出现不作为的情况是不正常的,它与社会经济系统应有的功能不符。互联网消费金融由于贷款额度小、审批相对宽松,对于普通消费者而言无疑是一个好的经济选项。在竞争性消费或者消费者遇到实际困难而需要一个支付缓延期的时候,互联网消费金融将消费与实际的支付活动割断开来,人们可以先行消费而在未来分期支付。这就大大减少了消费者由于暂时性资金短缺而出现的生活困难或者延期消费的现象。第四,互联网消费金融有利于张扬道德经济。经济与道德向来具有的相反而驰的信念并非强加于众,而是人们在经济活动中通过感性生活得到的真切印象,这一印象或许不是事实的全貌,却在一定程度上对经济理性中追求个体利益最大化与在伦理实践理性中追求群体利益最大化之间的对立有着生动的阐释。互联网消费金融作为经济活动的重要内容,它一方面要为主体机构获得更多利息以及衍生财富做最大努力,在投入和产出、风险和收益的综合权衡中追求利益最大化(实际上往往追求的是纯利润总量的最大化,而非投入产出或风险收益之间的比例保持在什么样的水平)。另一方面,互联网消费金融涉及的参与者众多,要在链接资金供应与需求双方的同时,寻找合适的中介,也就是消费场所及消费品的类属;只有适宜的消费品类属和消费时机才能让消费者(资金需求方)与贷款方发生借贷关系。这一过程中就不再是资金供应方单方面的利润最大化所能发挥完全作用的,只有参与各方都能获得相应利益,并保持与其所承担的风险和付出的代价在可承受的幅度之内,参与各方的利益才会出现相对均衡,互联网消费金融的信贷关系才能在预期规模和形式上建立起来。利他主义在互联网消费金融中是一种有限存在的状态,这种有限存在的状态并不使人产生泄气的情绪,相反却是道德经济发生和成长的希望所在。利他主义无论是作为手段还是作为目的其实并不急于划清界限,重要的是利他主义在经济理性的统摄下仍然有其生存的土壤。而纯信用信贷关系的互联网消费贷款,对于个人信誉的担保往往只是以虚拟空间个人行踪的数据分析作为依据,本身就在一定程度上对人性的稳定性抱着积极乐观的态度。互联网消费金融的资金供应者如果对伦理道德的稳定性持有怀疑的态度,就不会对历史消费和信贷纪录保持肯定的观念。就此而言,互联网消费金融对消费者进行的道德教育是以实践逻辑展开的。第五,互联网消费金融有利于阐释普惠金融。在传统银行金融服务的外围,有着巨大的金融服务市场;但是由于征信困难而被排除在金融服务的范围之外。如前所述,社会弱势群体和经济较为不发达的地区,金融服务的需求并不更弱,相反会更加强烈。互联网金融作为新的金融经济形态,在其发生之初就展现了普惠金融的形象。让那些不具有良好信用记录或者完全在征信记录之外的人群,获得享受现代金融服务的权利。在农村,除了政策性农业金融服务供应之外,商业银行提供的消费金融是非常稀少的。互联网金融由于额度小,反而非常适合农村经济不发达人群的金融需要。由于农村经营和农业生产具有的周期比较长,因而可能存在间歇性资金短缺的问题。在作物尚未收获而需要持续追加成本的时候,农民的实际收入可能非常有限甚至完全没有收入。在此情形下,互联网消费金融能够为农民在青黄不接之时提供消费贷款,使其渡过经济紧张的难关。互联网农村消费金融只是一个特殊的例子,它所要说明的问题是这种金融方式的确体现了普惠的内在属性。第六,互联网消费金融有利于提升人本理念。自启蒙运动以来,个体的消费欲望不断被推向市场的前台和社会的正面。在现世享受应有的物质和精神财富是人们从禁欲主义和过度节俭的传统习俗中发出的抗议。个体的现世幸福生活成为人的部分追求,这对宗教至上和宗族关系都是一种身份和价值的抽离。"人本"建立在"物本"和"资本"的基础之上并显著异于它们,因为"人本"理念不再将"物"和"资"设立为根本,相反,"物"和"资"只是实现"人本"的手段和工具。互联网消费金融之所以能够提升经济活动中的人本理念,就是因为它在鼓吹和鼓励人们享受生活方面所发生的重要作用,尽管这一作用从另外的角度来看也产生许多坏的影响。"花明天的钱过今天的日子"就是对当下生存状态的重视达到非常高位置的表现。无论是人的消费的多样性产品和服务的提供,还是对消费者当下消费的激励,都在现实上促进了人们对个人现世生活和幸福的追求。在一些形而上学的原则上,互联网消费金融或许过度强化了物质消费的重要性,但它是否因此而沦为物质享乐的奴隶则不是由互联网消费金融的主体机构所能决定的;在伦理道德上,人们向来反对外因决定论。

三、传统消费金融与互联网消费金融的异同

1. 传统消费金融与互联网消费金融的相同之处

互联网消费金融与传统消费金融相比,其主要相同点在于:它们都具有大

众化、纯信用、低额度、快捷化的特征。第一,大众化。截至 2020 年 3 月,我国网络购物规模达 7.10 亿,交易规模达 10.63 万亿元,连续七年成为全球最大的数字消费市场。① 随着互联网前沿技术的不断开发和数字基础设施的发展,我国互联网用户数量还有增长空间,并且网络购物等消费行为的渗透率仍会进一步提高。在此背景下,互联网消费金融的服务对象不再是某些特殊圈层中的部分人,而是面向广大网众的普惠金融项目。在现阶段,较少存在平台间信用记录的共享,而线上线下信用记录的共享就更不用说了。只要用户愿意遵从平台约束条款,就能很顺利地获得消费金融支持。在阿里所属各购物网站和京东商城等网络购物平台,通过花呗和白条支付购物已经成为常事,阿里花呗还能提供其他网络支付服务和线下服务,比如网约车、商场购物、支付水电费用等。传统消费金融尽管在受众面上要窄很多,但信用卡消费信贷业务并没有设置较高门槛,几乎所有无严重违约记录的自然人都能办理信用卡业务。2018 年,我国信用卡和借贷合一卡在用发卡数量 6.86 亿张,②就目前而言,信用卡已经是买家市场,客户意愿才是决定信用卡业务量的关键因素,而非银行设定的门槛。互联网消费金融和传统消费金融都实现了大众化。第二,纯信用。无论是互联网消费金融助贷机构还是自营消费金融业务的网络购物平台,对消费贷款的信用管理仍然是纯信用性质的,对消费端金融需求的满足并不需要索取较多的信用信息或物质担保。表面上看,有些专门的互联网金融助贷机构会要求提供支付宝或者银行认证信息,以保障用户的真实性和资金安全;但是,在通过手机短信确认以保障身份信息的真实可靠的情况下,助贷机构并不能准确分析用户前置信息的真实性。建立在虚假信息之上的基础信息,如通过非法途径获得的手机“实名”注册信息有可能存在失真现象,更不用说伪基站和其他信息截留所引发的欺诈行为。正是因为

① 《第 45 次中国互联网络发展状况统计报告》,中国互联网络信息中心发布,2020 年 4 月,第 96 页。

② 《中国消费金融行业专题研究 2019》,易观分析发布,2018 年 8 月,第 15 页。

纯信用的属性,使消费信贷具有较高的坏账风险。当然,从广义的角度来看,诸如房屋贷款和汽车贷款亦属于消费贷款的范围,它们是需要进行资产抵押以保全资金的;不过正如前面所声明的,本研究并不对这类消费信贷进行探讨,而仅研究狭义的消费金融。从是否坚持纯信用的角度来看,实际上不同资金来源和运营方式的平台和主体企业之间依然存在较大的差别。只是由于消费信贷的大众化和便捷化要求,使主体机构必须为应对风险而采取其他措施。第三,低额度。阿里花呗的额度范围是 500—50000 元,京东白条的额度范围一般在 500 元到 30000 元之间,随着经济发展状况的变化和平台技术风控能力的提高,面向公众的授信额度会有相应提高;但是,其额度的具体数量则是依据消费者个人在该平台的信用记录而定的。信用卡的透支额度一般也是在 5 万元以内,持卡人信用信息的完备程度和这些信息是否支持较高额度的偿付能力,则是更高透支额度被采纳的依据。就绝大部分消费信贷而言,无论是互联网消费信贷还是传统消费信贷,其额度都相对较低。这也是基于“纯信用”前提下降低风险的办法。第四,快捷化。消费金融在运行机制上是为民众提供便捷的支付业务,从而对申请、审批、放贷的速度有较高的要求。往往是一次授信多次使用,从而避免在消费场景中增加不必要的繁琐程序。不同形态和阶段消费金融的上述共性,对金融伦理的建构起着重要的作用,它一步步将金融服务的对象瞄准普通民众,从而在经济权利上获得更多公平消费的机会。纯信用也使富余程度有限的民众在享受现代金融服务中减少被歧视的几率;尽管借贷额度依然受制于个体的财富能力,但是,因为财富能力较弱的民众在进行消费时亦对大额贷款有较少需求,从而在很大程度上能够满足不同层次民众的正常金融服务需求。

2. 传统消费金融与互联网消费金融的相异之处

互联网消费金融与传统消费金融相比,其主要区别在于:客户获取成本低、产品设计更加场景化、风险管控更加技术化、①起搏动力与传统消费金融也有一定的不同之处。

(1)客户获取成本低。与地面营销推广活动的效率相比,互联网消费金融产品的推广要便捷得多。互联网消费金融获得客群的成本很低,其所耗费的成本主要在于基础技术研发和更新以及用于平台和数据维护方面的支出。它运用大数据技术和海量的用户数据进行主动授信和推送,通过营销活动能够使存量用户快速发展成为有效客户。在现实运行中,互联网消费金融获取客户资源的方式主要有三:通过精准广告自动推送至各种应用网页、APP 等的前端,尽可能大地占领目标用户的视界屏幕,诱导潜在客群进入服务页面;通过商品和虚拟服务项目的金融绑定,进行促销活动,进行折扣或返利,增强目标客群的兴趣;利用第三方机构所掌握的数据分析样本进行电子邮件、终端电脑、注册平台等虚拟场所和网联实物对象的信息投放,引导消费贷款。无论采取什么样的具体形式,充分利用大数据算法进行定点投放广告或者依据商品销售情况采取绑定金融产品推广,是常见的客户获取方式。这些获取客户的方式由于主要依靠数据自动分析的技术框架,从而减少了人工分析的繁琐流程,并且对目标客群的了解更为准确,同时推广范围也越大。

(2)产品设计更加场景化。任何消费金融都有一定的场景化倾向,不过,互联网消费金融的场景化更加丰富和复杂罢了。场景原指戏剧、电影中的场面,泛指情景。互联网消费金融的场景化指的是依据消费者进入的特殊平台、生活和消费习惯、社交行为等提供金融服务。场景化是一种金融服务的基层服务主张的变更,原来由银行等金融机构主导的金融消费模式转变为由消费者的消费行为和社交、生活模式主导的金融服务模式。传统消费金融的需求者必须依据金融机构的服务指令和规范进行业务申请并根据金融机构的审核情况确定服务内容和服务限度;互联网消费金融的主体机构则主动进入服务

① 郭勤贵、程华、赵永新等:《互联网金融原理与实务》,北京:机械工业出版社,2017 年,第 258 页。

对象的生活和社交领域,并试图通过相应消费场景的模拟而提供尽可能充分的金融服务(用通俗的话说,即当人们有通过借贷而购买商品和服务的需求时,特定的消费金融服务成为触手可及的东西,刚好呈现在那里)。互联网消费金融是一种将网民社交、消费和生活深度关联的金融服务活动,以快速、便捷、大众的方式提供给普通消费者。互联网消费金融产品与传统消费金融相比,场景化的意向和属性更加明显。场景化程度变化的实质是金融服务理念和主导中心的变化,从传统消费金融服务对象需要跑网点、签约、提现等环节,到互联网消费金融服务悄无声息地嵌入到网民生活消费的具体场景之中,不用反复提交申请、提供个人法律文件等,这是互联网消费金融产品的重要特征之一。

(3)风险管控更加技术化。对于传统银行消费金融而言,征信基础设施建设的情况决定了其业务开展的实效性。在征信基础设施落后的情况下,消费金融具有高风险性。而征信基础设施涉及消费金融参与的程度,也就是其渗透的纵深幅度和受众范围。由于消费金融受众范围与征信基础设施之间形成的封闭循环,征信基础设施数据的有效性和涵盖面受到限制,从而在严格审批、加强监管的时候会遇到不可避免的困难。互联网消费金融由于门槛低,乱象也就越多。在风险管控上,互联网消费金融更加倾向于依赖技术进步寻求出路,“场景+大数据”成反欺诈的杀手锏。“场景”指的是针对合作机构进行持续风控,“大数据”指的是对消费者个人进行风控。① 加强对消费金融合作商户和平台的严格审查,尤其是对负面信息进行有效归整;同时对消费者的借贷和消费异常信息予以关注并建立预警机制。但这些对于非连续性消费而言,其风控有效性仍然有待观察。随着数字化生存的不断发展,更多的人离不开网络活动,包括支付、信息浏览、社交及其他,这些都是计算一个人身份信息的有效基础数据,通过虚拟网络空间的海量数字痕迹,就能运用大数据技术确定一个人的行为方式和信誉水平,并比较准确地掌握其经济能力和圈层关系。

① 李扬、孙国峰:《中国金融科技发展报告(2017)》,北京:社会科学文献出版社,2017年,第157页。

对连续性消费领域来说,大数据技术已经能够实现在精准借贷和合理调整消费借贷额度和利息上更具针对性,从而降低风险。当然,在此过程中存在着数字痕迹被滥用的伦理风险,也需要引起重视。

(4)起搏动力末枝化。传统银行消费金融的发展动力,主要是由宏观经济运行的状况决定的,具有明显的周期性。在金融危机带来经济萧条的情况下,政府对消费的激励政策使银行放松信贷业务,政府在金融危机后往往放宽货币政策,银行可借贷资金充盈。消费作为拉动经济的重要动力,消费金融为消费者加持更高杠杆,刺激居民消费。同时,在政策激励下也存在银行间的放贷竞争,尤其是信用卡业务在一定时期内成为恶性竞争的焦点。由于信用卡业务办理的门槛不断降低,导致坏账率激增。在坏账率激增的情况下,又反过来迫使银行改变经营策略,提高门槛,压缩业务量。因此,对于传统银行消费信贷而言,导致其启动和迅速发展的往往是一国经济整体运行状况。在没有发生金融危机的地方,其起搏的主要动力仍在于整体经济战略调整的需要,诸如外部经济环境的变化导致政府对经济内循环的渴望。互联网消费金融的起搏动力则主要是电商平台竞争以及部分实体制造业企业业务发展的需要。在网络经济发展的今天,电商成为整个社会商业运行的主体之一,无论是日常消费还是耐用品消费市场,电子商务平台是企业间竞争的重要阵地。而商品生产厂家为了在互联网中获得竞争优势和声誉,也会与电商平台或者消费金融机构进行合作,开展消费金融业务,以最大限度促进产品进入消费领域。因此,对互联网消费金融而言,宏观经济的大环境固然是重要的,但直接推动其发展的往往是末枝企业实体。

第二节　互联网消费金融平台信贷业务环节的伦理考量

除了属于广义消费金融范畴的房贷和车贷外,狭义的消费金融只有在信用卡业务上比较成熟;但信用卡业务的创新仍有很大空间,除了更多智能化应用的前景外,也还有业务规则创新的可能。真正的互联网消费金融是本世纪的金融创举,其发生和发展的历程并不长,它与传统消费金融的业务有内在的联系。消费信贷业务由五个基本环节构成:设计产品、获取客户、客户运营、催收和核销。① 互联网消费金融业务也存在这些基本环节,并且增加了一些新的内涵。商业银行、互联网金融公司和电商平台在发展互联网消费金融时,必然在产品规划与场景选择、客户吸纳和维护、资金安全与贷款催收等诸方面涉及伦理选择的困难。其原因在于金融"关系"的发生需要"共识"和"共情"来维持,而金融资本的噬利性则往往只考虑自身利润的大小。如何在"适度讨好客户"和适应市场需要的前提下增加金融利润,是金融主体机构的战略思维重心;而企业文化(包括其价值主张)对一个企业所提出的社会责任和伦理担当,是它在长期战略中获得竞争软实力的核心。在长期利益与短期利益、利润率与渗透率的冲突中,伦理上的考量成为企业决策和经营发展趋势的重要决定力量之一。

一、互联网消费金融产品规划的立场

对于任何金融产品而言,产品的生命周期与企业效益之间存在一定的关联。一般而言,生命周期过短会直接影响企业的盈利水平,增加企业经营的成本。金融产品周期又与产品形态的选择有一定的关系,金融在互联网消费中的融入程度和方式,决定着金融产品的生命周期和营利能力。"近年来大多数失败案例是由于目标市场的变化,准入标准或产品条款放宽,或者进入高风险业务领域而发生的。"②互联网消费金融起源于快速发展且极不稳定的网络

---

① (美)戴维·劳伦斯、阿琳·所罗门:《消费金融真经:个人贷款业务全流程指南》,张宇译,北京:机械工业出版社,2019 年,第 11 页。

② (美)戴维·劳伦斯、阿琳·所罗门:《消费金融真经:个人贷款业务全流程指南》,张宇译,北京:机械工业出版社,2019 年,第 13 页。

市场，产品规划的有效性对投资效用和社会效用来说都会产生直接的影响。坚持短期突发项目的蜂拥而上，还是坚持中长期稳健型项目的开发和推广，其中既有企业经营管理的战略思维问题，也有企业对社会责任和伦理情怀的考虑。

1. 入场方式：产品形式与企业价值

互联网消费金融登场的方式从理论上可以分为三类："新平台+新产品"，"旧平台+新产品"或者"新平台+旧产品"。（1）"新平台+新产品"模式，是指消费金融机构创建新的互联网消费金融平台，并同时开发出消费场景和金融产品。这种完全从新开始的入场方式，在当前时代的主要推广方式是利用传统传媒的宣传或者新媒体精准广告和搜索指南进行产品和平台传播，在其他常用媒介建立链接。新平台和新产品的组合，需要建立在对人们潜在需求的挖掘，能够较为准确地掌握新时期人们在消费上的心理欲求。作为开创性的消费金融产品设计，一方面将新颖性作为其获得关注的亮点，另一方面要有锁定用户的良好品质。（2）"旧平台+新产品"模式，是指原来的购物网站开发消费金融服务项目或者互联网金融平台开展新产品和新消费的绑定业务。一般而言，这里指的是网购平台和大型社交网站所开发的消费金融业务。这种模式的优点是消费金融业务推广的受众广泛，由于社交平台和网购平台长期以来进行的数据分析能够获得客户隐私，因而在消费金融业务项目的推广上产生高效率的作用。对潜在客户的精准分类也使其在消费金融客户转化率上获得优势。（3）"新平台+旧产品"模式，是指消费金融业务的平台搬迁。这一模式往往在两种情形下容易发生：一是原有平台投资人分裂导致旧有消费金融业务的分割；二是竞争对手采取业务仿冒的方式在新平台开展同质金融服务。以上三种基本类型的互联网消费金融登场方式，是资本在互联网消费金融领域的入场形式；其中，产品本身的形式是体现企业价值追求的重要方面。无论是全新模式的消费金融产品还是在原有产品上的改良，消费金融业务的目的是获取消费信贷的利息。实际上,这种目的对于不同平台而言是有差异的。在第二种模式下,消费金融业务更侧重于对客户的吸引和增加商品和服务的销售业绩,在由实体企业举办的互联网消费金融平台上,这一目的就更为明显。诸如由汽车制造厂控股的汽车消费金融平台,它的主要目的就不是为了获得金融利息,而是保证生产和销售的平衡,实现企业整体利益的增加。由公益性组织搭建的三农消费金融平台,其主要目的则是实现三农发展,体现金融的普惠性,使农民增产增收或者获得更多更好的生活资料。当然,不同的产品形式及其价值追求,也决定了消费金融产品持续时间的长短。就整体而言,经济性越强的产品,其生命周期相对较短;公益性越强的产品,其生命周期相对较长。以经济性为目的,就会在互联网消费市场的暂时性中不断跳跃,当原来的消费品逐渐失去竞争优势时,金融服务就会转向其他畅销产品。以公益性为目的,消费金融就会在较长时间内为持续完成某种事业性的目的而不惜在利润上作出部分牺牲。例外的情况是,在广义消费金融领域,由于房贷和车贷业务具有的巨量市场份额,金融产品的持续时间一直维持强劲的势头。

2. 趋利避害:产品规划中的效用选择

十部委发布的《关于促进互联网金融健康发展的指导意见》中指出:消费金融公司要"审慎甄别客户身份和评估客户风险承受能力,不能将产品销售给予风险承受能力不相匹配的客户"。[①] 戴维·劳伦斯和阿琳·所罗门认为,"公司经营的最终目的是盈利,公司管理层希望达到他们的利润指标,与此同时股东也希望获取相应的红利。消费信贷的目标不应只是减少坏账,而应该是在利润最大化的前提下尽力避免损失或坏账风险。"[②]他们认为,仅仅讨论

① 中国互联网金融协会:《商业银行互联网金融业务法律法规汇编》,北京:中国金融出版社,2019 年,第 323 页。

② (美)戴维·劳伦斯、阿琳·所罗门:《消费金融真经:个人贷款业务全流程指南》,张宇译,北京:机械工业出版社,2019 年,第 5 页。

风险水平是没有意义的，要将损失率与利润水平相匹配，并取得较好收益。为了增加利润来源，就要了解“利润从哪里来”。年费、费率、附加费、滞纳金、退款费、利息、增值服务费、保险等，不同的消费信贷有着不同额度和不同类型的收入来源。目前，互联网消费金融中的年费往往以会员或者贵宾卡的方式收取一定金额，费率、利率则依据央行和企业发展实际设定。收费项目除了考虑自身的利润水平，还要考虑竞争对手相关产品的收费情况。整体来说，对于一般性消费市场的借贷业务，费率水平普遍比较低。由于平台的主要目的在于促进商品销售量的提升，因此，都设置了一定期限的免息期限。互联网消费金融中难以彻底避免的欺诈行为导致坏账总是存在的，较低的利息收入在弥补坏账的情况下，对企业整体收益的贡献，主要是通过促成更多消费行为来实现的。为了减少坏账，网上平台依据个人信用记录和消费情况采取差异化费率和信贷限额的方式提供消费金融服务。消费金融产品设计越来越趋向一致化的背景下，对客户的信用审查程度以及风险管理就成为不同金融产品营利能力差异的主要原因。风险层级与收益大小的匹配实际上是对社会信用的物质化建基；为风险程度较高的客群提供较低额度、较短期限和较高费率的信贷，以及与此相反的情况。以经济效用为中心的互联网消费金融必然做出这样的反应。经济效用对于“利”“害”的理解是感性直观的，它们就是金钱的收入或者减损。社会效用体现的是另一种情形，它们将经济活动对社会的积极贡献和影响作为追求的核心目标，为了获得整个社会经济、文化、政治、生态等方面的发展进步以及人际的和谐，往往并不吝惜牺牲一定的经济收益。在互联网消费金融的信用审查上，就体现为对缺乏充足信用记录和网络消费信息的人群予以一定的关照。在法律上进行有罪推定常会受人指责，但是在金融领域中，这种“文化”传统由来已久。人们会被预设为习惯逃避债务的人，如果没有一定的质押在握的话。这种局面的存在或许还将延续相当长的时期，抑或有其不可否定的现实原因（至少从概率上说互联网消费金融的“欺诈”依然是一个“问题”）。产品规划中做出怎样的效用选择，将会使其在金融服务的规则设计上相去甚远。

3. 场景想象:产品运营的流程设计

消费金融产品的目标市场规划只是考虑到借款客户的偿贷能力和守约精神是不够的,也要考虑到金融服务产品在客户消费活动中的渗透情况。使用率、风险概率和回报率是金融机构开展互联网消费金融业务的主要参照系。这三个要素之间并不能始终在金融产品中保持相同的比例或相向的趋势。低使用率、低风险、低回报的产品,与高使用率、高风险、高回报的产品,这只是金融产品中的两种极端情况。在互联网中,有着更为复杂的情况发生。低使用率、高风险、低回报,或者高使用率、高风险、低回报等,各种情况都有可能出现。对于金融机构而言,总是希望获得低风险和高回报的组合。实现这种理想的要则是金融产品与客群是否匹配。或者说,对于风险强度而言,在消费金融领域主要是客群本身的信誉状况。信誉较高的客群风险较小,信誉较差的客群风险较高。信用在金融交易中既是前提条件,又是基本要素,"在金融市场建设中处于核心地位"。消费金融中客户信誉程度与其消费场景是密切相关的,平台和机构如果认识到这一点,则能够在减少坏账方面事半功倍。互联网消费金融是一种场景化特色明显的金融消费活动。金融服务的供给应当出现在消费者"恰好需要借钱"的任何消费场景中,并提供"恰到好处"的金融服务,从而满足用户的消费需求。场景分类与信用等级之间存在的关联,其实是基于一种对风险的自我承担意愿以及行为偏好。具有更强冒险精神的人和相对比较保守的人会选择在不同的消费场景中接受金融信贷。尽管不能将具有强烈冒险精神和投机需求的人与"坏"客群做必然的联系,但相反的情况则更加容易令人信服。在日常消费中忖度自己的金钱来源和偿贷能力后谨慎接受贷款的客户是较少在投机性行业或者过度奢侈的领域进行消费金融的。这是人的思想品德与行为的整体性原则所表现出来的样态。对奢侈品的消费信贷和在纯信用基础上出现的冲动借贷关系,在诱导性消费之外,主要是由消费者的个性决定的。结合消费者收入的稳定情况和预期发展，能够基本准确地衡量其在进行借贷时是否预先抱有放弃偿贷的最坏打算。这些是消费金融产品在流程设计中应当予以关注的核心内容。使资金用在最需要的地方，做有意义的事情，并保障其安全性和适度收益水平；对互联网消费金融主体机构而言，就要在客群与产品的深度分析中寻找其合理的联结点。

二、获取互联网消费金融客户的策略

无论是哪种主体运行的互联网金融业务，简单地将“赚钱”作为权衡其伦理属性的标志是草率的。阿尔伯特·赫希曼认为，适度追求“赚钱”会上升为既能实现私人利益又能实现公共利益的“自然情感”，而过度沉迷则会沦为于公于私都无益处的“非自然情感”。[①] 互联网消费金融就其业务发起主体的意志而言，获得借贷利息和收取服务费是其直接的目的，或者通过消费借贷而助力购物平台实现营业绩效的增长。在市场经济条件下，这种目的是光明正大的，也符合市场社会的基本规则和人们对经济秩序的理解。平台在获取网络消费金融客户的时候，采取一系列措施，只要不违背市场伦理准则和突破人们的道德忍耐限度，也被一般地予以默认。消费是人类生存和发展的条件和前提，[②]也是最具普遍性的人类行为之一。消费是否回到生活本身或者回到人的生存与发展本身，是互联网消费金融在获取和发展客群中面临的伦理问题。

1. 事件消费

注意力竞争是互联网消费金融客户获取的关键方式，因而互联网巨头往往能够凭借巨量的用户基础而在消费信贷方面大展身手。蚂蚁金服的“花呗”“借呗”，京东金融的“白条”“金条”以及度小满金融的“有钱花”莫不如

① （美）阿尔伯特·赫希曼：《欲望与利益：资本主义胜利之前的政治争论》，冯克利译，杭州：浙江大学出版社，2015年，第59页。

② 徐新：《现代社会的消费伦理》，北京：人民出版社，2009年，第126页。

此。其他机构或个人要开展互联网消费金融，必然要通过线上线下的广告推动。然而，由于注意力稀缺，线上用户主体已被几大互联网巨头瓜分，而线下潜在客户在互联网经济融入方面并不具有良好的基础，他们很难成为线上消费和金融参与的积极分子。事件消费具有凝聚消费者的作用，使在平时难以对消费金融抱有兴趣的人转变观念或者作出临时决定，成为互联网消费金融的参与者。事件消费强调的是生活叙事，通过真实事件或者虚拟事件的描述和传播，完成“事件”对人们的消费吸引。这些事件包括重大庆典活动、各种奇异事件、知名人物及其商业化活动、经济或社会中发生的大事件等，它们必然包含着专有性和稀缺性的内涵实质，在信息传播中获得支持、理解和追求，成为商业事件发生的契机。由对事件的关注而衍生出相应的消费需求，而事件的时间限度使这些消费机会变得稍纵即逝，或者至少具有稍纵即逝的感觉。在临时增加的事件消费需求中，由于经济支出的预算并不包含这些内容，从而出现借贷需求。在偶然性表现得十分发达的今天，事件消费使消费的理性预算变得越来越脱离实际，而临时起意的消费需求变得司空见惯。这对互联网消费金融来说是一个机遇，它也符合金融对未来预期的不确定的资金供应和回笼的特点。事件消费的金融服务供给明显适应在“造势”成为重要手段的符号经济时代供需关系的临时性。“物品和需求的世界可能是某种全面歇斯底里的世界。”①消费金融在解除临时欲求的困窘中发挥了关键作用，互联网上层出不穷的小事件不足以支撑其事件消费的巨大吸引力，只有实际发生（或子虚乌有）的社会大事件才能满足人们对于消费的动力需求。通过事件消费发展金融客户，对事件的影响力扩张起着推波助澜的作用；事件在无限制的资本干预下，会走向距离真相更加遥远的地方，从而造成社会舆论的轻浮和信息的失真。如果这样，互联网消费金融在获得客户数量的同时，也失去了客户真诚和健康发展的基石。

---

① （法）让·鲍德里亚：《消费社会》，刘成富、全志刚译，南京：南京大学出版社，2014年，第59页。

2. 日常消费

尽管对于日常消费来说,其波动性并不十分强大,但对于互联网消费金融业务来说,则有着广阔的发展空间。消费金融的主要对象一般不被设置在这样的群体当中:他们仅仅为日常消费支付费用。比较而言,为奢侈品或者休闲保健及美容产品等支付超过自身经济承受力的费用的可能性要更大一些。造成奢侈品及休闲用品消费中的网络借贷关系的原因,一方面是这些产品和服务价格较高,其超越消费者支付能力的可能性更大;另一方面是这些消费产品和类型更具有攀比性,在符号化时代人们对广义虚拟的符号价值有着更为痴迷的热爱。由于如上或者其他方面的原因,金融主体机构将关注的焦点集中在后者而不是前者就理所当然了。我国 2020 年进入全面小康社会,居民生活水平有了明显提高;但奢侈品消费和非必需品消费的比率仍然有限,社会整体进入产品过剩时代仍需继续发展生产和商业。而日常消费整体层次不断攀升的情况下,开展与之相关的消费金融则有着较好的前景。其原因主要是:(1)如前所述,日常消费层次的提升,居民用于支付日常消费产品的资金绝对量遽升;(2)互联网消费场景的增多,消费诱惑增强,居民日常消费中的必需品与非必需品的界限变得日益模糊,从而增加了消费支出;(3)网络购物方式中的小额零散支出,通过互联网消费金融业务,能够实现零支整还,消费体验的中间环节不断减少;(4)随着生产的发展而出现更多新的日常消费用品,它们有效支撑其更高生活水平的商品供应,日常消费的范围正在不断扩大。这些因素是互联网消费金融成为现实社会之公共需要的原因,它们也是互联网消费金融业务开展的具体场景。通过产品绑定、营销绑定、权益绑定,互联网消费金融在日常用品和服务中扮演着重要的角色。当然,在这一进程中,互联网消费金融在实现金融的社会价值上亦表现出色。互联网消费金融在日常消费中的助力作用体现了普惠金融的实质,它对底层群众给予应有的经济支持,同时为一般群众的经济活动提供便利条件。当这种金融服务项目具有了内在的人民性时，它就有着被广大群众接受的机会。

3. 圈群消费

弗兰克·韦伯斯特指出，市场律令在信息领域扮演着中枢角色，“事实上市场是一种配置性机制，这意味着其对社会的回应，是按照收入和财富所区隔的等级为标准。”①在社交媒介不断发展的情况下，圈群文化日益兴起。由于财富、职业、兴趣、地域、文化、教育、信仰、消费等的差异而形成的不同圈子和群体，在互联网社交媒体上结成朋友圈和交流群；这些圈群成为一种新的共同体组织，它们对维护圈群文化和习惯，维护圈群利益和寻找发展出路上有着积极的意义。网络消费既是圈群文化形成的部分原因，也是圈群划分的结果之一。在圈群中分享消费信息并探讨消费体验，由于相近的兴趣爱好和支付能力，其对圈群好友的影响是直接而有力的。互联网消费金融中，将圈群消费作为吸纳新会员和建立用户群的基础，有其现实意义。利用圈群消费吸收客户，对互联网消费金融的产品设计和维护来说，它的作用主要表现在：(1)能够依据圈群特色制定与之相应的金融规则，在贷款额度和偿贷规则上能够做到精准配置；(2)圈层本身具有“心灵邻里”的关系，在道德约束上有着积极的作用；(3)圈层交流能够深化对互联网消费金融项目的理解，使客户在消费体验中更加积极地参与消费金融服务项目的改进。

互联网消费金融组织在获取客户上的努力要依据消费模式和消费品类进行有效区分，并依次执行不同的获客策略。在初次使用消费金融业务的优惠力度、会员制年费的返现规则、信用等级界定及差异化服务供给、互联网消费金融链接产业和商品的更新与甄选等问题上，事件消费、日常消费和圈群消费有着不同的特点，需要区别对待。获得客户是互联网金融与互联网消费融合

① (英)弗兰克·韦伯斯特:《信息社会理论》，曹晋、梁静、李哲等译，北京:北京大学出版社，2011年，第186—187页。

发展的第一个环节,不是互联网消费金融发展的最后环节。

三、互联网消费金融客户运营的机制

1. 增强和保持活跃性

随着互联网的不断发展,网络用户的活性直接关乎产业链的辐射范围和持续营利能力。互联网消费的发展与消费借贷的繁荣,需要不断刺激用户,以促使其保持强劲购买欲望和现实动力。互联网消费金融客户会在一定时期的平台活动后产生倦怠情绪,以至于当这种倦怠情绪延续下去后,形成僵尸用户群。这些僵尸用户群就是长期拥有平台用户身份,在互联网消费金融平台具有注册用户的身份,甚至有极为少量的借贷余额,却长期没有新的消费记录,甚至长期不登录账号,被用户所遗忘的客户群体。由于网络平台不断产生,新的游戏规则和网络项目会吸引人们的注意。在界面浏览注意力稀缺的时代,界面竞争使得在竞争中失败的平台逐渐淡出人们的视野,形成僵尸平台。换句话说,当平台拥有的僵尸客户逐渐增多并达到绝对优势的比例后,该平台就成为僵尸平台。因此,维护和增加客户活跃性是保持平台生命力的关键。在互联网上,创新和创意是稍纵即逝的竞争手段。互联网消费金融在保持和增进客户活跃性上的主要方式有两种:其一是通过新产品的消费信贷;其二是通过信贷规则的创新。前者所要考虑的主要伦理问题是,平台的金融利己行动必须符合消费者的异质化需求得到保障。只有契合人们的实际需求才能得到人们的追捧,平台在创新金融产品的时候,要将客户需求作为第一考虑的要素。客户绝不会出于同情、怜悯或者仰慕而付出金钱。离开客户利益而追求平台利润是不可能长期发展的,尽管个别平台的确采取的是短期的欺骗行为。正是因为互联网消费金融的产品维护和拓展需要客户的积极参与,而参与的深度与广度是金融平台利息的源泉。客户的活性与主动性是融为一体的,将客户作为纯粹客体对待,就会将其放置在被动的位置。作为互联网消费金融的经营主体,应该将客户作为交互式活动的主体,促进主体间性的活动。归根到底,为获得物质利益而将客户物质化,这是现代资本主义经济体系建立后的通病,马克思称之为人的异化。互联网消费是一种场景化消费,交互活动是消费者与商家、金融服务提供商之间关系构成的中介,缺少这活动中介而只将客户作为物质客体对待,就会使客户逐渐缺少深度参与的主动性。尊重客户,并将客户在互联网消费和与之相关的借贷活动中的主体地位加以突出,使客户保持参与活性。在这种理念的指导下,商家和金融服务提供者(有时候二者是相对独立的)就要在规则和产品创意上有体现更多对人的主体性关怀。

2. 增强和保持黏附性

互联网消费金融有两方面的黏性,即金融黏性和消费黏性。保持和增强由于消费金额是在消费活动中开展金融服务,在金融业务中输出消费供给,从而使客户既有消费欲求,又有信贷习惯便成为互联网消费金融在客户运营中的重要内容。金融需求和消费需求的合一,使具有金融需求的消费者保持消费的平台黏性或者产品黏性就显得十分重要。平台黏性是在特定平台进行购物或者虚拟产品消费的习惯,这一习惯一方面是由于在平台界面应用的熟练程度和对其他平台在操作方式和应用规则上所需要耗费的时间成本所决定的,另一方面是由于任何平台都会或多或少采取等级制度以增加老客户在权益享受或其他方面的归属感和成就感。如果要使人们摆脱对原有平台的依恋关系,除非(1)平台给消费者带来不良体验或在价值观上产生冲突,而新的平台更加接近于消费者的价值观或者有着更好的消费体验的宣传使其感动;(2)在原有平台的继续活动会减损消费者的个人价值或者符号价值,抑或对消费者带来真实的损害。这与斯宾诺莎有关"爱恋"的解脱有着十分相似的情形。他认为有两条途径能够使我们摆脱爱恋:一条是人们认识到对象引发人们爱恋的属性的暂时性,另一条是人们认为爱恋之物带来的代价远高于对象所能给其带来的荣耀和崇高感。[①] 当然，外部环境也是一个重要的原因，当竞争相对较小的时候，人们需要为寻找替代平台花费较多时间成本，在非常有限的选择范围内，人们更加容易在旧有的消费习惯中沉眠。现在，长时期的垄断已经非常困难，新的平台在业已瓜分的市场中仍会崛起，就如在淘宝和京东之后，谁也未曾对拼多多这样缺乏根本性创新因素的平台抱有期望。然而，事实却沿着人们意想不到的方向发生变动。暂时性不但是网络平台的特征，也是网络时代消费产品和服务产品的特征。正是因为这样，暂时性（这或许是现代性的重要内涵之一）成为了保持产品和平台消费黏性的关键破坏性因素。但是，这一破坏性因素也是人们在消费时代恒常增加消费选择和获得人生丰富性的重要途径。要保持和提高消费者的平台和产品黏性，从而为互联网消费信贷带来更多利润，就必然将目光聚焦于此。提供更为满意的服务体验，并加强平台和产品的创新，这是新时期社会对暂时性的理解加深的结果。暂时性事物中所蕴含的实在内容，是人们的自主选择权和发展自身消费需要的权利。

3. 增强和保持扩张性

互联网消费金融客户运营中另一着力点是要不断增加客户数量，提高平台用户的参与深度，通过客户增长实现业务扩张。客户运营中的扩张战略包括内涵式扩张和外延式扩张两种基本形式。内涵式扩张指的是提高客户质量，减少欺诈和坏账，建立更加和谐的客户关系，提高客户消费金融信贷量的相对增长，增强消费金融品牌吸引力。外延式扩张指的是增加客户数量，通过地域扩张或者产品规模扩张获得更多顾客，在保持一定坏账率的情况下增加客户总量，或者在客户总量不断增加的情况下，使坏账率增加低于客户增加的比率。作为互联网消费金融获取客户的重要途径——网络搜索，对互联网场

---

① 《斯宾诺莎文集》第1卷，顾寿观译，北京：商务印书馆，2014年，第122页。

景消费来说,具有巨大客户集中的优势,能较快捕捉到潜在客户。本来对于网络搜索而言,为客户提供准确、及时、有效的信息是其使命;但是,由于资本增殖的欲望超过企业对社会责任的承诺,一些搜索引擎的经营者罔顾信息真实性和有效性,以竞价排名的方式为互联网金融公司提供广告服务,从而使这一途径便成为资本集团之间的利益勾结。在早期人们对搜索引擎竞价排名尚不了解的情况下,不少搜索引擎的用户就由于对网络搜索巨头的信任而陷入资金骗局当中,甚至危害人们的生命健康和其他方面的安全。在互联网信任关系被打乱之后,这些互联网巨头又高举道义的旗帜讨伐互联网上网众对规则的漠视和彼此之间难以避免的欺诈。须知在这一结局的形成中,互联网公司起着非常坏的带头作用(包括捆绑式下载、流氓软件难以卸载、窃取用户信息、推送垃圾信息等,几乎所有互联网公司都曾经干过这些勾当)。要求于人的甚多,要求于己的甚少,这是互联网公司在发展业务时的基本套路,也是互联网伦理生态不容乐观的重要原因。增强和保持客户增长,从而保持业务的有效增长,在有效客户有限的情况下,需要互联网消费金融平台和虚拟消费或网络购物提供商在提高产品和服务质量上多花工夫。对于互联网消费金融的客户来说,他不会刻意去臆造一种消费体验,他只是向往独立实践中的好的体验,去接受那种消费体验的直接感觉。感性世界是理性行动的奠基石,只有当客户体验不断获得改善,互联网金融消费才能维持客群并提高美誉。在人际传播发展到网络节点传播后,美誉对一个企业的生死存亡至关重要。新客群的发展也建立在美誉度上升的基础上。

四、互联网金融消费贷款催收的问题

互联网消费金融“面临的主要风险有信用风险、法律合规风险以及声誉风险”。[①] 贷款催收是减少借贷风险的重要环节。尽管出于成本管控的需要,

---

① BR互联网金融研究院:《互联网金融报告(2017)》,北京:中国经济出版社,2017年,第66页。

互联网金融公司能够将催收事物外包，或者在严格审查客户准入条件的时候，提高客户群体的质量，从而免除贷款催讨的环节。但是，这样做的弊端一是在企业价值上难以与专业催收公司保持一致，催收业务外包有可能损害平台声誉；二是过高的信用评分标准和准入条件使目标市场急剧萎缩，潜在客户大量减少。① 保证活跃用户按时还款，催收工作是必不可少的；②催收涉及利益冲突的激发，也可能面临伦理上的困惑。目前催收服务商的产品更多的是一种美好的愿景，其实效尚待各方努力。③

1. 逾期规则和还款提示

度小满金融“有钱花”平台要求授信时需要查询用户征信情况才可操作下一步。在此约束性条款下，平台放款之前理论上已经过了征信查询，逾期的概率会相应降低。但完全避免逾期几乎是不可能的，大部分客户会主动偿还欠款，部分客户则可能由于各种原因而出现逾期。在逾期客户中，有些是可以通过催收还款的，少部分是采取任何措施也无法还款的。催收的主要目的，在于对有意愿和有能力偿还贷款的客户进行提示，从而避免进入司法程序。只有风险极高的客户，且出现失联或者其他比较确定的坏账特征，将清收款事务转交给律师团队才是必要的。互联网消费金融与传统银行的线下消费金融不同的地方在于，前者比较容易确认客户是否有赖账或者其他不良行为的倾向，而后者则需要在线下核实客户的具体经济状况和生存状况。这是因为互联网消费金融的客户往往是互联网的活跃用户，这也是前期进行客户信用分析所

---

① （美）戴维·劳伦斯、阿琳·所罗门：《消费金融真经：个人贷款业务全流程指南》，张宇译，北京：机械工业出版社，2019 年，第 121 页。

② “对信用卡业务来说，逾期客户的催收成本和核销坏账额将占运营成本的 90%。因此，催收效果的细微变化都可能引起盈利能力的显著改善或恶化。”［（美）戴维·劳伦斯、阿琳·所罗门：《消费金融真经：个人贷款业务全流程指南》，张宇译，北京：机械工业出版社，2019 年，第 122 页］

③ 《2016 消费金融生态报告》，盈灿咨询、融之家发布，2016 年 12 月，第 15 页。

必须获得的基本信息。以往的购物信息和线上消费情况、互联网金融业务的参与及其信用记录等,这些是互联网消费金融放贷的基础信息支撑。可见,互联网消费金融业务中,金融主体机构和平台对消费者的网络活动数据是有较为全面的掌握的。当客户长期失联,或者通过网络私信联系和提示其还款而在较长时期得不到回应时,信贷的坏账风险就显著提高。这一判断还要结合客户是否有其他网络数据痕迹产生或者在虚拟社区从事其他活动。当整个网络活动消失或暂停时,应该考虑线下联系客户并给予还款提示。从线上联系转入线下联系后,平台的催收成本就会上升。只有在大数据分析并确认客户可能出现意外情况而暂停或永久性停止网络活动时,线下催收才是必要的。逾期规则要以维护客户和资金的双重安全为基准。一方面要避免对逾期客户采取简单电话、短信、邮件催收的方式,骚扰了优质客户;另一方面要避免在采取任何措施都无力或无意还款的客户身上浪费时间和金钱。从道德的角度来看,催收所能达到的目的,只是对具有基本道德善意、认同社会舆论并拥有羞耻感和其他道德情感的人发生作用。顽固拖欠赖账或者出于实际困难而回避社会舆论的人,催收所能使用的征信威胁所起的作用并不大。当然,在利益权衡的情况下,少量恶意逾期的客户会因为更为长久的金融需求而在征信威胁的催收中转变态度。总的来说,动用大数据技术进行客户分类并采取不同的催收方式是有必要的,在催收中对优质客户的冒犯常常令平台蒙受更大损失。例如对暂时性缺少还贷能力但愿意遵守还贷罚则的客户,不应反复骚扰其正常生活。在这一点上,蚂蚁金服的"花呗"比京东金融的"白条"要更出色。催收的本质是还款提示,而不应当是逾期处罚。

2. 催收与惩罚

互联网消费金融平台具有单方面宣布罚则的权力,在契约关系中是不平等的。京东"白条"标示其逾期处理方式为"白条逾期后京东会通过站内信、手机短信、电子邮件、电话提醒、寄送信函、上门外访、司法途径等方式提醒用户还款,必要情况下也会委托外部机构进行提醒。为避免对您产生影响,请您按时进行还款”。当逾期罚则完备并且使用经济手段进行成本控制的情况下,“白条”在催收上不适用特定期限外的限额限期分级提示方案,对全部用户采取同等催收方案,严重影响因事务性耽搁或其他非主观因素导致的逾期客户的体验,并由此可能放弃在其零售网站购物消费。这种处置方式具有的潜在“威胁”性质,并不属于良好客户关系中应有的态度。对有意遵守规则并承担罚息和其他收费结果的客户,金融平台采取反复电话提示、上门外访进行骚扰和提示“司法途径”进行威胁,显然从人们的接受心理来看是不当的。用对待无赖的手段对付所有人,这在具有道德差异化的人群中进行任何实质性的举动都将面临质疑。度小满金融“有钱花”对逾期贷款收取罚息,罚息额度为逾期金额约定利率的 1.5 倍,并宣称“逾期记录将被上报人行征信”,也没有对逾期情况进行细致描述,以便清楚地区分主观恶意赖账和客观原因引起的还贷耽搁。戴维・劳伦斯、阿琳・所罗门主张“将催收工作集中在那些最不可能还款的账户上”①是合理的。站在消费者的角度来看,按时偿贷是信守承诺的基本要求,人们没有理由认为由于经济收入或者健忘而违背信约予以宽容;这种宽容也许会鼓励不守信约,或者至少会使一些事实上不守信约的人有机可乘。站在互联网消费金融平台和主体机构的角度看,适度宽容同样是一种美德。当还款逾期罚则明确的情况下,给予消费者更为舒适的提示信息并督促其最终偿还贷款是必要的。“逾期”不是经营主体与客户发生对立关系的转折点,经营者的这一观念有利于更好地培养优质客户并维护客户关系。

3. 平台需要反思

当平台不可避免地需要进行催收才能挽回经济损失时,有两个问题时常会陷入困难:其一是征信力度和入门审查的严格程度与预期账户数量成反比

① (美)戴维・劳伦斯、阿琳・所罗门:《消费金融真经:个人贷款业务全流程指南》,张宇译,北京:机械工业出版社,2019 年,第 124 页。

的情况下，在何种程度上能够实现利益与风险平衡？其二是催收的强度与坏账挽回率成正比的情况下，在何种程度上能够实现经济效用与社会效用的平衡？这两个问题既是消费金融发展的技术性问题，亦是伦理性问题。作为技术性问题，严格的征信和入门审查会减少客户绝对数量，但能够提高优质客户的比率。究竟允许多少比率的次优客户及劣质客户（这一称谓本身是不恰当的）才能实现平台（企业）利润总量的最大化？它通过经验探索或数学建模就能基本接近于真相。在征信力度把握上存在过度征信和过高门槛的时候，作为伦理性问题则质问的是互联网消费金融的社会价值如何恰当体现？以及消费金融为居民带来便利性、安全性、保障性消费的伦理内涵如何才能实现？任何现实的社会组织都不应该将经济利益作为唯一的目的，互联网金融组织同样如此。在互联网消费市场日益扩大的背景下，人们需要更为便捷和安全的金融支持是正当的需求，金融企业或者购物平台开拓金融支持方面的业务亦体现了平台对社会需求的响应。因此，过高的服务门槛和征信要求与互联网消费金融业务开发的初衷和本质要求是相违背的。通常，在一定逾期后，金融机构就会将账户视为债务人而非客户。如果在产品条款中有明确说明，在逻辑上是成立的。在逾期发生的许可时间段中，只有跨越了最后时间节点才能被视为客户身份向债务人身份转变的实质变化；在此之前应当以提示还款作为基本要则，并将提示信息做严厉程度不同的等级区分。以逾期 120 天限制为例，可在逾期 30 天发送手机短信进行时间提示，在逾期 45 天对客户重新审查公共数据的情况下电话告知，以确认客户真实存在并获得相关回应，在逾期 60 天时发送警示性提示，告知可能存在的风险及需要承担的责任，在 90 天可以适当使用线下催收方式并征收额外费用，120 天后转入司法催讨程序。无论平台在具体逾期限制中设置的最大值是多少天，并不影响分阶段、分程度进行催收。这样做的实质在于对优质客户或潜在优质客户予以最大限度的宽容并提供信息提示帮助，而非在逾期之日便采取敌对的态度，从而降低互联网消费金融服务体验的美誉度。可见，如前所述的第二个方面正是体现了平台在经济效用上是否具有更为长远的计划,并且对包括伦理教育在内的社会效用抱有多大程度的积极性。

五、场景选择与伦理差异

1. 互联网消费场景金融

度小满“有钱花”平台可以在学历教育、语言学习、新行业培训、K12 教育(Kindergarten through Twelfth Grade)、IT 学习、职业资格、医学美容、口腔、植发、孕产相关机构享受消费分期服务。京东“白条”有白条闪付、旅游白条、驾校白条、乡村白条、教育白条、家装和租房、车险白条、养车白条等消费场景。蚂蚁金服“花呗”支持水电煤气等生活缴费、淘宝和天猫购物分期、家装、当面花、网约车、酒店出游、本地生活服务消费、主流 3C 官网商城、海外购物等消费场景。还有一些专门针对某一特定消费领域和消费产品的消费金融服务,它们一般是由商品生产厂家举办的消费金融(有时候也会联合专门金融机构参与),其开展业务的目的单纯是促进特定产品的销售业绩提升。也有一些专门的互联网金融机构发行不特定的消费贷款,其本质是前述之 P2P 网贷,这里不做赘述。这里所讲的互联网消费场景金融指的是一种场景金融方案,以场景为核心向互联网用户提供金融服务。其特征是:(1)深度嵌入。将原来独立的金融流程转变为与生活场景紧密结合的金融服务,深嵌到人们的生活消费当中。(2)系统性策略。互联网消费金融不是一个统称的金融产品,它是金融+各种互联网生活场景的事件(或问题)解决机制,体现了人们消费需求的多样性和多层次性。意在为消费者提供各种应景信贷服务,从而避免消费贫乏或错过消费时机。(3)人民性。互联网消费金融围绕人民生活的全景化情节提供无微不至的金融关怀,促进人民生活水平的提升。金融+生活,使客户与金融提供者之间具有更为亲密的关系。由于互联网消费金融的场景化,也使其客户具有更强的黏性(或忠诚度),并将金融服务融入到普通群众的日常生活之中(或普惠性)。

2. 场景选择的伦理出发点

针对人群、产品、事件的具体类型和阶段开展消费金融,互联网消费金融在场景选择上有不同的模式,且根据其模式化的决策系统开展具体业务。在消费场景的选择上,体现了互联网消费金融的发起者和运营商在伦理上的不同价值主张。网络欺凌的事实与构建和谐网络的呼声共存于世,频繁给他人发送垃圾邮件,散布谣言、骗取他人私密信息、个人信息的买卖、冒名顶替、威胁和恐吓等是网络欺凌的典型方面。① 尽管消费金融应当秉持客户本位的基本理念,但互联网消费金融在其发展中,存在着诸多不良现象,这从其对消费场景的选择中可见一斑。(1)钓愚:智力欺压。一些互联网金融平台开展消费信贷的主要对象瞄准城市低收入人群,由于这些人对金融规则并不十分清楚。业务推广中被淡化和隐藏的风险提示与被强调和夸大的权益之间形成巨大对比,其目的就是获得更多客户资源和用户流量。对冲动型消费群体(他们大多不能恰当运用理性能力分析消费信贷的潜在风险并冷静思考在约定期限内的偿还能力)进行鼓动和诱惑,以使其陷入不可承受的债务泥潭。(2)氓动:心理欺压。在圈群消费中,人们更容易受到怂恿而进行某种潮流消费,圈群中的成员往往将这些消费当做身份标签或者集体利益进行瓜分。如同在任何一个共同体中所体现的那样,人们对享受共同体的权利有着较高的热情,而对思考如何分担责任或承受代价则缺乏深思熟虑的动力。② 在互联网舆论的助推下,广而告之的消费情调被赋予某些"社会责任"和价值,就如教育消费金融中所宣扬的"不能让孩子输在起跑线上"一样,似乎任何一个教育消费产

① (美)迈克尔·J.奎因:《互联网伦理:信息时代的道德重构》,王益民译,北京:电子工业出版社,2016 年,第 130 页。

② (美)曼瑟尔·奥尔森:《集体行动的逻辑》,陈郁、郭宇峰、李崇新译,上海:格致出版社,1994 年,第 18 页。

品的出现都是拯救这种“起跑线失败”的良药。显示性偏好往往掩盖了人们真正的需要,[①]金融企业或消费品的提供者则以此发家。(3)知沟:文化霸凌。知识本是人类获得人性完整性的途径和手段,在社会发展和文明进程中起到至关重要的作用;在某些特殊场景下,知识也成为社会鸿沟的划分依据。互联网消费金融所涉及的知识系统至少包括金融、财务、法律、网络信息等相关要素,而民众在参与网络消费并享受消费金融服务时并不需要对这些知识具有完整的理解和深度研究。尽管如此,互联网消费金融的平台则在专门知识上具有显著优势,这种优势使其在推卸责任并获得更大利益方面有着不平等的权力,在(金融和商品)商户和消费者之间的知沟,体现在消费金融的约定规则上(不仅在规则上对客户进行全面约束,并有着解释规则的无限权力,而对平台采取非常有限的直接责任制度)。(4)系统:互利共赢。好的金融服务是经济要素在系统运行中的润滑剂,能够促进社会经济更加高效地运行。坏的金融则将经济要素掏空,利用规则制定的系统优势将整个社会经济运行作为一种游戏规则。互联网消费金融在场景选择上,以“系统”理念进行决策有着重要的现实意义。它使供需矛盾得以有效解决,对提高民众生活水平、发展实体生产、提高组织间的协作能力、运用经济手段发展社会事业等有着直接的贡献。系统理念指导下的互联网消费金融在群体场景选择中,对不同群体采取平等而有差别的金融服务,但不会在智力与体力上进行道德上的歧视。权责明确、公平对等、双向互赢、透明公开是好的金融体系也是互联网消费金融的应有之义。(5)噬利:资本增殖。现代资本在发展互联网消费金融业务时,将利润作为其事业发展的唯一追求的情况时有发生。在资本至上的消费金融服务中,金融产品本身的作用在于吸纳更多客户并激活其参与热度。资本只有在不断的流动性中才能增殖,资本占有者只能看到(并且只在乎)资本运动的结果,认为资本是自我分裂繁殖的神秘之物。事实上,金融资本只是社会总资

---

① (美)乔治·阿克洛夫、罗伯特·席勒:《钓愚:操纵与欺骗的经济学》,张军译,北京:中信出版社,2016 年,第 245 页。

本运行中的部分要素,金融资本利润主要来自产业工人的劳动。但金融资本家则以为金融具有独创财富的伟力,在互联网消费金融中也是如此。通过事件炒作,以大量资金投入消费金融领域而获得经济传播中的拓殖效用,在声势浩大的消费金融领域或消费品制造领域形成巨大的舆论场(它们实际的投入产出比例并不被严格计算和遵守),进而上市圈钱后进行产业化资产转移。因而,偶尔出现的对消费者而言的"天上掉馅饼"的事情,最终都将由更为广泛的民众(尤其是股民)买单。这也是互联网金融乱象的重要原因之一。

3. 消费场景动摇了伦理的内在结构吗

阿拉斯戴尔·麦金泰尔说,"人类的典型状况是,发现自己处于一系列正在制度化的关系的某个位置,并且通常在不同的时间所处的位置不同。"①他指出:一方面,这些关系是我们实现幸福的构成性手段;另一方面,这些关系体现了一定的等级序列,它们限制着我们获得更好的状态。这样一些实现好的生活的手段,它同时也是实现更好生活的障碍,这些关系就是人们生活于其中的情境。互联网消费场景是实践生成的,金融机构与金融产品只是在这一生成过程中起到推波助澜或者催化的作用。互联网消费金融以场景化而渗透到人们的现实生活中,成为一种既视感②强烈的商业行为。在互联网金融产品筹划的早期阶段就能为这种促使人们产生既视感的虚拟概念产品预设目标客群,这是大数据技术的结果,更是人们对自身情感与欲求的自我认知。任何消费场景不能改变人们在权力网络中的基本位置,因为那是生产场景中才有可能发生的事情。因此,在消费性的金融场景中能够改变的不是消费者在社会结构中的具体地位,而是金融家和商业资本实现自身的通道。但互联网消费

① (美)阿拉斯戴尔·麦金泰尔:《依赖性的理性动物:人类为什么需要德性》,刘玮译,南京:译林出版社,2013年,第84页。

② 注:既视感是一种生理现象,也称幻觉记忆,指没有经历过的事情或场景仿佛在某时某地经历过的似曾相识之感,也叫海马效应。

金融的伦理旨趣有复杂的社会形态，这不是由场景本身决定的，而是由场景金融及场景消费的倡导者所具有的价值理念所决定的。社会的伦理环境成为经济现实中伦理状况的条件，反过来经济现实也是真正的伦理环境本身。伦理学的困境在于利益攸关时的抉择，而场景是将这些抉择的紧迫性现实化的事物之总和。互联网消费金融场景是沟通虚拟空间与现实生活的纽带，在虚拟与现实二重空间中叠合的社会规范与道德约束成为其伦理上的遵循。场景是异动的，而伦理准则是相对稳定的。无论是金融营销创意之下的新场景，还是传统消费的网络延伸所产生的旧场景，互联网消费金融所嵌入的诸种事件和生活片段，都既在特定的伦理原则之下，又超越了伦理原则的一般性。之所以互联网消费金融在特定的伦理原则之下，是因为如前所述的伦理境况的物质现实性。归根到底，伦理状况受制于生产关系和社会关系的现实运动。之所以它又超越了伦理原则的一般性，是因为伦理原则是抽象的，而伦理处境是具体的。消费场景是人的现实伦理处境，必然由这一场景的内在逻辑衍生出具体的道德规范和价值指引。可见，尽管消费场景并不改变伦理上普遍追求的价值体系，但不同的场景必然面临严肃的伦理细节，而它们是不可忽视的伦理大气候的生成因子。

第三节　互联网消费金融细分市场的伦理问题

中国人民银行、银监会发布的《关于加大对新消费领域金融支持的指导意见》中指出：“鼓励消费金融公司拓展业务内容，针对细分市场提供特色服务。”①该“指导意见”所指的新消费领域重点是“养老家政健康消费”“信息和网络消费”“绿色消费”“旅游休闲消费”“教育文化体育消费”和“农村消费”。基于场景的互联网消费信贷业务指的是客户在支付第三方货款时发起贷款申

① 中国互联网金融协会：《商业银行互联网金融业务法律法规汇编》，北京：中国金融出版社，2019年，第333页。

请,然后由第三方消费品供应机构(如电子商务网站)将客户的申请信息发送至金融机构或其他金融产品供应商,消费者与金融产品提供商达成借贷关系。基于场景的消费信贷业务为具有消费场景的公司提供了巨大商业机会。[①] 在社会经济取得更高成就的今天,“正常商品”的需求不断增加,“劣等品”需求减少。[②] 恩格尔系数越来越低,人们在食物等基本生活消费之外,有了更多更高层次更高品质的消费需求。这些需求对于个人在精神和物质的享受是不可缺少的,它体现了时代的进步。在更为全面的消费需求中,创造了更为广泛的消费关系,进而为更为全面的生产关系和交往关系提供契机,对人的全面发展及个性生成无疑是积极的。在社会财富获得巨大增量的时候,积极开拓消费市场,维护生产循环的延续,促进创新创造能力的提升,意义是重大的。个人消费升级是对过去依靠低层次巨量堆砌性消费的革命。在整个社会生产能力受限,基尼系数高的时候,极少数个人占有社会财富的极大比例,而大部分居民处于贫困线下。这些掌握社会财富绝大部分的少数人,其社会财富和社会地位的彰显主要是通过实物总量的庞大堆砌或具有通兑能力的贵金属和珠宝器物等来体现的。只要整个社会财富增加,并使基尼系数降低时,更多中产阶层的涌现才为社会的多样化需求提供条件。在这种情况下,“劣等品”渐日离开竞争性消费领域,而“正常商品”获得人们的更大关注。旅游、医疗保健、教育、美容休闲等领域消费群体的增加就是在这样的背景下发生的。

一、旅游消费金融:诗和远方

我国互联网旅游金融市场规模由 2014 年的 10.49 亿元发展到 2018 年的

---

① (美)戴维·劳伦斯、阿琳·所罗门:《消费金融真经:个人贷款业务全流程指南》,张宇译,北京:机械工业出版社,2019 年,第 153 页。

② 注:“劣等品”指随着个人财富增加而消费减少的商品。“正常商品”指随着个人财富增加而消费增加的商品。(参见美国人布鲁斯·坎普、斯科特·弗里曼、约瑟夫·哈斯拉赫:《货币经济学基础》,张庆元、张靖佳、刘阳等译,北京:中国金融出版社,2019 年,第 272—273 页)

42.23亿元,市场发展仍有巨大空间。① 开展旅游消费金融的企业主要是创业企业、旅游公司、在线旅行社(OTA,*Online Travel Agency*)、银行、专业互联网金融机构等。互联网旅游消费金融尤以OTA(如途牛、"去哪儿"、携程等)、分期贷款平台和电商巨头(如阿里)为主体。携程网"拿去花"项目的口号是"助力旅行,趁年轻去远方","借去花"的广告词是"懂旅行,更懂你";途牛网"首付出发"产品的广告词是"世界那么大,首付就出发";驴妈妈旅游网推出"小驴白条"和"随兴花",称"分期游,无负担出发";京东和阿里都有旅游消费分期支付的自主业务或投资项目。当"信用飞"提出"信用,让飞行更简单"时,它把各类"首付游"所隐含的定义显示出来。信用社会是社会发展的未来愿景,也是人类在文明道路上追求进步的目标。互联网旅游消费金融是"用他人的钱,圆自己的梦",使"诗和远方"触手可及。

1."有时间的时候我却没有钱"

曾经有一首歌曲叫做《我想去桂林》(陈凯作词、张全复作曲),歌词体现了人想要去旅游时的困境:有钱的时候没时间,有时间的时候却没有钱。等到有钱又有时间的时候,也许在体力上便不再足以支持我们实现梦想,畅游、欣赏人间美景——"我想去桂林呀,我想去桂林,可是有时间的时候我却没有钱;我想去桂林呀,我想去桂林,可是有了钱的时候我却没时间。"对于年轻人来说,向往诗情画意的美景,在自然风光与人文景观中涤荡心灵、陶冶情操、提升思想,是有着重要意义的事情。随着当代年轻人越来越走向独立化,他们不愿意在旅游消费上花家长的钱,而希望能够用其他方式进行消费。互联网旅游消费金融适应这一现状,成为年轻人外出旅游的新的消费方式。从消费者的角度来说,对于步入社会不久,但有着强烈旅游消费需求的人来说,无论是婚恋旅游、毕业旅行

---

① 《中国互联网旅游金融市场发展四大趋势》,https://www.sohu.com/a/218620217_120702。

还是其他成长旅行和享受性旅行,都是一个人的宝贵经历;更不用说在旅行中所触发的对大自然的热爱、对国家和民族的情怀以及对民生的理解,以及在旅游中触及心理深处的某些特殊经历,它们会成为一个人的宝贵精神财富。这些年轻的旅游爱好者有着独立的经济自主要求,通过网络借贷的方式满足自己的消费需求,并在未来的特定时间中分期偿还,对于绝大多数刚刚迈向工作岗位的年轻人来说,都是无可厚非的。每个人都有对生命的自主安排权利,而旅行不仅是躯体的运动,更是生命的运动,是生命的自决过程。互联网旅游消费金融为这些年轻人解决了这一自决过程中的关键困难,使其能够即时实现梦想、完成心愿、获得成长,它体现了这一金融产品设计中对人的现实需要的尊重。

人生的风险转变为金融经济的风险,这是通过较低层次的风险代价换取较高层次的生活质量。“有时间的时候没有钱”,年轻人能够在充沛的精力中分出部分时间进行旅游消费,但他们却往往因为经济上的拮据难以成行;或者他们必须在有限的财产中挤出很大一部分进行旅游消费,从而降低其基本生活的质量。而在年轻人不断成长的未来,他们很有可能获得经济上的自由,不再为消费支出而苦恼;然而,随着地位的提升和所需承担的社会责任和工作职责也会不断增加,他们将不再具有充足的剩余时间进行旅游。旅游消费的提前进行能够避免这种窘况。对生命的长期规划,建立在生命健康风险和社会风险的基础之上;人们对当下的消费需求会越来越明显,在偶然性时常发挥意想不到的作用的时代,对生命的不确定性导致对未来消费的焦虑。这并非过去人们所认为的那种得过且过或者今朝有酒今朝醉的人生态度,对偶然性的重视反而使现代的年轻人重视当下的努力,并且对人生的价值和意义有更为迫切的实现愿望。在某种程度上它导致的是社会积极参与的热情和人们对于现实生活的珍惜。对人生风险(包括生命风险)的深度认知,使更多人愿意进行提前消费,它本质上是将人生的风险转换成为经济风险。互联网消费金融承担起这一转换的任务,体现的是经济活动对于风险个体的概率论理解;对个人来说,他们在经济风险中所要承受的最坏的结果远远好于在人生风险中可能遇到的最坏的结果。这种计算或许是存在的,然而它的确是有价值的。它始终将人的价值置于物(钱)的价值之上。

2. 旅游是一条价值链

寻找“诗和远方”只是人们旅游的一个目的。只有在隐喻里,它才成为一切人面向未来的基本态度。互联网旅游消费金融为实现诗意的人生提供一种物质支持,将远方的风景拉入现实的生活。人不再活得像一个旁观者,他成为生活中的自己,与外在世界的邂逅和与内心世界的沟通有了更大可能。将旅游作为一个产品,在现实中是不成立的。互联网消费金融延长了这条价值链,并使它更加现实化。旅游消费的场景不止停留在消费者与自然的融会和与人文的神交过程中,它包括我们达到旅游目的地以及返回之前的全部旅途中,与此相关的产业和行业都参与进来,成为旅游的产业生态圈。交通、酒店、美食、工艺品、活动、文化、习俗、社交、保险等,都是旅游消费场景的构成要素,这些要素构成旅游的价值链。旅游不是单帧的包含任务叙事的图景,而是连续不断的图集,是贯穿在一起的人生要义。并非每个人都在旅途中自觉思考人生的要义,但每个旅行者都会获得这些人生要义在未来生活中的影响。“人类非发展的时间也以消费时间的补充形式存在着,作为一种虚假循环时间,它以现在生产方式为基础,并将自己展现在社会日常生活中。”①互联网旅游消费金融由于其支持的内容包括了住宿、交通、饮食、游玩及相关活动的项目费用,突破了日常工作和生活中的片面性,并把日常生活的住宿和饮食也拉入到快速消费品的行列。那些原本只是我们生活中不经意的存在,成为需要计算费用和统筹考虑的消费内容。生活的丰富性转变为消费的单一性。人的复杂性存在展现为一种消费机械运动。从这个角度看,互联网旅游消费金融给人们带来的结果便与前述的结论大相径庭。旅游者是旅游产业生态圈价值的物质承担者,还是它们的主导

---

① (法)居伊·德波:《景观社会》,王昭凤译,南京:南京大学出版社,2007年,第69页。

者？它们在事实上的不同影响着旅游的社会价值。如果旅游者仅仅被消费金融的网络巨头（或OTA）当成实现产业利润增长的物质载体，则必然导致旅游市场中屡见不鲜的对客户的欺诈和诱骗；如果旅游者乃是旅游产业生态圈的价值主导者，则以游客为中心的金融服务理念必然表现在实际的行动中，旅游的个性化服务、旅游者目的的满足成为旅游金融产品供给考虑的焦点。

3. 互联网旅游消费金融不能回避的伦理问题

由于对互联网旅游消费金融本质的理解偏差，以及在具体项目运营中出现的失误，互联网旅游消费金融的主体机构在开展和拓宽业务时往往面临系列伦理上的问题。（1）客户忠诚与强制通道。忠诚是发自内心的追随与信仰，是个体自觉自愿地对人、事、物进行维护和肯定的行为和心理的总和。任何企业都希望获得大量忠诚的客户资源，这是企业的财富源泉。然而，在互联网经济中，将客户黏性等同于客户忠诚度，明显是一个低级错误。为了增加客户的黏性，一些互联网企业通过技术壁垒和便利性养成来提高客户转换平台的代价。一些互联网平台甚至不惜进行欺骗性诱导，使客户不得不长期使用该平台及其产品。比如京东金融推出的首付游就曾遭受客户的抱怨。客户在首次使用该产品时能够通过支付宝等方式完成首付款支付，但在后续还款中则必须使用京东支付。这就迫使客户改变常用支付方式，增加私人信息泄露的风险。客户黏性依靠强制性的还款渠道和要挟性的限制是能部分实现的，但客户忠诚度则不能依靠此法；相反，这种野蛮方式会增加客户对金融产品提供方的厌恶。旅游借贷条款中的经济霸凌在支付捆绑中表现得淋漓尽致。其他方面的业务和权限的捆绑也同样令人生厌，它是对消费者意愿的粗暴干预。（2）风控与需求者群体的悖论。一方面，互联网旅游消费金融的需求者往往是年轻人；另一方面，这些年轻人在收入的层次和稳定性上相对处于弱势，风控难度较大。青年人、白领、蓝领、新近毕业的学生是旅游消费金融的主要需求者，但是，从金融风险控制的角度来看，他们的偿贷能力和风险意识并不高，从而使得整个互联网旅游消费金融的客户风险管理代价较高。每个放贷主体都希望减少风险，降低坏账，获得优质客户群体的青睐；事实上，在金融市场中，客户质量越高，其偿贷能力越强，经济收入越稳定，由于社会地位或身份价值的原因而导致其对征信记录的敬畏，相反则不然。这些优质客户在旅游消费金融上的需求并不明显，不但是因为他们由于年龄和阅历的增加而可能认为旅游消费应当是一种量力而行的消费，而且因为他们对于支付旅游消费费用不具有明显的困难。尽管每一个在金钱上取得成功的中老年人都曾经有过年轻的时候，但金融机构在客户分类和风险等级确定时则不得不对青年人进行“社会约定俗成”的评估。这种评估无非是建立在父母身份与收入、借款者本身的职业、学历、健康、社会关系等。事实上这些因素并不能成为一个人在未来获得金钱成功的绝对依靠。个人的信誉程度与上述因素的关联性就更为渺小。既然自然和社会的禀赋并不能成为一个人是否在将来具有偿贷能力以及是否愿意偿贷的绝对标准，那么，金融放贷机构这种先入为主的成见所表现出来的就是偏见和歧视。风控讲的是概率性问题，而个体的价值则在于在概率性世界中不断冲破各种预言来实现人生的自决。（3）旅游理财产品是否违背旅游消费金融的价值主张？旅游消费金融已经走向多元化，其产品设计也逐渐增加了服务内容，除了旅游分期之外，还包括旅游理财、旅游保险经纪等业务。[①] 旅游理财产品存在的主要形式有：买理财产品送旅游、进行旅游存款项目、资产转换业务。第一种形式主要有度假村、旅游景区与金融机构联合发行的理财产品，其本质是将投资红利分割为旅游活动费用和返利两部分。第二种形式是由 OTA 发起的，意在集中潜在旅游客户的零碎资金，在积累到一定金额时，以旅游产品回报的形式获得债权。其实质是分期预付的旅游产品销售。第三种形式是将个人账户余额、旅游定金等转化为存款，一般由旅行社、OTA 发起，本质上属于非法集资。在这三种形式中，只有第二种形式的旅

① 郭勤贵、程华、赵永新等：《互联网金融原理与实务》，北京：机械工业出版社，2017 年，第 266 页。

游理财的目的是实现旅游者愿望,将金融作为实现旅游目的的手段;其他形式则或多或少包含着欺骗的主观动机,以实现融资为目的。(4)参与者众多的情况下,价值链解体的风险提高。互联网旅游消费金融的参与者,包括上游、中游、下游产业链及金融基础设施,其涉及的主体是多层次多结构的。其上游产业主要是指资金的供需双方,中游产业主要是指银行、持牌消费金融公司和新型互联网消费金融公司,下游产业则是线上旅游产品预订和线下旅游及相关活动的参与方。金融基础设施涵盖监管、支付、征信、金融科技等诸方面的经营者。这些交融在一起的利益相关方存在着产生冲突的经济因素和价值观因素。互联网旅游消费金融究竟以实现金融利润为目的,还是以实现旅游利润为目的?如果在这些方面存在利益相关方不可调和的冲突,则旅游与互联网消费金融的融合不会获得成功。以“旅游”作为载体实现“金融”目的,或许以“金融”作为载体实现“旅游”的目的?我们认为,作为互联网消费金融的重要特征,就是场景化——这不仅是一种形式上的特征,而且是本质上的内涵。场景是消费金融的生命线,消费金融是为场景消费服务的工具。离开这一本质性的要求,就会使利益相关方出现利益争夺,最终导致价值链的瓦解。在互联网消费金融服务与旅游场景消费的观念指导下,金融机构、互联网公司、OTA 等,就会以实现旅游者目的为己任。金融隶属于人的需要,而不是相反。

二、美容消费金融:谎言与诱惑

在医学美容还未曾发达如今的时候,粉脂和服饰就是人们展现其私人生活优越的方式之一。高雅的服装不仅代表更高的消费能力,也代表着其不管生产而专司消费的社会地位。① 在较长的历史时期内,“社会地位的差异仅仅通过衣物的多寡和所佩戴的首饰显示出来”。② 随着医学美容技术的发展,人

① (美)凡勃伦:《有闲阶级论》,蔡受百译,北京:商务印书馆,1964 年,第 134 页。

② (法)菲利普·阿利埃斯、乔治·杜比:《私人生活史 1:星期天历史学家说历史(从古罗马到拜占庭)》,李群等译,哈尔滨:北方文艺出版社,2013 年,第 420 页。

们不但可以通过外部装饰来调整自身在外貌上的形象,而且可以通过手术方式改变因遗传所导致的外表形象。之所以在社会生活中越来越多的人热衷于改变自己的外形,这是因为它不仅是作为个人审美的需要,在特殊环境下也成为人们获得其他社会资源和财富的有效方式。容颜作为一种呈现于众的私人表现,受制于公众对于它的评价和认可,至少在一定程度上深受影响。“生活于众目睽睽之下,或受所有人的关注,这种分享就是早被我们忘得一干二净的古代集体性。在这其中,身体永远会受到评估和挑战,而且完全是通过外貌来对之做出评断的。”①这种由来已久的对于表象和感性世界的推崇,在资本化时代尤其是媒介资本化时代,视觉资源的抢夺已经如火如荼,它们就显得更加不同寻常。互联网金融嗅到了金钱的味道,2014 年我国整容手术市场规模 4000 亿元,而到 2019 年则上升至 8000 亿元,参与者主要是年轻女性。我国已经成为世界第三大美容整形市场。② 互联网消费金融中出现的“佳丽贷”“美容贷”等产品对这一市场形成巨大影响;与此同时,互联网美容消费金融亦出现大量违背伦理原则,践踏人伦底线的做法,乱象丛生。

1. 外貌与经济:美容消费的投资属性

在 20 世纪 50 年代,随着“魅力媒体”(如《花花公子》杂志)的出现,对身体的展示成为商业的一部分。③ 从无法在时间上精确溯源的色情产业,发展到将身体作为一种商业资本进行宣传和培养,这是资本主义发展的内涵之一。人作为手段的存在与作为目的的存在保持着此消彼长的起伏,美的面容和身体形象赋予它一种能够获得更多通货的潜质,这是资本集团雇佣的交际花用

---

① (法)乔治·维加埃罗:《身体的历史(卷一):从文艺复兴到启蒙运动》,上海:华东师范大学出版社,2013 年,第 120 页。

② 《美容贷背后的陷阱》,中国青年网,http://news.youth.cn/sh/202008/t20200804_12436032.htm。

③ (法)乔治·维加埃罗:《身体的历史(卷三):目光的转变:20 世纪》,上海:华东师范大学出版社,2013 年,第 63 页。

实际行动予以阐释了的。身体的精致程度与它的主人在社会中获得资源和财富的关系越来越密切，在个人价值得到张扬的时候，个人的长相和内心需要成为人的全面需求体系中的重要内容。外在形象作为个人价值的显性内容与精神需求作为个人价值的隐性需求一样值得尊重；当这些需求能够作为个人在社会关系中获得更高价值回馈或者改变其所处的社会阶层时，通过遗传或者变异获得的优良外观都是一种来自神秘力量的恩赐。这种恩赐是偶然性在客观世界中发挥作用的结果，它将全面改变个人的社会命运并赋予自身新的权利和能力。在市场经济的文化环境下，只要投入一项事业能够带来充足的利益，这项事业就很有可能是正当的，除非它在伦理上陷入非常糟糕的境地。在市场法治精神或者契约精神的约束下，这项事业不应当以对他人同样的权利作出牺牲为代价，或者不应当在功利主义的结果核算中得出负价利益。对于具有个人主义或者整体主义的人来说是有争议的。美容消费能够为消费者带来利益，无论这种利益是纯粹私人的愉悦或者其他隐私需求，还是作为商业化身体的投资而获得直接的经济回报，诸如从事模特或演艺行业的人士对自己的身体进行的投资。这些都是个人的消费自由权限，并不直接或间接对社会造成混乱或者危害；尽管有关视觉欺骗的声音依然存在，但那是牵强的，就如同人们有意遮住那些不愿意裸露的部位一样，或者如同涂脂抹粉一样，将其视为欺骗行径是对他人追求良好视觉效果的粗暴干涉。外貌的改进能够在经济上获得利益，①取得美貌溢价，美容消费具有投资功能属性。并非每个人都是为了获得美貌溢价而进行美容消费的，因为经济回报并非长相好坏的直接结

① 参考沈艺峰、王夫乐、黄娟娟等：《高管之"人"的先天特征在 IPO 市场中起作用吗?》，《管理世界》2017 年第 9 期，第 141—154、188 页；顾天竹、纪月清：《论社会资本中的美貌溢价——基于劳动力社会网络外貌差异的实证》，《经济与管理研究》2017 年第 9 期，第 74—83 页；曾湘泉、胡文馨：《长得好看有多重要？——外貌对收入的影响作用及机制分析》，《华南师范大学学报(社会科学版)》2019 年第 3 期，第 84—92、192 页；黄玖立、田媛：《美貌能带来幸福感吗?》，《南方经济》2019 年第 1 期，第 81—102 页；黄玖立、田媛：《美貌能提高创业收入吗?》，《财经研究》2018 年第 11 期，第 139—152 页；等等。

果,作为一种社会审美情调或者个人偏好而产生的美容需求更为普遍。在现代社会中是正当的个人消费需求,这种在传统宗教观念中被认为是对上帝意志的忤逆的信念早就动摇了。无论出于什么目的追求自身形象的美感都是正当的,在这一目的之外所衍生出来的其他目的不应当被作为否定美容手术的依据。对于互联网消费金融而言,美容消费是一个有着巨大业务空间的蓝海。由于在线美容网站、微视频、美容主体界面、美容医院广告等的扩张,在互联网相关业务中嵌入场景金融产品供给,从出发点来说并不构成任何值得批驳的内容,它只是互联网消费金融的有效场景。

2. 美容消费金融的崛起与乱象

据央视财经报道,2019 年 5 月,长沙公安局在梳理“11・07”特大套路贷团伙犯罪时,发现一批嫌疑人通过“佳丽贷”“整形贷”等形式,因无力支付高额整形手术、医药费用的年轻女性,引诱她们到指定非法医疗美容医院整形,与美容整形机构一起形成一个连环诈骗链。6 月 21 日,唐某等嫌疑人在公司落网。2016 年,小菲就通过微信朋友圈了解到一种叫“佳丽贷”的私人贷款,并通过周某借款 5000 元,一个月后需还款 1 万元。其后,小菲多次还款,债务却越来越多,不得不以债养债,深陷其中不能自拔。2002 年出生的李小颖在 2017 年 9 月通过网络在任某处贷款 2 万元到长沙某整形医院割双眼皮,年息达 360%。然而,在贷款方不断转让债权(俗称解套)的情况下,李小颖的债务越来越多,最后达十多万元,并遭受长期的人身伤害。① 美容消费贷款在当下几乎成为套路贷的代名词,这与近年来美容消费贷款的市场混乱、监管缺失密切相关。美容整形医院与网络小贷公司、美容整形中介、催贷团伙、伪美容专家等勾结在一起,实施违法犯罪行为,引起民众强烈不满。由于年轻人长期使用网络搜索引擎和即时社交软件获取信息的习惯,使商业广告与专业知识在

① 《借了两万元“美容贷”,女孩深陷炼狱生活!》,新浪财经新闻网,http://finance.sina.com.cn/wm/2019-12-17/doc-iihnzahi8233322.shtml。

互联网上时常发生混淆。辨别力不强的部分年轻人通过搜索引擎而将竞价排名靠前的商业广告误以为是知名度和美誉度靠前的美容整形机构。这些机构在投放广告时并不需要声明其与网贷公司合作的事项,从而规避广告法的限制。当潜在的客户进行业务咨询时,便逐渐进行“专业欺骗”(以专业术语和权威知识为幌子进行诱骗)和借贷引诱,促使美容需求者进行专项借贷。此后进一步通过手术、医药费用的欺骗而扩大营业绩效,将消费者逼入深坑。也有以网贷公司为主体的美容消费金融诈骗,它们通过精准广告推送,对关注美容产品和知识的网民进行不断地宣传鼓动,以零抵押、零利息、零风险等噱头诱使年轻人就范,进而翻脸否认基本承诺,截留贷款本金、高额业务提成、缩短贷款周期、提高违约罚金、进行人身控制、让受害人拉人头还债等。陷入这些明显具有黑恶犯罪性质圈套的消费者苦不堪言,当整形失败后,更将面临多重维权困难。由于当前流行的对外貌形象的过度关注,使青年人在选择就业、寻觅配偶、发展社会关系之间,对于拥有一张网红脸更加渴望。影视艺术和网络视频市场的同质化,进一步使人们的审美情趣趋同。美容整形业务的发展表现出不可阻挡之势,互联网消费金融本可以在此方面获得良好契机。促进美丽事业的发展,是无可厚非的事情。但互联网美容消费金融健康发展的困难在于:其一,美容整形风险较高的情况下,如何将美容消费借贷与美容整形保险业务进行统筹?当整形失败后,消费者是否仍能按时偿贷或者具有偿贷意愿?由此,互联网美容消费金融需要与技术力量较强的美容机构进行合作,进行必要的机构筛选。其二,美容整形医院在提高自身业务能力之外,若要参与美容消费金融,也要甄别网贷公司的合规性和资金实力,对美容消费金融借贷合同进行合规性审查并接受法定监管机构的监督管理。由于正规消费金融的缺失,巨大的美容整形市场却被不法网贷公司和低劣美容整形机构所占领,不能不说这是一件非常遗憾的事情。其三,激情消费中的美容贷必然出现双向非理性选择,贷款方对借款人缺少审查机制,而借款人亦对贷款方和美容整形机构缺少有效考察;非理性消费者是非法借贷和低劣整形机构青睐的对象,

“急病乱投医”(如大学毕业求职季毕业生涌入美容整形行列)的年轻人在以哄蒙拐骗为长技的低劣美容整形机构和网贷公司人员的诱惑下,悲剧的发生几率就大大提升了。

3. 从资本化的容颜到美的追求

社会交往的扩大使社会共识逐渐建立起来,这是思想交锋与利益博弈相结合的结果。人们对容颜的普遍观点受到观念传播的影响,互联网的发展无疑给人们在形体和容颜的审美共识上提供了便利。形式美是人类有史以来的追求,但它在近代以来变得尤为突出。现代性的重要成果之一就是对形式美的充分肯定,从肢体与容貌的形式美,到机械制造业中的形式美,再到各种大型超市陈列出来的商品所展现的形式美等,用更好的形式充分展现内容的完美是工业生产和商业发展的内在要求。《私人生活史》中说:“要想知道一个人属于哪个等级,只需瞧上他一眼。”①视觉印象能够比较准确地作为判断一个人社会地位和身份的标志,这也许是人类生产稍有剩余后就有的事情。当网络视频直播产业迅速发展起来后,人们能够直接感知到人的形式美的重要性。那些拥有海量粉丝群体的网红直播平台的主播,在平庸无奇的节目内容中竟然能够吸引无数粉丝关注,这是对人的形式美价值的当代阐释。任何理论上的严密逻辑都要服从于现实发展的客观规律,内容对形式的服从是当前人们审美意象中的一股潮流。优美的身体曲线和精致的面容对一些特定行业从业人员的意义是重大的,网络主播、模特、公关人员和其他窗口服务人员,形象的优美是提供给客户的额外的视觉享受;对这些从业人员来说则是获得经济收入或者增加经济收入和晋级机会的有利条件。当投资自己的容貌成为一种社会的风气,它就会全面遮蔽人生于世的内在价值。对外在形式的过度倚重并不表现在个别的领域,只是在特定的领域更加明显而

① (法)菲利普·阿利埃斯、乔治·杜比:《私人生活史 2:星期天历史学家说历史(中世纪)》,洪庆明等译,哈尔滨:北方文艺出版社,2013 年,第 487 页。

已。在圈层文化盛行的地方，容貌所提示的社会地位和身份形象使这些人更加容易获得社交资源和发展机会。如前所言，对美的追求不论是纯粹的，还是附带经济和社会欲望的，都无需否定。但偏执和过度信赖形式美的结果，往往使这些年轻人更加容易陷入非法互联网消费金融，遭受低劣美容整形机构的诱骗。

互联网美容消费金融的发展不能采取制造话语市场①的方式进行。“今天，每个人在网络中都有平等的发言权，最聪明的人说的话不会比笨人说的话更重要。每个人都有自己的想法，但是很少有人受过特别的训练，拥有专业的技能，也产生不了什么真知灼见。”②但是，平等的发言权不等于相同的话语效用，互联网金融公司及其相关网络平台有着话语传播的平台优势，利用基础客户的庞大规模进行洗脑式宣传鼓动，采取情境叙事的方式激活用户对于特定审美观念的接受和服从。美容消费在很大程度上正是社会观念进行审美驯服的结果，互联网金融利用这一结果进行经济操控是对社会核心价值体系的破坏。互联网金融利用信息资源和社交优势，面对美容整形的巨大市场容量，完全有可能实现“美丽事业”与金融利益的完美结合。第一，互联网美容消费金融要有角色边界意识，尽管其可以为美容消费者提供一定的消费建议，但不能充当美容专家予以忠告和劝说。第二，互联网美容消费金融机构是美容整形消费需求者、美容整形机构和资金供应方的中间机构，只有均衡各方利益才能使它们处于特定消费金融价值链中；如果出现利益失调或者部分要素（利益方）之间的合谋，则它们的场景关系将会瓦解或者陷入畸形状态，互联网消费金融机构面临功能缺失和价值缺失的巨大风险。第三，规范化行业行为约束是在自我约束之外对企业发展产生矫正作用的社会机制，行业自律与法定监

---

① 话语市场，指的是将一种编造的观念以特定的方式推广，从而使民众信以为真，进而为话语制造者谋取经济和社会利益。

② （美）安德鲁·基恩：《网民的狂欢：关于互联网弊端的反思》，丁德良译，海口：南海出版公司，2010年，第28页。

管机构的监管相互促进。在互联网美容消费金融领域，并无专门制度和规范性文件作为行为依据时，要遵守国务院各部委和行业协会颁发的各项相关规定，参照类似业务进行规范化管理。第四，掠夺式市场哄抢是对蓝海市场价值挖掘中常犯的错误，小微网贷公司和私人借贷机构会在市场不成熟时期进行破坏性开发，从而毁坏市场生态，使美容消费金融市场成为道德沦丧的重灾区；合规互联网消费金融机构要积极介入新的消费场景，为年轻人进行美容整形提供适宜的贷款业务，只有在互联网美容消费金融市场成熟、金融产品供给充分的时候，黑恶犯罪势力才在该领域无机可乘。

三、健康消费金融：身体的“背叛”

“背叛”指的是一种彻底的反目的性。在健康事业中，身心的安宁与良好功能的维续，使人们的生活质量得到保障，这是它的直接目的。但是，在现代医药卫生体系中，身体在一定程度上成为健康产业发展的中介，成为实现健康消费经济发展的手段。互联网健康消费金融指的是互联网金融介入到人们在医疗、康复、疗养、制药、保健等方面的消费场景中，对在这些事业或消费领域中资金短缺的人们予以金融支持。这种支持，在基本医保全覆盖的情况下仍然有利于民众获得更加全面和更高层次的健康维护，是有价值的。对提高人们生命质量起着推动作用的互联网健康消费金融，我们应当给予良好的愿景。不过，互联网健康消费金融业务中过度金融化的倾向则可能引起以民众健康事业为幌子进行的资本压迫，通过各种不道德的手段诱使民众在健康消费上走向极端。过度医疗和过度保健对人的身心伤害与经济侵占是同时发生的，在过度医疗保健消费中，人的身体就变成了手段，成为实现资本增殖欲望的工具。在这个意义上，健康消费金融有可能使身体在自身意义上发生背叛。在迈入小康社会以后，人们的生活水平有了很大提高，健康事业迎来了发展的春天。《国务院关于促进健康服务业发展的若干意见》(国发〔2013〕40 号)指出：“鼓励金融机构按照风险可控、商业可持续原则加大对健康服务业的支持力度,创新适合健康服务业特点的金融产品和服务方式,扩大业务规模。"①这对互联网金融来说,亦是发展场景金融的良好契机。

1. 关于生命及其质量的反思

在资金不足而医疗供给有限的情况下,通过互联网金融将筹集到的大量资金投入到居民医疗卫生和保健营养方面,一方面能够在民众危难之时起到缓解的作用,另一方面也能够促进社会公平。社会对价值的认定和分类是复杂的,但在生命价值面前,社会对其表现出基本同一的看法。任何人的生命都具有同样的尊严和价值,至少在道义上不存在"以钱换命",而只存在"以命换命"。医生是"以命换命"的崇高职业,一个高尚的医生用自己有限的生命不断挽救其他人的生命,在其他人的生命延续中耗尽自己的生命;而互联网金融则试图通过"以钱换命"获得同样的社会效果。以钱换命在一定的社会阶段所具有的积极社会意义表现在:一方面,生命及其质量的保障如果需要其他人的生命及其质量作为代价来予以维护和发展;那么,受惠者有必要为此付出代价,而施惠者则有权利因此获得相应回报。以金钱作为回报健康事业从业机构人员的手段的重要原因,是赋予这些机构和人员以其他自由的方式弥补其在工作中损失的生命时间和降低的生命质量。这一论述对于那些从事保健产品和器械经营的人来说是比较恰当的,但对那些致力于从事救死扶伤的医生来说则是肤浅的。不过,因为医务工作者自身在道德上的严格约束和自律而降低社会对其应有的尊重,以及压缩尊重的手段和途径,使医务工作者仅仅受到精神层面的鼓舞,这是不够的。个体生命质量的提高和维护弥足珍贵,健康事业就弥足珍贵。民众生命弥足珍贵,健康事业和产业员工的生命亦同样珍贵。因此,从以命换命到以钱换命,都是对他人生命的特别维护。不能因为由于供给不足导致的现实困难而贬损在生命质量呵护上作出贡献的人们。"价

---

① 《国务院关于促进健康服务业发展的若干意见》,中国政府网,http://www.gov.cn/zwgk/2013-10/14/content_2506399.htm。

值是人创造出来的供人享用的,它给人快乐、幸福。而正的价值就是社会人的利,负的价值就是社会人的害。”①互联网健康消费金融是否为社会作出积极贡献,在于它对生命价值的维护,对人的快乐、幸福所起到的正的效用,是否高于以及在多大程度上高于它对生命价值和人的尊严的损害,以及对人的幸福、快乐所起到的负的效用?如果是肯定的,则这一金融业务是有价值的或者有较大价值的;反之则没有价值,或者有较少甚至负的价值。

西安电子科技大学学生魏则西患有罕见的滑膜肉瘤,他在百度搜索相关信息后,了解到北京某医院的肿瘤生物免疫疗法。在该医院接受治疗后,并无效果,反而发生肺部转移去世了。魏则西之死使人们反思生命的价值对于市场经济而言究竟意味着什么?发展市场经济的根本目的是人的自由全面发展,但现实生活中则有部分人将人的生命仅仅作为发财致富的工具,从百度公司到频繁播出某医院所谓治疗术的知名电视台,它们已经成为道德沦丧的主体机构。在与莆田系某些邪恶医院的利益勾结中,将患者的生死置之度外,而搜索引擎的竞价排名深受诟病却顽疾难医。国营医院允许莆田系邪恶游医偷梁换柱,也只是因为联营或租赁所获得的巨额资金。国家级的电视台对自己播出的节目和广告采取不负责任的态度,只对广告费收入的多寡耿耿于怀。系统性的堕落,使得生命之重被资本竞争所忽略、抹杀。人们对互联网健康消费金融所具有的美好期盼,是基于健康消费品供需不对称,以及现阶段社会承受能力不足的现实原因;一旦人们将这种客观的现实原因当做投机取巧的门道,当做资本拓殖的契机,身体就会发生“背叛”,其作为生命及其质量的载体,就转变为金钱和物欲的工具。

2. 仁爱之心与爱财之意

我国总体个人卫生费用支出和人均个人卫生费用支出在 2018 年分别达

① 《冯契文集第三卷:人的自由和真善美》,上海:华东师范大学出版社,1996 年,第 91 页。

到了 16662.9 亿元人民币和 1194.5 元人民币，相比 2012 年分别增长了 72.6%和 67.5%。① 健康消费的巨大市场空间引起了资本的觊觎。健康产业的道德性与资本市场的非道德性之间必然存在难以克服的冲突。健康事业是一个具有专门知识内涵的领域，尽管每一个门外汉都能装模作样地发表有关健康和养生的意见，但只要稍加质疑就站不住脚了。在专门知识领域中发生欺骗行为是轻而易举的，就像乔治·阿克洛夫、罗伯特·席勒在《钓愚》一书中所提到的"斯威姆万灵剂"和"微生物全灭灵"的"发明家"一样，要想对医学知识匮乏的民众诱导和欺骗并非难事。也因此，它们的发明者威廉姆·斯威姆和威廉姆·拉达姆能够在这些狗皮膏药的售卖中大发横财。② 我国唐朝名医孙思邈在做《千金方》时说道"人命至贵、重于千金"，体现的是医者对于生命的看重。长期以来，医者被赋予仁爱之人的尊崇。似乎医疗卫生事业的从业人员不应当在金钱上斤斤计较，这是义利之间难以实现同化的原因。尽管在市场经济中认为调和二者的关系并不复杂，因为市场机制有其自身的准则。在以"市场经济"命名的时代中，伦理是一种被动型的社会价值，只要人们不有意破坏社会的伦理准则就合乎市场的基本要求，而市场经济的规则性和等价交换原则更加深入人心，成为了主动型的社会价值。健康事业中至少对于医疗从业者来说，社会赋予其主动承担社会责任的期望，赋予其主动完成职业角色使命的期望。这种期望是不应当涉及金钱的。互联网健康消费金融将这两个相反的价值体系糅合在一起。对于金融产品来说，获得金融利润是毋庸置疑的；对于健康事业来说，包含着更多的伦理期望。如果这两个方向由截然不同的社会角色来承担，它们各自保持自身应有价值和追求的现实就不会改变；但是，在互联网健康消费金融中，医疗机构与互联网金融机构、医生与投资者、医药保健器品经营者与医疗保健人员之间

① 《中国医疗健康消费金融市场发展专题分析 2019》，易观发布，2019 年 10 月，第 6 页。

② （美）乔治·阿克洛夫、罗伯特·席勒：《钓愚：操纵与欺骗的经济学》，张军译，北京：中信出版社，2019 年，第 113—116 页。

必然存在着难以分割的联系。这些联系使互联网保健消费金融的内部存在着难以克服的冲突。

对于促进民众的健康来说,除了身体本来的信息之外,其他的一切信息都可能是多余的,至少必然是围绕身体健康因素出发而获知的;当然,对克服疾病和维持健康来说,身体机能之外的社会因素和心理因素也是起着重要作用的,现代医学已经证明了这一点。但对于金融来说,身体健康的因素和与之关联不大甚至毫无关联的其他社会因素尤其是经济因素则是至关重要的。在患者或客户信息的搜集上,金融产品的开发者和健康事业的支持者之间仍然有着较为明显的差异。在治疗性健康事业之外的其他方面,诸如保健药品和食品的研发和推广、保健和休闲器械的制造和经营,相比其他普通消费品的推出和市场拓展也是有差异的。前者包含着更多的社会责任,是守护健康和人类持续繁衍发展的重要方面,而后者则在经济利益上有更多追求。在满足人民群众美好生活需求方面,前者是更为基础性的。对治疗性活动的纯粹伦理期盼表现了人们对那些越是基础性的生命支撑体系,越是在经济利益上持有反对的态度;这是保证生命平等的必要内容。在理想状态中,将医疗保健与金融产业结合在一起,无论是事实还是设想,都不会让人兴奋。但现实社会发展的阶段性,使得人们在医疗保健上存在的需求暂时还不能实现免费配给,由此而造成医疗保健消费的刚需持续增加。从现实性上看,医疗保健的消费与金融的结合则为一些基础性需求的满足提供了条件,尤其是分期医疗付费的方式解了不少人的燃眉之急。医院、患者与金融机构之间的相互信任是搭建医疗保健分期付款业务平台的前提。① 由此看来,在医疗保健消费不能作为公共品实现社会免费配给的情况下,对于实现生命健康权利的平等而言,互联网健康消费金融所起到的实际作用是值得肯定的。

---

① 郭勤贵、程华、赵永新等:《互联网金融原理与实务》,北京:机械工业出版社,2017 年,第 267 页。

3. 互联网健康消费金融的发展动力

在基本医疗保障普及后，健康保健产业持续发展，康复养生已经成为日常消费的重要组成部分。在国务院颁发的《完善促进消费体制机制实施方案（2018—2020年）》中，一方面提出"适应'互联网+医疗健康'发展，健全互联网诊疗收费政策"；另一方面也提出了依托全国信用信息共享平台，聚焦重点消费品和养老、健康等服务消费，建立健全企业信用档案和人员档案数据库。在此基础上明确指出"在风险可控、商业可持续、保持居民合理杠杆水平的前提下，加快消费信贷管理模式和产品创新，加大对重点消费领域的支持力度，不断提升消费金融服务的质量和效率"。① 在国家政策的大力支持下，健康消费成为居民消费领域中的重点领域，是服务和满足人民群众对美好生活需求的重要内容。互联网健康消费金融的优势在于：其一，能够利用网络信息技术及平台优势，无缝对接互联网医疗保健行业；其二，能够利用平台基础用户优势积聚大量资金，为医疗保健消费者提供分期服务和现金贷；其三，能够充分利用网络信用资源，发展信贷风险管理和控制的技术和完善相关数据库；其四，能够通过互联网整合全网医疗保健资源，包括医疗技术人员、保健康复专家、医疗保健机构、相关知识库、网络会诊及沟通和优化医患关系等。参与各方在价值观上取得共识是互联网健康消费金融发展的内在动力。"除了考量自身的目标之外，任何一个社会都有更大的使命：反思整个社会对幸福与和谐的追求，以及如何才能成功地减轻痛苦、紧张、悲伤和无所不在的无知的诅咒。"②企业、非营利机构、公民个人在社会生活中都不仅有其追求的主要价值目标，而且有其他相关目标。互联网健康消费金融参与者在价值观上所具有

---

① 《国务院办公厅关于印发完善促进消费体制机制实施方案（2018—2020年）的通知》，中国政府网，http://w ww.gov.cn/zhengce/content/2018-10/11/content_5329516.htm。

② （美）约翰·肯尼思·加尔布雷思：《富裕社会》，赵勇、周定瑛、舒小昀译，南京：江苏人民出版社，2009年，第248—249页。

的交集究竟有多大,是它在现实运动中取得多大成就的根本原因。对于企业而言,正如全球500强之一的辉瑞制药公司的CEO在致员工的信中所说的那样:“恪守诚信是辉瑞的核心价值之一。为了继续发展我们的业务,加强我们与患者和行业伙伴关系,我们必须成为一家有道德、重质量和守诚信的公司。”①医疗机构则以追求救死扶伤为己任,在经济效益与社会效益的选择中,始终坚持社会效益为主的双效统一原则。医护人员和保健养生专业人士恪守职责、以毕生所学致力于人民生活质量的提高,这是基本的角色道德。互联网金融产品提供者则需要在平衡各方利益的前提下,正视互联网健康消费金融在本质上是道德经济的重要组成部分,离开企业在维护民众健康、促进居民美好生活的提升,健康消费金融就会失去其他相关人员和机构的信任,或者在职能部门的介入下失去市场发展机会。普通民众在获得健康消费信贷后要遵循市场和道德原则,按照约定时间和利率支付金融产品使用费。监管机构和行业协会要进行必要的前置管理,疏通利益冲突的结节;在发生利益冲突和伦理失序时要能及时有效地进行仲裁并提供解决方案。互联网健康消费金融市场潜力巨大,通过互联网金融推动健康消费市场的壮大,对健康产业链发展生态起到推动作用。在基本生活需要得到满足、基本医疗得到保障的前提下,营养和保健产品与服务、特需医疗产品等必将获得更快发展,互联网健康金融有利于健康消费升级,刺激整个健康产业链的升级发展。② 同时,在发展不均衡不充分的时代背景下,互联网健康消费金融也有利于社会医疗保健资源的有效配置,缓解关键资源供应不足的难题,提高健康产品的配置效率。“确信金融有做好事的能力”,③互联网健康消费金融还有利于构建药品和医疗技术研发的超级基金,为医疗机构和保健营养产品、器械的研发、生产提供资金来源,对

---

① 丛杭青:《世界500强伦理宣言精选》,北京:清华大学出版社,2019年,第205页。

② 刘志坚:《2017金融科技报告:行业发展与法律前沿》,北京:法律出版社,2017年,第73页。

③ (英)安德鲁·帕尔默:《金融创新:重塑未来世界的智财》,郭杰群、草沐译,北京:中国人民大学出版社,2016年,第110页。

健康事业的持续发展无疑是有利的。

身体是承载生命以及生命价值的起点和物质实体,健康消费是延续生命长度和提高生命质量的重要方面。健康消费作为居民消费场景中的重要内容,有着巨大的市场容量,互联网消费金融在嵌入消费场景中完全可以将其作为重点关注和投资的领域。但如前所述,当资本集团将金融利润作为核心目标时,就会出现医疗"黄牛党"、医托、金融诈骗、套路贷等丑恶现象。尤其是对身患重疾的低收入人口的医疗诈骗和金融陷阱,这些道德败坏的行径令人们深恶痛绝。在生命健康事业上,每一个参与其中的机构和个人都应当抱有对生命的基本敬畏,恪守职业道德和社会公德,金融产品供应者还应当在特殊消费领域克制对利润的冒险追求,只有坚持经济利益和社会利益的统一,互联网健康消费金融才能迎来常态发展和良序发展。

四、教育消费金融:"起跑线"谎言

由于教育产业化已是既成的社会现实,除了政府提供的基本教育公共品之外,还存在大量教育消费行为。教育消费市场依据受教育者的年龄主要分为K12和成人教育培训市场,对于一种消费经济的垂直市场,一般不包含全日制学历教育。K12本是指美国教育体系中从幼儿园到12年级的教育,我国教育产业中亦借用此称谓,指的是大学前教育,包括幼儿教育、初等教育和中等教育阶段孩子的校外教育。它又可以分为三大主要领域:素质类(包括音体美、棋艺、编程、书法、国学、假期研学、机器人等方面的教育培训),占K12市场体量的45%—50%;学科类(包括语数外、信息、生物、物理、化学等各学科的校外辅导),占K12市场总量的40%—45%;语言类(包括启蒙英语、少儿英语、其他语种、主持人、演讲口才等),占K12市场总量的5%—15%。① 由于知识社会时代的共识逐渐形成,教育场景的校外转移成为一种潮流,不但青少年教育培训具有广阔

---

① 《为千帆造引擎:中国K12教育To B行业研究报告(2019)》,艾瑞咨询发布,2020年3月,第1页。

的市场空间，职业继续教育和成人终身教育亦受到越来越多的人青睐。教育消费市场的发展壮大，一方面为人们提供了丰富的教育产品，对全面提高人民群众的教育水平起着重要的作用；另一方面也由于个体消费能力的差异而带来受教育程度上的鸿沟，教育资源的不均衡分布在资本市场的助推下变本加厉。在互联网深度介入教育培训领域后，远程教育在理论上成为缩小教育差距的有效手段，优质教育资源的远程共享给人们带来新的希望。不过，当资本成为教育资源配置的手段，资源被资本劫持而难以实现理想中的“共享”目标。教育资源共享成为资本的远程征掠，互联网教育消费金融在某些程度上存在着资本噬利所造成的风险。当然，资本噬利存在的市场竞争偏好也使教育消费产品的质量可能日渐提高，并激发从业人员在教育产品供给上的创造力和热情。

1.“不能让孩子输在起跑线上”：教育产业资本的响亮口号

教育消费金融的主要形式是教育分期，即向消费者提供教育产品消费的分期信贷服务。在教育培训形成产业链，并且逐渐扩大产业内涵的时候，教育消费产品的价格也就上涨；人们在教育消费时需要支付的资金越来越高，其占个人可支配收入的比重越来越大。同时，由于校外教育的前移，原来针对毕业生设置的职业课程和跨专业领域培训课程较早成为在校生的校外培训内容，而原来的继续教育和终身教育内容增加了其种类和教育层次。无固定收入或者收入比较低的群体（他们恰恰是社会化教育产品的刚需群体）接受这些教育所需要支付的费用高出他们的收入水平，或者说这种高额教育消费将有可能影响他们在其他方面的消费能力。在此背景下，教育分期等金融产品成为人们的现实需求。在庞大的教育培训市场中，K12 所占比重相当大，知名的中小学教育培训机构“好未来”（原“学而思”）2019 年市值就达到 2212 亿元，成为教育公司市值之首。①“清北网校”“昂立优培”也有着较大的市场份额，布

① 《2019 中国教育行业投融资分析报告》，多鲸资本教育研究院发布，2020 年 1 月，第 23 页。

满大街小巷的小微培训机构更是数不胜数,它们占据的市场份额更是难以估量。从备孕开始的胎教、以素质教育为名的音体美培训,到以提高升学率为主要目的的学科辅导和艺体培训,成为当前我国家庭支出的重要负担。而促成家长在教育消费市场的积极意愿的,是资本渗入后教育培训市场的"话语制造"所取得的"成功"。"不能让孩子输在起跑线上"就是其中最为响亮的口号,或者以素质教育、爱和科技为名展开舆论攻势,让广大家长难以抵挡。在单个家庭孩子数量减少的情况下,家长们对孩子的教育投资接近孤注一掷的地步;把全部家庭资产和精力都放在孩子的教育上,这发生在我国并不令人惊讶。"信息影响和社会压力对于社会地位低的成员都可能格外强大。"①正因为这样,也使得一些较低收入的人口在国家已经在义务教育阶段免收费用的情况下仍然因教返贫。金融资本与线上教育培训机构的结合,催生了面向K12的教育消费金融产品。当投资属性增强后,其社会公益属性就会减弱;K12培训市场所宣扬的制胜起跑线从本质上说并不会减少教育的不平等,相反会增加它的不平等。

伦理上的吊诡之处在于,一方面每个人都想要生存在一个公平的环境中,在生活和教育方面取得完全平等的机会甚至完全一致的教育成就,当然这往往是人们在面临不公平境况时的迫切需求;另一方面人们又在努力争取社会不公平环境中的优越者权利,一旦将自身置于优越者的地位就会觉得一切都是如此合情合理。在这样的心理基础上,制胜起跑线就成为家长希望在竞争社会中助力下一辈取得先天优势的理所当然的口号。在金融资本的干预下,教育市场不可能满足于在现有"起跑线"上创造辉煌。当现有赛道规则已定的情况下,教育资本集团就会制造出新的赛道和规则。强化某种新的技能或者知识,将其作为在未来社会取得事业丰收的制胜法宝,这是教育资本集团常用的经营手法,比如少儿编程课程、奥赛、团队能力素质拓展训练等。尽管教

---

① (美)凯斯·R.桑斯坦:《信息乌托邦:众人如何生产知识》,毕竟悦译,北京:法律出版社,2008年,第75页。

育这一特殊领域的特殊之处就在于它的不特殊，以至于任何非专业人士都能在教育问题上发表鸿篇大论；但是在教育资本面前，民众就会被蔓延的媒体舆论所控制，接受并习惯于在校外培训上花费巨资。尽管这已经成为许多家长不堪承受的重担，但他们亦无法摆脱周围人们已经形成的意见对自己施加的潜在压力。在特殊情况下，由于某些机构进行的单独课业辅导，也的确在一定程度上提高了部分学生的考试成绩，这就更加坚定了家长们投入更多资金成全孩子未来的信念。不过，真正的“起跑线”在教育资本化的条件下已经成为资本自身，而资本所宣扬的“起跑线”只不过是不可逾越的财富鸿沟而已。对于互联网教育消费金融而言，面向普通工薪族的 K12 教育消费金融产品有着很大的市场潜力，也有着较低的金融风险。但是，它所极力宣扬的或者事实上奉行的理念是否能够实现？这既要依靠教育培训机构及其从业人员的专业素质和道德，也取决于资本对利润的渴望程度。总的来说，它或许在短期和局部对个别家庭带来了积极的影响，使他们能够支付那些原本不能支付的巨额培训费用；但从长远和整体来看，互联网教育消费金融由于资金源头对它在增值方面抱有的期望巨大，必然增加广大人民在教育消费上的实际支出，使原本价格低廉的公共教育产品变成昂贵的奢侈品。这一结果对社会公平的影响是恶劣的。

2. 职业培训：创造现代社会的流动性

并非全部教育培训的项目都能在分期市场得到人们的支持，一般性的成人素质教育项目和老年人口的兴趣培养项目往往被认为是锦上添花的消费，它们难以让人们花费巨大资金去从事一些在事业竞争中并不关键的能力培养和素质拓展；在经济发展水平持续提高，从而人们对教育消费有更为深入理解的时候，休闲性质的教育消费才有可能被广泛接受。除了 K12 市场以及面向大学生升学和就业的专门培训，成人职业培训因为能够为参训者增加重新就业或者选择职业和岗位晋升方面的机会，也受到追捧。职业培训主要包括为获得某种职业而进行的求职前培训以及为优化某些职业技能提高职业竞争力而进行的岗位培训。从培训教育的形式来看,有线上和线下两种基本形式以及它们相结合的方式。市场经济作为一种阶层开放的经济形态,它的重要优点在于人们通过遵守市场规则并采取适当的经营策略能够获得市场认可和经济回报,在物质社会中变换经济角色并取得相应的社会地位和其他权益。因此,市场经济给予人们一种权利开放的想象图景。不过,知识经济的兴起,使市场权利甚至消费的权利逐渐演变为一种知化权利。“平等的天赋权利之说,可能是一种不合逻辑的幻想。”①人们必须具备某些特别的知识和技能才能具有实现某些权利的可能。譬如数据权利和网络权利就需要使用者掌握基本的数据技能和网络知识,才有可能使这些具有赋能潜质的现代理性工具成为实现人的其他权利和获得更多利益的有效工具。权利体系的开放性表现在事物运行机制中不再强加一些人为的束缚,从而为特定阶层谋取独占性的权益。互联网时代的这种开放权利格局逐渐显现出来,在职业教育领域中表现得淋漓尽致。那些具有垄断性和世袭传统的职业技能和专业知识在互联网上能够成为大众研修和学习的公共知识;而优质的职业教育资源也通过网络传播使更多人受惠。知识和技能的开放教育为阶层流动增加了机会,它们在一定时期通过职业的流动表现出来。

在成人教育中,“达内”(一种教育培训品牌)超50%的学生使用了教育分期;沪江的5亿元收入中,有20%来自分期付款。百度有钱花、惠学习等都有对高额教育消费提供金融服务的产品,而且基本都是学费分期免息的,对于需要一次性拿出高额学费的学员或者家长是一个很好的选择。可以说,互联网教育消费金融为职业流动提供了助跑器。“市场经济给我们带来了自由,这种自由是自主劳动意义上的自由。”②为民众提供有价值的教育产品,在增进

① (英)托·亨·赫胥黎:《科学与教育》,单中惠、平波译,北京:人民教育出版社,2005年,第52页。

② 高兆明、李萍等:《现代化进程中的伦理秩序研究》,北京:人民出版社,2007年,第94页。

居民就业的同时获得一定的利润回报,这是教育产业市场化的重要方面;在作为公共产品展示其社会公平的伦理旨趣的一些重要教育领域,教育产业化理所当然遭受到很多人的质疑,因为它显而易见地增加了经济禀赋和地区差异给人们带来的教育不公问题,使部分经济条件和教育资源不佳的人群不能接受较好的教育。教育产业化把此种不公平的现象加剧了。在基础教育领域,由于高质量的教育资源本身已经集中在发达地区和大中城市,加上较高质量的丰富的课外辅导和素质培训课程,它使城乡和地区之间的教育差距越来越大,更不用说基础教育的私有化倾向和贵族化倾向导致的教育秩序的混乱和严重不公问题。不过,对于成人职业教育和技能培训而言,它所能带来的正向效价要远远高于其可能存在的伦理风险。这是因为成人职业教育和岗位技能培训直接面向普通劳动者,其教育质量的高低与就业质量紧密相连,并在改进劳动者技能和职业生涯发展状况的背景下获得市场份额。因此,为这类教育消费提供金融支持不但不会在整体上增加教育的不公问题,并且由于教育消费的分期付款,使原本无法支付较高水平培训费用的学员得到职业发展的基本能力,从而获得劳动竞争中的基本资格。由于前述的“起跑线制胜”在舆论和教育资源分布格局上的现实状况,“起跑线”在事实上已经有了更大的差距,职业培训对那些由于种种原因在“起跑线”上未能获得良好资源和机会的人群来说,无疑是职业生涯发展的新曙光。互联网教育消费金融在职业培训市场上有着巨大的发展空间,它不但是一种金融的普惠供给,也成为场景化的伦理普惠产品,在推动劳动者职业技能从而提高职业的适应能力方面发挥积极的作用。

3. 互联网教育消费金融中的乱象及其伦理问题

教育消费市场的扩大同时增加了互联网金融的场景化产品设置机会,一些培训机构与网贷公司携手合作推出 1 至 2 年期的消费金融贷款,给培训机构创造了大量长期预付款业务。对培训机构来说,是先付款后消费;对教育消费者来说则是先消费后支付,因为他们是采取分期向借贷机构还款的方式来支付学杂费的。正是这样一种错综复杂的关系,使“套路跑”现象不断增加。2019年新浪新闻《上海一年30余家培训机构跑路关门,正研究破解套路跑》中报道:“上海被一家名为‘BO教育联盟’的企业以‘套路跑’运作关门的教育培训机构已多达14家,包括培正逗点、馨哈早教、巧恩美语、宝知成、凯瑞宝贝等。受害家长数以千计。”①这是预谋采取欺骗方式收取预付学杂费然后“跑路”的典型方式。在一些职业培训机构和健身机构,采取预付年费的方式收取学员大量学杂费用,其中不乏使用高折扣的方式吸引学员提前付费的方式;而在此过程中,为顺利实现“套路跑”,培训机构采取贴息的方式与金融服务机构合作,开展教育消费贷款。一旦学费或年费收取达到预期数量,培训机构负责人就卷款潜逃。也有部分培训机构,在与互联网金融机构进行教育消费分期付款借贷业务后,在后期教育实施中违反前期承诺,进行低质量教育培训,勉强完成学时计划。由于教育培训质量及其承诺的标准在鉴定上缺乏可靠的依据,学员维权的难度非常大。对一些消费培训机构而言,预付款消费的权益维护往往在于机构本身是否能够持续运营,并且遵守基本的市场道德。当机构运营困难而倒闭时,它们中的不少机构选择突然之间消失,老板失联;由于预付款项不是很巨大,使消费者在维权成本和索权利益大小的权衡中主动放弃维权。这里所谈的主要是教育培训市场运营中的乱象,是教育消费场景中潜伏的风险。经营伦理失序主要原因在于经营主体的道德操守,而不是市场的机制问题。

作为互联网消费金融的一种重要场景,教育消费场景的金融化也形成场景本身的伦理问题;它主要是对场景本来秩序的破坏。当教育培训市场与金融紧密结合的时候,金融的投机性就在一定程度上绑架了教育的发展方向,从而对教育的目的、手段和价值问题形成威胁。由于金融化的教育场景成为资

① 《上海一年30余家培训机构跑路关门　正研究破解套路跑》,新浪上海,http://sh.sina.com.cn/news/k/2019-10-15/d etail-iicezzrr2272563. shtml。

本利息的主要滋生土壤,教育由育人目的转向噬利目的。这些情况并不是全部的,但也是不容忽视的现象。第一,金融化的教育场景讲求功利主义的职业效益,并将这种功利通约为薪酬数目。皮尔逊认为,“必须教导它把社会视为一个整体,尊重它的各种各样分支的劳动……鞋匠不能鄙视铁匠的劳动。”① 但金融化的职业教育场景则着力强调职业的等级序列,在就业市场上“一切向钱看”成为一种风向。职业培训机构将学员薪酬的多寡作为宣扬其教育质量的重要砝码;不同劳动之间有了一种不可思议的歧视,高薪者歧视低薪者。第二,为了实现培训机构“显而易见”的教育成效,以便增加客户吸引力,为实现金融资本利润服务,教育培训机构往往将学员作为“产品”进行设计和改造,以使其符合宣传的需要。教育培训机构成为大型工厂,进行批量化“生产”;从业人员被培训成为按照既定流程和内容授课的机器。怀特海早就说过,“在教学中,一旦你忘记了你的学生是有血有肉的,那么你就会遭遇悲惨的失败。”②教育培训机构对那些“作为人的人”所需要的品格的塑造并不关心,而对那些“作为非人的人”的东西则倾注全力。这样的教育培训与现代文明需要是背道而驰的。第三,在舍本求末或者在对表现的过度追求中,人们被资本化的教育消费所绑架。无论是忽视受教育者自身的实际情况还是脱离社会文明发展需要,资本化教育消费场景中的授受关系变成纯粹的金钱关系,而指引方向亦以世俗偏见作为依据,教育所具有的理想主义色彩逐渐变淡甚至消失。杜威曾说:“无论何人,不论是农民、医生、教师或学生,如果不知道他所造成的对别人有价值的东西只是有内在价值的经验过程的副产品,他就没有领会他的职业。”③对浅层价值的追求已经使一些人忘却事物本身所具有的内在价值。写作课程的培训者将语言和辞藻、谋篇布局和哗众取宠的训练作

---

① (英)卡尔·皮尔逊:《自由思想的伦理》,李醒民译,北京:商务印书馆,2016年,第411页。

② (英)怀特海:《教育的目的》,庄莲平、王立中译,上海:文汇出版社,2012年,第67页。

③ (美)约翰·杜威:《民主主义与教育》,王承绪译,北京:人民教育出版社,2001年,第135页。

为要义，而文学对人本身的关怀以及对世界的反思、批判和建构则变得无关紧要。美术培训也是如此，对技法的训练是其全部内容，而美术建基于其上的人文底蕴和现世情怀则被抹杀了。当互联网教育消费金融在伦理上走向歧路时，从主体上看，往往不是因为其在填平消费鸿沟上缺乏应有的力量，更重要的是其在特定的场景中起着破坏基本价值的作用。在教育领域尤其这样。"制胜起跑线"无疑是谎言，因为在 K12 教育消费市场之外，它们还在制造更多的消费场景和消费激素，以使金融资本获得更多利益。教育无外乎是消费金融机构选择和设计的场景，它并不指向现实生产的需要或者人的发展需要；这是教育场景中互联网消费金融的伦理败笔，尽管它在别的情况和分析框架下或许有着积极的社会作用。

五、农村消费金融：金融的公共性问题

2011 年我国政府发布了《中国农村扶贫开发纲要（2011—2020）》，2014 年中共中央办公厅、国务院办公厅又公开印发《关于创新机制扎实推进农村扶贫开发工作的意见》，我国农村脱贫攻坚进入新的历史时期。在国家扶贫开发战略的指引下，由于惠农政策供给到位、资金到位、人才到位、管理到位、社会响应到位，我国农村经济有了快速发展。随着农民收入水平的提高、消费观念发生一定的变化，①在城乡一体化进程中，城市生活方式随着农民工的流动也进入农村。在脱贫攻坚中，金融扶贫最重要、规模最大、持续时间最长的方式是贴息贷款。2014 年国务院扶贫办等五部委印发《关于创新发展扶贫小额信贷的指导意见》，加大对贫困地区的金融支持力度。在我国"十三五计划"中，亦有增加贫困地区金融服务质量的、发挥政策性金融和商业金融互补作用的规定。2016 年人民银行等七部委印发的《关于金融助推脱贫攻坚的实

① 郭勤贵、程华、赵永新等：《互联网金融原理与实务》，北京：机械工业出版社，2017 年，第 269 页。

施意见》中明确了以普惠金融为根基,全力推动贫困地区金融服务到村到户到人。① 农村消费金融主要为农民的生产消费提供小额贷款,用于购买种子、农具及其他消费。“三农”消费金融的核心点在于从农村生产生活实际出发,将互联网金融与农村生产生活场景结合起来。② 农村互联网消费金融不是一个单一的消费场景,而是前述诸种消费场景在农村的拓展,以及农村特有的涉农生产生活消费场景的集合。

农村消费金融具有特殊性。在较长的发展时期,农村的主要定位是农业生产和农产品供给,而城市的角色则是农产品消费,以及工业产品的生产。这种僵化的认知使从事初级产品生产的农民在经济交换中处于绝对劣势,被认为是低级体力劳动成果的农产品在与现代工业产品的交换中,其真实价值被严重压抑,从而使农业产业在相当长时期内的基础地位受到冲击。人们在职业选择时以“跳农门”为现实目标。随着国家对“三农”的重视和持续不断地惠农政策供给,在全面脱贫攻坚、建设小康社会的进程中,农业发展良好、农民持续增产增收、农村前景看好。尽管如此,无论是经济生产还是居民生活消费领域,城乡差距依然巨大。就整体而言,在农村发展互联网消费金融,有其特殊的不足之处:其一,由于族亲聚居和邻里交往密切的关系,农村信用体系是建立在风俗习惯的基础上的。人们对相互之间的担保缺少谨慎的态度,且风险意识相对淡薄,对征信制度理解不到位。这些都是增加信贷后期风险的重要方面。其二,就消费意愿而言,尽管新生代农民对远程购物和其他消费比较激进,但农村整体社会环境并不支持超前消费和借钱购物;农民更加愿意量入为出,依据自身的经济能力进行消费。其三,可能存在金融需求的主体价值矛盾:消费借款需求强烈的农民与消费借款需求较弱或完全没有这方面需求的

---

① 李培林、魏后凯:《中国扶贫开发报告(2016)》,北京:社会科学文献出版社,2016 年,第 159—177 页。

② 李勇坚:《中国“三农”互联网金融发展报告(2017)》,北京:社会科学文献出版社,2017 年,第 29 页。

农民,在诚实劳动和信守承诺方面可能有相反情况的概率。其四,金融资本响应意愿低。在产业扶贫中,农民对金融资本的响应远远低于其他方面,在参与产业扶贫的资本投入中,更愿意投入自然资本。①

农村消费金融由于其特殊的背景,在农村产业发展和农村生活改进方面也具有独特的作用:第一,支持农民创业,促进农业产业发展。农村消费金融包括个体生产性消费金融,它使具有季节性的农村经济能够维持稳定。在休农阶段,由于农民收入锐减,其主要活动在于储备下一环节的生产。以消费为主的农民需要维持持续的消费能力以保障休农结束后投入农业生产经营,借贷是一种重要的过渡方式。除了部分生活消费外,农民还可以通过部分经营性消费贷款进行其他方面的创业,充分利用和挖掘农村劳动力价值。第二,解决传统农业资金应急需求。在春耕生产阶段,金融贷款能够满足农民的生产需求,以保障农业的持续发展。一些传统的农业项目,需要在生产中期进行追加肥料和进行生物保护,以确保作物丰收;在特殊气候变化和环境因素的影响下,可能存在作物生产收益风险;在这些情况下,为使传统农业生产项目能够传承和维续下去,消费金融成为涵养传统农业生产劳动力的重要途径。第三,扶持民生产业发展,示范脱贫致富;健全农业经济产业链,建立从生产到消费的全链路金融服务体系;有利于本域农业产业供给侧改革,以消费促进生产;适应新时期农村经济发展需要,为农村提供更多消费机会,增加农民的幸福感,提高农村生产生活的吸引力。农村互联网已经逐渐普及,农民网络使用率不断增加。截至 2020 年 3 月,我国农村网民规模为 2. 55 亿,较 2018 年底增加了 3308 万。② 互联网的深度应用和参与却仍有待进一步发展,金融活动无疑能够在农村网民深度参与网络生活中起到推动作用。

---

① 游俊、冷志明、丁建军:《中国连片特困区发展报告(2018—2019)》,北京:社会科学文献出版社,2019 年,第 21—22 页。

② 《第 45 次中国互联网络发展状况统计报告》,中国互联网络信息中心(CNNIC)发布,2020 年 4 月,第 1 页。

互联网农村消费金融对农业生产、农村发展和农民生活的作用主要表现在如下几个方面:其一,通过网络场景化消费金融,能够使农民享受到现代化的丰富商品。无论是3C产品,日常用品还是远程教育产品和医疗保健产品,对全面提高农民的生活水平有着重要的意义。广大农村由于经营性监管缺失,交通相对落后,优质商品供应与城市相比显得不足。网络消费金融对村民通过网络与城市居民共享现代化消费场景提供了便利,优质物质产品和精神产品均可通过互联网进入寻常百姓家。第二,城乡之间无缝链接的消费模式能够在农业产业发展中起到积极的作用。农业是国民经济的基础性产业、战略性产业和公益性产业。① 发展信息农业、生态农业、科技农业,需要大量的人力物力支持,如果农村在消费上与城市形成隔离,则在农业人才的吸引上势必受到挫折。从这个角度来说,由于农村消费逐渐与城市消费趋于一体化,农村产业发展和农村经营活动所需要的人才资源才更加具有流动意愿。第三,由于消费的综合化和丰富化,对农村发展自身产业也有一定的示范和诱导作用。从单一的农业产品生产和传统的农业经营方式中逐渐摆脱出来,发展生态旅游及其衍生的康养、特色产品等生产经营;为农村产业结构调整提供了参照。农村互联网基础设施和网民的发展,农业产业发展的需要,以及农村生活的改善使其地域吸引力进一步加强,这些因素使得互联网消费金融在农村有较大的发展空间。当然,如前所述,互联网农村消费金融并非一种垂直消费场景,而是诸种消费场景在农村的应用并拓展出新的金融需求。一些非场景化的消费金融在农村亦显示出强大的市场后劲。对我国来说,在伦理上审视互联网消费金融的农村场景,有着重要的意义。“三农”问题不仅是一种政策性问题,也是基于政治伦理和经济伦理的重要问题。在效率与公平的关系争议中,城乡经济的发展,城市与乡村居民在权益上的差距在互联网时代无疑是一个填平沟壑的良好契机。由于长期积累的基本公共品供应的差距,农村消费

① 胡跃高、曾昭海:《农业原理》,北京:中国农业大学出版社,2018年,第334页。

水平低于城市居民消费的整体状况，互联网消费金融能够弥补休农时期和作物成长中期资金的不足，保障农民生产生活的稳定。由于乡村教育的长期滞后，契约精神和经济理性的发育在某种程度上显得不足，这也是农村互联网消费金融可能存在的风险。

互联网消费金融的场景既是“事件”性的，也是“物类”性的，还可能是“地域”性的。事件性消费金融场景是将消费作为一种事件炒作，并融合金融借贷来促进卖方市场的经营业绩增加。在事件性消费金融场景中，消费金融本身的核心伦理属性是由事件的伦理属性决定的。譬如在“赌博”场景中为其提供资金则是不道德的。物类性消费金融的伦理属性则取决于借贷双方的伦理关系，如前述旅游、教育、美容、医疗等诸种消费场景，其消费金融的伦理属性尽管与“物类”（即垂直市场的产品和服务种类）有着密切的联系，但主要还是由借贷双方的伦理规范及其遵守情况决定的。而地域性的消费金融则往往带有人群共享和普惠的伦理意指，从而其伦理属性主要由金融产品的提供者决定。在后一种互联网消费金融条件下，借款人依然存在着不遵守承诺，采取欺骗方式获得贷款的可能，但贷款人及相关机构基于普惠原则的立场和提供公益性金融产品的动机对这种消费金融的发展方向起到决定性的作用。互联网消费金融的主要方式是金融与消费场景的深度结合（非场景的消费借贷行为在论述 P2P 借贷的伦理问题时有详细阐述），因此，“场景”成为一种具体的伦理背景，或者一种具体伦理所生成的条件。正如“人”的本质是一切社会关系的总和，场景既是伦理从抽象到具体的基座，也是在社会实践中生成、检验新的伦理道德规范的土壤和内在机制。

第四节　互联网消费与互联网金融的伦理冲突与核心要义

金融历史学家查尔斯・R.盖斯特说：“发达国家已经有了成熟的信贷，大大改善了人们的生活水平,但也造成了令人目瞪口呆的周期性盛衰变化,经常将先前的经济进步打回原形。小额贷款的创立者和伊斯兰金融的创建者们竭力通过以伦理道德为基础的放贷体系来规避这些问题,从而共担企业风险,同时对宗教原则循规蹈矩。而在西方社会,早在两百年前,面对当时不断增长的人口,经济发展不可或缺,金融业就已经在和伦理道德的战斗中大获全胜。”①互联网消费对消费者和经营者来说都是伟大的机遇,在这场经济生活的网络化应用中,消费产品的丰盛程度和选择手段的便捷化是前所未有的。消费权益的扩大不仅是正当消费秩序的维护,而且包括消费种类的多样化和便捷性的提高。消费权是人们满足生存所需的基本活动中体现出来的人权,与生产劳动权具有等价的地位。在人的发展中,消费权与生产劳动权具有同等重要的意义。互联网消费是消费权扩大的新领地,它带来种类繁多和手段多样的消费,并且由于消费资源的全网竞争而在价格上趋于合理。互联网金融给民众带来的负面情绪已经比较浓重,这与普惠金融的基调相去甚远。实然的互联网金融伦理与应然的互联网金融伦理之间存在着巨大的差异,人们对互联网金融在事实上存在的诸种欺诈、暴力催收、引诱套路等颇有微词。这并非民众的成见,而是互联网金融发展至今天应该进行行业反省的地方。是什么原因促使互联网金融声名狼藉?互联网金融行业中的投机行为泛滥成灾的根源在哪里?这些问题都是值得思索的。互联网金融与互联网消费的结合,使消费金融呈现出新的景观。互联网消费行为在金融的促推下走向更加非理性的境地,“剁手党”(指那些网购上瘾,不能自我控制的人)成为这个时代网络消费群体中的一个特殊群体;而“败家娘们”(指网购上瘾而不能自控的妇女)则多少带有“自嘲”或性别歧视的意味。消费权扩大的重要机遇,演变成为消费泛滥和金融流弊的媾和,这是意想不到的事情。消费权的扩大没有为人的自由全面发展提供理想的动力,相反却带来了诸种社会问题的出现。这与互联

① (美)查尔斯·R.盖斯特:《借钱:利息、债务和资本的故事》,蒋小虎译,北京:北京联合出版公司,2019年,第379页。

网消费和互联网金融的伦理冲突是分不开的。

一、激情消费的金融支持及其道德风险

韩裔德国人韩炳哲说透明社会是信息社会。在透明社会中，不仅缺乏真理，也缺乏表象。“单纯地依靠更多信息和交流并不能照亮世界。通透可见性也不能使人心眼明亮。大量的信息不会产生任何真相。”①信息社会中人们对真相的渴望与这个社会对真相的远离是相反相成的。由于信息方式的改变，人们对获得更多信息有了便捷的途径；然而，由于信息生产的方式同样增多，信息的生产机制已经使信息呈现出爆炸式的增长。前者使人产生一种幻觉，似乎在这样的历史时期，很容易通过搜索引擎或者其他集成式信息处理机制获得自己想要得到的任何信息，实质上，当人们真的这么做时，就会发现搜索引擎或者其他便捷方式获得的信息中包含着太多伪劣成分，甚至由于信息的过度繁殖，使可能存在的真理颗粒被掩盖在信息海洋之中。消费者对消费产品和信息的渴求在充裕社会中具有重要的价值，就如同人们对真理的渴望一样，有效的、丰富的消费信息能够使人们在发展自己的需要，在满足自身在物质和精神方面的发展欲求上有着积极的意义。网络经济对这一新时代的消费情绪保持着高度的关注。在淘宝网站和拼多多这样的大众化网络商品市场中，小到那些稀奇古怪的小玩意儿，大到汽车和大型机床、价值不菲的奢侈品等，都有第三方入驻店在经营和销售。在消费问题中存在的地域歧视几乎被打破，只有在特殊情况下才存在着由于交通运输成本所造成的局部电商价格歧视或者供应歧视（比如少量商家和产品对指定地区不予供应）。

尽管信息社会并不提供更多表述真理的工具，对于消费而言，个体的满足程度受到差异化需求的影响，因此，信息的繁荣有利于创造个性化消费的盛景。这是网络消费中非理性的重要表现。互联网的开放性使信息增殖的速度

---

① （德）韩炳哲：《透明社会》，吴琼译，北京：中信出版社，2019 年，第 70 页。

很快,消费者对商品和服务的评论和推介信息被附着在商品和服务简介中,成为其呈现给受众的信息组成部分。由于点对点之间的信息传播,信息在网状传播中由于“节点变异”(即互联网中个别受众在接受和重新阐释信息时出现与信源之间在意思表示上的重大偏差)而出现信息传播过程中的分裂和衍生现象。这一传播特征增加了互联网信息传播的复杂性和不确定性。由于消费产品信息在传播过程中的不断变异,其结果是消费产品和服务在互联网上呈现出多面性和多重属性。受众依据次生信息在演变结果发生变异的情况下再度进行加工整理,从而出现更多衍生信息。对潜在价值的认定和受众群体的自我分类,使信息在增殖和演化中不断聚集成为社群化的共同体。这些共同体就是具有相似消费欲望和需求的虚拟社群,它们是消费时尚产生的基础。一方面是消费者作为消费信息传播的受众而不断积聚(在虚拟社区的积聚可以离开躯体和地域的限制),成为消费偏好类似的共同体,它们并不是出于某种预谋和规划的行动结果,而是在群体无意识的非理性行动中自发形成的。另一方面则是商家利用这种基于消费文化和消费心理形成的共同体不断塑造消费景观。商家在营销策划和推波助澜的商业激励中充分利用理性分析工具对现有的数据进行加工、整合,使个性化消费并不掩盖在彼此之间的差异当中;相反,在无数的个性化消费需求中,创造出许许多多的具有较大普遍性的消费时尚。一旦“时尚”被形塑成功,激情消费则将上升到一个新的阶段。具有集体强制力的时尚文化迫使它的人们臣服于它。只要人们不愿意脱离其阶层或者群体的文化背景,就会自然而然地为某种具有阶层属性的“时尚”呐喊助威。由此观之,互联网传播机制的特点使它在网络经济纵深发展的进程中,必然将激情消费作为一种主要的方式予以推广。每年“双十一”和“6.18”年中促销节所涌现出来的疯狂消费行为就是网络消费被“激情”所控制的佐证。

为网络激情消费增加刺激的,是消费金融。金融本身是理性的化身,因为它有资本生息的天然使命。“在这样的世界里,我们不再是积极的行动者,不是公民，而是被动的消费者。”①在消费洪流中跟风前进，不需要进行细致的思索和对性价比的计较，“点赞”或者“好评”数量成为消费选择的重要依据；这种依靠视觉直接把握的行动准则称不上理性的恰当指引，它只是在激情消费中的一个必要环节，以证明人们在消费过程中所具有的主体自觉，无论这种“自觉”在实践中是否有助于人们对消费真实性的理解。消费金融把消费者在实际购买活动和消费意向的形成中所具有的这些微不足道的思维参与行动进行夸大其词；并且顺应消费者在激情冲动中的情绪和情感，强化宣传某些消费的合理性和正当性，甚至“非如此不可”的“必须性”。在美容消费和教育消费中就时常如此。似乎一个人不将外表的“格式化美丽”放在至关重要的位置，就不能获得他/她的工作、友情、爱情，甚至人格。似乎一个人不将课外的系列辅导（包括音体美及琴棋书画表演主持等等）作为青少年教育体系的核心部分，就必然会使一个小孩在其未来的发展中遭受失败。消费金融对消费者施加的影响通过商家的鼓动与联合而发生作用。金融产品的提供者对分期消费有着宗教般的信仰，真实或虚假地相信分期付款是普通民众在面对高昂消费产品时必然的选择。尤其是在教育、美容、医疗这些领域的消费上，人们必须以投资家的眼光来看待。个人在资金上的不足并不能阻碍一个人“逆袭成功”，只要愿意与消费金融联手共进。风险已经被放置在一个可有可无的位置，除非金融法规需要金融产品的提供者作出必要的说明，否则，连“最小的字体”（金融机构和保险机构对风险与义务的条款规定，往往采用需要放大镜才能阅读的字体，以便使不耐烦的消费者放弃对它们的知情）也不愿意提供给消费金融产品的需求者，以免消减他们在超前消费上的信心。

消费金融在催化和激活激情消费的过程中，手段的使用所造成的不当远远强于目的不当所隐含的危害，尽管在此过程中手段和目的并不是完全脱钩的两个方面。互联网金融在消费领域中的积极主张，表现在多种形式的产品

---

① （德）韩炳哲：《在群中：数字媒体时代的大众心理学》，程巍译，北京：中信出版社，2019年，第99页。

植入——把金融项目与消费产品和服务项目融合在一起。消费主体在选择消费内容和项目时不得不同时采纳金融主体所提供的支付方式，分期付款或者其他形式的结算使得消费者为互联网金融支付一定的利息成为一种消费的额外代价。互联网金融机构并不认同这样的表达，因为它可能在其宣言与企业信约上并不如此标榜；相反，消费金融的提供者仅仅宣扬分期付款或者预付记账的积极意义。由于金融产品在消费市场中的广泛植入，消费金融化的意向在当代不断增加。所谓消费金融化，一方面指的是消费者利用金融服务增加消费机会和实践，采取超越自身经济实力进行提前消费；这或许会增加消费者在消费活动结束后的劳动强度和社会心理压力，迫使其不断提高其薪资待遇和其他方面的经济收入，以便应对越来越高的到期贷款。另一方面，消费金融化也可以指那些通过消费而对未来形成一种投资状态的行为；当教育和健康事业被金融资本深度渗入之后，教育和健康的投资属性就越来越强，人们不是为了某种人生价值或者兴趣爱好而从事体育、教育等方面的消费，而是为了获得在未来社会的更多就业机会和长期的体力支出而进行教育和体育活动。这样的教育和体育事业本身也是无可厚非的，但由于其追求“更多机会”的实质是获得更多金钱，从而使教育和体育在全面塑造人方面的价值被贬低成为获得更多金钱的手段，人本身亦成为获取金钱的手段，并被一种社会机制强化为具有投资价值的东西，以求获得金钱上的利息。前一种形态的消费金融化使社会进入到一种生活的紧张之中，在消费竞争中的各种积极行为最终成为束缚自我行动力的桎梏；由于分期还款的不断累积而使人们在领薪日亦丧失基本的激动，并在由于各种意外原因造成失业风险或薪水降低的情况下变得焦虑不安。后一种形态的消费金融化则把人从目的世界或价值世界降格到手段世界或工具世界，人不再是目的本身，而成为手段。这是诸种异化的源头。由于教育、健康和美容等消费领域不再是一种享受和自我完善的方式，在成为经济利益计算的领域后，它们必须服务于经济上所能获得的利益。只有在经济收入上有着盈余的消费行为，才能成为一种投资性消费行为受到大众追捧。

这种急功近利的行为一旦形成风气，对整个社会各行各业的良序发展无疑是一种伤害。人们的职业道德将会受到挫折，使消费者在其他生产性角色中将经济价值置于社会价值之上，从而成为金钱的奴仆。

二、互联网消费金融伦理风险形成的原因

激情消费与消费金融之间存在着相互促进的关系。消费金融在深度参与网络经济生活和现实经济运行的过程中，由于主体立场的不同，存在着基于利益追求的不同而出现不同的主观意愿。消费金融的提供者必须十分清楚消费者的心理动向和消费市场潜伏着的巨大能量，并通过适当的方式强化超前消费或者其他有助于消费放贷的市场消费，甚至将某些具有特定营销价值的消费产品和消费行为视为金融增长的契机。在进行营销包装和媒体造势中，把这些特定的消费产品和消费行为“时尚化”。只要形成了互联网传播媒介中的普遍性内容并获得网民同意，消费的风向标就能得到确定。与此同时，由于这种“打造”出来的消费行为和消费倾向受制于金融产品开发和拓展的需要，它们能够迅速成为新阶段人们追捧的消费领域，连同捆绑在消费品之上的支付方式都能得到恰当推广。“当人们不曾加入组织严密的团体，他们同样受到周围同伴的影响。”①互联网上的好友链接与陌生人推荐，无论是在消费圈子中还是在其他基于娱乐和相似订阅内容的群体中，相互之间的影响是密切的，尽管这些影响未必直接由于某些事件构成。激情消费有着跟风和集体疯狂的倾向，消费行为日益演变成为一种娱乐行为，这是消费主义的新动向。互联网消费金融在这一背景下必然面临着巨大的伦理风险。

有效的生产中必然包含着潜在的消费，积极的消费中同样包含着对生产的刺激。无论是从个体的角度还是从社会的角度来看，生产和消费在某种程度上的“极化”造成了生产和消费的二元对立。无论是对生产的社会功能的

---

① （美）斯蒂芬·平克：《人性中的善良天使——暴力为什么会减少》，安雯译，北京：中信出版社，2019 年，第 657 页。

极致强调还是对消费在促进生产中的积极意义的无限夸大,它们都是将一种在常识看来就正确的意见推向它的极端,从而将其确定为自己的对立面。生产、流通、交换和消费在商品经济时代无疑是相互配合的经济运行环节,它们紧密相连构成经济运动的有机整体。生产在经济过程中的决定作用是毋庸置疑的,但这种毋庸置疑的判断也会有其限定性的内涵。只有在经济运行诸环节的充分协调中,并且实际生产与生产能力保持相对一致、生产结构与消费需求保持相似结构和比例关系时,这种决定作用才充分发挥作用;或者说,就宏观层面而言,生产的整体状态决定着消费的整体结构和数量。只要流通环节和交换环节在信息过程和其他方面存在关键性的障碍,生产与消费就会陷入决定论的障碍境地。也就是说,由于生产和消费在信息流、资金流或者物流环节中出现障碍,生产和消费的实际协调程度就与其潜在的协调能力和产品质量与数量的比例关系失去真实性和有效性。信息流、资金流和物流是生产和消费结构性均衡的重要支撑,离开这些要素的充分融合,生产与消费的脱节就会成为常态。

信息社会中人们迷信于充足的信息会带给人们安全感和对事物的确信,就信息的本质而言,它是使人们获得事物本质规定性的重要方面,越多的信息应该给我们对于事物更多的认识,以至于我们逐渐靠近真相或真理。这是对信息的早期愿景,在媒介技术不断发展的今天,人们已经不再迷信于充足的信息能够给人们认识和改造世界带来必然的清醒认识或者提供完备的精准信息内容。由于垃圾信息的不断产生以及信息生产的过剩,人们越来越发现当今信息的增量已经让人失去通过海量互联网信息而逼近真理的信心。更多的信息可能反而使事物变得迷离莫测,重新返回迷魅状态。信息没有成为理性的重要工具和决定性的武器,相反成为非理性的重要起因和动力。这是在信息社会诞生之初人们万万想不到的。在互联网经济中,生产者通过制造信息的方式不断延伸产品的内涵,并且将其包装成为某种具有内在文化价值和品牌效力的东西;而消费者也在通过与虚拟网络世界的互动中形成自己的消费旨趣和圈子文化。在消费者和生产者之间充斥着丰富的信息,这些信息作为桥梁的功能逐渐隐退,而作为相互引诱和勾引的手段则被充分利用。消费者有了新的主体意识,不再是生产的决定物,生产者也保持着自始至终的主体尊严,对通过生产塑造消费的经营常识较少持有怀疑的态度。如此一来,在信息社会中,尽管存在着消费者和生产者之间的千丝万缕的联系通道,但这些通道却变成两个对立主体之间博弈的手段。臃肿的沟通信息反而使沟通的效力不断下降。

生产和消费的自我孤立就是“极化”现象。生产与消费的极化使得两方面的人员在沟通中不是以利益共同体的形式有机结合在一起,而是以利益冲突双方的形式进行信息化博弈。生产者为了出售现有产品和在现有研发能力的基础上拓展新的生产空间而制造消费氛围,通过虚假的舆情调查报告或者雇佣名人、专家进行消费劝导而实现自己的生产价值。在这个过程中,欺骗和谎言是难以避免的。为了虚构有利的舆情,各种信息工具和传播手段被充分利用起来,而潜伏在产品和项目之中的支付方式、物质属性和文化气质等方面的价值也被充分挖掘出来。消费金融作为生产者和服务提供者的联系纽带,成为现实的商品提供方式。它既有商品和服务的物质内容,也包括了支付和清算手段在内。生产性消费金融是基于出资方一般地属于生产者或者具有财务亲缘关系的专门金融组织所提供的金融产品,它是生产单位销售产品和服务时强烈推荐的分期付款和其他借贷产品。消费性消费金融是基于满足借款者的实际需求而发起的消费信贷,它并不指向特别的产品和服务消费,这一类借贷业务在之前的 P2P 网贷中有详细的论述。消费的异化使那些具有普惠属性的消费金融丧失了普惠性,反倒成为了异化消费的助推器。享乐主义和对生产劳动的厌恶尽管不是普遍的现象,却也是当今世界中的一种较为常见的坏现象。为了获得消费贷款而捏造个人信息,在借贷中签署虚假合同和施行诈骗行为。生产和消费的极化使生产者离开消费者的实际需求而进行单方面消费渲染,消费者为了获得消费产品而不顾自身偿贷能力进行借贷。前者是对人的真实需求的漠视,以及在生产的伦理目的中出现偏差,将获得经济利益回报作为唯一的目的;后者则是对生产劳动的蔑视,在生活中好逸恶劳,希望不劳而获。对双方在伦理冲突中所展现出来的弊端,有力的清除方式便是强化生产与消费的内在协调。而遵守两方面在价值追求上的一致性,是生产者与消费者达成有效融汇的内核。

三、从消费金融化到生命价值金融化

在过去的若干世纪中,世世代代的物品在一代代人中间传承,物品构成了稳定的社会关系和活动背景;在当前的世代,同一个人的一生当中却可以看到物品在不断地升级换代。① 生产的发展使生命显示出了更大的价值,通过物品的迭代而将生命价值的升级过程浓缩在更小的时域中。对于个人来说,如果需要在消费中创造出新的模式,或者拥有更为丰富的选择,需要他在生产经营或知识修养上做出艰辛的努力。“对未来的憧憬对现实生活而言就是一种信仰。”②未来生活是现实生活的动力,人们由此岸世界走向彼岸世界的内在信念支配着他在日常行为中尊崇某些善的规定性。当今的消费生活超越了对于未来世界的想象,在频繁出现的新事物面前,人们目不暇接地受到商品的刺激,变得世故和物欲化。未来被想象成为一种必然的物质财富的生长,眼前的消费需要不能再等待下去,支付的金钱可以通过明天的收入来完成它的使命。明天是否能够获得足够的金钱以支付今天的消费,这种不明朗的疑问在当前是一个不合时宜的问题。生产的频繁迭代引起了消费的频繁迭代,生产的景观化引起了消费的景观化。现在就要消费!这是自启蒙运动以来人们对现世幸福的极端发展。如果说从封建桎梏中挣脱出来的人们对于欲望的禁止有着天然的敌意,那么,他们对于欲望的张扬和对现实幸福的追求则变得理所当然。在神学禁欲体系和小农经济中长期遭受的有关节制的美德被抛弃了,代

① (法)让·鲍德里亚:《物体系》,林志明译,上海:上海人民出版社,2019年,第174页。

② (德)费希特:《人的使命》,张珍麟译,北京:光明日报出版社,2010年,第138页。

之以普遍的奢靡和对奢靡生活的追求。现代商品经济响应了奢靡生活的需要以及满足了人们对奢靡生活的幻想。无论一个人的经济条件如何,在现代化生产和消费的场景中很容易发现未来生活的样板——这是对自己现有生活方式的否定。在否定性的世俗财富追求中,社会经济生活取得了前所未有的发展,人们在物质财富上所取得的成就足以震撼未来的史学编纂家。

丰裕社会的物质财富遵守着商品经济的基本规则,等价交换是商品从流通走向消费的必要条件。对于商品交换的双方而言,这意味着交易双方具有等值的商品或货币。在此条件下,只有当人们之间不存在价值占有量的差异时,社会产品才能充分流动。事实上,在丰裕社会中商品生产相对充足,而消费相对匮乏。尤其在扩大再生产加速的条件下,生产出现超越消费能力的情况并不奇怪。正是生产在一定程度上超越社会的现有购买力,从而使生产能够在扩大的基础上进行,而社会生产领域亦能不断拓展。为了增加消费的现实能力,金融的出现使消费能够在扩大的基础上展开,从而与社会生产保持足够的均衡。消费金融对生产扩大和升级的积极作用,在很大程度上使社会经济的发展显示了其潜在的巨大空间。只有当消费金融脱离生产的实际需要而无限拓殖的时候,市场流通中的过剩货币才会成为创造经济泡沫的原材料,实体经济走向虚化,而人们的消费走向幻化。物质资料的扩大再生产和广义虚拟经济的发展,一方面使物质产品不断增加其数量和种类,另一方面使物质产品不断衍生出不同的符号价值和品牌标签。物质性商品的激增和新潮文化的渗入,消费的备选内容琳琅满目。在此情形下,消费欲望的闸门被打开。为了获得更多消费的机会,并在消费市场中得到有关符号价值的确证,人们不惜在这一过程中滥用金融手段。将个人的信誉和基础资产作为进一步消费的凭据,网络金融发达的今天要获得消费贷款或者由商家联合提供的分期支付权利就变得无比容易。信誉作为工具被广泛使用,人的精神性的价值被作为物质性的价值的手段而存世,它的风险就在于人们在物质消费的过程中能不能保持有效的自我控制以及维护信誉完整不受损害的意志和能力。当人们在物质消费的过程中不能进行有效的自我控制，任由欲望涌流，或者在分期付款和超前消费中无力偿还欠款的情况下，信誉受到损失。作为道德价值的信誉一旦不能保持其完整性，它的整个社会功能就会逐渐崩溃。当人们在等价交换原则下，不再致力于通过诚实劳动与合法经营的方式获得金钱，而是采取投机的方式进行消费，表面上看，是人们自我管理能力和消费方式（或习惯）的差异，其深层的变化则是人们对金融化生活的依赖，以至于对信用体系物质化的观念的生成。

时间是生命的生物学长度，而使生命价值在纵深方向获得社会意义的，往往是在有限生命时间里所创造的精神或物质价值。一个人在文明的历程中所承担的责任越大、所取得的贡献愈巨，他的生命就越有价值。消费是人们获得其他社会价值的最基础的活动。人们要改变和创造世界，首先要解决衣食住行等生活资料的问题，因此，消费是人的正当需要。消费的畸形发展并非生产的天然弊病，为丰富人们的消费内容而进行创造性生产本身就是对社会文明进步的贡献；而依法依规获取更为丰富多样和更高层次的生活消费物品也是社会文明进步的重要表现。生产的普遍发展使得“产品边际紧迫感递减”，①更多的人可以从生产劳动中解放出来，而另一部分人则在生产劳动中找到了他们的乐趣。生命价值的劳动属性越来越被忽视，消费生活所呈现的阶层优越感和个人成就表现得越来越充分。无论是奢侈品和大宗商品（如汽车等）的购置，还是教育、美容、旅游等消费市场，竞争性消费愈演愈烈。人们对消费所表现的社会价值抱有很高的期望，沉浸在消费生活所呈现的光环中，或者沉溺在过度消费的瘾症中不能自拔，成为新的社会疾病。在“表现社会价值”的消费活动中，消费本身变成一种投资，一种“生产”。消费生活不仅呈现了现实的个人成就，而且创造着未来的个人成就。在景观社会中，它成为一种普遍的共识。因此，一个律师需要一辆豪车来证明自己作为律师的“成功”，而雇

① （美）约翰·肯尼斯·加尔布雷思：《富裕社会》，赵勇、周定瑛、舒小昀译，南京：江苏人民出版社，2009 年，第 238 页。

主在无知之幕下亦仅能通过律师的“坐骑”来判断他是否有能力完成使命。这是荒唐的，然而是现实存在的。通过消费金融获得投资性消费的资本，在消费活动的过程中，持续不断地获得他自己所从事工作对象的信任和青睐，从而增加了事业成功的概率。在其他非直接投资性的消费领域，奢靡的生活消费方式也使少数人获得重新圈层化的机会。当自媒体不断夸大这种“机会”时，更多的年轻人就会认定“消费改变生活圈层”，从而获得发展机遇。对节俭的美德就会越来越被忽视，价值观念的迷失使消费的激情发展成为金融产品搭载的快艇。从消费的金融化到生命价值的金融化，金融在与道德的较量中，狡黠地利用了消费伦理中的缺陷。行为克制力与道德遵守的意志力之间是否存在必然的关系，人们似乎已经放弃对这类问题的思索。重要的问题既不是占有、更不是生产，而是消费。机会主义在消费市场中的盛行，因为它并不需要在等价交换的原则下占有消费物；超前消费在本质上并没有使消费者真正占有消费物的价值，而仅仅是通过累积的贷款和利息获得它的使用价值。由于生产效率的提高，大部分人将会离开工业和农业的直接生产领域，生产劳动在表面上成了文明史上的一个遥在的概念，更不用说其他方面的社会变迁导致人们对消费的迷信。生命价值的金融化是“人的手段化”的当代形式，它将复杂的价值体系通约为单一的货币价值，用以在消费生活中获得竞争性的优势。

四、消费金融场景化伦理的核心要义

《中国人民银行、银监会关于加大对新消费领域金融支持的指导意见》（银发〔2016〕92 号）指出，要加大对新消费领域的金融支持。这些领域主要包括：养老家政健康消费、信息和网络消费、绿色消费、旅游休闲消费、教育文化体育消费和农村消费。[①] 在这个“意见”中，将涉及重大民生问题的消费领域作为金融支持的重点对象，体现了政府对“人民对美好生活的期盼”予以切

---

① 中国互联网金融协会编：《商业银行互联网金融业务法律法规汇编》，北京：中国金融出版社，2019 年，第 334 页。

实关注和全力支持的态度，体现了我国发展“以人民为中心”的核心理念。消费金融是一种场景化的生活方式，也是一种场景化运作的经济模式。“场景”意味着经济关系“发生”的现实性、具体化和在时间、地点、事件等关键因素上的特殊性。在伦理道德上采取一种普适性的原则和方法，往往会与场景的生成环境相左，与人们在特殊背景下的情感和意愿相左。场景化生存状态中的伦理准则，要遵循动态性与稳定性的结合、一致性与多样性的结合、个体性与群体性的结合、传承性与创造性的结合等原则和方法。在此基础上，才能进一步理清消费金融场景化伦理中的核心要义。

1. 消费金融场景化伦理的准则。

场景是事物生成发展过程中要素系统发生作用的特殊环境和背景的总和。无论是教育消费、旅游消费、养老消费还是汽车消费的金融借贷，都是发生在特定事项推进过程中的经济行为；离开具体的场景，在其他地方和场合下就难以发生类似的经济关系和经济行为。如同在“双十一”“中秋节”或者其他盛大节日里电商和金融机构联合推出的分期支付折扣行为，以及其他临时性的捆绑销售和金融推广行为一样，互联网消费金融所发动的经济现象，其往往是“事件经济”的一种表达方式。消费金融的参与各方都有着临时性的内在需求，通过特定的“事件”而结合成临时性的经济架构。在这种临时性、动态化、松散性的经济架构中，“场景”本身就包含着在其背景下发生的经济关系需要予以特殊的伦理关注。第一，动态性与稳定性的结合。时尚消费古已有之，但它发展成为一种普遍的社会经济现象，则是近代以来生产效率大幅提高后的事情，尤其是富裕社会的形成，基本生活资料的满足已经得到广泛覆盖，追求时尚成为人们消费生活的重要内容。“曾经限于富裕阶层的文化—审美的消费行为，已经普遍化了，成为广泛的消费需求。”①时尚额本义乃是对

① （德）彼得・科斯洛夫斯基：《后现代文化：技术发展的社会文化后果》，毛怡红译，北京：中央编译出版社，2011 年，第 111 页。

一时之间所兴起的风尚的统称,在消费领域,时尚是指对新潮消费物品和服务内容的追求和享受。具体消费内容不断更新,消费的场景不断发生变化,因而与此相关的消费伦理也就具有动态性。金融对时尚消费的支持不能离开消费伦理本身的变化,在具体的消费场景与金融结合过程中,人们对消费对象和消费形式的认同是互联网消费金融伦理发展的内在原因。与此不同的是传统消费伦理对消费金融伦理的决定作用,以至于无论消费时尚和金融理念的变迁如何迅速,人们都不能离开特定社会和群体(或阶层)道德的基本规范,这是其稳定的内容。第二,一致性与多样性的结合。在现代性发育较为充分的今天,个性化的消费方式是其生命价值和社会意义的独特存在形式的基础,或者说它本身就是个人概念自我生成的内容。互联网消费金融在发展人的多样化消费,并提供具有个体特色的金融服务方面,显然是有价值的。但是,多样性的金融支持和消费主张并不能彻底否定人作为类存在物的一些基本价值主张。人不但是具体的,也是具有类属规定性(即社会性)的存在。因此,尽管现代消费金融的场景往往带有强烈的个性色彩,但诚实守信、扶危济困、公平交易、开诚布公等普适性的原则始终有其发生作用的现实意义。第三,传承性与创造性的结合。将超前消费简单定义为不良消费行为是不可取的,消费金融的伦理问题正在受到时代的重新检视。尽管量入为出在过去指的是现实拥有的财富应当多于其所要支出的资财,但"量入为出"在今天的内涵更大程度上指的是"有能力"(或"有潜力")偿还自己的贷款;它包含着人们消费和借贷的依据由现实财富大小向潜在财富获取能力的转变。"量入为出"这一消费伦理在内涵上的变化,体现了当今社会消费理念的变迁。在场景化的消费中,"应急"是消费金融所倡导的价值之一。传统伦理中,应急本身带有较为浓重的善意;在急难中寻求获利被视为极不道德的行为。互联网消费金融则在"应急"事宜上将伦理性的价值与经济性的价值融为一体。正是通过应急性金融供给,它才打开了消费金融的大门,并获得源源不断的利息。消费金融场景化伦理的准则,是人们在考量消费金融参与诸方行为是否合乎德性要求的重要依据。

2. 消费金融场景化伦理的内核

人工制品变为商品后,其“价值多样化这时被简化为两种:使用价值和交换价值或市场价值。前者虽然被非个人化了,但是仍然是具体的;后者是抽象的,其抽象程度与它代表的社会关系不相上下”。“商品是身背社会关系重负、受到社会关系侵袭的人工制品。”①人们在消费商品时,也不再是纯粹个人的事,它除了反映消费者个人的喜好、身份、地位、文化等因素外,还在每个人的消费活动所自然形成的消费结构中,定位了一定阶层的特殊属性,并通过诸多社会阶层的内部关系和相互关系而构建起消费伦理的体系和内核。从马克思主义的视角来看,消费是人的基本需要,为这种基本需要提供必要的帮助是消除人们之间那些不是出于天然因素而形成的鸿沟的有意义的活动。在经济活动中既要遵守经济社会的基本准则,也要遵守人们作为社会人的价值立场。互联网消费金融在经济性与伦理性的价值冲突中,前者所尊崇的经济效益与后者所推崇的善良意志之间存在的矛盾,只能在特殊的场景中得到调和;在抽象理论的推演中,它们将会始终保持着应有的紧张关系。没有这种紧张关系,要么是道德沦陷为经济理性的工具,要么是经济理性被抑制而建立在空洞的道德说教上来应付这疾风暴雨式的世界经济竞争。如前已经对教育消费、旅游消费和健康消费等诸种消费金融场景进行阐述;对消费金融伦理的阐述与对消费伦理的阐述常常因其内在的深度融合而无法割离。

互联网消费金融场景化伦理的内核,主要包括如下内容:(1)消费价值是人的价值序列中的基础层次而不是最高层次。人在其生存发展中有各种层次的价值追求,它们与对真理的探寻和对兴趣(或嗜好)的依恋一起构成人的生存动力。若将价值做内外区分,外物于我的有用性称之为外在价值,而我于世

---

① (克罗地亚)斯尔丹 · 勒拉斯:《科学与现代性——整体科学理论》,严忠志译,北京:商务印书馆,2011 年,第 302 页。

界的价值则是内在价值。消费价值属于外在价值,并且在外在价值中,它也属于基础性的价值,是人生存的必要物质消耗和精神消耗所必经的活动和过程。在诸种外在价值中,消费价值随着时代的发展而取得更为重要的位置,由生理性需要转变成为生理—心理—社会性需要的综合。尽管如此,在形成人的完整人格和发展人的自由权利的过程中,消费价值的作用依然是基础性的、有限的。文化传承、政治环境以及精神信仰等都是人的外在价值系统中重要的内容。当然,外在价值是内在价值的基础并通过内在价值而实现,内在价值真正体现了人之为人的根本意义。就此而论,消费价值在人的价值序列中,不应被过高地估计或采取过于痴迷的态度。(2)人是目的而不是手段,金融是手段而不是目的。人成为一个抽象伦理原则的使者,为展现某些伦理原则而充当载体;这种议论将人从现实的物质关系引向一种神秘的人神关系。诺奇克就要求人成为"光明的伦理学"的载体。[①] 人被一种"圣物"所使用,似乎是人在宇宙秩序中的应然状态。这种将人定格在特定网络位置中的思维方式影响到世界被广泛物化后的现实,人们进一步将不同的人定格在财富的网络秩序中,并强调这种秩序的稳定性及其意义。这样做的目的是为维护特定既得利益集团的特权或优越性服务的。在经济主体网络和经济活动的复杂关系中,赋予特定消费活动以更多的社会意义,并将其视为社会秩序的天然土壤,对在财富和生产上占据优势的人群起到巩固的作用。随着普通人价值和尊严被广泛地接受,在财富网络和经济关系中设定消费者作为现实财富工具或者将消费活动的预设作为治理手段,与现代社会人们对自我价值的追求是相悖的。在富有激情和场景感的消费活动中,消费是人自由自愿的活动,而不应该被设计和干预;只要人们能够遵守普遍的法律和道德规范,消费行为就不应被作为实现他人意志的工具。金融在人的消费中,是促进人在消费生活中享有更多均等的机会和权利的手段,它不能成为目的本身。(3)异质性的消费导致人的生

① (美)罗伯特·诺奇克:《被检视的人生》,姚大志译,上海:上海译文出版社,2015 年,第 239 页。

活的多样性，而金融的通约性则指向货币价值的同一性。“银行业金融机构要进一步拓展消费金融业务，积极满足居民在大宗耐用消费品、新型消费品以及教育、旅游等服务领域的合理融资需求。”①消费金融通过为异质性消费提供资金周转而获得利息，金融资本通过为民生经济提供服务而实现经济目标。对互联网消费金融的伦理判断，仅从消费的视角来看，越来越趋向于对个性化消费的认可，从而在消费伦理上走向多元化。其结果是伦理问题失去标准而陷入虚无主义。金融的本质是对跨期收益的预期，并通过风险性跨期投资而获得回报。就时间的跨越性而言，这种投资本身具有一定的机会主义成分，它将偶然性（或概率）作为一种经济行为的驱动机制。机会主义和虚无主义的结合，使现实生活中对消费金融在伦理上缺少基本的规制。其实，“在人类所有大事件中，没有任何一个经济维度准许我们把经济凌驾于其他活动之上”。② （4）健康消费与普惠金融具有内在的统一性。《中国人民银行、银监会关于加大对新消费领域金融支持的指导意见》（银发〔2016〕92 号）指出：“鼓励银行业金融机构在风险可控并符合监管要求的前提下，探索运用互联网等技术手段开展远程客户授权，实现消费贷款线上申请、审批和放贷。”③一方面，政府鼓励健康有序的消费，这是经济持续快速增长的必要条件，在特殊时期（尤其是随着外部环境的变化而需要进一步强化经济内循环的情况下），居民强劲的消费力是经济复苏和稳步前进的最终动力。在此背景下，金融支持消费是避免简单地发行货币或者提供直接帮扶所造成经济泡沫化或者内生动力匮乏的有效手段。另一方面，《中国银监会关于整治银行业金融机构不规范经营的通知》（银监发〔2012〕3 号）指明：“银行业金融机构应切实履行社

① 中国互联网金融协会编：《商业银行互联网金融业务法律法规汇编》，北京：中国金融出版社，2019 年，第 337 页。

② （法）帕斯卡尔·布吕克内：《金钱的智慧》，张叶、陈雪乔译，北京：生活·读书·新知三联书店，2020 年，第 101 页。

③ 中国互联网金融协会编：《商业银行互联网金融业务法律法规汇编》，北京：中国金融出版社，2019 年，第 333 页。

会责任，对特定对象坚持服务优惠和让利原则，明确界定小微企业、‘三农’、弱势群体、社会公益等领域相关金融的优惠对象范围，公布优惠政策、优惠方法和具体优惠额度，切实体现扶小助弱的商业道德。”①消费金融尤其应该体现其惠民的属性。无论是为了经济的持续稳定增长，还是在消费市场上建立基本的普惠保障，其价值指向是同一的。（5）消费金融的两面性与人的自由全面发展。由于消费金融总体上属于金融经济的重要领域，是金融场景化业务推广的一种产品，从而不应当将消费金融作为纯粹对经济能力上处于弱势的人群的一种道德上的帮助。与其他金融产品一样，“限制性”投机活动必然被允许发生。无论是消费金融的产品设计，还是在消费场景中的金融渗入，在任何一类垂直市场中消费金融都能扮演着积极的角色，只要人们还愿意与金钱为伍。作为企业的价值主张或者作为一种经营策略，消费金融都必然与伦理紧密相连，以证实其践行某种价值的决心或者获得预期的经营效果。如果人们一味追寻金融提供者是否具有毫无功利的伦理动机，那便是对现实生活的傲慢态度。消费金融作为资本进场的一种方式，它与人们的现实生活紧密相连，从而也导致其在伦理问题上具有显然的具体性，而与抽象的预定论相左。在前述内容上，我们采取从消费金融的发展及其环节的细节深入到它的伦理问题的表现方式和生成根据，就是为了避免抽象演绎在这种复杂关系中陷入独断。2018年，我国电子商务交易额达到31.63万亿元，其他数字产品和线上消费总量亦与日俱增。② 消费的种类更加丰富多样，人们的消费理念也发生着深刻的变化。当前国家对经济内循环提出新的要求，以使经济发展的内外循环能够在经济环境发生变化的时候做出机动而适当的应对，保护经济领域的主权和安全，维护人民群众对美好生活的追求，并获得现实的响应。在发展消费金融的同时，主动进行相关领域和过程的伦理介入，并非试图从根

① 中国互联网金融协会编：《商业银行互联网金融业务法律法规汇编》，北京：中国金融出版社，2019年，第383页。

② 《中国互联网发展报告（2019）》，中国互联网协会，2019年7月，第20页。

本上消除金融经济对形下财富的追求,而是要使消费金融的形上价值与形下利益之间实现更好的平衡,以利于我国社会的稳步前进和人民生活水平的持续改善,最终为促进人的自由全面发展服务。

小　　结

互联网消费金融成为互联网时代的资本大舞台,各大社交媒体平台、网商平台与互联网金融企业紧密合作,开启了消费与金融的无缝对接模式。消费作为拉动经济增长的重要因素之一,在国民经济中占据着十分重要的位置。我国传统的消费习惯主张量入为出、量力而行,这一方面是我国经济相对稳定、泡沫稀薄的重要原因;另一方面也直接导致了消费金融发展不充分的现实。互联网经济的发展,使经济活动在时间上减少约束,在空间上消除了阻碍。互联网消费金融所主张的提前消费与预支未来的理念,对现代网民尤其是年轻人的影响是巨大的。互联网消费金融是资本在互联网经济时代的进“场”方式,它以促进资本的增殖作为根本动力,在网商经济繁荣的当下显示出惊人的“力量”。这种力量通过场景切入的方式渗透到人们生产生活的末梢,使人们沉浸于商品和服务的消费——无论当下的支付能力是否足够承担得起。互联网构筑起了网络时代的消费景观,“场景化”是广义虚拟经济的表现之一,也成为互联网金融在消费经济中施展自身能量的方式。由于各种新型场景的构建,消费的盛宴带来了经济的繁荣景象,也鼓动了人们在消费场景中的参与激情。消费主义的情绪如果一直弥漫于互联网空间,它所造成的危害是明显的。对消费欲望的不断刺激,并没有相应地提高人们对劳动和创造的追求,在这一过程中,互联网金融无疑起到了推波助澜的作用。不用劳动创造就能先期兑付一种假想的未来,以背离实际的方式强化一种观念:把过去和未来能够创造或者已经获得的财富,用于今日的消费狂欢。这种消费理念的进一步发展,就变成了将假想当做现实,将虚构当做实在,经济的泡沫不但卷入了现实生活中,也嵌入到社会心理的基础里。从而,那些一直被认为是积极健康的消费伦理,量入为出、厉行节俭、利己不损人等,变成了与现实背道而驰的东西。如果极度虚构的未来价值是可以任意兑现的,那么欺诈或者撒谎就不被认为是一种不道德的行径;因为这有可能被认为是对个人在未来取得经济建树的不信任态度。互联网消费金融在其业务形态、工作环节上存在的伦理问题,构成了互联网消费经济的深层伦理根据。我们必须清楚:健康消费和普惠金融相结合,是互联网消费金融发展的应当趋势。互联网消费金融创新的方向必然是消费场景的创新,并依靠这种“创新”增加金融资本对人们的全面引导。平台必须增强和保持用户活跃性,其原因是“资本害怕静止”,资本一旦静止,它的全部“生殖力”就将不复存在。为了维护持续不断的用户黏性,诱导消费是金融场景创新的侧重点,这对经济活跃和稳定营收是有积极意义的。不过,理性和适度克制的消费,无论是在劳动伦理还是在生态伦理上都是必要的;为了经济数据增长曲线的“美观”而露出行为动机中的“丑陋”并不是人类应有的良好姿态。

第八章　互联网保险：不确定的风险中存在确定的价值吗？

随着互联网技术及其应用普及方面所取得的成就日益显著，我国进入由保险大国向保险强国转变的重要战略机遇期。互联网保险是指保险机构依托互联网订立保险合同、提供保险服务的保险经营活动。它既是传统保险的技术延伸，也是其产品延伸和价值延伸。互联网保险不仅增强了保险在风险管理中的职能，在保险实践中也凸显了其内在的矛盾，即在不确定性增强的网络时代，互联网保险究竟应当遵循怎样的价值原则。在互联网时代进一步提高保险密度和深度，使其达到均衡风险与收益的目的。在更复杂的风险体系中，互联网保险呈现出了其社会功能上的应然状态吗？互联网保险在原保费收入激增的状态下，业务增长是否带来风险社会的更多保障？或者互联网保险反而刺激和增加了保险业务投机和背信所造成的更大风险？对互联网保险业务的包容和鼓励，理应建立在更加规范、科学的运营机制上，也应使它的运营建基在伦理的合规上。保险从理论上并非救济，在实践上它也不可能成为一种道德上的同情和扶助，而是一种利益和风险的重新分配。尽管如此，经济理性仍然不应是互联网保险的唯一思想支撑，将互联网保险的发展纳入人民美好生活的伟大实践中，坚持以人民为中心的基本原则，促进保险实质地获得它的更多伦理属性，是我国由保险大国转入到保险强国的有效路径。在特大疫情面前,保险的伦理属性更加突出,而互联网保险在应用推广上的便捷性也得以凸显。人们对互联网保险的伦理认知正在发生变化,这既是偶然事件引发的,更有着其内在发展的必然性。在互联网保险中,既有保险人承担的投保人和被保险人的道德风险;也有投保人和被保险人承担的保险人的道德风险。建立更加完善的互联网保险伦理秩序,需要在保险参与各主体间构建更好的伦理关系,全面提高各参与人的道德素质。

第一节　我国互联网保险的发展现状与伦理问题概览

一、我国互联网保险的发展现状

中国已经成为全球最重要的新兴保险大国。2016 年底,我国保费收入超过日本,成为世界第二大保险市场,仅次于美国。2018 年,我国保险密度为 2724 元/人,保险深度为 4.22%。2019 年,我国保费收入 4.2 万亿元,同比增长 12.17%;保险业总资产为 20.56 万亿元,较年初增长 12.18%;保险业净资产 2.48 万亿元,较年初增长 23.09%。①②③ 截至 2019 年 6 月底,我国 179 家保险公司平均综合偿付能力充足率为 247%,平均核心偿付能力充足率为 234.8%,较上一季度有 1.7 和 1.4 个百分点的提升。④ 整体来看,我国保险事业取得了巨大的发展成就,已经成为世界保险大国,但保险深度和密度尚不

① 胡滨、杨涛:《中国金融发展报告(2020)》,北京:社会科学文献出版社,2020 年,第 83 页。

② 注:在我国,保险深度也存在较大的地域差距,以 2018 年的数据看,北京的保险深度为 5.94%,上海为 4.30%,山东为 3.29%,辽宁为 3.37%,等等。我国保险深度不但远远低于英法等国,除北京外,全国平均及各地区的保险深度都低于全球平均 5.4%的水平。(参见中国〈深圳〉综合开发研究院编写:《中国产业金融发展指数报告(2019)》,北京:中国经济出版社,2020 年,第 34、92 页)

③ 胡滨、尹振涛、郑联盛:《中国金融监管报告(2020)》,北京:社会科学文献出版社,2020 年,第 112 页。

④ 胡滨、杨涛:《中国金融发展报告(2020)》,北京:社会科学文献出版社,2020 年,第 84 页。

高,保险市场的不均衡不充分特征还比较明显。互联网保险不仅是保险渠道的革新和拓展,也是保险业务和内涵的延伸。例如,2015 年,互联网保险占保险行业保费总量的 4.7%,但对全行业保费增长的贡献率则达 14%。[①] 互联网保险对保险行业市场规模扩大所作的重要贡献,除了增加保险渠道,使保险业务开展更加便利、透明、有效外,还增加了潜在业务对象和新险种生产的经济空间和信息传播空间。前者使保险密度和保险深度的相对值不断提高,而后者对它们的绝对值提升起着关键的作用。

1. 互联网保险市场持续快速增长

据国际货币基金组织预测,2020 年至 2027 年,我国保险市场保费增长率将维持在 13.5%左右,占全球新增保费总额的三分之一。[②] 这一预测与我国人口总量和经济体量是基本相当的,如果考虑我国经济发展的增速和人民美好生活实现的进度,实际保费增幅和市场占比可能远远高于国际货币基金组织的预测。保险行业整体增速趋缓,但互联网保险占比增速则相对较快。《中国互联网金融发展报告(2016)》曾预言未来五年保险行业还有一倍的增长空间,这是基于国民经济总量和人均可支配收入增长趋势得出的结论,在保险密度与深度达到相应峰值后,保险行业整体发展会趋于稳定。在这一过程中,互联网保险作为保险行业中的新兴领域(或渠道),2015 年的增速达 160%,其中互联网人身保险甚至增长了 343.4%。[③] 在互联网保险萌芽和发展初期,它对整个保险行业的贡献相对有限;互联网保险主要是在渠道上瓜分了少量传统险种的份额。而在互联网经济充分涌流,互联网与人们生活的融

① 李东荣:《中国互联网金融发展报告(2016)》,北京:社会科学文献出版社,2016 年,第 393 页。

② 胡滨、杨涛:《中国金融发展报告(2020)》,北京:社会科学文献出版社,2020 年,第 91 页。

③ 李东荣:《中国互联网金融发展报告(2016)》,北京:社会科学文献出版社,2016 年,第 393 页。

合日益密切的时期，网络活动开辟了新的生存空间和发展机遇，同时也为保险行业带来新的机遇和挑战，互联网保险必然增添许多新的险种和运营创新；由于互联网经济的蓬勃发展同时增加了实体产业和虚拟经济的多向发展，社会经济发展面临更新换代的战略机遇，国民经济的增长成为必然趋势。在这一阶段，互联网保险不但进一步分割了传统保险行业的份额，在增加新险种和提升保险运用创新方面发挥了重要作用；因此，互联网保险成为保险行业外延拓展的先锋。在互联网经济发展趋于成熟的阶段，网络经济再现相对稳定的结构化趋势，互联网保险创新的外延受到限制。在经过一段时期的保险体量稳定的内部结构转变后，互联网保险将占保险行业份额的更大比例，并趋向某种均衡，互联网保险再次进入内涵发展阶段。

2. 互联网保险的平台化与产业融合持续深化

目前，产品创新已经不限于互联网新险种，车险、健康险、寿险为主的传统险种也在互联网时代经历着重组改造。① 由于场景化的需要，互联网保险与网络巨头之间形成了密切的合作关系，通过场景嵌入、社交分享达到精准推广。互联网保险与“抖音”“快手”“微博”等网络平台的发展息息相关，保险账号入驻各种网络平台（如“抖音”上粉丝超过100万的保险账号有16个，粉丝数量在50~100万之间的账号有24个②）。互联网保险公司与网商公司、商旅、健康等领域的网上商城之间建立联系。并通过信息交互系统实现商家、顾客（投保人）与保险人之间的联动。医药网+药保、出行网+旅保（或单一意外险等）、汽车网+车保、健康在线+医保等，互联网保险业务的网络渗透率不断提高，人们可以更为便捷地享受到互联网保险带来的便捷和风险共享服务。2019年互联网人身保险销售中，依靠第三方平台实现的保费收入达1619.8

① 《中国互联网保险行业研究报告》，艾瑞咨询（iResearch）发布，2019年6月，第19页。

② 《中国互联网保险行业研究报告（2020）》，曲速资本 & 保观发布，2020年11月，第54页。

亿元,较 2018 年增长了 63.3%。① 平台化作为互联网保险的表象,其内在的逻辑是对业务的精细化管理。“微保”“众安保险”“量子保”等都深耕场景保险业务,使互联网保险业务平台化成为新的常态。保险业和银行业交叉业务增多,理财保险产品不断涌现。对于保险公司来说,保险与投资是行业发展的两轮驱动力,缺一不可。保险与银行业的业务互通互补是两行业发展的内在要求。经济体的总体债务水平和金融冒险行为增加,部分借款者信用恶化,金融脆弱性不断累积和增加,银行业与保险业的融合有着广泛的前景;同时,保险业本身并不是单列的风险屏蔽系统,而是风险分担和管理系统,各行业之间的风险互通,也可能使风险交融膨胀。但是,这并不能阻止银行业与保险业之间的深化沟通与合作。当然,对于互联网保险而言,互联网经济新生业态是其发展壮大的重要基础,互联网保险与互联网经济其他新业态之间的联系将会进一步加强。2016 年,保监会遵循“开放前端、管住后端”的总体思路,持续推进保险资金运用改革,陆续出台了十余项新政。② 这些政策的出台对互联网保险资金运用范围的扩大、资金信息披露和风险管控能力的提升起着十分重要的作用。互联网保险行业作为资产配置的重要行业,在资产规模不断攀升的情况下,作为社会“稳定器”和经济增长“助推器”的重要功能进一步显现。互联网保险资金运用政策的规范化、宽松化,使保险产业与其他产业融合的广度和深度有了较大的发展。中国保险行业资产每年新增 1 万亿元以上,2016 年保险资金应用余额突破 13 万亿元。③ 可运用资金的大幅增长使保险资金参与社会经济建设和其他事业发展方面的潜力增强。保险资金运用结构不断演变升级,收益性投资比例不断提高,投资领域不断拓展,由相对单一的传统

---

① 《中国互联网保险行业研究报告(2020)》,曲速资本 & 保观发布,2020 年 11 月,第 18 页。

② 王曼怡、周晔、陈奉先:《中国金融风险报告(2017)》,北京:首都经济贸易大学出版社,2017 年,第 128 页。

③ 王曼怡、周晔、陈奉先:《中国金融风险报告(2017)》,北京:首都经济贸易大学出版社,2017 年,第 133 页。

银行存款转变为银行存款、债券投资、股票和证券投资、投资实业等诸多领域。就整体趋势而言，银行存款、债权投资占比下降趋势明显，年均降幅分别为2.38和1.24个百分点；而股票证券和其他投资占比越来越高，2016年分别达13.28%和36.02%。① 互联网保险资金运用在深度和广度上的发展，使其在产业融合与经济结构优化上所能担当的责任更加重大。

3. 保险服务实体经济的能力提高

当前，保险业支持社会经济发展、服务实体经济主要表现在保障民生和国家重大战略实施、提供金融服务、优化金融资源配置、完善金融供给和服务等方面。截至2019年9月底，保险业提供的风险保障金达到5445万亿元，在家庭养老和健康服务方面亦有强劲表现。② 从保险服务效率看，财产保险综合赔付率由2011年的47.4%增长到2018年的54.8%，保险资金运用率由2011年的67.9%提高到2018年的85.2%。③ 保险对实体经济的风险保障作用和投资支持作用持续增强。银保监会采取了一系列措施，推进保险业服务民营经济，支持外贸发展，推动保险助力“三农”建设。④ 2019年全国各地区原保险保费收入共计42645亿元，资金运用余额185271亿元（其中银行存款25227亿元，债券64032亿元，股票和证券投资基金24365亿元，其他71647亿元）。⑤ 保险服务实体经济的主要途径是发挥其核心功能，即经济补偿、风险管理和资金融通。2019年我国财产保险的保费总额达11649亿元，财产险原

---

① 王曼怡、周晔、陈奉先：《中国金融风险报告（2017）》，北京：首都经济贸易大学出版社，2017年，第137页。

② 胡滨、杨涛：《中国金融发展报告（2020）》，北京：社会科学文献出版社，2020年，第85页。

③ 中国深圳开研院：《中国产业金融发展指数报告（2019）》，北京：中国经济出版社，2020年，第33页。

④ 胡滨、尹振涛、郑联盛：《中国金融监管报告（2020）》，北京：社会科学文献出版社，2020年，第112页。

⑤ 注：见中国银保监会（www.cbirc.gov.cn）统计信息数据。

保险赔付支出6502亿元（数据来源：银保监会官网），保险起到了很好的经济补偿功能。对于实体经济运行中的自然和社会灾难、不可预期的市场风险等，使企业在实现组织目标时出现不可控的发展趋势，损害企业经济利益，保险能够使其在损失上实现最小化。在相对专业化的风险管理中，也能前置风险管理，提高预警效能，防止经济主体在推动生产运营中陷入盲目躁动的境地。保险企业在制定和执行发展策略时，常将保险业态关联生态圈作为基础战略目标。金融服务、医疗健康、汽车服务、房产服务、智慧城市等生态圈是保险业务增量和未来延展的重要基础。在网络经济深度发展的同时，互联网保险也必然按时跟进，使人们生产生活中潜伏的经济和社会风险拥有更多的化解渠道。例如，随着网商经济发展而出现的物流保险，增加了电子商务和现代物流业发展过程中的协调机制，使海量增长的快递单量在更好地服务社会大众方面拥有更为稳健的经济保障。同时，物流保险也为化解物流企业、电商与消费者之间的复杂矛盾提供了新的途径，在互联网物流保险迅速发展和客服智能化不断提升的情况下，物流保险必然成为网商经济发展的重要助推剂。无论是传统产业还是新兴业态的发展，在日益激烈的竞争环境和不断加剧的技术竞赛中，面对市场需求的变动不居，出现经营决策失误的情况偶有发生。为实体经济提供生产经营保障，减少不确定风险状态中的损失，从而为更多主体参与实体经济发展提供信心和风险中的经济补偿。对于具有某种脆弱性或者某些综合脆弱性的行业和领域的生产经营，互联网保险能在更大范围内积聚资金，支持其克服自然灾难或其他高风险条件的影响。农业生产和渔业生产中就存在高度的气候依赖性，特殊气候和自然灾难往往使农民和渔民损失惨重。互联网保险利用技术对自然条件的监控和定位航拍数据，整合线下信息，能够较为准确地为农业和渔业生产提供保险服务，维持相关生产的连贯性而避免破产终极风险的发生。互联网保险在保险精准度和实体经济生产经营的参与深度和广度上，仍有较大的发展空间。

4. 互联网保险监管体系进一步规范

互联网保险在一段时期内存在野蛮生长的迹象，为改变互联网保险对金融市场和经济系统以及人民群众造成的系统性风险，保监会于 2015 年 7 月 22 日印发《互联网保险业务监管暂行办法》（保监发〔2015〕69 号）。“暂行办法”对保险机构开展保险业务的“经营条件与经营区域”“信息披露”“经营规则”以及“监督管理”提出了明确的要求。2018 年 4 月，全国金融标准化技术委员会保险分技术委员会制定了《保险电子签名技术应用规范（JR/T0161-2018）》行业标准。2020 年 9 月 28 日起，中国银保监会就《互联网保险业务监管办法（征求意见稿）》公开征求意见。此“征求意见稿”坚持问题导向、统筹推进、服务实践、审慎包容的原则，使互联网保险回归保险本质，既要允许保险创新，又要防止乱象失管；既要明确主体责任，又要包容互联网保险产品创新。为提高保险公司经营透明度，银保监会加强了互联网保险信息披露监管，以利于民众对保险产品的甄选。监管层把严控风险放在重要位置。严控资产负债流动性错配可能引发的系统性风险，有利于保险业回归本源，更好地服务于实体经济发展。① 2019 年 2 月，银保监会印发了《中国银保监会办公厅关于加强保险公司中介渠道业务管理的通知》（银保监办发〔2019〕19 号），进一步规范保险中介市场秩序。2020 年 7 月 30 日，为有效加强保险公司偿付能力监管，维护保单持有人的权利，银保监会发布了《保险公司偿付能力管理规定（征求意见稿）》，明确了保险公司偿付能力监管的指标体系，对保险公司信息披露和市场监管做了明晰的规范，提出了可行的监管细则和约束措施。2020 年 9 月 30 日，银保监会发布《关于优化保险机构投资管理能力监管有关事项的通知》（银保监发〔2020〕45 号），持续推进简政放权，深化保险资金运用市场化改革，规范保险资金运用。2020 年上半年，为规范保险资金参与金融衍生产

① 胡滨、杨涛：《中国金融发展报告（2020）》，北京：社会科学文献出版社，2020 年，第 91 页。

品交易，防范资金运用风险，维护保险当事人合法权益，银保监会制定了《保险资金参与金融衍生产品交易办法》《保险资金参与国债期货交易规定》和《保险资金参与股指期货交易规定》。6月底，银保监会发布《关于规范互联网保险销售行为可回溯管理的通知》，对互联网保险销售页面管理进行了明确的规定。系列监管政策落地，意味着互联网保险生态趋于稳健发展，将行业和企业自律与社会和管理部门的他律结合起来，真正使“保险姓保”。

5. 金融科技对互联网保险业的发展至关重要

金融的关键是风险管理，①金融科技的发展和应用对互联网保险业风险监控、风险评级、风控策略和管理创新等有着重大的战略意义。在互联网保险业务中，金融科技能够通过大数据、云技术与人工智能等技术提升风控能力，对客户识别认证、反欺诈、授信审批、理赔受理及各种实际业务的展开有着独特的功能。现在是保险公司拥抱开放生态系统并与成熟的保险技术公司和第三方合作的时候了。专家开发创新的解决方案，并使其快速地在市场推出。第四次科技革命提前到来，在5G、物联网、边缘计算等低层技术的突破下，新一代移动网络将改变全球经济和我们的日常生活，也势必为互联网保险提供更多发展的机遇。人工智能、区块链、大数据、云计算、物联网、基因诊疗等新技术不断涌现，技术变革正在重塑互联网保险行业的新格局。② 尽管保险公司进行网络直销和第三方比价是上世纪末就已经存在的事实，但互联网保险的真正爆发则始于2014年。③ “物联网+健康保险”，在使用特定穿戴设备（智能终端）并按要求完成锻炼计划后，就能成为特定互联网健康保险公司的有效客户。“人工智能+财产保险”，京东金融通过深度学习算法进行用户行

---

① 肖钢等：《中国智能金融发展报告（2019）》，北京：中国金融出版社，2020年，第68页。

② 《中国保险科技洞察报告2020》，北京金融科技研究院，2020年，第1页。

③ 刘志坚：《2017金融科技报告：行业发展与法律前沿》，北京：法律出版社，2017年，第51页。

为模拟,在识别恶意欺诈方面有了重大技术突破。“区块链+保险”,使保险交易更加个性化和更加安全,极大地降低了交易成本和风险。“大数据+汽车保险”,通过车载诊断系统设备计算汽车里程数和性能储备,从而精准计算基础保费和附加保费。互联网保险与保险科技之间有着紧密的联系,无论从产品创新还是销售终端创新、保单及资产管理等,互联网保险的物质基础必然是科技成果应用的不断更新换代。随着保险科技的发展,传统的保险客户关系将会发生重大变化,数据分析将进一步影响保险业,①在未来的互联网保险竞争上,科技竞争是其重要的内容。

总之,无论是全球互联网保险还是我国互联网保险,在 21 世纪都取得了突飞猛进的发展,无论是在保费收入上,还是在险种创新上,都取得了令人瞩目的成绩。与互联网保险行业发展密切相关的是监管手段的进步和监管力度的加强,这使互联网保险逐渐由野蛮生长转变为稳健发展。在这一过程中,技术手段和法律规范是不可缺少的,而保险伦理的在场与进步也是互联网保险行业健康发展的重要方面。

二、我国互联网保险的发展中的伦理问题

传统的保险或许需要一些出色的说客,以便潜在客户在较短时间内对保险产品予以认同。这是保险合同签订的基础。优秀的说客能够传递有利于达成一致意见的信息,无论人们在理解这些信息的时候是否出自真实的感受或者深切的同情,又或者是洞察和逻辑推理。这些对事物的理解方式并不重要,正如那些需要被理解的内容一样,只有在目的论的框架内,它们才被重视,被作为一种价值来宣称。从伦理的视角看,也许带有欺骗的成分,尽管这不一定反映了保险经纪人或者营销人员的真实的心理动机。传统保险行业中的伦理问题,诸如欺诈和诱骗,以及对承诺(保险合同)的有意背弃和曲解,在互联网

① (美)小杰伊·D.威尔逊:《金融科技:FinTech 定义未来商业价值》,王勇、段炼等译,北京:人民邮电出版社,2018 年,第 139—145 页。

时代仍然延续，并存在一些新的形式。互联网既为保险事业的发展提供了机会，也为保险伦理提出了新问题。

1. 新风险与新保险

对于人类社会而言，风险是客观存在的，也是普遍的。就整体必然性而言，它不以人的意志为转移；就发生的概率而言，它以不同程度和形式发生在每一个人身上。风险是人类经济社会发展的“必要成本”。“风险还会随着人类社会的进化而‘进化’。”①从自然风险转向技术风险和社会风险，使得风险的不确定性更加突出。在农业经济时代，风险主要来自自然界，气候变化、自然灾难和疾病传播等，往往使农牧业生产和人类生存面临一定的风险。在工业社会，技术变迁、科学方法的重大创新、新发明和新发现不断涌现，现有的生产经营领域面临着更为复杂的风险，这些风险在社会上发挥着深广的作用，使政治、经济、文化与社会生活不断面临新的机遇和挑战。在网络社会中，随着信息传播方式的转变和价值承担载体的变化，一方面，工业社会和农业社会中早已存在的风险进一步增加了其偶然性和不可控性；风险所造成社会心理的紧张状态在互联网时代要强于其他任何时代，原先所具有的地域性质和季节性的风险在互联网传播中突破了地域和时域的限制，成为一种随时都能引爆的信息洪流；另一方面，信息传播方式的变化以及经济社会的普遍网络化、数字化，也带来了经济、政治、文化和个人生活方面的诸多风险因素，在互联网与社会生产生活的深度融合中，舆情导向和偶然的信息聚合成为社会与个人风险中的重要根源。在互联网时代，由于网络舆情影响力提升、经济运行复杂程度提高、社会人文环境多元激荡、经济政治文化等社会各领域和社会生活的耦合性加强，各种风险交叉感染、叠加累进的可能性增大。

保险是经济社会发展到一定阶段后人们应对各种风险的一种有效的社会

---

① 巴力：《保险总论》，上海：立信会计出版社，2012年，第2页。

性方法。随着生产方式的不断进步,社会风险的不断复杂化和不确定性的增强,人们为了避免经受或减少不可承受的损失,将保险作为个人或组织生产经营与生存发展的最后避风港。作为风险分担机制,最原始的方式是人们之间的互助共济,在共同体内部构筑起风险防御的堡垒,以避免因个人或家庭生产劳动中出现的意外歉收。这种原始的互助方式尽管与现代保险有着较大的差别,但作为人类在生产力较低的情况下共同应对自然界威胁的有效手段,保存了人类发展的机会。当生产有了整体和局部剩余的情况下,经济上的保障和人身的保障有了更为复杂的血缘体系和政治体系的参与。储蓄的经济保障功能与血缘宗法关系对安全保障功能发挥了维护社会稳定的积极作用。经济和人身的安全保障是一种底线保障,在保险行业正式成为一个专门行业之前,“生存与求安的本能成为最广泛意义上的保险思想与形式。”①镖局和行会组织在一定程度上曾经起过保险的作用,但从本质上来说,这仍是血缘宗法制度在行业领域中的反映;更为广泛的保险方式是建立坚固的血缘依赖关系或者宗法体系,或者在某种意义上以宗教组织的互济作为依靠来实现生存保障。自然风险、政治和军事风险是早期社会风险中的重要内容,与之相应的保险思想就是集结人的自然力以对抗环境的自然力,以家族或者社群(包括宗教组织)的组织力量来抵御政治和军事上可能存在的威胁。早期航海活动中人们为了减少海损而发起的风险共担制度,成为现代保险制度的萌芽。共同海损至今仍然是国际海运界的必要条款。在近代工商业发育较早的海洋文明国家,由于风险的巨大,催生了最早的正式保险行业,第一张较为完备的保险单诞生于12世纪末的意大利,但彼时的保险仍然是在狭小的领域中缓慢地发展。英国工业革命和殖民扩张爆发之后,社会诸领域的风险增加了,专业保险机构开始出现,人们需要更多的安全保障来维系经济和社会组织的运行。工商业的进一步发展使经济全球化的进程中出现了更大范围的竞争和市场的不

① 巴力:《保险总论》,上海:立信会计出版社,2012年,第45页。

可预测性，各国人们在开展经济活动时都对风险化解机制和分担承诺有了刚性需求。这是近代保险事业发展的重要原因。如果说近代之前的保险，实质上是同行业、同地域、同血缘或其他共同体的自然结合，以增加应对偶然事件的能力；那么，近代所诞生的保险，就已经有意识地将风险分担作为一种内部运行的组织逻辑，并在吸纳外部力量上采取了措施。商业化程度的提高，进一步使现代保险在一些专门领域具有投资价值。

工业社会中的保险所具有的投资功能，源自于保险在工业生产中起到"社会总生产"的有机组成部分的作用。保险在推动经济社会发展方面具有举足轻重的作用，在风险管理方面，保险对宏观产业领域有着资产保护、帮助获得信贷、主动风险管理和改善财政运行的功能。① 工业社会中劳动生产以分工合作为基础，它不再是自然经济背景下的个体家庭劳动为主体的经济生产。社会化分工合作使劳动合作和经营合作成为经济生产的主要方式。在这种合作机制下，生产劳动与经营活动健康发展所需要的一些要素支出都是整个生产体系中不可或缺的部分。无论是具有保险性质的经营合作社还是专门的保险业务，它们对工业社会中商品经济生产运行起着十分重要的作用。从经济运行的内部为生产组织和经营机构提供了稳定器。正因为保险在工业社会的生产经营中发挥了"社会总生产"中有机构成部分的作用，从而也必然通过一定的分配机制分享"社会总收入"（即社会生产的总成果）的一定比例。保险投入作为社会总生产的成本要素纳入生产要素系统之中，对于专门从事保险事业的投资者而言，其获得相应的社会财富分配权是理所当然的。保险所具有的投资功能是建立在它的这种社会总生产的参与深度和参与广度上的。网络社会中的保险，除了沿袭工业社会保险的功能之外，还增加了更多的投机成分。

互联网保险的投机成分是新保险形态面临新的伦理困境的主要原因。互

① 曾刚、何炜：《中国普惠金融创新报告（2019）》，北京：社会科学文献出版社，2019 年，第 159 页。

联网保险新伦理问题的出现与互联网本身有着密切的联系。事实上工业经济中的保险投资已经具有对风险不确定性的收益预期,并将这种不确定风险收益作为重要的行业发展动力;只不过这种对不确定风险收入的收益动机在与互联网精神的一些负面情绪相结合的过程中,变得更加复杂和诡异。互联网精神的正面内容众所周知,其开放性、互动性、透明性、便捷性为世界经济社会发展提供了许多机会。这对保险来说,使其行业和领域的渗透率大幅提升。事物的两面性正在互联网的特性中发挥作用,开放性、互动性和透明性等属性也使互联网风险剧增。信息传播方式的变革,尤其是信源革命使得低层信息在获得权威发布形式上有了可能,而传统权威信源则被增殖性传播所掩盖。在网商经济时代,信源革命的变化直接导致舆论偶发事件对经济运行状态产生重要影响。工业经济时代保险的投资属性在互联网时代增加了更多投机属性,其直接原因就是舆情发展的偶发性增强,而舆情能够在某种程度上直接导致经济发展的方向。由于匿名形式的普遍存在,互联网保险经营者逃离监管的机会增多;对于更多新颖的保险产品售卖方式,诸如网络直播形式的保险销售,它们潜伏着更多的道德风险。新的风险系统必然生发出新的风险化解之道,而新保险亦必然伴随着诸多新的伦理问题。

2. 互联网时代的保险与互联网保险

互联网保险业务指保险机构依托互联网和移动通信等技术,通过自营网络平台、第三方平台等订立保险合同、提供保险服务的业务。2020 年 9 月 28 日发布的《互联网保险业务监管办法〈征求意见稿〉》规定,互联网保险业务指的是保险机构依托互联网订立保险合同、提供保险服务的保险经营活动。2014 年至今,互联网保险由先前的探索阶段进入到全面爆发阶段,互联网保险时代已经到来。① 就“‘办法’征求意见稿”所表达的互联网保险概念而言,

① 李东荣:《中国互联网金融发展报告(2016)》,北京:社会科学文献出版社,2016 年,第 394 页。

侧重于保险的互联网渠道,将保险中介、保险代理人(个人代理人除外)、经纪人、公估人等均纳入“保险机构”当中;而对网络平台则分为自营和非自营两类。“‘办法’征求意见稿”所称“互联网保险产品”是指保险机构通过互联网销售的保险产品。互联网保险和互联网时代的保险,既相互联系,又有一定的区别。互联网时代是上世纪末开辟的以计算机网络为物质载体,并将人的生产生活和社会经济、政治、文化诸种生存环境数字化、网络化的时代,是信息技术在社会生产生活诸领域起关键作用的时代。本世纪初开始的移动互联网时代,由于智能终端的普及化,人的数字化生存与网络虚拟实在世界的普遍吸纳能力进一步提升。从农牧业自然生存状态、工业结构化生存状态到互联网生存状态,人们实际的保险需求发生了巨大变化。农牧业自然状态下,人的相互依赖性作为风险保障的核心机制发挥作用。工业社会中人的流动性加强,但相对稳定的工业生产体系使社会人员实现了不断结构化的局面。在结构化工业生产体系中,保险作为专门业务在不同阶层中发挥了不同的作用,并且在不同阶层中受欢迎的程度有着显著的差别。中产阶层是工业社会中拥有保单的主要客群。

在相对稳定的生产机制中,工业社会的中产阶层既有一定的资产剩余,但对抗不确定风险的能力依然比较脆弱,这使其成为工业社会中现代保险的主要接受群体。网络社会延续了工业社会中的这一主要特征。中产阶层的文化教育和经济收入允许其在实现基本生活目标之外考虑个体家庭发展的愿景目标,并为这些目标的实现争取更多保障。传统保险业务的互联网化从这一角度来看,无非是保险产品推广渠道的差异。不过,就现实性而言,互联网时代已经使社会阶层结构发生了较大的变化,原来的金字塔形的阶层结构被扁平结构所取代,相对稳定的阶层结构被阶层流动性所取代,阶层之间的鸿沟似乎变得模糊起来。客群目标随着扁平化的网络社会阶层而出现新的拓展,更多人拥有对于保险产品的需求。阶层边界的模糊性使保险产品的设计需要更加多样化;而阶层流动性的增强也不断要求保险产品的创新。在客群阶层扩大和复杂化的同时,保险公司在互联网时代会出现显著的马太效用。由于信息传播的吸附效用,自由媒介并不创造扁平信息传播的绝对命令,相反,信息的自由流动在其发展的高峰阶段往往会出现信息垄断。信息垄断使在注意力稀缺的"屏读社会"(即人们通过智能终端屏幕读取信息,实现个人与社会和他人信息沟通的社会)中,使经济发展的渠道价值竞争激烈。"流量即渠道",为获得更大的精准信息渠道,必然要支付高昂的平台运营费用或者平台租赁费用。这样一来,互联网保险公司并不会如我们所期望的那样,出现丰富的产品主体供应,而是巨型互联网保险公司取得垄断地位,并在其发展的顶端限制着互联网保险的持续创新。这在监管缺失的情况下是能够发生的。互联网保险公司不设分支机构,保险产品的销售、承保、理赔都是线上进行,表面看来的确由于其轻资产的特征而对获客成本降低有实际的价值,但这一预设实现的前提必然是更加有效的公共监管和互联网保险公司的伦理建设。否则,监管缺失导致的欺诈、高杠杆导致的风险、高度垄断导致的欺行霸市在互联网保险领域将会肆意横行。

3. 普遍的和特殊的伦理问题

传统保险中的伦理问题在互联网保险中仍然存续下来,并且发展出新的形态。互联网保险不是传统保险的渠道网络化,其内涵上的变化必然导致伦理问题出现新的状况。厘清传统保险与互联网保险伦理问题产生的根源,具有重要的现实意义。传统的保险伦理问题,其源头主要来自三个方面:机构内耗中的利润坚持,内部治理的松散结构和价值观的缺失。首先,保险公司机构内耗严重,而保险公司在坚持利润至上的背景下,必然出现一系列伦理失序和道德失范的问题。传统保险公司有着庞大而细密的机构层级网络结构,管理部门的臃肿不但降低了管理效率,而且使保险成本骤增。从公司总部到海量保险业务员,人员结构复杂且运营成本居高不下。但是,保险公司并不因此而降低其对利润的追求,这与保险公司的经济主体性定位密不可分。作为具有独立财务权利目标的企业，保险公司对利润追求的热切程度并不低于其他企业和经济组织。为此，一方面要承担高昂的运营成本，另一方面要增加企业利润，对于保险公司来说，减少理赔支出和增加资产运用的效能是实现其目标的两个核心方面。相比较而言，增加资产运用效能属于组织内涵建设的方面，是保险公司持续发展的主要方面；但不可否认的是，由于层层限定和指派的经济效益指标，使各分支机构在业务层面上采取不正当手段提高理赔程序的繁杂程度或者设置更多隐性门槛成为其减少理赔支出的重要途径。其次，传统保险公司在减少运营成本时，会不断增加临聘业务员数量，以便使公司保险产品具有更广泛的受众，并通过临聘业务员亲友关系尽量争取更多客户资源。一些业务员受到保险公司高额提成引诱而成为保险产品的推广者，他们对于保险产品并不十分理解，更不用说对保险的人本属性和伦理价值有深入的领会。由于业务生疏和业务员对业务量的过度追求，保险产品业务推广行为在一定程度上变成一种令人生厌的社会现象。人们对不断进行的电话推销和上门游说表示强烈的反感。这主要是临聘业务员对保险产品的理解偏差造成的。业务员一旦出现对保险业务的有意或无意的误读和误传，就会造成保险客户关系的紧张，从而引生出诸多伦理问题。再次，保险公司在价值观上需要重回保险本质，增强保险的属人性质。以人民为中心的保险观在任何时候都是必不可少的。价值观是一个企业的终极追求，是企业立世的根本，也是指引企业内部治理和对外运营的灵魂。由于保险在功能上的嬗变，从传统功能（分散风险和分担损失、组织经济补偿）到各种衍生功能的扩大（如投融资功能、防灾防损功能和财政分配功能等），不同类型保险公司组织价值的自我意识逐渐从社会系统的稳定器转向各种不同的方向，从而使保险公司在提升社会效用时缺乏更多主动性。这既是国家监管的必要性所在，也是保险伦理问题产生的深层原因。

互联网保险伦理问题的源头，来自传统保险与互联网的重叠交融，主要表现在如下六个方面：轻资产与重渠道、透明网络中的信息权力不平等、互联网保险的投机属性、“少壮派”的伦理隐喻、保险的长期风险与互联网企业的生命周期之间的矛盾、对保险技术理解的偏差。第一,轻资产与重渠道。互联网经济作为轻资产经济成为创新发展和后发赶超的重要领域备受青睐,网络创业和再创业是企业转型发展和获得新市场机遇的重要途径。在互联网经济中,渠道价值得到彰显;“流量就是生产力”,在注意力稀缺的时代,流量意味着关注度的多寡。互联网保险业务开展的关键在于低层触角的敏感度和广泛性,也就是直接面对客户的业务信息推广深度和广度,以及业务员和基层保险组织对客户需求的敏感反应。传统保险因此也付出了巨大的经营成本,并且收效甚微;尤其是在客户需求敏感反应的回馈方面,由于低层触角整体上缺少较高的专业素养,从而造成保险产品供需信息的脱钩。互联网保险由于借助了互联网经济中客户参与的直接性和产品展示的全面透明特点,对传统保险的上述缺陷有所弥补,因而也受到经营者的战略期待。不过,当保险资产轻量化成为趋势,保险资产运用具有更多选择范围时;保险机构对渠道的过度依赖必然造成渠道竞争的恶化。对渠道的过度追求导致了主动嵌入广告的泛滥,并将短暂的视觉展示精心打造成为保险产品推广的核心价值,从而遮蔽了保险产品本质上所具有的更多价值内涵和规范性条款。这是互联网保险欺骗的重要原因之一。第二,透明网络中的信息权力不平等。“数字鸿沟会让人认为‘能获取信息技术的人’和‘不能获取信息技术的人’的区别仅仅在于是否持有手机、计算机、互联网。”①开放和透明被视为互联网的生命,互联网保险公司在与客户的信息关系中,存在着“主授权力”,即保险公司能够依据自身利益需要采取特定方式主动呈现特定产品信息,以增强产品吸引力。网众表面上能够获得信息自由,而实际上仅能对智能终端呈现出来的有限信息进行甄别,并且受制于专业知识素养,其所做出的抉择必然带有相当的片面性。这种信息权力的不平等造成了互联网保险中的诸多道德问题。第三,互联网保

① (美)迈克尔·J.奎因:《互联网伦理:信息时代的道德重建》,王益民译,北京:电子工业出版社,2016年,第447页。

险的投机属性。如前所述,互联网保险的投机属性增强了机会主义的盛行,并在一定程度上致使无关行业人员依托互联网保险的名义进行诈骗。第四,“少壮派”的伦理隐喻。在互联网经济领域,“少壮派”被认为是主要生力军,但伴随着互联网经济中道德失范现象的爆发,人们亦对“少壮派”产生一定的成见,将“短视”“急功近利”“不择手段”“头脑灵活”等视为“少壮派”的身份标签。本质上,无论是互联网保险创业人员还是从业人员的年龄结构都不应该成为一种伦理隐喻,因为对科技创新和年轻网民的深入理解在青年人中间更容易发生。不过,这些带有歧视意味的身份标签有其产生的特定场景,那就是在智能化程度尚未足够深入,保险自动化和精准度仍有待加强的情况下,互联网保险由于产品创新的迅速与监管制度创新的进度出现差异,从而导致了部分恶性欺诈和骗保现象。作为一种社会性的隐喻,其更为严重的后果是增加了负面因素在该领域的不断渗入,如果不加限制,“恶的诱惑力”(即当某事物被认为是坏的,那么诸多坏的因素就会主动进入其中,使其在事实上趋向坏或者变得更坏)会将互联网保险推向伦理失序和道德失范的深渊。第五,保险的长期风险与互联网企业的生命周期之间的矛盾。保险是一种跨期风险管理制度,对风险和损失的分担或者利益的共享,往往会跨越较长的时间段。人们在建立保险关系时既不能预测风险发展走向,也不能预测承保机构的运营前景。从这个角度来看,长期风险保障关系的建立本身就是一种风险投入。承保人在签订保险合同时的承诺尽管可以通过再保险的方式得到加固,但对于投保人和受益人而言,保险在化解风险时的确增加了额外的风险。这种额外的风险在事实上是存在的,特别是互联网经济竞争激烈的前提下,特定的互联网保险公司是否能够在较长的时间内存续是值得怀疑的。就此而言,站在投保人和受益人的角度来看,互联网保险机构如果不能确保自身在未来时期兑现合同承诺,就是明显的伦理失范甚至是从业人员的道德败坏。这样的道德指控并不偏离常识和正当的理解。第六,对保险技术理解的偏差。无论是保险从业人员还是保险产品的受众,对保险科技的过度信任往往导致另一方

"钻空子"。由于人们对技术的掌握程度必然具有不同步性，在知识和技术上的差距始终是存在的（即"知沟"）。如果将保险科技视为智慧生活中的尊崇人的美好祈愿的必然工具，就会导致人们在一定知沟背景下，掌握技术和专业知识更多的一方比较容易利用其优势而行使不当行为。这种能力上的约束必然借助于道德和法律的双手。在这一过程中，道德一旦缺席，必然出现严重社会问题。可见，互联网保险伦理问题，既具有一定的行业普遍性，又具有技术和社会发展的特殊性。

互联网保险伦理作为"问题"的主要根据是它作为新时代的保险运营方式和新保险形态在反映保险本质、重塑保险功能、发展保险事业、体现以人民为中心的保险理念等方面所存在的缺陷和障碍。这些问题既有传统保险中遗留下来的伦理治理困境，也有基于互联网经济的新的挑战。

第二节　保险的伦理本质与互联网保险面临的机遇和挑战

资金集中和风险分散是保险运营的主要内容，它通过为不确定性跨期风险提供保障而发挥其作为社会稳定器和经济助推器的作用。"保险姓保"，使参保人员及组织能够获得真实保障，为自然人和社会组织提供防灾止损的公共服务，从而为风险活动中的"极坏"情况提供最低保障，以避免出现恶性经济和社会损失。就此而论，保险具有内在的伦理属性。互联网保险是因技术延伸和业务拓展而出现对传统保险功能的突破，同时也增加了保险运营环境的复杂性。互联网保险中技术和业务的新进展，一方面有着强化保险本质，回归普遍防灾止损社会价值的现实意义，这是由互联网时代的高风险社会特质决定的；另一方面保险风险控制的任务更加艰巨，保险所带来的次生风险加剧的情况，这是保险业务创新进程中有效规范缺失所带来的结果。无论是保险业务还是从业人员素质方面，互联网保险在伦理上都面临新的机遇和挑战。

一、保险的伦理本质

1. 保险的内涵

所谓保险,指的是以集中起来的保险费建立保险基金,对被保险人因灾害或意外事故造成的经济损失给予补偿,或对人身伤亡和丧失工作能力给予物质保障的一种制度。保险能够为投保人减少或分担部分风险,减少或避免损失。保险的本质在于应对不确定性风险。马克思在《资本论》中说道:“保险公司把单个资本家的损失在资本家阶级中间分配。尽管如此,就社会总资本考察,这样平均化的损失仍然是损失。”①在社会总资本的视角下,保险并不能减少损失,而只是使损失“平均化”了而已。不过,对于个别资本或者自然人而言,保险的意义就变得直接了。保险使人们面对风险时具有更强的抵御能力,保障人们面对风险时仍然拥有前进的勇气和力量。马克思也指出,“同异常的自然现象,火灾、水灾等等引起的破坏相关联的保险,则和损耗的补偿以及维修劳动完全不同。保险必须由剩余价值补偿,是剩余价值的一种扣除。”②保险是人们总收入中的一部分,也是总投入中的一部分。一方面,它在支付保费时,保险是风险性生产经营活动中的必要成本;另一方面,它在获得理赔时又成为风险性生产经营活动的基本收益。这种二重性使得保险具有双重的社会接受心理:人们希望降低作为收入的保费金额,却想要在风险发生之后获得更高的理赔收入。正是这一基本的矛盾,使少数人冒着道德风险作出违反合约的事情。作为“用来应付不幸事故、自然灾害等的后备基金或保险基金”③,既然不是一种具有自我生成性的社会资产,而只是社会财富在特殊场景下参与分配的一种方式,那么,保险就是作为分配部门而不是作为生产部

① 《马克思恩格斯文集》第6卷,北京:人民出版社,2009年,第155页。
② 《马克思恩格斯文集》第6卷,北京:人民出版社,2009年,第198页。
③ 《马克思恩格斯文集》第3卷,北京:人民出版社,2009年,第432页。

门行使自己的社会义务。这一认识的必要性在于:保险公司不会因此而过分夸大保险的社会价值和实际所能发挥的社会功效;参保人亦能明白保险的有限性和社会再分配中的权利义务关系。由此而可能减少那些出于纯粹投机立场所进行的保险活动。保险与赌博的关键差异在于:尽管保险作为一种交易性分配方案并不具有纯粹的道德意义,但它有着对不幸事件的保障和补偿功能,从而赢得社会的肯定与认可。① 保险在于降低风险,从而降低不幸事件发生的概率,并为不幸事件的后果增加有效补救;赌博则会增加风险并导致社会不幸事件的增加并恶化风险事件的后果。保险与储蓄的最大不同在于:保险是生产经营风险平均化的经济系统行为,而储蓄是生产性收益平均化的经济系统行为。保险与救济的最大不同在于:保险是有条件的契约行为,而救济是无条件的道德行为。保险公司属于经营性机构,它自身在风险运营中有着明确的经济目的;救济机构属于公益性组织,它的目的是对社会风险和灾难的受害人的无偿救助。对于保险公司,"法便不得不承认它(们)都是获得财产的方式。"②

2. 保险的目的

马克思指出,社会民主党议员认为国家不应该对"保险国有化"采取任何措施,而讲坛社会主义者则将"保险"作为社会改良的重要领域,呼吁增加工人疾病和伤亡事故保险。③ 保险作为一种社会经济关系,它本身构成对伦理

---

① 巴力:《保险总论》,上海:立信会计出版社,2012 年,第 27 页。

② 《马克思恩格斯文集》第 1 卷,北京:人民出版社,2009 年,第 586 页。

③ "讲坛社会主义的纲领仅局限于提出一些社会改良措施,如设立工人疾病和伤亡事故保险等,其目的在于削弱阶级斗争,消除革命的社会民主党人的影响,并使工人同反动的普鲁士国家和解。马克思和恩格斯对讲坛社会主义进行了坚持不懈的斗争,揭露了它反动和反科学的性质。"(《马克思恩格斯文集》第 3 卷,北京:人民出版社,2009 年,第 663 页)"对于所有其他的经济问题,如保护关税、铁路和保险业的国有化,社会民主党议员必须始终遵循一个基本原则:不投票赞同加强政府对人民的权力的任何措施。"(《马克思恩格斯文集》第 10 卷,北京:人民出版社,2009 年,第 442 页)

道德的新挑战和提出新的问题域。保险的目的是撕扯原有经济伦理的重要根源。只有当人们正确认识到保险的目的时才能进一步探触到保险本质的内核。资产阶级改良派对保险事业在维持劳资关系上的重要意义有着清醒的认识，不同政见的资产阶级学者只是对如何利用保险来维护资本主义的稳步前进有细节上的异见，这并不影响它们在根本问题上保持高度一致的态度。在资本主义社会，保险资本作为社会总资本中的一部分，为实现社会总资本有效循环而存在和发展。保险的根本目的是实现资本机器体系的有效运行。在微观上，保险的意义在于对资本恶性竞争环境下的保守策略抱有一定的希望，而对于它的经营投资者来说，保险业务能够在总的资本运行中分得一杯羹。社会主义国家对保险的资本属性进行必要的克制，而在其对社会安全、稳定、和谐等方面的积极作用予以更多维护和发展的政策投入。我国保险的目的是在社会主义市场经济条件下，维护和发展中国特色社会主义社会事业、经济事务及居民生产生活，使人民对美好生活的向往更加具有社会保障。

《互联网保险业务监管办法〈征求意见稿〉》规定了保险机构开展互联网保险业务的经营原则，即"符合新发展理念，依法合规，防范风险，以人为本，满足人民群众多层次风险保障需求，不得损害消费者的合法权益和社会公共利益"。对于社会主义国家的保险公司而言，经济效益与社会效益取得了较好的平衡。原因在于保险机构由纯粹的经济组织变为受社会主义核心价值观引领的经济组织，其目的在于实现人们美好生活的同时增加企业经营业绩，而二者在社会主义体系下是能够完美结合的。人民对美好生活的向往是我们的奋斗目标，也是保险机构拓展保险业务，增加保险渗透的根本原因。为人们的生产经营、财产保值、生命健康提供更多经济安全保障，这是保险在风险状态下发挥实际作用的表现。服务实体经济和社会民生是国家银保监会对保险所提出的原则性经营规范。当人民美好生活取得更大成果并在持续发展道路上获得稳健进步的时候，保险深度和广度就会增强，人们将有更多金钱用于提高保险水平，由此为保险公司增加更多保费和利润。在社会主义中国，实现这一结合的自洽的原因还在于人民整体上的诚实守信和保险机构在社会主义核心价值观引领下而保持对资本本性的克制。对广大人民群众而言，投保是一种“向坏”的底线思维所导致的行动。人们在理性权衡生产经营和生命财产风险与保险本身所存在的风险之后，对在坏的情况下可能引发的后果，以及投保后在止损和获得经济补偿所能拥有的权利有着明确的目的。由于我国社会传统因素的影响，关系网络和亲缘程度也是保险参与热情的重要影响因素。由于人们对亲情关系的看重，从而使投保过程中主体对受益人身份表现出清醒的认识。投保人往往将最亲密的人作为受益人予以考虑，以至于将保险作为一种具有未来收益性和长远投资价值的产品来对待。保险目的在此情形下表现为对亲缘关系的维护以及对家族发展持续力的关照。面对自我生存的不确定性或许是保险产生和发展的根本原因，亲缘关系网络的受益人关照是这种“自我”在一定文化环境中的延伸。保险一旦事实上存在对“自我”生存不确定性以及“亲缘关系网络”发展不确定性的克服，它就在伦理上有着积极的社会贡献，尽管它仍然不是纯粹的伦理制度设计。

3. 保险的职能

保险目的是保险现实功能的发生器。一般而言，保险功能分为传统功能、衍生功能和社会管理功能。[①] 保险的传统功能主要是分散和分担风险、组织经济补偿，这也是“保险”维持其基本属性的核心功能。马克思主义认为，保险基金是“用来应付不幸事故、自然灾害等的”。[②] 如果保险不能固守这一基本功能，它也就变得名不副实了。保险的衍生功能随着保险科技和市场发展而发生变化。保险供给和需求侧在新的时代背景下会发生变化，它们之间的衔接也就发生了相应的变化；主要衍生功能包括防灾止损、投融资和财政分配的功能。保险的社会管理功能包括社会保障管理、社会关系管理、社会风险管

① 巴力：《保险总论》，上海：立信会计出版社，2012 年，第 35—36 页。

② 《马克思恩格斯文集》第三卷，北京：人民出版社，2009 年，第 432 页。

理和社会信用管理。保险为社会风险管理提供数据支持和测量指数，并对社会风险防范和化解起到直接参与的作用。由于风险性生产经营的普遍化，保险业是社会生产经营管理中的重要环节，对稳定社会生产起着重要作用。同时保险还在人们生活理念、生活方式的变迁中发挥作用，承担着分担政策性社会保障的功能，对缓解因经济收入差距或灾难引起的社会不安定因素、促进社会和谐和增进人们关于社会发展与个人生存的信心起着至关重要的作用。在社会关系上，还对信用管理发挥着直接的管理功能。现代保险科技的发展本身促进了金融科技的进步，尽管与它在科技创新上通过资金筹集和经济保障所提供的作用相比要小得多。随着社会的发展，保险功能也将不断增强或者发生变化，它同时必然导致保险内涵和目的发生一定的改变。在互联网时代，保险在促进科技创新和提高人们对新经济形态的参与热度上就能起到很好的帮助作用。而在互联网时代，一方面，那种具有“强互保”性质的互联网自助体系，正在弱化保险的经济属性；另一方面，那些具有强投机属性的保险产品，正在演变成一种新的博彩方式。后者常遭诟病，而前者却广受质疑。人们不太相信提供互助的网络平台会出于“公心”而开展业务，某些众筹式疾病保障的公益网站就曾曝出地毯式征求住院患者的业务游说活动，并且被曝出此种业务的提成机制。“相互的保险。——由于达尔文主义变为时髦并被这些先生们立即借用而引起的新的活跃。”①这种马克思所处的时代就已经有的相互保险的方式，在互联网时代变成一种涉及面宽广，而其社会功能可能在最大程度上被发挥出来的保险方式并没有被人们乐见其成。而属于青年人创业方式的诸种互联网保险，在弹出的视屏窗口广告中尽管用尽了各种浮夸之辞，但互联网经济广告传播的二律背反立刻使它变得令人厌恶。在互联网经济中，注意力就是经济力，因为智能终端窗口私有化的缘故，不主动呈现就没有呈现机会，商家不得不利用最新的数据技术提高主动呈现的频率；同时，私有化的智

① 《马克思恩格斯文集》第9卷，北京：人民出版社，2009年，第453页。

能终端窗口被骚扰而产生的厌恶感，使商家的信息呈现并不能获得预期的效果。对保险产品而言，不断弹出的产品推广信息不但是垃圾信息，而且被一般地认为是纯粹投机的东西而被拒斥。可见，保险要发挥其应有的功能，不但要在产品设计上坚持以人为本，在产品传播上也是如此。产品传播方式的野蛮或者失当，会抑制保险功能的发挥。

二、互联网保险面临的机遇

“资本的文明面之一是……更有利于生产力的发展，有利于社会关系的发展，有利于更高级的新形态的各种要素的创造。”①互联网保险的发展，是三重逻辑共同演进的结果，即资本逻辑、技术逻辑和人的发展逻辑融合发展最终催生了互联网保险事业，而它也将在这三重逻辑的持续演进中获得进一步的发展。2014 年至 2019 年间，众安保险、安心财险、泰康在线和易安财险四家专业互联网财产保险公司平均每年的保费增长率达 95.87%。2019 年互联网财险保费达到 838.62 亿元。同年，互联网非车险业务规模超过互联网车险业务规模。2019 年，互联网人身险规模较上年增长 55.7%，保费前十名的公司实现规模保费 1624.8 亿元，占互联网人身保险总费的 87.5%。② 互联网保险业务整体发展态势良好。

1. 人的发展逻辑：相互保险有望迎来高速发展

相互保险的重要优势是风险控制能力强、经营成本低、经营灵活、没有盈利压力。网络互助是一种“类保险”，其与商业或政策性保险具有显著的不同，是公众利用一定的专业平台自发资助相关人员，使其渡过难关；本质上是一种网络公益产品。目前，也存在由互联网巨头或者专业保险公司运营，具有

① 《马克思恩格斯文集》第 7 卷，北京：人民出版社，2009 年，第 927 页。

② 《中国互联网保险行业研究报告(2020)》，曲速资本 & 保观发布，2020 年 11 月，第 12—18 页。

较强的保险经济属性的相互保险。2019 年，我国网络互助平台参与人数为 1.5 亿，预计到 2025 年将达到 4.5 亿人。当前，全国大病保障中网络互助的贡献率约为 0.73%，预计 2025 年能达 3%。根据蚂蚁集团的《网络互助行业白皮书》，72%的网络互助参与者分布在三线以下城市。① 相互保险主要依靠小额捐助费用来完成“互助计划”，与保险的本质是否具有内在的一致性仍然值得探讨。2015 年银保监会出台的《关于“互助计划”等类保险活动的风险提示》中指出，国家鼓励社会大众应对多元化风险的创新性保障行为，但坚决反对“网络互助”以保险的名义误导公众。2016 年银保监会再次下发通知，禁止“互助计划”宣称“赔付率”“提取准备金”等保险术语。尽管如此，网络互助作为一种相互保险的方式已经是一种具有强公益性质的社会行为。我国目前具有的相互保险平台包括“康爱公社（抗癌公社）”“水滴互助”“相互保”“美团互助”“平安互助”“e 互助”等。其中，对于那些专业保险公司开展的相互保险项目而言，“由所有投保人一起持有该产品，这些投保人和保险公司的利益是一致的，可以在很大程度上避免保险公司经营不善或欺诈等行为引发的道德风险。”②互助保险作为社会保障的有效补充形式，参与人数多，行业跨度大，监管也存在一定的盲区。但是，互助保险应该更多地体现社会公益性质，减少其作为投资理财或者财富性创业模式的属性。

就人的发展逻辑来说，互助保险与人的群体生活需要是紧密相连的。马克思主义认为，人类历史发展过程经历了人的相互依赖阶段、物的依赖为基础的人的独立性阶段以及建立在个人全面发展和他们共同的社会生产能力成为他们共同的社会财富这一基础上的自由个性阶段。（1）在原始社会，即人的依赖阶段，由于生产力水平较低，为了抵御共同面对的自然灾难和环境的挑

① 《中国互联网保险行业研究报告（2020）》，曲速资本 & 保观发布，2020 年 11 月，第 300 页。

② 胡滨、杨涛：《中国金融发展报告（2020）》，北京：社会科学文献出版社，2020 年，第 88 页。

战,人们只有联合起来才能保存自己。人的依赖关系主要面临的是一种对自然奴役的反抗,是人们在生产力水平较低的情况下发展社会关系的根本原因。那时候,群体的构建本身就是面对自然风险的最可靠的保障。(2)在第二阶段,即物的依赖关系基础上的人的独立性阶段,人们之间相对独立是建立在生产资料的强力依赖之上的。人们由于丧失独立从事生产劳动的物质资料,从而也使表面上的人的独立性变得脆弱和虚幻。这种对物的强依赖性在资本主义工厂制度下体现得淋漓尽致。人们面临着社会风险的不确定性,主要是来自经济领域的经营风险,也有来自自然灾难、政治动荡及其他方面的风险,但主要还是经济领域的。物质性风险的应对机制强化了对经济补偿作用的特殊需求。这是现代保险的基本制度内涵。万事万物被通约为经济价值,从而使风险化解和分担机制成为一种经济补偿机制和总体经营成本的增量。人们必须依靠一种建立在契约关系上的保险合约才能获得经济上的安全感。这一安全感的获得同样未能避免人对物的依赖(或者说,它进一步表现了人对物的依赖关系)。(3)自由个性阶段的本质是一切人的自由全面发展是其他人自由全面发展的前提和条件,每个人都在发展自己的同时为社会上其他人的发展提供条件。这在资源拥挤的时代是不可能实现的,物质财富的极大丰富使得人们之间不再是一种资源竞争关系。保险在这一阶段将成为社会的一种生存与发展机制,而不是单纯的经济组织;是一种再分配的有效调节机制而不仅仅是一种权利义务的调节机制。

社会生产力不断向前发展,生产关系必然发生相应的变化。由第二阶段向第三阶段的过渡,是建立在经济社会现代化程度不断提高的基础上的。新的科技革命对生产机制的改变、对能源资源依赖性的弱化,对人的体力劳动的依赖性的降低,以及对整个社会生产生活模式所发生的影响,正在使人们感受到第三阶段来临前的社会变化。在这一渐进性的变化中,拌杂着社会风险层次的提升,这是社会转型和社会发展必然存在的代价。因而,社会现阶段被认为是战略机遇期,亦即高风险和良好机会同时并存的时期。这一时期社会整体生活水平急速提升，各种风险亦奔涌而出，人们对保险的需求高于以往任何时代。同样，对于社会风险环境下的保障方式，也呈现出复杂的格局。一方面，物的依赖关系为主的人的独立性阶段所秉持的经济性和个人主义原则尚有一定的存在空间；另一方面，人们对获得自身发展的相互影响的正面意义和积极价值有着更多期待。在前一方面，保险作为一种经济行为在互联网时代同样主要以追求经济效益作为目的；在后一方面，相互保险成为一种具有浓烈公益性质和自觉"群化"（即人们过群体生活和在群体中共同依存的意向和行动）的行为。如果说工业社会在几百年中创造的物质生产力比一切过去时代创造的生产力还要多还要大，那么互联网时代在短短几十年内就创造了比过去一切世代还要大还要多的生产力。这使人类在马克思主义所设想的发展轨道上加速前进。相互保险在互联网时代对经济性和社会共同体意识的结合有着合理的阐释，这是生产力较为充分地发展而又尚有不足的情况下人们应对各种风险的必然选择。因此，尽管"互助计划"或者"互助团体"在开展互助保障时存在创新与守规之间的现实矛盾，但对于人的发展逻辑来说，这是保险发展的较为高级的阶段，它是对原始互助保险的否定之否定。

2. 资本逻辑：网络经济滋生的保险盛况

2019 年至 2020 年 7 月，我国保险行业共发生投融资事件 82 起，涉及融资标的 72 家。保险科技融资数由 2014 年的 8 起增加到 2019 年的 46 起。线上保险经纪类、保险软件类及医疗健康保险类投融资发展趋势强劲。① 各大互联网巨头由于流量垄断和基础用户庞大的优势，通过"作为获客平台为保险业务疏导""投资保险领域创业公司""收购牌照、入股保险机构""发起互助计划，进行保险教育"等方式参与保险业务。例如：过去一年，蚂蚁数字金融科技平台用户 7.29 亿，保险平台促成的年度保费 518 亿元；蚂蚁集团保险科

① 《中国互联网保险行业研究报告（2020）》，曲速资本 & 保观发布，2020 年 11 月，第 21—28 页。

技平台营收894.7亿元,与90家保险公司建立联系,有2000多款保险产品。① 资本正在互联网保险行业伸展自己的触角。经过40余年的发展,我国社会主义市场经济已经获得了初步发育并进入新赛道。互联网时代的到来,大众创业万众创新已经成为一种从理念到行动的社会运动。资本在社会主义条件下获得了发展的新空间。在一定条件下,资本具有提高劳动生产力、发展新的社会关系并为社会创造更多财富的力量。但有人认为,在西方以外的国家,资本主义让人们产生越来越大的敌意,"它被看成是一个大多数人无法享有的、歧视性的隔离制度。"②与此不同的是,社会主义市场经济试图抛弃或者有效抑制资本的副作用,而希望其在构建新的社会关系以及创造社会财富上发挥充分的作用。改革开放40余年的经验证明这一设想已经在中国特色社会主义框架下得以实现。国际环境和现代科学技术的发展为资本发育和全效用的发挥提供了肥沃的土壤。互联网技术不断升级发展及其普及化为人们充分发挥资本效用提供了条件。

资本逻辑是资本在市场上谋求自我增殖的土壤和机会的内在机制,也是其获得利润的渠道和方式。资本发挥充分效用的必要条件是流动性。这种流动性主要表现在市场机会的转瞬即逝,表现在生产要素的变易性,表现在信息、资金、技术、商品、人才等诸方面的开放性。生产要素的变易性和开放性既为现代生产经营带来了巨大机遇,也为其带来了层出不穷的风险。互联网时代,网商经济和"互联网+"在诸种场合和背景下与其他产业的深度融合,以及人们在虚拟世界中的多面性、多样性和多变性,为资本取得获利先机制造了条件,也为资本的正常运转创造了条件。互联网经济仿佛成为一种自由经济的载体和形态,然而,"自由的脸上始终横着一个古老的问号。为了阻止那些无

---

① 《中国互联网保险行业研究报告(2020)》,曲速资本 & 保观发布,2020年11月,第342—344页。

② (秘鲁)赫尔南多·德·索托:《资本的秘密》,于海生译,北京:华夏出版社,2012年,第175页。

法无天的冲突,我们需要一种至上的权力”。① 在网络经济时代,这种至上的约束力量是稀缺的,不是因为政府在这方面的缺席,而是因为创新经营手段与经营模式,必然会与创新监管制度与监管体系之间存在着不可调和的矛盾。后者或者对前者疏于约束,或者过于束缚前者的发展。这是由日新月异的互联网生态所决定的。资本的大量灌入,致使互联网经济趋向一种繁荣的景观状态。

互联网时代生产经营的流动性同时意味着营利产品具有天然的脆弱性,这种脆弱性在很大程度上寄希望于在社会政策体系之外获得更加彻底的保障。互联网保险因而具有空前的发展机遇。如前所述,大量资本流入互联网保险领域,不但说明了互联网时代经济社会发展需要更多的社会保障,而且也说明了互联网保险本身对于投资者来说有着一定的经济价值,是一种有投资价值的新业态。当然,资本逻辑下的互联网保险发展,也带来了伦理上的积极意义。其一是保险承诺更加遵守市场契约,现代资本市场的规范性和法制化,使互联网保险更加重视保险合同的约束条款及其兑现方式的明晰化。在市场发育较为充分的今天,保险合同的遵守有着坚固的国家力量作为后盾,同时,市场启蒙对制度化的思维改造已经比较深入,人们在道德上亦更加相信童叟无欺、诚实守信等。其二是资本逻辑以“投入产出”的理性思维作为其具体参与经营活动的主要依据。这种“投入产出”的思想和经营惯性同时塑造了人们在权利义务关系上的明确态度。市场化人格更加注重权利义务的对等关系。不同的险种由于保费和风险的不同,其保障水平也有较大差异,这在市场化人格的伦理情感中是能够接受的。它避免了一种基于基本人权的平均化倾向,并以此为自己确定保险的类型。

网络经济的蓬勃发展是互联网时代最为耀眼的成就。2020 年天猫“双十

---

① (英)迈克尔·波兰尼:《科学、信仰与社会》,王靖华译,南京:南京大学出版社,2020 年,第 58 页。

一”实施交易额达到 3723 亿元,多种品牌产品交易额超过亿元,再次刷新纪录。“战胜空间与时间的局限性是现代工程的关键。”①对时空限制的突破也是资本逻辑展开的内在动力和目标,互联网使资本逻辑展开的范围比以往任何时候都要宽阔。网络经济对地域的依赖性正在减弱,高速智慧物流体系和基于大数据计算的仓储布局,已经使网络经济在便利人们生产生活方面表现出特殊重要的作用。网络经济存在着道德上的诸多风险,这在过去二十余年的发展中已经充分暴露。虚假产品、钓鱼网站、泄露客户数据、网络诈骗、以次充好、冒牌产品、“刷信誉”等,那些原本被寄予厚望的互联网经济的优点,也被一些道德沦丧者利用,掏空了其潜在的伦理价值。在产品质量、物流保障、售后服务等方面所存在的网络经济的风险,对于一般的网众而言,相应的保险产品是被需要的。

3. 技术逻辑:传播技术与保险科技催生的精准保险

技术的发展一般地将世界的“属人”方面逐渐显露出来,并为此提供物质保障和能力支持。对个别具体事物的改造并使产品社会的劳动成果满足个体更多的需求,无论是对生产工具的改进还是对劳动产品的改良与创新,都属于这一类活动。更高层次的技术活动在于建立新的社会关系,并在新的社会关系中行使基础物质体系的支撑功能。每一次具有世界历史意义的产业革命和劳动分工都属于这一类。最高层次的技术创造和技术应用着眼于人的精神境界的提高,并为人的价值的凸显和发挥提供有效保障。技术不再是外在于人的东西,而是内化为人的自由全面发展的必要手段,是人的发展在自由层面的自然表现。换言之,最高阶段的技术发展是对“加强对人的控制”的技术的反叛,是技术由物性、资本性转变为属人性的阶段。技术发展的一般进程往往被人为地分化为不同路径,在某些国家、地区和人群

① (德)彼得·科斯洛夫斯基:《后现代文化:技术发展的社会文化后果》,毛怡红译,北京:中央编译出版社,2011 年,第 90 页。

中,技术的发展进程违背了这一基本进程而走向反面,即技术被过度物化和资本化,被过度使用于对人的控制,而不是提高人的自由并促进人的发展。互联网保险发展的技术逻辑是传播技术与基础信息技术"属人"性质日益强化的结果。

传播的技术化与专业化几乎同时出现。在比较漫长的前资本主义时期,传播的专业化程度是极其低下的,尤其是在原始社会和奴隶社会的早期,信息传播主要依靠人与人之间的直接交流。专业化的信息传播是出于政治和军事需要才逐渐发展起来的。资本主义时代发展了商业信息和其他社会信息的传播方式,并使信息传播成为一种专业化程度较高的部门。从信息传播技术与人的风险保障的关系来说,一方面,信息传播专业化程度越低的阶段,信息对社会的作用也相对越小,由此形成的风险也相对较小。社会流动性的弱势地位导致人们寻求社会保障的主要途径是避免流动性可能造成的风险,无论是地域迁徙还是职业跨越,在流动性较弱的社会中都是造成风险的重要原因。由此之故,人们回归到一种具有自我安定性的生存空间中,以此回避风险。在这样的社会中,信息传播本身是缓慢而局限在狭小空间中的,它并不构成人的真实生存环境的重要内容。随着资本主义商业精神的广泛渗透,尤其是启蒙运动以后开启的对自然和商业机会的探索,使人们对信息本身发生了态度上的重大变化。信息就是生产力,这在早期资本主义商业情报和军事情报中就体现得比较充分。信息情报对国家、商业组织以及个人的生存与发展形成巨大的影响。信息同时成为人们面向自然、社会、他人的重要媒介,并以此形成人们深度交流与合作竞争的格局。传播技术的属人性质是一种工具理性意义上的存在。它或许如同麦克卢汉所言的,成为人的延伸。而更加恰当的拟人描述是传播技术及其应用成为人的大脑和肢体的延伸。在延伸人的价值和意义世界的维度上,资本主义时代并未有实现这种理想;在基本制度不变的情况下,资本对传播技术的掌控是牢不可破的。我国实现了信息传播技术在"人的延伸"方面更为广泛的内涵。这是由于社会主义制度下人民当家做主与传播技术属人性质之间存在的天然耦合。在互联网时代,它就表现为互联网信息技术对人的价值和意义世界的发展与维护;在事实上,这也导致了我国互联网络的繁荣,并且带来了网络经济的空前盛况。另一方面,技术的属人性质不但现实地改变了人们之间的社会关系,并且由此而深度发展了人的本质特征,使人在更为广泛的社会关系尤其是更为广泛的生产关系中发展了自己的人性。传播技术发挥微弱作用的时代,也是技术稀缺的时代,而传播技术的微弱又进一步弱化了人们对自我的认知。在前资本主义时代,人们几乎不能站在历史的宏大叙事中来审视自我存在的价值。这种困难在资本主义发展盛期"从技术上"被解决了。报纸、电视、互联网等关于世界范围的诸种内容报道以及获取这些资讯的便捷性,使信息的封闭状态被打破。然而,由于资本主义制度本身具有的狭隘性,它顽固地坚持着资本集团之间的利益攻守联盟,从而对信息传播的真实状况进行了恶意的过滤和筛选。这也就造成了资本主义社会信息自由的虚伪性。

社会主义制度下,技术的属人性质充分发挥。无论是技术在改变生产工具或者完善产品形态方面,还是技术在形塑新的社会关系上,技术所发挥的积极作用表现得淋漓尽致。最广大人民群众的利益被强调并放置在极其重要的位置。以人民为中心是我国互联网发展的根本指导思想,使"工具回归工具"是社会主义生产发展的重要原则。我们绝不允许工具被植入资本的灵魂而起死回生,获得主体的资格,而人则被降低到客体的地位并成为工具。在网络社会中,信息疲劳综合征普遍出现。"信息疲劳综合征就是由于过量信息引起的一种心理疾病。患者抱怨分析能力不断下降,无法集中注意力,普遍焦虑,或者失去承担责任的能力。"①围绕互联网社会经济发展所需,并为人们扫清发展障碍的保险技术变得日益重要。技术发展为实现其属人性质而需要经济和社会形态的载体助其具体化为某些社会行动。互联网保险就是在这样的背

① (德)韩炳哲:《在群中:数字媒体时代的大众心理学》,程巍译,北京:中信出版社,2019年,第86页。

景下催生和发展起来的。传播技术应用的积累和相关基础技术的进步,导致社会对信息数据的掌握和利用能力大幅度提升。各种新传播技术聚焦于人的真实需要,在保险产品开发与推广中,为客户提供适合的保险产品和服务成为互联网时代对保险机构的基本要求。多层次的保险需求在互联网时代变得更为迫切,这是互联网时代社会流动性发育的结果,也是保险机构获得发展机遇的重要契机。

三、互联网保险面临的挑战

2018 年,涉及互联网保险的投诉超过 1 万起,同比增加 121%。在财险公司涉嫌违法违规投诉量前 10 位中,4 家互联网保险公司全部上榜,并占据前两名。① 在互联网保险投诉的内容方面,大多是涉及信息泄露、赔付困难、广告欺诈、自动续费等方面。互联网保险所面临的伦理挑战日益受到人们的正视,这不是互联网创新创业"理所当然"的产物;相反,那些欺骗、抵赖和不诚实的行为,正是对互联网保险"理所当然"的东西的违背。由于保险科技的发展,互联网保险运营中的新场景、新机制不断生成,新领域、新渠道不断拓展。它们不但改变了保险经营的模式,也改变了保险所构建的伦理秩序。在这一过程中,来自这些变化所造成的挑战需要我们深化认识,以便在构建新的伦理秩序时有更多自觉的遵循。

1. 新场景:保险短视频/直播的伦理冒险

人的生活场景的网络化也同样使网络人化为一种具有活性的存在。"在电子显像中我们可以发现自己是内在于机器人身体的。我的体验中心位于机器人摄像头的后面。我是那个借助人造感官去观察周围环境并与之

① 《互联网保险不能再"随意卖",从业人员也不能"瞎忽悠"!》,腾讯新闻,https://new.qq.com/omn/201912 14/20191214A0ECXY00. html。

互动的人。"[①]互联网似乎将人的自然生活状态统统转变为数字化生存景观,生成了虚拟实在二元统一的"新世界"。场景是事件及其发生的时空结合,是一事件进行中的历时性成像。场景化是人们在生活中的具体环境及融入方式的综合。在虚拟世界中,场景化将事件与人们的生活环节和物质要素紧密结合起来,制造出人们对于互联网的种种奇思妙想。新技术的发展和新智能产品的发明,都在迎合人们对场景的需求。短视频和直播是当下兴起的传播方式,它们以碎片化的娱乐形式获得网民追捧。在互联网流量竞争的时代,短视频和直播平台再次瓜分了数据流量,在用户数量和使用时长上表现出优异的成绩。截至 2019 年底,我国短视频用户规模已达 7.73 亿,抖音、快手等短视频平台占据行业头部地位。[②] 对于互联网保险来说,短视频/直播对其的主要影响在于:其一,在互联网时代,流量竞争仍然是至关重要的基础赛道,互联网保险产品的推广离不开在有限用户中抢占流量这一基本措施。其二,新的网络平台用户往往是更为成熟的互联网用户,他们对互联网的新产品和新服务乐于尝试。互联网保险产品推广的目标客群中,深度参与互联网成长的用户将更有可能参与其产品创新的消费尝试。其三,短视频的轻娱乐特质使其将保险专业术语转化为通俗的图文或音视频形式展现在客户面前,这对增强客户沟通是很有意义的。休谟曾经指出:"由于每一种对我们自己或他人有用的或令我们自己或他人愉快的品质在日常生活中都被承认是个人价值的一部分……他们绝不会接受它们之外的其他任何品质。"[③]短视频/直播已经成为不少网民生活的组成部分,保险产品需要主动融入网民生活并成为其乐于见到的样子。

---

① (荷兰)约斯·德·穆尔:《赛博空间的奥德赛——走向虚拟本体论与人类学》,麦永雄译,桂林:广西师范大学出版社,2007 年,第 197 页。

② 《中国互联网保险行业研究报告(2020)》,曲速资本 & 保观发布,2020 年 11 月,第 46—47 页。

③ (英)休谟:《道德原则研究》,曾晓平译,北京:商务印书馆,2001 年,第 123 页。

视频/直播保险账号承担着释疑解惑、普及保险知识、增加保险意向的功能。通过现身说法和场景描述，视频/直播方式能够深入浅出地在保险业务员、保险经纪公司、保险公司与客户之间建立信息连接。由于视频团队对经典案例场景的生动再现，很容易在获得客户心理支持上取得成就，实现潜在客户的转化，或者增加保险客户的信任。在视频和直播内容上，"逆向解说"将保险业务场景中的理解误区、操作失范、险种选择不当等情况以旁观者形式表达出来，不但增加了客户沟通的信度，而且主动呈现出一种以客户为中心的企业形象。而短视频/直播保险推广及教育业务的伦理冒险恰恰也在于场景化所造成的以偏概全。由于任何保险业务中各个环节发生的场景反映是具体的、特殊的，这一方面为保险案例、文本、产品等的解读提供了便于接受的载体；另一方面也使得这些视频和直播内容偏离保险产品本身所涵盖内容的完整性。短视频/直播的传播特征决定其不能采取长篇大论的方式进行具象化，对经典案例和典型问题的解读必然通过较短的"故事"片段予以表述；诚然，这一缺陷似乎可以通过系列直播和视频予以呈现，并有可能增加与保险相关的其他知识的传播，如婴幼儿保险产品中增加育儿"妙招"与儿童健康知识的科普，从而增加关注度。在信息内容的选择上会存在解读者本身的主观意见所发挥的不正当影响；而在节目中所表现的较强的功利性使其在获客方面并不能发挥对客户或者潜在客户的亲近作用。在短视频/直播节目所具有的轻娱乐特质上，保险功能的严肃性以及保险合同承诺的庄严感会受到动摇，娱乐功能的强化会严重制约着潜在客户的有效转化。这使短视频/直播保险业务陷入两难的境地：娱乐功能的强化降低了客户转化率，娱乐功能的弱化又会流失大量"粉丝"。

为了增加"粉丝"而增强保险短视频/直播节目的娱乐性是值得的吗？保险短视频和直播节目的核心目的是增加保险用户，提高保险效率，拓展保险业务。综合场景的运用能够较好地实现这一目的。所谓综合场景的运用，指的是通过与核心业务相关因素的全面链接，增加信息拓展面，从而在非核心业务领域的视频与直播节目中强化娱乐功能或增强适应性。如前所述,在婴幼儿相关的互联网保险产品中,具体的保险产品及其所涉及的业务内容属于核心业务,而育儿知识、医疗保健、早教、婴幼儿娱乐等则属于非核心业务。本质上,这些非核心业务并不构成其盈利的直接手段;但是,没有这些非核心业务的支撑,核心业务在进行相对严肃的展示时就会失去受众基础。为了保持并增强客户转化率,有必要对非核心业务与核心业务之间的内容结构做出恰当的安排。从伦理的角度来说,在经营较大比重非营利业务的过程中付出代价,从而获得客户支持,并最终提高客户转化率,这是伦理代价中"可以如此"的事项。"可以如此"与"应当如此"之间存在的差别恰恰在于,受众并不主张保险短视频和直播方在非核心业务上做出何种努力;不过受众会遵循自己的喜好和利益进行注意力投放,极有可能从而使那些较少关注非核心业务内容提升的保险短视频和直播节目失去受众基础。"可以如此"尽管是保险短视频/直播方主动增加的服务内容,但这并不能确保其增加在受众中的美誉和黏性。对于受众而言,其并无义务作出相应的努力。单向拓展非营利经营内容并不能使保险短视频和直播的运营者在社会责任及伦理遵循上得到任何豁免,相反会增加其在伦理上面临的风险,这或许来自传播内容的真实性和科学性方面。

2. 新机制:数据计算中的伦理问题

韩炳哲说:"尊重是公众性的基石。前者消退,后者倾塌。公众性的倾塌与敬意的流失互为条件。公众性的前提之一是对隐私保持尊重,避而不看。然而,保持距离感有利于公共空间的建构。如今世界所充斥的是一种彻底的无距离感:私密被展览,隐私被公开。"①互联网保险的公共性和私人性是一对相反相成的概念。从互联网保险的社会保障属性来看,它具有公共性的基本

① (德)韩炳哲:《在群中:数字媒体时代的大众心理学》,程巍译,北京:中信出版社,2019年,第4页。

特征,尽管它不是作为基本公共产品而提供给全体公民;但是,作为市场化的经济因素,它以公共空间作为展示自身并承担社会责任的平台,并在获取公众关注上竭尽全力。从互联网保险投保人和受益人的视角看,互联网保险是一种私人经济活动,是私人获得社会性经济保障的一种方式。作为具有私人性的保险消费行为,它的特殊性表现在:其一,作为一种消费,不能产生利润回报,或者被承诺某些利润回报。消费性投入具有在交易行为发生后,消费者不能获得债权;而在消费行为发生后,消费者不能还原交易前的物质属性和利益关系。其二,作为一种私人消费行为,投保人与受益人存在消费偏好或者其他更为重要的投保驱动因素,这是属于私人信息的内容,这种隐私必须予以切实保障。其三,保险消费行为与一般消费行为的区别在于,保险消费涉及投保人的社会关系网络和阶层属性,甚至个人的生理和心理隐私。因此,如果公共性与隐私之间存在着必须互为条件的关系,那么,互联网保险当然应遵循这样的原则。只不过这一原则在互联网保险经营者那里,执行变得十分困难。它的原因在于:第一,为了减少投保人在办理保险业务时的欺诈和故意隐瞒,保险机构必然对投保人和受益人的相关信息进行搜集和分析。第二,保险机构为了进一步开拓业务,或者为了在利益相关人那里得到其他信息,有可能将客户信息作为征信机构或者其他平台的交换物。第三,保险机构将投保人及受益人的信息保密作为一种经营治理的器具,对相关方造成了潜在的威胁。在互联网保险经营相关方信息不对称的情况下,公共性与私人性之间的较量始终都是存在的。保险机构希望更加将公共性演化为一种公开性,而投保人和受益人则希望将互联网保险作为私人性的生活手段。这一矛盾的存在,主要是由于保险业务主要当事人之间存在的利益冲突。更进一步说,也是保险业务当事人诸方为了有效降低风险、争取各自利益最大化的一种博弈。在这一博弈过程中,公共性与隐私保护之间的对立成为现实。尽管保险机构主张其对个人信息具有保密的义务,并承诺愿意尽其所能维护客户的信息权利,但这种承诺和主张时常由于从业人员个人的道德问题而发生信任危机。

在互联网经济中,“粉丝”即生产力。“涨粉”(即增加关注的忠实用户量)意味着流量竞争中取得的良好效果。在保险短视频/直播、保险微博/公众号等的发展初期,其增加“粉丝”的途径无非是“买粉”“转粉”。所谓的“买粉”就是通过互联网中介或者地下交易市场购买“粉丝”,这些购买的“粉丝”账号不一定是真实的网络用户,但它对于任何一个公开运营的网络账号来说,意义是重大的。互联网上粉丝经济中的“马太效用”非常明显,只有具备一定规模的基础用户,才能使其在运营过程中不断增加“人气”,让更多的真实用户关注。而“转粉”则有多种途径,原有账号用户的“粉丝”迁移或者新账号在运营中由于网络节目及传播内容具有吸引力而获得更多人的关注。当然,也能通过一些网络宣传不断获得新“粉丝”。在互联网保险行业内部的竞争中,对“粉丝”增量的关注应当放在相当重要的位置。在服务实体经济和改善民生上,互联网保险所应当作出的贡献时,就会发现这种积极“涨粉”的行为存在着巨大的伦理风险,可能与保险的本质背道而驰。保险机构往往对客户的诚实守信抱有极其热切的渴望,这也是任何经济组织对客户的一种要求和期望;但经济生活中的诚实守信应该是双向的,而不是单向的。互联网保险机构在“粉丝”数量上的追求只是实现业绩增长的第一步,而其最终的目的在于“粉丝”活跃度和转化率。在最初购买的基础“粉丝”中,它们绝大部分都是“僵尸粉丝”(也就是没有活跃度的虚假账号),这些“粉丝”的直接意义在于构建一种“繁荣”和“红火”的假象,以使更多的人确信这些运营的保险账号和公众平台具有较强的实力和竞争优势。在互联网保险账号运营的早期阶段,它主要是通过虚构“粉丝”的方式取得民众信任。这种虚构的行径从伦理上看是不道德的,这种“带路”的方式就是欺骗和引诱。但避开这种构建基础“粉丝”的方式,互联网经济活动就会陷入僵局,在激烈的流量竞争中处于弱势。尤其是在网络大 V 不断参与“带货”的网红经济阶段,已经形成的流量分布格局已经使强者越来越强,而竞争者之间所能留下的发展间隙并不宽广。对于保险直播而言,专业性和娱乐性都不能丧失。网红直播的空当才是一般保险直播账户的活跃期和机遇期,它有效避免网红直播时对流量的控制。可见,在这样的传播机制下,互联网保险竞争中亦不免出现两极分化。这种两极分化同样存在着较大的风险。由于注意力稀缺(或者说全网“粉丝”总量的相对稳定),平台之间或不同保险账号之间竞争的实质就是“粉丝”忠诚度和“粉丝”数量的竞争。对于保险所要实现的社会价值来说,“粉丝”经济是有重大风险的。网络大V或者网红主播的视频节目或直播,会自觉增加保险产品信息的信度,但由于短时期内急剧的保险订单,或者投保意愿,保险业务当事人诸方相互了解的深度非常有限。而“粉丝”数量较少的保险运营账号,则由于其“人气”的衰微导致社会对其进行有效监督的可能性更小,从而也不能保证详细的内容呈现如何在现实中得到贯彻。

遥在和亲在是虚拟现实二元世界中的重要生存感觉。之所以说是一种“感觉”,是因为互联网在将世界拓展及分化以后,并不真实地使人处在两种或者多种时空结构中。遥在感是人们与他者的距离感,而亲在感则是与他者的融汇感。互联网保险业务推广中采用的推荐机制和梅特卡夫定律(网络价值等于网络节点数的平方)使保险运营账号在市场竞争中两极分化。对于那些获客较多的运营账号来说,拉近与客户之间的距离是重中之重。保险短视频和保险直播满足了客户对亲在感的诉求。网络传播具有的这种人与人之间的无痕链接,使信息传递中表现出“去陌生化”的倾向(本来我们对陌生人推荐任何产品都抱有一定的提防心理,但由于音视频传播即时传播过程中表现出来的亲近感,降低了人们相互之间的不信任感)。亲在感导致的去陌生人化对于提高互联网保险机构的信息传播效率,增强其对潜在客户的转化能力是非常有意义的。不过,网络社会同样存在这一种遥在感,亦即当人们需要直接发生某些关系时,原本亲近的关系忽然变得遥不可及。遥在感促进陌生化和交往诸方的不信任升级。互联网保险在开展业务的过程中,存在着拓展业务时的亲在感和鉴定、理赔时的遥在感。当投保人在发生风险事件,需要保险理赔时,由于业务责任人的虚拟化以及风险事故发生的非网络化,建立在数据计算系统之上的互联网保险就变得相对怠慢和迟钝，这样的情况在较高额度和较为复杂的保险合同中是会存在的。正是因为这样的原因，银保监会在互联网保险产品条件中设置了“形态简单、条款简洁、责任清晰、可有效保障售后服务”的条款。对互联网保险产品的这一规定使得互联网保险在产品开发与市场推广上形成很大的局限。由于对噱头炒作和违背公序良俗的行为进行的监管越来越严格，互联网保险在合规性与创新性方面存在着一定的挑战。

3. 新领域：开拓者需要一道“紧箍咒”

保罗·福赛尔曾说：“真正恶俗的人……都得在公众面前表现出强烈的廉洁和美德，因此都会造成表象与实质之间的鸿沟……这种鸿沟正是恶俗的必备条件。”①尽管福赛尔认为这种人“往往要么与政治、要么与神学有关”，但是表象和实质之间的鸿沟，却是一切伦理失范现象背后的真实原因之一。人们厌恶以任何名义侵犯隐私，也抗拒以盈利为目的的侵占私人数据，对那种以推销产品为主要目的的过度关心表示反感。保险不仅是一个营利性经济领域，也是具有天然伦理性的公共领域，因为它并非押注式的赌博，亦非始终保持相对均衡的商品交易。对保险本质的偏离，就会使相关机构及其从业人员在表现和实质之间制造鸿沟，陷入恶俗。互联网保险是具有叙事结构的经济形态，而叙事的依赖元素中，必然性地包含着人情味、身份认同和公共情怀（罗伯特·席勒认为是“爱国情怀”②）。互联网保险拓殖的依据是人们的需要和公共建设的需要，在途径上不但有着将传统保险业务迁入互联网的举措，而且随着互联网经济的持续发展，根据互联网新业态和新从业人员的增多，不断增加新的保险产品，体现互联网保险在满足人的需求上的积极作为，是更为紧迫的时代任务。传统保险业务上网后由于经营模式和消费体验的变化，会

① （美）保罗·福赛尔：《恶俗：或现代文明的种种愚蠢》，何纵译，北京：世界图书出版公司，2012年，第143页。

② （美）罗伯特·席勒：《叙事经济学》，陆殷莉译，北京：中信出版社，2020年，第105页。

存在一些新的伦理问题;新开拓的业务形态和业务领域则更加在伦理问题上提出了新的规范。

互联网保险在医疗健康保险领域有着较快的增长,这与我国社会经济发展总体进步的步伐是一致的。由于居民生活水平的提高,人们对健康的关注更为看重。[①] 2016 年,众安保险推出“尊享 e 生”百万医疗险,成为保险行业的标志性事件,2018 年,百万医疗险卖出 2536 万件,保费达 140 亿元。[②] 2011 年我国首个网络互助平台“康爱公社”创立,2016 年后,网络互助平台发展迅速,水滴互助、17 互助、蚂蚁金服的“相互保”等相继创立。保险科技加速发展,深耕保险科技的公司(如“爱保科技”“大鱼科技”等)通过运用最新网络技术、数字技术、人工智能等,持续强化对保险销售、理赔和服务等关键环节的科技赋能。在保险产品上,与网商经济紧密相连的物流保险、退换货保险、延误险等迅速发展和普及。各种网络保险代理和信息服务平台不断涌现。对互联网保险来说,创新是生命力,也是生产力。它既包括产品创新,也包括技术创新、管理创新、制度创新等方面的内容。由于科学技术及其应用而产生的消费创新和经营创新,在某种程度上可能会面临一些不能预想到的伦理问题。比如,当网络支付成为一种普遍的社会行为时,那些依然还没有习惯于使用网络支付的老年人就会被排除在各种服务之外,这已经引起了国家有关部门的重视。新领域的开拓,意味着新的阶层格局、人际网络关系、社会生存环境等的变化。新领域的开辟是不可避免的社会进步的途径,在这一过程中既有一定的伦理代价,但也不能因此而忽视对互联网保险所开创的新领域进行必要的限制。伦理方面的限制是“具有原则高度”的举措,它比技术上的具体要求要更加具有可推广性;因为技术规范的拟定必然依赖于一定价值观的指引,价值观的相对稳定与技术要素的日新月异相比,它所能发挥的实际效果要好

---

① 我国居民人均可支配收入的增长情况见本书“表 6. 2”。

② 《中国互联网保险行业研究报告(2020)》,曲速资本 & 保观发布,2020 年 11 月,第 292 页。

得多。

叔本华说:“一切责任的观念与意义,纯粹、完全来自它对威胁性惩罚和允诺的奖赏的关系。”①这一说法并不准确,在这一观念之下,人是消极应对世界秩序的,或者是以功利的原则而存世。这一说法也有一定的社会意义,那就是惩罚性和奖励性的措施对于确立某种权利义务关系来说是有价值的。互联网保险构建的新领域同时也是新的伦理规范甚至伦理机制的生成背景或条件。首先,从人的主动性来建构新的伦理秩序,如前所述,一旦在细节上做出详尽的安排,就会在执行上陷入困境,要么无法应对日新的保险新形态和新规则,要么限制了互联网保险的创新发展。人的生存具有明显的主观能动性特征,人作为社会实践的主体不断实现主体价值的客体化,同时以通过实践而实现客体主体化,这种双向运动的过程使人不断在认识世界和改造世界的运动中获得更加自由和更加全面的发展。从整体上看,这种积极生存的人成为社会进步的推动力量,在文明进步的前进道路上作出贡献。在伦理原则的确定上,保险的社会功能与经济功能的统一,强化保险的社会功能,是基本的行业理念。在线上线下保险规则发生冲突,理赔支付出现矛盾的情况下,应以有利于被保险人为基本原则。其次,从人的消极生存状况来看,这是不可回避的社会问题。由于思维、文化、教育、禀赋、成长环境、生存境遇、社会资源利用的差距、社会关系等方面的原因,人在伦理道德上存在着较大的差异。一些人的道德情感并不浓郁,道德意志并不坚定,道德情怀并不高尚,这是既存的社会现实。对消极存世的人而言,叔本华所言的奖励和惩罚是激活其内心道德意识或避免其在伦理道德上违反社会规定性的重要方式。对于互联网保险所产生的新领域新场景,需要比较前沿的专门知识作为支撑,才能制定有效的奖惩规则,进行行业发展的动态监管。这一挑战在于:第一,互联网保险专门知识和保险产品所涉及的相关知识(如医疗健康、汽车、物流、环保、教育发展、人口

① (德)叔本华:《伦理学的两个基本问题》,任立、孟庆时译,北京:商务印书馆,1996年,第164页。

科学、网络和计算科学知识等)需要深度融合。第二,需要坚持解放思想和实事求是作为行动的指导思想。既要大胆解放思想,推动行业创新发展,又要坚持实事求是,从科学规律、经济规律、人的发展规律等方面出发,建立健全互联网保险的伦理制度体系。第三,调和利益格局,使线上线下保险机构、参保人、网络平台、其他利益相关人之间实现利益平衡,避免制造人为的信息盲区、监管盲区,破坏行业生态。沃尔夫冈·汉克尔·克维特曼说:"若不是因为贪婪的投资人为了追求高额回报而把数十亿美金托付给他,麦道夫也不会成为史上最大的金融骗子。"①认为麦道夫之所以成为最大的金融骗子是因为投资者的贪婪,这多少有些"受害者有罪论"的意味。贪婪是互联网经济(包括互联网保险)伦理失序的重要原因,但并不能将一切道德失范和伦理失序都归咎为简单的两个字。在新领域的探索期,伦理道德上的问题必然层出不穷,理清这种新领域当中伦理关系发生的新场景、新机制和新表现,是对新领域伦理道德建设的基础性建设。

4. 新渠道:注意力经济下的营销伦理

保罗·福赛尔对不同社会阶层在生活格调上的差异有过较为详细的描述,这种白描手法在学术方面未必有什么高超的地方;但是,在互联网时代,社会阶层由于其圈层关系和网络活动踪迹所留下的宝贵的数据,使人们对不同社会阶层之间的差异更加容易全面掌握。尽管匿名或者化名成为网络时代网民常见的栖居方式,不过这大多是一种自我安慰或者是对周边"君子"的提防。真正需要掌握一个人的网络行迹并不困难,数据技术的发展已经将这些问题解决了,尤其对那些仅仅掌握着基本应用能力而没有网络数据深层技术的人而言是如此。互联网经济中各经营者都以获取海量客户数据资料为核心竞争力之一,这对于精准剖析客户心理和预测客户需求(亦即未来市场发展

---

① (德)沃尔夫冈·汉克尔·克维特曼:《道德沦丧:禁忌消失时我们将失去什么》,周雨霏译,北京:中国画报出版社,2012年,第59页。

趋势)是完全有必要的。对数据的追求导致了互联网经济时代一系列的数据伦理问题。人们对数据所有权的公私属性难以界定,在社会中引起诸种争议;一般而言,经营者和投资家会认为客户数据是一种可以共享的公共资源,尤其在进军某些已经具有垄断苗头的行业时,后来者会鼓吹客户数据的公共性,以便在数字经济中分得一杯羹。接近垄断地位或事实上已经占据着市场绝大部分份额的网络巨头则会在一定的场合标榜客户数据的保密是对客户的尊重并将之作为一种企业的价值观。这对于防止新的竞争者进入自身的利益范围,设置较高的数据壁垒,以利于持续保持本企业在该领域中的绝对优势是有价值的。消费者或者普通网民一般不会认为将自身在虚拟网络世界的数据痕迹作为一种商业资源是值得原谅的,只是因为在互联网经济以及社会生活的网络化中,他们并没有别的选择,因为拒斥那种无理由的信息搜集就意味着放弃对网络服务的分享资格。这种无可奈何的心理是普通网众中的通常心理。互联网时代显示出了这样一种霸道的行径,并被逐渐视为正常的状态。如前所述,不同经济状况和职业的网民有着迥异的网络生活活动痕迹,对于大数据技术来说,它意味着精准推送广告或者强行塞入客户的视读屏幕。

一般认为,互联网保险并没有超出传统保险的业务范围,它只是传统保险的网上渠道而已。这种认识显然是狭隘的。不过,对于互联网保险的营销渠道的重要性而言是不为过的。所有建基于互联网的经济形态和具体机构,营销渠道的占领是至关重要的。在网络营销渠道的占领上,“传播力是最关键的要素:如果叙事在人类的交流中得不到复述,它们就会逐渐被人遗忘。如果相关名人因为某件事而名誉扫地,那么无论叙事中的观点是否属实、是否合理,这些叙事都会突然失去传播力。”①影响传播力的因素是复杂的,在互联网上,它们或许表现为单一的某种要件,或者表现为多方面的要素结合,但流动性依然是主要的特征,依赖于某一种或某几种一成不变的要素或要素组合试

① (美)罗伯特·席勒:《叙事经济学》,陆殷莉译,北京:中信出版社,2020年,第104页。

图长期占领较高份额的数字渠道是不可能的。闲暇生活和人们对现存生活方式的不断厌倦,导致网络时代的万众沸腾。互联网保险充分利用了网络社会的这些特征:首先,对"厌倦"的克制和预防就是不断创新,包括生活方式与生存景观的创造性发展。当然这也必然增加网络社会的巨大生存风险,人们必须想尽一切办法在自己的躯体里,以及在自己的居所和工作中"扎根"下来,以防止心灵的动荡和生活的不稳定。互联网既提供了这种惊心动魄的生存环境,也提供了维持这种流动性的保障机制,互联网保险就试图做到这一点。斯宾诺莎曾说:"最有价值之事,莫过于力求所有的人都和谐一致……尽可能努力去保持他们的存在,人人都追求全体的公共福利。"①互联网激起的民众沸腾,并不希望就此将人拉入不可预测的风险中,至少不愿将人陷入持续不断的惶恐中,互联网保险无论在经济领域还是在人身健康方面都做出了努力。其次,闲暇生活主要归功于生产的自动化和智能化,网络时代的进一步发展,不但将万物互联,还将人与万物之间进行了无缝沟通的尝试并取得阶段性的成就。人们从繁忙的劳作中被逐渐解放出来的时候,内心的惶恐可能来自对人本身价值的质疑;或许,它的积极意义也会随之出现在另外的群体中,那就是在闲暇生活中激发了更多的生活热情和眷恋。无论是自我怀疑和对生活的眷恋,都将导致对自我的更多关照,它对发展健康保险和人寿保险是有利无害的。当然,更为重要的可能是在无处不在的保险渗透中,人们更加持久而自信的创造活动的展开。互联网保险文化和保险产品的营销必然要紧紧抓住互联网传播的特点,在塑造某种数字价值上倾尽全力。

穿透在大街小巷的空气中的吆喝声已经成为一种生活史的记忆。传统保险中的近亲游说方式也正在人们的排斥中逐渐式微。保险营销业务员往往成为灰溜溜退出喧腾的商业公关领域的人。这是令人遗憾而不是值得庆幸的事情,因为它造成一种人际关系的不信任状态。无论事关过去哪方面的欠缺

① (荷兰)斯宾诺莎:《伦理学》,贺麟译,北京:商务印书馆,1983年,第184页。

(保险制度、职业道德、个人美德或者其他),这样的发展结局总是不能称之为进步的。互联网有着传统营销中所不具有的信息透明性的特征,尽管这种透明性的维护需要更多力量参与。在互联网保险产品推广的营销过程中,“霸屏”(即主动呈现于潜在客户的手机或其他智能终端的屏幕上)成为一种令人尴尬的行径:一方面,没有主动呈现就没有产品的传播机会;另一方面,过度呈现会导致厌恶甚至憎恨。在互联网保险产品营销中,遵守如下伦理并非易事:其一,减少对网众的骚扰,使网众具有是否接收信息的自主权利。其二,由于互联网保险的特殊性,它对高风险人群具有吸引力,但又要极力回避高风险人群的保险转化,以减少保险公司的经营风险。互联网保险不对客户进行歧视性资格审查或者进行引诱低风险客户参保,这是互联网保险良性发展的重要前提。其三,不为抢占流量而使用低俗、糜烂音视频作品作为宣传工具,维护产品传播的方式的品格和文明。其四,不以慈善家或者健康专家等身份进行保险产品的营销,尤其是一些网络大V在进行保险文化宣传或产品营销时,应当始终坚持实事求是的原则。其五,以有利于消费者的基本原则进行线上线下保险全域服务。

诚然,在互联网保险中,机遇和挑战往往难以截然区分。在一定条件下,机遇会演变为挑战,挑战也会转变为机遇。保险科技的发展带来行业发展的巨大机会,同时,应对新场景、新渠道、新机制的措施还有待进一步完善。低门槛和便捷化的互联网保险产品设计,既要简洁明晰,又要防止过于粗糙引起的产品单一化和低层次。互联网保险应对新机遇新挑战,既是技术问题,也是重要的伦理问题,因为从本质上讲,它是关于保险设计及其运营如何体现以人民为中心并促进利益格局优化的策略。

第三节　互联网保险中的价值沟通与传递

一个新事物的存在绝不是仅仅因为其与旧事物相比具有不同的外在性符

号，更大的可能性是因为这一事物本身所具有的内在价值。马克思主义对于"发展"的定义就是新事物的产生和旧事物的灭亡。互联网保险是在传统保险的母腹中孕育而成的，它没有丢弃传统保险的基本属性，而侧重于在渠道上获得新的视界，在运营上得到新的助力。技术赋予的能量使传统保险在防灾减损、发展实体经济等方面有着更为广泛的社会作用，并且能够借助于技术的力量而扩大保险的价值内涵。在互联网保险中，满足用户需求是产品设计与供应的基本出发点，信息传递的完整性和透明性是互联网保险产品宣传和营销策划的准则，价值传递是互联网保险的根本目的，而技术化未来是互联网保险持续健康发展并进一步拓展和发挥其内在价值的可靠物质基础。作为一种社会经济和居民生活的互动范式，互联网保险中的价值沟通和传递是它的内在机制。

一、用户需求与保险产品供给及其矛盾

1. 多元化的互联网保险用户需求

用户对事物的需求主要源自两个方面的属性：其一是事物本身的有用性或物质性，该事物本身是有价值的，能够直接满足用户的物质生活或精神生活需要；其二是事物在关系构建上的有用性，即事物能够在构建或重建人的社会关系上具有的社会属性，能够满足用户的奢侈性消费需求或展示性需求。展示性需求又可以分为生产性展示需求和消费性展示需求。奢侈性消费需求和展示性消费需求有着一定的差异：奢侈性消费需求指的是在基本生活需求之外，对消费品的品牌文化、价格和品质因素等有较高的要求，并由于缺乏理性计算而造成消费品的剩余和浪费；展示性消费需求是指为炫耀而进行的消费意愿，其目的在于满足其在群体中的自我优越感，展示性消费不一定是对奢侈品的消费，也不一定造成巨大浪费，这类消费实际上对用户的物质生活和精神生活的满足并不适当，它更多的价值在于宣示用户的个性、富有、社会地位、职

业、虚荣心等。作为无形产品,保险本身并不具有天然的物质属性可供消费,但仍以物质内容作为满足用户需求的潜在因素。在关系重建或建构上,互联网保险具有多元性。

互联网生成了新的社会关系。例如网商经济中商家、物流承运商、电商平台、消费者、保险公司,他们是原有的商业经济中没有的新社会关系。由于网络平台参与者的多元化,网络经济中利益博弈尤为激烈,商家、平台、消费者等都有着利益最大化而代价最小化的经济考量,这使得各方在利益总量不变的情况下需要充分展示自己在特定经济活动中的贡献和价值,并由此而获得更高回报;在极端的情况下还会出现投机者利用网络虚拟世界中的技术短板和人格身份的隐身来行使一些突破道德底线的欺诈和诱骗行为。商家以次充好或延迟发货、平台抽成过度且疏于监管、推诿售后责任、暴力快递或丢失物件、虚假消费或者恶意退换货以提取现金等,这些不良行为都会使电商经济在这一过程中承担较多风险,对那些循规蹈矩进行经济活动的人来说,造成不可避免的损失和困境。互联网消费保险、货运保险、售后保险等成为网商经济健康发展的力量。在远程医疗、养老事业、理财投资、远程教育、社会公益活动、"创客"经济以及其他线上社会经济活动中,互联网保险也具有维护用户新社会关系的重要功能,此处不做赘述。

互联网扩大了社会关系的空间。互联网对人的生存环境的重大影响,不仅在于它所生成的新的社会关系,还包括其对人的社会关系在空间上的拓展。物理距离在互联网时代随着信息流和物流底层技术的不断发展和开发应用,已经变得不甚紧要。互联网保险产品的市场需求由于下列原因而提高:(1)心理适用范围的拓展。人们生活于世所依赖的心理因素有较大差别,这些心理因素在一定程度上成为人们行动的精神动力。互联网在拓展了人的社会关系空间时,也使网络虚荣心、跟风、生存竞争等在虚拟世界中得以展开。个人对互联网保险的需求,与对其他产品的需求一样具有这些心理因素的作用。盲目跟风是互联网保险在充分营销后所造成的一种"声势",这种"声势"就是声誉和宣传所造成的消费倾向性。对于一种保障机制来说，虚荣心引起的冲动相对较少，保险产品作为展示性消费品的意义较弱，而作为奢侈性消费产品的意义更强。尽管生活中人们不会指定某种保障为“过度保障”，但互联网保险业务中对“过度保险”的确鲜有指摘。不过，“过度保险”必然造成社会资源的浪费并形成人们之间的保障性鸿沟；同时它也能够引导保险产品设计指向奢侈性保险的方向。互联网保险需求在社会心理上是一种传统社会心理的空间拓展。(2)“亲在”感的重塑。由于网络减少了人际交往在物理空间上的依赖性，投保人为亲友提供保险馈赠体现其对异地亲友的风险共担的情感和责任。互联网保险产品具有相当完美的馈赠价值。为其他人投保，可以增加亲友之间的亲密性，或者获得特定社会关系的道德义务体现。人们跨越空间而承担特定人情义务，给人以“亲在”感的执行体验。(3)移动人生中的安全感。后工业社会的重要特征之一就是流动性的普遍化，人口自身的流动是社会思想文化和经济生活具有流动性的条件。个人在社会流动中由于职业的变化、社会角色的不断切换，以及由此可能遭遇的社会地位和经济地位所面临的风险，使人的生存性风险与日俱增。生存性风险在技术与资源日益优化的时代造成各行各业的内卷，并由此而产生了发展性风险的急剧上升。在不进则退的时代潮流下，人的在世漂移感越来越强烈。事实上，由于职业竞争和消费竞争的恶化，流动性给人们造成一种“现代性创伤”(它是现代性发育中人们必然为此付出的代价)。普遍的风险化是互联网保险产品受到广泛青睐，人们愿意在社会基本保障和传统商业保险之外增加保障的完整性，以筑起能够伴随人的流动性的安全舱。

网络权力扁平化并没有简化网民对保险产品需求的多元性和多层次性。互联网发展导致社会朝着两个迥然不同的方向发展：一是网络狂欢下的意见共同体形成；二是志趣和意见的多元化。相反相成的两个运行方向正是由于网络权力结构扁平化之故。对保险产品的需求上，网络大V、知名博主(播主)、各界名流等都能在网络平台上通过不同的智能终端散布产品信息，俘获大量用户。具有保险行业经验和从业资质的知识型意见领袖对于开创互联网保险新格局,使网民投保更理性、产品更适宜、保障更充分,在消费专业知识稀缺的情况下,有着告知内幕、起底暗局、倡导公开的积极作用。只要在职业道德的规范内,他们对保险产品需求的合理引导是构建互联网保险生态的重要力量。不过,那些跨界从事互联网保险营销、充当流量诱饵的影视明星和其他行业名流,尽管具有更为广泛的流量基础,对于互联网保险产品的研发和设计,鼓励和刺激保险产品的需求有着巨大的作用;但是,他们也往往并不会为自己所代言的产品提供充分的信息或者对产品承诺承担责任,就此而论,这种类型的保险产品需求刺激是非道义的。在非正当和非充分的信息刺激下,人们扩大互联网保险产品的需求,最终结果会导致行业欺骗的盛行,人际信任的丧失,进一步的信息沟通将会停滞不前、难以东山再起。扁平化的信息权力意味着信息交流中个体作用的强化,普通群众有可能在网络中获得独立思考的机会和能力(尽管本质上他依然会受到既有信息的诱导和影响),在大众网络中寻求小众化生存状态是一种抵制同化的自然倾向。部分人为了突出个性化生存而刻意保持与大众的距离,在各种消费场景中保有特立独行的风格。互联网保险产品设计中应当有这样的考虑,无论是出于个性化生存的主观需求,还是出于用户经济实力和阶层状况的实际差异导致的个性化生存的客观需求,在保险产品的设计和供应上应当有所体现。

2. 多方位的互联网保险产品供给

保险产品的特殊性就在于它的伦理性。这种伦理性表现在三个方面:其一,保险产品是一种承诺。在商品经济中,各种工业化产品或者服务性产品都具有其内在的质量担保机制,工业产品的质量保证需要外在的承诺,服务性产品的质量保障具有介于内在承诺和外在承诺之间的承诺机制。所谓"外在承诺"指的是产品在其未被消费前并不能自证其品质,只有通过其他社会关系或者担保机构才能明确它对社会的承诺,确切地表达这种产品将为消费者带来的利益或满足其特定的需求。“内在承诺”指的是产品本身就是一种承诺关系，产品的内在要素主要是直接针对消费者需求的经济设计或社会符码建构。保险产品它本身就是一种承诺，通过其条款宣示对投保人负有的义务和责任。其二，保险产品是一种规范（制度）。保险条款对当事人进行诸方面的约束，指明在其他要素发生变化（突变）时当事人需要作出的回应。当事人任何一方的变动都会改变保险利益相关方的行为和发展轨迹，只有严格要求并详细规定各方在利益链中的权利和责任关系，才能避免当事人之间的冲突。其三，保险产品是当事各方的“利益核”。保险产品构成投保人、受益人、保险公司之间的利益联结，并成为其中的利益核，围绕利益核形成利益共生关系。当保险公司与投受保人的关系是风险共同体，保险事故未有发生时，各方都能受益，保险公司获得保险盈利，投保人的投保事项进展顺利并规避了可能存在的风险；当保险事故发生时，各方利益都受到损失，保险公司因支付大量理赔金而可能导致亏损，投保人因投保事项进展遇挫或遭受失败而损失利益（因为保险理赔的上限使其不能因为风险事故而获得高于免于事故的利益）。可见，互联网保险产品具有内在的伦理本性，它生成了互联网环境下保险产品关联方的利益格局和生长模式。

生产与需求错位会导致生产效能的极大降低。互联网保险产品供需错配，导致消费者难以获得恰当的保险产品，保险公司难以得到足够的客户群。对于作出承诺的一方而言，“承诺”是一种主动承担责任的意思表示；对于接受承诺的一方而言，“承诺”是一种应对灾难和损失的心理安慰，它通过事实上的风险转移和分解作为现实基础。承诺与被承诺之间的良好关系建立在承诺的作出与接受者之间存在恰当的需求与响应的关系。如果人们的需求（无论是出于安全需要还是经济需要）得不到精准响应，则意味着作出承诺的一方存在因理解偏差或主观意志导致的责任逃逸。互联网保险产品因其主要通过网络途径获客，并且其持续的沟通往往通过网络通道进行，这使相互理解的线上沟通变得困难。保险产品需要在线展示其对用户需求的深刻理解，而较少能够在用户浏览中增加保险公司对用户需求的理解。这是互联网保险产品供需错配的重要原因。产品供需错配在互联网保险上还会导致信息剩余所引起的有效供给被淹没的风险。因为大量并不符合用户需求的互联网保险产品充斥于网络平台,在关键词搜索中很难将产品差异性表达清晰(有时候尽管平台自认为找到了标识差异性的有效关键词,但它在网络搜索中要发挥作用就必须得到用户的广泛同意,而这是相当困难的)。阿尔伯特·史怀哲说:“文明人的理想不是什么别的东西,而是在生活的各个方面保有真正人性的人所持的理想。”①“‘承诺’关系”所包含的伦理具象是一种“‘呼应’关系”。承诺与呼应的差异在于:承诺具有更多的主动性,而呼应则在语义上包含有被动的因素。互联网保险的承诺与一般承诺的不同之处便也在于,它不但能够做出新保险产品的自主策划以承诺,也能够为拓展业务和深化保险服务改革而“应”消费者之“呼”。有“呼”无“应”,就是互联网保险产品供给不足;有“承”不“诺”,就是互联网保险产品服务质量不高。

解决互联网保险产品供需错配需要重视技术问题和伦理问题的融汇。保险科技关键技术包括大数据、云计算、人工智能和区块链等。保险科技的目的在于增加投保及理赔的效率,使保险业务开展更加便利;同时也通过技术赋能,增加保险合同签署前的客户信息搜集和提高事故鉴定中的防伪防骗能力。Cookie 是网络服务器保存在计算机硬盘驱动器上的文件,这些文件包含了用户访问各种网站的信息;而 Flash Cookie 不由浏览器隐私设置所控制。根据 Cookie 分析可以做出用户消费偏好或其他行为和隐情的数据判断。② 技术本身的发展趋势并不能准确预测,与实际发生的翻天覆地的技术变革相比,哪怕是以预测为专长的未来学者也显得有些笨拙。保险技术的核心目的在任何时

① (德)阿尔伯特·史怀哲:《文明与伦理》,孙林译,贵阳:贵州人民出版社,2018 年,第 302 页。

② (美)迈克尔·J.奎因:《互联网伦理:信息时代的道德重建》,王益民译,北京:工业电子出版社,2016 年,第 230—231 页。

候都不会发生实质性变化，那就是提高保险产品供给的有效性。这种有效性包括两个方面：其一是应保尽保，使社会民众的保险需求都能得到满足；其二是真保实保，是保险活动在公开透明的环境中展开，杜绝保险过程中的欺诈和不公。前者主要对保险需求进行市场细分，从而建立全方位多层次的保险产品体系；后者主要是对保险的全流程进行技术化变革，从而减少甚至杜绝经营过程中由于不道德行为产生的风险。实际上，后一方面在现实中难以获得民众的普遍支持，“一般的经济秩序的制度就是这样一个计划。它可能或不能实现这个产业的‘最大可能的’价值或者对国家财富的最公平的分配”。[①] 保险科技的深度开发和普遍应用，将客户的数据分析和长久记录作为重要的承保依据，这使一些人担忧“一失足而成千古恨”。这种带有强烈形而上学偏见的行为对流动社会中的人们来说确实过于苛刻，它以僵化的态度观看人的发展；并且，由于数据记录的特殊性，网络数据往往能够在不需要增加边际成本的情况下无限复制和传播，从而导致了“网络记忆”的根深蒂固。“被遗忘权”已经成为人们在互联网时代的一种特殊人权，或许在未来会成为一种基本的人权。[②] 人们不愿意被互联网长久记忆，尤其是那些对自身职业发展和生产经营带来不利的网络记忆，对人的伤害是巨大的。保险科技在减少保险经营过程中的信息不对称、提高相互的知情权、抵制欺诈行为、增加保险便利性等方面，已经并将持续发挥积极作用。如上所言，与保险科技的应用同时产生的还有与之相关的伦理问题，它们亦值得我们深入理解。这些都是保险产品供给的重要考量内容。

3. 互联网保险供需错配的原因及其对策

互联网保险供需错配的主要原因在于保险产品的伦理性与经济性、保险

---

① （英）艾玛·罗斯柴尔德：《经济情操论：亚当·斯密、孔多塞与启蒙运动》，赵劲松、别曼译，北京：社会科学文献出版社，2013 年，第 164 页。

② 刘志坚：《2017 金融科技报告：行业发展与法律前沿》，北京：法律出版社，2017 年，第 153 页。

科技的赋能与赋权、保险关系的临时性与长期性、保险研发的创新性与费率的科学性等四个方面存在的矛盾。首先是互联网保险产品的伦理性和经济性矛盾。经济性突出利己主义,而伦理性强调利他主义或偏向于利他情绪的互利性。互联网保险作为一种新型保险业态,与传统保险一样具有经济性的特征,它有着追求资本利润,扩大企业再生产的内在要求。互联网保险一部分是传统保险企业和从业人员转向线上经营,主要改变的是经营模式和渠道,其企业属性并未有发生本质变化;另一部分是互联网创新创业的企业和人员,它们对互联网创业有着更为迫切的经济要求,甚至超出传统企业对利润的期望。互联网及其相关技术也强化了互联网保险的经济性,使其经济理性的运算能力得到大幅提升。如前所述,保险的本质在于减灾防损以及为实体经济服务,它的核心要义在于提高人们美好生活的现实可能性并为之予以经济保障。从保险的本质属性来看,它的伦理性是昭然若揭的。互联网保险无论形式或渠道发生怎样的变化,始终恪守保险本质,是互联网保险的应有之义。从经济性出发,保险企业和从业人员就会以利润最大化为目的,并在尽可能减少经营风险。从伦理性出发,它们以满足人们现实的保险需求为首要目的,并为增进社会福祉作出相应义务。从经济性出发往往会减损互联网保险的伦理性。其原因在于:在保险企业经营资本有限的情况下,公司会尽可能将资产投入到利润较高而风险较小的产品部门;这样一来,经营性竞争就会越来越激烈,不同保险公司纷纷入局利润较高的险种部门,并最终导致供大于求或恶性价格竞争,破坏保险生态。当利润作为企业竞争的首要衡量标准,最终导致产品拥挤和产品稀缺同时出现:利润较高的险种出现同质化拥堵,各大保险公司纷纷入局,供过于求而浪费社会资源;利润较低的险种及部门则出现产品供应不足,人们不能获得完整、细致的保险服务。经济性对伦理性的肆意征缴,导致了互联网保险的供需错配。其次,保险科技的赋能与赋权是一对关系错综复杂的范畴。保险科技具有双向赋能的作用,它不仅为保险企业提供保前、保中和保后的技术便利,也为保险客户提供了相似的便利。通过现代技术手段,保险公司能够对客户进行准确评估、深度信誉审查、客户变化及时提示、事故审核和理赔优化等,从而使互联网保险产品在获客过程中显得越来越简便。但是,凡是技术深度渗透所能解决的问题,都同时引出了新的伦理问题,换言之就是导致新的"赋权"问题。对等技术权力是保险科技对客户赋权的重要方面,而任何基于技术手段而造成的权利"缺失感"或"损害感"则赋予人们以新的权利意识。互联网保险供需错配的重要原因之一就是因为保险机构对科技赋能过于倚重,而对科技赋权(尤其是那些因新场景导致的权利缺损感而获得的客户权利意识)则疏于管理。这使保险机构不能充分理解客户需要,并实现产品的广泛渗透。

保险关系的临时性和长期性的认知差异也是导致互联网保险产品供需错配的原因。合同约定的时间是特定保险关系延续性的限制,保险关系以保险合同的订立为起点,以约定时限的结束为终点。可见,保险所具有的伦理性是一种有限伦理性。这种有限伦理性归因于保险的代偿原则。保险机构作为保险人支付保费而确立的第三方机构,有义务在实际上以风险事故发生的第三方身份代偿不高于保险人原有资产或低于其损失的部分经济损失。这种代偿关系是建立在投保人付出保费的基础上的,因而非纯粹的道德义务关系。由于有偿风险分担机制的缘故,保险关系维持的时间长短也是计算保费多寡的重要方面。至今任何形式的保险关系都是临时性的,它与客户需求相适应,并建立在客户支付保费的意愿上;保险关系又是长期的,这种长期性是相对于特定保险企业和整个保险行业而言的。当保险仅仅作为企业而非作为事业运转的时候,保险关系的临时性是其价值选择和产品研发时的主要考量;相反,长期关系是保险机构自我认知和发展战略的出发点。在长期事业中灵活运用短期产品,在短期产品中发展长期事业,这是保险产品供给侧改革的重要环节。最后,互联网保产品创新和定价困难也是导致供需错配的原因。现阶段保险产品设计的两大难题是:产品研发能力弱、费率制定的科学性差。① 互联网保

① 赵占波:《互联网保险》,北京:首都经济贸易大学出版社,2017年,第43页。

险作为新生业态,其每一步发展都要经历自我革新的阵痛。在产品研发上,“以人民为中心”原则的贯彻落实并非易事,这使“以什么人”为中心成为一个核心问题。尽管从理论和实践上都会毫无疑问地认为这里所谓的“人”指的是客户,但它以“什么样的人”,亦即“什么样的客户”需求作为产品研发的出发点,则成为不同价值观的企业在制定战略决策时的不同选择。就一般消费行为来说,大众趋于稳健,小众趋于变化。消费时尚是不断由小众化向大众化发展的过程,互联网保险创新如何在小众化消费需求中发现和发掘大众化趋势的产品需求,立足大众化,重视小众化,让互联网保险广泛渗透到社会经济生活的诸方面。互联网保险产品创新与费率的科学化应该保持较好的配合,如果保险费率与创新产品之间存在偏离,则尽管产品可能弥补某些领域社会保障的不足,但仍然不能被客户所接受。互联网保险供需错配的原因为我们指明了产品供给侧改革的方向。

二、互联网保险中的信息沟通与伦理规范

信息沟通是价值沟通的媒介,社交是网络经济发展的重要载体。网民的品牌认知和消费意愿受到社交媒体的广泛影响,企业和产品的价值传播和价值塑造都不能离开新型社交媒体的合理运用。互联网保险在新产品开发和业务拓展上借助社交媒体的深度影响,通过全方位、立体化信息包抄,加强对客户和潜在客户的动态沟通,其理念和方式既受到企业价值观的主导,也对企业价值观的发展起重要作用。

1. 保险信息沟通中的特殊要求

“信息是对事物状态不确定性的消除,而这种消除过程是由一系列针对事物状态的不确定性的过程来实现的。”①互联网保险是不确定性事件的多层

① 鲁品越:《深层生成论:自然科学的新哲学境界》,北京:人民出版社,2011 年,第 388 页。

叠合，其中至少包括：互联网保险机构运营状态及承保能力的不确定性，投保人和受益人关系及身份信息的不确定性，投保必需信息的来源和信度的不确定性，投保事项在保险期限内的稳定状态及发展的不确定性，保险产品设计与环境关联度的不确定性等。任何不确定性都诱使人们对增加更多信息的兴趣，尽管现实世界中更多的信息并非必然导致对事物更加确定的认知。保险信息沟通中，主要当事方在对不确定问题的指认，以及对信息的需求上存在着冲突。这种冲突表现为各自希望以较少的公开信息为代价，获得对方更多的信息。在获得信息上的自私性表现出对道德事件的多重要求，人们自我信息的保护意识和对他人信息的求知欲同样强烈。单从形式上看，这表现出了较强的主观欺骗的意志。不过，由于对自身信息的保留和对利益相关者信息的需求并不直接阐明某种道德行为。保险信息包括投保人资格信息、保险人财产和健康状况、受益人与投保险人的社会关系、保险产品的规范性说明、事故鉴定、理赔程序和赔率等。奥妮尔认为："理性的信任不仅需要讯息的内容，还需要知道这些讯息的提供者。"①保险信息沟通目标的特殊性使保险当事人在信息沟通上存在着信息坦诚程度上的博弈。由于保险是对不确定风险的化解和分担机制，本质上并不要求通过各种信息寻求投保内容在发展轨道和历史痕迹上的精准性，从而在保险关系发生之前保险机构就单方面掌握着保险内容在保期内的发展趋势或准确预测。如果剔除风险因素而成为纯粹的投入产出关系，那么投保人就会在这一过程中变成傻瓜；只要保险依然是应对风险事件的一种保障机制，客户就不应该将其作为可以盈利的手段。保险在本质上是一种自救式的兜底行动，因而保险主要当事人之间应该建立起一种值得信赖的信息沟通方式。在规范性信息上保持开诚布公，而对非必要信息则保持应有的审慎。

保险信息沟通双方关系（地位）具有特殊性。由于信息授受关系的动态

---

① （英）昂诺娜·奥妮尔：《信任的力量》，闫欣译，重庆：重庆出版社，2017年，第70页。

变化,保险关系建立的过程中,不同阶段有着不同的信息决定者。一般来说,在保险产品宣传并获得客户理解和支持的过程中,保险机构是信息沟通的主导者。保险机构需要主动披露保险产品的细则,并对保险业务发生的环节和流程做出详细的说明。在保险产品的优劣甚至保险合同的拟订上,保险机构有着绝对的优先权利。在保险关系确立后,在保险内容的事故确定及发生概率上,被保险人则有着一定的信息优先权,隐瞒关键信息或者提供对保险事故鉴定起着决定性作用的事物发生发展动态信息显得意义重大。保险机构在事故鉴定和理赔支付的诸多方面存在着信息获取代价高昂和困难的可能。保险信息沟通中双方地位在不同阶段完全不同。也正是因为这样,造成了双方在不同阶段对信息忧患意识的不同。在保险订约阶段,客户有着隐瞒信息的现实原因;而在保险履约阶段,保险机构又因为对客户提供信息真实性的怀疑而极力压低理赔的额度,这在纯粹经济的角度来说是合理的。信息授受关系的不平等权力造成了保险关系各方之间的不信任。

英国医生帕尔默·威廉(Palmer,William 1824—1856)为谋取保险赔偿费而毒死了自己的妻子、兄弟和朋友。① 2018 年 10 月底,天津男子在泰国普吉岛“杀妻骗保”案引发舆论持续关注,次年该男子被泰国普吉府法院判处无期徒刑。尽管如此极端的事件并不常见,但由此可见保险机构在承保过程中需要承担的风险,尤其是非正常事故引发的恶意骗保问题让保险机构在开展保险业务和创新保险产品的过程中如履薄冰。保险信息沟通的目的在于最大限度减少信息隐瞒,以及避免人为造成的额外风险。信息对风险防控的意义是非常重要的,在互联网保险中,由于虚拟角色和虚拟活动的增加,在线处理投保理赔业务时,更容易因为信息掌握不全面而遭受损失。对于投保人、被保险人、受益人的信息而言,它们本身由于内容庞杂而具有不同层次的隐秘性。从公开信息(姓名、职业、性别、年龄、家庭成员等)、低密信息(社交、职级、获得

① 《马克思恩格斯文集》第 2 卷,北京:人民出版社,2009 年,第 824 页。

知识层次等）、中密信息（收入、业务与投资、社会关系、家庭和谐程度、道德表现、情绪波动表征等）到高密信息（心理动向、秘密行动计划、超常规情感和社会关系、道德情感与意志、潜意识等），秘密等级越低的信息，越容易获得，在常规保险活动中也发挥了重要的作用。而传统保险发展至互联网保险，由于虚拟社区的特殊生存环境，人们高度隐秘的信息就体现出更大的价值，对于防范保险行业风险而言至关重要。因为虚拟空间中人们的行为方式必然存在主导其发生与发展的深层原因。保险机构和保险产品同样存在着隐秘程度不同的信息层级，公司和产品的公开信息不涉及具体经营秘密，而公司财务运行、价值观的执行程度、公司人力资源结构和具体指标、保险产品设计的真实目的、股东及其他投资人信息、公司的商业计划和战略伙伴等，这些信息在具体的保险机构中有着不同的保密程度。对于投保人来说，这些信息必然对其正确选择险种和保险机构有着积极的意义。密级程度不同的信息在确立保险关系并增加保险信息沟通的有效性上意义不同。当然，这与险种和保额有着直接的关联，亦非密级越高的信息必然越有价值。

2. 互联网保险信息沟通的技术与艺术

信息沟通既是价值的传递和传播，也是价值的创造过程。之所以说是价值传递和传播过程，是因为通过信息沟通可以使信息授受双方交换立场，获得原本未知的信息；之所以是价值创造过程，是因为通过信息沟通能够使交互传播信息的双方深化理解、增加信任、提高生产经营效率。互联网保险信息沟通从授受关系是否具有强交互性的角度可以区分为单向索取和交互沟通两大类。信息的单向索取指的是信息需求方单方面通过各种技术和途径搜集信息并对信息进行单方面的技术加工。它包括网络搜索、调查、大数据分析、基于经验和知识的预测等。单向索取信息不需要经过信息生产者或者信息内容指向的对象同意，完全凭借自身掌握的技术手段和数据资源进行调研、赎买、加工、提炼和创造。在互联网保险行业中，对投保人和保险内容进行深度调查以避免欺诈行为、降低经营风险。保险机构可以通过自身情报部门或者第三方专业机构对巨额保费的大客户进行全方位信息索取。当这种单向信息索取作为现实的经济活动要件时，它对原有的人际关系和营商环境造成了较大的伦理改变。单向信息索取的主要动机在于获得那些通过公开渠道不能获得的中高度隐秘信息，这些信息（对保险客户而言）往往是其所有者不愿意轻易示人，具有对人格、财产、尊严、社会关系等方面起到维护作用的特殊价值的信息。网络搜索是通过互联网引擎对信息内容的搜集，对于互联网保险机构而言，这种信息搜集方式的作用不大，主要是因为对于绝大部分普通保险客户而言，搜索引擎能够搜集到的有效信息非常有限。但是，对保险客户来说，搜索引擎亦能为客户提供互联网保险机构在以往经营活动过程中的客户映像及其他具体情况。在"人人都是麦克风"的新媒体时代，用户点评及产品评论是专业论坛和其他网络平台常见的信息，保险用户只要通过适当的关键词进行搜索就能获得大量有价值的信息。保险机构要获得客户的深度保密信息就需要动用第三方专业调查机构或者大数据技术进行数据整合与挖掘。有人认为，"保险行业天然是一个基于数据和精算的行业，大数据对保险行业的意义，更甚于其他行业。"①从客户信息获取的角度来说，单向信息索取成为保险机构开展深度业务的关键能力，也是其产品研发的基础。与一般性的网络搜索不同的是，那些基于大数据的深度数据挖掘技术手段，对于普通网民来说是遥不可及的。在资本市场与大众传播媒介相互渗透的情况下，互联网保险机构与普通客户之间的信息单向沟通能力存在巨大差异：第一，保险机构掌握着先进的数据挖掘技术，而普通客户则只能使用简单的搜索引擎；第二，基于大数据的先进算法和专业调查机构能够获得比较真实地反映客户信息的内容，而大众传播媒介则容易受到资本的控制而歪曲信息内容，大量真实的信息被删除，而虚假信息则能够未经审查地弥漫于网络空间。"人已经变成一堆统计数

① 中国保险行业协会编：《2017 中国互联网保险行业发展报告》，北京：中国财政经济出版社，2017 年，第 189 页。

字,它的密度已经不仅可以分析他的过去,也可以预测他将来的行为。”①普通人除了成为一堆数字,并不能因此而在数字化空间获得同样透明的世界审视能力;但他们(的数字痕迹)却成为大型经济组织的数字资产,并被开发出更多营利工具。

信息交互沟通指的是由于信息沟通各方具有与对方进行信息交流的需要和意愿,从而发生的信息交换机制。它包括直接问询、主动展示、专项交流和调查。在信息交互沟通的过程中,提高信息沟通的有效性和效率是非常重要的。创建更多共识是提高信息交互沟通有效性和效率的重要途径。互联网保险机构与客户之间存在着怎样的共识,就会有怎样的业务关系。“共识”的涵盖面越是宽广,则其受众也更广泛。知识的社会性储存是这种共识的主要来源,也是交互沟通的话语基础。“语言建构了语意和意义的领域……在这些语意领域可以客观化、保存及累积个人际遇与历史经验……通过这种累积,知识的社会储存得到建立,通过代代相传,适用于日常生活中的每个个体。我生活在一个具有各种特殊知识体系的常识世界中……我与他人在生活中的互动,会不断受到我们共同可得知识的社会储存的影响。”②不过,在交互沟通中,保险机构对于业务知识的熟谙与客户对于它们的半生不熟之间形成鲜明对比。精通专业知识的一方在交流中掌握着主动权,它必须通过信息输出的方式搭建起更多共识,以便在更广泛和更深入的层面建立合作。因而,交互沟通也是一种信源的主动输出过程。当信息输出过程与信息需求之间建立联系,并在最大限度上减少信息冗余时,保险信息沟通的效率就会得到保障。互联网保险信息交互沟通过程中,“调查—反馈”是基于客户体验的信息交流方式,专门设立的研讨与咨询部门也能在一定程度上解决问题。不过,对于互联

---

① (德)弗兰克·施尔玛赫:《网络致死:如何在喧嚣的互联网时代重获我们的创造力和思维力》,邱袁炜译,北京:龙门书局,2011年,第80页。

② (美)彼得·伯格、托马斯·卢克曼:《现实的社会构建》,汪涌译,北京:北京大学出版社,2009年,第35页。

网保险机构对自身价值的彰显意愿和参保人员对保险产品的信息需求来说，本身具有内在一致的方面。如果互联网保险机构和投参保人员之间能够在信息交流中保持一种换位思考的能力，以角色置换的形式去体验保险业务过程中可能存在的问题，从而能够主动思考对方可能存疑的问题。这种在个人道德上起着重要作用的原则，在互联网保险机构及其从业人员与客户之间的沟通中也能发挥积极作用。

3. 互联网保险中信息沟通的伦理本质

由于互联网保险行业存在的巨大风险考验，信息沟通主要有如下作用：(1)增进理解、降低风险；(2)表达尊重、维护关系；(3)发展共识、拓展业务；(4)平等对话、体现公平等。互联网保险不可能永远停留在当前的发展水平，其产品开发亦不会始终以“形态简单、条款简洁”等作为主要的考量内容。《互联网保险业务监管办法》中将“责任清晰、可有效保障售后服务”过度依赖于“形态简单、条款简洁”。似乎形态复杂、条款专业的保险产品就不适用于在网络平台推广。它是与当前保险科技发展及应用能力密切相关的，为维护消费者权益，监管部门在法律不健全的情况下尽量减少因监管不力导致的社会风险，这是情有可原的。老子《道德经》有云：“将欲取之，必先予之”。保险信息沟通中，互联网保险机构以“予”作为“取”的必要途径，“予”是保险机构进行信息传递与公开的基础。这里所谓的“予”，就是保险机构作出的承诺，亦即在约定事件发生之后，保险机构承担的风险责任和赔付义务。反过来，对于投保人和受益人来说也是如此。投保人和受益人获得风险承担支持和经济补偿的前提是按约定支付一定保费。以“予”为“取”是保险活动中投承保双方的基本行动原则。这里涉及有条件的付出和扶灾救困是否具有道德意义的问题。这与互联网普惠金融的其他诸领域有所不同：在诸如 P2P 网贷、众筹等领域，限制性投机是一种在市场经济条件下被认同的行为，尽管其并不是具有伦理道德意义上的目的性存在，但是它们在事实上对于经济平等和人的自由发展起着一定的积极作用。建立在公平、透明、合规原则下的互联网普惠金融对经济收入较低人群以及满足普通人的应急需求来说，显然是有益的。具有投机属性的互联网金融投资行为在上述原则的约束下，它的伦理价值不应该被淹没。互联网保险与众筹、P2P 网贷不同的地方在于，“予”和“取”的关系以及其现实目标的不同：对于普通用户而言，保险本质上是“减损”而不是“盈利”，因而所“取”不能超出所“失”（包含“损失”和保费）。对于经营机构而言，尽管对经营收入的合理运营并促使其增值是它们共同的方式，但保险经营机构具有更大的“惰性生命值”（也就是在持守“无为”的状态下，无需对保险资产进行积极投资，只要对投保事项作出适当的调查和科学管理，它也能在理赔后获得一定利润）。

互联网保险的崛起使保险机构和产品的竞争日趋激烈，业务拓展的成本急骤增加。为了维持自身“惰性生命值”，以便为保险资产的运营提供更为宽松的环境，互联网保险信息沟通成为重要的环节。增进理解、表达尊重、发展共识、平等对话，它们既是对互联网社交关系的充分利用，也是基于互联网时代“节点平权”（即互联网时代每个人在信息生产和传播中具有的相似权力和机遇，从而使人们信息权利均等化的趋势）的现实。在互联网保险中，风险仍然是其核心内容。保险机构对风险的管理趋于保守，尽量要求保险事项具有较低风险或者通过诸种途径使风险事故免于发生；投保人则对风险的管理相对松动，因为保险增加了他们承受风险的能力。正是因为这样，投承保双方的矛盾难以避免，保险信息沟通就是要减少投承保双方摩擦，构建良好的保险生态系统。当今保险科技的发展，“大爆炸式创新”①体现出了巨大的优势。技术创新和采纳中所获得的收益加速度改变了信息沟通中对交互式信息沟通的依赖，更多隐秘进行的单向信息索取正成为互联网保险机构经营的重要信息渠道。为了少“予”多“取”，保险机构增加了保险产品的专业性和设计的复杂

① （美）扬尼斯·阿齐兹迪斯、曼努埃尔·斯塔格斯：《金融科技和信用的未来》，孟波、陈丽霞、刘寅龙译，北京：机械工业出版社，2017 年，第 234 页。

性，投保人则对投连险、万能险等新型产品抱有更多热情。互联网保险信息沟通尚未完全建立起基于价值沟通的链接，而是基于利益索取权采取的单边行动。这一状况需要彻底改变，不但实现"节点平权"，还要实现"节点"（即包括机构、个人在内的所有用户）对公共网络道德和经济正义的更大共识。互联网保险信息沟通如果在这一方向上有所进展，它就展现出了积极的伦理意义。

三、互联网保险价值传递的内涵与外延

马克思认为，"对偶然事故提供保险"是必要的，在很大程度上，它甚至体现了"资本的文明面"，有利于生产力和社会关系的发展，对于生产要素在更高层次进行生产重组是有意义的。① 社会经济组织中的生产要素是一个有机整体，或者说只有实现了生产要素之间的整体化，才能提高全要素生产能力。而所谓全要素生产能力所具有的理想主义，在不同价值观中实现着不同的现实目标。对经济价值、科技创新价值、生态价值、社会价值或是其他价值理念的追求，使不同企业对全要素生产在经营中的表达方式出现较大的差异。这些经营方式上的差异，秉持价值观宗旨，以人力资源、资金、经营场所、能耗、科技创新、组织结构、营销模式、财务制度等等与生产经营紧密关联的物质技术形态的整合形式表现出来，在生产、流通、交换、消费中实现客体主体化的目标。互联网保险关系绝不是单纯的经济联系，也是互联网时代人们社会关系的新形态。互联网保险的价值内涵通过产品设计、宣传与流程管理体现出来。随着时代的发展，保险内涵必然发生相应的变化。1805 年，英国驻印洋行在我国创办了广州保险会社，这是帝国主义殖民扩张的产物，通过政治特权招揽业务，使我国大量黄金白银经保险渠道外流。在相当长时期内，国外保险公司对我国企业采取保险歧视，同时与其本国企业结成资本集团，增加其压制我国

① 《马克思恩格斯文集》第 7 卷，北京：人民出版社，2009 年，第 926—927 页。

民族企业、掠略我国财富的“保障服务”。1865 年，我国民族资本创办义和公司保险行；1875 年，官督商办的保险招商局在上海设立；1876 年仁和（水险）保险公司与济和（货栈）保险公司相继成立；20 世纪初，国民政府的官僚资本纷纷进入保险领域。1936 年，中外资机构保费收入占比为 2∶8。① 近代民族资本机构的保险公司对在封建主义和帝国主义夹缝中成长的民族企业的发展发挥了积极作用。社会主义革命胜利完成后，保险行业在价值观上开启了“人民保险”的历史新征程，在艰辛探索中国特色保险事业发展的道路上经历了不少曲折。尤其是在保险的经济性和公益性方面出现了很大的社会困扰。以人民为中心是中国特色社会主义保险价值的根本依循。在改革开放大潮中，我们对保险本质的认识越来越清晰，也越来越符合社会主义经济发展规律、人的发展规律和保险事业发展规律。互联网保险产品在设计、运营、流通、维护中体现保险价值，互联网保险传递着经济伦理中的特殊价值观念，它包含着宏观价值理念和具体的伦理规则。

1. 互联网保险价值传递的内涵

构建共同体是保险的重要价值。互联网经济有着基于平台和场景的广泛联合性，经济组织较少单兵作战，而是商品和服务供应、平台供应、物流服务、技术研发与维护、商品和服务需求等各方之间紧密联系在一起，商品生产、流通、研发、产品融合、消费、信息传播等各个环节紧密衔接。保险的直接功能是“弥补偶然事件和自然力所造成的异乎寻常的破坏”。② 互联网保险能够部分保障互联网经济各参与主体以及生产经营各环节的正常运转。当经济参与诸方与诸环节形成一个有机系统时，保险起到稳定剂和加强剂的作用，为经济共同体创造更为强大的风险抵御能力。对“异乎寻常的破坏”的补偿并不会自

① 巴力：《保险总论》，上海：立信会计出版社，2012 年，第 52 页。
② 《马克思恩格斯文集》第 6 卷，北京：人民出版社，2009 年，第 198 页。

动发生，补偿原则并不会如同富兰克林·霍布斯所说的那样“无时无刻不起作用”。[①] 只有在共同体的内部，补偿原则才会发生，这是共同体作为整体性“生命体”所具有的自我修复功能发挥作用的结果。互联网保险作为互联网经济中的一种黏结剂、加强剂或者稳定剂，它参与到互联网经济的现实运行中；一旦互联网经济的某个环节出现纰漏，就会造成整个行业“短板效用”的爆发，发展滞后或者出现问题的那块“短板”就成为整个互联网经济的命门。互联网保险正是要在这样的短板上建筑自己的防御，以便应对作为整体的互联网经济的系统性风险。无论是网商经济中货物或服务的品质保险还是物流保险，都体现了这一点。共同体观念并不天然与社会主义或者集体主义有着内在的联系，经济上的共同体有时候也恰恰体现出它们建立利益垄断联盟的野心。不过，对共同体观念的不同认知和追求，却反映了社会的文明程度以及意识形态上的差异。资本主义社会由于占统治地位的资本集团垄断了政治和经济上的特权，保险无非是资本集团噬利本性的一种载体，保险传递着资本增殖的欲望。资本共同体中的保险在表面上形成的共生关系并不能掩盖其本质上造成的社会撕裂，社会巨额保险和充足赔付的险种被富人独占，而社会底层只能在资本家的牙秽之上构建梦想，“马太效用”一再暴露出“人之道”（损不足以奉有余）的邪恶。

“尼采说，‘人是能够许诺的动物’，此话的确深刻、正确之至。”[②]在金钱的世界里始终充满着私人与集体之间诺言的承兑关系，每一张纸币都意味着一种非确指的交换价值的额度，它始终需要保持着集体遵守的原则并在私人领域同样负有自己的尊严（即它的通兑能力不会因为流入私人领域而受到减损）。“承诺”是一种指向未来的心理确定性，它对社会来说起稳定作用，而为

---

① （美）富兰克林·霍布斯：《财富是一种心态》，叶红婷译，北京：九州出版社，2013 年，第 170 页。

② （德）马克斯·舍勒：《人在宇宙中的地位》，李伯杰译，贵阳：贵州人民出版社，2018 年，第 35 页。

个人生存提供安全感。心理确定性直接来源于经验或者习惯，其根本保障在于承诺者兑现诺言的物质力量和信用基础。对承诺的坚信是在不确定世界中对人的信用的坚信。在异乎寻常的破坏性事件中，人们由于对事态的发展充满迷惑，恐惧与担忧随之产生。由于先前购买了对于坏情况的救助或补偿承诺，在坏的结果已然产生之际，兑现所购买的承诺成为一种本能反应。人们相信彼此都会遵守这些承诺，就如同金钱关于购买力的承诺一样。金钱无论如何是能够购买到本币流通地域中的任何在售商品的，而金钱所购买的"承诺"，在此也具有一定的商品意义。商品化的"承诺"是保险的外在形式，它的"使用价值"在出险后立即凸显出来，成为一种获得经济补偿的重要途径。除非整个信用体系崩塌，人们不会质疑金钱在社会中的有用性。同样的道理，除非对市场交换原则（或环境）的彻底失望，人们不会对其所购买的"承诺"持有怀疑。经济共同体同样成为了道德共同体，对承诺的坚持是经济关系发展的最为基本的道德准则，也是经济关系能够得到维系的内在机制。

对于保险机构来说，为其他机构和个人分担风险是其据以获得社会意义和经济效益的手段。这也是商业保险不同于社会救济等福利事业之处。齐美尔曾说："货币的本性具有内在的两极对立，即货币是绝对手段，而出于心理上的原因，货币又是大多数人的绝对目的。"①在保险领域（当然也包括更为广泛的金融领域），对投资者而言，货币既是手段又是目的。当保险机构将货币作为手段来实现其自身的经济目的时，手段自身的实现则需要将客户作为中介，以其作为货币展现其连接社会诸要素的载体。无论是保费收缴还是理赔支付，它们都以现实的人作为基本活动单元，并渗入到人们生产、生活、发展的各个方面。保险机构"分担风险"的职责被揉进到客户的"成本管理"之中。在未来不确定性的焦虑中人们所倚仗的保险支出成为人的生存成本，它就具

① （德）G.齐美尔：《货币哲学》（上），许泽民译，贵阳：贵州人民出版社，2019 年，第 294 页。

有了某种程度上的“基本生存资料”的意味。投保人以金钱的支出作为代价来获得金钱的保障,这一事实源自不确定性事故的发生概率。在确定性的事实面前,保险机构和投保人都不至于笨拙到在价值权衡中丧失基本理性。一切具有不确定性的事物,当人们对其具有忧患意识时便会产生“保险”的需求;当这些事物的存在与发展不为人们所忧虑时,它们便成为赌博的绝佳工具。互联网保险的产生,源于人们在网络事态中的不确定事件偶有发生,并且其发生可能影响到人们的期待和生活现状(当然,那种纯粹只是渠道变化的传统保险项目,则体现了线上线下融合的现实情况)。没有风险就没有保险。明知有风险而意欲转嫁风险,是保险关系发生的基本前提。“风险转嫁”之所以成为一种避开道德质询的经济行为,乃是由于前述之商品化“承诺”的产生。这种具有伦理意义的承诺作为特殊的“商品”,其存在的价值就在于当人们遭受灾难和损失时提供经济补偿。对于保险客户来说,由于保险机构产品消费者的广泛性,由于承保事故不会同时发生,并在整体上保持着较低概率,从而避免了客户在保险机构出现超出保费额度的理赔支出时,可能出现的道德创伤(因独自获利、免于伤害、脱险等而对遭遇损失和伤害者产生的内疚。这里指投保人因获得较高经济补偿,而对保险人产生的内疚)。当然,在保险活动中免于道德创伤的因素还包括:保险公司作为一种“机构”而减少了拟人特征,承诺关系中对事实发生已有心理准备,参保与购买消费品有着类似的方面等。保险关系缔结方及保险活动流程与环节中的复杂伦理关系,使保险的价值表现出多元特征。对于互联网保险来说,借助互联网的广域化,它使保险在作为风险社会“共同体”之凝结剂上发挥出更广泛的作用,在虚拟现实双重世界中将保险的经济性与伦理性更紧密地融合在一起。

2. 主要互联网保险业务及其伦理价值

我国《保险法》第95条规定,保险公司的业务范围包括:人身保险业务、财产保险业务和经批准的其他业务。[①] 传统的保险产品主要包括财产保险、人身保险、政策性保险、社会保险等。随着金融科技的发展，互联网保险市场细分越来越精确、险种日益丰富。目前互联网保险的产品业务包括车险、意外险、货运险、信用险、健康险、旅游险、万能险等。它们既有条款和费率标准化程度高的险种，也有条款较为复杂的险种。保险产品设计和运营应当遵循相应的伦理准则，以维护互联网保险伦理秩序的健康发展，培育健康互联网保险生态，发展和传递保险的社会价值。

（1）互联网财产保险。财产保险保费收入逐年攀升，2019 年财产保险业务原保费收入达 1.3 万亿元，同比增长 20.85%。[②] 2014—2019 年，互联网财产保险业务保费收入总计 3803.84 亿元。2019 年，互联网财产保险保费收入 838.62 亿元，同比增长 20.60%，高出财产保险市场同期增长率近 10 个百分点。[③] 传统的财产险行业两极分化严重，“老三家”（人保财产公司、平安财产公司和太保财产公司）的市场份额在 2019 年前三季度分别为 36%、20%和 11%，中小财产公司的市场份额进一步缩减。[④] 尽管目前财产保险中仍以机动车辆保险为主，但保证金、农业险和责任险等非车险业务也在不断提高其总量占比。2019 年，互联网非车险业务超过互联网财险的 50%，扭转了财险业务中车险占比独大的局势。与传统保险相比，2014—2019 年共 70 余家保险公司开展互联网财产保险业务，众安保险、安心财险、泰康在线、易安财险四家专业公司的保费收入占互联网财产保险市场的 28.05%，与“老三家”在财险

---

① 注：“保险公司的业务范围”与“保险业务”是两个不同的概念，“保险公司的业务范围”既包括“保险业务”，也包括经银保监会批准的非保险业务，如证券投资基金销售业务等资金运用及其他非保险业务的经营范围。事实上，保险公司的良性运营需要保险业务与投资业务两方面协调发展作为基础（保险公司的相当部分利润来自投资业务）。本章仍侧重于探讨互联网保险公司保险业务的伦理问题。

② 胡滨、尹振涛、郑联盛：《中国金融监管报告（2020）》，北京：社会科学文献出版社，2020 年，第 112 页。

③ 《2014—2019 年互联网财险市场分析报告》，中国保险行业协会发布，2020 年 3 月。

④ 胡滨、杨涛：《中国金融发展报告（2020）》，北京：社会科学文献出版社，2020 年，第 81 页。

上占据的67%市场份额相比,集中程度相对较小。对于互联网财产保险而言,尽管车险所占的比重依然比较大,但由于其不具有场景化的特征,主要表现为传统险种的销售渠道的网络化,从而不能代表互联网保险的主要特征。尽管如此,由于网络渠道的开辟,互联网业务为车主在选择和办理车险时节约了时间和精力,也是有着非常积极的意义的。互联网财产保险非车险业务中,信用保证险和退货运费险所占的比重较大;其中,退货运费险是网商经济发展的重要保障之一。互联网财产保险的发展应依据满足人们美好生活需求的基本原则进行创新,对涉及人们网络数字资产和互联网经济活动的资产保全和经营维稳提供精准的保险服务。使财产免于遭受损失或者降低财产损失度,是财产保险的根本宗旨。随着人们数字资产的不断增加和网络经济活动的日益频繁,对新形态的资产进行科学评估和保险服务是非常必要的。互联网财产保险在第三方平台上的快速发展,是网络经济场景化的必然结果。人类对虚拟活动及其成果的认识和利用会逐渐提高,数字化劳动和数字化资产亦逐渐具备"可保利益原则"。数字化基础设施的完善、大数据技术和更为先进的算法,对财产保险中的重复投保、远因索赔(即对非保险约定因素造成的财产损失进行保险索赔)等有着较为准确的鉴别能力。区块链技术或者未来更为先进的数字技术将会使数字资产具有强识别性和社会信用属性(当然,将财产保险的"最大诚信原则"作为一个纯粹的技术问题始终是令人怀疑的,因为技术的开放性和认识的无限性,决定了在更高技术开发和应用能力的基础上谋求欺诈和诱骗是可能的),这对加快互联网经济的发展和提升互联网对人们生产生活的渗透力有重大意义。互联网空间与现实物质社会的各种物质和精神财产(精神财产作为保险标的必需具有价值的可量化性),是人的生存与发展的必要条件,也是个人实现其社会价值的必要手段。互联网财产保险强化了人们生产劳动和生活空间多元化的正当性,为人们对生存世界的"充值"与扩容增加了动力和保障。

(2)互联网人身保险。2016年起,健康险成为保险产品中增速最快的险种。2018 年,我国寿险保费收入排世界第 2 位,比 2017 年提升 1 位;2019 年 6 月,健康险的保费收入超过车险的保费收入,成为我国第二大险种。预计到 2040 年,我国 65 岁以上的老人将达 3 亿以上,寿险还有广阔的市场空间。① 2019 年,我国人身保险原保费收入 2.96 万亿元,同比增长 8.74%;其中寿险增长 9.8%,健康险增长 14.28%,而意外险下降了 39.66%。② 2019 年 11 月,银保监会发布了新修订的《健康保险管理办法》(银保监会令〔2019〕3 号)。新“办法”对健康保险进行了重新定位,坚持健康保险的保障属性。③ 财产保险是对财产损失的赔偿,而人身保险则是对被保险人生命或身体发生保险事故时的一种给付,大多是定额保险;人身保险主要包括人寿保险、伤害保险和健康保险三种。互联网人身保险是通过互联网开展人身保险业务的经济活动,它既有传统人身保险的线上渠道,也有基于互联网新场景的人身保险业务。人身保险及互联网人身保险业务的发展,主要基于如下原因:首先,新中国成立以来,我国经济社会发展取得巨大成就;2020 年我国全面建成小康社会,人们生活水平不断提高,对生命和健康更加重视。无论线上线下,人们对生命质量和健康问题的关注已经超过以往任何时代。其次,现代生产技术的发展,外物实现了对人的包抄,越来越多的人造物品成为人的生存必需品,并改变了人的生存环境。在生活起居以及休闲旅游等各方面的活动中,在科技水平极为低下的年代未曾出现的人与机器之间的冲突(包括在使用机器和应付机器运转意外的过程中出现的对人的身体健康和生命的侵害)在当前已经成为重要的社会问题。2019 年中国车祸发生次数为 20 余万次,车祸死亡人

① 胡滨、杨涛:《中国金融发展报告(2020)》,北京:社会科学文献出版社,2020 年,第 80 页。

② 胡滨、尹振涛、郑联盛:《中国金融监管报告(2020)》,北京:社会科学文献出版社,2020 年,第 113 页。

③ 胡滨、尹振涛、郑联盛:《中国金融监管报告(2020)》,北京:社会科学文献出版社,2020 年,第 130 页。

数为5.2万余人,平均1万辆车造成1.8人死亡。① 网络化、智能化的发展或许对未来实现机器与人的协调有着一定的帮助,从而减少机器对人造成的肢体伤害;但是,网络化、智能化生存的新形式也出现了对脑力和身体健康的其他危害,并在肢体上造成人的羸弱。再次,互联网新场景的不断出现,支付变革、网络医疗也呼唤新的人身保险渠道的开辟。无论是实体医疗保险机构还是互联网医疗卫生机构(它仍在孕育和发展中),通过互联网对意外事故、医疗健康事故在线鉴定并链接到支付端口,都能完成基本医疗健康保险程序,提高了人身保险业务工作的效率。

人身保险是一种对生命力的周济。互联网时代,人的生命力朝着两个方向发展:一是媒介延伸了人的生命力。智能技术的发展与互联网的普及,使人的体力劳动支出不断减少;智能网络不但延伸了人的肢体,也延伸了人的大脑。二是媒介也存在弱化人的生命力的方面。在智能时代,"轻劳动"(较少体力支出的劳动)占主要地位,"重劳动"越来越少,人的肢体和大脑经受锻炼的机会不断减少,从而使(人的生理的)生命力有被弱化的可能。互联网人身保险是对生命力的一种补足,以使在特定情况下降低或丧失劳动能力的人仍然能够获得基本经济收入。作为一种支付性保障,互联网人身保险为跨域进行人的生命力维护、避免老弱病残等特殊人群陷入生活困顿,为其提供经济帮助。它对劳动力的再生产、社会的安定团结、经济正义的维护等都有积极的价值。互联网所建构起来的虚拟网络对流动不居的人群来说,起到维护文化根基、稳定社会联系的作用。尽管当前社会人口迁徙不断加快,人们离开家乡和常驻地远走他乡已成常态,但互联网将流动人口的原有社会关系予以恰当的保留;这促进了人内心的安定。在流动性较强的社会中,建立在亲密关系上的相互帮扶会大量减少,人身安全和健康问题需要有一种"恒在"的社会力量介

---

① 《2019年中国交通安全事故死亡人数、交通事故产生的原因及预防道路交通事故的对策分析》,中国产业信息网,https://www.chyxx.com/industry/202009/895844.html。

入。互联网人身保险能够使人在流动性中获得一定的安全感和人身安全与健康的基本保障。

（3）政策性保险的网络化。政策性保险具有强烈的意识形态差异。社会主义国家由于人民当家做主的本质要求，使政策性保险更加体现人民性，体现为维护最广大人民根本利益而采取宏观经济调控的决心。资本主义国家由于资本在社会经济政治文化诸领域的绝对优势和统治地位，资本家的利益取向决定了国家政策的主导方向。有关生计保险、住房权益保险和社会事业保险的重要性，罗伯特·席勒说："这些合同可以保护一部分人避免在后半生陷入难以维系的经济困境，它们甚至可以预防社区环境恶化，预防城市走向荒废。"[①]席勒所描述的是具有强制性的社会保险，政策性保险与前述基于等价交换和这里所谓的社会保险的强制执行不同，它主要是基于自愿选择的定额（定比）保险。"政策性保险追求的是为产业发展政策配套服务的宏观效益"，[②]它突出政策性特征，由国家或政府指定保险公司经营，是不完全的非营利性保险。传统的政策性保险主要有农业保险、出口信用保险、存款保险、巨灾保险和其他公益性保险。农业保险是政府为支持农业基础产业发展，保护市场弱势产业，为稳定农业生产经营提供的一种保险。银保监会和农业农村部于 2019 年 9 月联合发布《关于支持做好稳定生猪生产保障市场供应有关工作的通知》（银保监办发〔2019〕189 号），要求完善生猪政策性保险政策，推动深化保险资金支农支小融资试点，让保险资金更好地服务生猪产业发展。2019 年 10 月，银保监会和财政部联合发布《关于加快农业保险高质量发展的指导意见》（财金〔2019〕102 号），为农业保险发展助力。[③] 由于气候、市场、地域等方面的影响，农业生产受外部环境影响比较大，而其产出则是人们生产生

① （美）罗伯特·席勒：《新金融秩序：如何应对不确定的金融风险》，束宇译，北京：中信出版社，2014 年，第 124 页。

② 巴力：《保险总论》，上海：立信会计出版社，2012 年，第 243 页。

③ 胡滨、尹振涛、郑联盛：《中国金融监管报告（2020）》，北京：社会科学文献出版社，2020 年，第 135 页。

活的基本生活资料,对社会的持续存在和发展起着基础作用。为了保护种植和养殖业主的利益,稳定基本生活资料生产和产品供应,政府及其指定的保险公司为其承担保险服务,以避免因气候、灾难等造成整个产业体系根基的垮塌。对其他关键行业和关键产能的保险也是出于类似的动机。政策性保险以维护国家经济运行平稳,发展人们美好生活为旨归。政策性保险业务的网络化是指它们在运营渠道上转向"线上"。由于政策性保险具有对宏观产业和行业的监察与规范作用,它在运行上能够适应网络化的需求。政策性保险网络化能够在更大范围内调节弱势产业发展,为深化国家产业结构调整作出贡献。对于弱势产业从业人员而言,政策性保险的网络化使得基础性行业的从业人员突破地域限制而获得平均化的劳动回报,激励人们在生产经营领域潜心于国计民生攸关的行业。如果说社会保险使个体免于遭受最坏情况的困扰,而政策性保险则使行业或领域遭受最坏情况的打击;前者疏于一般性的自我保障,而后者疏于政府"兜底"。网络化真正搭建起政策性保险的普惠桥梁。

3. 互联网保险价值传递的外延

保险价值传递过程中,会随着保险企业经营业务范围的扩大而增加其价值辐射,使保险不仅具有内涵价值,也具有在构建良好行业生态和伦理秩序上发挥积极作用的外延价值。互联网保险资金运用既是互联网保险企业生存发展的支柱,也是互联网保险企业走入歧途,偏离监管和伦理价值本质的通道。保险科技则加强了科技赋能在保险行业的深度渗透,使精准、便利、普惠和可持续成为互联网保险的重要价值内容。保险科技的发展对保险价值链的重塑起着重要的作用,传统保险产品、互联网价值、科技赋权形成错综复杂的交融局面。在保险业务形式上,互联网为民众互保提供了便利,这是一种偏离传统保险概念的新型保障方式。尽管从严格的保险价值上定义,它已然不具有保险的经济实体属性。互联网互保组织并不以营利作为目的,甚至在很大程度上（出于安全和信任的需要）放弃拥有资金池，更不用说对保险基金的运用了。

第一，保险资金运用：保险生态的营养系统。合理有效的投资，对于保险资金来说是必要的。保险公司可以将保险资金通过存款取息、购置股票和债券、投资其他证券基金、购置不动产等各种法律法规允许的投资业务，对保险资金进行保值增值为目的的运用。安全、稳健的资金运用能够提高保险偿付能力，为保险公司注入源源不断的资金（盈利）；也能为保险企业进行科技创新和管理创新提供资金来源。近年来，保险公司资金运用呈现出“三降低两增长”的趋势，即：固定收益投资占比下降，银行存款占比下降，债权占比整体下降，股票和证券投资基金占比增长，其他投资占比增长。① 如果说保险投资的资金性质是保险公司对全体被保险人的负债，其必然包含着这样的预设：保险资金是偿付资金的预留。事实上，保险资金不仅是偿付资金的预留，也包含保险企业的部分利润；在对概率性事件的经营中，风险同时意味着机遇（亦即盈利的概率）。诚如此，保险资金运用不当可能造成理赔支付的困难，从而瓦解保险关系所建立的信用体系。互联网保险资金由于资金联系的紧密亦即流动性的增强，在资金运用上具有更大的风险。以更加审慎的态度进行保险资金运用，既是对被保险人的基本责任，也是维系保险信用生态系统的必然要求。在高效、健康、有序的资金运用中，保险偿付能力将得到进一步提高，保险生态亦获得更多营养和补给。

第二，保险科技发展：保险价值链的重塑。对于保险行业来说，“数字项目与传统型业务相分离的困境需要格外关注。”②数字项目越来越侧重于智能化，传统项目的线下服务则需要展示其个性化；它需要更加周到、细致和热情

① 王曼怡、周晔、陈奉先：《中国金融风险报告（2017）》，北京：首都经济贸易大学出版社，2017 年，第 135—137 页。

② （美）扬尼斯·阿齐兹迪斯、曼努埃尔·斯塔格斯：《金融科技和信用的未来》，孟波、陈丽霞、刘寅龙译，北京：机械工业出版社，2017 年，第 228 页。

以增强客户服务体验的好感。保险科技在保险业务中的赋能，主要表现在保险公司可以通过大数据技术将网络关系数据、用户互动数据和用户网络痕迹沉淀的数据进行有效挖掘，从而获得客户的"数据画像"（指的是通过网络数据得到客户在经济收入、消费金额、消费偏好、社会关系、行为心理、家庭结构、经营运行状况、职业异动、休闲游乐、履行迁徙等方面具体状况的数据信息）。"数据画像"不仅为保前调查提供依据，也为保中客户维护与管理提供帮助，还对续保及业务发展提供借鉴。在人民性为主导的社会主义保险事业中，保险科技不仅为保险机构的财务会计提供了便利，更是对维护人民群众的利益，对风险事故防患于未然起着十分重要的作用。保险科技将松散的客户数据、无中心的零星信息进行关联处理，获取产品客户的"群体特征"和特殊客户的"个性特征"，提高了保险公司对客户和社会发展趋势的认知和洞察。① 数据"洞察"的伦理结果究竟如何？这与企业遵循的价值观和社会意识形态紧密相关。在"以资为本"的社会和唯利是图的企业中，"数据画像"必然形成歧视性保险服务；②在"以人为本"的社会和重义轻利的企业中，"数据画像"或许能够在促进社会公平和维护社会底层利益方面作出巨大贡献。后一方面也是保险科技对社会经济地位较低人群的赋权。

第三，互联网相互保：保险价值创新与颠覆。"捍卫价值是道德勇气的典型特征……没有道德勇气，我们最卓越的美德也会因缺乏使用而生锈。只有拥有道德勇气，我们才会一点点地建立起一个更加道德的世界。"③互联网保险究竟是要捍卫何种道德？这是人们在发挥道德勇气之前需要厘清的问题。互联网保险是"互联网"价值与"保险"价值的融合，保险的经济属性与互联网

---

① 中国保险行业协会：《2017 中国互联网保险行业发展报告》，北京：中国财政经济出版社，2017 年，第 193 页。

② （美）雅克・蒂洛、基思・克拉斯曼：《伦理学与生活》，程立显、刘建等译，北京：世界图书出版公司，2008 年，第 334—335 页。

③ （美）拉什沃思・M.基德尔：《道德勇气：如何面对道德困境》，邵世恒、吕威、蔡紫薇译，北京：北京时代华文书局，2016 年，第 3 页。

的社会属性之间存在着或多或少的冲突。互联网价值的梅特卡夫定律揭示互联网价值以互联网用户数量平方的速度增长,这启发了互联网用户(或节点)之间的价值共生关系。保险在保险人与被保险人之间形成的关系,或者在被保险人之间的关系上则复杂得多。当保险人作为被保险人之间的联结枢纽而存在时,被保险人数量的增加在一定程度上必然提高保险资金的总额,从而增强保险赔付的能力;当保险人与被保险人之间处于平等的缔约关系时,由于对风险管控的侧重点不同,保险人与被保险人之间形成一种基于保险合同是否得到严格遵从的关系:当保险合同被严格遵从的时候,保险人与被保险人是经济上的命运共同体;在大多数情况下,当保险事故未曾发生时,保险人与被保险人双方都能免于损失。当保险合同不被严格遵从的时候,保险人与被保险人之间形成一种利益竞争关系,并在伦理失守的情况下滋生大量机会主义行为。互联网"相互保"是对互联网保险价值取向的正面回应。"相互保"并不以平台或者机构作为"中心",而是充分利用互联网节点均权的优势,使用户之间实现互联互保。① 尽管自发的民间"互保"行为存在着重大的道德风险和监管空白,但它作为互联网价值的延伸,在构建网络共同体与特殊网络社群关系中却有着很好的伦理启发。

以信息化为基础的价值生态网络体系运作的核心内容是服务,而服务的一个典型特征是:在购买的过程中生产和消费的同步性;服务的买卖双方共同创造服务的价值。② 互联网保险之所以成为一种价值传递的渠道,就是因为它在强社交性网络上生成价值与传递价值二者合而为一;随着社交网络发展而不断繁荣的互联网保险服务,在产品创新中吸纳了投保人的消费体验和消费主张。互联网是互联网保险的基础设施,也是其"价值基础"。这是因为,互联网所蕴含的价值共创、共享、共生关系同样贯彻在互联网保险关系的诸方

---

① 注:这种"互联互保"与众筹的显著差异在于:前者并不针对特定项目或者潜在事故的主体,而后者有着主体和项目内容的预定和预设。

② 宋华:《互联网供应链金融》,北京:中国人民大学出版社,2017 年,第 203 页。

面和诸环节。无论是站在保险机构视角还是站在平等互联的网众视角,化解灾害、减少损失、维护经济安全、服务实体经济等都是保险的主要使命,也是其伦理价值之所在。互联网进一步放大了这些价值的效用,使保险的积极价值与互联网深度融合,增加了保险的渗透度、便利性和普惠性。

第四节　互联网保险伦理治理路径与目标

"保险就是一个'人人为我,我为人人'的制度,它是一种经过复杂计算和精巧设计的经济补偿机制。"①这种"制度设计"撇开经济权力结构不谈,仅仅在形式上对其进行描述显然是不够的。传统保险机构并非一般的公益组织,而是具有明显营利性质的经济组织。从保险资金的来源看,"人人为我"是存在的;从投保人、保险人和被保险人的目的来看,"我为人人"并不是保险关系发生的主要动力。在非政策性保险方面,保险的经济补偿上限并非受制于被保险人实际的经济损失,而是受制于投保人实际缴纳的保费的多寡。从这个角度来看,将保险作为一种具有天然经济正义本性的经济现象是不准确的。互联网保险遵循传统保险的一般特征,对减灾济困的现实意义不容置疑。但是,保险机构说到底是市场经济条件下的经济营利实体,对其进行适当的伦理治理,以便约束"经济性"的过度膨胀,显然是必要的。

一、互联网保险的伦理治理路径

互联网保险对社会文明进步的重要贡献在于充分利用新媒介、新平台,创造新形式、发展新产品为人们提供新的保险服务,改进传统保险的业务模式,开拓互联网经济和互联网社会发展所需的新险种。互联网保险称不上全新的保险模式或保险产品,而是新旧险种和新旧业务内容的结合或新结构。这也

① 王曙光:《金融伦理学》,北京:北京大学出版社,2011 年,第 145 页。

造成了互联网保险在伦理治理上并非脱离传统伦理规范的全新事物。“伦理”作为治理方式,重在价值引领,亦在伦理规范的形成、伦理秩序的维护、伦理失范的纠正和惩戒、个人道德和企业价值观的建设等。对互联网保险来说,机构准入的业务伦理审查、保险承诺的尊崇、新保险业态的宽容与鼓励发展、对资本噬利本性的适当抑制无疑是其伦理治理的主要方面。

1. 严格互联网保险伦理审查,维护市场秩序

第一,以人民为中心是互联网保险机构设置、产品开发、业务开展的基本原则。在《互联网保险业务监管办法》中,对互联网保险业务的开展进行了具体的规定,机构的经营应当符合新发展理念,以人为本,满足人民群众多层次风险保障需求,不得损害消费者权益和公共利益。将伦理审查与合规审查结合起来,使互联网保险机构的设置更加符合以人民为中心的社会主义发展理念。第二,规范保险产品供给,推进保险产品开发设计进一步人性化,维护各方利益均衡。尊重人的个性化需求,不因保险产品价格差异而发生价值观异化;任何建立在经济收入、职业或社会地位差异上的人格歧视都是为文明社会所不齿的。人格尊严上的同一性并不影响保险机构通过合理渠道开发更多保险产品,使险种和产品随着经济社会的发展而更加丰富,满足人民群众全方位的保险需求。尤其是对于个性化订制保险产品的开发,我们仍可以在保险标的之保险事项的细化方面提供菜单式投保渠道,以形成个性化产品供应丰富的新格局。第三,将互联网保险对网络经济和人民生活水平提升方面所作的实际贡献作为重要的考核指标。互联网保险对网络经济的持续稳定健康发展有着重要的保障作用,它避免因网络经济中的局部失范行为而造成整个行业的瓦解和崩溃。在健康保险、养老保险及财产保险等方面,互联网保险提供了应对新场景的保险服务,也对规模宏大的互联网创业群体起着经济保障作用。同时,互联网保险资金运用过程中对实体经济和网商经济都有直接的投资,为社会经济注入更多资金。在互联网保险机构的考核中,需要量化其在普惠金

融和公益事业方面的贡献率,并对其在实体经济发展和科技研发上的投入予以统计和奖励。第四,加快建设行业自律和专业化伦理审查组织。《互联网保险业务监管办法》对互联网保险机构参与行业自律组织有硬性规定,要求其在行业自律组织网站上进行充分的信息披露并建立访问链接。行业自律组织既是互联网保险机构合规性的集体认同,也是互联网保险行业发展趋向的集体引领。一方面,我们要督促互联网保险公司积极参与行业自律组织的公约、行动及倡议;另一方面,我们也要加强行业自律组织自身的建设,使行业自律组织能够真正起到业务引领、市场预警、伦理规范、道德倡议、违规惩戒、准入审核的重要组织力量,从源头防止机会主义者和社会经济达尔文主义者将互联网保险当做资本博弈和屠杀的场所。同时,为创造保险行业新风,互联网保险还要着力加强保险从业人员的职业道德建设,使"哄蒙拐骗"的坏印象永远消失;提高职业准入门槛和从业人员业务水平,加强从业人员职业荣誉感和使命感。

2. 加大消费者权益保护力度,遵守保险信诺

交纳保费的多少在一定程度上决定了其获得理赔支付额的大小;但是,任何额度的保费(或者任何价格层次的保险产品)都不应该适用不同的信用标准。遵守信诺是保险关系中的核心准则。建立良好互联网保险生态,提高伦理治理水平,需要发展征信技术应用能力,提高现代科学技术在保险消费者权益保护上的贡献率。保险价值链缺口就是保险科技竞争者的营利点。[①] 尽管传统的保险代理商会极力阻碍保险科技的发展,以便遏制互联网保险活动中对人工代理机构需求的丧失;但是保险科技仍然以无法阻挡之势向前发展。对保险标的真实性和唯一性的动态审查,区块链技术为之提供了解决方案;个人信用和机构信用记录,在互联网信息共享与大数据信息挖掘技术不断提高

① (美)小杰伊·D.威尔逊:《金融科技:FinTech 定义未来商业价值》,王勇、段炼等译,北京:人民邮电出版社,2018 年,第 135 页。

的背景下,也变得便利起来。一旦被负面信息所困扰,保险机构和保险受益人都不能豁免信用危机带来的经济损失和社会关系缺损。信用技术的发展能够在一定程度上警示投承保双方遵守合同,维护保险信用关系。建立良好互联网保险生态,提高伦理治理水平,就要在多种规范性文件内容发生冲突时,以最大限度维护消费者权益为裁度标准。制度迭代中,新近制定的文件能够一般地覆盖老旧文件而发生实际作用。但是,在多部门颁布的规范性文件和专项治理措施方面,往往存在多头管理(政出多门)造成的内容冲突。互联网保险由于其本身的独特性,必然受到银保监会、保险专业协会、互联网保险自律协会、工信部等不同层级和领域机构的管辖,存在着文件内容相互抵牾的情况。对互联网金融来说,当不同文件在线上线下产品、不同约束条款的具体细则发生冲突时,应以最大限度维护消费者权益为准绳。建立良好互联网保险生态,提高伦理治理水平,必须防范"信用破窗",维护投保人和被保险人的整体权益不受侵害。所谓"信用破窗",就是个别人、个别公司对保险信用关系的破坏。信用破窗一方面形成不良示范效用,另一方面损害了诚信用户的经济利益。目前,已经初步形成了以制度建设、宣传教育为基石,以现场检查、投诉核查为支柱的银行保险业消费者权益保护监管体系。《关于银行保险机构加强消费者权益保护工作机制建设的意见》(银保监发〔2019〕38 号)、《银行业保险业消费投诉处理管理办法》(银保监会令〔2020〕3 号)等相继颁布实施。银保监会要求各保险机构对照侵权乱象表现形式的四大类 17 项侵权典型行为,自查自纠。① 从各方面确保保险利益相关人遵守信诺,是互联网保险行业发展的内在动力,是互联网保险在互联、跨期风险管理中构建良好伦理秩序的基础。

3. 提高互联网互保业务比例,发展互助保障

"互联"是互联网保险相较于传统保险的新机制。"互联"意味着网众共

---

① 胡滨、尹振涛、郑联盛:《中国金融监管报告(2020)》,北京:社会科学文献出版社,2020 年,第 124—125 页。

构互联网保险框架并共同成就互联网保险价值，使互联网成为人类生存的联结纽带。在互联网保险伦理治理过程中，要积极推动体现这一价值生成场景的保险机构和保险产品上线。第一，保险线上业务是否具有独特的社会价值，要作为经营审批的重要依据。“互联网+”不是一个万能渗透机制，它需要与产品和行业的深度铆接。只有产品和行业在互联网平台中有所创造、有所更新、有所进步的时候，“互联网+”才成为产品和行业改革的起搏器。减少中间环节、节约经营成本、增加投保和理赔的便利性，是互联网保险的基本优势。这一优势也同时为消费者提供更好的保险服务体验。在保险经营监管上，突出互联网保险的独特伦理价值、彰显互联网精神是颇有社会意义的。在互联网保险的诸种优势和特色上，互联互保乃是其伦理精髓。《互联网保险业务监管办法》也明确规定产品开发要符合互联网经济特点，互联网保险公司不得线下销售产品。第二，构建互联网互保业务伦理失范的预警机制。互联互保产品中存在着严重的机制缺陷。在中心化保险公司的组织结构中，由于经济主体与道义主体的一致性，经济主体需要承担相应的道义责任；而在非中心化的自保互助结构中，主体责任明显缺失。在此情形下，倡议者或平台拥有者和技术支持者有机会滥用职权，从而使“相互保”的资金安全难以得到保障，致使参与者在应急事故发生后无法得到有效的经济保障。由于在非中心化的“相互保”中，这种群体自助的方式禁止将保障资金用于投资理财，保险资金缺少合理运用空间，从而使其保障支付能力受到严重限制。假如这种资金作为集体委托的方式进行投资，则在监管上又面临系列挑战。当然，非中心化自保体系也受制于成员间的相互信任。构建一种可监管、可持续的网络互保关系，需要权力部门的制度约束。第三，基于流程管理和质性管理的互联网互助保障的伦理监管。“利用区块链的时间戳和分布式特征，结合物联网技术，可以为解决时间和空间范畴内的保险唯一性提供全新的可能。”①信用科技的发

① 工业和信息化部信息中心编：《中国区块链产业发展报告 2018》，北京：经济日报出版社，2018 年，第 56 页。

展使互联网保险在产品设计和行业发展上有了更为广阔的空间。但是，信用科技在事实上达成了怎样的契约关系，并将这种契约关系的稳固程度作为评判标准？信用社会并不全部依赖于科技的力量来把握发展方向，因为科学技术的道德利用与悖德利用同样存在。那些违背道义的科技应用在互联网时代并不罕见，诸如隐私窥探和盗密行径等。互联网保险的伦理治理不能一蹴而就，对保险机构和投保人伦理质性的评判建立在信用历史记录之上，而道德行为并不是一成不变的。建立一种公共行业伦理执行机构来管理流动中的伦理监测，对于互联网互助保障的稳定发展善莫大焉。

4. 防止保险市场的资本泛滥，规范保险行为

资本的噬利本性在互联网保险行业中也有显现。米歇尔·鲍曼认为："制裁机制不仅可以理解成外来的作为行为决定因素的有效制裁，也可以理解成个人因自己合乎规范或违反规范而产生的积极或消极反应的'内在'制裁。"①抑制保险市场资本泛滥，一方面需要有外部制裁机制，通过政府机构、银保监会和互联网保险行业协会规范准入制度、严格经营管理；另一方面需要有内部制裁机制，增强行业自律性，提高互联网保险从业人员的道德水平。首先，互联网保险不能成为资本"圈钱"的工具，亦不能为洗钱及其他犯罪行为提供庇护。在看似合规的情况下，保险资金运用成为资本意志扩散的主要方面。规范互联网保险行为，防止保险市场的资本泛滥，首先要规范保险资金运用，取缔非法资本运营所得。尽管资本或许确有"支持扩大化市场中的专业化分工"的功能，但资本同样"让人们产生越来越大的敌意，它被看成一个大多数人无法享有的、歧视性的隔离制度。"②互联网保险所具有的"互联互保"

---

① （德）米歇尔·鲍曼：《道德的市场》，肖君、黄承业译，北京：中国社会科学出版社，2003年，第291页。

② （秘鲁）赫尔南多·德·索托：《资本的秘密》，于海生译，北京：华夏出版社，2012年，第175页。

的伦理蕴意,一旦受到资本的全面驾控,就会使互联网保险成为具有(对私人生活的)侵略性的经济行为。非必要的客户数据不断被强制收集、出售和滥用,保险流程监控的缺失,有意或无意地造成投保信息页面的不可回溯,不断延伸的再保险业务以及保险合同的证券化,这些都将让互联网保险的社会功能黯然失色。相反,这些行为将扩大互联网保险的风险,弱化欺诈行为的主体确定性。其次,对保险人和保险中介的伦理失范行为要引起重视,提高保险从业人员的职业道德。要防止互联网保险公司、保险中介与网络平台运营方之间的利益勾连,在网络化的保险密谋中侵犯消费者的权益,使消费者维权困难。互联网保险对场景和平台的依赖是显见的,没有平台和场景就不会有互联网保险的繁荣。线上全流程服务是互联网保险与传统保险在形式上的不同之处,这就要在网商平台、保险页面(或链接按钮)、保险公司之间构成良好的信息流通机制,避免信息篡改和挟持。保险产品销售的参与方都应承担一定的社会责任,网络平台与保险代理中介不能将保险产品提供者作为唯一责任人,而推卸自身在产品审查上因疏忽而产生的责任。再次,对投保人和被保险人进行道德调查,建立保险诚信档案,实行征信系统关联。经济体系的良好伦理秩序是由参与者的良善意志和道德行为所决定的,法人的道德行为是由自然人的道德情感与道德意志所决定的。将"机构"这一物化组织作为道德主体来蒙混于世,归根到底是特定自然人为逃避道德谴责和惩罚而玩弄的把戏。我们不能忽视组织机构本身的科学性和制度的规范性的确有助于一个"机构"在社会经济活动中表现出更好的伦理价值,但"机构"的自我进化尚需参与者的道德情感和意志融入其中。这对任何一个经济组织而言,都是内部治理和外部治理的关系,而不是非此即彼的问题。对投保人和保险人进行的道德调查有益于信息的对等公开,同时也有利于在透明的环境中实现投承保双方的目的。在互联网时代,数据挖掘和机器学习等技术能够在很大程度上收集保险人和被保险人的信用数据,充分利用这些数据,提高风险识别和处置能力,对于构建互联网保险生态而言是至关重要的。

二、互联网保险的伦理应然

在《共产党宣言》中，马克思和恩格斯说："代替那存在阶级和阶级对立的资产阶级旧社会的，将是这样一个联合体，在那里，每个人的自由发展是一切人自由发展的条件。"①这是对消除阶级对立后，共产主义所具有的景象。在这样的社会中，伦理道德臻于完善，社会和谐的动力大多直接来自人们自发的内在力量，尽管这种内在力量依然是由生产方式的变革所决定的；但"人的精神境界极大提高"是有着相对独立性的社会运动过程。互联网保险的伦理失序问题和伦理愿景必然内嵌在社会文明进程中，成为互联网发展与运行规律、互联网经济中的新生产关系、互联网时代广义虚拟经济的现实等相互融合的结果和期望。

1."以人民为中心"的互联网保险市场更加繁荣

新时代保险业的主要矛盾是不平衡不充分的保险供给与人民群众日益丰富、不断升级的保险需求之间的矛盾。互联网金融发展要做到人民有所呼、改革有所应，切实满足人民群众对多层次、全方位保险服务的需求，使最广大人民群众能够在线上线下保险服务中有更多获得感。习近平总书记指出："把以人民为中心的发展思想体现在经济社会发展各个环节，做到老百姓关心什么、期盼什么，改革就要抓住什么、推进什么。"②互联网保险既有传统保险产品的线上销售，也有基于互联网经济和互联网生活的新险种和新产品。它们将人民群众在虚拟现实空间中全部的生活需要，转化为一种社会经济责任。"以人民为中心"的发展理念是社会主义互联网保险事业发展的根本指针。这一理念将互联网精神与保险事业中的互助精神紧密结合起来，在促进经济系统稳定健康发展的同时，提高经济正义的普遍性。当前互联网保险作为新

① 《马克思恩格斯选集》第1卷，北京：人民出版社，2012年，第422页。

② 《习近平谈治国理政》第二卷，北京：外文出版社，2017年，第103页。

业态、新的创新创业风口备受投资创业者青睐，将其作为高盈利行业而倾注大量资本。网络巨头、传统保险公司、保险中介、网络技术服务商、网络银行、大资本集团等跃跃欲试，想要在互联网保险的发展中分一杯羹。这种局势，一方面促进了互联网保险产品研发能力的提高，也为互联网保险科技等基础设施建设提供了资金支持，同时还为互联网保险受众的积累造势；另一方面也使得互联网保险事业陷入急功近利（捞快钱）的狭隘境地，限制了互联网保险的发展格局，给互联网保险的社会伦理价值以巨大的损害。资本一旦裹挟互联网经济的发展，它内在的运营风险就会骤增，外部的运营环境就会恶化，贯联其间的运营管理就会迷失方向。生存和求安的本能是最广泛意义上的保险思想。① 从最原始的集居、求神祈福，到后来的同乡会、同业会，再到后来的合作社、经销社，早期保险思想主要将生存与经营风险寄托在亲朋好友及同域同业成员之间的分担上。同域、同业、同宗是传统社会中人们寻求生存发展和安全保障的重要渠道。

近代以来，同业互保成为规模较大的正式保险方式。而现代意义上的专业保险机构的出现则按照保险标的内容予以分类，并将保险服务让渡给专门机构。在这一过程中，人们的生存与发展需要始终是“保险”作为社会经济活动的重要内容。从传统保障方式的义务型转变到有偿保障服务，是近现代保险成为独立部门的标志之一。传统保障方式在其非正式组织内部具有非中心化的特点，同域、同业或同宗族成员之间是一种基于生存需要的互利互助关系。近现代自“共同海损”保险形式至今的主要保障方式，都是以保险标的的存续和风险事故保障为主要内容。从形式上看，人的保险转变成物的保险。在阶级对立的时代，阶级与阶级之间的对立往往表现为人与物之间的对立，或者物与物之间的对立。在这样的时代，保险的人民性式微，而资本性增强。社会主义保险与以往保险的本质区别就在于在更高层次上树立保险的人民性，以专

① 巴力：《保险总论》，上海：立信会计出版社，2012 年，第 45 页。

业机构和现代保险手段全面维护人民群众生命财产的安全，减少灾难和风险对人民群众生产生活的影响。互联网保险要充分利用网络节点均权的优势，发展基于平等、透明、惠民的险种及具体产品。

2. 保险的纵深发展与社会风险的复杂化相适应

“网络使人的信息化在场成为一种越来越普遍的在场方式，并且越来越容易和普遍。”①互联网不仅是经济社会和人的生产生活的基础设施，也是人生存于其中的无形环境。在网络世界中人们进行创造性生产，发动信息技术的科研攻关，进行广泛而深入的社交活动；政治、经济、文化诸方面与互联网的亲缘性越来越强。第一，保险的发展必然随着人们生产生活方式的变化而发展。从“共同海损”到健康险、财产险、物流险、退换货险、商品品质险、旅行安全险、少儿成长险、教育险、车险等，无一不是与人们的生产生活息息相关。换言之，只要有人类的风险性活动存在的地方，就可以开发出相应的保险产品。互联网保险是随着互联网的技术升级和普及化而产生的保险业态，是适应人们互联网生存的保险形式。网络交易的普及、虚拟社交关系的深化、传统产业行业的互联网化，要求互联网保险设计出更多产品，为人民群众在互联网时代更好生存、更快发展提供经济保障。第二，互联网保险的发展，要深化供给侧改革，促进保险业健康持续发展。减少无效和低端供给，减少同质产品供应。在互联网保险产品供应上，由于同质化和低端化产品占据较大的市场份额，从而使互联网保险市场呈现出门槛低、服务粗糙、价值不足等现象。由此也产生互联网保险经营中泄露客户信息、歧视消费者、“投保易、退保理赔难”、价值延伸有限等问题。当然，互联网保险产品创新还要将呼应人民需求与适应监管条例结合起来。信美人寿“相互保”产品热销但因不合规而被叫停，这反映了供需矛盾的解决不但需要产品创新，还需要制度和伦理跟进。信美人寿

① 肖峰：《信息主义：从社会观到世界观》，北京：中国社会科学出版社，2010年，第319页。

“相互保”被叫停也说明应紧扣人民需求和行业发展创新监管制度，确保互联网保险伦理进化顺利实现。第三，在保险纵深发展的进程中，还要坚持“保险姓保”，全面提升防范系统性风险的能力。互联网保险遵从保险的一般准则，以保障社会系统和经济系统的安全运行为己任。互联网时代经济运行的不确定性增强，由于信息流动速度加快、信息权力不均、信息价值挖掘的深度和广度有着极大差异，互联网创新创业存在着巨大的风险。互联网蕴含的巨大机会与潜伏的巨大风险成正相关，它一方面吸引了大量年轻人进入互联网世界披荆斩棘、开疆辟土；另一方面也使社会经济生活波澜起伏、险象环生。这一特征成就了互联网保险的发展，更多的风险事故意味着更多的保险机遇。在社会主义社会中，它（互联网保险）不能仅仅作为一种营利的工具而嗅出互联网风险散发的金钱味，更应该在互联网风险频发的时代中充当互联网经济的稳定器、大众创业万众创新的支持者。

3. 互联网保险的发展与保险伦理的进化相协调

消费者行为习惯的改变、科技的持续发展、监管内容和方式的变革成为数字化时代保险业发展的三大驱动因素。① 如前所述，我国保险深度仍然不足，与保险发达国家相比有一定的差距。当前，互联网保险的发展呈现出三种基本形态：一是传统保险产品线上渠道的开辟，如车险、健康险等；二是结合互联网经济发展而出现的新兴险种，如退换货运费险等；三是与互联网精神紧密相关的相互保险。第一种形态的互联网保险主要在于渠道价值，为投保、理赔增加线上服务，可进一步拓宽营销范围；第二种形态的互联网保险主要在于融合价值，为互联网经济助力，对具有较强风险特征的互联网经济活动给予资金安全保障；第三种形态的保险因受到自身流程设计缺陷以及国家监管的不健全的影响，使其在当下依然被掌握在大型网络平台运营公司手上，如阿里公司

① 中国保险行业协会：《2017 中国互联网保险行业发展报告》，北京：中国财政经济出版社，2017 年，第 169 页。

等。真正具有去中心化、去中介化的网众相互保障系统依然只是构想。郑秉文认为，网络互助目前仍不属于我国法律意义上的保险，但其具有明显的保险特征：一是对多层次医疗保障体系覆盖面发挥重要的补充作用；二是参与门槛低，可及性很好；三是对由于家庭成员患有重大疾病导致陷入绝境的家庭具有明显补偿作用，可为有效防止因病致贫和因病返贫作出贡献。他认为，网络互助需要纳入规范监管。截至 2020 年 5 月，数十家网络互助平台的参与成员超过 2.2 亿人次（去重后总成员数量约 1.5 亿人），互助金额超过 90 亿元。其中，2019 年共帮助了近 4 万人次，互助金额超过 50 亿元。① 去中心化和去中介化是保险权力关系重构的重要方向。“去中心化”使保险关系不需要经过专门公司依据风险概率定价发行保险产品而建立，网众通过社交网络自主建立互保机制；“去中介化”使互联网相互保障机制的建立不需要通过大型资本集团控制的中间平台，而能自主运营。“去中心化”和“去中介化”有着理想主义的色彩，其隐含的意义在于：降低保险运营成本，使保费尽可能用在出险时的理赔支付上；防止资本投机主义的渗入，坚持保险姓保，避免保险公司因信息优势催生机会主义和道德风险。随着社会经济的发展，尤其是互联网在经济社会的全面渗入，互联网保险从倚重“渠道价值”转向“融合价值”和“互联精神”。从互联网保险的主体来看，必然从保险公司、网络巨头主导转向网众自主互助。这两个“转向”的完成尚需时日，但它是与互联网价值的内在逻辑相一致的，因而具有现实可能性。当然，从具体运行的可行性来看，“去中心化”和“去中介化”的积极效果需要有更多的支撑条件，诸如相当成熟的保险技术和保险参与人的伦理道德极大提高。就现阶段允许的条件而言，具有广泛公益属性的组织和政府公共组织代理网众对互助互保机构的运行是可行的，这是一种基于信任和权力委托而形成的网络互保的公益组织。如果将互联网保险作为一种具有巨大利差的投资项目，或者将其视为象征性经营“品

① 郑秉文：《网络互助应该纳入监管》，《中国银行保险报》2020 年 9 月 3 日。

牌”以利于上市圈钱,或者将互联网保险业本身视为单纯的经济增长点,它就会处于资本噬利的逻辑中不能自拔而忘却保险的社会价值和伦理意义。从价值理念的遵循,到互联网保险运营制度的设计,再到从业人员身份属性的确定,都要适应互联网时代人们生产生活共创、共享的基本原则。如此,互联网保险的伦理价值才会与时俱进。

小　结

斯尔丹·勒拉斯说:新的生存方式已经确定了它的地平线。[①] 正是新的生存方式的出现及其普及化,互联网保险从传统保险的母腹中孕育而成,它适应人们被卷入到互联网生存场景的深度和广度。传统保险的“上线”,满足互联网经济发展需要的新险种和新产品的产生,融入互联网节点均权趋势的非正式保险类型“网络相互保”的萌芽,反映了当前人们在互联网中的生存形态和实际需要。互联网保险不仅是保险渠道的革新和拓展,也是保险业务和内涵的延伸。随着社会经济的发展,尤其是互联网在经济社会的全面渗入,互联网保险从倚重“渠道价值”转向“融合价值”和“互联精神”是其发展的趋势。从互联网保险的主体来看,也必然从保险公司、网络巨头主导转向网众自主互助。这两个“转向”的完成尚需时日,但它是与互联网价值的内在逻辑相一致的,因而具有现实可能性。中国已经成为全球最重要的新兴保险大国,但保险深度和密度尚不高,保险市场不均衡不充分的特征还比较明显。我国互联网保险市场持续快速增长,互联网保险的平台化与产业融合持续深化,保险服务实体经济的能力提高,互联网保险监管体系进一步规范,金融科技对互联网保险业发展的贡献率越来越高。与科技赋能和人们的互联网生存深化相适应,互联网保险也将在我国经济、社会、文化、卫生、教育、科技发展进程中发挥重

① (克罗地亚)斯尔丹·勒拉斯:《科学与现代性——整体科学理论》,严忠志译,北京:商务印书馆,2011 年,第 311 页。

要作用。支持实体经济和网络经济发展,保障人民群众生产生活稳步前进,减少灾难和风险因素的影响,是互联网保险的现实任务。对于人类社会而言,风险是客观存在的,也是普遍的。风险是人类经济社会发展的"必要成本",风险还会随着人类社会的进化而进化。保险是经济社会发展到一定阶段后人们应对各种风险的一种有效的社会性方法。保险的本义在于应对不确定性风险。对于社会主义国家的保险公司而言,经济效益与社会效益取得了较好的平衡。原因在于保险机构由纯粹的经济组织变为受社会主义核心价值引领的经济组织,其目的在于实现人们美好生活的同时增加企业经营业绩。人民对美好生活的向往是我们的奋斗目标,也是保险机构拓展保险业务,增加保险渗透的根本原因。

在互联网时代,一方面,那种具有"强互保"性质的互联网自助体系,正在弱化保险的经济属性;另一方面,那些具有强投机属性的保险产品,正在演变成一种新的博彩方式。互联网保险的投机成分是新保险形态面临新的伦理困境的主要原因。在伦理问题上,互联网保险面临的主要挑战包括:保险短视频/直播新场景带来的伦理冒险;在数据收集、储存和挖掘过程中出现的数据伦理问题;透明性和信息对称问题引发的公平性争议和"最大诚信原则"如何得到鉴别和维护的问题;互联网保险营销伦理等。当然,互联网保险也有着良好的发展机遇。人们生活水平的提高,对高质量、多层次的保险需求增加;而互联网精神的蔓延,有助于"相互保"的快速发展。互联网保险不是一种静态的经济产品,它本身就是社会经济体系和生活场景中价值链的重要环节。它"应"群众之"呼"而产生,是一种体现在经济活动中的"承诺"关系。而"承诺"是一种指向未来的心理确定性,它对社会来说起稳定作用,为个人生存提供安全感。在具有更多更复杂风险的互联网时代提供经济补偿的承诺,就是在不确定性中树立确定性。对社会主义中国来说,互联网保险的发展未来,必然将"节点均权"的网络精神与"互联互保"的互联网保险价值旨归,以及"人民当家做主"的意识形态完美结合起来。

“以人民为中心”的发展理念是社会主义互联网保险事业发展的根本指针，也是互联网保险伦理规范的指导思想。互联网保险不但传播，而且创造和扩大社会主义经济伦理的价值主张。

第九章　互联网金融伦理治理及其愿景

从伦理治理的角度来规范发展互联网金融，使它更加有利于资金融通效率的提高、更加有利于金融正义的实现；互联网金融伦理治理，与传统金融监管模式相比，有其独特的功能。传统金融监管体制一般分为“分业监管体制”“集中监管体制”和“不完全集中监管体制”，[①]尽管不同类型的金融监管体制在主体集中程度上有所差异，但金融行政部门（主要是中央银行和银保监会）承担着全部金融机构和业务的监管责任。当金融体系的治理单纯采取行政管制手段时，就会出现“躲猫猫”的投机经营，金融企业和投融资者极尽所能以躲避政府监管，为机会主义盛行提供土壤。在“中心化”银行金融体系中，相对集中的监管模式尚能起到一定的规范作用；在“去中心化”的互联网金融中，复杂的虚拟—现实环境使传统监管模式在很多方面失灵。从治理方式来看，传统金融监管侧重于“依法治理”，而互联网金融则需要强化“道德治理”，德法并重，法规制度主要从外约束，伦理道德主要从内规范，法治保障德治，德治滋养法治。[②] 增强互联网金融伦理治理的力度，拓展互联网金融伦理治理的宽度，培育互联网金融伦理治理的高度，就需要在中国特色社会主义核心价值体系的引领下，深刻认识互联网金融伦理的关键问题，构建全面、协调、动

① 卞志村：《金融监管学》，北京：人民出版社，2011 年，第 75 页。

② 魏立群：《中国社会治理通论》，北京：北京师范大学出版社，2019 年，第 326 页。

态、科学的伦理治理体系。互联网金融作为当代经济中的重要领域,承载了满足人民群众美好生活愿景的伦理期许,其本质是“普惠金融”和“人民金融”。

第一节　互联网金融伦理治理的关键问题

互联网金融伦理乱象是其伦理治理的鹄的。伦理乱象的纷繁芜杂令人目不暇接,形成这些伦理乱象的关键问题乃是对“投机”“风险”和“信用”的错判和误解。对投机的放纵或禁绝是对市场风险的漠视,也将影响人们对互联网金融的参与激情;清零风险是没有必要的过分谨慎,也是不现实的幻想,而无限风险则将社会和个体陷于全面动荡不安中;信用关系的物质客观性在互联网金融中被不断主观化和虚化(似乎是伦理化),反过来不得不使伦理道德关系物质化。

一、限制性投机

人们对所谓“斯密悖论”有着根深蒂固的印象,在自由市场和道德之间似乎存在一条不可逾越的鸿沟;如果不是这样,亚当·斯密关于市场这只“看不见的手”发挥作用的“理性经济人”假设就不会与“道德人”观念根本对立。互联网金融是市场经济渗透到虚拟世界后的产物,它必然遵循市场经济的规律,对利益的灵敏嗅觉与反应是互联网金融活动的重要原因。两种“效率”的平衡被认为是经济正义的表现:第一种效率是作为投资人(个体或企业)利益回报率的“投入—产出”效率,第二种效率是对社会经济系统的优化程度,或者社会资源配置的优化程度。由于后一种“效率”在自由市场机制中往往通过营利水平来实现,从而也会一定程度上实现前一种“效率”。但这样的情况并非必然发生,由于从投资决策到生产实践和商品消费之间存在时差,单个企业和个人在投资决策时又没有进行信息分享,从而使市场盲目性和无序性搅乱了资源配置的指挥信号(盈利水平发展预测的数值曲线)。现实营利水平与产品(行业)未来营利水平之间存在的时差造成不确定的结果,这是投资风险产生的核心原因。在风险活动中寻求偶然性的营利峰值,便是投机的动力。投机是单纯对第一种效率的追求,但是,自由市场并不能保证这种效率的实现。甚至在第一种效率起决定作用的情况下,社会化大生产和(生产资料私有制条件下的)经营自主化之间的矛盾越积越深。以至于第二种效率出现严重萎缩,社会资源供需错配,产能匮乏和剩余同时存在,社会经济系统低效而无序。反过来,当第二种效率下降的趋势完全失去控制,第一种效率也就彻底失去了依存。所谓限制性投机,指的是在确保第二种效率有效提升的情况下,对第一种效率的认同,并对其阶段性行为可能违背纯粹道义的宽容。

如果从经济正义的角度看,限制性投机是这样一种投机行为:它并不符合社会一致鼓励的范围,但也没有公然违反法律法规的条款,介于"被允许"和"被禁止"之间。互联网金融伦理之所以特别关注"被允许"和"被禁止"之间的投机行为,是因为互联网金融属于探索性开发的领域,如果将法律法规上没有明文确定的事项予以全面禁止,将会对互联网金融创新产生致命的打击。尽管"被限制"的投机与"被允许"和"被禁止"的投机是并列的关系,但"被限制"的核心内容正是"在被允许之外"和"在被禁止的边界之内"。互联网金融伦理建设中必然要遵循这样的原则。首先,"被允许"的投机,指的是符合鼓励要求的投机行为。鼓励原则建立在如下基础之上:(1)尽管对局部和个人存在一定程度的风险,但对社会事业、公共福利有很大助益;(2)尽管在短期内存在一定风险,但从长远看有利于人民生活水平的提高和社会进步;(3)对"更加公平"和"更有效率"的资源配置起关键作用;(4)不会造成伦理事件和经济事件的恶性呈现。互联网金融中,对支持小微创新创业的众筹项目、支持"三农"发展的金融借贷项目等,大多属于鼓励性的"被允许"的投机。在此层面上,"投机"的日常语义(如"钻营")被消解、投资内涵被彰显。其次,"被限制"的投机,指的是违反道德常识、道德情感和对伦理秩序造成较大损失的投机行为。"在日常经济活动中,如果一种状态既是平等的,而又具有帕累托效率,那它就会被描述为'经济正义'的。"①经济正义是一种话语模式,也是一种社会性的规范力量。当经济伦理危机没有完全暴露的时候,经济正义并不会普遍地张开。在互联网金融飞速发展的过程中,处于"观望期"的伦理问题的确是对传统伦理观念产生冲击的新东西,新的金融关系和网络关系构建的过程中,人们利用原有的伦理观念来审视新事物,是一条便利的途径。但它可能对事态的发展产生诸多误判。就如"杭州众筹茶楼"刚刚面世时人们激动地想要迎接市场共产主义的来临一样,结果由于权力分散和罔顾市场经济现代企业管理规律而经营惨淡直至失败。"被限制"的投机,就是对"经济正义"的显示尚不明确,但仍然不会造成巨大伦理损失的投机行为。对"被限制"的投机行为,应有对承担适度伦理风险的准备;人们对其"限制"的目的不在于使消除伦理风险或者使现有伦理道德毫发无伤,而在于它的可控性和可承受性。最后,"被禁止"的投机,指的是违反明文规定的投机行为。在互联网金融中,执牌经营是最为基本的前提,中国人民银行、工信部、公安部、银保监会、网信办等在此基础上制定了一系列行业规范和经营细则。在这些行业规范和经营细则中明确禁止的行为,也是在伦理道德上存在巨大风险或者已经被证实为扰乱经济秩序和违背经济正义的行为。例如高利贷、非法集资、诈骗、对人格的侮辱和暴力催讨等,在互联网金融平台上亦不应有其藏身之所。

二、有限性风险

根据不确定大小或者风险暴露后产生的影响的幅度,人类活动可分为无限风险活动、有限风险活动和无风险活动。无限风险指的是风险本身具有裂殖的无限可能,由单一风险向多样风险进化,风险后果失去控制,风险代价的极值具有毁灭性破坏作用。无风险的人类活动从本质上讲并不存在,我们一般将发生概率极低、破坏性极小的风险称之为无风险或低风险。在无限风险

① 张雄:《经济正义,被定义了的话语》,《河北学刊》2002 年第 5 期,第 44—46 页。

和低风险之间存在着性质和程度不同的各种社会、经济、政治、文化、道德风险，这是人们生存于世并发挥主观能动性的重要领域。如前所述，金融活动由于资本在形式与主体上的转移，以及跨时域跨地域的流动，不确定性是其基本属性。金融衍生工具或媒介的增殖强化了这些不确定性，使金融风险陡增。在西方金融资本主义国家，由于国家机器行使金融总资本家的使命，社会风险不断扩大的趋势已经使它们成为全球经济的公害。在智能网络技术和信息基础技术不断取得突破的背景下，金融帝国通过国家机器进行资本殖民的方式变得十分便利。尽管人们乐于看到"自我迭代的人工智能在它日益聪明的过程中依然保持它的终极目标——对人类友好"，[①]但资本控制媒介和智能技术使其成为金融役卒并不是什么新鲜的事情，技术倾向于对资本的"友好"。无限风险的重要特征之一是风险裂殖，也就是特定领域中的风险具有向其他领域无限扩张和渗透的危险。如果互联网金融的风险成为金融风险的裂殖环节，并将通过互联网而持续向广袤的宇宙扩张它的势力，使人及宇宙万物隶属于金融的霸权，并通过风险工具而造成"人的丧失"。那么，互联网金融的风险就不仅是经济损失的可能性，也不仅指伦理损失的可能性，而是人伦世界和社会秩序的崩塌。金融资本及其形式的跨期、易主、变化等使得金融活动具有风险内涵；金融作为人类经济工具而不是生存目的，不允许其发展成为无限风险的魔网。

金融是人们解除经济匮乏和资源不均之威胁的有效手段，在金融化不断扩大的趋势下，反而成为一种新的世界性威胁。人们不得不置身于需要高昂资源使用代价的、动荡不安的社会中。不断推进的金融衍生和过度虚化带来了金融风险对极值记录的一再刷新，"利益冲突引起结构性社会矛盾"。[②] 金

---

① (美)迈克斯·泰格马克：《生命 3.0》，汪婕舒译，杭州：浙江教育出版社，2018 年，第 366 页。

② 张雄：《金融化世界与精神世界的二律背反》，《中国社会科学》2016 年第 1 期，第 4—21 页。

融体系的内部矛盾溢出了其发源地,潮涌向社会生产生活和人类精神世界。在互联网金融发展的初始阶段,这种风险趋势令人担忧。国家对具有无限风险属性的 P2P 网贷紧急制动,取缔了这一曾经导致人们心潮澎湃的金融业态。"放乱管死"似乎成为一种不可挽回的宿命。互联网金融伦理治理中,对有限性风险的认识有待进一步加强,这是产生伦理预见和新道德规范的基础。互联网金融的"有限性风险"原则能够使人们避免陷入金融威胁之中。有限性风险包括三个紧密相关的特征:第一,最大风险的可预见性。互联网金融有其自身的技术优势,如今,利用大数据技术及其他新算法对概率事件的极值进行判断的可靠性增加了。新的金融产品与业务的最大代价是否等于"投入",或者是在对全部"投入"清零后的进一步负债?以及这种负债的最终额度是多少?如果这些代价及其累加后果超出人们的计算能力,它就具有转变为"无限风险"的可能性,必然引起高度警觉。第二,最大风险的可承受性。由于国家伦理价值体系的差异,不同社会形态的国家对金融风险的社会承受性有着迥然不同的理解。高举个人主义旗帜的资本主义国家,一般认为社会承受能力指的是整个国家对于金融风险事件的承受能力;高举集体主义旗帜的社会主义国家,一般认为社会承受能力是指普通个体的现实承受能力。这种局面并不令人惊讶,因为资本主义只是以"个人主义"(对普通民众的欺骗)的名义,行使金融寡头的特权。由于金融寡头统治国家,从而国家的可承受能力其实是金融资本的持续盘剥的能力。社会主义国家的集体主义并不是抽象的集体主义,而是"人民当家做主"基础上的集体主义,对"个人"经济权利和社会权利的维护是这种社会形态的国家使命。在我国,互联网金融的发展,必然要将人民群众的可承受能力作为金融风险衡量的重要标准。突破人们承受能力的极限,将人们过美好生活的憧憬置于危险之中的金融产品和业务都应该予以坚决否定。第三,最大风险的可限制性。金融部门对增加金融深化的渠道和领域有着极大的热情,这一方面增加了金融活动的范围,提高了民众的金融选择权;另一方面也使金融风险蔓延到其他领域。我国互联网金融由于业务载体的丰富，风险溢出可能导致大规模的社会系统结构混乱和风险迭代，因此，务必全程掌握金融产品及业务风险的幅度和波及范围，尤其要防止在伦理领域造成灾难，以免恶意欺诈行为肆虐导致风险迭代爆发。

三、强制性信用

金融信用关系带有一定程度的强力约束条件，以保证资本运行的安全。与信用关系密切的范畴还有信誉和信任，它们之间存在着相互依存的关系。在日常语言中，信誉是指诚实守信的声誉；信用指能履行约定而取得的信任，也指相信并采用；信任是指相信对方的正直、诚实，是值得信赖的。在交易活动中，信用是指如约践行；信誉是指对如约践行的褒奖，是信用的传播状态；信任是对如约践行的相信，是对稳定信用关系的认可。在金融关系中，信用是无抵押的风险敞口，①它是由一系列的金融产品和金融程序构建而成的债权人与债务人关系。此时，信誉是对这种经济关系的持续性的客观记录，而信任则在此关系中是一种对未知趋势和结果的主观选择，“是一个非理性的选择行为”。② 在金融经济学中，信用被广泛当做“一种以偿付为条件的借贷行为”，是“跨期的财产转移交易，其本质是在债权债务关系上的一种承诺”。③ 作为一种金融机制，信用是客观化的程序系统，因而这种“承诺”不是主观上的心理选择，而是具有强制执行力的经济关系。如果依然将其称之为“如约践行”，则此“约”有三种基本的形式：契约、法规和承诺。

强制性信用关系的三重内涵是：其一，对契约的遵守。基于利益相关人的系统内部压力，订约的一方不得不遵守契约，以实现自身利益的最大化。在整体契约关系尚未动摇的情况下，个别参与者爽约会导致按约追责的集体行动。

① （美）扬尼斯·阿齐兹迪斯、曼努埃尔·斯塔格斯：《金融科技和信用的未来》，孟波、陈丽霞、刘寅龙译，北京：机械工业出版社，2017年，第137页。

② 章海山：《市场经济伦理范畴论》，广州：中山大学出版社，2007年，第57页。

③ 王广谦、刘锡良编：《现代经济学大典［金融经济学分册］》，北京：经济科学出版社，2016年，第19页。

互联网金融中,这种利益相关人或"对手"的反制能力减弱了;其原因是互联网金融是广域陌生人关系,金融活动的参与者在现实生活中是一种弱联系,这是网络节点联系与人际联系之间的显著不同。"对手"反制能力弱化降低了对契约遵守的强制性。第二,对法规的遵守。国家暴力机构是法律关系的坚强后盾,执法机关能够对违反法律法规的行为予以强力制裁。如前所述,互联网金融是一项方兴未艾的朝阳产业,其具体业态和产品的更迭日新月异;互联网金融法规远不能满足其发展的需要。再者,由于网络虚拟性和参与者角色裂殖等问题,网络金融参与者的法律主体和边界模糊不清。又者,互联网已将全球信息网络融为一体,主权国家的法规效力有限,存在着大量域外违规金融活动者。国家暴力压力的弱化,降低了网众对法规的遵守。第三,对承诺的遵守,它源于自我道德压力。习俗、道德环境、道德情感和意志等对个人和组织是否遵守承诺起到重要的作用。在互联网金融中,由于身份隐匿导致道德主体心存侥幸或者弱化了责任意识,从而降低了信用关系的强制性。互联网信息传播的方式放大了信用风险,虚化了信用关系的物质性。当信用关系被虚化,物质性基础发生动摇的情况下,机会主义就会乘虚而入,扰乱信用秩序,积累信用损失,导致信誉下降,金融关系中的信任丧失。这样一来,互联网金融的信用成本就会骤增,而相互信任的伦理关系就会转变成为相互制约的物质关系。因此,关于强制性信用就成为互联网金融伦理治理中的关键问题之一。

互联网金融伦理治理需要紧紧抓住限制性投机、有限性风险、强制性信用三个核心问题,并在此框架下审视效率与公平、隐私与公开、普惠与竞争、投机与创新、公益与私利、民主与集中、风险与信用等七大主要议题。①

第二节　互联网金融伦理治理的系统构建

对互联网金融进行伦理治理的目的是要在降低互联网金融伦理风险的基

---

① "七大主要议题"的论述见本书第二章。

础上实现行业良序发展；巩固和发展互联网金融系统的内部协调和外部关系，在发展互联网金融经济的同时发展经济正义。互联网金融伦理风险指的是互联网金融企业、网络平台、金融参与人等在进行互联网投融资过程中，由于价值观、行为规范及利益关系冲突导致权利关系失衡，对社会伦理秩序和道德情感造成伤害和损失。互联网金融伦理风险具有派生性、难估性、外溢性和放大性。[①] 首先，互联网金融伦理风险往往与技术风险、经济风险、信用风险、网络风险等紧密相关并由其派生。其次，由于一些伦理风险具有派生性，同时伦理价值本身亦难于量化，使互联网金融伦理风险难以准确评估。再次，互联网金融伦理风险不但对伦理道德产生直接影响，这种影响会全面溢出伦理领域，对“派生源”和相关产品、行业产生反向影响。最后，互联网传播具有对事件的放大功能，使互联网金融伦理风险快速传播并在更广范围产生危害。互联网金融伦理治理必须从显性系统和隐性系统两方面同时展开，前者又包括静态系统和动态系统两个方面，是互联网金融伦理治理的主体部分。

一、互联网金融伦理治理的静态系统

从主体的角度来看，互联网金融伦理治理的组织结构或静态系统可以分为三个不同的层次：国家治理系统；行业和企业自治系统；社会监督系统。这三个子系统在伦理治理上都应包括互联网金融伦理的所涉的诸议题和诸原则，但其侧重点则各有所异。国家伦理治理系统从宏观高度建构金融的伦理旨归，核心在于提高金融的资源配置效率，并使其有利于增加社会公平而不是相反。行业和企业自治系统的核心使命在于通过严格的道德自律，增强互联网金融伦理的规范性和透明度，通过信息披露公开风险和金融关系中的代价与收益情况。新闻舆论机构和社会民众在伦理治理中则主要是坚持独立自主的判断和批评，不受利益集团的控制而公正地监督互联网金融行为。

---

① 参考陈小辉、陈富节、陈文：《从喧嚣到理性：互联网金融全面风险管理手册》，北京：电子工业出版社，2017 年，第 260—262 页。

1. 互联网金融监管与国家治理系统

从国家层面进行互联网金融伦理治理的理由有:其一,金融的最终后盾是国家信用,从国家顶层加强对互联网金融伦理的远景设计,为金融实践树立标准,并利用政治权力推广这些普适的价值观和行为规范,有利于建立统一的伦理标准和价值指南。其二,尽管国家机器也是一定利益集团的代表,但对于社会主义国家而言,它是最广大人民群众根本利益的争取者、维护者、发展者,社会主义国家能够代表最广泛的主体利益需求,从而避免了利益偏袒和执政不公。就算是当代资本主义国家,它相较于个别财阀和资本集团而言,也具有较高的公正性——至少在国内治理上,出于稳定政局的缘故亦不得不如此。其三,从国家层面征集各利益集团、社会阶层意见,从社会、经济、文化、政治的系统功能出发,进行伦理运筹与治理,从而避免在社会有机系统中采取偏颇和过激的行为。互联网金融是国家经济体系中的重要组成部分,它的高效运转能够提高经济总量并优化经济资源配置。其四,从国家层面进行伦理治理有着显著的人才和知识优势,它能够充分调集各方面的行业专家、充分利用全国行业数据、开发行业应用技术,为互联网金融制定行之有效的法律法规和业务指南。其五,从国家层面进行伦理治理有着伦理道德规范的相对稳定性。基于国家利益原则,全国性互联网金融伦理规范和约束机制较少出现朝令夕改的情况。由此可见,互联网金融伦理治理的国家治理系统具有权威性、公正性、高效性、系统性、稳定性的特征。

2. 互联网金融伦理自律与行业自治系统

互联网金融的复杂形式和产业结合方式使它的伦理行为需要更多自决性,外部伦理规范和社会监督的作用受制于对行业的了解程度和金融产品及运行环节的保密内容。互联网金融组织(包括金融产品提供商、网络平台、中介组织等)强化行业自律具有重要的意义。第一,行业和企业伦理自治更有专业性，它能针对产品和服务内容的潜在道德风险作出适当的评估，并在保证金融项目营利水平的前提下改善客户体验。互联网金融不仅涉及金融专业知识，而且需要扎实的网络运营能力。行业（企业）自治是提高其美誉度的重要途径。第二，尽管互联网金融伦理乱象的产生有多方面的原因，但金融产品规则设计上的不足是其直接原因。伦理自治能够在产品设计之初就将伦理价值融入其中，对金融产品的经济效益与社会效益进行综合权衡和适当取舍。行业（企业）伦理自治还能在金融实践中及时纠正偏差，避免在发生伦理事件后再进行反馈修正所耗费的代价。第三，行业（企业）伦理自律为寻求其实效性，必然主动谋求社会公众的理解和赞许，将其伦理价值主张公之于众。这样，互联网金融的透明性会不断增加，金融契约的签订和维护就会在公开的状态下进行，避免暗箱操作和利益偷渡。第四，任何企业进行自律的直接出发点是增加企业可持续的盈利，改善客户关系，降低经营成本，预防风险损失。因此，互联网金融企业的经营业务不同，其发展阶段不同，它所主张的伦理道德要义是有差别的。如在 P2P 网贷发展初期，小型 P2P 网贷企业将“借债还钱”作为至高无上的道义准则，而忽视借贷关系产生的前提是否公正合理；一些资金雄厚且机制成熟的企业则主张具有更多社会意义的普惠原则。第五，互联网金融行业（企业）伦理自治是一种自律行为，伦理道德规范的内容、结构、适应范围、遵守程度等完全取决于行业（企业）自身的意愿，其伦理治理的强度有限。总之，互联网金融伦理治理的行业（企业）自治体系由于其专业性、直接性、公开性、差异性、自律性等特征，使其一方面能够发挥极其有效的伦理建设作用，另一方面又可能存在因利益优先而导致的不足。

3. 舆情、民众“围观”与社会监督系统

互联网对伦理治理的影响是双重的：一方面，由于网络传播的分散化、虚拟化、个性化，引发了诸如价值多元主义、角色裂殖、网络欺骗等的伦理问题；另一方面，由于互联网传播的交互性、开放性与民主化，更多的人能够参与伦

理道德建设,网民赶上"新闻人"的情况偶有发生。后一方面的影响为互联网金融伦理的全民监督提供了条件。专业新闻机构与网众结成互联网时代的强大舆论网络,占领信息传播主阵地的新闻舆论平台与广大网民的积极"围观"构成了对互联网金融伦理的全面监督。由于去中心化的媒介传播方式,通过堵截的方式并不能改变事态的发展趋势;因此,互联网金融平台(企业)或个人企图通过收买的方式改变信息内容是不容易的。尽管偶然遭人诟病的网络"圆形监狱"让人有些不安,但它对违背道义和法律的个人和组织具有更强的震慑力。互联网时代社会监督系统具有如下特征:其一,民众性。截至 2020 年 12 月,我国互联网普及率已达 70.4%(非网民主要是由于年龄太小或太大,以及经济和文化教育的因素形成的),其中手机网民比率达 99.7%。① 互联网金融伦理建设的民众化特征明显,尽管离全民参与尚有一定距离。网众通过发(转)帖、部落化交流(聊天群)等方式参与对互联网金融的伦理监督。其二,事件性。网民并非都是互联网金融的拥趸,能够引起网民普遍关注的并非互联网金融的内容,而在于它造成的伦理事实。互联网金融伦理事件必然是聚焦于某个伦理热点之上,具有可陈述性,并为广大网众所理解和接受。它的叙事方式并非学理性的、而是故事性的。其三,挑剔性。互联网信息传播具有压制性和夸张叙事的双重特征:如果事件不符合受众的心理,并且错过引爆点,无论这一事件有多么典型都可能被海量信息淹没;反过来,如果事件符合受众心理,并触动引爆点,则比较小的伦理事件也可能成为网络热点。互联网金融伦理的社会治理系统将经营者和参与者逼进了对伦理行为的谨言慎行中。其四,流行性。互联网金融伦理的问题通过特定事件得以传播,并在部落化群体之中(和之间)相互影响,使伦理道德观念增强了传染性和延伸性。人们不但会质问金融事件的当事人,而且也会因此而表达对社会其他问题的伦理反思。其五,象征性。在注意力稀缺的时代,网民对互联网金融伦理事件的

① 见《第 47 次中国互联网络发展状况统计报告》,中国互联网络信息中心,2021 年 2 月。

关注,与自身的利益和伦理道德观念是息息相关的。在一定程度上,网民关切带有某种意义上的自利性和个体性;也正因为如此,网民集合体所表达的伦理意象往往是全面的、完整的。

互联网金融伦理治理的三大静态系统主要是从主体的角度去划分的。治理体系的静态结构中不但有外力监管,也有分业自治和群众监督,整个静态系统之间相互配合、相互监督,只有各主体同向而行,形成三大静态子系统的合力(而不是在不断地相互博弈中进行“恶的竞赛”),互联网金融伦理治理才能获得理想的效果。

二、互联网金融伦理治理的动态系统

伦理道德是一种继承性的社会意识,它有着历史的穿透力和延续性,是一个民族和地区的人们保持的基本价值观念和共同体精神;伦理道德又是一种生成性的社会意识形式,随着社会实践的发展而取得新的形式和内容。互联网金融的本质仍然是金融,因而它需要遵从金融伦理的一般原则,将诚信、公平等作为其基本的伦理要义;但是,互联网金融又是有别于传统金融的新业态,它的运行基础和机制具有网络经济的显著特征,互联网交互性、场景化、去中心化等特征使它作为金融载体不但提供了渠道价值,也改变了金融伦理的内涵。建设良好的互联网金融伦理生态,需要在随着金融产品更新和业务升级而调整治理策略。互联网金融伦理治理也需要遵循动态原则,构建动态治理系统。

1. 互联网金融伦理预警系统

事物的发生和发展总会在其充分表现之前露出某种迹象,这是现象界对本质世界难以割舍的情怀。互联网金融伦理表象(无论是稳序还是乱象)显示了它在运行过程中存在的伦理症候。事物的辩证运动不但以表象的集合来表现本质,而且以量的积累来警示质的变化。互联网金融伦理预警系统就是指在伦理风险尚未充分暴露之前,通过伦理表象提前预知、预判它的存在形式及趋势，对互联网金融产品及业务存在的伦理风险进行溯源和溯因，并及时予以化解。约翰·凯伊说："贪污和诚实行为，都是自我加强的。"①欲望的发育和膨胀有一个持续进行的过程，金融机制的溃败也一样。建立金融伦理预警系统，能够避免互联网金融的系统性风险，使可能发生的伦理风险最小化。这涉及对代价的正确认识和分类处置。互联网金融伦理的主要议题中，有效率与公平、隐私与公开、普惠与竞争、投机与创新、公益与私利、民主与集中、风险与信用等关系到经营决策和行业发展前景的命题，其内部具有一定的冲突性。在这些"对子"中，任何偏执和激进的行为都可能使互联网金融面临经济或道义上的巨大风险；而对这些"对子"的任何一种折中和权衡取舍都会使某一方面遭受损失。互联网金融预警系统的第一要务就在于：在众多复杂的伦理议题中，将互联网金融的普惠性和人民性作为至关重要的伦理原则。如果经济性原则损害了普惠性和人民性原则，它也同样不能被原谅。安德鲁·C.威克斯、R.爱德华·弗里曼等人认为，预防道德滑坡的有效方法有：坚持不懈的道德教育、政策和程序审核、坚持基本原则、培养道德想象力、利用指南避免主观化、发挥榜样的作用、在公司内强调责任和义务等。② 这些具有方向性的举措，对互联网金融伦理治理中防微杜渐、防患于未然是非常重要的。在现实的互联网金融治理中，有关金融产品和服务的举办者资格确认是至关重要的。利用大数据征信技术对投融资者和金融业务举办者进行严格的资格审查，并着重评估投资产品的盈利功能和社会价值，对保障互联网金融业态良序发展和客户权益是有积极意义的。

2. 互联网金融伦理制动系统

在伦理事故发生过程中，及时阻止互联网金融活动中破坏伦理秩序和违

① （英）约翰·凯伊：《市场的真相》，叶硕译，上海译文出版社，2018 年，第 253 页。

② （美）安德鲁·C.威克斯、R.爱德华·弗里曼、帕特利亚·H.沃哈尼等：《商业伦理学：管理方法》，马凌远、张云娜、王锦红译，北京：清华大学出版社，2015 年，第 34—35 页。

背道德规范、伤害道德情感的事情，以便降低损失。互联网金融伦理制动系统的目的在于止损。一般而言，新闻舆论和网众等社会监督系统是互联网金融伦理“事件”的发现者，国家治理系统和行业自治系统是对伦理事件负责人进行惩戒的主体机构。在社会监督系统—行业自治系统—国家治理系统之间建立适当的沟通机制是十分必要的。当互联网金融伦理事件发生后，及时、高效、正确的处理方式能够最大限度减少伦理损失，甚至通过对特殊“事件”的整治而扩大行业（企业或产品）影响，提高社会认可度。国家治理系统的伦理事态制动方式主要是行政处罚和摘牌禁业，行业（企业）自治系统的伦理事态制动方式主要是补偿、追责和内部整改。无论哪种形式的制动，都需要建立在对事件调查的基础之上。提高国家行政部门和行业自治组织的媒介素养，不被媒介和网众所绑架，是行使制动方案的重要前提。互联网金融一旦引发破坏伦理道德的事件，它不仅使人们在经济上遭受损失，也在情感上遭受伤害。对待互联网金融伦理问题，要有将其扼杀在摇篮里的智慧和勇气。对于危害性极大的恶性伦理事件，国家治理系统对某种业态禁业摘牌，是保护整个互联网金融系统的壮士断腕的有效方案；同样，行业（企业）自治系统对某种（类）产品主动退市、补偿、改组，也是一种刮骨疗伤的明智之举。从行业（企业）经营情报部门到决策部门的传导越是顺畅，策应越是积极快捷，对互联网金融伦理建设越是有利，业态可持续性越强。互联网金融伦理制动中最愚蠢的方式是利用资本对媒体的渗透，企图通过“删帖”和“禁言”的方式阻止事态扩张，甚至对事件本身未作出明确调查之前就威胁、迫害社会监督系统中的有效成员。

3. 互联网金融伦理反馈系统

对互联网金融这样一种新型业态系统而言，其伦理道德规范总是在不断的生成之中。人们并不能完整预知互联网金融行业与产品的未来发展趋势以及它们实际产生的伦理后果。新的伦理道德规范不断在金融实践中生成，人们在不断参与场景化、圈层化的金融关系中,通过交互式活动获得伦理共识。互联网金融伦理反馈系统也是互联网金融伦理的生成系统。过去的经验不能予以我们回应的新事物,会造成我们心灵上的动荡不安或激动不已。互联网金融每一新业态的出现都曾如此,每一金融产品的翻新亦如是。当人们对互联网金融伦理需要“反馈”而不是“制动”的时候,说明它有两种基本的可能:其一,伦理“事件”已经发生,但它是积极的,值得推广的;或者是消极的,但危害性是微弱的。其二,伦理“事件”尚未发生,但它“可能”发生,需要引起我们警觉和重视;或者它“需要”发生,人们在互联网金融活动中对产品和服务有自己的想象,现实金融产品和服务体验尚不能满足自己的需要。无论是否已经发生,这些信息都是互联网伦理建设的重要资源。与互联网的交互性相适应,人们正在积极参与互联网产品和服务的设计与运营。共创、共建、共享是互联网赋予人们的权利,同样,也赋予互联网金融行业发展的更多可能性。在互联网金融伦理治理中,不应当将“刺激—响应”作为唯一的反馈方式,而应进一步利用金融科技手段,通过“智能嗅探”发掘民众的金融需求。因为在伦理问题上,每当恶性事件刺激了人们的道德情感,伤害了伦理机体,“回应”的代价往往是巨大的。在互联网金融中对“可能”发生的伦理事件予以关注,并在回应人们的金融“需求”上有快捷的行动,正是“以人民为中心”的重要表现。

三、互联网金融伦理治理的隐性系统

互联网金融伦理治理的显性系统是指承担相应职责的主体系统和现实运行机制;它的隐性系统则是伦理治理的环境(或经济、文化和社会基础)。社会分裂程度、稳定程度与发展程度是互联网金融伦理生态建设的重要条件;它们在发生激烈震荡或者由于投机过度而导致的社会撕裂时,就会给人们造成强烈的心理刺激,使他们因焦虑、慌张、怀疑等情绪而进一步走向非理性投机。“*There cannot be an accident, we guarantee you cannot lose.*”(译文:“意外不存在,我们保证你稳赚。”)[①]就会成为金融投机者振振有词的口号。由于这些条件发挥作用的方式并非直接的,因而称为“隐性系统”。

第一,物质资料生产方式与分配方式、贫富差距等造成社会分裂,其程度会影响互联网金融伦理秩序的现实。与公有制相比,私有制更加容易产生投机行为。在不同的分配制度下,按劳分配是较少产生投机行为的方式,越是按照可测度较差的生产要素进行分配的方式,其产生投机行为的可能性越大。人们一般认为按资分配同按劳分配一样较少产生机会主义,但实际上由于在不同生产经营组织中存在较大的利润差,而通过金融方式能够在利润率不同的经济组织中设定不同资金投放比率,并且因此而可以在偿还金融成本的基础上获利。这使得专门从事资金运营的投机者增多,生产者和投机者的分裂出现。由于社会经济制度和政治制度的差异,贫富差距越大的情况下,在社会阶层的两端都会产生大量投机者。在富裕阶层中出现金融寡头,而在贫困阶层则出现滥用金融权利而不承担相应的可能(柏拉图在《理想国》中通过苏格拉底之口说,穷人和富人都“要求变革”,使“手艺退化”;[②]或者说,他们更能“承受”风险——富人具有风险中自救能力,而穷人则可能选择放弃对风险的补偿)。

第二,国家、社会、政治、经济、文化等的稳定状态也会影响互联网金融伦理状况。社会稳定程度对个人和组织的伦理自觉有着一定的影响:社会越是稳定,伦理道德越是能够得到普遍的遵循;社会越是处于变迁和动乱之中,伦理道德就越是难以被遵守。对互联网金融来说,技术变迁和社会变迁的交融往往导致它在伦理上的失序。在技术突飞猛进的局势下,社会格局也发生日新月异的变化,人们的安定感受到威胁,经济安全的心理基础被动摇,得过且过和混世的社会心态就会增多。在此情况下,伦理问题就会变得

---

① (美)劳伦斯·E.米切尔:《金融如何压倒实业》,钱峰译,北京:东方出版社,2011年,第94页。

② (古希腊)柏拉图:《理想国》,郭斌和、张竹明译,北京:商务印书馆,2019年,第137页。

愈发突出。

第三,生产力状况、人民在政治、经济、文化上的实际权力、生活水平等也是互联网金融伦理发生和发展的影响因素。社会文明发展程度内在地包含伦理进化程度。生产力水平不断提高,人们实际获得的权利越多,人们物质生活和精神生活越丰富,他们对互联网金融的有序参与就会变得更加稳定。在相对发达的社会生活中,人们更加不愿冒着巨大的投机风险从事非法活动。当然,这一判断在个别人那里并不适用。不过在中国这样一个热爱和平、和谐与稳定的国家中,“仓廪实而知荣辱”是有一定现实基础的。人们在美好生活中更加不愿意在投机活动中冒损害道义的风险。

对我国互联网金融伦理建设来说,由于社会主义制度的优越性,使其在伦理隐性治理系统上表现出巨大的优势。但是,我们仍要谨慎面对那些可能增加社会分裂、动荡和文明衰退风险的因素,在发展市场经济、进行产业改革、企业改组的时候,维护社会主义基本制度不动摇,增强经济、政治、文化、社会诸方面治理能力现代化水平。对于互联网金融伦理治理来说,这些隐性治理要素是非常重要的。互联网金融伦理治理的显性系统与隐性系统是相互促进、相辅相成的。当互联网金融经营主体具有先进的价值观,各参与者具有高尚的品德,整个伦理治理静态系统各安其分、各司其职、各显其美;在互联网金融运行中,制度的规范化、人性化、科学化水平不断提高,在互联网金融新业态、新产品、新场景中提高伦理预警能力、制动能力和新伦理观念生成能力,互联网金融就能获得健康、有序、活跃的发展。反过来,这样的互联网金融经营状态也会使伦理治理的隐性结构更加合理,社会系统更加和谐、稳定和进步。

第三节　互联网金融的未来与伦理愿景

人们并非总是生活在狭义的理性经济人模型里,而表现出“亲社会行为”

(即“个体并不优先考虑自身物质利益,而是以无私的方式内化其他人的福利行为”)。[①] 坎伯兰认为,当每个人追求共同善时,个体的私人善也将得到最好的促进。[②] 互联网金融伦理中,实然之状与应然之境存在着较大的差距,其产生的原因一如前述,创新发展中人们在摸着石头过河,在没有现成经验可资借鉴时,对爆发的互联网金融伦理问题采取精准应策是困难的。不过,互联网金融经济的发展,已然坐落在互联网的精神殿堂之上。互联网的核心不是物的联通,而是人的联通,是人的精神意志、审美休闲、物质需求、伦理价值等,通过万物互联而彼此通达。互联网的进化不是赋予物质以智慧、以价值、以生命,而是将万物用于表达人的智慧、价值和生命。互联网金融要体现人民性,依靠人民,激发群众的积极性,提高群众的参与度;互联网金融要体现普惠性,互利互为,增强群众的获得感,发展群众的金融权。互联网金融要体现安全性,预防侵占,遏制过度投机,发展金融科技,促进金融制度改革;互联网金融要体现经济性,又好又快,既要公平正义,又要高效优质。人民性、普惠性、安全性、经济性相互包含、彼此凸显。

一、互联网金融的未来

1. 创新发展是互联网金融发展的基本趋势

“金融创新是人类在解决世界大难题的努力中必不可少的组成部分。”[③] 金融是人类智力发展的重要成果,在私有产权尚存的时代,它将随着社会的进步而向前发展。金融能够解决诸如贫困、艾滋病、寿命、环境污染、经济大衰退等诸多问题;好的金融工具在好的金融目的导引下,能够通过配置流动性而实现社会经济大

---

① (法)让·梯若尔:《共同利益经济学》,张昕竹、马源等译,北京:商务印书馆,2020 年,第 124 页。

② (美)J.B.施尼温德:《自律的发明:近代道德哲学史》,张志平译,上海:上海三联书店,2012 年,第 126 页。

③ (英)安德鲁·帕尔默:《金融创新:重塑未来世界的智财》,郭群杰、草沐译,北京:中国人民大学出版社,2016 年,第 42 页。

变革。互联网金融扩大了这种促进变革的能力，使金融的聚合能力、渗透能力和融通能力呈指数级增加。互联网金融发展的原动力来自两个方面。

其一是世界性难题变得更加复杂，资源的稀缺性更加凸显，金融竞争更加激烈，资本的二重性更加鲜明。后殖民时代复杂的国际格局和暗流涌动的国家关系，金融帝国主义通过金融货币的巧妙设计而将对手置于死地的手段，正在威胁着世界经济的稳定与安全；全球自然灾难和流行疾病使撕裂的世界备受困扰；资源禀赋的世界性差异、自然灾难和政治局势的危机等造成国家在金融权力上的失衡；资本既是这个世界的重要建设力量，也是世界和平与发展的重要破坏者。合理有效利用世界经济资源，促进人类共同体建设并带来永续发展的契机，是人们追求的理想。传统金融并不支持这样的理想；互联网金融也只是暂时为它带来想象空间而已。脸谱公司的天秤比（Libra，后更名为 Diem）试图取代美联储发行的钞票时，或者比特币试图进入流通而成为新币种时，人们对金融权威的挑战已经拉开。政治权力作为金融信用的基础还是信息权力作为信用的基础，抑或是资本权力作为信用的基础？这已经并不重要。重要的问题在于新的机制是否代表了互联网时代的基本价值：对中心化的厌恶，对个性的追求；对独占的拒斥，对分享的垂青。与理想的目标相比，现实仍然在摸索中，并且似乎进入到一条盲肠小道了。现实生产生活对全球化普惠金融产品的需求日趋强烈，使世界变得越来越好，使人们生活在祥和的社会环境中，是每一个人充分享有自由和发展的机会，它必然反对独占和中心化。因此，脸谱公司并不能带来比过去更美好的希望。

其二是科学技术赋权和赋能金融已成定势。科学技术在当代经济社会中的贡献率越来越高，大数据、云计算、区块链、人工智能、量子计算等正在或即将广泛应用与生产和经营活动中。“通用技术和机器的崛起”，是因为它们“既促进又无限地扩大我们的活动”。[①] 互联网金融是网络技术、通信技术、智

① （法）德日进：《人的未来》，许泽民译，贵阳：贵州人民出版社，2018 年，第 218—219 页。

能终端设备研发不断取得新成就的产物，金融科技（解决现实金融矛盾）成为现代科技研发的重要靶向之一，创新驱动力越来越大。互联网科技的开发和普及开启了小微力量的网络链接，聚少成多、聚沙成塔是对互联网小微力量的肯定；智能网络和数据技术能够挖掘更多重要金融资源，适配金融供需关系；互联网的开放性使个体在虚拟社区中具有重新部落化的发展机会，获得较为公平的金融权利等。科学技术赋权给广大民众，壮大了互联网金融的群众基础；同时，它也赋能给金融，使精准金融、普惠金融、安全金融能够落地开花。

互联网金融的创新发展有两个重要的方向：其一是平台、产品、服务、技术创新；其二是合作、协同、整合创新。前者主要从金融业内创新来看，需要通过技术革新，增强平台的技术力量、提高金融产品和服务的针对性和效益，优化金融供给；后者则主要从经济系统的角度，加强金融部门、公共管理部门、社会智库、技术研发部门等之间的协同创新。

2. 规范发展是互联网金融发展的基本途径

2017 年 12 月，习近平总书记在中央经济工作会议上强调指出：“党的十八大以后，国内外经济形势极其错综复杂，很多情况是改革开放以来没有碰到过的。国际金融危机深层次影响持续蔓延……金融风险隐患增多。”①造成金融风险增多的因素是多方面的，但互联网金融的崛起必然是其中的重要原因之一。2015 年 7 月 14 日颁发的《关于促进互联网金融健康发展的指导意见》在“鼓励创新、防范风险、趋利避害、健康发展”总要求的基础上对互联网金融发展做出了部署。② 规范发展是在经历了野蛮生长阶段后，对互联网金融发展提出的基本要求。规范互联网金融发展，要通过“破—合—立”的过程，我们将其具体方案归纳为“三破”“三合”“三立”。

① 中共中央党史和文献研究院编：《十九大以来重要文献选编》，北京：中央文献出版社，2019 年，第 132 页。

② 编写组：《最新金融法律政策全书》，北京：中国法制出版社，2021 年，第 773—777 页。

第一,“三破”指的是互联网金融发展中要“破赌”“破乱”和“破旧”。破赌就是要破除机会主义泛滥、过度投机盛行的局面,使互联网金融从网众狂欢中冷静下来,从投机取巧的藩篱中解脱出来,以理性控制激情、统摄欲望,使互联网金融回归金融本位。破乱就是要抑制互联网金融的野蛮生长、恶性竞争,防止“放乱管死”怪象的出现。破旧是指互联网金融发展中要破除官僚主义、资本傲慢对人本金融的危害,从“中心化”银行体系中真正解放出来,增强人民良好的金融体验,将陈旧、迂腐的金融贵族思想剔除干净,发展普惠金融,不能为争做“吸血鬼”而放弃基本道义,恶意欺骗、利高无度。

第二,“三合”指的是互联网金融发展中要“合规”“合理”和“合情”。合规就是要符合法律法规,严格行业准入制度,完善互联网金融管理制度和业务测评制度,使互联网金融发展有法(规)可依、执法(规)必严、违法(规)必究,互联网金融产品开发和业务开展必须在法律和规范的轨道运行。合理包括伦理与事理:互联网金融发展必须符合伦理,是指它要有利于金融正义的实现,符合人民对美好金融的需要;互联网金融也必须符合事理,即符合金融经济的内在规律,不能对营利行为一棍子打死,不能以至高的道德规范全盘统领金融业务,阻碍互联网金融在合理配置稀缺资源上的效率发挥。合情包括私情与共情,也就是说,互联网金融既要能够满足个人情感需要,也要能够满足社会发展需要。在互联网金融中存在着强金融性产品和弱金融性产品的区别,前者偏重经济效益,后者偏重社会效益和伦理价值。在市场经济中,个人和社会在利益上存在一定程度的冲突是正常的;互联网金融要尽量降低这种冲突的激烈程度,使其保留在可控的阈值内。

第三,“三立”指的是互联网金融的发展要“立观”“立业”和“立信”。这里所讲的立观是指互联网金融企业(平台)要树立正确的价值观、财富观和治理管。价值观是企业发展的旗帜,是互联网金融行业发展的宏观指引。对于互联网金融企业(平台)而言,价值观的本质是企业观,是对企业在社会系统中应当承担的责任和使命的认知,是对企业对社会的实际意义和贡献的认同。

互联网金融企业(平台)要正确认识到它对于社会资源配置的积极作用,并强化金融本质认同,以提高和维护经济正义为己任。财富观内在地包含着企业的竞争观和个人劳动观,互联网金融活动的参与者都要正确理解金融的要义,理解金融(在资源配置上)的“伟大革命”,也要理解金融化(在泛滥的情况下)的“道德沦丧”。治理管是互联网金融企业(平台)的微观治理策略。当前互联网金融治理,需要采取“德—法—技”相结合的办法,坚持道德引领、法制规范与技术支撑的融合。立业是指在社会经济系统中既要有主动积极的社会担当,又要保持业务边界,同业之间、经济系统各业态之间要诚信经营,在充分发展系统功能的同时展现和发展行业(企业)的独特价值。为社会系统的全局之利而不自私,为行业(企业)长久之利而不短视。须知“财富不是我们所追求的善,它只是有用的东西,并以他物为目的”。[①] 立信指的是互联网金融参与各方要讲求信誉、遵守信用、相互信任,这样才能使互联网金融市场信心倍增、行业生态良好。互联网金融规范发展需要抓好准入环节、交易环节和退出环节,[②]鼓励金融创新,严厉打击金融犯罪。互联网金融突飞猛进十余年的经验告诉我们,规范发展是互联网金融发展的基本途径;金融自由主义者将任何来自官方的干预称之为“金融抑制”,并认为它才是金融秩序混乱的根源,[③]这是根本性的错误。

3. 协调发展是互联网金融发展的基本保障

互联网金融对其他产业的贡献是通过金融合作实现的。在“互联网金融+”的经济大格局下,众筹、互联网消费金融等为项目孵化与场景化金融提供了便利工具。金融与媒体之间的关系进一步密切,并通过媒体而得到更广

---

① 苗力田主编:《亚里士多德全集》第八卷,北京:中国人民大学出版社,2016 年,第 8 页。

② 王斌:《互联网金融+:中国经济新引擎》,北京:机械工业出版社,2015 年,第 276 页。

③ 郭勤贵、程华、赵永新等编:《互联网金融原理与实务》,北京:机械工业出版社,2017 年,第 27 页。

泛的渗透。互联网金融核心业务及其支撑条件之间存在着相互依存的关系，包括互联网金融公司、科技研发企业、互联网社交平台、广告公司、互联网金融信息平台、金融商业网站等，它们之间的联系日益紧密。互联网金融与其他行业之间的合作互动，以及互联网金融内部诸主体之间的协作共赢，成为其发展壮大必须建构的关系网络。“利己主义和虚幻的集体主义之所以不能成为对社会成员普遍行之有效的原则，原因在于它们的利益分配结构中各取一端而排斥另一端，它们尽管对少数人有效，本质上却有悖于道德的基本精神。”①在互联网经济中，由于节点间的价值共济（亦即任何参与者都将增加其他参与者的网络价值），出于自利动机而进行自我孤立是不可取的，它与互联网的价值逻辑相背离。业内协调、人业协调和域际协调是互联网金融健康发展的基本保障。

第一，互联网金融发展与产业布局的协调。在部署产业结构和拟定宏观经济发展战略时，需要做到业内协调、虚实协调、业际协调。互联网金融系统内部存在着专营保险、借贷、支付或者众筹、股权招募等业务的企业（平台），或者兼而有之；作为场景化金融方式，互联网金融企业（平台）还与许多网络商城、线下工商业客户之间有着许多业务关联；在“共景”（具有共同场景）的金融业态之间必须保持良好合作，彼此负有并践行相应义务，才能保持自身利益免受损失。金融既能够将“单个资本家的损失在资本家阶级中间分配”，②又可以使各种“可能的资本……不再是被动的东西……而是能动的、生利的东西”。③ 在社会主义社会中，金融与其他产业的协调同样能够降低风险和增加营利机会。

第二，金融的直接目的是融通资金、调剂余缺，而最终目的则是为了促进人的自由全面发展，为人们美好生活助力。人业协调就是要使互联网金融成

---

① 曾钊新、李建华：《道德心理学》，北京：商务印书馆，2017 年，第 367 页。

② 《马克思恩格斯文集》第 5 卷，北京：人民出版社，2009 年，第 155 页。

③ 《马克思恩格斯文集》第 6 卷，北京：人民出版社，2009 年，第 555 页。

为人类实现自身价值的便捷手段，成为促进人自身发展的有效工具，防止过度金融化导致人自身的金融化和社会关系的全面金融化。将金融发展成为赌场争利的行为必然对社会造成严重伤害，对人的发展来说，它将是致命的障碍。那些将"小赌怡情"的言辞装饰在互联网金融方面滥用的人，也将互联网的娱乐精神灌注到了金融产品和服务中。嬉皮士的玩世不恭在当今互联网上是常见的，它也造成部分人罹患网络瘾症。互联网金融的娱乐化，表面上增加了人民群众美好生活的精神内容，实际上则背道而驰，使人民群众丧失过多彩生活的能力。互联网金融中的人业协调，主张将金融作为个人自由全面发展的手段，而它本身并不能成为个人自由全面发展的必要内容。

第三，互联网金融跨域发展已是大势所趋，在全球化深化的过程中，互联网金融更是有着巨大的野心。互联网将世界连为一体，世界互联网巨头都有着制造国际虚拟货币的狂想；甚至一些普通个人也试图制造新的货币，区块链或仿区块链技术制造的电子货币和山寨币不断涌现，就是想要在域际金融活动中获得经济裁度权和获取铸币税。在民族国家主导的世界格局中，世界货币的狂想曲有些前景黯淡；不过，域际合作与协调发展已成大势，互联网金融在主权国家的主导下，仍然有深化合作的广阔空间。任何一个完整的政府都不可能放弃金融主权，但是，随着金融科技的发展和网络传播开放性和安全性的提高，域际协调发展成为整个行业发展的保障之一。

二、互联网金融的伦理愿景

从行业自律的角度看，如下两份"倡议"具有一定的代表性：其一是 2013 年首届中国互联网金融大会发表了《互联网金融北京宣言》，倡导互联网金融创新、开放、自律、诚信、交流、合作、共赢的精神；①其二是 2016 年《中国互联网金融协会自律公约》倡导自律的基本原则是"依法合规、诚实守信、科学创

① 王斌：《互联网金融+：中国经济新引擎》，北京：机械工业出版社，2015 年，第 279 页。

新、防范风险、公平竞争、团结协作、自我约束、健康发展”。[①] 从他律的角度看,三个“要求”意义深远:其一是党中央、国务院提出了“鼓励创新、防范风险、趋利避害、健康发展”的总要求;[②]其二是要求全面提升互联网金融服务能力和普惠水平;[③]其三是对违法违规业务要求“严控增量、化解存量”,坚决打击违法违规金融活动,确保社会大局稳定。[④] 自律与他律相结合,能够极大化解伦理风险,维护互联网金融发展秩序。互联网金融必须在促进经济高质量发展的同时,坚持维护社会公平正义。为此,必须做到“一通”“二适”“三性”“四义”。

1. 互联网金融实现“虚拟—现实”全面贯通(简称“一通”)

互联网金融与传统金融相比,其优势体现在业务的渗透力,从线上到线下,互联网金融广泛贯通于虚拟现实二重世界中。互联网金融对虚拟现实二重世界的贯通包括机构贯通、业务贯通、技术贯通、设施贯通和场景贯通。机构贯通指的是互联网金融机构与传统金融机构、线上线下工商业实体之间实现联通,机构转迁没有壁垒。业务贯通指的是虚拟社区业务与传统金融业务之间有机衔接,业务转换不需付出代价。技术贯通指机构贯通和业务贯通的基础,指的是在网络、业务数据、征信系统、核算汇兑系统方面实现互联网金融和传统金融之间的一体化。设施贯通指的是全部终端服务系统实现全面兼容,虚拟现实金融应用实现“智联网”与“物联网”的融合。场景贯通指的是在面向未来的虚拟现实穿透式生活中,人们能够自如切换角色,并实现“无感

① 编写组:《最新金融法律政策全书》,北京:中国法制出版社,2021 年,第 771 页。

② 中国互联网金融协会编:《商业银行互联网金融业务法律法规汇编》,北京:中国金融出版社,2019 年,第 320 页。

③ 中共中央文献研究室编:《十八大以来重要文献选编》(中),北京:中央文献出版社,2016 年,第 597 页。

④ 中国互联网金融协会编:《商业银行互联网金融业务法律法规汇编》,北京:中国金融出版社,2019 年,第 376 页。

化”,个体、平台(机构)在不同金融应用场景中实现无缝对接。虚拟现实的全面贯通,一方面综合了线上线下资源,实现了经济资源、数据资源的集约化,提高了金融的社会价值;另一方面拓展了人的生存空间、发展了人的金融权利。在互联网金融发展的未来,“媒介是人的延伸”(麦克卢汉语):媒介延伸了人的价值,人亦延伸了媒介的价值。互联网是人的价值的媒介,人的价值通过互联网而彼此交融、相互渗透;金融是媒介传输的内容。人成为互联网的媒介,互联网世界通过人而与现实世界发生交互作用,人成为金融的媒介;互联网具有的金融属性并不是它的价值增殖性,而在于对人而言在“时间资本”上的“利润”骤增。在这个意义上,互联网金融使虚拟世界变为现实,而使现实世界具有更多虚拟性(或想象与希望)。

2. 互联网金融遵循金融要义,充当资源适配器

互联网金融的本质仍然是金融,必然具有调剂余缺、优化资源配置的功能。无论互联网金融创新发展的态势如何,作为资源适配器,使社会资源“适得其所、适得其时”(简称“二适”)是其基本要义。

(1)互联网金融使社会资源配置的空间范围扩大,广域资源适得其所。资源的空间分布不协调以及分布信息不对称是提高社会生产效率的障碍之一。在全社会进行资源的空间调配需要满足三个条件:充分知情、充分自由、发展均衡。所谓充分知情,指的是资源供需双方信息对称。需求方能够准确获知资源地理分布及价格、运输、人力、环境、制度、品质等相关信息;供给方能够准确获知需求地企分布、价格层次、品质要求、需求量和有效供量、税费等相关信息。充分自由指的是市场的全面开放,以及建立在开放市场上的流通自由,建立在法治基础上的经营自由,建立在平等基础上的协商自由等。发展均衡是充分自由的前提,从世界范围来看,发展不均衡导致的经济霸凌依然存在;发达国家与不发达国家之间在资源交易上存在权力不平等的现象。互联网为第一个条件的创造提供了现实可能性,资源信息网络的构建不但在理论

上是可行的,在现实中亦不存在技术上不可克服的困难。互联网也为后两个条件的创造提供了契机:一方面世界互联网商务平台不断建立,打破传统经营中的地域限制是可能的;全球性网络销售已经在消费端开辟了道路,在生产端的作用也显示了初步的作用。另一方面,经济相对落后的国家和地区完全可以抓住信息网络技术革命的良机,错位竞争、弯道超车,在网络经济、大数据产业等方面取得令人瞩目的成绩,缩小与发达国家和地区之间的差距。互联网金融进一步使上述三个条件得到发展,由于金融项目化所形成的利益共同体关系,资源供需双方减少了利益博弈的动机;相反,资源供需双方会为实现共同价值而做出努力。无论是权益型众筹项目,还是单向金融投资行为,获得利益和利息是他们行为的直接动力来源。随着消费需求的异质性发展,固有的消费观念被打破,将现代化程度与科技贡献率作为划分资源优劣标准的观念尽管并未完全被新的个性化标准所取代,但终究是有所突破。人们对原生态产品的需求与对高端科技产品的需求一样,是真诚而富有激情的。互联网金融不但以资金为媒介摆渡社会资源,而且以资源的广域流通摆渡资金,为社会全面进步提供发展的新渠道。

(2)互联网金融是社会资源的时间范围扩大,历时性资源配置适得其时。金融是跨期风险经营的主要方式,它作为"时间机器"能够使资源配置跨越时间限制。货币就是最好的时间凝结器,它将人类持续的劳动凝结为货币形式,以固定额度的币值压缩了劳动的时间长度;在非特定的时间内,货币都能通过占有他人创造的劳动成果而释放时间。非但如此,货币还能够解除生产和消费之间的直接性,不但使生产和消费在品类上的一致性被消除了,而且使生产与消费的时间间隔无限延长。生产和消费的连续性被打断,有如下几种形式:其一,先消费后生产(劳动)。借助于消费信贷,进行超前消费已成常态。其二,生产后暂时不消费。在产品转换为货币后,储蓄或其他金融投资有可能使其生产成果得到保值。其三,生产甲消费乙。人们能够在产品交易中获得固定充当一般等价物的货币,购买任何在售商品。其四,不生产而消费。在投机性经营、公益性众筹或者保险风险暴露后，人们能在不生产的情况下获得资金补偿或利息，从而使消费者可以在一定程度上免于生产劳动。互联网金融“在技术中有善于，有德性”。① 互联网金融凭借网络和大数据技术，对跨域、跨期资源配置所起的作用越来越大。它收集了（以货币形式存在的）零碎的时间，在网络账户中任由界面数据保持稳值，而将真金白银用于公共事业、商业投资或者他人消费。互联网金融使社会资源配置的有效性提高，资源配置的风险降低。

3. 互联网金融深化金融实践，金融服务能力得到提高

互联网与金融的双向互动增强了互联网金融的服务能力：互联网及相关技术向金融渗透，科技全面赋能金融行业，金融新产品、新业态层出不穷，丰富了金融供给；金融向互联网延伸，互联网科技创新、互联网创业等得到金融的强力支持。这种双向互动既促进了互联网经济的全面繁荣，也提高了金融系统的科技水平和应用能力。未来互联网金融服务能力提升主要体现在三个方面（简称“三性”）：服务实体经济（向实性）；服务人民需要（人民性）；服务社会发展（社会性）。

（1）服务实体经济，扭转现阶段“由实向虚”的状态，真正体现金融的向实性。首先，互联网金融是虚拟世界的主要金融活动，并以其虚拟性为总要特征，但其活动相关人的利益关系并非虚拟，是现实的；人们并不能始终沉浸在虚拟幻象中而回避现实利益关系调整带来的损害或实惠。其次，互联网金融的物质技术基础是数字化设备、物联网、大数据技术、机器学习与人工智能、遥感技术、通信技术与设施等。互联网金融的发展离不开物质生产条件的改进和科技研发能力的进一步提高。就此而言，互联网金融并不是建立在虚拟世界之上，而是建立在扎实的物质技术的现实土壤之上。再次，任何金融形式的

---

① 苗力田主编：《亚里士多德全集》第八卷，北京：中国人民大学出版社，2016 年，第 125 页。

最终标的都是现实的物质财富，尽管在创新工具应用的过程中这些现实物质关系处于暂时的隐匿状态，但丝毫不影响其作为金融发动机的作用。虚构和金融链的延长并不增加社会财富，相反却在金融链的经营中耗费更多社会资源，对整体社会财富起着减损作用。最后，互联网金融服务实体经济的途径主要是跨期调解社会资源、周济余缺，减少时间损耗、提高全要素生产率，为社会生产和人民生活提供更多机会和权利。

(2)服务人民需要，由“资本”“物本”向“人本”转换。物质堆砌和营利竞争是市场经济发展至今天的重要特征，景观社会和消费社会成为时代属性之一。“资本”金融是另一种异化的金融模式，尽管这一种金融模式似乎从来就有，但“常态”并非“真理”，也不代表“正义”。“资本”金融诠释了资本的噬利属性，为了追求更多的金融利润，便能放下一切尊严和教养，欺诈和诱骗从来都是“资本”金融相伴而生的产物。当前，这种类似于增加“绝对剩余价值率”的“资本”金融模式转变了策略，放弃了简单的“高利贷”方式，将技术主义融入到对金融利润的追求中；产生了类似于增加“相对剩余价值率”的金融模式，这便是“物本”金融。在网络信息技术不断进步的背景下，互联网金融走向技术主义道路。互联网金融技术主义指的是将互联网金融作为一种重要的技术智慧加以运用，以增强其机制的复杂性、风险经营的动态数字化、多层级的技术支持等作为发展互联网金融的目的。这种错误的倾向在金融经济学内部产生严重的负面影响，使互联网金融变为“物本”金融。在这一金融模式下，金融效用通过可计算的投入和产出量进行分析，并以此作为金融决策的依据。技术主义以增加对人的金融控制作为重要目标，而不是加速和深化人的解放。它对不可量化的人伦道德、理想信念、社会关系、风俗习惯等不屑一顾。“人本”金融以促进人的生存发展为己任。在社会发展的不同阶段，人本金融能够为人的美好生活愿景提供更丰富的内涵和实现途径。互联网金融的普惠属性，在“人本”金融模式中更加凸显；它致力于缩小两极分化，致力于融合社会关系，致力于发展人的智力和体力，致力于人的社会价值和个人价值的实现。通过资金融通，为人民群众的生产发展和生活改善提供精细金融服务。

(3)服务社会发展，进一步体现其社会性。西方金融经济学认为金融是私有产权制度的产物，是原子化个人在自由市场中的经济纽带，将任何来自政府或官方的金融价格干预和市场监管都称之为金融抑制，把自由化摆在至高无上的位置。对金融系统和金融市场的放纵无度，使资本主义爆发了诸如2008年那样的重大危机。世界金融系统中的任何一国想要独善其身是困难的，在那场金融危机中，金融帝国遭受到了金融资本的反噬。动辄对别国进行金融盘剥、扰乱金融秩序，甚至试图通过金融手段"做空"别的国家，它自己也没有幸免于难。因此，当全球化纵深发展时，金融纽带已有国际牵连。互联网金融通过全球网络的快速通道将这种"国际牵连"加强了。"新的信息技术把大规模生产的经济学颠倒了过来，把多样化的成本推向零。"①它使人们以为个人的独立性增强了，在创客经济的应用中，单个企业和个人的力量被夸大；3D打印技术对社会化大生产的体系提出了质疑，似乎原来需要分工合作的现代企业生产只需一台3D打印设备就能包揽。这种认知在互联网经济中普遍存在，它不但成为一种经济生产的组织原则，也成为一种对个人主义的盲目崇拜。互联网金融不能从社会经济系统中抽离出来，相反，在未来金融活动中，社会性必然得到进一步强化。互联网金融的社会性表现在：其一，人—财—物的全面融合。互联网金融通过智联网积聚社会力量，在创新、创意、创造上有了更多平台和机会。互联网金融不是单纯对资金进行运营的企业，而是对社会知识资源、物质技术资源、生态自然资源、社会关系资源等的全面融通；资金融通只是其中的重要环节或媒介。其二，金融系统进化与环境适应性增强。金融组织和金融活动不限于金融系统的预设范围，组织边界变得模糊，业态融合成为常态；金融系统经营结构随着社会环境的变化而变化，互联网金融以其先进的科技支撑而提高了它对社会需求的响应能力；人文和经济环境变迁对

① (美)阿尔文·托夫勒：《力量转移——临近21世纪的知识、财富和暴力》，刘炳章、卢佩文、张今等译，北京：新华出版社，1996年，第98页。

互联网金融不断进行适应性训练,并促进金融组织进化。其三,金融价值的多元化。社会结构的多元化决定着社会需求的多元化,而社会需求的多元化决定着社会价值的多元化。经济价值只是多元价值体系中的一元,出于社会尊重和个人自决权的提高,金融由盈利目标、公益目标、综合(盈利与公益)目标、个人价值的实现等目标,均可成为金融活动的出发点和归宿。多元化的金融价值促进了社会主体之间的联系与交流,在互联网众筹中表现得尤为明显。互联网金融发挥了社会“互联”的威力。

4. 发展金融正义,金融伦理开辟新境界

“公平正义是中国特色社会主义的内在要求。”①在互联网时代,金融主体权利义务关系的重建,去中心化的互联网金融促进了金融平等;金融风险和收益的系统性不断增强,深化金融渗透的同时也体现了互联网金融的社会担当;交互式金融协商均衡了金融权力,代价和补偿机制更加完善,金融霸凌被代之以金融互利;利益共同体、情感共同体、审美共同体、智识共同体和价值共同体相融合,单向征信变为金融互信。平等、担当、互利、互信称之为互联网金融“四义”。

(1)互联网金融的“去中心化”,使金融主体权利更趋平等。在互联网金融活动中,民主协商的渠道更加畅通;在金融场景中,个体的金融权利得到增容。沃德金说,允许某些人的生活受到偏见伤害,就是没有给予社会的全体成员以平等的关切。② 互联网金融准入的低门槛,是主体权利平等的重要表现;尽管它可能是互联网金融伦理乱象产生的原因之一,但提高民众金融参与的资格标准无异于因噎废食。互联网给金融系统带来的全部希望,都寄托在“草根”阶层的参与热情中。网络社交平台增进了金融项目参与者之间的了

① 中共中央文献研究室编:《十八大以来重要文献选编》(上),北京:中央文献出版社,2014 年,第 11 页。

② (美)罗纳德·德沃金:《至上的美德:平等的理论与实践》,冯克利译,南京:江苏人民出版社,2012 年,第 165 页。

解和情谊,互联网金融项目所构建的圈层,就如弗洛姆在《健全的社会》中所描述的“工作公社”一样,“使集中与分散融合成一体”,“避免了混乱的危险,同时也使公社成员积极、负责地参与工厂管理及公社的生活。”①互联网金融项目较好地调和了民主与集中的关系,尽管用“互联网金融公社”这样的名称为时过早,但互联网金融参与各方之间形成的平等协商与普惠原则已经赋予它充分的伦理价值。传统银行金融业的中心主义中遭受诟病的问题并未完全解决,互联网金融中不允许将歧视和偏见融入到金融产品设计和服务中去。圈层化是一种主体选择的结果,而不应该作为竞争选择的结局。网众对互联网价值增量的作用,在金融活动中同样表现出来。金融互联网络的节点数量决定着金融渗透能力的大小以及它所能承担的社会责任。互联网金融将陌生化金融关系推向一个新的阶段,世界范围内的人们都能通过金融项目发生交往关系甚至彼此决定对方财富增减。互联网金融的系统结构使任何普通参与者在激发金融风险事故中具有同样的威力,一旦适逢大众传播的敏感点,个体的金融体验就能成为金融产品或服务的样板被炒作;互联网金融隐藏的金融互联网就会撕开裂口,造成全局性的巨大损失。平等是互联网金融的伦理要义:它既是互联网金融迅速发展的条件,也是互联网金融发展的重要目标。平等“表示人和人的类意识和类行为,表示人和人的实际的同一性。”互联网金融关系的平等性也就是在金融活动中必须“把别人当做同自己平等的人对待”。②

(2)互联网金融的场景化,使金融的社会担当更加重要。社会生产生活的场景中,将伦理道德置之度外的情况并不常见;即便是人们有意回避伦理道德的干预,社会生活的场景也必然为其自身的存在与发展搭建伦理上的“防

① (美)E.弗洛姆:《健全的社会》,孙恺详译,贵阳:贵州人民出版社,1994 年,第 251 页。

② 《马克思恩格斯文集》第 1 卷,北京:人民出版社,2009 年,第 264 页。

护构造”,①以免陷入危机和毁灭。互联网金融的伦理“防护构造”主要是基于风险的强传染性、圈层关系的脆弱性以及角色伦理的强迫性。第一,互联网金融伦理风险的传播性和破坏性远甚于经济风险。由于金融主权国家、互联网平台、金融产品设计和服务方式、技术基础、圈层结构以及其他诸多方面不同,互联网金融的经济风险是有可能控制在特定场景中的。互联网金融场景发生的地点、条件和机制具有各自的特殊性,从而使不同场景的互联网金融能够保持相对独立性;这对应付经济风险的发生来说是有益的。由于风险管理的需要,不同场景之间或许存在着千丝万缕的联系,但风险事故的主体场景依然起决定作用。伦理风险的传染性要远远强于经济风险,机会主义的盛行会严重伤害整个互联网金融行业的发展,道德沦丧的金融环境下必然导致“恶的竞赛”。为避免出现整体性道德败坏而彻底毁灭互联网金融的发展空间,在严峻的伦理风险威慑下,互联网金融行业必然加强自律,勇于承担更多社会责任。第二,作为圈层化金融形式的互联网金融,维护圈层稳定,提升圈层价值是其重要的使命。然而,互联网金融圈层并非紧密、稳定的结构,而是松散和变动不居的。犹如在互联网消费金融的圈层化场景中,良好的消费体验是维持圈层稳定的关键;当消费金融服务的提供者不能满足圈层结构的需求层次,就会导致流量损失(即客户流失)。“跟风”是互联网流量的导引渠,互联网价值危机的产生不在于“跟风”,而在于“无风可跟”。作为互联网金融的倡导者、建设者、管理者以及参与者,树立互联网金融价值的风向标,使投融资各方“有风可跟”是非常重要的;众筹、互联网消费金融、互联网保险等莫不如此。为此,未来互联网金融的发展,需要在伦理责任上体现其对圈层价值的整体提升。对圈层发展抱有不可推卸的责任,这是互联网金融场景持续发展的伦理生命。第三,场景化金融中个体和组织需要承受角色伦理压力,使其清楚

---

① (德)施路赫特:《理性化与官僚化》,顾忠华译,桂林:广西师范大学出版社,2004年,第34页。

自身责任并履行道义使命。互联网金融场景中的参与者需要对自己的行为负责，承受伦理风险和利益损失方面的压力。当个人或组织在金融场景中尽责时，他不但有可能获得利润回报，也能产生一种道德情感上的安慰；相反，则面临着遭受谴责或内疚的伦理风险，同时亦可能在经济上有所损失。与非场景的传统金融相比，个人和组织在金融活动中的主体自觉得到唤醒，角色伦理意识在构建良好金融秩序的过程中发挥了有效作用。

(3)互联网金融的社交性，使互利原则成为金融活动的基础。“通讯空间被彻底非区域化了。它绝对区别于我们一直从物质力量和金融标准的确立等方面进行分析的残留的空间。”“非区域化是最基本的力量，而流通则是社会交往展示自身的形式。”①新金融关系的建立对深度交流有着严格的要求，这在简单的借贷关系中是不可思议的。如果人们仅仅将互联网金融的社交性理解为在利率上的讨价还价，那是非常错误的；如果互联网金融仅仅是传统借贷关系的“上线”，可能讨价还价就成为社交的主要内容。互联网金融产品和服务的创新格局，就是要在生产生活的纵深方向体现金融的价值，在虚拟现实二重世界中，将虚拟现实多维社会资源进行合理配置，以增加社会发展的可持续性。金融对社会的直接作用方式是调节余缺。在社会化大生产的背景下，社会总生产趋向剩余状态，而单个企业和个人则总是处于缺乏之中。在互联网共创共建的生产经营模式中，与其说是金融参与者之间的相互寻找自身却反的要素，还不如说是基于项目需要的情况下，参与者贡献力所能及的生产要素。前者是传统中心化金融体系的思维模式，后者是去中心化的互联网金融的思维模式。社交性使互联网金融能够融通资金、智慧、素材、场馆等，它减少了资金的中介性。在传统银行借贷关系中，资源余缺调剂是通过资金媒介实现的，而互联网金融极大地减少了这种媒介的使用。互联网社交化金融的互利原则突破了传统金融利益关系的单一性。在传统金融借贷关系中，一方获

---

①　(美)麦克尔·哈特、(意)安东尼奥·奈格里:《帝国——全球化的政治秩序》，杨建国、范一亭译，南京:江苏人民出版社，2003年，第328页。

得资金的使用权，以支付另一方约定比率的利息作为代价；这种“互利”的不平等是由“绝对余缺关系”造成的（“绝对余缺关系”指的是在借贷双方中，一方缺乏并急需资金，另一方则存在资金盈余且暂不使用）。互联网金融中，利益关系是多元的，投资人并不都是为了获得利息而放贷，融资人亦并不必然是为了获得直接的经济利润（至少不仅是为了获得经济利润）。互联网金融关系中，“各有所余”也是建立金融关系的一种方式；在相异的剩余之间建立重组关系，使个别性剩余获得社会性重生。这种“互利”是真正平等的互利，而建立在此基础上的磋商也是一种同向的建设，而不是反向的博弈。资源“流通”展示了自身潜蕴的价值，而互联网的非区域化则把这些价值推向无限可能的世界。

（4）互联网金融的智能化，使金融互信关系更加稳健。信用是金融的生命，智能技术的发展和应用为互联网金融信用提供了坚实的基础。良好的信用体系由公共信用（制度）、机构信誉（声誉）、个人信任（情感）所组成。第一，对一切形式的金融来说，金融稳定性的根源在于公共信用的健全，国家（政府）政治稳定和经济平稳是公共信用的保证。由于国家掌握着造币权和制定金融政策的权力，对于金融系统来说，国家权力是金融系统最后的防火墙。互联网金融兴起后，人们对金融的“去国家化”抱有一时间的激动情绪，以为诸如比特币之类的虚拟货币很快就会成为真正的世界货币，它比以往任何货币形式都要更加稳定而不受市场之外的因素干扰；似乎全球共同拥抱互联网金融的普惠就在眼前。比特币疾风骤雨式的涨跌已经跨越了人们的认知极限，当单个币的市值达到5万美元后，人们再也没办法相信它能成为流通的货币形式。民间数字铸币只能是投机市场的兴奋点，这已渐成社会共识。“肯定无疑，应得权利的文明化力量，要求我们既要承认规范与制裁，也要承认创立和维护准则和制裁的行政机关。”①拉尔夫·达仁道夫认为，在“自由”

① （英）拉尔夫·达仁道夫：《现代社会冲突》，林荣远译，北京：中国社会科学出版社，2000年，第235页。

的名义下，过没有“听从”和“命令”的田园牧歌式的生活只是幻想；若如此，人们在现实中发现自己只是处于“霍布斯世界”中，在那里“进行着一切人反对一切人的战争”。① 只要民族国家依然存在，它就是金融主权的拥有者；并且只有主权国家（或具有高度自治的地方政府）才能为金融提供公共信用，互联网金融的未来也是如此。第二，互联网金融机构和行业自律组织必须坚持不逾经营伦理底线，不踩违背人民性和普惠性的互联网金融红线。“作为我们巨大的物质力量成就的结果，个人、社会和各民族生活关系的变革，如果它真的是在富有价值的文化意义上的进步，它就会提出对文化信念力量的更高要求。”②互联网金融系统的社会价值需要通过其经营活动得到体现，在场景化金融体验中，人们并不需要在感性经验之外寻求更加深入的认识；在实践体验中获得的感受成为互联网金融产品的延伸信息，影响互联网金融行业的发展与变革。互联网金融相关机构要正视经营声誉的价值，它是企业的精神生命。第三，个人的信用信息是人的伦理身份的重要组成部分，人们在互联网金融中的价值认同、志愿服务以及对金融项目的积极参与，使互联网金融圈层同时成为志趣共同体、价值共同体以及情感共同体。信任（在互联网上往往表现出无条件的信任）和被信任，是共同体依恋情绪的自然流露，它们对个人的生存意义是巨大的。网络系统在人工智能、物联网、神经网络、人体生物信息学等技术的加持下成为智联网，人与智网深度融合。金融智联网络对国家形势、金融机构和投融资者进行大数据整合和信用数据挖掘，使政府、金融机构和个人之间的互信基础更加坚实。

当然，无论智能技术发展到怎样的程度，离开道德自律，任何“完备的”技术总会留下可以投机的入口。而严格的自律，离不开坚定的信仰（理想信念

① （英）拉尔夫・达仁道夫：《现代社会冲突》，林荣远译，北京：中国社会科学出版社，2000年，第234页。

② （法）阿尔贝特・施韦泽著，（德）汉斯・瓦尔特・贝尔编：《敬畏生命——五十年来的基本论述》，陈泽环译，上海：上海社会科学院出版社，2003年，第45页。

不坚定的人,其伦理道德往往是表面的,经不起考验的)。马克思认为,在资本主义社会中,“金融资本是资本的纯粹形式,是资本最能表现、最富有拜物教的表现形式”。[①] 在资本主义发展成熟后的历史时期,一种东西愈能充分表现资本的纯粹性,它就愈是导致人的异化。在社会主义中国,金融能够作为一种市场经济手段而被合理利用,它已经彻底颠覆了资本主义金融将人作为手段的恶行。充分利用和发展互联网金融,必须从中国特色社会主义市场经济实际出发,坚定共产主义理想信念,将社会主义和共产主义伦理道德作为金融经济的文化内核。唯有如此,才能促进互联网金融又好又快发展,促进人的自由全面发展。

小　　结

尽管金融经济学家习惯预测业态发展趋势,这是经济学将自身置于“科学”位置不得不采取的行动。未来学家的预测尚且时常滞后于时代进步的现状,以科学自居的经济学必然对经济现象做更多的“白描”而使各种预言失灵。科学技术的日新月异,使一种新技术潜伏的巨大经济能量尚未被完整挖掘出来(甚至尚未付诸实践)就已经被更新的技术带来的希望所覆盖。一切固有的东西都烟消云散了。互联网金融的未来发展究竟走向何方,人们穷尽全部的智识或许也无所得知。这不是庸常的不可知论! P2P 网贷在被取缔之前曾有人扬言它“将在 2021 年贷款余额增加 23 倍”,这个结论也许来自一个完美的数学模型;然而,就在 2021 年来临之际,P2P 网贷被全面取缔了。计算理性并不能预知人们的伦理发展,因为伦理道德本身既有社会关系和历史文化传承的客观因素,也有个体的主观意志参与其中。纵便人们可以通过技术手段定格当前互联网金融的全部数据动态,并利用最先进的算法发现其间的

① 张宇、蔡万焕:《马克思主义金融资本理论及其在当代的发展》,《马克思主义与现实》2010 年第 3 期,第 101—106 页。

逻辑和规律，人们也不能精准窥探到被定格的事件背后隐藏的行为动机和伦理后果。从传统金融伦理发展到互联网金融伦理，既有不变的基本问题（金融效率和金融正义的关系问题），也有恒变恒新的金融场景及其伦理路径。对互联网金融提出伦理治理（而不是简化为伦理教育）的设想，是因为它并不能在一个被定格的金融要素体系中获得伦理道德的全部要义。金融产品和金融业态在不断生成中，金融伦理不断面临新的挑战（当然，或许也有新的机遇）。对互联网金融伦理的六大核心领域进行伦理道德的细究，是因为并没有一个可以高居于实在世界之上的“概念”或者“隐德莱希”（亚里士多德称之为“第一推动者”）。来自金融科技的潜能正在“实现中”而不是“完全实现了”。现代金融是人的生存手段，也是人的生存环境；在金融资本统摄下，金融也成为一些人的生存目的。互联网金融伦理治理是“技术的”，也是“原则的”。而伦理技术和伦理原则之间，必然发生历史性交媾，它不断孕育出互联网金融伦理的“新技术”和“新准则”。对互联网金融伦理治理问题的探究，我们无非是遵循了这样的原则：“光是思想力求成为现实是不够的，现实本身应当力求趋向思想。”①在“现实”发展超越了固有的文化架构时，谋求一种具有永恒伦理效力的法则是不可思议的；但是，互联网金融发展的当务之急，在于寻找一个有效的伦理治理方案，以引导其迈向更为广阔的发展前景，在互联网金融伦理的实然之境上，树立起伦理应然的旗帜。将“以人民为中心”写在这面“旗帜”上，是中国特色社会主义互联网金融伦理发展的应有之义。

① 《马克思恩格斯文集》第1卷，北京：人民出版社，2009年，第13页。

参考文献

[1]《马克思恩格斯文集》(第1—10卷),北京:人民出版社,2009年。

[2]《马克思恩格斯选集》(第1—4卷),北京:人民出版社,2012年。

[3]《马克思恩格斯全集》第2卷,北京:人民出版社,1961年。

[4]《马克思恩格斯全集》第3卷,北京:人民出版社,1960年。

[5]《马克思恩格斯全集》第6卷,北京:人民出版社,1961年。

[6]《马克思恩格斯全集》第26卷Ⅲ,北京:人民出版社,1974年。

[7]《马克思恩格斯全集》第29卷,北京:人民出版社,1972年。

[8]《马克思恩格斯全集》第30卷,北京:人民出版社,1995年。

[9]《马克思恩格斯全集》第31卷,北京:人民出版社,1998年。

[10]《列宁全集》第25卷,北京:人民出版社,1988年。

[11]《列宁专题文集·论资本主义》,北京:人民出版社,2009年。

[12]《毛泽东文集》第七卷,北京:人民出版社,1996年。

[13]《毛泽东文集》第五卷,北京:人民出版社,1996年。

[14]《毛泽东选集》第一、二、三、四卷,北京:人民出版社,1991年。

[15]《邓小平文选》第一、二、三卷,北京:人民出版社,1994年。

[16]《江泽民文选》第一卷,北京:人民出版社,2006年。

[17]《习近平谈治国理政》,北京:外文出版社,2014年。

[18]《习近平谈治国理政》第二卷,北京:外文出版社,2017年。

[19]《习近平谈治国理政》第三卷,北京:外文出版社,2020年。

[20]《习近平关于社会主义经济建设论述摘编》,北京:中央文献出版社,2017年。

[21]《十八大以来重要文献选编》(上),北京:中央文献出版社,2014年。

[22]《十八大以来重要文献选编》(中),北京:中央文献出版社,2016 年。

[23]《十八大以来重要文献选编》(下),北京:中央文献出版社,2018 年。

[24]《十九大以来重要文献选编》,北京:中央文献出版社,2019 年。

[25]《中共中央党史研究室.中国共产党历史.第二卷(1949—1978)》,北京:中共党史出版社,2011 年。

[26]冯契:《人的自由和真善美》,上海:华东师范大学出版社,1996 年。

[27]罗国杰:《伦理学》,北京:人民出版社,1989 年。

[28]罗国杰:《建设与社会主义市场经济相适应的思想道德体系》,北京:人民出版社,2011 年。

[29]魏英敏等:《新伦理学教程》,北京:北京大学出版社,2003 年。

[30]曾钊新、李建华:《道德心理学》,北京:商务印书馆,2017 年。

[31]高兆明、李萍等:《现代化进程中的伦理秩序研究》,北京:人民出版社,2007 年。

[32]章海山:《市场经济伦理范畴论》,广州:中山大学出版社,2007 年。

[33]丁瑞莲:《现代金融的伦理维度》,北京:人民出版社,2009 年。

[34]孙英、吴然:《经济伦理学》,北京:首都经济贸易大学出版社,2015 年。

[35]乔洪武等:《西方经济伦理研究》(第一、二、三卷),北京:商务印书馆,2016 年。

[36]徐大建:《西方经济伦理思想史》,上海:上海人民出版社,2020 年。

[37]陈绪新:《信用伦理及其道德哲学传统研究》,北京:中国社会科学出版社,2008 年。

[38]郭广银、陈延斌、杨明、王云骏:《伦理新论:中国市场经济体制下的道德建设》,北京:人民出版社,2004 年。

[39]郭建新等:《财经信用伦理研究》,北京:人民出版社,2009 年。

[40]黄少英:《企业伦理与社会责任》,大连:东北财经大学出版社,2015 年。

[41]黄云明:《经济伦理问题研究》,北京:中国社会科学出版社,2009 年。

[42]巴曙松等:《金融伦理通识》,北京:机械工业出版社,2020 年。

[43]丛杭青:《世界 500 强伦理宣言精选》,北京:清华大学出版社,2019 年。

[44]纪良纲、王小平:《商业伦理学》,北京:中国人民大学出版社,2005 年。

[45]厉以宁:《经济学的伦理问题》,北京:生活·读书·新知三联书店,1995 年。

[46]刘光明等:《企业信用:伦理、文化、业绩等多重视角的研究》,北京:经济管理出版社,2007 年。

[47]鲁品越:《〈资本论〉与当代世界》,北京:学习出版社,2019 年。

[48]鲁品越:《深层生成论:自然科学的新哲学境界》,北京:人民出版社,2011 年。

[49]鲁品越:《鲜活的资本论:从深层本质到表层现象》,上海:上海人民出版社,2015 年。

[50]鲁品越:《走向深层的思想:从生成论哲学到资本逻辑与精神现象》,北京:人民出版社,2014 年。

[51]禹芳琴:《货币伦理论》,北京:经济科学出版社,2010 年。

[52]战颖:《中国金融市场的利益冲突与伦理规制》,北京:人民出版社,2005 年。

[53]张雷声等:《新编经济思想史》第四卷,北京:经济科学出版社,2016 年。

[54]王伟光:《利益论》,北京:人民出版社,2001 年。

[55]王小锡:《道德资本与经济伦理——王小锡自选集》,北京:人民出版社,2009 年。

[56]王志伟等:《新编经济思想史》第七卷,北京:经济科学出版社,2016 年。

[57]韦冬、王小锡等:《马克思主义经典作家论道德》,北京:中国人民大学出版社,2017 年。

[58]魏立群等:《中国社会治理通论》,北京:北京师范大学出版社,2019 年。

[59]逄锦聚、林岗、刘灿等:《现代经济学大典》[政治经济学分册],北京:经济科学出版社,2016 年。

[60]彭迪先、何高箸:《货币信用论大纲》,武汉:武汉大学出版社,2012 年。

[61]王淑芹、安云凤、吴付来等:《信用伦理研究》,北京:中央编译出版社,2005 年。

[62]王曙光等:《金融伦理学》,北京:北京大学出版社,2011 年。

[63]徐新:《现代社会的消费伦理》,北京:人民出版社,2009 年。

[64]许建良:《伦理经营——21 世纪的道德学》,北京:人民出版社,2006 年。

[65]巴曙松、朱元清、乔若羽等:《区块链新时代:赋能金融场景》,北京:科学出版社,2019 年。

[66]编写组:《最新金融法律政策全书》,北京:中国法制出版社,2021 年。

[67]卞志村:《金融监管学》,北京:人民出版社,2011 年。

[68]巴力:《保险总论》,上海:立信会计出版社,2012 年。

[69]陈小辉、陈富节、陈文:《从喧嚣到理性:互联网金融全面风险管理手册》,北京:电子工业出版社,2017 年。

[70]陈晓华、曹国岭:《互联网金融风险控制》,北京:人民邮电出版社,2016 年。

[71]陈宇:《风吹江南之互联网金融》,北京:东方出版社,2014年。

[72]陈志武:《金融的逻辑》,北京:国际文化出版公司,2009年。

[73]谷来丰、赵国玉、邓伦胜:《智能金融:人工智能在金融科技领域的13大应用场景》,北京:电子工业出版社,2019年。

[74]郭福春、陶再平等:《互联网金融概论》,北京:中国金融出版社,2018年。

[75]郭勤贵、程华、赵永新等:《互联网金融原理与实务》,北京:机械工业出版社,2017年。

[76]胡冬鸣、田春丽、金茹:《如何运用互联网金融》,北京:中国财政经济出版社,2017年。

[77]胡庆康、尹应凯:《现代货币银行学教程》,上海:复旦大学出版社,2015年。

[78]胡一夫、谭小芳:《众筹时代》,北京:北京理工大学出版社,2015年。

[79]胡跃高、曾昭海:《农业原理》,北京:中国农业大学出版社,2018年。

[80]黄达:《金融学》,北京:中国人民大学出版社,2012年。

[81]黄凌灵:《解读互联网金融》,北京:清华大学出版社,2017年。

[82]黄振东:《从零开始学区块链:数字货币与互联网金融新格局》,清华大学出版社,2017年。

[83]黄震、邓建鹏:《P2P网贷风云:趋势·监管·案例》,北京:中国经济出版社,2015年。

[84]金良年:《〈论语〉译注》,上海:上海古籍出版社,2004年。

[85]井底望天、武源文、史伯平等:《区块链世界》,北京:中信出版社,2016年。

[86]柯新生、王晓佳:《网络支付与结算》,北京:电子工业出版社,2016年。

[87]李宏畅:《网络金融与电子支付》,西安:西安交通大学出版社,2015年。

[88]李梦生:《〈左传〉译注》(上),上海:上海古籍出版社,2004年。

[89]李蔚田、孙学军:《网络金融与电子支付》,北京:北京大学出版社,2015年。

[90]李耀东、李钧:《互联网金融:框架与实践》,北京:电子工业出版社,2014年。

[91]刘刚、邹新月:《互联网金融乱象及其风险监管》,北京:北京大学出版社,2019年。

[92]刘星:《一看就懂的P2P新玩法》,北京:北京理工大学出版社,2017年。

[93]吕忠民、李宙星:《电子支付与网络银行》,北京:外语教学与研究出版社,2015年。

[94]钱军:《中国金融的力量》,上海:东方出版中心,2020年。

[95]沈能:《现代金融学概论——原理与案例》,北京:经济科学出版社,2011年。

[96]盛松成、施兵超、陈建安:《现代货币经济学》,北京:中国金融出版社,2012年。

[97]史浩:《互联网金融支付》,北京:中国金融出版社,2020年。

[98]宋华:《互联网供应链金融》,北京:中国人民大学出版社,2017年。

[99]孙宝文、王智慧、赵胤钘:《网络虚拟货币研究》,北京:中国人民大学出版社,2012年。

[100]孙建林:《怎样识破骗贷迷局:近200起刑事案件的警示》,北京:企业管理出版社,2014年。

[101]唐润明等:《抗战时期大后方经济开发文献资料选编》,重庆:重庆出版社,2012年。

[102]滕达:《信用资本:开启未来金融的密码》,北京:电子工业出版社,2018年。

[103]王斌:《互联网金融+:中国经济新引擎》,北京:机械工业出版社,2015年。

[104]王广谦、刘锡良等:《现代经济学大典》[金融经济学分册],北京:经济科学出版社,2016年。

[105]王国刚等:《中国金融70年》,北京:经济科学出版社,2019年。

[106]肖峰:《信息主义:从社会观到世界观》,北京:中国社会科学出版社,2010年。

[107]谢平、陈超、陈晓文等:《中国P2P网络借贷:市场、机构与模式》,北京:中国金融出版社,2015年。

[108]谢平、邹传伟等:《网络借贷与征信》,北京:中国金融出版社,2017年。

[109]徐会志:《互联网金融消费者保护研究》,对外经济贸易大学博士论文,2016年。

[110]颜鹏飞等:《新编经济思想史》(第九卷),北京:经济科学出版社,2016年。

[111]易纲、吴有昌:《货币银行学》,上海:上海人民出版社,2014年。

[112]游俊、冷志明、丁建军等:《中国连片特困区发展报告(2018—2019)》,北京:社会科学文献出版社,2019年。

[113]张讯诚:《众筹+:众筹改变世界》,北京:中国财富出版社,2015年。

[114]赵占波:《互联网保险》,北京:首都经济贸易大学出版社,2017年。

[115]郑长德、杨海燕:《现代西方金融理论》,北京:中国经济出版社,2011年。

[116]仲昭川:《互联网哲学:互联网+时代的人类智慧》,北京:电子工业出版社,2015年。

[117]周光友:《互联网金融》,北京:北京大学出版社,2017年。

[118]周虹:《电子支付与网络银行》,北京:中国人民大学出版社,2019年。

[119]朱健卫:《金融迷途——理性与疯狂》,北京:中国经济出版社,2014年。

[120]邹均、张海宁、唐屹等:《区块链技术指南》,北京:机械工业出版社,2018年。

[121]中国互联网协会编:《商业银行互联网金融业务法律法规汇编》,北京:中国金融出版社,2019年。

[122]唐凯麟、陈世民:《伦理的视阈:从金融危机看"经济人"的偏执及其危机》,《道德与文明》2009年第5期。

[123]王小锡:《论道德与资本的逻辑关系》,《道德与文明》2019年第3期。

[124]吕薇洲、邢文增:《从金融危机看当代资本主义的矛盾与困境》,《郑州大学学报(哲学社会科学版)》2013年第4期。

[125]陈学明:《金融危机是生活方式危机——西方再次掀起"〈资本论〉热"的启示》,《红旗文稿》2009年第3期。

[126]陈学明:《马克思主义哲学视野中的美国次贷危机》,《晋阳学刊》2009年第2期。

[127]赵修义:《如何对金融危机进行伦理反思》,《道德与文明》2010年第2期。

[128]张宇、蔡万焕:《马克思主义金融资本理论及其在当代的发展》,《马克思主义与现实》2010年第3期。

[129]丁瑞莲:《金融机构的伦理冲突及其伦理治理》,《道德与文明》2010年第5期。

[130]陆晓禾:《从比尔·盖茨到巴菲特——对美国金融危机的成功观反思》,《道德与文明》2010年第2期。

[131]刘可风:《经济伦理冲突与经济伦理学困境》,《道德与文明》2009年第4期。

[132]刘璐:《当代美国金融危机的形成机理研究》,南京大学博士学位论文,2012年。

[133]张雄:《财富幻象:金融危机的精神现象学解读》,《中国社会科学》2010年第5期。

[134]张雄:《金融化世界与精神世界的二律背反》,《中国社会科学》2016年第1期。

[135]张雄:《经济正义,被定义了的话语》,《河北学刊》2002年第5期。

[136]鲁品越:《虚拟经济的诞生与当代精神现象》,《哲学动态》2015年第8期。

[137]鲁品越:《资本逻辑与金融风暴》,《马克思主义研究》2009年第10期。

[138]鲁品越:《资本逻辑与人的发展悖论》,《学习与探索》2013年第2期。

[139]李宝玉:《实极与虚极:全球金融危机下的经济伦理沉思》,《伦理学研究》2009 年第 4 期。

[140]李红梅:《马克思主义视阈中的金融危机及其启示》,《人民论坛》2013 年第 11 期。

[141]栾文莲:《信用制度与资本主义生产方式的演变》,《中国社会科学院研究生院学报》2013 年第 2 期。

[142]梅世云:《论美国次贷危机中道德缺失的基本特点和伦理救援》,《伦理学研究》2010 年第 3 期。

[143]王伟光:《国际金融危机与社会主义、马克思主义的历史命运》,《求是》2010 年第 21 期。

[144]邢乐成、羿建华:《中国普惠金融体系构建与运行要点》,《东岳论丛》2015 年第 8 期。

[145]矫幸:《关于我国的公平与效率问题研究》,吉林大学博士学位论文,2007 年。

[146]李慎明:《从国际金融危机看新自由主义的危害》,《思想理论教育导刊》2010 年第 4 期。

[147]李慎明:《国际金融危机再次证明马克思主义政治经济学的强大生命力》,《马克思主义研究》2012 年第 11 期。

[148]厉以宁:《关于经济伦理的几个问题》,《哲学研究》1997 年第 6 期。

[149]徐大建:《金融监管的伦理本质与局限性》,《道德与文明》2010 年第 2 期。

[150]范渊凯:《我国互联网金融伦理研究评述》,《道德与文明》2018 年第 3 期。

[151]沈艺峰、王夫乐、黄娟娟等:《高管之“人”的先天特征在 IPO 市场中起作用吗?》,《管理世界》2017 年第 9 期。

[152]王庆丰:《金融资本批判——马克思资本理论的当代效用及其逻辑理路》,《吉林大学社会科学学报》2013 年第 5 期。

[153]盛松成、蒋一乐:《央行数字货币才是真正货币》,《中国金融》2016 年第 14 期。

[154]朱民武、曾力、何淑兰:《普惠金融发展的路径思考——基于金融伦理与互联网金融视角》,《现代经济探讨》2015 年第 1 期。

[155]周肇光、詹纯喆:《论现代金融伦理文化文献研究的新特点》,《征信》2012 年第 1 期。

[156]叶湘榕:《P2P 借贷的模式风险与监督研究》,《金融监管研究》2014 年第

3 期。

[157]郑联盛:《中国互联网金融:模式、影响、本质与风险》,《国际经济评论》2014 年第 5 期。

[158]王京:《众筹融资方式正负功能研究》,辽宁大学博士学位论文,2016 年。

[159]郭沛源、张曈金:《融投资中的伦理问题》,《济南大学学报(社会科学版)》2009 年第 2 期。

[160]蔡学英:《金融危机下的伦理反思与文化重建》,《伦理学研究》2011 年第 3 期。

[161]王曙光、孔新雅、徐余江:《互联网金融的网络信任:形成机制、评估与改进——以 P2P 网络借贷为例》,《金融监管研究》2014 年第 5 期。

[162]王绥霆:《金融文化建设要坚持以人为本》,《海南金融》1997 年第 1 期。

[163]吴宁、冯旺舟:《资本主义全球金融危机与马克思主义》,《马克思主义研究》2012 年第 1 期。

[164]萧灼基:《马克思关于金融问题的论述》,《经济研究导刊》2007 年第 6 期。

[165]孙学立:《我国众筹融资模式及监管问题研究》,《金融发展研究》2015 年第 6 期。

[166]汪思冰、郝登攀:《美国次贷危机对我国金融监管的启示》,《时代金融》2008 年第 11 期。

[167]潘功胜:《关于构建普惠金融体系的几点思考》,《上海金融》2015 年第 4 期。

[168]彭晓娟:《普惠金融视角下互联网金融发展之法律进路》,《法学论坛》2018 年第 3 期。

[169]李震:《"人民金融"的价值回归》,《金融博览》2011 年第 7 期。

[170]曾湘泉、胡文馨:《长得好看有多重要?——外貌对收入的影响作用及机制分析》,《华南师范大学学报(社会科学版)》2019 年第 3 期。

[171]黄玖立、田媛:《美貌能带来幸福感吗?》,《南方经济》2019 年第 1 期。

[172]黄玖立、田媛:《美貌能提高创业收入吗?》,《财经研究》2018 年第 11 期。

[173]顾天竹、纪月清:《论社会资本中的美貌溢价——基于劳动力社会网络外貌差异的实证》,《经济与管理研究》2017 年第 9 期。

[174]秦宣:《国际金融危机与马克思主义时代化》,《马克思主义与现实》2012 年第 4 期。

[175]任重道、朱贻庭:《过度金融化的弊端及其对社会伦理文化的负面影响——对美国金融危机的哲学反思》,《道德与文明》2010 年第 2 期。

[176]汝信:《从国际金融危机看当代资本主义本质》,《红旗文稿》2009年第10期。

[177]丁杰:《互联网金融与普惠金融的理论及现实悖论》,《财经科学》2015年第6期。

[178]郑秉文:《网络互助应该纳入监管》,《中国银行保险报》2020年9月3日。

[179]《斯宾诺莎文集》(第1卷),顾寿观译,北京:商务印书馆,2014年。

[180]《亚里士多德全集》第八卷,北京:中国人民大学出版社,2016年。

[181]《不列颠简明百科全书·1》,北京:中国大百科全书出版社,2011年。

[182]英国布朗参考书出版集团编:《货币·银行·金融》,黄志龙译,北京:中国财政经济出版社,2004年。

[183](奥)冯·米塞斯:《货币与信用理论》,孔丹凤译,上海:上海人民出版社,2018年。

[184](澳)理查德·沃特森:《智能化社会:未来人们如何生活、相爱和思考》,赵静译,北京:中信出版社,2017年。

[185](白俄罗斯)叶夫根尼·莫罗佐夫:《技术之死:数字化生存的阴暗面》,张行舟、闾佳译,北京:电子工业出版社,2014年。

[186](丹麦)奥勒·比约格:《赚钱:金融哲学和货币本质》,梁岩、刘璇译,北京:中国友谊出版公司,2018年。

[187](德)G.齐美尔:《货币哲学》,许泽民译,贵阳:贵州人民出版社,2019年。

[188](德)阿尔伯特·史怀哲:《文明与伦理》,孙林译,贵阳:贵州人民出版社,2018年。

[189](德)安德雷亚斯·莱克维茨:《独异性社会:现代的结构转型》,巩婕译,北京:社会科学文献出版社,2019年。

[190](德)彼得·科斯洛夫斯基:《后现代文化:技术发展的社会文化后果》,毛怡红译,北京:中央编译出版社,2011年。

[191](德)恩斯特·卡西尔:《人论》,李琛译,北京:光明日报出版社,2009年。

[192](德)费希特:《人的使命》,张珍麟译,北京:光明日报出版社,2010年。

[193](德)弗兰克·施尔玛赫:《网络致死:如何在喧嚣的互联网时代重获我们的创造力和思维力》,邱袁炜译,北京:龙门书局,2011年。

[194](德)韩炳哲:《透明社会》,吴琼译,北京:中信出版社,2019年。

[195](德)韩炳哲:《在群中:数字媒体时代的大众心理学》,程巍译,北京:中信出版社,2019年。

[196]（德）黑格尔:《法哲学原理》,范扬、张企泰译,北京:商务印书馆,1961 年。

[197]（德）黑格尔:《精神现象学》,贺麟、王玖兴译,北京:商务印书馆,2015 年。

[198]（德）卡尔·施密特:《合法性与正当性》,冯克利、李秋零等译,上海:上海人民出版社,2015 年。

[199]（德）孔汉斯:《世界伦理手册》,邓建华、廖恒译,北京:生活·读书·新知三联书店,2012 年。

[200]（德）鲁道夫·希法亭:《金融资本——资本主义最新发展的研究》,福民等译,北京:商务印书馆,1994 年。

[201]（德）马克斯·舍勒:《人在宇宙中的地位》,李伯杰译,贵阳:贵州人民出版社,2018 年。

[202]（德）米歇尔·鲍曼:《道德的市场》,肖君、黄承业译,北京:中国社会科学出版社,2003 年。

[203]（德）尼采:《偶像的黄昏——或怎样用锤子从事哲学》,李超杰译,北京:商务印书馆,2009 年。

[204]（德）施路赫特:《理性化与官僚化》,顾忠华译,桂林:广西师范大学出版社,2004 年。

[205]（德）叔本华:《伦理学的两个基本问题》,任立、孟庆时译,北京:商务印书馆,1996 年。

[206]（德）沃尔夫冈·汉克尔·克维特曼:《道德沦丧:禁忌消失时我们将失去什么》,周雨霏译,北京:中国画报出版社,2012 年。

[207]（德）扬·菲利普·雷姆茨玛:《信任与暴力——试论现代一种特殊的局面》,赵蕾莲译,北京:商务印书馆,2016 年。

[208]（德）约尔格·吉多·许尔斯曼:《货币生产的伦理》,董子云译,杭州:浙江大学出版社,2011 年。

[209]（俄）M.И.杜冈-巴拉诺夫斯基:《政治经济学原理》（下册）,赵维良、桂力生、王湧泉译,北京:商务印书馆,2014 年。

[210]（俄）伊万·亚历山德洛维奇·伊里因:《强力抗恶论》,张桂娜译,上海三联书店,2013 年。

[211]（法）阿尔贝特·施韦泽:《敬畏生命——五十年来的基本论述》,陈泽环译,上海:上海社会科学院出版社,2003 年。

[212]（法）埃德加·莫兰:《伦理:非如此不可? 非如此不可!》,于硕译,上海:学林出版社,2017 年。

[213](法)埃米尔·涂尔干:《社会分工论》,渠东译,北京:生活·读书·新知三联书店,2000年。

[214](法)安塔尔·菲克特:《重归金本位》,奥蓝格、宫大为译,北京:中国电力出版社,2014年。

[215](法)贝尔纳·斯蒂格勒:《技术与时间1:爱比米修斯的过失》,裴程译,南京:译林出版社,2012年。

[216](法)波德莱尔:《我心赤裸——波德莱尔散文随笔集》,肖聿译,北京:中国广播电视出版社,1999年。

[217](法)德日进:《人的未来》,许泽民译,贵阳:贵州人民出版社,2018年。

[218](法)菲利普·阿利埃斯、乔治·杜比:《私人生活史1:星期天历史学家说历史(从古罗马到拜占庭)》,李群等译,哈尔滨:北方文艺出版社,2013年。

[219](法)菲利普·埃兰:《银行的末日到了吗》,张薇译,北京:中信出版社,2017年。

[220](法)费尔南·布罗代尔:《文明史:人类五千年文明的传承与交流》,常绍民、冯棠、张文英、王明毅译,北京:中信出版社,2017年。

[221](法)古斯塔夫·勒庞:《乌合之众——大众心理研究》,严雪莉译,南京:凤凰出版社,2011年。

[222](法)居伊·德波:《景观社会》,王昭凤译,南京:南京大学出版社,2007年。

[223](法)帕斯卡尔·布吕克内:《金钱的智慧》,张叶、陈雪乔译,北京:生活·读书·新知三联书店,2020年。

[224](法)帕特里斯·费里奇:《信贷信息交流史:公共空间和私人生活》,刘大明译,北京:中国人民大学出版社,2008年。

[225](法)普里马韦拉·德·菲利皮、(美)亚伦·赖特:《监管区块链:代码之治》,卫东亮译,北京:中信出版社,2019年。

[226](法)乔治·维加埃罗:《身体的历史》(卷三:目光的转变:20世纪),上海:华东师范大学出版社,2013年。

[227](法)乔治·维加埃罗:《身体的历史》(卷一:从文艺复兴到启蒙运动),上海:华东师范大学出版社,2013年。

[228](法)让·鲍德里亚:《符号政治经济学批判》,夏莹译,南京:南京大学出版社,2009年。

[229](法)让·鲍德里亚:《为何一切尚未消失?》,张晓明译,南京:南京大学出版社,2017年。

[230](法)让·鲍德里亚:《物体系》,林志明译,上海:上海人民出版社,2019年。

[231](法)让·鲍德里亚:《消费社会》,刘成富、全志刚译,南京:南京大学出版社,2014年。

[232](法)让·波德里亚:《断片集——冷记忆3》,李露露译,南京:南京大学出版社,2009年。

[233](法)让·波德里亚:《冷记忆2》,张新木、王晶译,南京:南京大学出版社,2009年。

[234](法)让·波德里亚:《冷记忆4》,张新木、陈凌娟译,南京:南京大学出版社,2009年。

[235](法)让·波德里亚:《象征交换与死亡》,车槿山译,南京:译林出版社,2009年。

[236](法)让·博德里亚尔:《完美的罪行》,王为民译,北京:商务印书馆,2000年。

[237](法)让·梯若尔:《共同利益经济学》,张昕竹、马源等译,北京:商务印书馆,2020年。

[238](法)萨特:《存在与虚无》,陈宣良等译,北京:三联书店,2007年。

[239](法)涂尔干:《职业伦理与公民道德》,渠敬东译,北京:商务印书馆,2015年。

[240](古希腊)柏拉图:《理想国》,郭斌和、张竹明译,北京:商务印书馆,2019年。

[241](古希腊)普鲁塔克:《道德论丛·Ⅱ》,席代岳译,长春:吉林出版集团有限责任公司,2015年。

[242](古希腊)普鲁塔克:《道德论丛·Ⅲ》,席代岳译,长春:吉林出版集团有限责任公司,2015年。

[243](韩)金钟善:《思维的骗局:支配日常生活的经济心理法则》,李晓晨译,北京:化学工业出版社,2016年。

[244](荷兰)斯宾诺莎:《伦理学》,贺麟译,北京:商务印书馆,1983年。

[245](荷兰)尤瑞恩·范登·霍文、(澳)约翰·维克特:《信息技术与道德哲学》,赵欢迎、宋吉鑫、张勤译,北京:科学出版社,2014年。

[246](荷兰)约斯·德·穆尔:《赛博空间的奥德赛——走向虚拟本体论与人类学》,麦永雄译,桂林:广西师范大学出版社,2007年。

[247](加)保罗·布卢姆:《摆脱共情》,徐卓译,杭州:浙江人民出版社,2019年。

[248](加)查尔斯·泰勒:《现代性之隐忧》,陈炼译,北京:中央编译出版社,

2001 年。

[249](加)马修·弗雷泽、(印)苏米特拉·杜塔:《社交网络改变世界》,谈冠华、郭小花译,北京:中国人民大学出版社,2013 年。

[250](克罗地亚)斯尔丹·勒拉斯:《科学与现代性——整体科学理论》,严忠志译,北京:商务印书馆,2011 年。

[251](美)E.弗洛姆:《健全的社会》,孙恺详译,贵阳:贵州人民出版社,1994 年。

[252](美)J.B.施尼温德:《自律的发明:近代道德哲学史》,张志平译,上海:上海三联书店,2012 年。

[253](美)阿尔伯特·赫希曼:《欲望与利益:资本主义胜利之前的政治争论》,冯克利译,杭州:浙江大学出版社,2015 年。

[254](美)阿尔文·托夫勒:《第三次浪潮》,朱志焱、潘琪、张焱译,北京:新华出版社,1996 年。

[255](美)阿尔文·托夫勒:《力量转移——临近 21 世纪的知识、财富和暴力》,刘炳章、卢佩文、张今等译,北京:新华出版社,1996 年。

[256](美)阿尔文·托夫勒:《未来的冲击》,孟广均、吴宣豪、黄炎林等译,北京:新华出版社,1996 年。

[257](美)阿尔文德·纳拉亚南、约什·贝努、爱德华·费尔顿等:《区块链技术驱动金融:数字货币与智能合约技术》,林华、王勇、帅初等译,北京:中信出版社,2016 年。

[258](美)阿拉斯戴尔·麦金太尔:《依赖性的理性动物:人类为什么需要德性》,刘玮译,南京:译林出版社,2013 年。

[259](美)阿莱克斯·彭特兰:《智慧社会:大数据与社会物理学》,汪小帆、汪容译,杭州:浙江人民出版社,2015 年。

[260](美)埃里克·霍弗:《狂热分子:群众运动的圣经》,梁永安译,桂林:广西师范大学出版社,2011 年。

[261](美)艾伯特-拉斯洛·巴拉巴西:《爆发:大数据时代预见未来的新思维》,马慧译,北京:中国人民大学出版社,2012 年。

[262](美)爱德华·卡斯特罗诺瓦:《货币革命:改变经济未来的虚拟货币》,束宇译,北京:中信出版社,2015 年。

[263](美)安德鲁·C.威克斯、R.爱德华·弗里曼、帕特利亚·H.:《沃哈尼等.商业伦理学:管理方法》,马凌远、张云娜、王锦红译,北京:清华大学出版社,2015 年。

[264](美)安德鲁·基恩:《网民的狂欢:关于互联网弊端的反思》,丁德良译,海

口:南海出版公司,2010 年。

[265](美)巴里·艾肯格林:《全球失衡与布雷顿森林的教训》,张群群译,大连:东北财经大学出版社,2013 年。

[266](美)保罗·布鲁姆:《善恶之源》,清涂译,杭州:浙江人民出版社,2015 年。

[267](美)保罗·福赛尔:《恶俗:或现代文明的种种愚蠢》,何纵译,北京:世界图书出版公司,2012 年。

[268](美)保罗·萨缪尔逊、威廉·诺德豪斯:《经济学》,萧琛译,北京:商务印书馆,2013 年。

[269](美)彼得·M.布劳:《社会生活中的交换与权力》,李国武译,北京:商务印书馆,2012 年。

[270](美)彼得·伯格、托马斯·卢克曼:《现实的社会构建》,汪涌译,北京:北京大学出版社,2009 年。

[271](美)博特赖特:《金融伦理学》,静也译,北京:北京大学出版社,2002 年。

[272](美)查尔斯·P.金德尔伯格、罗伯特·Z.阿利伯:《疯狂、惊恐和崩溃:金融危机史》,朱隽、叶翔、李伟杰译,北京:中国金融出版社,2014 年。

[273](美)查尔斯·R.盖斯特:《借钱:利息、债务和资本的故事》,蒋小虎译,北京:北京联合出版公司,2019 年。

[274](美)查尔斯·拉莫尔:《现代性的教训》,刘擎、应奇译,北京:东方出版社,2010 年。

[275](美)达雷尔·M.韦斯特下一次浪潮:信息通信技术驱动的社会和政治创新,廖毅敏译,上海:上海远东出版社,2012 年。

[276](美)戴维·B.雷斯尼克:《真理的代价:金钱如何影响科学规范》,蔡仲、韦敏译,南京:南京大学出版社,2019 年。

[277](美)戴维·弗里德曼、马修·纳丁:《股权众筹投资指南》,清控三联创投译,北京:清华大学出版社,2019 年。

[278](美)戴维·劳伦斯、阿琳·所罗门:《消费金融真经:个人贷款业务全流程指南》,张宇译,北京:机械工业出版社,2019 年。

[279](美)戴维·明德尔:《智能机器的未来》,胡小锐译,北京:中信出版社,2017 年。

[280](美)丹尼尔·贝尔:《后工业社会的来临——对社会预测的一项探索》,高銛、王宏周、魏章玲译,北京:新化出版社,1997 年。

[281](美)丹尼尔·卡尼曼:《思考,快与慢》,胡晓姣、李爱民、何梦莹译,北京:中

信出版社,2012 年。

[282](美)凡勃伦:《有闲阶级论》,蔡受百译,北京:商务印书馆,2011 年。

[283](美)菲利普·L.凯瑞特:《投机的艺术》,余中福译,天津:天津社会科学院出版社,2012 年。

[284](美)弗兰克·H.奈特:《风险、不确定性与利润》,安佳译,北京:商务印书馆,2015 年。

[285](美)弗兰克·J.法博齐、弗朗哥·莫迪利亚尼:《资本市场:机构与工具》,汪涛、郭宁译,北京:中国人民大学出版社,2011 年。

[286](美)弗雷德里克·S.米什金:《货币金融学》,郑艳文、荆国勇译,北京:中国人民大学出版社,2011 年。

[287](美)富兰克林·福尔:《没有思想的世界:科技巨头对独立思考的威胁》,舍其译,北京:中信出版社,2019 年,第 108 页。

[288](美)富兰克林·霍布斯:《财富是一种心态》,叶红婷译,北京:九州出版社,2013 年。

[289](美)赫尔伯特·金蒂斯、塞缪尔·鲍尔斯、罗伯特·博伊德等:《道德情操与物质利益——经济生活中合作的基础》,李风华、彭正德、孙毅译,北京:中国人民大学出版社,2015 年。

[290](美)赫什·舍夫林:《超越恐惧和贪婪——行为金融与投资心理学》,贺学会、王磊、朱伟骅译,上海:上海财经大学出版社,2017 年。

[291](美)杰里米·里夫金:《第三次工业革命:新经济模式如何改变世界》,张体伟、孙豫宁译,北京:中信出版社,2012 年。

[292](美)杰里米·里夫金:《零边际成本社会:一个物联网、合作共赢的新经济时代》,赛迪研究院专家组译,北京:中信出版社,2014 年。

[293](美)卡门·M.莱因卡特、肯尼斯·S.罗格夫:《这次不一样:八百年金融危机史》,綦相、刘晓锋、刘丽娜译,北京:机械工业出版社,2016 年。

[294](美)凯斯·R.桑斯坦:《信息乌托邦:众人如何生产知识》,毕竞悦译,北京:法律出版社,2008 年。

[295](美)凯文·凯利:《必然》,周峰、董理、金阳译,北京:电子工业出版社,2016 年。

[296](美)凯文·凯利:《技术元素》,张行舟、余倩等译,北京:电子工业出版社,2012 年。

[297](美)凯文·凯利:《新经济 新规则》,刘忠涛、康欣叶、侯煜译,北京:电子

工业出版社,2014 年。

[298](美)克莱·舍基:《人人时代:无组织的组织力量》,胡泳、沈满琳译,北京:中国人民大学出版社,2012 年。

[299](美)克里斯·安德森:《创客:新工业革命》,萧萧译,北京:中信出版社,2012 年。

[300](美)克里斯·布洛根、朱利恩·史密斯:《信任代理:如何成就网络影响力》,缪梅译,沈阳:万卷出版公司,2011 年。

[301](美)肯尼思·格根:《社会构建的邀请》,徐婧译,北京:北京大学出版社,2011 年。

[302](美)拉什沃思·M.基德尔:《道德勇气:如何面对道德困境》,邵世恒、吕威、蔡紫薇译,北京:北京时代华文书局,2016 年。

[303](美)劳伦斯·E.米切尔:《金融如何压倒实业》,钱峰译,北京:东方出版社,2011 年。

[304](美)理查德·T.德·乔治:《经济伦理学》,李布译,北京:北京大学出版社,2002 年。

[305](美)利·布罗达尼:《信任再造:找回迷失的自己》,周国庆译,北京:机械工业出版社,2018 年。

[306](美)罗伯特·C.所罗门:《伦理与卓越——商业中的合作与诚信》,罗汉、黄悦等译,上海:上海译文出版社,2006 年。

[307](美)罗伯特·诺奇克:《被检视的人生》,姚大志译,上海:上海译文出版社,2015 年。

[308](美)罗伯特·席勒:《新金融秩序:如何应对不确定的金融风险》,束宇译,北京:中信出版社,2014 年。

[309](美)罗伯特·席勒:《叙事经济学》,陆殷莉译,北京:中信出版社,2020 年。

[310](美)罗纳德·德沃金:《至上的美德:平等的理论与实践》,冯克利译,南京:江苏人民出版社,2012 年。

[311](美)马克·马陶谢克:《底线:道德智慧的觉醒》,高圆圆译,重庆:重庆出版社,2012 年。

[312](美)玛西娅·米勒·康奈特、特洛伊·奥尔顿·小阿戴尔、约翰·诺夫辛格:《金融学:应用与理论》,徐岚、麦勇译,北京:清华大学出版社,2013 年。

[313](美)迈克尔·J.奎因:《互联网伦理:信息时代的道德重建》,王益民译,北京:工业电子出版社,2016 年。

[314]（美）迈克尔·哈特、（意）安东尼奥·奈格里：《帝国——全球化的政治秩序》，杨建国、范一亭译，南京：江苏人民出版社，2003年。

[315]（美）迈克尔·海姆：《从界面到网络空间——虚拟实在的形而上学》，金吾伦、刘钢译，上海：上海科技教育出版社，2000年。

[316]（美）迈克尔·加扎尼加：《人类的荣耀：是什么让我们独一无二》，彭雅伦译，北京：北京联合出版公司，2016年。

[317]（美）迈克尔·刘易斯：《大空头》，何正云译，北京：中信出版社，2015年。

[318]（美）迈克尔·塞勒：《移动浪潮：移动智能如何改变世界》，邹韬译，北京：中信出版社，2013年。

[319]（美）迈克尔·桑德尔：《公正：该如何是好？》，朱慧玲译，北京：中信出版社，2012年。

[320]（美）迈克尔·桑德尔：《金钱不能买什么：金钱与公正的正面交锋》，邓正来译，北京：中信出版社，2012年。

[321]（美）迈克尔·舍默：《道德之弧：科学和理性如何将人类引向真理、公正和自由》，刘维龙译，北京：新华出版社，2016年。

[322]（美）迈克斯·泰格马克：《生命3.0》，汪婕舒译，杭州：浙江教育出版社，2018年。

[323]（美）麦克尔·哈特、（意）安东尼奥·奈格里：《帝国——全球化的政治秩序》，杨建国、范一亭译，南京：江苏人民出版社，2003年。

[324]（美）曼瑟尔·奥尔森：《集体行动的逻辑》，陈郁、郭宇峰、李崇新译，上海：格致出版社，1994年。

[325]（美）尼尔·波斯曼：《技术垄断：文化向技术投降》，何道宽译，北京：北京大学出版社，2007年。

[326]（美）尼尔·波兹曼：《娱乐至死》，章艳、吴燕莛译，桂林：广西师范大学出版社，2010年。

[327]（美）尼古拉·尼葛洛庞帝：《数字化生存》，胡泳、范海燕译，海口：海南出版社，1997年。

[328]（美）尼古拉斯·克里斯塔斯基、詹姆斯·富勒：《大连街：社会网络是如何形成的以及对人类现实行为的影响》，简学译，北京：中国人民大学出版社，2013年。

[329]（美）乔治·阿克洛夫、罗伯特·席勒：《钓愚：操纵与欺骗的经济学》，张军译，北京：中信出版社，2016年。

[330]（美）乔治·阿克洛夫、罗伯特·席勒：《动物精神：看透全球经济的新思

维》，黄志强、徐卫宇、金岚译，北京：中信出版社，2012 年。

[331]（美）乔治·安德斯：《门口的野蛮人 2：KKR 与资本暴利崛起》，胡震晨译，北京：机械工业出版社，2016 年。

[332]（美）乔治·吉尔德：《后谷歌时代：大数据的没落与区块链经济的崛起》，邹笃双译，北京：中信出版社，2018 年。

[333]（美）塞德希尔·穆来纳森、埃尔德·莎菲尔：《稀缺：我们是如何陷入贫穷与忙碌的》，魏薇、龙志勇译，杭州：浙江人民出版社，2014 年。

[334]（美）史蒂芬·M.R.柯维、丽贝卡·R.梅里尔：《信任的速度：一个可以改变一切的力量》，王新鸿译，北京：中国青年出版社，2011 年。

[335]（美）斯蒂芬·达尔沃：《第二人称观点：道德、尊重与责任》，章晟译，南京：译林出版社，2015 年。

[336]（美）斯蒂芬·平克：《人性中的善良天使——暴力为什么会减少》，安雯译，北京：中信出版社，2019 年。

[337]（美）斯蒂芬·杨：《道德资本主义：协调私利与公益》，余彬译，上海：上海三联书店，2010 年。

[338]（美）斯凯·奈特：《虚拟现实：下一个产业浪潮之巅》，仙颜信息技术译，北京：中国人民大学出版社，2016 年。

[339]（美）斯图亚特·I.格林鲍姆、（美）安吉·V.塔克、（荷）阿诺德·W.A.布特：《现代金融中介机构》，应展宇译，北京：机械工业出版社，2020 年。

[340]（美）泰勒·考恩：《大停滞？科技高原下的经济困境：美国的难题和中国的机遇》，王颖译，上海：上海人民出版社，2015 年。

[341]（美）威尔·杜兰特、阿里尔·杜兰特：《历史的教训》，倪玉平等译，成都：四川人民出版社，2015 年。

[342]（美）维克托·斯波朗迪：《专业投机原理》，俞济群、真如译，北京：机械工业出版社，2019 年。

[343]（美）沃尔多·爱默生：《论和谐生活的准则》，任晓晋译，北京：光明日报出版社，2006 年。

[342]（美）沃尔特·李普曼：《幻影公众》，林牧茵译，上海：复旦大学出版社，2013 年。

[345]（美）小杰伊·D.威尔逊：《金融科技：FinTech 定义未来商业价值》，王勇、段炼等译，北京：人民邮电出版社，2018 年。

[346]（美）雅克·蒂洛、基思·克拉斯曼：《伦理学与生活》，程立显、刘建等译，北

京:世界图书出版公司,2008 年。

[347](美)扬尼斯·阿齐兹迪斯、曼努埃尔·斯塔格斯:《金融科技和信用的未来》,孟波、陈丽霞、刘寅龙译,北京:机械工业出版社,2017 年。

[348](美)伊藤穰一、杰夫·豪:《爆裂:未来社会的 9 大生存原则》,张培、吴建英、周卓斌译,北京:中信出版社,2017 年。

[349](美)约翰·R.博特赖特:《金融伦理学》,王国林译,北京:北京大学出版社,2018 年。

[350](美)约翰·S.戈登:《财富的帝国》,董宜坤译,北京:中信出版社,2007 年。

[351](美)约翰·杜威:《民主主义与教育》,王承绪译,北京:人民教育出版社,2001 年。

[352](美)约翰·杜威:《人的问题》,傅统先、邱椿译,上海:上海人民出版社,1965 年。

[353](美)约翰·肯尼斯·加尔布雷思:《富裕社会》,赵勇、周定瑛、舒小昀译,南京:江苏人民出版社,2009 年。

[354](美)约翰·希利·布朗、保罗·杜德奎:《信息的社会层面》,王铁生、葛立成译,北京:商务印书馆,2003 年。

[355](美)约瑟夫·熊彼特:《经济发展理论——对于利润、资本、信贷、利息和经济周期的考察》,何畏、易家祥 等译,北京:商务印书馆,2016 年。

[356](美)詹姆斯·托宾、斯蒂芬·S.戈卢布:《货币、信贷与资本》,张杰、陈未译,北京:中国人民大学出版社 2015 年。

[357](美)兹维·博迪、罗伯特·C.默顿、戴维·L.克利顿:《金融学》,曹辉、曹音译,北京:中国人民大学出版社,2010 年。

[358](秘鲁)赫尔南多·德·索托:《资本的秘密》,于海生译,北京:华夏出版社,2012 年。

[359](日)宫崎正胜:《世界史就是一部货币史》,朱悦玮译,杭州:浙江人民出版社,2020 年。

[360](日)田中道昭:《新金融帝国》:智能时代全球金融变局,杨晨译,杭州:浙江人民出版社,2020 年。

[361](日)野口悠纪雄:《区块链革命:分布式自律型社会出现》,韩鸽译,北京:东方出版社,2018 年。

[362](瑞典)米尔达尔:《货币均衡论》,钟淦恩译,北京:商务印书馆,2012 年。

[363](印度)阿玛蒂亚·森:《伦理学与经济学》,王宇、王文玉译,北京:商务印书

馆,2014 年。

[364](英)F.A.冯·哈耶克:《个人主义与经济自由》,邓正来译,北京:生活·读书·新知三联书店,2003 年。

[365](英)埃德蒙·柏克:《自由与传统》,蒋庆、王瑞昌、王天成译,南京:译林出版社,2012 年。

[366](英)艾玛·罗斯柴尔德:《经济情操论:亚当·斯密、孔多塞与启蒙运动》,赵劲松、别曼译,北京:社会科学文献出版社,2013 年。

[367](英)安德鲁·帕尔默:《金融创新:重塑未来世界的智财》,郭群杰、草沐译,北京:中国人民大学出版社,2016 年。

[368](英)安东尼·德·雅赛:《重申自由主义》,陈茅、徐力源、刘春瑞等译,北京:中国社会科学出版社,1997 年。

[369](英)安东尼·吉登斯:《现代性的后果》,田禾译,南京:译林出版社,2011 年。

[370](英)大卫·休谟:《人性论》,石碧球译,北京:中国社会科学出版社,2009 年。

[371](英)弗兰克·韦伯斯特:《信息社会理论》,曹晋、梁静、李哲等译,北京:北京大学出版社,2011 年。

[372](英)弗里德里希·奥古斯特·哈耶克:《通往奴役之路》,王明毅、冯兴元等译,北京:中国社会科学出版社,1997 年。

[373](英)弗里德里希·冯·哈耶克:《货币的非国家化》,姚中秋译,北京:新星出版社,2007 年。

[374](英)怀特海:《教育的目的》,庄莲平、王立中译,上海:文汇出版社,2012 年。

[375](英)卡尔·波兰尼:《巨变:当代政治与经济的起源》,黄树民译,北京:社会科学文献出版社,2017 年。

[376](英)卡尔·皮尔逊:《自由思想的伦理》,李醒民译,北京:商务印书馆,2016 年。

[377](英)拉尔夫·达仁道夫:《现代社会冲突》,林荣远译,北京:中国社会科学出版社,2000 年。

[378](英)理查德·戴维斯:《新经济学:解读现代经济》,张慧玉、印家甜、杨梅译,北京:中信出版社,2016 年。

[379](英)罗伯特·斯基德尔斯基、爱德华·斯基德尔斯基:《金钱与好的生活》,阮东译,北京:中信出版社,2016 年。

[380](英)马歇尔:《货币、信用与商业》,叶元龙、郭家麟译,北京:商务印书馆,1996年。

[381](英)迈克尔·波兰尼:《科学、信仰与社会》,王靖华译,南京:南京大学出版社,2020年。

[382](英)迈克尔·吉本斯、卡米耶·利摩日等:《知识生产的新模式:当代社会科学与研究的动力学》,陈洪捷、沈文钦 等译,北京:北京大学出版社,2011年。

[383](英)史蒂文·卢克斯:《马克思主义与道德》,北京:高等教育出版社,2009年。

[384](英)托·亨·赫胥黎:《科学与教育》,单中惠、平波译,北京:人民教育出版社,2005年。

[385](英)维克托·迈尔-舍恩伯格、肯尼斯·库克耶:《与大数据同行:学习和教育的未来》,赵中建、张燕南译,上海:华东师范大学出版社,2015年。

[386](英)休谟:《道德原则研究》,曾晓平译,北京:商务印书馆,2001年。

[387](英)亚当·斯密:《道德情操论》,宋德利译,南京:译林出版社,2014年。

[388](英)亚当·斯密:《国民财富的性质和原因的研究》,郭大力,王亚南译,北京:商务印书馆,2014年。

[389](英)约翰·凯伊:《市场的真相》,叶硕译,上海:上海译文出版社,2018年。

[390](英)约翰·洛克:《论降低利息和提高货币价值的后果》,徐式谷译,北京:商务印书馆,2010年。

[391](英)约翰·斯图亚特·穆勒:《功利主义》,叶建新译,北京:中国社会科学出版社,2009年。

[392](英)詹姆斯·柏克:《联结:通向未来的文明史》,阳曦译,北京:北京联合出版社,2019年。

[393]Oliver Davies.*One-Month Money:Why Money Ruins Our Economy-And How Reinventing It Could End Unemployment and Inflation Forever*,Harriman House,2011.

[394]Knowles I,Castronova E,Ross T.*Virtual Economies:Origins and Issues*,Amer0ican Cancer Society,2015.

[395] Apostolos Serletis. *Money and the Economy*, World Scientific Publishing Company,2006.

Alexander Reed.*Money and the Global Economy*,Woodhead Publishing,1998.

[396]M Itoh & C Lapavitsas.*Political Economy of Money and Finance*,Palgrave MacMillan,1998.

[397] André a.Villela.*The Political Economy of Money and Banking in Imperial Brazil, 1850-1889*, Palgrave MacMillan, 2020.

[398] Anton Brender, Florence Pisani, Emile Gagna. "Money, Finance, and the Real Economy: What Has Gone Wrong?" *Centre for European Policy Studies*, 2015.

[399] Abarbanel B, Bernhard B, Singh A K, et al. "Impact of virtual atmospherics and functional qualities on the online gambler's experience", *Behaviour & Information Technology*, 2015, 34(10): 1005-1021.

[400]《2014—2019 年互联网财险市场分析报告》,中国保险行业协会发布,2020 年。

[401]《2016 消费金融生态报告》,盈灿咨询、融之家发布,2016 年。

[402]《2019 中国教育行业投融资分析报告》,多鲸资本教育研究院发布,2020 年。

[403]《2019 中国消费金融发展报告》,国家金融与发展实验室发布,2019 年。

[404]《第 47 次中国互联网络发展状况统计报告》,中国互联网络信息中心发布,2021 年。

[405]《数字普惠金融发展白皮书(2019)》,中国信息通信研究院云计算与大数据研究所,2019 年。

[406]《为千帆造引擎:中国 K12 教育 To B 行业研究报告(2019)》,艾瑞咨询发布,2020 年。

[407]《中国保险科技洞察报告 2020》,北京金融科技研究院发布,2020 年。

[408]《中国互联网保险行业研究报告(2020)》,曲速资本 & 保观发布,2020 年。

[409]《中国互联网保险行业研究报告》,艾瑞咨询发布,2019 年。

[410]《中国互联网发展报告(2019)》,北京:中国互联网协会发布,2019 年。

[411]《中国消费金融行业专题研究 2019》,易观分析发布,2018 年。

[412]《中国消费金融年度报告 2019》,光华管理学院 & 度小满金融联合发布,2019 年。

[413]《中国医疗健康消费金融市场发展专题分析 2019》,易观发布,2019 年。

[414]《BR 互联网金融研究院编.互联网金融报告(2017)》,北京:中国经济出版社,2017 年。

[415]《BR 互联网金融研究院编.互联网金融年鉴(2014—2016)》,北京:中国经济出版社,2017 年。

[416]曾刚、何炜等编:《中国普惠金融创新报告(2019)》,北京:社会科学文献出版社,2019 年。

[417]方兴东、张爱芹:《互联网金融蓝皮书(2016—2017)》,北京:电子工业出版社,2018年。

[418]工信部信息中心编:《中国区块链产业发展报告2018》,北京:经济日报出版社,2018年。

[419]胡滨、杨涛:《中国金融发展报告(2020)》,北京:社会科学文献出版社,2020年。

[420]胡滨、尹振涛、郑联盛:《中国金融监管报告(2020)》,北京:社会科学文献出版社,2020年。

[421]黄国平、伍旭川:《中国互联网金融行业分析与评估(2016—2017)》,北京:社会科学文献出版社,2016年。

[422]李培林、魏后凯:《中国扶贫开发报告(2016)》,北京:社会科学文献出版社,2016年。

[423]李东荣:《中国互联网金融发展报告(2016)》,北京:社会科学文献出版社,2016年。

[424]李扬、孙国峰:《中国金融科技发展报告(2017)》,北京:社会科学文献出版社,2017

[425]李伟:《中国金融科技发展报告(2019)》,北京:社会科学文献出版社,2019年。

[426]李勇坚、王弢:《中国"三农"互联网金融发展报告(2017)》,北京:社会科学文献出版社,2017年。

[427]刘志坚:《2017金融科技报告:行业发展与法律前沿》,北京:法律出版社,2017年。

[428]卢施宇、张扬:《2019中国消费金融行业报告》,爱分析(IFENXI)发布,2019年。

[429]上海市互联网金融行业协会、上海大学上海科技金融研究所:《上海互联网金融发展报告(2015)》,上海:上海交通大学出版社,2015年。

[430]王曼怡、周晔、陈奉先:《中国金融风险报告(2017)》,北京:首都经济贸易大学出版社,2017年。

[431]肖钢等:《中国智能金融发展报告(2019)》,北京:中国金融出版社,2020年。

[432]中国保险行业协会编:《2017中国互联网保险行业发展报告》,北京:中国财政经济出版社,2017年。

[433]中国互金安全课题组:《中国互联网金融安全发展报告·2016》,北京:中国

金融出版社,2017年。

[434]中国互联网金融协会编:《中国互联网金融年报(2018)》,北京:中国金融出版社,2018年。

[435]中国〈深圳〉综合开发研究院编:《中国产业金融发展指数报告(2019)》,北京:中国经济出版社,2020年。

[436]中国互联网金融协会编:《中国互联网金融年报(2018)》,北京:中国金融出版社,2018年。

[437]朱东荣主编:《中国互联网金融发展报告(2016)》,北京:社会科学文献出版社,2016年。

[438]朱小黄:《中国金融法制建设年度报告(2014—2015)》,北京:社会科学文献出版社,2017年。

[439]欧阳日辉:《中国互联网金融创新与治理发展报告(2019)》,北京:社会科学文献出版社,2019年。

后　　记

“在思辨终止的地方，在现实生活面前，正是描述人们实践活动和实际发展过程的真正的实证科学开始的地方。”①马克思在《德意志意识形态》中如是说。

对互联网金融伦理的纯粹理论琢磨完全是“关于意识的空话”。邓小平在南方谈话中就曾指出：“证券、股市，这些东西究竟好不好，有没有危险，是不是资本主义独有的东西，社会主义能不能用？允许看，但要坚决地试。”②1602 年荷兰成立的东印度公司就已经搞起了股份制，我国早在 1882 年就有了“平准股票公司”这样专营股票交易的机构。对“证券、股市”这些久经市场考验的东西，我们尚且在“使用前”先要“坚决地试”；更何况互联网金融这个 21 世纪才发展起来的新东西。在一个新业态来临之初就欢欣鼓舞地高唱赞歌是轻浮的；当然，在一个新业态刚刚诞生就唱起了挽歌也是愚蠢的。

2013 年，“支付宝”创办了一个“余额宝”，曾被视为“抢了银行的饭碗”。“余额宝”真是有趣的东西，那些被我们遗忘的零钱，一旦进入“余额宝”就能“自动繁殖”。“余额宝”不会拒绝最小的“余额”，它似乎不是“抢银行的饭碗”，只是给那些被银行忽视的“余额”提供流动和增加利息的机会。P2P 网

---

① 《马克思恩格斯文集》第 1 卷，北京：人民出版社，2009 年，第 526 页。

② 《邓小平文选》第三卷，北京：人民出版社，1993 年，第 373 页。

贷也令人激动,使人不由自主地畅想起未来世界的美妙:每个人都能享有平等的金融权,也就意味着享有更多通过融资“借力”出彩的机会。网络支付、消费金融和网络保险的广泛渗透使我们在网络经济生活中如鱼得水,互联网金融的便利性让那些网络“菜鸟”也能运用自如。更不用说“众筹”这样的新鲜事儿,它使那些拥有“点子”的人能够在创造性劳动中得到资金支持,也能使那些深陷困顿的人们获得帮助。

毛泽东同志说过,“世间一切事物中,人是第一个可宝贵的。”①互联网金融的伦理意蕴,来自于它在金融实践中的“赋权”与“赋能”:网络经济的“去中心化”颠覆了以银行为主的传统金融体系,互联网金融的“低门槛”消除了传统金融的资产和信用壁垒,金融权成为普遍的经济权。唾手可得的投融资渠道扫清了人在自由全面发展进程中的经济障碍,更多人可以“白手起家”。这让人想起金融的本义:融通资金、调剂余缺。过去我们用“人民银行”的名称昭示金融的人民性,现在我们用“普惠金融”来标识互联网金融在增强人民获得感方面的优越性。场景化、去中心化、便捷化、透明化等互联网金融所秉持的价值,迫使金融市场转变对“中心”的仰仗,赋予普通个人以投融资的金融权利和金融能力。

对互联网金融的狂欢,既有被传统金融压抑了的情绪释放,也有金融产品设计之初的主观愿望的原因。互联网金融成为新的经济增长点,阿里和腾讯的任一金融产品在其资金规模上都大到令人震惊,P2P 网贷利率也曾高到令投资者十分愉悦。“花呗”和“白条”非常应景地出现在支付页面,避免了我们囊中羞涩的尴尬。但是,情况总是一分为二的。大学生因不堪忍受“校园贷”的高额债务而跳楼自杀已经不是孤立的事件,网贷平台老板“跑路”、网络骗保、“套路贷”引发的事件频繁出现在媒体上。诈骗和暴力逐渐成为互联网金融在民间的“标签”,尽管诸如“裸条”和逼良为娼的行为并不是它的主流。

---

① 《毛泽东选集》第四卷,北京:人民出版社,1991 年,第 1512 页。

国家还是坚决取缔了 P2P 网贷！但互联网金融不止 P2P 网贷，它的许多业务仍在发挥实际的经济功能，而且在未来还会有长足的发展。谁能拍着胸脯说：我永不使用手机支付？

互联网金融重新建立起经济关系的纽带，也重建了经济关系本身。研究互联网金融伦理问题，既要对“纽带”的社会价值进行分析，也要研究这种重建的“经济关系”——它无非是人的关系的物化形态。“以人民为中心”既是互联网金融伦理的最高价值，也是对互联网金融内在机制进行伦理解剖的出发点。我国的互联网金融必须遵循金融本质，实现社会稀缺资源的高效配置，以增进人民福祉为要义；这是互联网金融伦理的基本问题——金融效率与金融正义的有机结合。为了减少“主观性、片面性和表面性”，本书特别选取了互联网金融的六大核心业务进行系统分析，希望从互联网金融运行的规律和规则出发，从其所产生的实际作用和影响出发，对互联网金融的伦理实然与应然状态进行深入剖析和建构。本书的根本目标，不仅在于“揭示”或“解释”某些互联网金融伦理现象的本质和原因，更在于树立一种人本金融的愿景，并促进互联网金融伦理生态的优化。自由主义经济学者或许对伦理在金融经济中的规制作用嗤之以鼻，但善良的人们无法漠视互联网金融所形成的伦理现实。

本书的完成以及出版，绝不是一己之力可为的，在此要感谢课题组成员盛德荣教授、孙娜博士、李成彬博士、杨晓平博士等提供的诸种帮助。感谢杨青松博士、谢仁生博士、元晋秋博士、杨俊博士、闫杰老师以及马克思主义学院李懋君院长、李应建书记给我的生活和研究工作提供的帮助。要特别感谢我的学业和人生导师马钦荣教授、李申文教授以及亦师亦友的吴培冠教授提出的修改意见，三位师长还为拙作撰写了序言。感谢人民出版社洪琼主任为本书出版付出的辛勤劳动。感谢国家社科规划办对本课题研究的资助！感谢中期检查、预评审和盲评中的各位专家所提出的改进意见！感谢经济伦理、金融经济及相关领域专家学者所提供的研究成果，尽管绝大部分的参考文献已经有了明确的标注，但难免存在个别疏漏的地方，还请谅解。感谢遵义师范学院科研处黄正廪教授、谢光金副教授提供的帮助！感谢遵义师范学院马克思主义学院和红色文化中心提供出版资助。

尽管本人消耗了相当的体力和脑力对互联网金融伦理问题进行了一些思考和探究，初心在于构建更加美好的金融秩序和经济伦理环境，对具体事态和事件的评述并不包含任何明显的私利偏好（潜在的道德偏好也许是存在的），若有不当之处，欢迎在学术层面予以批评指正。又由于本项目研究涉及的专业领域十分广泛，而个人在诸多学科领域中的学术修养有限，从而极有可能在某些学术问题和现实案例的剖析和评判上显得肤浅甚至失当，亦欢迎专业人士予以斧正。当然，尽管课题组成员提供了诸如资料整理和文稿校对之类的繁琐细碎工作，为项目研究的展开提供了有意义的帮助，但书稿由我一人所撰，本人理应对全书负有全面的责任。